中国武术实用大全

康戈武　编著

中 华 书 局

图书在版编目(CIP)数据

中国武术实用大全/康戈武编著. —修订本. —北京:中华书局,2014.9(2023.11 重印)
ISBN 978-7-101-04297-9

Ⅰ.中… Ⅱ.康… Ⅲ.武术-中国 Ⅳ.G852

中国版本图书馆 CIP 数据核字(2004)第 073952 号

书　　名	中国武术实用大全	
	ZHONGGUO WUSHU SHIYONG DAQUAN	
编 著 者	康戈武	
责任编辑	李晓燕	
封面设计	周　玉	
责任印制	陈丽娜	
出版发行	中华书局	
	(北京市丰台区太平桥西里 38 号　100073)	
	http://www.zhbc.com.cn	
	Email:zhbc@zhbc.com.cn	
印　　刷	天津画中画印刷有限公司	
版　　次	2014 年 9 月第 1 版	
	2023 年 11 月第 3 次印刷	
规　　格	开本/920×1250 毫米　1/32	
	印张 25⅛　插页 2　字数 830 千字	
印　　数	10001-11000 册	
国际书号	ISBN 978-7-101-04297-9	
定　　价	128.00 元	

作者简介

康戈武 籍贯四川遂宁。1948年出生于云南昭通，研究员、教授、博导，中国武术九段。自幼习武，启蒙于昭通彭勤；之后，师从沙国政、何福生；随后，就读于北京体育学院，获首批教育学武术硕士学位。自1964年起，相继为云南省武术队、北京市武术队和国家武术代表团运动员，曾执教于云南省武术队、北京体育学院和德国科隆体育学院。1990年调入国家体委，曾任武术研究院秘书长；武术运动管理中心培训部、宣传部、科研部主任和中国武术协会秘书长、段位制办公室主任以及中国体育科学学会武术分会秘书长、国际武术联合会传统武术委员会副主任；并应邀担任上海体育学院、首都体育学院、广州体育学院、河南大学武术学院、中北大学等多所院校的博导、硕导和教授。

代表性专著有《中国武术实用大全》、《中国武术春秋》（《The Spring and Autumn of Chinese Martia Arts》）等，论文有《关于武术本体的认识及对武术学科建设的思考》《古代武术发展的文化结构研究》等，主编有《中国武术段位制系列教程》《全国中小学生系列武术健身操》《我国中小学武术教育改革与发展的研究》《武术功法运动教程》《中华武术图典》等。

原书序一

"武术"名词的实用

徐　才

在思考为《中国武术实用大全》作序时，我联想到一本名为《纪效新书》的中国古籍。这本书几百年来为中国武林先辈所推崇，于今也为中国武术界所珍视。本来这是一部古代军事学著作，由于书中汇集了相当分量的武术内容，今天的中国武术界和文化界把它看作是一部颇有价值、很可借鉴的武术典籍。《纪效新书》是中国明代一位爱国军事家、武术家戚继光于公元 1560 年开始编著的。在此书自序中戚继光诠释书名说："夫曰'纪效'，所以明非口自空言；曰'新书'，所以明其出于法而不泥于法。"其意是书中所述所论不是空洞之言谈，而是"择其实用有效者"列之，所以叫"纪效"；"新书"是说所述所论皆有所遵循，却又不拘泥于陈言旧矩。后人对这本书评论说，其最大特点是处处从经验实效下笔，"不为韬略之陈言"。我看这个评估还是贴切的。

戚继光注重总结实践经验，又刻意创造，推陈出新，这种著述的态度，对今日武术界学者志士仍是启迪甚深的。特别是，当武术的和风越过大洋，跨过高山，吹向世界的今日，更是需要有志者下苦功总结历史经验和实践经验，科学地整理武术文化遗产，并适应今时世人强体、防身、修性的需要，作出新的创造，提出新的创见的。即将与读者见面的《中国武术实用大全》，可说就是这样一种尝试。我愿向海内外的武术追求者推荐此书，希望能够得到大家的青睐和爱读。

　　《中国武术实用大全》的编著者康戈武先生是一位中年武术家和武术教育工作者,对武术有较长的实践和广泛的研究。他自幼习练武术,后入北京体育学院当研究生,获得中国首批武术专业教育学硕士学位,至今仍留在母校执教。他呕心沥血编著的这本"大全",正文分九个部类,全书七十五万字,七百余幅插图。此书既包容了武术领域中众多的理论知识,又介绍了一百多个拳种、七十多种古今兵械、一百六十多种实用功法和近千种各类武术技术技法,还回答了习武者初学和深造中可能遇到的各种问题。应当说,这本书内容丰富翔实,是把武术百科知识与实用方法融为一体的精心之作。当然,名为《大全》,只是沿袭中国自古常把"大全"用作书名的传统。正像康戈武先生给我的一封信中所说:"尽管我极力想托出武术实用知识和方法的全貌,然而,武术的内容是如此的博大精深,一部所谓'大全'实难概全。只希望此书成为世界各地习武者了解中国武术的一个窗口,为他们走向成功之路铺垫一块砖石。"作者这肺腑之言真挚感人。我祝愿海内外习武者沿着武术的成功之路向前奋进!

　　在撰写《中国武术实用大全》之序时,我还联想到武术一词的实用问题。这里披露一些看法,或许对"武术"名词的使用以及武术的推广是有益的。

　　古时,在中国出现过"正名"之说。所谓"正名",其字意是辨证名称、名分。这是两千几百年前中国春秋时期孔子提出的主张,在《论语·子路》中,有"名不正,则言不顺;言不顺,则事不成"的论点。孔子的正名主张有其特定内容和历史局限,自然不是今人所要效法的。但是,对于一个事物要有统一的名称,这在当今社会,特别是信息时代的社会,却是十分重要的。对于已经成为国际社会共同语言的体育来说,更是需要名称、术语的统一。所以,国际体育界对体育运动的统一术语,不只进行研讨,而且在十多年前就出版了载有多种语言的体育运动统一用语的辞典。武术在中国是个古老的运动，但在世界还是个年轻的运动项目，登上国际比赛的舞台，还只是近期的事情。因此，需要把武术运动用语规范化、统一化，而首当其冲的是"武术"这一总称。

武术源于中国，属于世界。在国际正式比赛中，武术是以演练套路和散手技击两种形式出现的。如果进一步从文化的深层去探索，武术涉及到中国的古典哲学、美学和医学等领域，则是一门内涵丰富的多学科的综合性科学，那就不单是限于拳法技术的小武术，而是涉及广阔领域的大武术了。

当武术以其多彩的丰姿、诱人的魅力走向世界时，就以"武术"（Wushu）作为统一名称被国际武术组织所使用了。1985年，国际武术联合会筹委会在中国古都西安成立时，它的章程草案中所用的名称就是武术（Wushu），译成各种文字都直用中文音译，不用意译名称。这是为体现武术运动的独特风格和内涵，以区别于国际上其他武技项目。当时，与会的十六个国家和地区的代表一致同意这个名称，把它载入国际武术运动的史册。酝酿成立欧洲武术组织的欧洲国家代表，当时也一致表示要把原来拟议的"功夫"名称改为以"武术"（Wushu）定名。果然，这年11月在巴黎成立了以武术定名的欧洲武术联合会。后来陆续成立的亚洲、南美洲、非洲武术联合会也都以武术（Wushu）命名。国际武联筹委和各洲武术联合会所举办的比赛也统用武术之名。1988年，亚洲奥林匹克理事会（OCA）决定把武术列为第十一届亚运会的正式比赛项目，"武术"一词已经成为亚洲奥林匹克运动的法定用语了。

当然，"武术"这个名称的使用，目前在世界各地尚不统一和普遍。这一方面是因武术走向世界体坛的历史尚短，还没有被更多的国际公众所了解和认识；一方面也由于历史的原因，武术被另外的名称所代。现在，对武术也有称为"国术""功夫"和Martial art的。

翻开中国文化史，环绕各种形式的武术，几千年来，其用词名目繁多,就其要者也有五十来个,如去细数还会更多。从公元前21世纪到公元前7世纪,也就是中国的夏商周时期,曾有拳勇、手搏、角力、相高的名称。到了春秋战国时期,即公元前770年至前221年,技击、相搏、手战、武艺、角抵等名出现。此后,又有多种名称相继使用,其中以"武艺"一名用得最多。"武术"一词最早见于南朝梁武帝的长子、文学家萧统(501—531)所编《昭明文选》。《文选》中有"偃闭武术,阐扬文令"之句,意为停止武战,发扬文治。后来,武术一词演化为自卫强身的专门用语。但在历代通用的还是"武艺"。

进入民国后武术之词又兴,1926年正式定名为"中国武术",简称"国术"。至今台湾及一些国家和地区的武术组织仍沿用"国术"之称。按说,"国术"作为"中国武术"的简称,本无不妥,尤其对中国人来说还是很确当的。但对外国人来说,称为国术则颇费解。原在台湾,现在美国的徐纪先生在他所编著的《中国武术论丛》的一篇文章中解释"国术"名词之后说,如果外国人学习"国术"则自然会称之为"中国的武术"。不过"国术"毕竟是一个总的名词,外国人士不暇细辨,于是就有音译而统称我国传统的武术为"国术"的,也有称之曰"拳头"的(而且是采的广东音),也有唤它作"功夫"的……。这种混乱的情形,倒是值得注意。徐纪先生最后说,"至于这个翻译名词,究竟如何确定,倒是并不太难。就用'中国武术',亦无不可"。这个见解是会得到人们赞赏的。我想,在武术已经成为国际体坛上一个竞技和健身项目的今天,使用统一的名称是十分必要的。我的浅见是中国人珍视祖先的武术文化遗产,把它当作国术、国技,是完全可以理解的。可是,当武术走向世界,进入奥林匹克运动的比赛圈时,我们就不能囿于一国范围。应当说,它既是中国武术又是世界武术,所以,总称为"武术"是顺理成章的。这也有例可资佐证。柔道在1964年列为奥运会的正式比赛项目时,并未冠以"日本柔道"的名称。但谁都知道柔道是日本加以推广,献给世界的,而且连柔道的技术术语都是使用日本语的(包括柔道总称也是用日语ヅュウドラ的音译名称 Judo)。我的这个看法,1988 年在中国杭州举行国际武术节时,曾向亚洲武术联合会的各个国家和地区的代表介绍,得到与会者的赞同。我当时说,各个国家和地区对武术名称有不同的叫法都有其历史背景,但从事物发展之理、体育运动之律来说,国际武术运动应当逐步把名称、术语统一起来。当场马来西亚国术总会会长林敬益先生率先表示赞同,新加坡国术总会会长李炯才先生也附议同意。不久前,从马来西亚和新加坡传来信息,这两个国家的国术总会都易名为武术总会了。

"功夫"一词是近二十多年来流行于世界的一个武术代名词。这个名词几乎成为一个风靡全球的威慑名词,一提"功夫",甚至一些为非作歹的人都要怕上几分。本来"功夫"一词在二百年前就被法国传教士传到欧洲了,当时中国道家的行气之功称为"功夫"。但是,它并未普及于欧洲,直到二十世纪六七十年代,随着驰名世界的武术家、中国人李小龙的"功夫片"才传播开来,深入人心。"功夫"是中国两广一带地区对武术的通俗叫法,但在中国历史上,并未作为武术的正式称呼而通用。"功夫",就字面解释,是有功力、素养、本事之意。中国古语说,"只要功夫深,铁杵磨成针"。这是激励人们不论从事哪种行当和工作,只要肯下苦功,总是会有所成就的,自然,习武也不例外。习武者要学到功夫,就要苦练基本功,把功底打好,把功德、功力练好。但"功夫"一词,未曾是个通用名称。两位英国人合写的《武士之路》(The way of the warrior)是一本图文并茂的书籍,此书在介绍中国武术时写道:"在电影和一些书籍中,武术被称作'功夫'。严格地说,这是不正确的。'功夫',只是说勤奋刻苦地练习这一技术。其实,在中国这一技术被称为武术。"看来,这两位英国作者的论证还是符合实际,合乎逻辑的。

目前,在国际上还有一个表达武术的通用名词——Martial art。不少译者把武术译为 Martial art,这是常用的中英文对应译法,但是并不准确。准确的译法应采取音译 Wushu。Martial art 是泛指的武术、武艺,这包括多元的武技,诸如柔道、空手道、跆拳道、合气道、泰国拳以及欧洲的古代武技等,当然也含中国武术。1986 年由中国大百科全书出版社编辑部编译出版的《简明不列颠百科全书》(*Concise Encyclopædia Britannica*)的"Martial art"条目,译成中文为"武艺",释曰:"主要起源于远东的各种格斗技艺,如中国武术以及柔道、空手道和剑道。"由此可见,把武术等同于 Martial art 是不能准确地反映中国武术的独立体系和它的历史发展轨迹的。

一个事物的名词采用,往往是同历史的、社会的、文化的背景不可分离。武术是在中国几千年历史中形成、发展与推广的,它随着历史的演变和时代的更替而易名。今天,武术的风采已展示于世界,武术(Wushu)这个名词也已成为 20 世纪最后年代具有时代特色和国际特色的专用名词。衷心祝愿伴随武术一词的广泛使用,武术的技术和理论也在广度和深度上,更好地为各国人民的健康养生和修身养性服务。

感谢《中国武术实用大全》的编著者康戈武先生邀我作序,使我得到一个阐述武术实用名词的机会。

最后,希望国内外的习武者把《中国武术实用大全》当作手中的一本常备用书。

1990 年 4 月于中国北京

附　注:

徐才先生作序时任国际武术联合会筹委会主席、亚洲武术联合会主席、中国武术协会主席、中国国家体育运动委员会武术研究院院长。

原书序二

沙国政

中国武术博大精深、流派林立,各家有各家的特色,各门有各门的擅长。《中国武术实用大全》广取各家特长技艺,融会各门势法精微,悟明武术"一理育百家,百家总一理"之要谛,见树见林,繁简得当。而且,深入浅出,将繁难的武技图解得形象易学,将深奥的理法论述得显明易懂,将常识性问题解答得简洁清晰。

此书作者康戈武自幼习文嗜武。八岁起从滇东北武坛侠义彭勤(原名耐夫,已故)先生习技。1964 年入云南省武术队,即随我习练武术,偶也随我学药制丸。忆其习技,举凡武技他无所不好。而且每学一式,必究明一式之技法;每学一功,必究明一功之道理;每学一门,必究明一门之规律。"文革"期间,百业俱废,我等被疏散远郊呈贡,戈武与我同宿一室。每晨雄鸡未鸣,即从我至郊野习技。每日昼夕,他则运笔整理所学技艺,或者阅读我积累多年的武术文献。1973 年后,戈武北上求学。在学习各门现代体育基础理论的同时,还研习中国传统文化,并深入城乡民间武坛,游访深山释道,广学博研,多有心得。吾喜戈武勤学敏思,刻苦耕耘;喜其著技有所本,理有所依,作有创见,故乐为之序。

1990 年 2 月于中国昆明

附　注:

沙国政先生(1904—1992)是中国著名武术家,作序时任云南省武术协会副主席、云南省武术馆馆长。曾荣获中国国家体育运动委员会颁发的"新中国体育运动开拓者"称号。

俛仰屈信以利形進退步趨以
實下吸新吐故以練臟專意
積精以適神習武養生豈不
大哉

為中國武術實用大全一書題

蔡龍雲

蔡龙云先生题辞

附注：蔡龙云先生是中国著名武术家，题辞时任中国武术协会副主席、中国国家
体育运动委员会武术研究院副院长。1998 年荣获首批中国武术九段。

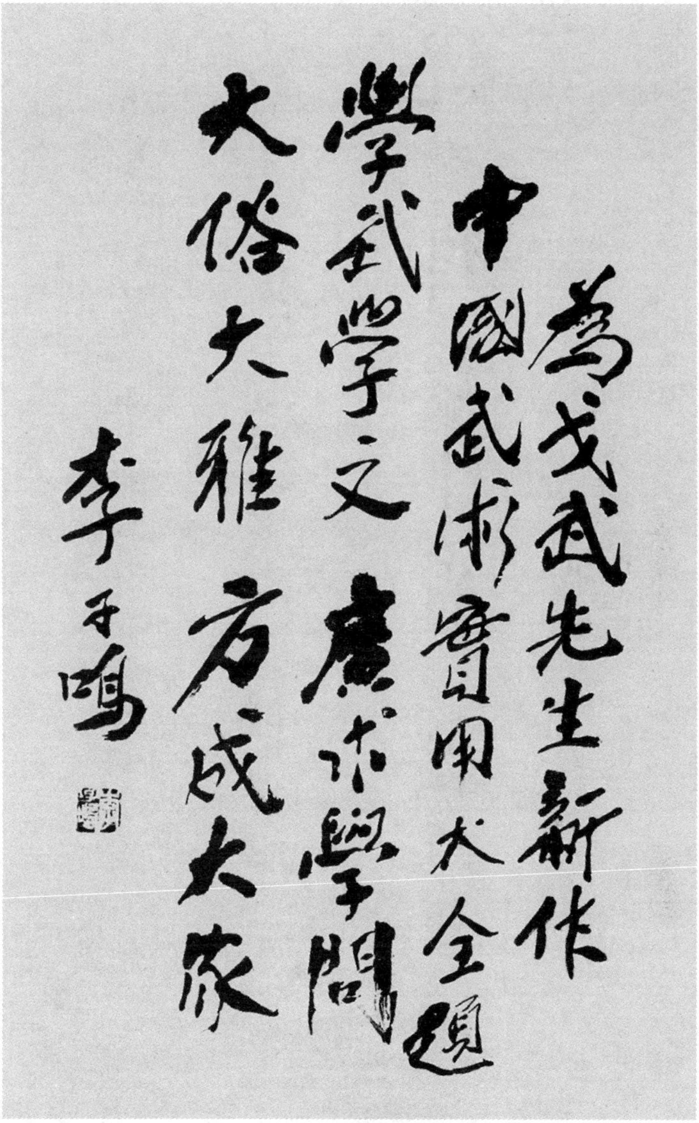

为戈武先生新作

中国武术实用术全题

学武学之 广术学问

大俗大雅 方成大家

李子鸣

李子鸣先生题辞

附注：李子鸣先生（1902—1993）是中国著名武术家，题辞时任北京市武术运动协会顾问、八卦掌研究会会长。

为武术新著 中国武术实用大全题词

承师艺 学百家 融会惯通

体力引 笔力耕 技理兼优

何福生题

庚午季秋

何福生先生题辞

附注:何福生先生(1910—1998.12)是中国著名武术家,题辞时任云南省武术协会主席、云南省武术馆副馆长。1998 年 4 月荣获首批中国武术九段。

實用爲本
有容乃大

中國武術實用大全

劉炳南題

劉炳南先生題辭

附注:劉炳南先生是中国著名书法家,台北市中华书画艺术学会创会理事长。

目　录

第一编　中国武术概论

第二编　武术技法原理

第三编　武术教学与训练

第四编　拳种流派

第五编　古今兵械

第六编　武术实用功法

第七编　武术拳械基本技术技法

第八编　武术攻防基本技术技法

第一编　中国武术概论

武术的定义

武术是以中国传统文化为理论基础,以徒手和器械的攻防动作为主要锻炼内容,兼有功法运动、套路运动、格斗运动三种运动形式的体育项目。

"武术"一词,最早见载于南朝梁昭明太子萧统(501—531)《文选》。其中有一诗句云:"偃闭武术,阐扬文令。"此处所谓武术,泛指军事技术。这类技术在此前称为"技击"和"武艺",被归入兵家的"兵技巧"类。

"技击"一名,在春秋战国时已流行。战国荀子(约前 313—前 238)著《荀子·议兵篇》:"齐人隆技击。"注:"齐人以勇力击斩敌者,号为技击。"《汉书·刑法志》云:"齐愍以技击强。"注引孟康语说,技击即"兵家之技巧。技巧者,习手足,便器械,积机关,以立攻守之胜"。

"武艺"一名,在汉代已有用例,西晋陈寿(233—297)《三国志·蜀书·刘封传》载:"(刘封)有武艺,气力过人。"

"技击"和"武艺"一直被用于泛指骑射、击刺和徒手格斗等攻防实战技术,沿用至近代。其间,明代出现了"花法武艺"和"套子武艺"两种说法。两者都是指不能用于军阵格杀的武艺。戚继光《纪效新书》将"周旋左右,满片花草""徒支虚架以图人前美观"者,称为"花法武艺"。何良臣著《阵纪》,把"花刀、花枪、套棍、滚杈之类,诚无济于实用,虽为美看,抑何益于技"者,称为"套子武艺"。

此后,"技击"和"武艺"虽也还用为整体武术的异称,但多指军旅武术和真可实战格斗的技艺。

在古代,"武术"一词的运用并不多,直至清末民初时,才开始得到日益广泛的应用。辛亥革命后,马良编的武技锻炼法,名为"中华新武术"。1915 年,陆大谔在《申报》中发表的《冯婉贞》一文,记述咸丰时冯婉贞"自幼好武术"。此时,武术已不再指单纯的军事技术,而是一种传统体育运动了。其定义正如其字义,可简释为:武术就是练武用武的方法。其内容既有实战武艺,也有花法武艺或套子武艺。此后,虽曾有人以"国术""功夫"作为武术的另一名词,但是,通用的统一称谓一直是武术。

武术在中国大地经过漫长的发展历程,而今已稳步地跨出国门,迈入了国际体育运动的行列。我们在文首提出的"武术"一词的定义,是基于当前对武术的新认识。在国际体育大家庭中,武术既有着与其他体育项目相同的共性,又有着区别于其他体育项目的鲜明个性。

武术与其他体育项目的共性,是它们都以身体运动为特征,都有着强健体魄的共同价值。这正是今日武术归属于体坛群体的基本条件。

武术区别于体坛其他个体的个性,首先表现为武术兼有功法、套路、格斗三种运动形式,其动作素材具有攻防属性。武术功法运动形式,是锤炼某种攻防绝技的锻炼方法。武术套路运动形式,是按照一定格律将单个攻防动作编串成套进行练习的方法。武术格斗运动形式,是两人遵循一定规则,运用攻防技术动作互较胜负的锻炼方法。武术的这三种运动形式,既各成体系,又相互交融,相互为用。功法运动能为套路和格斗运动提供必要的体能准备;套路和格斗运动能显示功法运动的水平。套路练习能灵便身手、熟习招法,使动作由熟而巧,为格斗提供敏捷善变的素质和临机应变的招式;格斗练习能提高攻防技能,加强对动作攻防含义的理解,有助于提高套路运动的"武术意识"。武术的三种运动形式所体现的这些特征,是其他体育运动项目所不具备的。例如,拳击、摔跤和击剑是格斗形式的运动项目,但它们没有套路运动形式。竞技体操和韵律体操是套路形式的运动,但它们没有格斗形式的运动,动作素材也不必具备攻防属性。

武术区别于外国体育项目的又一个性,是武术以中国传统文化为理论基础。

一般说,任一体育项目,都是一定文化环境的产物,具有一定的文化特征。我们特别地强调中国传统文化对武术的影响,是因为武术不仅自然地受到中国传统文化的环境性影响,还在于武术家自觉地运用中国传统文化规范拳技,阐述拳理,乃至文武合一,交融一体。探寻武术理论,不论是武术技法原理,还是武术教学原则与武术训练原则,以及具体的拳械技法和教学训练法,都显现出中国传统文化与武术运动规律的融合。例如,中国传统文化强调"天人合一"的宇宙观,并以此处理内与外的关系。在武术理论中,武术技法原理强调"内外合一",武术教学原则强调"内外兼修",武术训练原则强调"内外互导"。在具体的拳械动作标准中,讲究"三尖相照""内外六合""五合三催"等,使动作体现出外形和谐,内意充实,形神兼备的形态。这些,我们将在"武术与兵法""武术与武舞、武戏、武打""武术与中医""武术与气功""武术与宗教""武术与中国传统哲学"等篇目中展开论述。由于武术以中国传统文化为理论基础,其技术和技法都受到中国传统文化的严格规范,促成了武术与西方体育既相通、又有异的运动特征。

西方体育运动中的身体素质训练与武术功法训练,具有重复同一训练形式,提高某一特定体能和技能的共性。但是,西方体育运动中的素质训练,主要是通过改进运动环境和运动器械,变化训练量,促进素质的快速提高。武术功法训练则受传统文化中"合天人""尽内外"思想的规范,注重调整内在的意、气、劲与身体外形和谐统一,有序配合,促进体能随有序化配合程度的提高,自然地提高,不主张执著地追求快速提高。

西方体育运动中的体操、花样滑冰、花样游泳等项目与武术套路运动相比,都具有通过肢体形态变化,追求形式美的共性。但体操等项目的动作,强调通过人体素质的高度发展,使动作表现出尽可能的开展。武术套路动作则在武术的攻防属性和中国传统的内聚含蓄等思想的规范下,强调动作要开中有合。

西方体育中的拳击与武术格斗中的散打,都有着制服对手的共性目标。但拳击强调以绝对力量、绝对速度,实现以大力打小力、以快打慢。武术格斗受中国传统文化中反向相求、柔弱能胜刚强等思想的规范,注重追求格斗时由力小转化为力大,由速度慢转化为速度快,巧妙地"后发先至""四两拨千斤"。

总之,武术与其他体育项目相较而突出的共性和个性,反映了武术的本质属性。它们也正是武术的定义应包含的种属(共性)与种差(个性)。

武术的起源和产生

武术的起源,可以追溯到原始人类的生产活动、社会活动和宗教意识。

首先,原始人类以粗陋的原始木石工具,采集果实和猎取鸟兽作为生活资料,也以这些原始工具作为抵御猛兽侵袭、与相邻部落争生存的兵器。这时,工具和兵器实为一体。"以石片砍物则为器,以石片格斗则为兵"(见周纬《中国兵器史稿》)。出于生存需要而本能地使用这些原始工具,并没有生产技术和格斗技术之分。但是,某些原始工具的式样,正是后世某些兵器形制的胎胚,其使用方法孕育着武术兵械格斗技术的因素。

其次,原始人类在崇拜图腾的宗教活动中,出现了模仿动物图腾的特长,以期战胜敌手的意识和行动。当时,九黎族首领蚩尤"与轩辕斗,以角抵人,人不能向"(见《述异记》),当是由崇拜牛、到效仿牛以角抵人。这种较力斗硬的"角抵"虽无攻防"奇巧"可言,但它却孕育着武术徒手格斗的因素。

随着物质生产的发展和私有制出现而产生的奴隶制国家,建立了用于攻守格杀的职业军队。青铜器的使用,促进了兵器的发展,出现了由原始镰刀变体而成的"戈",在木棒的一端加一铜箍而成的"殳"等专用于格杀的兵器。奴隶主之间掠夺和抵御,奴隶主与奴隶之间镇压和反抗的斗争,促进了兵器使用方法的发展和积累。角抵也由堂堂正正的斗力,发展出现了以奇巧取胜的方法。在公元前1075年,已出现了训练兵械击刺技能的具体方法。《十三经注疏·尚书正义·牧誓》载"夫子勖哉。不愆于四伐、五伐、六伐、七伐,乃止齐焉",注曰"伐,谓击、刺",疏曰"戈谓击兵,矛谓刺兵"。就是记述西周军队以戈、矛击刺之法相配合进行训练的方法。当时,还将攻防动作制成武舞,用于教育。《礼记·内则》要求"成童(年满十五岁的少年)舞象"。所谓"象",指"象舞"或"象武"。《十三经注疏·毛诗正义·周颂·维天之命》注云:"象舞,象用兵时刺伐之舞,武王制焉。"疏云:"此乐象于用兵之时刺伐之事而为之舞,故谓之象武也。"

可以说,在不晚于西周的奴隶社会末期,出现了构成武术基本因素的专用兵械及其使用技术,以及徒手格斗技术。它们沿着以格杀为唯一目的的途径发展,形成了自己的形制、攻防方法和训练手段,从而形成了古代武术的雏形。

武术运动的形成与发展

中国武术自奴隶社会产生后,经历了漫长的历程,直至明代才逐渐露出近代武术运动的雏形。在明以前,武术以军阵格杀技术为主体,训练内容主要是兵械实用技法,而拳术(手搏)占的比例较少。这时的武术是军事技术不可缺少的部分。军阵格杀中兵种的变化(或车兵、或骑兵、或步兵)和兵器的形制、长短、轻重的变化,都影响和制约着武术技术的发展。由军旅武术流入民间而形成的民间武术,也以攻防性能的高低来衡量技法的优劣,武术的健身价值和审美价值处于次要的从属地位。随着武术技术的积累,练习和运用武术的心得要诀的积累,以及传统文化对武术的渗透,套子武艺流入军旅武术训练等多种原因,明代武术出现了较大的发展演进。

首先,出现了练功、单舞、对搏并重的训练。它标志着武术已摆脱了只以格斗为主,排斥套路练习的偏向,形成了功法、格斗、套路三种运动形式。明代军旅武术家戚继光就明确地将这三种运动形式规定为武艺训练的内容。他在《练兵实纪》中说,"舞、对二事全然不通,与未习者为不知","能舞而不知对,能对而不知舞,虽精只作中"。又说,"先自跳舞","舞毕即以花枪对之","次以木刀对砍"。所谓"舞",就是程式化动作的单练;所谓"对",就是相互格斗。戚氏认为,单舞和对搏应皆能,缺一不可。他还编成了"三十二势"拳术套路,作为活动肢体,惯勤手足的学武入门之术。戚继光还在《练兵实纪》中列了练心力、练手力、练足力、练身力等锻炼方法。这些正是当时为提高武艺技能和体能服务的功法。

其次,出现了以拳术为主体,十八(或十七)种兵器为锻炼器械的技术体系。这标志着武术技术发展已摆脱军阵格杀术的制约,沿自身技法规律演进。在明代,少林拳已享盛名,并出现了与少林拳风格特点不同的"内家拳"。此外,还流传有宋太祖三十二势长拳、六步拳、猴拳、囮拳、温家七十二行拳、三十六合锁、二十四弃探马、八闪翻、十二短、巴子拳等,出现了一批擅长某一拳技的名手。例如,擅长短打的有"绵张""吕红""山西刘";擅长踢法的有"山东李半天""曹聋子";擅长打法的有"张伯敬";擅长拿法的有"王鹰爪""唐养吾";擅长跌法的有"千跌张"。在拳术迅速发展的同时,作为武艺内容概称的"十八般武艺",有了具体的内容,其中包括有长兵器、短兵器、软兵器(索系兵器)和抛射兵器(参见本书"十八般武艺")。这些兵器既未包罗当时军阵格杀的全部兵器,又有一些并非当时战阵运用的兵刃。它们已开始演变成专供运动锻炼的器械。

其三,总结出了较为系统的武术基本理论。在技法上,总结出了"短兵长用""长兵短用""三尖相照"等要领(见戚继光《纪效新书》)。在战术上总结出了"刚在他力前,柔乘他力后,彼忙我静待,知拍任君斗","乘他旧力略过,新力未发","后人发,先人至"等要诀(见俞大猷《剑经》)。在套路编排结构方面,形成了相对固定的路线程式,并出现了记述套路的专著《耕余剩技》。在教学训练方面,总结出了学习武艺要"先学拳""次学棍"(见何良臣《阵记》),练习枪法要先学"一戳一革",然后学"连环",最后学"破法"(见吴殳《手臂录》附卷上)等循序渐进的教学训练法则。戚继光《纪效新书·比较武艺赏罚篇》中,还规定了兵械形制和技术标准。试技时,优者赏,达不到一定标准者则罚,体现了从难从严的教练原则。

其四,出现了广泛吸取传统文化的某些精华来促进武术发展,增浓武术文化色彩的趋势。例如,明万历年间见传的《易筋经》,是武术功法与气功导引术结合的产物。内家拳中的击穴法,是借助中国医学中的经络学说为依据形成的击法。武术套路,有可能是借鉴宋元间使武术艺术化的卖艺人拳套,和使艺术武术化的元杂剧武戏的某些编排格律和形体艺术,加速了自身的发展。此外,俞大猷、唐顺之、何良臣、戚继光、程宗猷等人,运用军事理论,总结深化了武术技术、战术和训练理论,分别写成了《剑经》《武编》《阵记》《纪效新书》《耕余剩技》等武术典籍。

其五,武术的健身价值受到重视,审美价值得到有意识的利用,不再是仅着眼于格杀的纯军事技术。戚继光《纪效新书·拳经捷要》云:"拳法似无预于大战之技,然活动手足,惯勤肢体,此为初学入艺之门也。"指明了作为武术运动主体技术的拳法,好像不是参与军事战斗的技术,然而却不失为一种有助于格杀技术的体育活动。少林拳虽以技击名,其基本目的也是供僧人坐禅后活动肢体用。明代,少林寺还以表演武术接待香客和游人。明王士性《嵩游记》载述寺僧表演时"拳棍搏击如飞","为猴击者,盘旋踔跃,宛然一猴也"。

上述五点标志着明代武术已发展成一种有别于军事格杀技术的体系,它兼有着锻炼体魄、训练攻防技能、观赏娱乐等多种社会功能,初步演进成了一个体育运动项目。在此基础上,后世武术进一步吸收传统文化的养料,丰富锻炼形式,升华技法理论,在不失攻防内涵的前提下,沿着体育途径不断发展。

进入清朝后,增加火器装备,已成为加强军队战斗力的必趋行径,传统的军旅武术日趋衰微。同治年间,清廷进口了大批"洋枪",并开办工厂进行仿造。光绪甲午之战后,开始编练全部用新式枪炮装备的"新军",传统的军旅武术退出了军事技术范畴。为选拔军事人才的武举制,也于光绪二十七年(1901)废止。

清代军旅武术衰微的过程,也就是民间武术不断发展,完成武术体育化进程的过程。清代新生的拳种,以拳术为主要内容。并且大多以一定的传统文化观念作为本门立论的依据。例如,太极拳依《太极图说》立论;形意拳用五行生克说规范拳技;八卦掌以易理阐发拳理等等。太极拳家还提出了"详推用意终何在?益寿延年不老春"的练武主张,明确了武术的体育本质。至1909年霍元甲在上海创立精武体操学校,直接将武术视为既有助于健身,又有助于掌握自卫本领的体育项目。

辛亥革命后,有识之士多以武术能强身强种、自卫卫国,而提倡武术。上海精武体育会、天津中华武士会、北京体育研究社、成都四川武士会等民间武术社团蔓生于各大城市。北洋军阀政府规定所谓"中华新武术"为军警和学校必修科目。国民政府于1928年成立中央国术馆,规定各地成立下属馆社。当时随着西方体育及其基础学科的传入,一些武术前辈借鉴西方体育教学形式、竞赛形式和方法来整理武术,并着手运用体育基础学科有关知识和方法来研究武术。出现了以口令指挥、列队操练的集体武术教练法,一些传统武技被整理成册。1923年,在上海举行了首次"中华全国武术运动大会"。此后,综合性的全国运动会,也将武术列为竞赛项目。武术步入现代运动竞赛场后,被称为"武术运动"。

当代武术运动的新发展

1949 年后,武术沿着体育途径迅速发展,其社会功能得到了广泛的发挥和运用。继承、研究、普及、提高工作日益深化。

50 年代起,中华人民共和国体育运动委员会陆续组织专家,编制了简化太极拳、长拳类刀、剑、棍、枪和拳术的初级、乙组、甲组套路。这些套路起到了促进技术规格统一的作用,也成了在群众和院校中普及武术的基本教材。动作规格的统一,加强了套路竞赛的可比性。1959 年诞生的"武术竞赛规则",将武术项目分类,进行同类项目同组比赛,进一步增强了套路比赛的可比性,使武术步入了竞技体育运动行列。

此后,动作外形可比性较强,且易于进行比较的长拳类拳械项目得到较快发展。这类拳械为适应运动竞赛的要求,艺术表现性不断提高。运动员为了在竞赛中夺取高分,参加竞赛的套路由选用传统套路,逐步变为创编既符合竞赛规则规定,又能充分发挥个人特长的自选套路。套路结构由传统的右侧起式,经近似直线的左右往返演练,回到起式位置收势,变成了路线多变、起收式在同侧即可的灵活结构。演练中出现了腾空动作和空中造型技术。腾空高、造型美、动作和动作组合难度大,成了衡量套路演练水平高低的明显标准。这些都促使长拳类新编套路艺术性和观赏性的日益提高。这种情况一直影响着后来武术竞赛套路的发展。

1961 年问世的体育学院本科讲义《武术》,是我国第一部较为系统的武术教科书。其中辑录了 50 年代新编的拳械套路,以及长拳基础训练和一些流传较广的传统拳械套路,还将体育教学训练原则及其步骤和方法等用于说明武术教学训练,促进了体育基础学科知识与武术的结合。在 60 年代,新编甲组长拳类拳械套路被列为竞赛规定套路,促进了长拳训练程式和基本功系列练法的逐渐稳定与成型。腾空造型等新出现的技术,也逐步形成了自己的练习步骤和方法。

在 70 年代,武术发展主要表现为太极拳、南拳、形意拳、八卦掌、通臂拳,以及螳螂拳等拳种,得到群众性的继承和普及。武术格斗项目也冲出禁锢,重新出现在习武活动中。在长拳套路舞蹈化倾向引起普遍反感的情况下,1979 年版《武术竞赛规则》,删去了 1973 年规则中关于给新颖难度动作加分的规定。并且规定了十五种限制性动作,限制某些项目不能出现那些攻防含义不强的动作,及限制性动作出现的次数。就在这本规则中,新增了形意拳、八卦掌、通臂拳、劈挂拳的试行竞赛规则。

进入 80 年代后,出现了空前规模的武术大发展。挖掘整理传统武术的活动,使一些濒临失传的拳技和资料,得到了继承保存;群众性的习武活动遍及城乡,武术学术研究气氛日益活跃,武术书刊似春笋般破土问世。在中国武术协会和武术研究院的倡导下,武术迈开了跨入世界体坛的步伐。自 1985 年举办首届武术国际邀请赛起,每年都有国际性和洲际性的武术竞赛活动。在各国武术爱好者的共同努力下,相继诞生了国际武术联合会筹委会、欧洲武术联盟、南美武术功夫联合会、亚洲武术联合会等国际武术组织。1988 年亚奥理事会决定采纳武术为亚运会正式比赛项目。1990 年,国际武术联合会在北京正式成立。这些,标志着武术走向亚洲、走向世界取得了可喜的成绩。中华民族为丰富国际奥林匹克运动的内容,促进东西方文化的交流,做出了有益的奉献。

武术运动的特点

武术运动有着与其他体育项目相同的共性,也有着与其他体育项目不同的个性特点。较为显著的有下述四点。

一、鲜明的中国传统文化特色

中国武术萌生于中国文化土壤,中国传统文化孕育它成形,养育它成长,促进它不断发展、完善。从总体来看,武术理论受中国哲学影响较多;武术防身制敌法,受中国兵学影响较多;武术健身法受中医和养生术影响较多;武术表演艺术受古代武舞影响较多。以拳种为例来看,太极拳与老子"重柔主静"思想相通,要求动作柔缓圆活,强调"以静制动"。八卦掌以易理为拳理,要求"以动为本,以变为法",强调"以动制静"。少林拳受禅学影响,要求将禅修融入练武,强调"拳禅一体",等等。以拳式动作为例来看,武术动作要求意、气、劲、形四者和谐统一,一动俱动、一到俱到。这种"内外合一"的整体运动规律,反映了"天人合一"的观念。武术动作的运动路线和节奏多表现为欲伸先屈、欲左先右、欲开先合、欲起先伏、欲急先缓、欲重先轻、欲紧先松等。这种从欲达方向的反向着手开始动作的表现方法,可溯源自《老子》"将欲歙之,必固张之;将欲弱之,必固强之;将欲废之,必固兴之;将欲取之,必固与之"的思想。另外,行拳换势时要"动中求静",定势时要"静中求动"。运动追求"刚柔相济",格斗崇尚"攻中寓防、防中寓攻"。这种既要细明事物对应双方,又强调对应双方相互依存、互相转化的技法要求,是中国古代阴阳学说在武术技法中的运用。

二、攻防再现性和表现性兼蓄的本质特点

武术的动作素材以攻防性能为本质,兼容攻防再现性和表现性。所谓攻防再现性,指动作能够再现其母体的格杀价值,在实践运用中发挥攻防效用。明代戚继光编的三十二势长拳,程宗猷编的单刀法选、长枪法选中的动作,都称是招招皆可实用的再现性攻防动作。在现代武术运动中,这类动作主要运用于格斗运动(如"散打"),以及防身制敌术。套路运动中亦有运用。所谓攻防表现性,指动作能够表现出其母体动作的攻防意向,而不一定能发挥实战格斗的作用。这类动作多借助形体艺术和动作编排技巧来夸大动作的攻防含义,表现出独特的攻防技击艺术。明代称这类动作编成的套路为"花架子""花法""套子武艺"等。现代竞赛表演性套路中,这类动作颇多,其他套路中亦有运用。

三、多样统一的运动形式特点

武术的内容丰富多彩,运动形式多种多样。俗称:"武艺十八般"。实际上,不同形制的武术器械就有数十种,不同风格特色的拳种多达一百余种,流传套路二千余个。不同器械和不同拳种的练功方法、基本动作、套路结构、技击特点等都不尽相同。按照它们的运动形式,可分为功法运动、套路运动、格斗运动三大类。三类运动虽锻炼形式不同,却相互联系、相互为用,统一于一定的目的之下。通过功法运动,能获得学习套路和格斗技术的基本技能,提高表现套路和格斗技

巧的体能。通过套路练习,有助于灵便身手和掌握对搏招法。套路演练还能展示出功法训练的水平。通过格斗练习,有助于体会武术意识和动作的攻防含义,也能展示出功法训练水平的高低。

四、整体统一的运动观念特点

武术运动以整体统一的观念作为训练和应用的准则。认为人体内在的、无形的意、气、劲,与外部有形的肢体是不可分割的整体,要求意、气、劲、形统一。自然界与人之间存在"天人感应"的关系,也是一个不可分割的整体,要求人的运动与天(自然)的运动统一。这种整体运动观表现在技法原理上,讲究"内外合一";表现在训练原则上,讲究"内外互导";表现在锻炼效果上,讲究"内壮外强"。

武术的价值

中国武术有着广泛的社会价值,主要包括下述四个方面。

一、壮内强外的健身价值

武术训练强调内外俱练。武谚云"内练精气神,外练手眼身",又云"外练筋骨皮,内练一口气"等。认为"炼有形者(外)为无形(内)之佐;培无形者为有形之辅"。如此内外俱练,以求内壮外强,获得身心的全面发展。近年的研究,证明武术运动对人体外部形态和各内部器官都有良好影响。

从武术对人体外部的影响来看,据 1975 年第三届全运会人体测量研究组对 204 名武术运动员和 541 名北京市大、中、小学学生进行体格测量获得的数据(见《我国男运动员人体形态材料》《我国女运动员人体形态材料》),将 12 至 25 岁年龄组的相应体格指标的测量数据进行比较,首先发现,在这个年龄阶段中,身高总增数,武术男人均多增 5.32 厘米;武术女人均多增 7.74 厘米。其中,下肢总增长数,武术男人均多 3.81 厘米;武术女人均多 3.21 厘米。上肢(肩臂长)总增长数,武术男人均多 5.27 厘米;武术女人均多 7.26 厘米。其次发现在这个年龄阶段中,足长总增数,武术男人均多 1.12 厘米;女人均多 0.73 厘米。足宽总增数,武术男人均多 0.3 厘米;女人均多 0.48 厘米。脚腕围度总增数,武术男人均多 1.03 厘米;武术女人均多 0.6 厘米。小腿围(左右平均数),武术男人均多 0.87 厘米;武术女人均多 1.62 厘米。大腿围(右)总增数,武术男人均多 3.02 厘米;武术女人均多 3.38 厘米。臀厚总增数,武术男人均多 0.38 厘米;武术女人均多 0.09 厘米。骨盆宽总增数,武术男人均多 0.42 厘米;武术女人均多 1.10 厘米。腰围总增数,武术男人均多 3.13 厘米;武术女人均多 2.77 厘米。胸围总增数,武术男人均多 1.28 厘米;武术女人均多 0.85 厘米。肩宽总增数,武术男人均多 0.81 厘米;武术女人均多 1.37 厘米。左上臂围(放松)总增数,武术男人均多 1.46 厘米;武术女人均多 1.33 厘米。左前臂围总增数,武术男人均多 1.23 厘米;武术女人均多 1.28 厘米。手掌宽(左右平均数),武术男人均多 0.25 厘米;武术女人均多 0.64 厘米。再次,发现在这个年龄阶段中,体重总增数,武术男人均多 1.21 公斤;武术女人均多 4.16 公斤,上述数据说明,经常坚持武术锻炼有助于人体身高和各部围度、宽度、厚度,以及体重的均衡发展,获得健美的体格。

武术对人体器官机能的良好影响是广泛的。我们曾对北京体院运动系武术班学生(男 11 人,女 12 人)和北京大学普通学生(男、女各 13 人)的多项机能指标进行了测定对比,对 60 至 82 岁的 30 名经常练习八卦掌的男性老人和 30 名男性健康老人的多项机能进行了测定对比,获得下述发现:

从武术对运动器官的结构与机能的影响来看,测背肌力量以山羊挺身持续时间为指标,武术班男、女生分别较普通大学男、女生人均多 18.87 及 77.20 秒。测腹肌力量以仰卧起坐次数为指标,武术班男、女生分别较普通大学男、女生人均多 36.23 次及 46.21 次。测腿力以纵跳高度为指标,武术班男、女生分别比普通大学男、女生人均多 14.34 厘米及 11.79 厘米。测手臂力以握力和扭力(前臂旋外)为指标,练习八卦掌老人左、右手握力分别比普通老人人均多 4.67 公斤(左)及 7.13 公斤(右);左右扭力分别多 3.15 公斤(左)及 4.26 公斤(右)。测柔韧性以立位直膝体前屈度数、转腰(下肢固定不动、躯干向左右扭动)的度数、体侧屈(膝关节伸直、躯干向左右侧屈)的度数、髋外旋(立体、膝关节伸直、大腿外旋)的度数等为指标。体前屈度数,武术班男女生分别比普通大学男女生人均多 14.74 厘米及 25.78 厘米。练习八卦掌老人与一般健康老人的比较结果为:体前屈度数,练习八卦掌老人人均多 13.53 厘米;转腰的度数,练习八卦掌老人,人均向左多 44.56 度,向右多 49.35 度;体侧屈的度数,练习八卦掌老人,人均向左多 10.63 度,向右多 8.60 度;髋外旋的度数,练习八卦掌老人,人均向左多 11.53 度,向右多 11.51 度。另外,对这 60 名老人进行胸、腰、髋部 X 线摄影比较发现,股骨横径数及骨皮质厚度数,练习八卦掌老人分别较一般健康老人人均宽 2.92 毫米、厚 2.40 毫米。腰椎骨质疏松情况,练八卦掌老人比一般健康老人人均少 31.5%。股骨骨质疏松及骨小梁稀疏情况,练习八卦掌老人比一般健康老人人均少 23.3%。腰椎上形成的骨赘数目,练习八卦掌老人比一般健康老人人均少 4.675 个。

上述测定比较说明,经常练习武术的人,能提高人体肌肉的力量和伸展性,提高关节运动的幅度,增高骨骼抗折、抗弯、抗压缩、抗扭转的能力。老年人经常坚持锻炼,能减少骨质疏松和骨赘等出现,延缓衰老的退行性变化。

从武术对呼吸系统机能的影响来看,我们测知,呼吸差(吸气时胸围与呼气时胸围之差),武术男、女生分别比普通男、女生人均大 2.12 厘米及 1.38 厘米;练习八卦掌老人较一般健康老人人均大 1.65 厘米。肺活量,武术男、女生分别比普通男、女生人均多 489.17 毫升及 496.16 毫升;练习八卦掌老人较一般健康老人人均多 573.81 毫升。

肺活量大,说明肺组织弹性高;呼吸差大,说明能够呼出更多的废气,吸入更多新鲜空气。证明经常坚持武术锻炼有益于增强呼吸系统的机能。

从武术对心血管系统机能的影响来看,通过对北京体院武术学生和北京大学普通学生进行安静脉搏率、血压以及采取 30 秒 20 次下蹲的定量工作,测验心血管系统的机能指标获得的数据,进行比较。安静时的脉搏和收缩压,武术男、女生分别比普通男、女生每分钟低 9.0 次和 10.48 毫米水银柱,及每分钟低 5.22 次和 5.33 毫米水银柱。定量工作后,脉搏和收缩压增加情况,武术男、女生分别比普通男、女生人均少 7.64% 和 5.02%,及 3.62% 和 4.62%。脉搏和收缩压恢复到安静时水平所用的时间,武术男、女生分别比普通男、女生人均少 0.87 分钟和 0.75 分钟,及 0.75 分钟和 0.73 分钟。

安静时,脉搏次数低,反映心脏在单位时间内收缩较少的次数,血液循环就能保证人体机能活动的需要,有利于心脏得到较多的休息。收缩压低,反映血管运动的神经调节机能水平较好。定量工作后,脉搏收缩压增加较少和能够较快恢复到安静时水平,反映心血管系统能负担更大的运动强度,具有更强的工作能力。此外,通过对练习八卦掌老人和一般健康老人的正常心电图比较,还看到练习八卦掌老人的正常心电图数比一般健康老人多24.14%。显然,经常坚持武术锻炼对心血管系统机能有良好影响。

从武术对神经系统机能的影响来看,以"反应时"(指见红灯亮立即按电键的一段时间)为指标,武术班男、女生分别比普通男、女生人均少20毫秒及50毫秒。采用"电——机械延迟"(指发生肌电到出现机械反应的一段时间)为指标,练习八卦掌老人比一般健康老人人均少13.77毫秒。利用LX型电子平衡仪测定在睁眼和闭眼情况下双足站立的总偏移度(30秒),观察到练习八卦掌老人睁眼与闭眼时的偏移度比一般健康老人人均少1.49度及3.02度。

"反应时"数值小,"电——机械延迟"数值小,说明反应速度快,说明中枢神经系统的兴奋状态及神经过程的灵活性较好。平衡测验的偏移度数值小,说明平衡稳定性好,证明前庭感觉、肌肉本体感觉调节平衡的机能较强。上述指标证明经常坚持武术锻炼,能改善神经系统的机能。

总之,中国人民千百年的习武实践和近年进行的武术研究,都说明武术运动对身体有着多方面的良好影响。经常练习武术能收到"壮内强外"的效果。儿童、少年和青年人从事武术锻炼能促进生长发育,健美体格;老人从事武术锻炼能推迟和防止衰老的各种退行性变化,延年益寿。

二、防身制敌的攻防价值

在冷兵器时代,武术分为军旅武术和民间武术两部分。军旅武术属于军事格杀技术,其攻防价值关系到战争的胜负和士兵的性命。军事武术家戚继光著的《纪效新书》对此有着切要而简明的论述。他在该书《谕兵紧要禁令篇》中说:"凡武艺,不是答应官府的公事,是你来当兵防身立功杀贼救命本身上贴骨的勾当。你武艺高,决杀了贼,贼如何又会杀你?你武艺不如他,他决杀了你。若不学武艺,是不要性命的呆子!"为了提高军旅武术的攻防价值,戚继光主张练一击就致敌于死命的武艺,要求士兵"务要照示学习实敌本事,真可对搏打者"(见《比较武艺赏罚篇》)。同时,他还提出,"能有余力",亦当习"不甚预兵"的拳术,以"活动手足,惯勤肢体"。这些论述指明武术的攻防价值表现为锻炼提高攻防格斗必备的体能,学习攻防技术,提高攻防技能,掌握防身制敌的本领。

脱胎于军旅武术的民间武术,同样具有这些价值。在整个清代,下层民众此起彼伏地反清起义和抗击外国侵略者的战斗技能,都来自有别于军旅格杀的民间武术。

清嘉庆十八年(1813)天理教起义军被围河南滑县时,擅长梅花拳系武技的冯克善,挥刀杀出重围,北上救援。清道光二十一年(1841),英军侵入广州三元里时,平时在武馆习武的工人们,拿起刀、矛、大耙,两度击败手执火枪的入侵者。清咸丰十年(1860),英法联军陷京师,圆明园附近谢庄民女冯婉贞,带领村中少壮,发挥"技击(武术)利巷战"的特点,避开敌军"火器利袭远"的特长,击退入侵者,保卫了家乡。在火器代替冷兵器,武术从整体上退出军事技术体系,形成一项体育运动后,武术这种人自为战、以巧胜拙的近战制胜价值仍然存在,而且得到了不断发展。点打穴位,攻击要害等打法,以及讲究分筋错骨的擒拿捕人术得到不断完善。以小力打大力的攻防技巧性不断提高,乃至体育化了的武术,又反传入军旅技术。民国初,马良倡议以武术代替兵操,创设军事武术传习所,汇集一些武术家编成了兵操式的"新武术",在军警中传习。在抗日战争中,不少部队编练了"大刀队",发挥传统武术中"单刀"的杀敌威力。中国人民解放军以擒拿术为主,结合踢、打、摔法,编成捕俘拳,列为侦察兵乃至步兵的必修内容。与此同时,武术的攻防技术发展成了体育化的武术对抗运动,以及人们自卫抗暴的防身术。

总之,武术的核心技术是攻防技术,"防身制敌"是武术的基本价值之一。通过武术锻炼,既能提高攻防格杀必备的体能,又能学得攻防技术,提高攻防技能,掌握防身制敌的本领。

三、技击美与技艺美融合的审美价值

武术运动能使人获得美的感受,在某种程度上满足人们的审美需求和享受。这种审美价值,产生于技击美和技艺美融合的武术美。

武术的技击美,以人们对武术攻防的认识为基础,通过实战格斗动作的攻防实效、套路演练动作的攻防含义表现出来。人们在观赏武术格斗运动时,从双方表现出的勇敢、力量、合理的攻防招法以及健壮的体魄中获得美感,直至为胜利者欢呼,为其体能和技能倾倒。古籍中记载有很多上至帝王、下及庶民喜好观赏武术格斗运动的事迹。例如,《庄子·说剑》记载:战国时,"赵文王喜剑,剑士夹门而客三千余人,日夜相击于前,死伤者岁百余人,好之不厌"。《通鉴纪事本末·刘氏据广州》载:五代"汉主好搏……与诸王宴于长春宫,观手搏,至夕罢宴"。《新唐书·宦者列传》载:"(帝)尝阅角抵三殿,有碎首、断臂流血廷中。"又如,《汉书·武帝纪》载,"(元封)三年(前108)春,作角抵戏,三百里内皆观"。《涑水纪闻》载,宋代渑池县令为"致庙梁"(为建庙上梁),"下令较手搏,倾城随伍观之"。不同阶层的人们对武术格斗运动的观赏兴趣,表明武术的技击美,自古就有着较高的审美价值。

武术的技艺美,是充分发挥人体运动能力,表现出的武术姿势规格美和运动规律美。动作符合规格标准和运动规律的程度越高,技艺美的程度也就越高。在武术套路运动中,还通过传神、比兴、夸张等艺术手法来加强武术姿势规格美和运动规律美的表现力和感染力,使武术技艺美具有更高的审美价值。早在汉代,人们已把武术的技艺美和歌舞音乐的艺术美相提并论。东汉人班固著的《汉书·哀帝纪赞》载,汉哀帝"雅兴不好声色,时览卞、射、武戏"。汉末魏初人苏林注:"手搏为卞,角力为武戏也。"由于观赏武术表演被视为一种高雅的审美娱乐活动,宋代军中出现了程式化的武术表演,民间艺人在勾栏瓦舍中,亦表演技艺美较强的套路形式的武术单练和对练。至明代,"左右周旋,满遍花草""徒支虚架以图人前美观""只图取欢于人"的花法武艺,更受人们喜爱,乃至入伍当兵者,也好学练民间花法武艺(见戚继光《纪效新书》)。这些都说明武术技艺美有着较高的审美价值。

人们对武术美认识的深化，对武术审美价值的利用，促进了习武者和民间武艺人对武术美的追求，加快了武术脱离军事技术，形成一项运动项目的步伐。完成了体育化进程的武术运动，审美价值进一步提高。武术自身含有的那些能激起观赏美感的审美因素被逐步固定下来，武术的技击美和技艺美融合一体。人们观赏武术，能从形神兼备、以形传神的武术演练中，感受到武术的神韵美；从立身中正、三尖相照、六合相应的姿势中，感受到武术的和谐美；从动静相间、刚柔相济等"反向相求"的技法中，感受到对比美；从在运动中求平衡、在平衡时求运动的运动中，感受到动态平衡美；还能从武术格斗中，感受到健力美、自强美；从以巧打拙、以小力打大力的技巧中，感受到武术的技巧美；从"舍己从人""非遇甚困则不发""点到为止"等要求中，感受到武德美。人们对武术美的感受，使其审美需求获得了某种满足，从而起到娱乐身心的作用。对武术美的感受，还能诱发和提高审美情趣，激发积极求胜的斗志，从而起到陶冶情操的作用。

四、培育中华精神的教育价值

武术教育历来重视"武德"，以"尚武崇德"作为武术教育的基本原则之一，培育学生养成尚武崇德的精神。这种精神正是传统的中华精神在武坛的缩影。中国古代哲人认为，人生天地之间，是天地的精华，应该"与天地合其德"，人的精神应兼容天地的德行。二千多年前的《周易·象传》，就已总结性地提出："天行健，君子以自强不息"；"地势坤，君子以厚德载物。"今人张岱年先生等认为，"自强不息"和"厚德载物"，就是数千年来中华民族自立于世界民族之林的中华精神（见《中国文化传统简论》）。

"尚武"能培育"自强不息"的精神。尚武者在坚持不懈的武术锻炼中，体魄不断强健，攻防技能不断提高，这是"自强不息"精神赖以存在的基础。强健的体魄能保证机体承受住社会劳作的苦累，抵御严寒、酷暑、风湿等对人体的侵袭，在艰辛和恶劣环境中求得生存。防身制敌技能能对付敌对者的武力侵犯，在遭遇强敌时，能借助攻防技巧，保护自己，打败对手。这类战胜恶劣环境和对手的胜利体验，能逐步使尚武者养成不屈服于恶劣环境和竞争对手，见恶不畏、见强不惧、勇于拼搏、夺取胜利的精神。这正是"自强不息"精神的具体体现。

"崇德"能培养"厚德载物"的气度。武术传习中,强调武德教育,要求习武者具有手德、口德、公德。手德即较技时不以武力伤人,就是对待坏人,也以擒拿、点穴等法制服敌手为尚。口德即不以语言中伤他人。公德即遵守社会道德规范,不做扰乱社会治安的事。在武术技法中,还形成了"以柔克刚""舍己从人"等顺其自然,保护自己,而不与人强争胜负的打法。这些崇尚道德的修养,能逐步使习武者养成与人友善,淳厚处世,宽容万物的气度,这正是"厚德载物"的德性的具体体现。

武术的内容和分类法

武术的内容丰富多彩。对于武术内容的分类,人们曾作过多种尝试。战国初期成书的《司马法》中,已有长兵、短兵的兵械分类概念。明代戚继光在《纪效新书》中介绍当时流行拳法时,有长拳、短打的概念;在介绍拳技时,使用了打(张伯敬之打)、踢(李半天之腿)、跌(千跌张之跌)、拿(鹰爪王之拿)四个分类概念。清初黄宗羲撰《王征南墓志铭》中,使用了内家拳、外家拳的分类概念。民国初年,《中国精武会章程》中,使用了"黄河流域派""长江流域派""珠江流域派"的分类概念;陆师通《北拳汇编》,使用了"南派""北派"的分类概念。

历史上的这些分类方法,曾经对人们研究武术的技法特征,了解拳术的分布区域,起到过一定作用。例如,将兵器分为"长兵"和"短兵",在战国时有"长兵以卫,短兵以守"的战法,到明代就发展出了"长兵短用"和"短兵长用"的技法。又如明清之际的"内家拳",仅是王征南承传的一个拳种,"外家拳"仅指少林拳。到民国间发展成:凡"主于搏人""亦足以通利关节"者,概称"外家拳";凡注重"以静制动""得于导引者为多"者,概称为"内家拳"。再如以江河流域分派,起到了介绍武术分布情况的作用。南派、北派分法,虽仍以流传地域为基础,却指明了地理气候对拳术形成的影响,使分类由表及里地涉及到了一些实质。

昔日的这些分类法,虽曾从不同角度,促进了武术的发展和传播,却也难免受到当时武术发展水平和人们认识武术角度的局限。为了展示武术内容的全貌,区别武术内容的层次,揭示出武术发展的规律和所属技术间的相互关系,我们可以共性归合、特性区分为基本分类原则,采用合流分支法、分形合技法、竞赛分类法三种分类方法。

合流分支法:这是依据武术发展历程中,某些武技自然合流和分支的历史现象进行分类的方法。武术的基本素材是攻防动作,具有同一特点的动作素材逐渐聚合发展,或以某一技术特征为标准,发展符合此标准的动作素材,从而形成一定的技术体系和理论体系,这就是拳种。一个拳种在发展中,出现几个个性气质不同的后继者,发展出保持该拳种基本特征,但相互风格不同的几种练习方法,这就是不同的"式"。如果由拳种发展出的某一式,其技术特征异于母体拳种而自成体系,就应算是有别于母体的新拳种。若干拳种以某一共性特征为标准归合一群,称为流派。流派的总合,就是武术总体。

依据对武术的这些认识,我们可以视武术为中国传统文化海洋中的一条大江,此江分成若干支流,它们包括以遥举遥击为特点的长拳类,以放长击远为特点的长击类,以势险节短为特点的短打类,以圆活柔顺为特点的圆柔类,以仿形成技为特点的象形类。这是合流分支法的第一层次。

每一支流(即类)又分为若干溪流,即每一类都包含具有同一特点的若干拳种。如长拳类包括查、华、花、红、少林拳等;长击类包括通背(臂)拳、劈挂拳等;短打类包括南拳、形意拳等;圆柔类包括太极拳、八卦掌等;象形类包括螳螂拳、猴拳、醉拳等。此即合流分支法的第二层次。

每一溪流又可因拳种内含的多式风格,形成若干沟渠。例如,太极拳分为陈式、杨式、武式、吴式、孙式等;八卦掌分为尹式、程式、梁式等。此即合流分支法的第三层次。

这种分类法便于人们看清武术发展的内在规律,了解各种武技的自身特点及其相互之间的区别。分类中要注意拳种的技术是否有从属某一流派的共性特征,是否有区别于其他拳种的个性特征。具有共性特征,才能从属入流;具有个性特征,才能独立成种。在门户林立时代,仅以师承和某种组织形式形成的拳门,有的确在发展中形成了区别于母体拳种的本质特征,可作一个拳种论。那些并无区别于母体技术特色的拳门,在分类中只能视为母体拳种的一"式",而不能以拳种论。

分形合技法：这是以武术运动形式(即形)和技法特征(即技)作为标准进行分类的方法。既适合于对武术的整体分类,也适合每一流派、拳种的分类。按照武术的运动形式,可以将武术区分为功法运动、套路运动、格斗运动三类,这是分形合技法的第一层次。

复按一定的技术特征区分每类为若干种。例如,功法运动下辖内功、硬功、柔功、轻功和其他功法;套路运动下辖单练拳术、器械套路、对练套路三种;格斗运动下辖徒搏和械斗两类。这是分形合技法的第二层次。

再沿一定技术特征,继续区分三种运动形式各包括的锻炼方法。

例如,功法运动中的柔功包括肩、腕、胸背、腰、腿、足踝部柔功;内功包括静功、动功、动静功;硬功分为增力类、抗击类等。

又如套路运动中的单练拳术套路包括长拳类、长击类、短打类、圆柔类、象形类;单练器械套路包括长器械、短器械、双器械、软器械、杂兵械;对练套路包括徒手对练、器械对练、徒手与器械对练。

再如格斗运动中的徒搏类包括散打、推手运动;械斗类包括短兵、长兵运动。这是分形合技法的第三层次。

这种分类法,便于人们从总体上了解武术技术类别,探索各类技术的共性规律和技法原理。

竞赛分类法：这是以运动竞赛的可比性原则为基础,对武术运动中可用于竞赛的内容,以运动形式和技法特征为标准进行分类的方法。严格些说,这种分类法应称为"武术竞赛内容分类法"。

兹据1986年中华人民共和国体育运动委员会颁布的《武术竞赛规则》分列如下：

一、长拳

二、太极拳

三、南拳

四、剑术

五、刀术

六、枪术

七、棍术

八、其他拳术:除规则规定的自选拳术内容以外的拳术。如:

第一类,形意、八卦、八极;

第二类,通臂、劈挂、翻子;

第三类,地趟拳、象形拳;

第四类,查、花、炮、红、华、少林、各式太极拳和南拳等。

九、其他器械:除规则规定的自选器械项目内容以外的器械项目。如:

第一类:单器械;

第二类:双器械;

第三类:软器械;

十、对练项目:徒手对练、器械对练、徒手与器械对练。

十一、集体项目。

这种分类法便于运动员在同一运动形式的规范下,通过同类技术竞赛,展示个人的体能和技能。

总之,由于武术内容繁杂,形式多样,社会功能也颇多,要想以一种分类方法满足来自多种角度的多种需要,是很困难的。可以从不同的角度、不同的目的,采用不同的分类方法,来满足人们了解武术、学习武术、研究武术及进行武术竞赛的多种需求。

武术功法运动

武术功法是武术运动的三种运动形式之一,是为掌握和提高武术套路和格斗技术,诱发武技所需的人体潜能,围绕提高身体某一运动素质或锻炼某一特殊技能而编组的专门练习。

武术功法具有养身、健身、护身及增强技击能力等作用。其主要特点表现为:以个体独习为主要锻炼形式,练习方法简便易行,练习难度循序递增,锻炼效果逐渐提高,似有永无止境的吸引力。

武术功法内容丰富,包括有提高肢体关节活动幅度及肌肉舒缩性能的"柔功"；锻炼意、气、劲、形完整一体的"内功"；增强肢体攻击力度和抗击能力的"硬功"；发展人体平衡能力和翻腾奔跑能力的"轻功"等等。

从目前所能见到的文献来看，武术功法是随武术的萌生而兴，随武术的发展而盛，随武术技术的演进而变化的。

"硬功"很早就受到人们的重视。《史记·殷本纪》记有帝武乙做偶人，"与之搏"。偶人是土木做成的人像。与偶人格斗，很像后世的"木人桩功"锻炼法。这类提高击打能力的硬功功法，发展到明代已流传有打动靶和打静靶两类。唐顺之《武编》卷五记有悬米袋或蒲团，或在平地上立三尺长凳或石墩为靶，以钻腿、桩腿、蹴腿、弹腿等腿法进行踢击练习。这与近现代的"吊袋功""踢桩功"基本相似。硬功中提高抗击、抗压能力的功法，在唐代已较流行。唐睿宗（684）时的杂技表演中已有"卧剑上舞"（见《信西古乐图细部》）。唐武宗（841—846）时，有个名叫管万敌的供奉，颇有膂力。他奋力用拳击一麻衣人，却"如扣木石"（见《剧谈录》）。当时医家用于自我按摩的"拍击法"，是以指环、手、拳拍击身体，与后世"排打功"的初步练法相似。近现代的"排打功"及"钢刀排身""卧叉"等表演，很可能就是从唐代袭承发展而成的。硬功中提高力量的锻炼法，在汉代有"扛鼎"（举鼎），晋唐间有"翘关"（推举铁棒），清代流行有"舞刀"。舞刀是以铁制大刀为械，进行推举和舞花等力量练习，很像是举铁棒进一步结合武术技术形成的。清代，将一般练力法结合武技形成的功法很多，例如"石锁功""鹰爪功"等等。

"轻功"也是较早受到重视的功法。例如，在战国时的《列子·汤问》中，载有将木桩"计步而置，履之而行，趣走往返，无跌失也"的练习方法。很像后世"梅花桩""跑桩"等功法的远迹。又如：《梁书·羊侃传》记，南北朝时的羊侃，"尝于兖州，尧庙蹋壁，直上至五寻，横行得七迹"。《朝野金载》记，唐代柴绍之弟"尝著吉莫靴走上砖城，直至女墙，手无攀引。又以足指蹋佛殿柱至檐头，捻椽覆，上越百尺楼阁，了无障碍"。这些记述，很像后世所谓"飞檐走壁"功。再如，《陈书》卷一一中载，南北朝时黄法氍"步行日三百里，距跃三丈"，陈灵洗"步日二百余里"。明代戚继光《纪效新书》卷六述此类练法云："如古人足囊以沙，渐渐加之，临敌去沙，自然轻便。"这些记述和练法同于后世的"陆地飞行术"。

武术功法中的"内功"，是武术技法与古代气功结合的产物。宋代已流行的

"八段锦",采用"左右开弓""攒拳怒目""四面冲击"等武技动作,进行以气助势、以气助力的练习,属于早期武术内功练法。武术内功在与古代气功长期融摄的过程中,不断完善。明代天启四年(1624)问世的《易筋经》,标志着武术内功已发展成一个能与医疗保健气功并立的武术气功体系。它强调内壮与外壮统一,追求通过内外俱练,"使气串于膜间,护其骨、壮其筋",达到"并其指可贯牛腹,侧其掌可断牛项"的效能。各拳种内功,大都以养气、练气为基本形式,追求以气助势、以气助力、以气为技击服务。内功练习与其他武术功法结合渗透,使武术功法皆具有气功特点(参见本书"武术与气功")。

武术功法中的柔功,是锻炼提高柔韧素质的基本手段,历来受到习武者的重视。明代唐顺之《峨眉道人拳歌》中,说道人练拳时"百折连腰尽无骨"。戚继光《纪效新书·拳经捷要》中说:"学拳要身法活便,手法便利……腿可飞腾……活着朝天,而其柔也。"随着武术套路技术的发展,柔功愈受重视,不论欲达一定动作规格,还是提高武术动作的艺术表现力,都离不开柔功。因此,在现代武术中,柔功得到了较好的发展。长拳基本功训练中的柔功练习,形成了较为系统的内容和程序。

武术格斗运动

格斗运动是现代武术运动的三种主要运动形式之一,泛指两人在一定条件下,遵照一定的规则进行徒手或器械格斗的对抗练习和实战竞赛。其内容包括徒搏类的散打、推手,械斗类的短兵、长兵等项。

现代武术中的格斗运动经历了漫长的萌发历程。徒搏运动的渊源,可以追溯到较力斗硬的"角抵",随后发展成"始乎阳,常卒乎阴"(见《庄子·人间世》)、"举手击要,终在扑也"的"相搏"(见宋调露子《角力记》)。继而又发展出了"相错畜,相散手"的"手搏"。手搏是一种以打为主体技术,也有摔法、踢法、拿法的徒手格斗。据说在战国时,已有专门传授手搏的人。至汉代,手搏流传更为广泛,既用于徒手比试高低,也用于观赏娱乐。例如,西汉人甘延寿曾经经过手搏比试,取得军职"期门"(见《汉书·甘延寿传》:"延寿试弁,为期门。")。汉哀帝雅性不好声色,却常观手搏(见《汉书·哀帝纪赞》)。发展到宋代,手搏的竞技性、娱乐性得到了更充分的运用。宋太祖时,王嗣宗与赵昌言争状元,"太祖命二人手搏,约胜者与之"(见司马光《涑水纪闻》卷三)。河南渑池县县令世衡曾"下令较手搏",乘"倾城人随伍观之"的机会,约众举庙梁上山。当时,民间将手搏称为"打擂台"。在元明时人写的《元曲选》《古今杂剧》《杨家将演义》等作品中,都有关于宋代"打擂台"的描写。擂台比试有一定的规矩,先由一高手立擂,打擂者须先立生死"文书",再上台较量。比试时先由"布署"(裁判)检查双方是否夹带暗器,宣布"不许暗算"等条例,然后,双方才正式进行格斗。这类比试,由于没有护具,规则不够严细,常造成比试者伤亡。清初出现的太极拳推手,规定以太极拳手法为基本攻防方法,两人相互搭手推挽,进行保持自身稳定、破坏对方平衡的对抗较量。它既继承了以手搏锻炼提高徒手格斗技能的作用,又解决了不用护具进行格斗,也能避免伤亡的问题。类似古代打擂台的现代散打运动,经历民国间的尝试,近些年来的试验,也逐步形成了一套较为合理的竞赛规则和比赛方法。

散打运动,也称散手运动。是两人按照一定的规则、使用一定的徒手攻防方法相互格斗,以决胜负的对抗练习项目。比赛在高 60 厘米、边长 8 米、上铺软垫的正方形台上进行。比赛时,运动员按体重分级,身着护头、护齿、护胸、护裆、护腿、护脚背及拳套,赤脚。以击中对方头部、躯干、大腿和小腿,击倒和摔倒对方得分。比赛采用三局二胜制,每局净打两分钟,局间休息 1 分钟,以积分多少判胜负。如果一方被击倒 8 秒不能站起,或站起后知觉失常时,对方为优胜。格斗中禁止攻击对方后脑、颈部、裆部,也不准连击对方头部。此外,不准使用头、肘、膝和反关节动作,也不许采用迫使对方头部先着地的摔法,不许有意压对方。

短兵运动的渊源,可追溯到战国时用于观赏娱乐的斗剑。当时的斗剑,是持利剑而搏,不计伤亡,与军事格杀毫无两样。战国时"赵文王喜剑,剑士日夜相击于前,死伤者岁百余人"。在国民志士的反对下,这类斗剑活动慢慢绝迹了。随之出现的是以无刃杆杖代替利剑进行格斗的比试。三国时魏文帝曹丕与奋威将军邓展的一场较量,就是以蔗代剑进行的(见曹丕《典论·自叙》)。晋代出现了"以木剑代刃剑"的情况。这种木剑主要用于佩戴,起装饰作用。有时也用于格斗。《南史·陈始兴王叔陵传》中有"取朝服木剑以进",应付仓卒变故。发展到后来,木制刀剑成了代替利剑铁刀进行格斗训练的器械。明代戚继光《练兵实录》中记有"以木刀对砍"。在这类木制刀剑格斗训练和比试的基础上,出现了"短兵运动"。

短兵运动是两人各持一条短棒,按照一定的规则相互格击,以决胜负的一种对抗性练习项目。练习和竞赛的器械,是以长约1米的藤条或多条竹篾束为胎,裹以棉花或泡沫塑料,外面包上软薄皮革制成。比赛在直径8米的圆形场地中进行。以击中对方身体(禁击裆)、击落对方器械、击倒对方得分而判胜负。竞赛共分三局,每局3分钟,局间休息1分钟。短兵运动技术,以刀剑技术为主,也吸收鞭锏等其他短兵器的使用方法。

长兵运动的渊源,当亦起自不计伤亡的长枪(或矛)格斗。从目前见到的资料看,唐代已流行这类运动。《旧唐书》卷六七载有"去槊刃、以竿相刺"的比试法。《资治通鉴》卷一九六载有"被毡甲,操竹槊,布阵大呼交战,击刺流血以为娱乐"的以竹代槊游戏。至宋代,这类比试日益完善,在元末明初人施耐庵写宋人故事的《水浒全传》第十三回写有:"将两根枪去了枪头,各用毡片包裹,地上蘸了石灰,再各上马,都与皂衫穿着。但是枪杆厮搠,如白点多者,当输。"可以说,在《水浒全传》问世之前,这种既注意避免伤残对手、又能比出高低的长枪对搏比试,已形成了一定的规则。在此类比试的基础上,出现了"长兵运动"。

长兵运动是两人各持一条缚着软质枪头的长杆,遵照一定的规则相互革戳,以决胜负的一种对抗性练习项目。练习和竞赛的器械,是以3.3米长的白蜡杆,装一软质枪头制成。比赛在直径10米的圆形场地进行。比赛时,运动员头戴护面、身着护具,以命中积分和击倒相结合的方式判胜负。竞赛一般进行三局,每局3分钟,局间休息1分钟。也可采取计算命中枪数与计算时间相结合的方式进行竞赛。长兵运动技术,以枪、棍技术为主,也吸收其他长柄兵器的使用方法。

现代武术格斗运动的普及和竞赛以散打和太极推手为主,短兵、长兵的普及和竞赛较少。

武术格斗运动有着多种锻炼价值。对搏时,对抗双方都力求保存自己,战胜对方。面对欲击败自己的对手进行格斗,能锻炼人不惧危险、不怕格杀、勇往直前的果敢品质,同时,也满足了人们的拼搏心理。在瞬息即变的对搏中,对方多有出乎自己意料的攻击,真伪难辨,这能锻炼人神经机能的灵活性,加快得之于心、应之于手的反应速度,提高临机应变的能力。

在对搏时,双方根据对方的变化,将平时独自操习和与假设敌人对阵练习的招数灵活运用,能检验平时所习动作的实用效果,提高运用这些动作的实践体验。不经过这一步练习,原来练习的所谓有"攻防含义"或"攻防价值"的动作,到时并不一定能用得上。同时,通过对搏,使练习者亲身体验到格斗时的意念以及运用攻防动作时心理和生理的实际感受,能提高单个练习武术动作、武术套路的临敌感,使套路练习更有武术的意味,使动作的攻防含义更为明显。

武术套路运动

武术套路是将单个攻防动作或具有攻防含义的动作,按照一定的格式和运动规律编组成的成套练习,是一种相对稳定的程式化锻炼形式和表现形式。套路运动是现代武术的三种主要运动形式之一。

重复固定程式的动作,可以追溯到西周的军队训练和武舞。《尚书·牧誓》述军中兵械训练方法有:"四伐,五伐,六伐,七伐,乃止齐焉。"郑玄注云:"一击一刺为一伐。"现代学者马明达认为,"'一击一刺'极可能是说矛与戈的配合行动"(见《武术研究》)。重复操练的"配合动作",就是一种固定程式的动作,这正是后世套路中组合动作的雏形。当时成童操练的"象舞",也称"象武",属武舞。这种舞是"象用兵时刺伐之舞"(见《十三经注疏·毛诗正义·周颂·维天之命》),是刺击动作与乐的结合体。其中按乐章编排成的刺击动作,也是一种固定程式的动作。在组合动作不断增多的基础上,大约从晋代起出现套路形式的武术演练。武术套路首先出现在民间武术中,随后才影响到军旅武术中。民间武术套路既是一种掌握技术、提高技能和体能的方法,往往又是一种可供观赏的表现形式。这类套路动作包含有技击性较强的动作,也有表演性较强的象征性技击动作。前者源于古代军事训练法,后者则是受古代武舞影响的结果。此外,还有趣味性较强的花招虚架。晋代乡间已有"双刀"和"戟"的套路演练。《资治通鉴补·晋纪》注双刀练法云:"两手运双刀,坐作进退为击刺之势,掷刀空中,高一二丈,以手接之。"又述戟的练法云:"左奔右赴为刺敌之势,又环身盘戟,回转如萦","以戟秒挂地、跳过秒上。"至宋代,民间艺人表演中出现了大量的套路武术,其名目有"对打套子""使拳""使棒"等。在民间武术套路的影响下,军旅中出现了程式化的武技表演。宋太宗时,"选诸军勇士数百人,教以剑舞,皆能掷剑于空中,跃其身左右承之"(见《续资治通鉴长编》)。孟元老在《东京梦华录》记述"诸军呈百戏"云:"内两人出阵,对舞如击刺之状,一人作奋击之势,一人作僵仆。出场凡五七对,或以枪对牌、剑对牌之类。"程式化武技表演的兴起,促进了套子武艺在军旅中的发展。至明代,军旅中出现了套路武术与军事实战技术分庭抗礼的状况。乃至明军将领戚继光大呼"不许仍学习花枪等法,徒支虚架,以图人前美观"。又说,"所谓单舞者,皆是花法,不可学也"(见《纪效新书》)。何良臣亦呼,"军中之切忌者,在套子武艺"(见《阵记》)。与此同时,军事家们也注意到了套路形式的锻炼价值,开始以套路形式的锻炼来"活动手足,惯勤肢体",熟练技法,提高临阵运用能力。戚继光曾取十六家拳法之长,编成"势势相承,遇敌制胜,变化无穷"的"三十二势"拳术套路(见《纪效新书》)。稍后的程宗猷在《耕余剩技》中图解了棍、枪、刀的套路动作。并在《单刀法选》中阐述了套路练习的重要性。认为以套路形式进行练习,可以使各类技法动作、进退跳跃等,得到全面练习提高。精熟后,能避免"临敌掣肘"。

此后,武术套路运动发展日盛,逐步形成了武术运动的主体技术。套路运动分为拳术套路和器械套路两类。其中分为单练套路、对练套路、集体操练套路三种。

单练套路,泛指各种个人独习的拳术套路和器械套路。

对练套路,是两人或两人以上按照固定攻防动作进行格斗练习的成套动作。它包括双方空手相搏的"徒手对练套路";双方持兵械相搏的"器械对练套路";一方空手与另一方持兵械相搏的"徒手与器械对练套路"。

集体操练套路,在武术竞赛中是指6人以上集体表演的拳术或器械套路。这类套路可以用音乐伴奏。

套路运动与格斗运动的交融和区别

套路运动和格斗运动是近现代武术运动的主要运动形式。它们的基本动作,都源自中国古代的攻防技术。兼练套路和格斗,有助于相互促进、补充,全面发展。例如,套路锻炼具有"活动手足,勤惯肢体"的作用,有助于提高格斗运动中需要的协调和灵敏素质;套路锻炼具有广泛而系统地进行某一门类武术技术训练的作用,有助于使格斗练习者增广见识,那些实效性强的攻防动作及组合锻炼,还能避免"临敌掣肘""环转之法不尽";套路练习,特别是对练套路练习,能使锻炼者懂得动作中的攻防含义,有助于格斗练习者了解和掌握一般攻防格斗规律,格斗实战中的随意动作,也可经过整理、巩固为套路动作。反过来说,格斗练习中真打实战的体验,有助于提高套路演练的攻防意识;格斗中对攻防招术的运用,有助于套路练习者理解动作的攻防作用。此外,套路动作只有经过格斗实战的检验和实战训练,才可能具有临阵制敌的效用。

虽然套路运动与格斗运动有着密切的内在联系,但由于两者的运动形式不同,比赛方法不同,动作技法也有很多差异。

从运动形式看,套路运动以单人演练程式化的固定动作为主要形式,兼有两人或多人配合演练的固定攻防程式的对练套路;而格斗运动则以两人自由格斗为运动形式。

从竞赛方法看,套路运动竞赛中评判水平高低的依据,是演练套路显示出的个人技能和体能水平。而格斗运动竞赛中判定胜负的依据,是参赛双方谁能有效地攻击与防守,从而击败对手。运动员显现出的是针对对手技能和临场变化,采取相应打法的能力。

从目前武术发展的趋势来看,由于套路和格斗运动的运动形式、竞赛方法不同,所导致的动作技法间的差异有着日渐加大的趋势。

从支配动作的意识来看,套路动作是按个人主观对动作含义的理解、对动作节奏的安排等,遵循一定的意识进行有序化的表现。格斗动作则是按客观情况的变化,通过大脑中枢的分析与综合,支配肢体作出随意应答动作。

从动作的攻防意义看,套路动作不受实战规律的制约,可以是只具有攻防含义的象征性动作。即便是对练套路,其动作的攻防意义也是通过预先编定的动作,在双方相互配合下才表现出来,并不一定具有直接用于攻防实战的价值。格斗动作则必须具备真可实战格斗的实效,来不得半点"花架"。

从动作内容和结构看,套路运动动作内容丰富,其中多有结构复杂,不经专门训练不易完成的所谓高、难、美的动作,训练中亦追求完成这些动作的能力。格斗运动运用的动作少,而且简单易做,追求动作的实用性,不重美观性。训练中注重提高临敌应变能力和格斗中充分发挥个人体能、技能的能力。

从动作幅度和路线看,套路动作步架低,手法开,运动路线长,整个动作幅度较为舒展。格斗动作步架高,手不能远离身体,运动路线较短,整个动作幅度显得紧凑。

十八般武艺

"十八般武艺"之说,初见于宋代戏文《张协状元》,泛指各种武艺,并非固指武艺的十八种内容。后世有关其内容的说法有多种。

其一,明代臧晋叔辑《元曲选·逞风流王焕百花亭》:"若论着十八般武艺,弓弩枪牌、戈矛剑戟、鞭链挝锤。"

其二,元明间施耐庵著《水浒全传》第二回:"那十八般武艺:矛锤弓弩铳、鞭简剑链挝、斧钺并戈戟、牌棒与枪扒。"

其三,明万历间谢肇淛著《五杂俎》:"十八般:一弓、二弩、三枪、四刀、五剑、六矛、七盾、八斧、九钺、十戟、十一鞭、十二锏、十三挝、十四殳、十五叉、十六把头、十七绵绳套索、十八白打。"清代褚人获《坚瓠集》、陆凤藻《小知录》卷八,两书中所记十八般武艺内容与《五杂俎》相同。

后世还出现了"九长九短""六短十二长",以及"大十八般""小十八般"等武艺内容之说。综合历代"十八般武艺"的内容,删去重复,共包括下述种目。

属抛射兵械的有:弓、弩、箭矢、铳。

属长兵器的有:戈、矛、枪、棍、殳、杵、杆、杖、棒、斧、钺、戟、(长杆)大刀、镋、耙头(把头)、扒、挝、铲。

属短兵器的有:剑、(短柄)刀、鞭、铜(简)、钩、镰、锤(链)、拐、环(圈)。

属软兵器的有:链、流星、绵绳套索。

属徒手的武艺,统称为"白打"。

历代"十八般武艺"说所指的这些种目,反映了中国古代武艺的概貌。但并未包括武艺的全部种目。例如,抛射兵械中还有飞刀、袖箭等等;长兵器中还有抓子棒、三尖两刃刀等抓棒合体或由刀、锤等器加长柄杆而改制成的兵械;短兵器中还有橛、鞭杆,以及匕首、鸳鸯钺、阴阳锐、状元笔、铁尺等等短小兵械;软兵器中还有绳镖、三节棍、飞挝等等。

武术与兵法

兵法指古代用兵作战的战略和战术。完成战略战术所必需的格杀技术,就是古代武术。古代兵家将专用于军阵格杀的武术归入"兵技巧",我们今天称之为"军旅武术"。当冷兵器的战斗作用被火器代替时,军旅武术从总体上退出了军事技术,被民间武术经过取弃融化,最终发展成为一项体育运动。

武术产生发展的特定环境,注定武术以攻防为内涵,只是在军旅武术中,其攻防内涵强烈地表现为消灭敌人,保存自己。在民间武术和近现代武术的格斗运动形式中,攻防内涵表现为击败对手或自卫防身。在套路运动形式中,攻防内涵表现为动作具有攻防含义。因此,兵法不仅制约和影响着军旅武术的发展,而且广泛地影响着整个武术的发展。

一、兵法战略原则对武术打法的影响

被尊为兵经的《孙子兵法》指出:"不可胜,守也;可胜,攻也。"说明要战胜敌人就要采取进攻战略,力量不足以攻击敌人时,要想不被敌人战胜,就要采取防御战略。这两种战略思想及实施原则在武术中表现为"主于搏人"和"主于御敌"两种打法。

《孙子兵法·势篇》指出,进攻时要集中优势兵力,以多打少,攻击力量要"如以碫投卵"(即像以石头击鸡蛋)那样以刚硬击脆薄;攻击速度要"如转圆石于千仞之山"(即像圆石由八百丈高山上滚下来)那样迅猛锐利,势不可挡,速战速决。武术中的少林拳和短打拳术都是"主于搏人"的典型拳术。这些拳术的动作刚硬有力,迅猛快速;讲究以大力打小力,以手快打手慢;硬攻直取,硬打硬进;以迅雷之势,先发制人。这显然是与兵法的进攻战略一脉相承的。

《孙子兵法》中《形篇》和《虚实篇》指出,防御时,"善守者,藏于九地之下,动于九天之上,故能自保而全胜也"。要求"兵形像水","避高""避实","先为不可胜,以待敌之可胜","因攻而制胜"。大意是实行战略防御时,要注意隐蔽自己的力量,像水那样柔和地避高趋下,避实寻虚。先保证自己不被敌战胜,才能伺机抓住敌人可能被击败的战机,突然用隐蔽着的力量攻击敌人。武术中的太极拳是"主于御敌"的典型拳术,此拳术动作圆和柔缓,劲意隐于内,对搏时讲究"舍己从人",不与人顶抗,直至对方出现背势、失势时,才乘势借力,以内劲击发敌人,追求小力打大力,后发制人。这显然与兵法的防御战略一脉相承。

二、兵法"诡道"对武术打法的影响

《孙子兵法·计篇》指出:"兵者,诡道也。"把兵法说成是诡诈之术。认为"示形"(用假象)迷惑敌人,使敌上当疏懈,被我"攻其无备,出其不意"地击溃,就是"诡道"。或者说它就是在"诡道"指导下的格斗。春秋时的徒手格斗"始乎阳,常卒乎阴,大至则多奇巧"(见《庄子·人间世》);斗剑讲究"示之以虚,开之以利。后之以发,先之以至"(见《庄子·说剑》)。其中皆充满了"诡道"。后世武术中各流派的技击理论,亦强调"诡道"的运用。例如,通背拳以引、诱、诓、诈四字列技击字诀之首,并强调"举手不离引诱诓诈"。各拳派和现代散打运动中,讲究"指上打下""声东击西""发头手,打二手""佯攻巧打"等以假动作诓骗对手,乘其上当,而出实招击攻对手的打法,显然是兵法所谓"致人而不致于人"(《孙子兵法·虚实篇》)、"后人发,先人至"(《孙子兵法·军争篇》)的运用。如果仔细分析,《孙子兵法》的诡道十二法及后世发展的各种"诡道"之术,在武术格斗的打法中都能找到用例。

三、兵法理论对武术基本技术和技法的影响

《孙子兵法》反复强调要先使自己立于不败之地,以不被敌人击败为先决条件,再等待和创造战机,攻击敌人。《孙子兵法·形篇》说,"善战者,先为不可胜,以待敌之可胜","善战者,立于不败之地,而不失敌之败也"。这种思想明显地反映在武术散打格斗的基本姿势(预备式)上。各拳派的徒搏基本姿势都首先重视保护自己,要求既有利于保护自己,又有利于迅速击敌。击敌的姿态也要有利于保护自己,并能在击敌后迅速恢复成有利于保护自己的基本姿势(参见本书"散打基本姿势及其基本原则")。又如,《司马法》针对长兵械能远击,但不能对付抵近之敌;短兵械利于近卫,但易遭敌远袭的情况,提出"长以卫短,短以救长",长短兵相辅为用的理论。武术器械技法,则发展出了能使一械而兼两用的"长兵短用""短兵长用"技法。

总之,兵法对武术的影响是广泛的。可以说古代兵家的"兵技巧"是武术技术的母体,兵家的"兵法"则是武术攻防理论的母体。

军旅武术与民间武术

在中国武术史学中,一般将古代军旅中传习的武术,称之为军旅武术,而将流传于军旅之外的武术,统称为民间武术。在武术萌发的初期,武术的全部内容,就是军旅武术。进入西周后,随着奴隶制的崩溃,奴隶主垄断的军旅武术也流入民间,出现了武术在军旅和民间既有区别又相互联系、互相渗透、互相影响、并行发展的情况。

从两者的相互联系和影响看,民间武术脱胎于军旅武术,始终以攻防动作作为基本素材,并不断从军旅武术中吸收营养,丰富和促进自身发展。例如明代抗倭将领俞大猷曾将少林寺僧宗擎、普从二人带入军中,随军学习攻防价值较高的实战棍法,然后由此二僧返寺转传众僧。戚继光按军旅兵械格杀需要整理成的"长兵短用"和"短兵长用"等运用法则,以及他提出的武艺训练程式、比较武艺方法等,都被民间武术界奉为准则。民间武术影响军旅武术发展的情况也很多。如用兵数十

年而无败绩的俞大猷,军职至总兵,年轻时曾从江南名师李良钦(福建同安人)习荆楚长剑(棍法);从"结庐闭户,不求闻达"的赵本学(字虚舟,福建晋江人)学兵法和武艺;还得到过刘帮协、林琰等教师的传授。他将这些传授与实战军事技术结合,研究棍、钯、镋、叉等兵器的运用技法,提出了"顺人之势、借人之力""乘他旧力略过、新力未发",以及"刚在他力前、柔乘他力后,彼忙我静待,知拍任君斗"等技击诀要。又如练成"戚家军"、解除东南倭患的军事家戚继光,其著《纪效新书》是训练和约束军队的兵书。该书载述长枪技法的《长兵短用说》篇,是综合流传于明代的杨家枪、沙家竿子、马家长枪等多家枪法而成的枪谱;该书《拳经捷要篇》所载三十二势长拳,是选取十六家拳法之精华编串而成。总之,在整个冷兵器时代,军旅武术和民间武术一直沿着相互影响、相互渗透的途径发展。

从两者的区别来看,军旅武术是"开大阵、对大敌"的格杀技术,强调"列队而前""一齐拥进"的配合格斗。其目的是杀死敌人。技术内容以长枪、大刀、弓弩等兵械技术为主体,拳法被视为"无预于大战之技"。民间武术是"场中较艺,擒捕小贼"的对搏术,讲究"人自为战",充分发挥个人的技能和体能。其目的是打败对手、擒住对手,或者仅是为了不被对手击伤。技术内容以拳术为主体,兵械多取单刀、剑、棍、花枪等较军阵格杀兵械短、小、轻便者。军旅武术沿着军阵战斗的需要发展其技术体系,始终是一种军事技术。最终,由于火器代替冷兵器,失去军事价值而脱离军旅进入民间武术行列。民间武术沿着"人自为战"的对搏需要发展,并且广泛地吸取古代医学、导引养生术、古典艺术等,朝着内容庞杂、功用繁多的方向发展,当具有较多体育因素和娱乐因素的套路运动成为武术主要的运动之一时,民间武术发展成了一项体育运动项目——武术运动。

武术与武舞、武戏、武打

武舞、武戏和武打,是采用武术攻防动作作为形体表现手段的三种舞台艺术。武术是技击美和技艺美兼容的一项体育活动。前后两者虽属不同的两个体系,但两者有着密切的联系。武舞、武戏和武打,从武术中吸取动作素材,武术从武舞、武戏和武打中借鉴表现手法。各自将吸收借鉴来的方法,融入自身体系,促进自身的发展。

武舞起源甚古,它是采用武术动作与乐舞结合编成的舞蹈。《毛诗正义》述周代武舞"象舞"的产生云:(周)文王时,有击刺之法,武王作乐,象而为舞,号其乐曰"象舞"。武舞是通过象征性地表现战争场面,宣炫武功的舞蹈。

武戏大约起自元代,是采用武术动作与杂剧结合编成的戏剧。初见于元代的有"单鞭夺槊""三战吕布"等武戏,都是通过程式化的武术对搏来表现剧情。

武打是穿插于戏剧中的程式化打斗,是武术与戏剧表演艺术融合的产物。影视中的"武打",还采用"特技",夸大地表现剧中人的超常武功。

武舞、武戏和武打从武术中摘取动作素材,为表现一定的意识形态服务。被吸收入武舞、武戏和武打中的武术动作,按照表现一定"舞""剧"情节的需要,塑造一定人物形象的需要,以及舞台表现效果的需要,进行规范、编串。它们已不再以强健体魄和锻炼防身制敌技能为目的,而以表现剧情为主旨;不必再严守武术动作规格和运动规律,而必须遵循舞台艺术的基本形体美原则,也就是说,武术动作一旦被吸收入武舞等艺术形式,它们的特点就开始变化,向着艺术表现的途径演变、发展。

武术先于武舞、武戏和武打问世。由于武术自身具有技击美和技艺美兼容的审美价值,相继被乐舞和戏剧、影视收融,形成武舞、武戏和武打三种艺术表现形式。武术自身也被作为一种供人观赏的形式,列入"百戏"之列,以至在武术中形成了一类被明代人称为花法武艺的技术体系。花法武艺与武舞、武剧、武打等有着"以图人前美观","取欢于人"的共同点,因此,受武舞等影响颇多。

武术训练原本无套路程式。明人程宗猷说:"以前刀法,着着皆是临敌实用,苟不以成路(套路)刀势习演精熟……"供人观赏的花法武艺,必须按一定的固定套路练习精熟,并以一定套路表演出来。而武舞和后来的武剧与武打,历来是按照一定的情节编组动作,形成固定套数的。这些固定套数的动作随舞剧情节起而开始,随情节完而结束,其中又随情节变化而出现层次。这种程式化格律很自然地影响到武术套路的编排。只是编排武术套路的依据是动作的攻防进退规律,突出的是动作的攻防特点和演练者的技能。在象形拳套路的编排中,也运用一定情节来安排套路层次。例如"猴拳",一般包括猴出洞、猴寻食摘果、猴嬉戏玩耍、猴入洞等情节。醉拳包括饮酒、微醉、狂醉、酒醒等情节。

武术训练原本皆强调动作的攻防实用价值。随花法武艺的出现，产生了只须具有攻防含义而不必真可搏打的动作，即戚继光所谓"徒支虚架"的动作。《东京梦华录》记载宋代军旅"诸军呈百戏"中的"对打"表演说，"对舞如击刺之状，一人作奋击之势，一人作僵仆"。这种象征性的攻防动作，显然是受武舞和武戏象征性地表现战争和格斗场面的影响而形成的。不同的是，武舞和武戏强调象征战争场面，武术套路动作强调象征真可搏打之形。

武术技法讲"拳打三节不见形"，攻防意图要隐而不露，动作预兆要小，强调变幻莫测。练习时，要求劲力一发即蓄，肢体一展即收。但是，花法武艺却要明显地表现出动作的攻防意图，并要求通过定型表现造型美，衬托动态美。这就必然借助夸张、对比等艺术手法，来加强动作的表现力，并着重于演练技巧的追求。于是，为了让人看清小巧动作的攻防意图，将动作幅度放大了；为了表现动作的健美，将适于攻防的紧凑架式，变成了舒展大方的架式；为了突出演练者的疾快，常用缓慢来衬托；为了突出演练者腾空的高度，常用低伏动作来衬托等等。

花法武艺以及现代武术套路比赛场中的拳、械套路，受武舞、武戏和武打影响的地方还很多，但是，不论艺术表现手法如何渗入武术，最终都是被用来表现武术动作的攻防含义，展示演练者的体能和技能。武术始终是沿着体育运动的途径发展。

武术与中医

中医是中华民族保健延年和医疾治伤的医学。武术运动具有强健体魄和防身制敌的作用。两者虽属不同学科，但都以认识人体生命活动规律、认识自然环境、药物作用、物理刺激、导引肢体对人体的影响等作为基础。中医依此探索施治之术；武术依此研制练武、用武的方法。因此，在武术和中医之间形成了一些相互联系、融合的领域，形成了武术医学体系。

一、试敌格斗与跌打损伤疗法

跌打损伤疗法古属中医疡科,后属骨科、伤科,是在人类格斗活动中产生,受格斗推动发展的。《中国医学史》认为,由于狩猎和氏族之间的冲突,简单的救助随之发生。此后跌打损伤疗法在军旅外科中不断发展。至金元时,擅长骑射、好征善战的蒙古族进入中原,他们医治跌伤、战伤的医术也随之传入,促进中医跌打损伤疗法形成专科,并长足发展。古代武术以防身制敌为主要价值,训练离不了格斗形式,得艺后试敌运用,也皆以格斗发挥技能。在格斗中难免伤害一方或两败俱伤。拳家强调要研究药功,以便自救和救人。少林寺僧医德禅序《少林寺伤科妙方》云:寺僧"从战迎敌,战必有伤亡""必然启僧自医,故出僧医也""僧医以自创自救为本……秘不外传"。姜侠魂在《国技大观》中说:"武术杀人之技也,知有杀而不知有救是大背人道矣。"历代拳家正是在这类思想指导下钻研跌打损伤疗法,出现了"跌打损伤诸方,自古为技击家所秘,世传盖鲜"的情况(见赵廷海《救伤秘旨》)。拳家治疗跌打损伤,除了中医采用的方法外,还有自己的独特治法。例如,以手法的拍点,救治某些穴位被击伤。据唐豪《人身穴道并治疗法》载,气门被侧插拳击伤者,可揪其发,伏于膝上,再在其背中轻敲挪运,则气出复苏。治伤用药,则以经络气血传输为理论基础,根据伤部穴位,按穴用药,形成了治穴伤方药系列(详见《拳经》《人身穴道并治疗法》《少林寺伤科妙方》)。整治脱臼的复位手法,还体现拳家独特的劲法。沙国政老师传授的肘关节脱臼(不伴有骨折)复位法,就用有寸劲、长劲两法。"寸劲复位法",是一手抓握对方伤臂之手腕,另一手以寸劲突击自己抓握彼手之腕,将力传至彼腕,牵其复位。"长劲复位法",是让伤者胸靠椅背坐直,我则隔椅背立于其前,将其受伤臂绕贴于我之腰上,扶住其手,以缓慢转腰的柔长劲,牵其复位。武术跌打损伤疗法是中医骨伤科中的主要内容之一。

二、点穴击要与经络穴位

武术击法历来讲究点穴位打要害,力求迅速以小力击败大力,控制对手。这类技法的出现,并不开始于理论指导,而是历代拳家实搏效果的经验总结。实战中击中某部能制对手丧失战斗力、或伤残或休克的例证积累,就是点穴击要术的开端。这类打法的逐步积累,出现了"八打八不打"和"内家拳"穴法。内家拳讲究搏人必击其穴。他们所说的穴,有的是中医的针灸穴位,有的并不是穴位,仅是实战中发现的人身要害。但是,他们已经注意采用医家的针灸铜人为认穴教材,作为练点穴指功的靶位。并以经络学说为理论依据,提出了按时点穴法。可以说,拳家点穴法是自发出现,而借助中医知识趋于完备的。另一方面,拳家某些穴位被击中后,刺激沿经络的双向传输感,练功过程中获得的意气循经流注感,又为中医经络学说提供了验证,为针灸师锻炼认穴取穴的准确能力,提供了锻炼方法。李时珍在《奇经八脉考》中指出:"内景隧道,惟返观者(内功练习者)能照察之。"

三、擒拿法与人体结构

擒拿法是武术基本技法的一类,包括使对方关节超出活动限度的拿骨法,抓拿对方筋肉空隙的拿筋法和捏拿对方穴位的拿穴法。欲拿骨,须知关节活动的限度和影响肌肉发力的关节角度。欲拿筋,须知筋肉的结构。欲拿穴,须知经络走向和穴位位置。历代拳家在习练和运用擒拿法的实践中,逐步积累和传承着认识人体结构的知识。应该说,当擒拿法发展至明代,出现总结性的三十六拿法、三十六解法,以及专擅擒拿法的鹰爪王(王姓)、唐养吾等名手时,拳家对人体结构的认识也随之达到了新的高度。在中国古代,由于受礼教束缚,解剖尸体虽早有记载,但甚微。几乎没有以解剖运动器官(骨、关节及肌肉)来认识其功能的。因此,可以说擒拿法传习者对人体结构的认识,丰富了中医识骨、认筋、辨穴的知识。大约拳家擅长医治跌打损伤诸症,与他们的这类认识有关。遗憾的是古代拳家重口授身传,不立文字,没有将他们对人体结构的认识记载成册,乃至现代擒拿专书,多借鉴运动解剖学知识解释技法。

四、武术健身与中医摄生法

习武能掌握攻防技术,也能强健体魄,并以强健的体魄作为发挥攻防技能的基础。因此,历代拳家都重视总结和积累习武健身经验,同时积极借鉴中医摄生的理论和方法,逐步形成了包括武术健身理论、健身功法和拳术,以及佐功药剂等内容的"武术健身术"。

武术健身术以"壮内强外"为目的。这种整体健身观是由武术"内外互导""内练精气神,外练筋骨皮"的训练原理和"内外合一"的技法原理决定的。这种整体健身观与中医摄生的整体观一致。中医理论中顺应自然、适应四时气候、回避外邪侵袭的"天人相应"整体观,以及体内脏器与体表四肢相关的"脏象"整体观,都直接为武术健身整体观的形成提供了借鉴。武术健身理论中关于"择天时、地利、气候、方向而练之"(参见本书"拳家天人合一说")的论述,以及"避风如避箭,避色如避仇"之类拳谚,都可能是在中医摄生理论影响下,逐步形成、完善的。形意拳系以五行拳配五脏的健身拳。该拳法认为,劈拳属金,在五脏属肺,练劈拳能健肺。钻拳属水,在五脏属肾,练钻拳能健肾。崩拳属木,在五脏属肝,练崩拳能健肝。炮拳属火,在五脏属心,练炮拳能健心。横拳属土,在五脏属脾,练横拳能健脾。这些说法显然移植于中医五行配五脏说和脏象理论。

武术健身功法和健身拳术仍然以攻防动作为基本素材,只是动作结构、编排、练法,不再以技击效用为最高目的,而是以它对练习者自身的影响为依据,追求强健体魄的目的。早在《黄帝内经·素问·异法方宜论》中,已把"导引按跷"作为中医五类治法之一类。用于防止"食杂而不劳"的"痿厥寒热"病。王冰注云:"导引,谓摇筋骨,动支节。按,谓抑按皮肉。跷,谓捷举手足。"宋代出现的"八段锦"(武)、明代问世的"易筋经",兼有导引按跷的治疗理论,又有武术基本动作素材。既能强健体魄,又能为提高武术技能服务,显然是早期武术健身功法的代表。清代在"详推用意终何在? 延年益寿不老春"(见《十三势歌》)的练拳宗旨影响下,出现了以群众性、健身性为出发点整理太极拳的情况,使之发展成了杨、吴、武、孙等多种流派的健身拳术。这也丰富了中医保健摄生的锻炼手段。

武术药功中的佐功药,分为内服和外用两种。其内服药以强筋壮骨为主,具有激发机能活力,防止训练过度的作用。外用药以舒筋活络为主,具有活络软坚、防止皮肉老化僵死的作用。其中的内服药,大约是借鉴方士"长生药"和中医补阳药,逐步在实践运用中增减而成的方剂。外用药则是从跌打外科的汤洗剂和酒剂中筛选出的验方。

总之,从武术萌生发展的角度来看,武术既具有自发的医学成份,又具有移植或借鉴中医知识技能的医学成份。武术中的中医成份,促进了武术技法的合理化,完善了武术运动训练理论,促成了武术自身体系中药功、骨伤科的发展,并逐步形成了武术医学体系。从中医形成发展的角度来看,中医是以总结中华不同地区、不同领域人们与疾患作斗争的实践经验为基础形成的。武术领域的医学实践经验,是中医的一部分。练武用武的实践经验,拓广了中医对人体活动规律的认识;武术内功法和健身拳术,丰富了中医的保健手段;武术医疗促进了中医治疗手段的发展。

武术与气功

一、古代气功是各种气法的总称

古代将以养气、练气、用气为基本形式的自我身心锻炼方法,称之为"气法"。将各种气法总称为"气功"。宋代道士张君房编辑的《云笈七签》卷五六至卷六二,以"诸家气法"为目,收录了不同传绪的气法数十种。其主要名目有导引、行气、服气、食气、闭气、胎息、神息、练气、委心、布气等。在该书卷五九中,已有以"气功"一词泛指气法的注文。近人将通过锻炼,能达到防病祛疾的气法,称之为医疗气功。将侧重延年益寿者,称之为保健气功。医疗气功的渊源可追溯到原始社会末期阴康氏用以治疗"气郁阏而滞著,筋骨瑟缩不达"的"宣导舞"(见《吕氏春秋·古乐》)。保健气功的渊源可追溯到《庄子·刻意》所记"养形之人"习练的"吹呴呼吸、吐故纳新、熊经鸟伸"等法。儒家养气以修身,佛家禅定以炼性的气法,亦属保健气功。

二、武术气法与其他气法的区别

武术也有气法。这种气法是拳家在长期体验呼吸与攻防动作配合、呼吸与蓄发劲力配合的过程中,总结出的以气助势、以气助力的呼吸方法。它伴随攻防技术产生而产生,随攻防技术的发展而逐步完善。武术固有的这种气法,与前述气法有着追求"气"的效应这一相同点。但是,在两者之间也有着一些不可忽视的区别。首先,武术固有的气法,是完成攻防动作的用气方法,是指导武术动作的一种具有普遍意义的技法,而不像医疗保健气功中的气法那样被固定为特定的锻炼形式。其次,武术固有的气法强调利用"气"更有效地发挥人的攻防能力,为格斗制胜服务,而不注重用气为医疗保健服务。因此,严格地说,武术固有的气法,只是攻防技术中的一种技法,而不是固定形式的自我身心锻炼法。

三、武术气功的形成

被人们尊为中国气功一大流派的武术气功,是以锻炼提高武术技能需要的攻坚抗击力为前提,以武术固有气法为基础,借鉴它种气法的程式化锻炼形式、练功体验和功理,交融形成的。

以拳式为形的程式化武术气法锻炼,是早期武术气功的雏形。拳家为了掌握气法中那些常用的规律性用气方法,借鉴医疗保健气功气法的程式化锻炼形式,将便于提高以气助势、以气助力水平的拳式固定为气法锻炼术式,使之形成程式化的功法。在南宋初无名氏开始辑编的《八段锦》功法中,已有"射雕式",其流传练法中还有"攒拳式"。"射雕式"的练法是下肢保持马步桩,两手交替向左右撑拉如挽硬弓。流传歌诀为"左右弯弓似射雕"。"攒拳式"的练法是下肢保持马步桩,两手交替攒拳前冲和侧冲。流行歌诀为"攒拳怒目增气力"。这类术式的明显特征有四:其一,它以武术招式的程式化重复为锻炼内容,这是先前诸家气法不曾采用的术式。其二,它讲究鼓气作势、贯气伸屈,这是先前诸家气法不曾采用的气形配合法。其三,它具有技击含义。练射雕式含开弓射雕之意,练攒拳式有控拳出击之意。这是先前诸家气法中没有的用意方法。其四,它以"增气力"为锻炼目的,不同于先前诸家气法只追求医疗保健效果。总起来看,《八段锦》的出现标志着有别于先前诸家气法术式的武术气功术式已经出现。这些术式的技击含义和追求意、气、劲、形统一的特点,标志着武术气功区别于它种气功的特征。

武术气法与养气、练气交融,是武术气功深化的关键。要发挥武术气法以气助势、以气助力、为技击服务的作用,必须有气可用,而且要求气能随意而行。

《易筋经·内壮论》云："气积而力自积，气充而力自周。"《少林宗法·用力暗诀》云："力从气出，气隐显力，无气则力何自而生乎？"《形意拳术抉微》云"气不充则力不足"，"欲力之足，必先求气之充"。武术气法的这一要求，促使拳家主动向先前的诸家气法吸取养气和练气的方法，融炼出自身的养气和练气法。

武术气功养气的方法很多，皆不外通过静心平息、存养气息，以求全身内气凝聚充盈于丹田。太极拳的"气沉丹田"，形意拳的"聚气于丹田"，少林拳的"气贯丹田"等，都是如此。将气存入丹田的修炼法，在汉代已见于记载。荀悦在《申鉴·俗嫌》中说："邻脐二寸谓之关，关者所以关藏呼吸，以禀受四体也……故道者，常致气于关。""关"即指"丹田"。"致气于关"，就是将气存入丹田。

武术气功的练气，是在获得气聚丹田、充盈鼓荡、欲溢其外的感觉（即"气感"）时，练习以意识领引此"气感"在体内运行。做到"以心行气"，"以气运身"（见《太极拳经·十三势行功心解》）；"意行则（气）行，意止则（气）止"（见《易筋经·内壮论》）。这种练法亦早见于医疗保健气功。在魏晋时，已有以意引气攻疾疗病的气法。《养性延命录·服气疗病》记云："凡行气欲除百病，随在作念之，头痛念头，足痛念足，和气往攻之，从时至时，便自消矣。"宋代张悦的《鸡峰普济方》中说得更清楚："意者气之使，意有所到则气到。每体不安处，则微闭气，以意引气到疾所而攻之，必瘥。"保健气功中以意引气循经运转的锻炼法，在唐代司马承祯著的《天隐子》已有记载。其中记一法为："存想自身，从首至足，又自足至丹田，上脊膂，入于泥丸，想其气如云，直贯泥丸……气从脊膂上彻泥丸，此修养之大纲也。"

武术气功与各派气功的融摄情况，在明天启四年（1624）出自天台紫凝道人的《易筋经》中有着多方面的表现。儒家气法的"养气"，医家气法的"导引按跷"、按摩拍击，道教服丹药以助功效的修炼法等，都可在《易筋经》中找到踪迹。不过，这种融摄并不是简单地拿来，而是以完善武术气功自身为目的的消化吸收。儒家养气，旨在修身。孟子所谓"养吾浩然之气"，是养育济世的最高正气和节操。《易筋经》的养气，旨在积气，追求能增力助力的"浩然之气"。《易筋经·内壮论》云："气积而力自积，气充而力自周。此气即孟子所谓至大至刚、塞乎天地之间者，是吾浩然之气也。"

医家的"按跷""按摩"旨在治疾。《黄帝内经·素问》中记有以"导引按跷"治"痿厥寒热"（见卷四"异法方宜论篇"）；以按摩治"形数惊恐，经络不通"（见卷七"血气形志篇"）。还以自我按摩、拍击作为养生锻炼法（见孙思邈《备急千金要方·老子按摩法》）。《易筋经》中对人体进行揉、拍、木杵捣、木槌捶、石袋打的锻炼，其法极类于医家的按摩拍击，其旨则在于凝气于中、积气充固、运气畅达。追求"气至则膜起，气行则膜张。能起能张，则膜与筋齐坚齐固矣"（见《易筋经·膜论》）。以获得全身"无一处惧打，无一处不打人"的能力。

古代道教修炼术中服食丹药，旨在借助药效加速修炼，追求驻形延年、长生不老、肉体成仙。《易筋经》在行功前后配合内外用药，是借助药力加强功效，促进内壮外强，消除热毒，软肤活络。

武术气功在与他家气功长期融摄的过程中，逐步形成和完善了自己的体系。在《易筋经》中，已能较完整地看出这一体系。

《易筋经》的修炼目的是"以血气之躯，易为金石之体"（见《易筋经·总论》）。所谓金石之体，即"有形之身""得无形之气相倚而不相违"，内壮外强、内坚外勇之体（见《易筋经·膜论·内壮论》）。"内壮既得骨力坚凝"之后，"久久加功其臂腕指掌、（能）回异寻常。以意努之，硬如铁石，并其指可贯牛腹，侧其掌可断牛项"（见《易筋经·内壮神勇》）。《易筋经》确立的这种强身与技击统一、而以强身为基础的锻炼观，正是武术气功锻炼的宗旨。

《易筋经》的修炼原则是"炼有形者，为无形之佐；培无形者，为有形之辅"。所谓"无形"指人体内在的"精气与神"；所谓"有形"指人体外形的"筋骨肉（皮）"（见《易筋经·膜论》）。"炼有形"与"培无形"相互辅佐，就是武谚所谓"外练筋骨皮，内炼精气神"。《易筋经》确立的这种内外兼修观，正是武术气功的锻炼原则。

《易筋经》将炼功的全过程分为"内壮"和"外壮"两个锻炼阶段。并规定了先练内壮后练外壮的程序。《易筋经·外壮神力八段锦》认为："内壮既得骨力坚凝，然后可以引达于外。盖以其内有根基，由中达外方为有本之学。""内壮"锻炼阶段又依次分为"凝固""充周""畅达"三个步骤。所谓凝固，是通过守中锻炼，将全身内气凝聚腹内而不外溢。所谓充周，指积气充满任督二脉。所谓畅达，指气能随意畅行，"意行则行，意止则止"。"外壮"锻炼阶段，依次分为外导、假力、实操三步。所谓外导,是将内壮锻炼获得的气,引达于四肢。所谓假力,指凭空作势,进行推、拉、举、按重物般的术式锻炼。所谓实操,指借助绿豆、热水、大树、巨石等,磨炼皮肤和增长实际攻击力。此外,不论练内壮还是练外壮期,都要遵循揉拍和槌打用力"初行功时,以轻为主","渐次加重",对身体的刺激程度要由浅渐深,随"渐次加力",而"震入于内"(见《易筋经·行功轻重法·用功浅深法》)。《易筋经》确立的这种内壮既熟,再练外壮,循序渐进地增大锻炼负荷的练功方法,正是武术气功普遍遵循的锻炼程序。

《易筋经》中录载了"内壮药"四方,"汤洗药"一方,"下部洗药"一方。内壮药是内服药。服法:"行功之际,先服药一丸。约药入胃将化之时,即行揉功。""行功三日服药一次,照此为常。"并指出:"炼壮之功,外资于揉,内资于药……揉与药力两相迎凑,乃为得法。"洗药为外用药。用来汤洗锻炼部位。洗法:"一日一洗,或二日一洗。以此为常,功成则止。"并指出:"行功之时,频宜汤洗,盖取其盐能软坚,功力易入;凉(药)能散火,不致骤热。"习练"下部行功法","当用药水日日汤洗,不可间断。盖取药力通气和血、苍老皮肤,又且解热退火,不致他变也"。上引《易筋经》以药力助功效,以药力防损伤的内外用药法,正是武术气功的用药准则。

《易筋经》中录载的功法,涉及到了锻炼人体各部的方法,而且形式多样。其中,"采精华法"属静功吐纳养气法。"易筋经十二势"属动功导引行气法。"十二月行功"和"内壮神勇功"中采用的揉、捣、捶、打身体法,属硬气功中的排打功练法。"下部行功"中攒、挣、搓、拍睾丸,摔、握、洗、束玉茎等法,属硬气功中的铁裆功练法。"外壮神勇八段锦"包括的提、举、推、拉、揪、按、抓、盈八法,以及"贾力运力势法"中的撑、拉、托、按、下劈、冲拳等法,则属壮力气功的假力练法。其他"神勇余功""练手余功""搓膀腕法""挞炼手足法""炼指法"等,皆属借助外物和外力锻炼踢、打、抓、拿等攻坚抗击力的功法。《易筋经》编集的这一系列功法,比较完整地反映了武术气功功法的概貌。

总起来说,在武术运动自身发展的需求下,以提高攻坚抗击力为前提,以武术固有气法为基础,以融摄诸家气法为旁参,形成了有别于医疗保健气功的武术气功。《易筋经》是武术气功体系形成的标志。

四、武术技术的气功化趋势

武术气功的发展,促进了武术攻防技术与中国传统气功的进一步融摄,促成了武术技术气功化的趋势。

这种"促进"和"促成",首先表现为集武术气功之大成的《易筋经》,引起了拳家日益广泛的重视。清代少林寺武僧将《易筋经》作为习武的必修内容,认为少林武技之精,皆赖《易筋经》之功。晚清刻本《易筋经·潘霨伟序》云:"至今少林僧众谨以角艺擅场,是得此经之一斑也。"民国间,少林寺方丈妙兴传出的数十种少林功法,大都是《易筋经》行功理法的繁衍。

这种"促进"和"促成"的广泛表现,在于各派拳家多角度地融摄传统气法,形成了一系列新的武术技法和锻炼形式。少林拳"拳禅一体"技法的出现,与融摄佛教禅修法有关。太极拳"以心行气、以气运身"技法的出现,与融摄道教黄庭经修炼法有关。各个拳系的内功锻炼法,是以其基本拳式和气功锻炼法交融而成的锻炼形式。将养气和练气法融入站桩耗架的"桩功"练习,以意识引导气息,配合劲力的聚蓄、运转、爆发的劲力练习等,都是各派内功练法的基本形式。

这种"促进"和"促成"的重要表现,在于武术气功功理对武术理论的完善。武术气功强调的强身与技击统一、内壮与外勇统一、循序渐进等,对武术理论体系的形成都有积极影响。武术气功关于内练与外练的理法和实践,对武术理论影响尤广。"内练精气神,外练筋骨皮"的思想,率先出现于武术气功。以后出现了心意拳要求内外"六合",太极拳要求"以心行气、以气运身",八卦掌要求"外重手眼身法步,内修心神意念足",南拳要求"内练心神意气力,外练手眼身腰马"等等强调内练与外练结合的练拳要求,逐步形成了在武术理论中具有普遍意义的"内外俱练"原则。解决内练与外练相互关系的"以内引外、以外导内"训练法,也率先出现于武术气功。所谓"以内引外",即"以意御气之道";所谓"以外导内",即"开关利气之道"(见《摄生要义·按摩篇》)。以后,出现了"以气运身""以体导气"的锻炼方法,逐步形成了在武术训练理论中具有普遍意义的"内外互导"原则。在这些原则指导下的攻防技击动作,也就是导引气血运转的气功术式。在这些原则指导下的武术锻炼,也就具有了气功锻炼的作用。

五、武术气功对中国气功的贡献

武术气功的形成与武术技术的气功化趋势,也丰富了中国气功的锻炼手段,深化了中国气功的功理。

明清时期武术与气功融摄而成的各种武术内功,被视为气功的新流派。清初甘凤池习练的"精气功",是较有代表性的一种。武术硬功与气功融摄而成的硬气功中的一些简易功法,被作为强壮功。武术的马步桩、浑元桩、三体式桩、七星桩等桩法练法,被视为气功的静功,称为"站桩功"。武术中的太极拳、形意拳、八卦掌等内功拳,被视为气功的动功,称为养生拳术。

武术的这些功法和拳术,以内外俱练、内外互导为训练原则,主动地按照一定的步骤循序锻炼,逐步提高意、气、劲、形四者有序化配合的能力,以达到发掘人体潜力、育成超常体能的功效。这种自觉育成超常体能的锻炼程式,区别于锻炼过程中偶然自发出现超常体能的它种气功锻炼程式;它强调意、气、劲、形四者有序化配合,也与其他气功仅强调意、气、身三者有序化配合不同。这些都丰富了中国气功体系,深化了气功功理。

武术与宗教

数千年来,在中国大地上传衍着的武术与宗教,曾有一些相互借鉴和影响。宗教徒曾以武术为延年、护身的手段,还曾借武术宣传宗教法力。晋代已有道士以剑为法器,执剑作法。唐代有所谓"圣剑成就法",说能练剑隐身、杀魔云。清代民间秘密宗教借硬气功表演,宣称神助拳、刀枪不入。下面我们着重谈谈宗教对武术的影响。

一、武术与原始宗教

在原始社会,原始人类把那些生活依赖的、或强悍可畏的动物,奉为半人半兽的神进行崇拜,形成了一种较普遍的原始宗教——图腾崇拜。当时,轩辕氏崇拜蛇,蚩尤氏崇拜牛。《山海经·海外西经》说,黄帝子孙聚成的部落,以轩辕氏为领袖,轩辕氏"人面蛇身,尾交首上"。《述异记》说,九黎族以蚩尤氏为首领,蚩尤氏"人身牛蹄,四目六手,耳鬓如剑戟,头有角"。还依秦汉间说,记述蚩尤与轩辕斗时,"以角抵人,人不能向"。这很可能是九黎族由崇拜牛,羡慕牛以角格斗,希望借助牛角的功能来战胜对手,发展成模仿牛斗,以角抵人的格斗法。后世将徒手较力称为"角抵",可能认为其产生受到过上述原始宗教意识的影响。当角抵由堂堂正正的较力,发展到"始乎阳,常卒乎阴,大至则多奇巧"(《庄子·人间世》)时,角抵成了徒手格斗的总称,其中衍生成的手搏,就是后世的拳术。

二、武术与道教

道教是中国土生土长的宗教。道教奉道家学派创始人老子为教主,以《老子》为圣经,以道家学说为本,兼融阴阳、墨、儒、法诸家理论形成教理教义,认为通过方术修炼,能获得长生不死、今生成仙的归宿。作为道教教理核心的"道"和神仙修炼方术,都曾影响过武术的发展。清代问世的太极拳,被认为是受道家和道教影响最多的拳种。从它的产生来看,陈王廷在创编太极拳雏形拳技时,曾受到道家讲述养生修炼要旨的《黄庭经》的影响。他的《遗词》说:"……只落得《黄庭》一卷随身伴,闷来时造拳……"陈式拳技发展至清末后,相继出现了杨式、武式、吴式、孙式太极拳流派,道家色彩更见浓厚。从它们的拳理来看,都强调任其自然,注重顺遂,与"道法自然"的含义一致。其次,太极拳强调以"柔"为体,以"不争"为用。要求肢体放松,动作柔缓。在追求极柔的过程中,逐步步入"天下之至柔,驰骋天下之至坚"(《老子·第四十三章》)、"柔弱胜刚强"(《老子·第三十六章》)的境界。在与人推手时,要"不争",不顶不抗,随屈就伸,粘连黏随,舍己从人。在"不争"中求得永存,步入"为而不争"(《老子·第八十一章》)、"不争而善胜"(《老子·第七十三章》)的境界。从动作要领来看,太极拳和八卦掌都要求练拳时排除杂念,意识只专注于动作,采用腹式呼吸法,胸部宽舒(太极拳称涵胸、八卦掌称畅胸)、腹部充实。这些要领与道教修炼术的基本要求相同,与《老子·第三章》所说"虚其心,实其腹,弱其志,强其骨"不谋而合。道教教义和修炼术渗入武术、影响武术发展的例子,远不只此。仅举上述,已可见一斑。值得一提的是,道家的某些论著,特别是《老子》中的很多论述,本来是讲安天下的方法,被道教结合入教义后,转用来说明修炼方术了。以后又渗入武术用语中,被用来论证拳技理法。这只能说明《老子》是一部影响广泛的哲理之作,而不是一本专门为道教或武术写的书。

三、武术与佛教

佛教产生于古印度,西汉哀帝元寿元年(公元前2)时,传入中国内地。佛教认为生即是苦,要通过修行往生极乐世界,成佛于佛祖左右。这类不修今生修来世,缺乏忠孝思想的教义,与中国传统思想相违,未能扎根传流。至中唐,慧能(638—713)对达摩禅法进行改革,提出"即心是佛""见性成佛"。认为人人都可通过修炼,今生成佛。甚至"放下屠刀,立地成佛"。其修炼方法以佛教戒、定、慧为本,兼融儒、道,形成了中国佛教禅宗。由于禅宗教义符合中华民族的自尊心理和传统文化习惯,逐步渗入社会各界,也渗入武术。可以说,禅宗对武术的影响,代表了中国佛教文化对中国武术的影响。这一影响在少林拳法中表现尤为突出。其原因不外少林拳是在传习禅宗的少林寺逐步形成体系,并不断得到完善的。下面我们以少林寺著名武僧妙兴方丈遗言和《少林拳术秘诀》中的有关拳理为例,看禅宗的影响。

首先,练习少林拳者须忍辱戒安,防止用武不慎,造成危害。忍辱戒安是佛教修持的基本内容。达摩"二入"禅法中"行入"的核心,就是"忍让"。"行入"包括报怨行、随缘行、无所求行和称法行。这四行要求修行者对别人的抱怨"受之不疑";对现实遭遇不计较得失,对未来不贪着,要以自然的态度听任一切。这种"忍"的教义,受到少林拳传习者的重视。妙兴说:"遇到一切外魔、挫折、嘲讽和污辱,都能坦然处之,无动于心。"(见《新编少林寺志》)《少林拳术秘诀》要求习拳者要不计较欺凌、唾骂、污斥,不角逐纷争,无怒、无恶、无烦恼。并在前"十戒"的二、四、五、六、十戒中,反复强调"切戒逞血气之私""宜以忍辱救世为主旨""不得恃强凌弱"、不得逞愤争胜。"十戒"中还包括有戒欺诳、偷盗、色欲和贪婪等佛教戒律的基本内容,包括有同道互助、敬师尊长、戒传暴徒等结合武术特点的戒约。

其次,少林拳入门基本功是站骑马桩。此法不仅用作增强腿力、加固下盘稳定性的外功训练手段,也作为养气平心的内功练习手段。其练习要求多与禅定修持法相通。例如,站骑马桩时,要求集中思想,默想寂思姿势要领、肌肉感觉,或者以意念支配气息的运行。做到"无我无他"（妙兴语）、"听气下沉、沉心寂虑"（《少林拳术秘诀》）。这与专注一境、练心如墙壁,达到禅定的"壁观"修行法基本一致。又如,站骑马桩时,要求"每次必站百字,即站时默数一至百之度数"（《少林拳术秘诀》）,以排除杂念、集意练功。这与为纠正心思散乱,达到禅定的"禅数"修行法相似。

复次,少林拳练胆之法,吸收有禅宗解脱法。欲以拳技防身擒敌,须有一定"胆量",无恐怖心。少林拳家认为"胆"之大,莫过于看破生死。不计生死,便能运技自如。妙兴说:"明晓生死……功深之人,能以静制动。"《少林拳术秘诀》认为,"能勘破生死关,就能静以御敌,临危应变,毫无畏怯"。又说:"欲勘破生死关头,总须从静中悟出端倪。"禅宗的解脱是通过禅定体会"本无",摆脱世俗烦恼的束缚,使思想认识契合教义,从而将自身解脱为无拘无束的自由人。拳技中采用静悟来勘破生死,大概与此有关。

再次,少林拳以"拳禅一体"为特点,是佛教文化渗入武术的集中表现。禅宗自慧能后,扩大了禅定的观念,不再限于静坐壁观的修炼形式。认为不论采用什么形式,只要"修心见性",就能"顿悟成佛"。其方法是随缘任往、心注一境。这种理论与武术的意境很相近。因此,禅法与拳法的结合,较禅法与农活或其他生活活动结合要容易。禅法与拳法结合后,出现了上述以禅理解说拳理、整理拳技的情况。

四、武术与民间宗教

中国的民间宗教,一般采用秘密传习形式在下层民众中流传。基本信徒为农民、手工业者、城市贫民、差役和下层知识分子。中国古代的民间武术,也主要在这些民众中传延。民间宗教意识不可避免地影响着教徒中习武者的武术观。满清入关后,民间宗教教门林立,教众日增。散传各地的白莲教、罗教、青莲教、清水教、八卦教（天理教）、混元教、老官斋教、闻香教等等民间宗教,多以劫变为教义,以反清复明和反抗外来侵略为宗旨。鉴此,他们注重吸收习拳尚武者入教。乾隆四年(1739)河南巡抚雅尔图就曾指出:"山居百姓,本有防身刀械,少壮又习悍俗,如少林寺僧徒,素以教习拳棒为名,聚集无赖,邪教之人专意煽惑此等人入伙。"(《清高宗实录》卷107)另外,教门的一些教首,本来就是民间拳师。例如清水教王伦、八卦教(天理教)冯克善,就是有名的拳师。他们以教拳为掩护,联系群众,发展教徒;以练拳为名,在教内设置武场,形成武装力量。这无疑推动了武术的普及。与此同时,民间宗教的神秘因素也渗入了武术。例如,一些教门宣称其崇拜的神能保护教徒度过劫变,教内传习的拳棒就是神下凡、或附体、或转世传留的,等等。光绪年间的揭帖中就有"神发怒、仙发怒,一同下山把道传","神出洞,仙下山,附着人体把拳传","愚蒙之体仙人艺"等语。玄帝、孙悟空、二郎神、孙膑、张飞等等神灵、武杰和小说人物,是他们常请的神仙。于是,伏羲转世传八卦拳、孙悟空下山传大圣门拳技、二郎神下凡传二郎门拳技等等神传仙授说也随之充斥武坛。可以说,清末民初大量涌现的何门传自佛主、何家得自道尊、何艺授自异人等附会传说,都是清代民间宗教神秘色彩对武术影响的后果。

此外,民间宗教的神秘色彩也渗入了锻炼方法。例如,在练习硬气功时,为了诱导意气注入身体某部,反复默念"坚如铁石"一类短语进行配合。民间宗教视硬气功的抗击压力和爆发力是神助拳的结果,将练习中默念的短语(咒)改成"周公祖、桃花仙、金罩铁甲护金身"及"金盔护顶、甲领甲袖、金甲罩身、刀剑铁尺不能伤"。

武术与中国传统哲学

中国传统哲学是从中国人看待和处理天人、道器、人际、知行、价值等等问题的传统思想观念中归纳出来的一门学问。它既源于通过认识实践而形成的各门具体理论,又反过来指导人们的实践和各门具体理论的研探,成为中国传统文化的核心。植根于中国传统文化的武术,本身就具有朴素的辩证哲理基础,在其发展完善过程中,又不断从中国传统哲学中吸取和借鉴哲学原理和用语,使武术理论和技法体现出浓厚的中国传统哲学色彩,促进了中国武术哲学的形成。

在我们目前见到的古代早期武术论述中,就充满了中国传统哲学观念。春秋时,曲城一民间精于剑技的女子(后称"越女"),在回答越王勾践问"手战之道"时说:"道有门户,亦有阴阳,开门闭户,阴衰阳兴。凡手战之道,内实精神,外示安仪,见之似好妇,夺之似惧虎,布形候气,与神俱往。"(见《吴越春秋》卷九)其中,以假示形、出奇制胜的攻防策略,以阴阳衰兴说明攻守(开门闭户)变化之理等,皆含有今天所谓军事(攻防)辩证法思想;"与神俱往",即形与神俱往,这和中国哲学中的"形神观",亦是一致的。在战国或稍后问世的《庄子》中,有关格斗技法论述的哲理性就更深刻了。例如,《说剑篇》述云:"夫为剑者,示之以虚,开之以利,后之以发,先之以至。"揭示了武术格斗中,力大力小是相对的,可以转化的,阴阳变化得当,小力也能以奇巧胜大力;快慢也是相对的,可以转化的,虚实变化得当,后发者亦可快于先发者击中对手。

总之,古代被列为军事技术中"兵技巧"的武术技术,具有朴素的攻防辩证哲理基础。这种基础经过哲人的升华,拳家又主动地从中国传统哲学中摄取营养,自觉地以哲理说拳理,指导拳技理法,促进了武术理论的哲理化。

明清以来,拳家向传统哲学摄取尤多。太极拳以传统哲学中的太极之理说拳理,八卦掌以传统哲学中的八卦之理("易理")说拳理,形意拳以传统哲学中的五行之理说拳理。研习这些拳术的先辈名家是这样记述武术与中国传统哲学结合过程的。陈鑫《陈氏太极拳图说·自序》云:"始祖讳卜,耕读之余,而以阴阳开合运动周身者,教子孙以消磨饮食之法,理根太极,故名太极拳。"孙禄堂《八卦拳学·凡例》云:"是编为修身而作,取象于数理,立体于卦形,命名于拳术,谓之游身八卦连环掌。"黄柏年《形意拳械教范·总则》有"五行见《洪范》,而汉儒借之解经……拳因之以取名(五行拳)","取相生之道,以为平时之练习","取相克之义,以为对敌抵抗云尔"等记述,说明拳术与传统哲学结合的过程,是"集成拳术,复按易理。定八卦,合五行,加添招术,代代传流,先哲屡益,此道遂益形完备"(孙锡堃《八卦拳真传·总论》)。一般来说,各家拳术,都是先有了技术体系的基本雏形,才在其技术特征的基础上,借助哲理来阐发拳理,借助哲理化的拳理来规范拳技,指导实践,并且借用哲学名词命名于拳派和拳式,比附某些身体部位。这类"借助"和"借用"的逐步发展和积累,奠定了"武术哲学"的框廓。从目前掌握的材料来看,武术哲学的基本内容大致包括:拳家无极说、拳家太极说、拳家两仪说、拳家阴阳说、拳家刚柔说、拳家三才说、拳家四象说、拳家五行说、拳家八卦说、拳家先后天说、拳家天人合一说、拳家自然说、拳家神形说、拳家体用说。

武术哲学的发展,促进了武术理论的完善和武术技术的体系化。

拳家无极说

"无极"一词出于《老子·第二十八章》"复归于无极",指宇宙是原始的、无形无象的本体。拳家认为无极虽名无,但无限由此始,故此"无"中涵"有",无极只是无形。认为无思无形的静态就是无极。"一切意念皆自此起,气与劲自此运用,身手足自此起动"(《曹氏八卦掌》)。例如孙禄堂《形意拳学》:"无极者,当人未练之先,无思无意,无形无象,无我无他,胸中混混沌沌,一气浑沦,无所向意者也。"姜容樵《国术源流·无极说》:"全身一静就是无极。"此外,孙禄堂《八卦拳学》还依"近取诸身"说,比附"腹为无极"。

拳家太极说

"太极"一词出于《周易·系辞上》:"易有太极,是生两仪。"以太极为产生万物的本源。拳家认为太极虽有,但两仪未分,故此"有"而无形。认为有意无形的内动外静之态就是太极,而内意的运转,能领气行,能导形动,产生出千姿百态的拳式。陈鑫《太极拳论》:"打拳上场手足虽未运动,而端然恭正之中,其阴阳开合之机,消息盈虚之数,已俱寓于心腹之内。此时壹志凝神,专主于敬,而阴阳开合,消息盈虚,特未形耳。时无可名,亦名之曰太极。"其次,拳家还以某一身体部位比附为太极。苌乃周《苌氏武技书·中气论》:"虚危穴,前对脐,后对肾,正居人一身之当中,称天根,号命门,即《易》所谓太极是也。"孙禄堂《八卦拳学》依"近取诸身"说,比附"脐为太极"。此外,以"太极"命名于武技,始见于明末,王介祺有"太极连环十三刀法"。至清代出现了"太极拳"。太极拳较完整地采用太极之理,作为拳理的依据。

太极与太极拳

"太极"是中国哲学中的一个术语,指派生万物的本源。太极拳,是以太极之理立论的一种拳术。陈鑫说它"理根太极,故名太极拳"(见《陈氏太极拳图说·自序》)。古代方士以双鱼形太极图表示太极之理(见图)。初传于河南温县陈家沟的太极拳即依此图,解释拳理,规范拳技。

《太极图》以黑为阴,以白为阳。黑白环依,相抱不离。白鱼黑眼谓"阳中有阴";黑鱼白眼谓"阴中有阳"。由下向上(或由上向下)

太极图

看这幅图,白黑两色呈白色逐渐多,黑色则逐渐减少(或反之)。而且,此增一,彼则减一;彼减一,此则增一。中国哲学中称此为"阴阳消长"。由下沿顺时针方向看,白色由无到有,逐渐增多,然后转变为黑色;黑色又由少逐渐增多,然后转变为白色。如此,体现出物极必反、循环交替的状态。古人认为,阴阳两者相互不离,相互消长,相互转化,产生了万物,万物中都包含此理。在太极拳中,表现为动静、刚柔、虚实、开合等对应统一状态。

就动静而言,太极拳讲究通过"静中求动",达到静中有动。即身体处于相对静止,要求意气周流,呈外静内动之象。具体体现于练拳的预备势和收势。还讲究通过"动中求静",达到动中有静。即肢体运转时,内意要专注守一,内气要平缓如一,出现相对的内静。在演练整套太极拳时,人体由静而动、动而复静的状态,被认为是静极而动,动之则分,成为千姿百态的拳式;动极复静,静之则合,复归太极。

就刚柔而言,陈式太极拳讲究"纯阴无阳是软手,纯阳无阴是硬手……惟有五阳并五阴,阴阳无偏称妙手"(陈鑫《陈氏太极拳图书讲义·总论发明》)。前句表明陈式太极拳的劲法,应该"柔中有刚,刚中有柔";后句进一步说"刚柔相济",方为妙手。陈鑫还具体地叙述刚柔相济的意义说:"用刚不可无柔,无柔则环绕不速;用柔不可无刚,无刚则催迫不捷。刚柔相济,则粘、游、连、随、腾、闪、折、空、掤、捋、挤、捺,无不得其自然矣。"

就开合虚实而言,陈式太极拳认为"开合虚实即是拳经"。要开中有合,合中有开,开合交替;虚中有实,实中有虚,虚实变换交替。肢体开合虚实的交替和变转是渐变的,就像《太极图》中阴阳消长,彼增此减,逐步过渡。由此形成了太极拳由上向下节节松沉、由下向上逐步传递,依次而动、上下相随、节节贯串的特点。

《太极图》外呈环状,此环置于平面为圆形,运转于空间则成球体,呈环形无端之像。在太极拳中,体现为动作圆活,着着不离弧形,势势皆呈圆像,使整套动作圆转连贯,一气呵成。

《太极图》双鱼环依之像,恰如练习太极推手时,两人双搭手之形。练习中双方臂膀组成环状不断变化,彼进我退,彼伸我屈,粘连黏随,正符合彼阴吾阳,彼阳吾阴,相互消长,交替变化的道理。

拳家两仪说

"两仪"一词出自《周易·系辞上》:"《易》有太极,是生两仪。"指天地或阴阳。某些拳家借用此词,引申其义。孙禄堂依动为阳、静为阴之理,合称动、静为两仪。他说,"身体一动一静之式,两仪是也"(见《太极拳学》)。孙氏还视左右变转为阴阳转换,把八卦掌的左、右绕圆走转,合称为两仪。他说,"两仪者,是一气伸缩之理。左旋之则为阳仪、右转之则为阴仪也"(见《八卦拳学》)。另外,孙禄堂还依"近取诸身"说,比附人体"两肾为两仪"(见《八卦拳学》)。

拳家阴阳说

阴阳观念源自《周易》。《周易·系辞上》提出"一阴一阳之谓道"。《老子·第四十二章》指出:"万物负阴而抱阳。"说明阴阳是两种对应而统一的物质或状态,它们的相互交替作用是宇宙的根本规律(道)。拳家认为武术亦合此理,"一阴一阳之谓拳"(陈鑫《陈氏太极拳图书讲义》)。还以阴阳比附人体和武术动作,引申出繁多的说法。就肢体而言,以正面为阳、背面为阴,手心向上为阳、手心向下为阴;就运动形态而言,动态为阳、静态为阴,快急为阳、慢缓为阴,伸开为阳、屈合为阴;就运动方向而言,进出为阳、退入为阴,上升为阳、下降为阴;就劲法力度而言,刚劲为阳、柔劲为阴,实势为阳、虚势为阴;就呼吸而言,呼为阳、吸为阴;就攻防而言,攻击为阳、防护为阴,等等。总之,"阳"代表动态的、向外的、向上的、进取的、刚硬的特性,以及具有这些特性的势法;"阴"代表静态的、向内的、向下的、退守的、柔软的特性,以及具有这些特性的势法。

拳家还强调以阴阳互根、阴阳消长、阴阳转化作为武术技法的基本原理。以此来解释和规范拳技理法。

依据阴阳互根,拳家认为孤阳不生、独阴不长。要阴中有阳,阳中有阴。例如在做任一动作时,要注意主动肌的收缩(阳)与对抗肌的舒张(阴)有序配合,这样阴阳统一一体,动作才会协调灵便。在套路的编排和演练技法中,讲究高起与低伏、快速与缓慢、刚直与柔圆等形态对应的动作,两两衔接,让它们在相互比较中突出各自的个性,增强运动的艺术感染力。在格斗技法中,讲究长兵器要能短用,短兵器要能长用。运用长拳要辅以短打,运用短打要辅以长拳。这样,长短互补,"长"不怕对手近身,"短"不畏对手远击,才能在格斗中自如求存。格斗技法还强调格斗时要"攻中有防、防中有攻、攻防互寓"。劲力要"刚中有柔,柔中有刚,刚柔相济"。

根据阴阳消长,拳家认为每一动作中阴阳两种对应因素,都是此强彼必弱,此弱彼必长。两因素的消长必须符合一定的比例。超过一定的比例(极度),就会引起动作个性的变化。例如,以一手法的劲力为十分,那么,柔劲多一分,刚劲就少一分;反之,刚劲多一分,柔劲就少一分。陈式太极拳认为刚与柔的比例为五比五,才是易于变化的"妙手"(陈鑫《陈氏太极拳图书讲义》)。阴阳对应消长表现于格斗双方时,就形成了采用与对手招法个性相反的招法制服对手的打法。例如,彼以直劲打来,我可以横劲破之。又如,彼进,我可退而避之;彼退,我可进而击之,等等。八卦掌大师程廷华说:"与彼相较之时,看彼之刚柔,或力大,或奸巧。彼刚吾柔,彼柔吾刚;彼高吾低,彼低吾高;彼长吾短,彼短吾长……"

依据阴阳转化,拳家注意采用从一定状态反向入手的技术方法和训练步骤。在套路演练技法中,"意欲向上,必先寓下;意欲向左,必先右去"的动作路线规律,是以反向动作作为正式动作的预动,从反向动作中求得正式动作的开始。这在长拳类技法中,具有"收回来的拳头,打出去更有力"的效果;在太极拳系技法中,具有使动作折叠圆活的作用。在武术训练中,有"静中求动""动中求静"的练法。为了获得能随环境变化而随意变化的能力,达到对手"动急则急应,动缓则缓随",拳家采取的训练步骤,是先练静功。由静练提高人体对外界的感觉能力;由静练使内气聚于丹田,再在意识的支配下周流全身,发起动作。这一练法称为"静中求动"。如果练功时,思想静不下来,思绪繁乱,杂念纷争,则采用动功,使思想逐步在注意动作要领、动作路线、动作含义、气息与动作的配合等过程中,排除杂念,专注于训练,达到相对的静。这一练法称为"动中求静"。

拳家刚柔说

"刚柔"是武术的两种基本属性。拳家刚柔说的基本思想根源于《周易》,兼取《老子》刚柔观。《周易》云"乾刚坤柔"(见《周易·杂卦》);"刚柔相摩,八卦相荡","刚柔相推,而生变化"(见《周易·系辞上》)。其大意是说,刚属乾,乾为天、为阳;柔属坤,坤为地、为阴。刚柔相摩、相推,宇宙间的万事万物才能产生变化。从八卦的卦画来看,其基本符号为"━""--"。"━"称刚爻,"--"称柔爻。乾卦画在八卦为"☰",在六十四卦为"䷀",纯为刚爻,为至刚。坤卦画在八卦为"☷",在六十四卦为"䷁",纯为柔爻,为至柔。八卦和六十四卦卦画的形成,就是由于刚爻与柔爻相摩、相推,变化生成。详细说,"画卦之初,以一刚一柔与第二画之刚柔相摩而为四象,又以二刚二柔与第三画之刚柔相摩而成八卦。八卦已成,又各以八悔卦荡于八贞卦之上。而一卦为八卦,八卦为六十四卦也"(见陈梦雷《周易浅述·卷七》)。古人借卦爻的相推变化,说明宇宙万物的生成演化依赖刚柔二元谐和一体的反复变化。刚柔变化不已,万物才会生生不息。武技同样以刚柔立本。丰富多彩的拳械招势,以刚势、柔势为基础。千变万化的劲力,以刚劲、柔劲为基础。势显于外,劲行于内。劲变则势变。劲力的刚柔成分不断变化,刚柔的推演就生生不息。武术本身的这一特性与《周易》刚柔思想契合,兼取《老子》"贵柔戒刚"的刚柔观,促成了武术的刚柔理论,即"拳家刚柔说"。这一理论包括刚柔互易说、刚柔相济说、刚阻柔乘说、柔化刚发说、以柔克刚说。

刚柔互易说

拳家认为，刚柔可以相互转化，通过"运柔成刚"或者"化刚为柔"的劲力训练，才能步入能刚能柔、忽刚忽柔、变幻莫测的上乘境界。太极拳训练追求的就是"运柔成刚"。此易劲训练的窍要在于：采用"极柔软"的姿势，进行用意不用力的训练。"极柔软"，能使全身松开，经络开启，气血流注通畅。用意不用力，能保证意率气行，"意之所至，气即至焉。如是，气血流注，日日贯输，周流全身，无时停滞。久久练习，则得真正内劲"（见杨澄甫《太极拳说十要》）。这种"内劲"，欲柔，极柔顺；柔至极，则极坚刚。此即太极拳经典《十三势行功心解》所云："极柔软，然后极坚刚。"

形意拳训练追求的则是"化刚为柔"。孙禄堂《拳意述真》将形意拳的劲法训练步骤，归纳为由练明劲，步入暗劲，经练暗劲，获得化劲。他解释说："明劲者，即拳之刚劲也。""暗劲者，拳中之柔劲也。""化劲者……是将暗劲练到至柔至顺。谓之柔顺之极处，暗劲之终也。"简单说，形意拳的易劲训练，是将刚劲练成柔劲，直至练成极柔顺的至柔之劲。

刚柔相济说

拳家认为过刚易折，太柔易瘘。"用刚不可无柔，无柔则环绕不速；用柔不可无刚，无刚则催迫不捷"（见《陈式太极拳·陈鑫太极拳论分类语录》）。应该"用刚相济柔力，用柔相济刚力"（见修剑痴《通臂拳谱·论刚柔法》）。这种刚中有柔、柔中有刚、刚柔和谐、互养互用的劲力处理方法，就是"刚柔相济"。

"刚柔相济"作为武术劲法的基本法则，具有普遍的实际意义。处理刚柔相济的具体方法，主要有下述三种。

其一，以刚劲为主导，以柔劲调济刚劲。这种处理刚柔相济的方法，在长拳、南拳、形意拳、八极拳等拳术中运用较多。这些拳术崇尚阳刚之美，拳势雄健刚勇，注重以快制慢，强调以力大打力小。

其二，以柔劲为主导，以刚劲调济柔劲。这种处理刚柔相济的方法，在通臂拳、劈挂拳、八卦掌等拳术中运用较多。这些拳术崇尚柔顺之美，拳势圆柔连贯，讲究"刚居其一,柔居其九。凡用刚力,一动转瞬速变为柔"(见修剑痴《通臂拳谱·论刚柔法》)。

其三,刚柔各半,刚柔无迹可寻。这种处理刚柔相济的方法,在陈式太极拳中运用较多。这家拳术追求"看似至柔,其实至刚;看似至刚,其实至柔"的锻炼效果。陈式太极拳《总论》云:"纯阴(柔)无阳(刚)是软手,纯阳(刚)无阴(柔)是硬手……惟有五阴并五阳,阴阳(刚柔)无偏称妙手。"(见陈鑫《陈式太极拳图说》)。

柔化刚发说

拳家认为,不论单操拳式或与人对搏,柔刚都应变换为用。变换的基本法则是"柔化刚发"。"化"指动作变化和格拨、引化等防守方法。"柔化"即动作变化过程和进行防守时要柔。柔,能使动作圆活顺遂,有利于随机应变地对付对手,随心所欲地变化招法,便于在得机得势时迅速转入进攻,并有利于蓄劲,为发劲作好准备。"发"指发劲。"刚发"指触击目标的瞬间,突然换用"刚劲",迅疾中的。刚发能使单操动作落点干脆,使对搏动作击中有力,发挥出进攻动作的打击威力。

刚阻柔乘说

这是拳家应敌打法中,审时度势而施用刚柔的一种法则。即俞大猷所谓"刚在他力前,柔乘他力后"(见《剑经》)。意思是,在对手攻击力量未发出之前,我应以刚力阻住其出击劲势而击之。在对手已发力击来时,我应让过其力锋,随其力来势方向,以柔劲引其落空失势,或随其力回势,借其力而击之。

以柔克刚说

所谓"以柔克刚",即用柔顺的劲力和招势,战胜刚强的劲力和招势。"以柔克刚"的理论基础,根源于《老子》"柔弱胜刚强"的思想。《老子》认为:"人之生也柔弱,其死也坚强。草木之生也柔脆,其死也枯槁。故坚强者,死之徒;柔弱者,生之徒。是以兵强则灭,木强则折。"还认为"天下莫柔弱于水,而攻坚强者莫之能胜"，"天下之至柔,驰骋天下之至坚"。《老子》这种"柔生""刚损""柔之胜刚"的思想,在"以柔克刚"说中,有着全面的体现。

以柔克刚说认为,柔劲的力度虽比刚劲小,但由于其势圆转柔活,不仅善于变化,而且劲力绵绵不断。刚劲的力度虽比柔劲大,但由于其势刚直快疾,不仅缺乏变化,而且劲力一发即逝。刚劲一发不中,即出现"旧力略过,新力未生"的空隙,有可能被对方乘而击之。柔劲一应不果,还存再应之势,有续应之力。因此,以柔应刚,虽弱尚能自保。如果以刚应刚,刚度不如对方必败;若两刚均衡,硬斗硬拼,则两败俱伤。能自保不懈、持久无隙,方可言克敌制胜。

在武术对抗性运动中,"以柔克刚"不仅以"柔化""柔乘"对付对手的刚勇强击体现出来,而且是太极拳推手技法的核心。这门技法强调"守柔",要求始终以柔顺的劲、势随从对方。其"柔",要柔得像水一样,"处下""不争",至柔至顺。其"随"要随得"不丢不顶,无过不及"。其"从"要做到舍去一切主观意愿、求胜念头和名利虚荣。这样,在柔顺、处下、不争中求得生存的基础上,去追求"不争而善胜"(《老子·第七十三章》)。《太极拳论》中举有四种以柔克刚的技巧。其云:"仰之则弥高,俯之则弥深,进之则愈长,退之则愈促。"大意是:在推手过程中,不论对方向上或向下进攻,还是前进或后退,我都黏随对方,随其攻上而上,随其攻下而下,随其前进而退,随其后退而进。由于我的柔顺随从,使对方攻上有高不可攀之感,再攻,脚跟就会浮起;攻下有深不可测之感,再攻,身体就会塌坠;前进有远不可及之感,再进,就会前倾失势;后退有身急步促之感,再退,就会仰倾失势。太极拳经典拳论例举的推手技巧,说明"以柔克刚"追求的艺境,即《老子》所谓"天下之至柔,驰骋天下之至坚"。

拳家三才说

"三才"一词出自《周易·系辞下》:"有天道焉,有人道焉,有地道焉,兼三才而两之。"即以天、地、人合为"三才"。孙禄堂依天在上,地在下,人居其中的空间位置,发挥为:"三才者,头手足,即上中下也。"(见《太极拳学》)有的形意拳家将"三体式",称为"三才式"。

拳家四象说

"四象"一词出自《周易·系辞上》："两仪生四象。"孔颖达疏："四象者,谓金、木、水、火。"孙禄堂依五行配五方说,震木在东方,离火在南方,兑金在西方,坎水在北方,恰分居于四正方。以四正方比附四象。说"四象者,即前进、后退、左顾、右盼也"(《太极拳学》)。他还依五行配五脏说(木为肝,火为心,金为肺,水为肾),比附四象"在腹内则为肝、心、肺、肾",又依"近取诸身"说,比附"两胳膊两腿为四象"(《八卦拳学》)。

拳家五行说

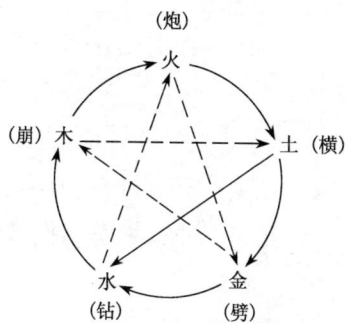

五行生克图

中国古代思想家从物质世界中抽象出水、火、木、金、土五种性能不同的物质,作为构成万物的元素,称为"五行"。进而以五行相生与五行相克的关系,来说明事物间相互依存和相互制约的规律。"相生"意味着相互资生、助长,即:木生火、火生土、土生金、金生水、水生木。"相克"意味着相互制约、阻抑,即:水克火、火克金、金克木、木克土、土克水(见"五行生克图")。"五行说"在古代广泛运用。统治者视之为治理山川国家的法则;兵家以五行述胜负因素的相互关系;医家把五行与人体内外、自然环境结合起来观察病理变化,辨证施治;拳家以五行结合拳式、结合人体,用以解说拳理和锻炼法则。

其一,以五行的形态、性能、方位为基准,将某些基本拳式配组为五行系统,作为构成该拳种各种拳式的基本元素。例如,五行中"木"的形态和性能是可以弯曲伸直("木曰曲直"),形意拳系遂以直线出击的崩拳属木。反过来联系,形意拳系以劈拳的性能是下劈,引申为劈是用斧之形,斧为金属,故劈拳属"金"。又如,五行分布五方为:南方火、北方水、东方木、西方金、中央土。恰如人的前、后、左、右、中五个方位。太极拳依此,将"进步、退步、左顾、右盼、中定"作为五行。

其二,以五行结合人体。拳家以五行结合人体的说法皆取自中医理论。常用的有以五行配五脏,即肝属木、心属火、脾属土、肺属金、肾属水。以五行配五体,即筋属木、脉属火、肌肉属土、皮毛属金、骨属水。以五行配五官,即目属木、舌属火、口属土、鼻属金、耳属水。以五行配五脏称为"内五行",以五行配五体和五官称为"外五行",拳家认为内外五行相互联系,又与拳技联系。因此,拳技一动,内外五行皆要随之相合,即"内五行要合,外五行要顺"。笼统地说,内五行要将其五气合为一气,外五行要按"三节"运动原理(参见本书"武术技法原理")顺随而动,使"气力之所到,架势即随之;架势之所至,而气力即注之"(见《形意拳术抉微》)。

其三,以五行相生相克的理论解释拳式的攻防作用。即以相生理论说明易生变换相连的拳式,以相克理论说明相互制约的拳式。形意拳"五行炮"就是以此理为拳理,编组成的对练套路。

五行与五行拳

"五行"是中国传统哲学的一个范畴,包括水、火、木、金、土五种构成万物的抽象元素。五行拳是形意拳系的基本拳法,包括劈拳、钻拳、崩拳、炮拳和横拳。因为以五行学说的理论解说此五拳的拳理,故名之为"五行拳"。

形意拳以五行的形态和性能与基本五拳相配,将五拳对应地比附为五行。形意拳谱说:"劈拳之形似斧,性属金;钻拳之形似电,性属水;崩拳之形似箭,性属木;炮拳之形似炮,性属火;横拳之形似弹,性属土"(见《形意母拳》)。五拳附于五行,五行学说中的五行生克说和五行配于人体的理论也随之进入"五行拳"。

按五行相生的理论解释五行拳,"劈拳能生钻拳,钻拳能生崩拳,崩拳能生炮拳,炮拳能生横拳,横拳能生劈拳"(见《形意母拳》)。所谓"生",就是变化,由此式变换为彼式。按此顺序串连五拳进行练习的五拳套路,称为"相生拳"。因为横拳在五行属土,土能生万物,故"横拳又能生各拳"。这种理论使五拳训练趋于规范化、程式化。在实际运用中,任何一拳皆能生各拳,不可拘泥。

按五行相克理论解释五行拳,"劈拳能克崩拳,崩拳能克横拳,横拳能克钻拳,钻拳能克炮拳,炮拳能克劈拳"(见《形意母拳》)。所谓"克",就是克制,以此式克制彼式。两人按此顺序一攻一守配合练习的对练套路,称为"五行炮"或"相克拳"。

形意拳还依中医以五行配五脏说,引申出五拳配五脏,即劈拳属肺、钻拳属肾、崩拳属肝、炮拳属心、横拳属脾。认为练习此五拳时,如劲顺、气顺,则"肺气和""肾水足""肝气舒""心虚灵""脾胃和"。

拳家八卦说

"八卦"是《周易》的基础,指《周易》中用"—"(阳爻)和"- -"(阴爻)两种符号组成的八种基本图形。其名称和图形是:乾(☰)、坤(☷)、震(☳)、巽(☴)、坎(☵)、离(☲)、艮(☶)、兑(☱)。记此八卦图形的旧传口诀为:"乾三连,坤六断,震仰盂,艮覆碗,离中虚,坎中满,兑上缺,巽下断"(朱熹《周易本义》)。关于八卦的产生,《周易·系辞下》说:"古者包牺氏之王天下也,仰则观象于天,俯则观法于地,观鸟兽之文,与地之宜,近取诸身,远取诸物,于是始作八卦。"《周易·说卦》进而把天地及其间万千现象概括为相互对应的两类,分类之为阴、阳,说古之圣人"观变于阴阳,而立卦"。由此产生的"卦",被作为一种抽象图形,用以象征各种天人现象和万事万物,即"八卦以象告"。拳家依据卦象的这种象征作用,"设卦观象",以拳势比附卦形,引申出多种比喻性含义。拳家以拳势"立体于卦形"的情况,大致可分为四类。下面我们以象征动物和人体为例来看。

其一,依《周易·说卦》配象。《周易》中以乾象征人身的头,因乾代表天,至高无上。八卦掌中也以"头为乾",要求头有上顶之意。

其二,依卦性立象。《周易·说卦》以乾为马,坤为牛……八卦掌中依其性立象。鉴于乾卦为刚健之性,孙禄堂认为,狮性最为勇猛威烈,故以狮形为乾卦,作为"狮子掌"的取象。鉴于坤卦为柔顺之象,传说麟为仁兽,飞身变化不测,故以麟形为坤卦,作为"返身掌"的取象。

其三,依卦形喻象。《周易·说卦》以坎为耳,述其性为"陷"。拳家以坎卦卦形为☵,呈外虚内实之象,喻以"坎中满"之诀。内功拳家以小腹为坎,要求小腹部要饱满,具体为其中肾水足、丹田内气足。

其四,依卦的方位名象。例如,太极拳将其基本八势依后天八卦方位命名。

《太极拳经·太极拳解》："掤、捋、挤、按，即坎、离、震、兑，四正方也；采、挒、肘、靠，即乾、坤、艮、巽，四斜角也。"

拳家以拳势比附八卦以取象的方法虽有四类，却都是按照拳技自身的技法进行比附的。这类比附的目的，在于欲用由八卦发展起来的易理说明拳理。清末出现的八卦掌，较系统地采用了八卦的象、数、理作为拳技立论的依据，以之解释拳理，规范拳技。

八卦与八卦掌

八卦是由阴爻阳爻组成的图形。八卦掌，是武术中的一个拳种。原名"转掌"，以其运动特征为绕圆走转而名。这个拳种经过"集成拳术，复按易理，定八卦，合五行"（孙锡堃《八卦拳真传》）的萌发整理，鉴于该拳的圆圈正经过八卦的八个方位，又以人体各部比诸八卦以立名，借易理来说明拳理，于是，以八卦命名于拳术，谓之八卦掌。

八卦掌既以掌法比附于卦象，也借卦形象征身体部位，表示技术要领。八卦掌的基本八掌（亦名老八掌），分别被比附为乾卦狮子掌，取象为狮；坤卦返身掌，取象为麟；坎卦顺势掌，取象为蛇；离卦卧掌，取象为鹞；震卦平托掌，取象为龙；艮卦背身掌，取象为熊；巽卦风轮掌，取象为风；兑卦抱掌，取象为猴。八卦掌技法中，以头为乾，取乾在上之意，要求有顶悬之象。以下肢为坤，取坤在下，其形为六段（☷），似下肢左右胯、膝、脚各为三节之象；要求两脚顺意而使，灵便运行，衍生拳式，如坤之顺乾，生成万物。以小腹为坎，取坎卦形（☵）外虚中实之象，要求小腹饱满、充实。以胸为离，取离卦形（☲）外实中虚之象，要求胸空通畅。以臀为震，取震卦形（☳）上虚下实，要求臀部下敛溜圆。以背项为艮，取艮卦形（☶）上实下虚，有覆碗之象，要求颈项上竖，通过两肩下松并微内扣，呈现背部绷紧、撑圆之象。以两足为巽，取巽卦形（☴）象征风之意，要求两足进退迅疾如风。以两肩为兑，取兑卦形（☱）上虚下实，要求两肩下松、下沉。

八卦掌还借用八卦的一套数术，来规范拳技的层次性和系统性。以八个基本掌法比附八卦之数，以六十四掌，分为八组，每组八掌，比附八八六十四卦之数。八卦掌中"九宫步"的行走路线顺序，正与《洛书》之数的顺序及其分布位置相符。

解释八卦图形含义的理论,称为"易理"。八卦掌较全面地采用"易理"作为拳技的理论依据,并且沿着以易理说拳理,以易理规范拳技的历程不断发展完善。

易理包括有简易、变易、不易三种基本思想。郑玄《易赞》:"易一名而含三义:简易,一也;变易,二也;不易,三也。"

首先,"易理"认为"易则易知,简则易从"(《周易·系辞上》)。只有简易的道理,才便于明了,只有简易的法则才便于效法,这就是易简的思想。鉴于此,《周易》的作者将千变万化的自然现象,简易为两种相互对应的现象,名之为阴、阳。借卦画的"▬"代表阳,称阳爻;"--"代表阴,称阴爻。阴阳虽简,却代表着万物万象;阴阳相互作用,能产生万物万象,"▬"和"--"虽简,却能排列出象征万物万象的卦,推演出生生不息的卦形。因此,《周易·系辞上》说:"一阴一阳之谓道。"八卦掌先贤在拳理和拳技中,都效法了这种简易之理。从技术体系看,八卦掌以向左沿圆绕走称为"阳仪",以向右沿圆绕走称为"阴仪"。象征着阴阳的左右绕走,是八卦掌区别其他拳术的基本运动特征,也是自身技术的基础。八卦掌的其他种种变化和作用,都是将攻防招术或一定锻炼方法融于沿圆走转,其运动特点皆须符合绕走规律。八卦掌家认为,这是由左、右沿圆绕走产生出的技术。从拳理来看,八卦掌系将拳势中千变万化的现象,归纳为相互对应的现象。例如,肢体运动的开合伸屈、内部劲力的刚柔急缓、动作形态的起伏进退等等,并把它们分属于阴或阳。例如,开、伸、刚、急、起、进等属阳;合、屈、柔、缓、伏、退等属阴。然后以阴阳之理统释其相互作用,称"一阴一阳之谓拳"。

其次,"易理"认为"生生之谓易"(《周易·系辞上》),天地及其间万物万象都处在不停的运动变化中,这就是"变易"的思想。《周易·系辞上》中列举了三种产生变化的原因,即"刚柔相推而生变化""一合一辟谓之变""变化者,进退之象也"。认为变则通,变就有前途。《周易·象传》还有"天行健,君子以自彊(强)不息"之名句。八卦掌效法这种动变思想,将沿圆绕走和攻防拳势融为一体。脚行圆有进退转旋,手运技有伸屈刚柔,身翻旋有吞吐开合,似象天体运转中,含有刚柔、合辟、进退等变化一般。八卦掌的走转运招,也像天体运行一样,周而复始,一气走去,其间没有中断。对敌时也要用不停的走转与对手周旋,避实寻虚,避正寻斜,讲究以动制不动,以快动制慢动。进而把常规的绕走转行视为相对的静,将异于常规的走转变化视为相对的动,强调制胜之法在变动,形成了"以动为本、以变为法"的八卦掌技法总则。

再次,"易理"认为"动静有常"(《周易·系辞上》),天地间万物万象的变化都按照一定的规律循环不已,这就是"不易"的思想。《周易·系辞下》述"日月运行,一寒一暑"的变化,是循"日往则月来,月往则日来,日月相推而明生焉。寒往则暑来,暑往则寒来,寒暑相推而岁成焉"。循环往复之规是不会变的。此外,《周易·系辞上》还说,"天尊地卑,乾坤定矣",即乾象征天,在上;坤象征地,在下,这是不能改变的。《说卦》依据自然现象指出,"天地定位,山泽通气,雷风相薄,水火不相射",形成了先天八卦方位图(见图1)。又依照卦象含义与日照方位和季节的关系,排列出后天八卦方位图(见图2)。这两种卦位排列也是不能改变的。八卦掌效法这种卦位不易,运转法则不易的思想,形成了八卦取象、取身不易,运动技法原理不易的定则。例如,"胸空腹实"(离中虚、坎中满)等身型要领;"拧旋走转"等运动技法;"滚钻争裹"等劲法原则;以及"以动为本,以变为

图 1　先天八卦方位图

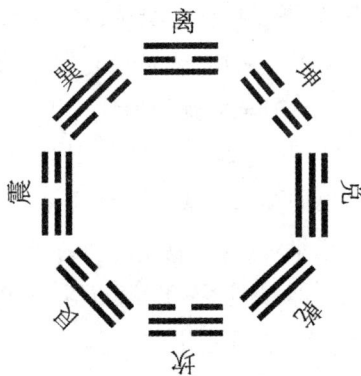

图 2　后天八卦方位图

法"的运动总则等等,都是习练八卦掌者必须遵守的不易法则。由于运动中相互对应的现象(刚柔、开合、伸屈等)分属为阴阳两类,因此,它们相互作用的道理,应该遵循"阴阳互根、阴阳消长、阴阳转化"的原理,也是不易的。

拳家先后天说

先天和后天有两种涵义。一指天地混沌未分（无极）和天地判分之际（太极）为先天，天地肇定之后为后天。一指婴儿未出生以前为先天，出生以后为后天。拳家先后天说包括"练后天补先天""练后天返先天""练先后天合一"三种。

"练后天补先天"说认为，人未出生前的先天之气，落入尘世即受到损失，"借后天有形式之身，以行有为变化之道，则能补全先天之气"（见孙禄堂《八卦拳学》）。阎德华《八卦掌使用法·自序》："凡习拳术者，须当练精化气，以气化神，以运使内气为功，以川流不息为旨用，求后天补先天之法。"

"练后天返先天"说认为，人未生之时，禀父母精血，在母腹内至柔、至顺。刚坠地时，其柔顺尚具，动作自然和谐，故如坠地能无意圆滚而不伤。随在尘世时间的增长，气血日刚，拙劲日强，柔顺渐失。应该通过有规矩的锻炼，逐步悟透"婴儿形"，除去后天血气之拘、拙劲之捆，还归婴儿时的柔顺，达到"拳无拳，意无意，无意之中是真意"的境界，进而返璞归真。

"练先后天合一"，是练后天补先天、练后天返先天的具体修炼方法。拳家认为，人处于无思无形（无极）和有思无形（太极）的静态为先天，肢体运动成形呈象的动态为后天。由先天的思产生的意，支配身体手足"循着次序渐渐习去，自始至终无有乖戾之气"。"久之，四体手足动作可以随意指挥。故能上下相连、手足相顾、内外如一、浑然天理"（孙禄堂《八卦拳学》）。如此，就算达到"先后天合一"的境界了。

拳家天人合一说

"天人合一"是中国传统哲学中关于天人关系的学说，包括天人相类、天人相通、天人感应、天道与人道统一等思想。天人合一说对中国传统文化和思想都有着广而深的影响，也毫无例外地渗透入了传统武术的各个方面。

拳家依据天人相类的传统思想，认为"人身一小天地，天地一大人身"。"天为一大天，人为一小天"（孙禄堂《形意拳学》）。所谓"天"，指含天地万物的宇宙（或称"自然界"）；又依天地万物乃阴阳二气化生而成，而以天为气。天与人的关系就是大宇宙中有个小宇宙,充满小宇宙中的阴阳二气与周流于大宇宙的阴阳二气相互通融,"人在气中,气在人中",此即"天人相通"。大宇宙的气化运动能引起小宇宙中的气化运动,此即"天人感应"。以居于大宇宙之中的小宇宙(人身)为内,则小宇宙之外的天地万物为外。仅以小宇宙来说,小宇宙与大宇宙(人体与外界)接触的表形部分为外,表形之内不见形态的部分为内。由此,以天人相通和天人感应为基础的天人合一,可细说为"身宇合一""物我合一""内外合一"。基于这些推演,拳家制成了武术理论中一系列强调内外统一的基本法则。在武术技法原理中,以身形为外,以意气劲为内,强调意、气、劲、形四者有序配合内外合一。其中处理器械与人体配合的兵械技法原理,讲究"身械合一"(即"物我合一")。功法原理中的"应外诱潜、在动中获得",贯串着"身宇合一"法则。武术教学原则中强调"内外兼修",武术训练原则中强调"内外互导",武术的锻炼价值追求"内壮外强",武术的审美价值追求"神(内)形(外)兼备"等等。

达到"天人合一"境界的方法,是从大宇宙的运动法则"天道"中,寻找小宇宙的运动法则"人道",以人道效法天道,使人道与天道和谐统一。拳家基于人道与天道统一的关键是人道效法天道,强调通过主观(内)顺应客观(外),主观能动性主动与客观规律结合,求得天与人、外与内的和谐统一。

在武术锻炼中,主观顺应客观,即人体运动顺应天象变化,才能借助客观外界对人体的影响,提高锻炼效果。因此,在传统武术训练中,一般都要求训练场所"须择山林茂盛之地,或奇观庄严之处,或房屋洁净之区"。八卦掌大师程廷华认为,训练中"得天气之清者为之精,得地气之灵者为之灵。二者皆得,方为神化之功"(见孙禄堂《八卦拳学》)。

在武术锻炼中,主观能动性主动与客观规律结合,就是人体运动的主观努力要符合技法原理的要求。按照技法准绳进行运动,作出努力,动作才可能顺遂、准确,技能也才能不断提高。

总之,拳家天人合一说既强调人身自己的整体性,又强调人与环境、器械、技法规律的整体性,还强调主观世界顺应客观世界,融入客观世界,使人的行为符合天道,返璞归真。

拳家自然说

中国道家认为,人的行为要效法自然,才符合"道"。《老子·第二十五章》:"人法地,地法天,天法道,道法自然。"这种思想对拳家影响颇大。拳家认为,人出生后,淳朴的先天真体受到破坏,先天的自然行为不断丧失,后天违背自然的行为不断增加。因此,强调通过主动的修炼,返璞归真,回到自然。其修炼的原则,包括顺其自然、合乎自然、自然而然。

顺其自然,指顺应身体自身生理活动的规律进行武术训练。例如呼吸要顺其自然,而不能憋气、努气。即在训练初期要采用自然呼吸,在训练达到呼吸与动作配合时,气也要顺遂,不能执著,不能做力不能及的深呼吸或勉强的配合。动作也要力求自然而不做作勉强。肢体要在正常的关节活动范围和肌肉能达到的伸缩限度内运转,不能勉强追求达不到的动作幅度。

合乎自然,指按照武术技法规律进行训练。相对来说,武术技法原理,就是武术动作的自然规律。合于技法的动作,必然是自然的武术动作。由于人出生后,先天的自然行为不断丧失,违背自然的后天行为不断增加,表现在武术训练中,即是意、气、劲、形配合无序,甚至不知配合,动作僵死。如果在训练中一切放任,那些违背自然的后天行为(如拙劲、执著等)就会进一步发展。按照一定的技法训练,才能抑制和逐步消除这些违背自然的行为。这样,以武术的技法约束意识、调节呼吸、规矩动作,使人体内外各部有序配合形成的整体动作,才能算是"合乎自然"的武术动作。

自然而然,是武术训练的高级阶段。动作在"合乎自然"的长期训练中,克服了违背自然规律的因素并逐步形成了动作技能的条件反射,进入动作的自动化阶段。这时,无须着意于技法原理,一举手投足,就能自然做出符合技法原理的动作,即所谓不讲规矩而合于规矩,这就是"自然而然"。拳经述此为"拳无拳,意无意,无意之中是真意"。

拳家形神说

古代思想家以"形"指事物的外形或现象,以"神"指由现象体现出来的内在规律或本质特性。拳家以"形"为人体的筋骨皮或动作形态，以"神"为人体的精气神或武术意识及个性气质。

在武术训练中，既要求练形体的"筋骨皮"，又要求练内在的"精气神"，以求内外兼修，达到"形神相亲，表里俱济"（嵇康《养生论》）。在武术技法中，要求武术动作既要符合一定的形态规格，又要体现出一定的动作含义（意识）和个性气质，使动作内外合一，表现出形神兼备的完整性。

在形神二者的关系上，古代思想家有"形具神生""形质神用""形神相即"等命题。拳家认为无形则无神，无神则无味。神赖形而存，形因神而显。把形看作神的根基，当作表现神的手段。把传神作为形——动作的目的。由此形成了以形传神、贵在有味的鉴赏标准。就是惟妙惟肖的象形拳术，也强调突出被模仿对象的个性特征，而不单纯追求外形的酷似。

拳家体用说

古代思想家以"体"指事物的形质、本体，以"用"指事物的功用、属性。一定的"体"，具备一定的"用"。离开"体"，"用"就不存在了。拳家引申这些含义，形成了多种体用说。常见的有动静体用说。《形意拳经》以"静为本体，动为作用"。其次是以成套单练和散招格斗为体用。李存义说："自己练趟子为之体，与人相较时，按练时而应之为之用。"还有以练技健身为体，以运技格斗为用。拳家罗列这些体用范畴的目的，是为了在训练上有意识地发展其"体"，以增强其"用"；明晓其"用"，以规范其"体"。使体用兼备，体用互促，体用一致。

武术与现代学科

植根于中国传统文化的武术，发展到近现代，又从周围环境出现的新学科中吸取了新的养料，丰硕了原有枝叶，萌生出新的分支。这里所说的新学科或称现代学科，主要是相对于中国传统文化而言，指近代传入的西方体育和随之舶来的体育运动基础学科，其中运动解剖学、运动生理学、运动生物力学、运动训练学、体育教学等，对武术的影响尤大。

从西方体育教学对武术的影响看,在20世纪的最初十多年中,马良以山东为基础,组织一些武术名家,编辑推广"中华新武术"。所谓"新武术",是借鉴西方体操的锻炼形式,将传统的武术动作按易于整齐运动的口令节律组编成套,以适应军警和学校集体操练。民国初,北京体育研究社也"查照体操教练规程,订定团体教练之法"。伴随教学形式的这些改革尝试,武术逐步走入学校,成了学校体育课的内容。

被列入学校体育课的武术内容,也采取了西方体育的教学原则和方法。诸如语言法、直观法等等,都被完整地摄入武术教学中,只是结合武术教学用例,增添了新的解释。

从西方体育的竞技形式对武术的影响来看,1923年在上海出现了由马良、许禹生、唐豪等人发起组织的"中华全国武术运动大会",开始了武术采用西方体操表演竞赛形式的尝试。中华人民共和国成立后,模仿体操竞赛评分方法制定了武术(套路)比赛评分方法。为了适应这种比赛的要求,竞赛性质显露的拳械,以"可比性"为原则,经不断规范,逐渐形成了既具有武术传统风格,又可通过动作规格准确、腾空高、平衡稳、速度快、力量强,以及套路布局合理、表现性强等等进行评判的现代长拳及长拳类器械,使之成为武术套路运动中新生的一支。

这一新支受奥林匹克运动影响很大。从队伍的组织到训练工作,从训练原则到训练方法,多借鉴新兴的运动训练学。诸如周期性原则、重复训练法、间歇训练法、循环训练法等等,都被完整地纳入现代长拳类拳械的训练。

从体育运动的其他基础学科对武术的影响来看,主要有两个方面。其一,以运动解剖学、运动生理学和运动生物力学来说明武术运动,证明武术运动符合人体运动的基本规律。例如,1923年"中华全国武术运动大会"期间,就曾对被誉为"十八武术家"之一的何玉山先生进行一系列生理指标的测定,用以说明武术的生理学基础和武术的健身作用。当时,唐豪撰《武术的研究》,从生理学、生物学等角度来说明武术。此后,徐致一著《太极拳浅说》(1931年版),从"太极拳与心理学之关系""太极拳与力学之关系"等方面进行了探讨。至今尤在进行的这种探讨,不断深入地揭示了武术运动的生理、生化、生物力学基础,展示了武术具有较好的强健体魄的作用。其二,借助体育运动基础学科的原理和知识,来完善技术、指导提高技能的训练。例如,拳家借鉴解剖学和生物力学,发展了擒拿与解脱的技术,借鉴生理学发展了武术训练理论,借鉴生物力学发展了武术技法等等。

从总体上说,由于武术本身是人们在千百年的长期实践中逐步完善起来的,具有坚实的科学基础,因此很容易与现代学科契合,并借鉴现代学科来发展自己。值得注意的是,由于近现代体育及其基础学科有系统地、大规模地舶来,使疏于立文的传统武术显得理论十分贫乏。在急于建立武术理论体系的形势促迫下,出现了过多照搬照套西方体育基础学科原理和知识的情况,使得传统武术的技法、教学和训练等问题,没有得到很好的总结整理,这是有待于志士们努力的。

第二编　武术技法原理

武术技法原理

武坛中习惯将合理有效地完成各种武术动作的方法,称之为"技法"。武术技法原理是普遍存在于各种拳械技法中的共性规律,它从宏观上反映武术技法特征,把握武术动作准绳,指导武术训练实践。各门拳械的具体技法既服从总的武术技法原理,又有着自己的技法个性。这些与它种拳械区别的特殊技法,形成了该拳械在武术大家庭中的独特风格。违背总的武术技法原理的运动,算不得武术;失去拳械技法个性的动作,就丧失了自身特色。因此,我们既要看到武术技法原理的宏观指导作用,又要明白它并不包罗每种拳械的个性技法,还要看到随动作的繁衍发展,技法会随之变化,技法原理也会随之出现相应的发展。

上寻武术的根与源,下察武术的枝与流,周观渗入武术根枝的天光地气、涌入武术源流的细泉洪峰。我们可以用归纳法,归纳出如下基本的武术技法原理。即:技缘形生,法依攻防。意气劲形,内外合一。相反相成,反向相求。顶垂平正,照合对称。梢领根定,中节顺随;转轴稳固,轴梢互领。松曲吸蓄,调形造势;催坠呼发,寸劲贯梢。

技缘形生,法依攻防。这是武术技法的根本原理。武术技法离不开运用一定形态的身体部位和兵械部位去发挥攻防作用。例如,武术兵械中的戈、矛、枪等,因有锐尖之形,故形成了它们的刺扎技法。刀、剑等,因有利刃,故形成了它们的劈、削、斩、抹技法。同样的道理,钩法缘自兵械之钩形,击法缘自兵械之锤棒状,缠绕法缘自软兵械之铁环和绳索等等。徒手拳术技法同样受一定形态的制约。以手型为例,"拳"主于冲击劈扣。冲击只靠拳面完成;劈扣只能用拳轮、拳背、拳心等部完成。"掌"主于插、砍、拍、按。插只以掌指尖完成;砍只以掌沿完成;拍只以掌心、掌背完成;按只用掌心完成。"勾"主于搂搌啄击。搂搌只靠勾身完成;啄击只靠勾尖完成等等。因此,"技缘形生,法依攻防",就是要求动作符合发挥其一定形态的攻防性能,具有攻防含义,符合攻防变化的规律。

意气劲形,内外合一。这是武术技法的整体原理。在武术技法中,将人体的意识、气息、劲力等无形的生理机能,视为"内",将人体肢躯及其构成的静姿和动态等可见的"形",视为"外"。还以我身为内,以我身外的宇宙万物为外。武术技法要求人体的意气劲形合一,宇宙间的物我合一。

所谓"意气劲形合一",指完成任一动作时,都要以意主导,以意控制心思专一练拳,控制气息随意流注,控制劲力随意气运转,控制各部肢体按一定的规格运动。这样,意识、气息、劲力、肢体,同时循一定的方向和路线,以一定的速度和强度,按一定的变化顺序进行运转,共同配合完成一定动作。做到全身内外,一动无有不动,一到无有不到("到"即到达目标)。外形上具有齐动、齐静、齐蓄、齐发的整齐节律。

"意气劲形合一"还具体表现为"神形合一""息形合一""劲形合一"。"神形合一"的神,指心思对动作理解而产生的精神和意念聚成的武术意识。神形合一,就是武术意识注于动作,与动作相融,使动作体现出武术意识,展现出神形兼备的韵味。"息形合一",即呼吸和内气潜转配合动作,动作引导呼吸和内气潜转。两者相互主动配合,肢体运动开通经络,助气息畅流;气息运转依次流注,助肢体动作节节贯穿。"以内引外""以外导内"和"拳式呼吸",是"息形合一"的重要表现形式。"劲形合一",即肢体随劲力的蓄发而屈伸,随劲力的运转而转旋;劲力按肢体欲成外形的要求而变换。两者合规,肢体动作顺随,劲力传导畅达;劲力变化灵活,肢体动作敏捷。"圆柔直刚""柔过渡、刚落点"等,亦是"劲形合一"的表现。

所谓"物我合一",包括"身械合一"和"身宇合一"。在武术兵械技法中,将兵械视为人体手臂的延长。"意气劲形合一"的方法,也就是"身械合一"的方法(参见本书"武术兵械基本技法原理")。"身宇合一"是功法练习中的"内外合一"技法。这一技法要求练功时,体会我身融入宇宙的感觉。例如,体会自身体内的气与自然界的气交融的感觉;体会置身于水中的感觉;体会隔空遥击如击中目标,凭空抓拿重物的感觉等等。

相反相成,反向相求。这是武术技法的辩证技法原理。"相反相成",指相互矛盾的一对技法因素相依一体,表现出动作的和谐完整。"反向相求",指由欲达目的的反向开始运动,追求达到运动的目的。这一原理用于处理武术运动中各种各样的矛盾因素。处理攻防矛盾时,其相反相成法是"攻中有防、防中有攻";其反向相求法是"以攻为守,以守为攻"。处理动作幅度的开合矛盾时,其相反相成法是"开中有合、合中有开";其反向相求法是"欲开先合、欲合先开"。处理劲力的刚柔矛盾时,其相反相成法是"刚中有柔、柔中有刚、刚柔相济";其反向相求法是"刚柔互易"。处理武术运动中内外矛盾时,其相反相成法是"内外合一";其反向相求法是"以内引外、以外导内"。武术技法还概括性地将武术中成对的矛盾抽象为一对"阴阳",采用"阴阳互根""阴阳消长""阴阳转化",作为处理阴阳两者"相反相成,反向相求"的方法。长拳中"阴阳相依,相辅相衬"的技法,亦属此原理的用例。

顶垂平正,照合对称。这是武术运动中静止姿势的基本技法原理。"顶垂平正",指头顶向上顶领,身体其他各部向下松垂,两眼、两肩和两胯根构成的三条身体横线与地面平行。静姿通过这样上顶、下垂、中平的规范,达到"势正"。上顶下垂能使上肢出现沉肩(肩关节向下松沉)、坠肘(肘关节向下松垂)、塌腕(腕关节向下松垂),从而加强上肢的灵通性;使下肢出现髋关节向下松垂的胯坠膝,膝关节向下松垂的膝坠足,踝关节向下松垂的沉稳踏地,从而加强下肢支撑的稳定性。

"照合对称",指分开的肢体应相互照应,有聚合之劲,呈对称之形。传统武术技法中的"三尖相照",形意拳的"外三合",南拳的"五合"、长拳的"六合"等,都是讲肢体照合对称的。"照合对称"的常见形式有下述四种。

其一,上下相照对称。主要表现为左右开步站立拳式的上肢和下肢,在同一纵面内上下相照;前后错步站立拳式的前足尖、手尖、鼻尖,上下相照。如果是顺势动作,还要求身前的上肢和下肢在一个纵面内上下相照,位于身后的上肢和下肢亦上下相照。总之,上下相照对称呈现的肢体状态为:以穿过身体重心的水平面为中界的上下肢体分布对称、分量分布均衡。

其二,左右相合对称。首先表现为左右侧肢体向前进方向靠拢聚合。例如"弓步冲拳",要求两脚靠近前进方向线站立,两臂亦由顺肩拧腰分别贴近此线前引和后撑。其次表现为左右侧肢体离开头脊中轴的幅度相同。例如"马步双劈拳",身躯中正,两腿弯曲度同,两臂伸展度同,而且头脊中轴两侧的分量均衡。再次,表现为左右侧肢体含相合的内扣劲。例如,在步型中要求两膝、两足尖含左右相合的内扣劲,将掰膝敞裆的形态视为错误姿态。在身型中要求两肩含相合的内扣劲。具体做法有两种:要求涵胸实腹的一类拳术,两肩肩峰向前扣劲,形成涵胸圆背状。要求挺胸收腹的一类拳术,肩峰后展形成夹脊挺胸状。总之,左右相合呈现的肢体状态为:以穿过身体重心的矢状面为中界的左右肢体分布对称、分量分布均衡。

其三,前后相应对称。张孔昭在《拳经拳法备要》中认为,以前后手、前后脚"一齐着力"为前后相应。太极拳技法称之为"前去之中必有后撑"。以上肢为例,即一臂前伸,另一臂则后引;一臂向前发劲,另一臂则向后撑劲。如果两臂同时前伸发劲则以背部向后撑劲配合。总之,前后相撑呈现的肢体状态为:以穿过身体重心额状面为中界的前后分量均衡。

其四,绕中拧合对称。指肢体绕头脊中轴拧转形成身如绳拧的聚合。例如八卦掌转掌式,脚站于圆周上不动,头向上顶领,整个身躯肢体绕头脊中轴线向圆心拧转,形成全身拧抱的整劲。这类"绕中拧合"呈现的身体形态为:以穿过人体重心的垂直线为中轴的辐射性内劲分量和外形幅度的均衡对称。

梢领根定,中节顺随;转轴稳固,轴梢互领。这是武术动态过程中肢体配合运动的基本原理。"梢"指人体梢端的头、手、足,也泛指进攻招法中用于攻击的身体部位。如在"顶肘"技法中,用于击敌的肘尖就是"梢"。"根"指支撑身体的两腿,也泛指支撑四肢梢节出击的部位。如以腿出击时,出击腿的胯根,就称"根"。"梢"与"根"之间统称"中节"。在某些进攻技法中,静态的中节又会成为该技法的梢节或根节。如前述,肘是上肢的中节,在顶肘时它成了梢节。胯根是下肢的根节,在以胯击人的"胯打"中,它成了梢节。这种以肢体在运动中的不同功用来区分"三节"的理论,可称为"活三节"。在武术运动中,不论动作是直线运动,还是曲线运动,或者是旋转动作,都要求"梢领",保持头有向上的领劲,出击部位(冲拳之拳面、顶肘之肘尖)对准攻击目标运动,领导整体动作的方向。还要求"中节顺随",沿着梢节的运动轨迹行进,向着梢领方向加劲。还要求"根定",稳固地支撑身体完成动作,同时将支撑反作用力沿着顺随的中节传达到进攻梢端。以左弓步右冲拳为例来说,"梢":头上领,使身体挺拔,精神提起;右拳领劲对准前方攻击目标,领导动作的行进方向。"中节":腰微向左转,右肩前送,右肘前伸,皆顺随右拳出击。"根":两脚掌踏实,十趾抓地站定。前脚(左脚)的支撑反作用力上传髋,撑住上体,防止动作前冲劲过大出现身体前倾,起到加固支撑的作用。后脚(右脚)蹬劲,既加固了支撑,其反作用力又顺沿右膝、右胯,经过腰,再穿过右肩、顺沿右臂直达右拳面。

在武术运动中,有很多肢体绕某一关节轴进行环转的动作。例如,"弹腿"是小腿以膝关节为轴的弧转。"正踢腿"等各种直摆性腿法,是下肢以髋关节为轴的弧转。抡臂是以肩关节为轴的环转。八卦掌的转掌式和太极拳的云手是以腰椎关节为轴的弧转。枪棍的舞花、刀剑的挽花,是以握把处为轴的绕转等等。在这类转动动作中,"转轴稳固",才能保持正确的环转轨迹。如果转轴起伏不定,左右摇摆,就会破坏环转劲力的聚合,扰乱运动轨迹,影响踢腿、抡臂和花法的速度。还要求"轴梢互领",即转轴发力领动梢转和梢对准目标引导动作方向相结合。

松曲吸蓄,调形造势;催坠呼发,寸劲贯梢。这是武术运动中运劲使力的技法原理。武术劲力的运使分为"蓄劲"和"发劲"两个阶段。蓄劲是发劲的基础,发劲是克敌制胜,完成动作主要环节的关键。

蓄劲时,必须以放松肌肉作为收缩肌肉产生肌力的前提;以屈曲关节作为挺伸出击的前提;以吸气配合,将内气聚蓄丹田,作为以气助力的前提。同时调整肢体形态,造成有利于进攻发劲的态势。这就是"松曲吸蓄,调形造势"。

发劲时,必须以呼气配合,用意识引导丹田之气分为上下两股流注。向上的意气上升分入两肩,越肘、过腕,传至手指。在此意气的引动下,同时出现以腰脊大肌肉群发力带动肩臂小肌群逐步参与发力,加强力度。此劲力经肩催肘,肘催腕,腕催手达于掌指。向下的意气下降分入两胯,越膝、过踝,传至足趾。在此意气的引动下,同时出现以腰臀大肌肉群发力,带动胯腿肌群逐步参与发力,加强力度;此劲力经胯坠膝、膝坠踝、踝坠足达于足趾。在意气劲力被同时催达手足两梢的瞬间,加快呼气速度和出击速度,就能使内力经两梢双向性地爆发出寸劲来。这就是"催坠呼发、寸劲贯梢"。这样发劲,由于以意气主导,有助于诱发人体潜力。由于周身用力,而且节节加力,最后又加快发力速度,有利于在发力瞬间,发挥尽可能多的内力,加大击发力量。此外,发劲瞬间,脚获得了逐渐加大的坠沉力,加固了动作的沉稳度。这一力的加大,还增加了支撑反作用力,其上传至出击梢端,具有加大出击力的效用。

长拳基本技法规律

长拳技法除遵循"武术技法原理"外,还强调下述基本技法规律,形成其技法特色。它们包括:顶头竖脊,舒肢紧指(趾);形合力顺,动迅静定;以眼传神,以气助势;阴阳相依,相辅相衬。

顶头竖脊,舒肢紧指(趾)。这是长拳静止姿势的基本技法。

"顶头竖脊",指长拳静姿要求头顶向上顶领,使头额端正,下颏自然微收,提起全副精神;脊柱竖直,使躯干中正,不歪不斜。其中颈椎竖,促成颈项向上顺竖;胸椎竖,促成胸廓微前挺;腰椎竖,促成塌腰立脊;尾椎竖,促成臀部下垂。

"舒肢紧指(趾)",指长拳静姿还要求四肢放松舒展,手指足趾紧劲用力。其中舒肩表现为两肩微下松向后展开,增加胸廓的前挺度和左右径,加大胸廓的容气量;舒胯表现为两胯向下松沉,无挺胯僵腿之态,两腿分开形成步型的幅度较其他拳种阔长,从而构成长拳架开式大的特点。两手手指和两足足趾紧劲用力,与上述头的顶领综合,能牵拉躯干和四肢肌腱,表现出"筋骨遒劲",使拳式开而不散,大而不空。如果头不顶劲,则会导致躯干曲凹;如果两足足趾不紧劲,则会导致支撑不稳;如果两手手指不紧劲,则上肢松懈。

形合力顺，动迅静定。这是长拳运动形态的基本技法。

"形合力顺"，指长拳动态要外部形体协调配合运动，内部劲力顺达传导。"形合"的技法原理是"梢领根定，中节顺随；转轴稳固，轴梢互领"。"力顺"的技法原理是"松曲吸蓄，调形造势；催坠呼发，寸劲贯梢"。在拳式中，"形合"与"力顺"交融一体，表现为外形依赖内劲的运转而产生运动。内劲依赖外形动作发放出来，外形与内劲相合而不相违，体现为一动齐动，一到齐到。

劲形合一的这种运动规律，正是长拳运动"动迅静定"的基础。"动迅"指拳式一动，身体内外齐动。而且一动即快，心快（反应敏捷）、眼快（眼似电）、手快（拳如流星）、步快（步不快则拳慢）。整个动作快似迅雷，体现出长拳以手快打手慢的技击特点。"静定"指拳式经一动即快，一快齐快，而至一到俱到，一静皆静。整个拳式突然在瞬间静定似山岳，体现出长拳运动疾动突停的节奏特点。

以眼传神，以气助势。这是长拳眼法、气法与拳势配合的技法。长拳是一项要求演练者充分表现个人体能、技能和内在精神、气质与意境的运动。注重通过"以眼传神，以气助势"，来表现动作的神态和气势。

"以眼传神"要求练习长拳时，将对动作攻防作用的理解变成临敌想象贯注两眼，表露出可畏而不可测的眼神。动作时"手眼相随"，以眼表达出动作的意向。静止时"目随势注"，以眼表达出观敌变化伺机待动的神态。

"以气助势"的关键，是以适当的呼吸方式配合拳式。拳式不同，配合的气法也不同。长拳运动快速激烈，采用一般的腹式呼吸，显得呼吸过长，不能与脆快多变的动作配合。采用一般的胸式呼吸，又显得呼吸过于表浅，气促力短，还造成吸氧不足，影响运动持久。因此，长拳运动采取介于腹式呼吸和胸式呼吸之间的"腹助呼吸"作为基本呼吸方式。另外，在成串动作疾进多变时，偏重于快速交替的胸式呼吸，在动作徐缓沉长时，偏重于腹式呼吸。长拳运动中以呼吸配合拳式的常用气法有"提、托、聚、沉"四法。练习时要根据拳式的变化采用相应的气法，不能固持一法。呼吸方式与气法运用得当，才能发挥出以气助势、以气催力的作用。反之，则影响动作的完成质量。当练习中出现气法与拳势难以配合时，不要执著，应任其自然呼吸，逐步调整。

阴阳相依，相辅相衬。这是长拳运动中辩证地表现动作特征的基本方法。

长拳运动中包含有动静、快慢、虚实、刚柔、轻重、开合、起伏、屈伸、吞吐等等对应的运动形态,同一动态表现于相反方位或肢体,又能组成新的对应运动形态。传统武术理论中将对应形态统称为"阴阳"。长拳运动中,要求以"阴阳相依,相辅相衬"的技法来表现对应的运动形态,使之和谐相依,相互完善。或者由此突出对应双方的特征。

从相依完善来说,长拳运动以迅快为基调,但要求快中有缓,快而不毛。当拳式静定时,要求外静内动(即意识、气息、眼神之动),"静如潜鱼"乃至静而不死。同样的道理,刚中有柔,则刚而不僵;柔中有刚,则柔而不痿等等。

从突出对应双方的特征来说,长拳套路中注重将运动形态对应的动作编排在一起,通过双方相互衬托,达到突出双方特征的作用。例如旋风脚接坐盘,其前部腾空旋起是高、飘、轻快的动态,其后部落地成型是低、实、沉稳的静态。两者相互映衬,高者愈高,低者愈低;飘者愈轻,实者愈沉;动者愈快,静者愈定。双方特征都得到突出,加强了动作表现力。

南拳基本技法规律

南拳技法除遵循"武术技法原理"外,还强调下述基本技法规律,形成其技法特色。它们包括:挺沉平正,贯气扣梢;阔幅扎马,沿中纵击;未定不移,未稳不发;吸蓄闭息,呼发开声。

挺沉平正,贯气扣梢。这是南拳静止姿势的基本技法。南拳拳式要求躯肢由内而外,向十方(上、下与四正、四隅方)挺劲,并注意挺劲中含有沉劲。使躯肢在挺劲和沉劲的同时作用下,头上挺而项稳竖;手外挺而沉肩、坠肘、塌腕;膊外挺而圆胸、拔背;膝外挺而敛臀、屈膝、稳足。内气伴随挺沉劲穿筋过节,贯注至手指与足趾,使手指和足趾梢节屈曲扣劲。与此同时,还要求头脊中正,两眼横平、两肩横平、两胯根横平,两脚掌踏平。这样,拳式才显得挺拔、稳沉,刚健力丰。

阔幅扎马,沿中纵击。这是南拳动作上下配合的基本技法。南拳系将步型、步法称"马",喻步如战马。阔幅扎马,指通过适当加宽两脚的横向距离(阔幅),

来加大支撑面,提高动作的稳定性,使桩步如落地生根一般(即"扎马")。"沿中纵击",要求上肢动作在身体正前方的矢状面内,或者尽量靠拢这一矢状面进行。这样占住敌我两方的正中进行攻防,有利于防护自身要害,也是击中对手要害的捷径。

在攻防进退中,"阔幅扎马",要求两脚横向加宽支撑面。"沿中纵击",要求两臂纵向屈伸出击,使动作呈现下阔上纵的形态,内含十字撑拉的意气劲。这有助于加强动作的稳沉度,能避免两脚过于靠近前进方向线进退,造成动作左右歪斜、或前倾失势、或后仰失势。这一技法在南拳中马步正面出击的动作及横向距离较宽的拗势弓步进退动作等较为多见。这种步法不像其他拳种那样,纵向进退迅疾,但有较其他步法稳沉的特点。这种拳式不像严守"三尖相照"的拳式那样紧凑地缩小了正面防守范围,但它以稳沉的"阔幅扎马"固下,以刚硬的"沿中纵击"守中,具有"你打我不怕(不易击中我要害,若有击中,也不易击倒我),我打你受不了(我下盘稳,有助发力;上肢硬,攻击力强)"的坚实基础和阳刚气概。

未定不移,未稳不发。这是南拳移步和手步动作配合顺序的技法。"未定不移",要求移步行进时,必须支撑脚站稳踏实,移动脚才能平稳动步。支撑脚漂浮着踉跄迈步,则有失南拳之稳沉风格。"未稳不发",要求两脚要站稳踏实,脚趾抓地如落地生根才发招出击。不在自己桩步未稳、根基未固、难于自保时急于击人。一旦扎马稳固,常常"一势多手""一步几变手"。

吸蓄闭息,呼发开声。这是南拳蓄发劲的技法。要求蓄劲时,以腹式深吸气配合,将内气聚蓄腰脊,随之关闭声门,闭住气息。此即"吸蓄闭息"。发劲时,以短促的呼气配合,丹田内气和腰脊内力一并外发。其上行经腰催肩、肩催肘、肘催手,使气力达到指端("上三催")。其下行经腰催胯、胯催膝、膝催足,使气力达到趾端("下三催")。就在气力传至肢体梢端的瞬间,突然加速呼气冲开声门,气震声带,发声吐气,以气助力,以声助力,以声助威,表现出南拳劲力浑厚、拳势刚烈的特点。

太极拳基本技法规律

太极拳技法除遵循"武术技法原理"外,还强调下述基本技法规律,形成其技法特色。它们包括:上悬下沉,中节舒松;中定而动,轴轮互转;缓慢柔圆,息细匀长;以意主导,形息互引。

上悬下沉,中节舒松。这是太极拳身型的基本技法。"上"指头顶百会穴部,"下"指足跟、足掌和足趾等用于触地支撑的部位。"上"与"下"的中间,概称"中节"。练拳时头顶上领,似有一绳悬住百会穴之感,再放松中节各部肌肉和关节,任其被地心引力向下牵拉而沉坠,手部和足部就会有沉实感。人体在这种上悬下沉作用下,被对拉拔长,肩、肘、腕、脊柱、髋、胯、足等关节都被撑开,胸腹部亦随之宽舒,中节各部就能灵活运转。上悬下沉还能使头部端正、颈项顺直、躯干中正。

这种上悬下沉、中节舒松的技法,也用于处理任意相邻三关节间的相互关系。例如以头为上、肩为中、肘为下,即:头悬、肩松、肘沉。这能撑开肩关节,放松肩部肌群。随之以肩为上、肘为中、腕为下,即:肩悬、肘松、腕沉。这能撑开肘关节,放松肘部肌群。再以肘为上、腕为中、指为下,即:肘悬、腕松、指沉。这能撑开腕关节,放松腕部肌群。如此由上而下、依次上悬中松下沉,就能全身放松、节节贯穿,使气力注于手足。

中定而动,轴轮互转。这是太极拳动态的基本技法。太极拳"十三势"终于中定。太极拳经以中定为"土",依土生万物之意,中定既是"十三势"之一势,又是其他十二势的基础,势势皆不能离中定。所谓"中定",指中和稳定的状态。"中定而动",指以"中定"的状态进行运动。或者说,在运动中追求"中定",使动态不失"中定"。"中定而动"有三种表现形式。

其一,身体在运动中保持不歪不斜的"中正"状态,重心始终在支撑面内移动。此技法要求动步之初,先将身体重心移于支撑脚,形成单脚支撑的支撑面,然后移动脚才提离地面。在移动脚的移动过程中,要保持身体重心在支撑面中间,几乎不出现移动,待移动触地成两脚支撑,形成新的支撑面后,身体重心才随之向新支撑面中间移动。这样,保持身体重心在支撑面内移动,并与中正的身态配合,具有较高的稳定度和轻灵度。

其二,身体在运动中保持不高不低的"中平"状态,重心平行移动。此技法要求身体移动时,始终保持顶平、两肩平、两胯平、两脚平,形成太极拳运动中重心平稳的特点。即便是仆步下势,也是在保持身体"中平"的状态下,先降低身体重心至一定高度,再平平移动重心,完成下势动作。独立类动作是先将重心平平移动至支撑面中间,再在保持身体"中平"的状态下,伸膝向上立起。

其三,身体在运动过程中保持无过无不及的"适中"状态。无过无不及,即《王宗岳太极拳论》所谓"无过不及"。在推手过程中,"无过不及"是随对手动而动,"随屈就伸","动急则急应,动缓则缓随"。在单练拳架时,表现为动作的规格、变转的速度、意气的配合、劲力的刚柔等,均循规蹈矩,做得恰到好处。这种在运动中求"中正""中平""适中"的状态,综合表现为一种动态平衡状态,也就是《十三势歌》所谓"静中犹动动犹静"的状态。

"轴轮互转",是太极拳动作中肢体配合的基本技法。运动时,以腰为"轴",以手足为"轮"。以腰以上躯肢为"上",以腰以下躯肢为"下"。强调以腰动带臂腿动,犹如轴动轮必转。下肢(上肢)动则能引起腰动而带动上肢(下肢)随之动。犹如搬动圆轮的一部,其他部分亦随之动。这也就是上下相随。如此,则全身一动无有不动,一静无有不静,动作协调完整。

缓慢柔圆,息细匀长。这是太极拳处理运动节奏、劲力、呼吸方法的技法。指练习太极拳时,肢体移动速度要缓慢,运用柔韧顺达的劲力,使动作衔接转换圆活连贯,一气呵成。与此同时,要采用腹式深呼吸法,将呼吸调得细微绵长,匀速出入。"缓慢柔圆,息细匀长"必须协调配合,循序进行。其中一环出差误,就会影响其他动作环节。例如,劲刚会导致形直、速快、呼促,影响柔圆缓匀等技法的运用和体现。

以意主导,形息互引。这是太极拳整体运动的基本技法。练习太极拳时,要求以意识为主导,用意识控制呼吸(即息)、控制肢体动作(即形),支配呼吸与动作有序配合。做到一方面以意领气、以气运身、气到力到,引起肢体运动;一方面又以意识控制肢体按照严格的动作规范运转,让外形的变化引起呼吸的相应配合,并经长期练习,获得意、气、劲、形的统一。达到所谓"以意导体、以体导气"和"以心行气、以气运身"交融的境界。

八卦掌基本技法规律

八卦掌技法除遵循"武术技法原理"外,还强调下述基本技法规律,形成其技法特色。这些基本技法包括:梢拧根定,三空三平;一意五劲,摆扣成圆;滚钻争裹,逐节转旋;以动为本,以变为法。

梢拧根定,三空三平。这是八卦掌静止拳姿的技法。"梢拧根定",指支撑身体的两足(根)沉实稳定,身体的头和两手(梢)拧劲,使整个身体处于拧绳状。其中含有臂拧、躯拧、腿拧。就臂拧而言,肩为根,手为梢。应相对稳定肩的位置,以手旋内或旋外的拧劲,领臂运转成绳拧状。就头和躯干而言,臀为根,头为梢。应相对稳定臀的位置,以头的转拧劲,领躯干运转成绳拧状。就腿而言,胯为根,脚为梢。应相对稳定胯根的位置,以脚外摆或内扣的拧劲,领腿运转成绳拧状。这三"根"稳定的位置,应保持为两肩横平,肩不能随手拧而失势成耸肩、歪肩。两胯横平,胯不能随脚拧而失势成挺胯、歪胯。两脚平平踏地,脚不能随头拧而失势成脚边、脚跟或脚尖跷起。此肩平、胯平、脚平,即"三平"。在这种身如绳拧的静姿中,肢躯各部随拧转而紧凑,其中有三处则形成了涵空状。身拧时,两肩向下松沉且微内合,形成了胸部畅空。臂拧时,内劲过肩、穿肘、越腕,直达手指尖,使手指梢节出现微扣状,形成了手心涵空。腿拧时,内劲过胯、穿膝、越踝,直达足趾,使足趾屈扣抓地,形成足心涵空。此胸空、手心空、足心空,即"三空"。梢拧、根定、三平、三空和谐一体,呈现出八卦掌静姿的规格特点。

一意五劲,摆扣成圆。这是八卦掌步法的基本技法。八卦掌以蹚泥步和摆扣步为基本步法,形成其步若蹚泥、绕圆走转的运动特点。做好蹚泥步的关键是"一意五劲"。"一意",指"步若蹚泥"的意念。要求步一动就感觉脚的周围都有泥水的粘力:脚底似有泥水粘吸,脚跟后似有泥水粘拖,脚的左右似有泥水粘附,脚前似有泥水粘阻,脚背似有泥水粘压。这种蹚泥感,既有助于诱导内气流注脚底与地气交融,又能促成两脚平平移动,好像生怕泥水溅脏裤腿似的。"五劲",

指从起步到落步过程中相继运用的蹬、踢、摩、探、踩五种劲法。移动脚起步时，整个脚掌要有蹬劲（注意脚后跟参与用力），使脚掌快速平行地离地前移。紧接着，脚背和小腿胫骨夹角处以向前的"踢劲"，促足前移。随之，移动脚内侧靠近支撑脚内踝部"摩胫"而过（摩劲），移动脚前移至将落地的瞬间，要以"探劲"促使脚掌继续向前、向下探进寸许。然后，全脚掌平平踩踏落地（踩劲），如欲踩死毒蝎一样。上述"一意五劲"交融于步，促成脚掌平起、平移、平落，步法快速蹚进。

所谓"摆扣成圆"，指八卦掌的"绕圆走转"是通过摆步和扣步的交替运用实现的。连续交替进行左脚摆步、右脚扣步的步法，能形成向左的走圈；反之，形成向右走圈。摆扣步的幅度（摆扣角度）不同，足迹形成的圆圈大小也不同。摆扣步幅度越大，圆圈越小；摆扣步幅度越小，圆圈越大。一般以八步走满一圈作为中圈。每圈少于八步为小圈，多于八步为大圈。另外，八卦掌还以摆扣步作为变转运动方向的基本步法，忌以两脚碾转进行方向变转。

滚钻争裹，逐节转旋。这是八卦掌基本劲法与肢躯运动融合的技法。八卦掌动作要求"滚钻争裹"四劲聚合于体，使肢躯运动呈现为转旋出入状。其梢端是转旋着（滚劲）击向（钻劲）目标。其中节的外侧，含有外开的"争劲"；其内侧，含有内合的"裹劲"。肢躯的这种转旋屈伸是循梢节领拧、中节随拧；或者中轴转动带动梢的顺序，逐节传导，依次随之转旋，而形成全身各节贯穿转旋。例如，手掌领劲转旋前穿，依次为肘节随之转旋前穿，肩节随之转动前送，腰部随之转拧催劲，胯、膝、踝相继随之转顺。又如，腰为轴领劲转动，其向上传导，依次旋脊、转肩、旋膀、转腕，最后为旋手、转指。与此同时，其向下传导，依次为旋髋、转胯、旋膝、转踝。

以动为本，以变为法。这是八卦掌运动中处理动静关系的技法。八卦掌动作和整套练习中，要以不停的沿圆走转为基本运动形式，身随步活，步随身动，手随步开，随走随变，纵横交错，不能有丝毫的停顿和断续。进而将常规的沿圆走转视为相对的"静"，以在沿圆走转基础上变招换掌视为"动"，要求运动不息，变化不止。"以动为本，以变为法"的技法，在格斗中表现为"以动制静"的打法。即对方不动，我意动；对方始动，我已动。用不停地走转与对手周旋，避正求斜，避实寻虚，寻找进攻时机和目标。一旦得机得势，即以迅雷不及掩耳的"疾动"，攻击对手的"缓动"。这样不断地以动制不动,以快动制慢动,掌握格斗制胜的主动权。

形意拳基本技法规律

形意拳技法除遵循"武术技法原理"外,还强调下述基本技法规律,形成其技法特色。这些基本技法包括:顶垂扣抱,上下相照;犁行踩砸,疾动紧随;沿直钻翻,护中夺中;齐蓄齐发,内外六合。

顶垂扣抱,上下相照。这是形意拳静止姿势的技法。"顶垂扣抱",指头顶向上顶领;肩、肘、腕、腰、胯、膝、足各部关节由上向下节节松垂;两肩微向前扣合,手指和足趾梢节屈扣;两肘环抱两肋而不远离。由于上顶下垂,还使头正脊直,颈项顺竖。由于两肩松垂内扣,还使躯干形成涵胸、圆背状。"上下相照"包括"三尖相照"和"外三合"。"三尖相照",指顺势拳式的鼻尖、前手尖、前脚尖在一个矢状面内上下相照。拗势拳式的此三尖向同一矢状面合聚形成上下相照。"外三合",指肩与胯上下相照而合,肘与膝上下相照而合,手与足上下相照而合。

犁行踩砸,疾动紧随。这是形意拳步法的基本技法。"犁行踩砸",指两脚移动要像犁耕地一样,有向前掀翻障碍的意识和推进力,保持脚贴近地面(不能拖地)行进。脚落地时,要有欲踩死毒虫般的砸劲,踏地有声。"疾动紧随",指一足动,另一足必随。一足进步,另一足必跟步;一足退步,另一足必撤步。而且,领先前进或后退的足要疾速,尤其是进步和上步脚要大步急进。随之跟进或后撤之足,亦要紧随前足而动。

沿直钻翻,护中夺中。这是形意拳手法动作的基本技法。指两臂都要以护住自己身体正中、进攻对方正中为基本目标。臂的伸屈出入要循着这个正中面中的直线起钻(旋外)落翻(旋内),转旋出入。"护中夺中""沿直",皆使拳式严谨地保护住自身正中部的要害,占据住进攻对方的最近途径。转旋出入能借助臂的拧转,加强击发力,并使直来直往的出入轨迹,略带椭圆形,使动作圆转自如。

齐蓄齐发,内外六合。这是形意拳运动的整体技法。指上述"外三合"要与

"心与意合、意与气合、气与力合"的"内三合"相合为一,内外一致地进行招势和劲力的蓄发。蓄劲与蓄势一致,发劲与发招一致。蓄时心意内导,吸气敛劲,肢体屈缩束身。发时心意外催,呼气助力,肢体伸长舒身。这种一蓄全蓄、一发全发的整体动作,使拳式表现出一动俱动、一到俱到、一停俱停的鲜明节奏。

通臂拳基本技法规律

通臂拳技法除遵循"武术技法原理"外,还通过强调下述基本技法规律,形成其技法特色。它们包括:前空后丰,探肩长臂;屈身蓄护,放长击远;催探抖弹,脆快似鞭;圆径相依,以短卫长。

前空后丰,探肩长臂。这是通臂拳静姿的基本技法。"前空",指身体的前半部虚胸(涵胸)、凹肚(收腹),形成空畅的形态。"后丰",指身体的后半部拔背、立腰、敛臀,使背脊有绷圆丰满的形态。"探肩长臂",指上肢各节随手的领劲向进攻方向抻够,形成肩向前探、臂被牵长的形态。

屈身蓄护,放长击远。这是通臂拳肢体屈伸和劲力蓄发与攻防技击配合的基本技法。"屈身蓄护",指肢躯屈曲回缩时,要有意识地吸气、放松肌肉或拉长肌肉的初长度,来配合蓄气、蓄劲、蓄势。同时要以躯肢屈曲回缩,发挥防护自身的功用。一般以屈曲肘、腕、指护上盘,以屈曲胸、脊、腰护正中,以屈曲两肩臂护两侧,以屈曲胯膝护下盘。此即所谓"五护八断"。"放长击远",指舒伸肢躯,抻长两臂,在外形上加长两手攻击距离的"放长击远",以及内气、内劲随身势舒伸引导而外发的"放长击远"。外形的"放长击远",是以腰为轴,通过涵胸、拔背、松开肩、肘、腕关节,经过肩背通透而达臂腰通透。这种腰臂通透既通过松开关节,抻长了由腰至手的正常长度,又较以肩为轴的挥臂击劈加长了力臂。内气内劲的"放长击远",是丹田内气与腰脊发出的内力,随腰臂通透流经指端,发放至比攻击目标略远的地方。例如,以手攻击对方的胸部,我的内气、内劲应击透其胸廓,直达其背部。在通臂拳运动中,"屈身蓄护"与"放长击远"交替运用,动作表现出大开大合的特色。

催探抖弹,脆快似鞭。这是通臂拳运劲的基本技法。该拳喻人体为鞭,以催、探、抖、弹四劲完成动作,就能获得似挥鞭般产生的脆快劲(亦称"鞭劲")。详细来说,喻人体腰以下为鞭杆,喻脚为杆把,喻腰脊为杆头,喻背、肩、臂为鞭绳,喻手为鞭梢。挥"鞭"时,两脚(杆把)蹬地催劲上传,以腰脊(杆头)发力上送,催促腰、背、肩依次向进攻方向探伸,催劲穿臂(鞭绳)至腕,通过抖腕使劲传至手(鞭梢),爆发出一弹即松的脆快劲。这一劲法特点,使通臂拳的动作显得柔韧绵长、柔中藏刚。

圆径相依,以短卫长。 这是通臂拳长短兼用的基本技法。通臂拳区别于其他拳种的显著特点是放长躯肢,遥劈远打。遥劈,身易空虚;远打,手难回护。鉴于此,通臂拳注重在长击中兼使短打,起到以短打救卫空隙、辅佐长击的作用。常用的"以短卫长"法,是将挥臂劈拍的立圆动作与沿中直击的中拳动作交替作用。犹如圆中有径,圆径相依。运动中,由中拳变拍劈,犹如以径划圆;由劈拍变中拳,犹如由圆求径。圆直相形,长短互衬。

象形拳基本技法规律

象形拳是武术中的一类,凡模仿某种动物或模仿某种特定环境中的人物形态制成的拳术,皆属此类。例如,猴拳和螳螂拳等是模仿动物制成的拳术,醉拳是模仿人在酒醉时的形态制成的拳术。这类拳术的种目和内容很多,就它们的共性来看,象形拳技法规律包括:象形制拳,仿形为艺,借形显意,神形兼备。

象形制拳 象形拳的核心是攻防技术。它模仿被仿对象的目的,是借其形态,寓入攻防技法,使之转化为符合技击规律的拳技动作,编成拳术。偏离攻防核心模仿成的象形动作,只可能是"禽戏"或"拟兽舞",而不是象形拳。

仿形为艺 象形拳的拳式形态,是按照人们的审美标准,将被模仿对象的形态进行改造升华为艺术形象。其外形栩栩如生,攻防内核隐匿其中。这种艺术化的形态不同于穷凶极恶的兽斗形象,也不是粗俗狂嬉的兽乐图,具有引人联想、给人以审美享受等艺术价值。

借形显意 象形拳抓住被模仿对象的特点,将其形态动作人格化,显示出人的意志、个性。例如模仿猴,在于抓住其轻灵善变的动作特点,通过模仿其忽起忽落、忽击忽嬉、变幻莫测的动作,展示出人是世间最灵之物。或者说,模仿猴而高于猴,胜于猴,而不能使人猿猴化,局限住发挥人的体能和智能。

神形兼备 象形拳的"神",即"神似";象形拳的"形",即"形似"。象形拳要求"形似"与"神似"统一,以形似为基础,以神似为精髓。练习象形拳要由形似入手,追求神似,进而达到"形神兼备"。离开了模仿动物和特定人物形态的"形似",则拳无所藏,艺无所依,意无所寄。离开了被模仿对象个性特征和模仿者特征个性的"神似",则形无神主而散,拳无意味而淡。离开了"神似",就不可能把被模仿对象的形态升华为技击化、艺术化、人格化的象形拳术。

武术兵械技法原理

武术兵械多姿多态,有长、短、曲、直、软、硬之分,还有带刺、带刃、带钩或带锤等等区别。在武术理论中,不论如何奇形异状的兵械,都被视为手臂的延长体。也就是说,持兵械与徒手练习两者的主旨、静姿与动态规律、劲力规律,以及内外合一的整体规律等,都是一致的。从属于某种拳术的兵械运动,还有着与该拳种一致的运动风格。徒手与持械运动的不同点,仅是因"臂"长不同而导致的差异。因此,兵械技法除遵循武术技法原理外,其个性技法主要是通过持械手的支配和身步的配合,发挥出兵械形态的攻防效用,展现出身械合一的特色。在各种不同形态兵械的个性技法中,有着下述带普遍性的技法规律,构成了武术兵械的基本技法原理。它们包括:形尽其能,扬长补短;换把变招,固把击发;缩轴留腕,过中发劲;顺领合击,反向对称。

形尽其能,扬长补短。这是发挥兵械攻防作用的基本原理。

"形尽其能",指武术兵械周身是法,任一部位都具有与其形态相应的攻防效用,运用中应使它们都得到发挥。例如长兵械中的"枪",枪尖用于点扎,枪头用于劈打,枪梢段用于拦拿圈转,枪中段用于架压推撑,枪把段用于挑盖绞击,枪把端还可戳打。又如短兵械中的"剑",剑尖用于扎刺,剑锋用于点崩啄击,剑身两刃用于砍削格洗,剑把还可砸打贴身之敌。再如小兵器中的"峨眉刺",虽仅为两头带尖、略比掌长的一直条小械,但运用中除了抓握中间、交替用两端刺击外,还可放开手掌,用械身中段完成架压格拦等防守动作。总之,任何一种兵械的技法,都包括发挥该兵械各部位攻防作用的运用方法,即"器尽其用""形尽其能"。

"扬长补短",指任一兵械形态,都有易于发挥攻防特长的一面,也有易于露隙或不利于发挥攻防作用的一面。运用中,应突出其长,补救其短。例如,长兵械的"枪",其形以尖锐、杆长为特长。因此,枪法中虽有运用其周身各部的技法,但要突出发挥它直扎远取、御敌于枪尖之外的长击技法。同时要看到长出则难回守,一旦短兵逼身贴近则难以应付的弱点,突出"穿缩似梭"的短用技法。又如短兵械中的"刀",其形以刀刃薄利、刀背厚重为特长。因此,刀法中虽有运用其周身各部的技法,但要突出发挥它贴身缠裹、逼近砍劈的近战特长。同时要看到刀短小,如被长兵械逼离远开,则只有对方伤我、而无我击对手的可能,要突出"僵跳超距、步疾刀猛"的"短兵长用"技法。总之,注意"扬长补短"的技法,能使一种兵械兼有长、短两用,长攻不失于近卫,近守不失于远击。

在兵械的套路演练中,正是由于发挥兵械"形尽其能,扬长补短"的技法,才丰富了各种兵械的运用方法,使不同兵械的演练,呈现出千姿百态的运动特色。

换把变招,固把击发。这是兵械握持方法的技法原理。

"换把",指变换握持兵械柄的位置或变换握持的手法。任何兵械都有多种握持兵械的"把法"。例如,单手持握兵械柄杆时,有满把、螺把、刁把、钳把、压把等握持方法。双手持握兵械柄杆时,有双阴把、双阳把、阴阳把、交叉把等握持方法。柄杆较长的枪、棍等长兵械和鞭、锏等短兵械,不仅含有上述握持手法,还有着多处可供持握的"把位"。棍和鞭锏类杆状兵械还具有械身处处可作把位的特点。所谓"换把变招",指把法是招法的基础,欲变招法,先得换把。

在兵械运用中,把法不同,完成的招法也不同。首先,握持把位不同,运用的械身不同,械法亦随之变化。例如,握持棍的把段,主要使用棍梢,兼用棍身;握持棍的梢段,主要使用棍把,兼用棍身;两手分开握持棍的中段,则棍的梢、把、身皆用。其次,采用不同的握持法,能完成的招法也不同。双阴把、双阳把多用于握中间用两梢;阴阳把多用于持一端使另一端;交叉把出现在兵械花法动作中。此外,还有满把、螺把等等区别。满把可以完成上架、下压、平推、立撑等动作。螺把能完成刺、戳、点等动作。总之,要变换兵械招法,必须先换把。把位和把法变了,招法才能随之变化。

由于把变能致招变,对搏中常通过观察对方把位的变换,来推测其招式变化。因此,要求"换把"时要隐蔽。长兵械和杆状短兵械隐蔽换把的方法有三。其一,以自己身体隐蔽,如"背后换把"。其二,两手相互隐蔽,如两手同握一把位进行换把"同位换把"。其三,以沿械杆滑动隐蔽,即两手在夹杆滑动中任意握住某处变招"滑动换把"。

刀、剑、钩等带刃或钩的短兵械,因只有械柄一个把位,"换把"主要表现为握持手法的变换。不同的握持手法,完成的兵械招法也不同。例如,刺剑须用螺把,崩剑须用满把,右挂剑应用压把,提剑应用刁把等等。这类握持法的变化仅在一手内完成,没有另一手的辅助。变化时,要求手腕要活,五指要扣拨相辅。其法有二:一种是以拇指和中指成管状套住械柄,其余三指辅助拨把;另一种是以拇指和食指扣成管状套住械柄,其余三指辅助拨把。械柄套于两指环扣形成的"管"内,既能灵活转动,又不虑其脱落;其余三指辅助拨把,既能保持把柄按一定轨迹运转,又能增添运转把柄的力量。

"固把",指按一定的"把法"握紧兵械柄杆。所谓"固把击发",即兵械招法经换把等过渡动作至接近攻击目标的瞬间,主要用力手要握固把位,以寸劲击发。单手持械时,握柄手就是主要用力手。两手握持枪、棍类轻长器械时,握于后端(后把)的手为主要用力手。两手握持大刀、大钯等长重兵械时,握于前端(前把)的手为主要用力手。主要用力手"固把击发",能保持兵械按既定的攻防方法和运动轨迹完成动作;能保证全身的整劲经手传至械身,达于招法要求的着力部位;还能保证兵械击中目标后,不致被反作用力震脱落地。

缩轴留腕,过中发劲。这是兵械花法中的技法规律。械身循圆绕转称为"花"。如枪、棍等轻长兵械的左右立舞花、提撩花、平舞花(云棍类)等,又如短兵械的撩腕花、剪腕花、云转花等,再如长重兵械的盘头花,软兵械的各种舞花等等。遵循"缩轴留腕,过中发劲"的技法,就能做好这些花法。

"缩轴",指缩小带动械梢绕转的"轴径"。舞花时,手握械的部位,即械梢绕圆环行的轴心。"轴径"的大小,包括握把间距和把位移动距。握把间距,即两手握把时的两手间距,单手握把时的手握把部位的宽度。把位移动距,指握持

"轴"上下左右移动的幅度。握把间距大，则轴心直径大，转动半径相对减短，旋转惯性也相对小些；而且两手间距大，还影响其合力集中，也影响两臂圆活转动。把位移动距大，械身绕成的圆就会上下起伏、左右摇摆，既使花法轨迹杂乱无章，又会损失循迹舞动的惯性，影响舞动速度。因此，做好舞花的第一关键是"缩轴"。

缩短握把间距的方法是两手尽量靠拢，以主要用力手为轴心中点，钳住械杆，另一手松握辅助用力。做左右连续的立舞花时，两手随势交替主次。如是单手握把舞花，则要活把，只用拇、食二指钳住把位作为轴心中点，其余三指辅助用力。缩小把位移动距的关键是相对稳定轴心转动的位置，在必须有所移动时，尽量控制轴心在尽可能小的范围内移动。以棍的左右立舞花为例，当棍要向左立舞至面前时，不是将把位左移转动，而是上体左转与右臂成一纵面，使棍贴身前舞形成左立舞花。当棍要向右立舞至身后时，不是将把位右移转动，而是上体右转成左臂在前的拗式，使棍贴身右侧舞形成右立舞花。这样作舞花，还有械贴近身体、易成立圆，身械顺遂、不易触身等优点。

"留腕"，指舞花过程中，在以腕加力催动械身加速舞转之前，腕部只随臂动而动，而保持住腕关节的夹角不变，即"走身臂不走腕"。这样，手腕在加速用力时，才有变化夹角以助加力的活动余地。例如，做左右立舞花时，在右手加速下压械把，或左手加速下压械梢之前，手腕应保持反翘向上（呈臂内旋，手心向外，手腕向小臂尺侧侧屈状）。又如，右手握剑做"右云剑"时，右手在加速云转之前，应保持手心向上、手腕向小臂尺侧侧屈。

"过中发劲"，指舞花过程中发劲加速舞转的时机。"中"，指立舞花时穿过器械"轴心"的垂直轴（与身体垂直轴平行），平舞花时穿过器械轴心的额状轴（与身体额状轴平行）。当立圆舞花时，械梢（把）由后向前环转至略微超越器械轴心的垂线（中）时，身臂加速用力，手腕由"留腕"保持的向尺侧侧屈状加速向桡侧侧屈，将力加于轴心，催动械身舞转。这时发力，因手腕先向尺侧侧屈预先拉长了向桡侧侧屈的肌群，有助于增强腕力。械端（梢或把）超过垂直位，呈斜倾状，自身含有向下转动的势能，也有利于加快舞花的速度。此时发劲后，参与收缩的肌肉转入舒松状，身体随械转动的惯性而动。如此，械花就能在人体内力和械身运转惯性力的共同作用下，保持或不断加快舞动速度。平圆舞花则是待械梢微微超过穿越器械"轴心"的额状轴(中)时发力。其主要机制是,以"留腕"预先拉长了收缩肌的初长度。例如"右云转剑",右手留腕向右上领起至前额与右眼之间时,突然加速用力,催促剑尖向右平云绕转。

顺领合击,反向对称。这是兵械配手动作的技法原理。单手握持兵械进行演练时,不持械的一手,称为"配手"。单手持械演练时,切忌配手僵滞不动。配手与械法的协调配合,能促进兵械动作姿势端正,保持动作顺遂平稳,加强兵械的击发力量。短兵械技法尤重配手,视配手为保证身械协调的关键环节。

"顺领合击,反向对称",包括配手与兵械配合的三种方式。

"顺领",指配手与兵械在同一运动面内,向同一方向一领一随地配合运动。例如,做上右步顺势右撩刀(或撩剑)时,就是左手先领劲,由下向前上撩起,刀(或剑)才随之撩出。这是"以配手领械"。又如,后插左步反撩刀(或剑)时,则是刀(或剑)先由左经下向右上反撩起,左手随着刀(或剑)向撩起方向配合运动。这是"以械领配手"。

"合击",指配手与持械手合拢一处或扶于械体配合运动。例如,两手握刀(或剑、鞭等)柄向前直刺或向下劈砍。又如,左手扶刀背的推刀动作,左手扶鞭梢的撑鞭动作等。剑因两面有刃,故不能以配手扶按剑身。

"反向对称",指配手与兵械分别朝相反方向运行时,两者的运动路线、幅度和劲力相互对称的配合方法。例如"前刺",右手握械前刺,配手后伸配合。又如"横斩",右手握械向右侧平斩,配手向左侧平分配合。再如单刀的"缠头",右手持刀上提转腕,使刀背贴身由左向后、向右缠绕,配手则由右向前、向左穿绕。有的单手持械的动作较为复杂,配手的动作也相应复杂。但从用力的配合来看,持械手与配手是一前一后、一上一下、一左一右地运动。从运动路线的配合看,械走立圆,配手也走立圆;械走平圆,配手也走平圆;械走直线,配手也走直线。总以点(力点)、线、面的对称使身械合一,势正招圆。

刀术基本技法规律

刀术技法除遵循"武术兵械技法原理"外,还强调下述基本技法规律,发挥刀形的攻防特长,形成其技法特色。它们包括:尖刃背把,配手合法;凭腰助劈,活把缠裹;遇轻击实,逢重寻虚;偎跳超距,步疾刀猛。

尖刃背把,配手合法。这是指刀术的技法要素包括用于攻防的刀尖、刀刃、刀背,支配刀动的把法,协调动作的配手和一定的击法等六法。明此六法,且六法相合,动作才算合规中矩。分而言之,刀尖锐利,主于扎刺;刀刃薄利,主于劈斩削撩;刀背厚钝,主于贴身近卫。把法循"换把变招,固把击发"的原理运用。完成"挽花"动作时,遵循"缩轴留腕,过中发劲"的原理。配手按"顺领合击,反向对称"的原理移动。击法应清晰明快。合而言之,做任一刀术动作时,都要以其"击法"要求的运动路线、攻防目标(运动方向)、器械着力点、姿势规格等作为标准,以适宜的"把法"运使刀尖、刀刃、刀背,"配手"亦按照击法要求进行配合运动。例如做右侧劈刀,击法要求刀在身体右侧由上向下劈击,力达刀刃。与此相合的其他要素为:以螺把握柄,刀尖向外,刀刃朝下,刀背朝上,配手在体左侧由下向上作"反向对称"的配合。

凭腰助劈,活把缠裹。这是依刀之形制,体现其攻防特点的重点技法。刀背厚重,刃轻利。以刀刃劈砍,则猛沉多力;刀背贴身,又不致伤及自身。因此,刀术中多以大劈大砍为攻,讲求快疾猛狠、干净利落;多以贴身缠裹为防,讲求刀光罩身、严密紧凑。

完成好"劈"法的关键,在于凭借活腰,加长劈的距离,加大劈的幅度和势能,凭借腰力加强劈的力度。即劈刀起势时,以腰的转拧和伸展带动手臂持刀上举。劈刀成势时,以腰的回拧和屈收带动手臂挥刀下劈。在此过程中,以腰发力,依次经肩、过臂、到手,直传至刀刃,是以腰背大肌群发力,依次带动肩、臂、腕部小肌群发力而形成的合力。

刀背贴身缠裹的关键是"活把"。"缠头刀"和"裹脑刀"是缠裹法的代表性动作。做缠裹类刀法时,切忌满把抓握刀柄,应放松手腕,以拇指与食指扣成环状,套住刀柄,其余三指松握辅助。如此腕活、指活乃至把活,才能保证刀背贴身,快速缠转,体现出"刀不离身左右前后","敛之可转舞于座间"的运动风格。

遇轻击实,逢重寻虚。这是刀术辩证应敌的技法规律。"遇轻击实",指刀与剑、枪等轻兵械格斗时,应避其虚击其实。因其械轻,易于变化。其虚处变幻莫测,如击其虚,易受其后发先至。而其实处一旦露形,则不易变化,易被刀猛劈力砍所制。吴殳《手臂录·单刀图说自序》举单刀对枪之例时说:"枪之虚处,变幻百出,必非刀所能御,而实处惟有一杆,苟能制之,则无以用其虚矣。"又说:"击实之法,则在砍其枪杆,枪杆被砍,不断折必粘住。杆被粘住,则不能闪赚颠提,刀更进步,必伤人矣。""逢重寻虚",指刀与大棒、铁鞭、长斧、木镋等重兵械格斗时,应避其实击其虚。因其械重,来势猛烈,如直挡其械,易为其折。应针对其此实彼虚、械重不易变化、势猛难以回守的弱点,寻其虚而制之。其法在于:"斜步偏身,避其重器,去其身手。"(见吴殳《手臂录·单刀图说自序》)

傈跳超距,步疾刀猛。这是刀术持短入长的技法规律。指以敏捷的远跃高跳和迅疾的步法配合猛勇的刀法。单刀属短兵,欲发挥短兵长用的作用,关键是步快身快。吴殳在《手臂录》中说:"短兵进退须足利,足如麂兔身如风。"拳家强调以便捷的跳跃、快速的进退闪展,来配合刀法,发挥出单刀"舒之可刃人于数步之外"的功用。尤其是对付长兵,此法能穿阻越障,逼近对手,使其械挥舞不开,我可劈削砍斩,发挥近战之长。这一技法,使刀术套路运动展现出一往无前、勇猛剽悍的运动风格。

剑术基本技法规律

剑术技法除遵循"武术兵械技法原理"外,还强调下述基本技法规律,发挥剑形的攻防特长,形成其技法特色。它们包括:尖锋刃把,配手合法;护中直刺,巧闪旁扼;疾步紧逼,持短入长;轻捷顺畅,示虚蕴实。

尖锋刃把,配手合法。这是指剑术的技法要素包括用于攻防的剑尖、剑锋、剑刃,支配剑动的把法,协调动作的配手和一定的击法六者。明此六法,且六法相合,动作才算合规中矩。分而言之,剑尖锐利,主于扎刺;两剑锋分呈斜形,主于点啄;两剑刃轻薄,主于劈斩削撩。把法循"换把变招,固把击发"的原理运用。完成"挽花"动作时,循"缩轴留腕,过中发劲"的原理。配手按"顺领合击,反向对称"的原理移动。击法应清晰准确。合而言之,做任一剑术动作时,都要以其击法要求的运动路线、攻防目标(运动方向)、器械着力点、姿势规格等作为标准,以适宜的把法,运使剑尖、剑锋、剑刃,配手亦按照击法要求配合运动。例如刺剑,应以螺把握柄,使剑直线出击,力达剑尖,配手以"合击"或"反向对称"法配合,同时要分清剑身呈剑刃分朝上下的"立剑"状,还是剑刃分向左右的"平剑"状。此外,应明确剑两面有刃,不能做贴身抽拉和缠头裹脑类动作。

护中直刺,巧闪旁扼。这是依剑之形制,发挥其攻防特点的重点技法。剑器以尖锋最利,用其尖应以"护中直刺"为主,使其锋应以"巧闪旁扼"为要。"护中直刺",指剑沿体前正中向前直刺。这样刺,既是进攻对手的捷径,也保护住了自己的正中。这是持剑击人的主要方法,是剑术的主要进攻类动作。"巧闪旁扼",指以剑防守时,应尽量不用剑去格架对方兵械,要以闪让避开对方攻势,并趁闪势,以剑锋崩、点对方手腕,扼制其进攻。这样闪躲防守,既使对方进攻落空,又能避免轻薄的剑器被重硬兵械击残。"护中直刺,巧闪旁扼",使剑术动作形成了姿势严谨、闪展敏捷,攻中有防、防中有攻的运动特点。

疾步紧逼,持短入长。这是剑术短兵长用的技法规律。剑为短兵,欲胜长兵,必须拼命进逼,死中求生。其关键是"足如毚兔身如风"。通过步快、身快,逼近对手,以加长剑的攻击距离。此即"短兵长用"之法。在剑术套路中,剑随步动,一步一剑,甚至行数步只一剑的行步撩剑、穿剑等动作,都是这一技法规律的体现。

轻捷顺畅,示虚蕴实。这是指以轻快、敏捷、活顺、流畅的轻虚形态,蕴藏变幻莫测的技击招法和制敌意志。剑器轻利小巧,易于变化。练剑时,要顺应此特点,做到"只手独运捷于电""手眼清快身脚轻"(吴殳《手臂录》),使剑与手、眼、身、足,通体轻快敏捷。还要求动作与动作间衔接活顺,整套动作纵横逆顺,流畅不滞。并在圆活中伏下随时可直线出击的招法,而一旦直线出击又迅速转归圆活;在柔顺中伏下随处皆可发劲制敌的气势,而一旦发劲又迅速转入柔蓄。

棍术基本技法规律

棍术技法除遵循"武术兵械技法原理"外,还强调下述基本技法规律,发挥棍形的攻防特长,形成其技法特色。它们包括:按法取把,浑身藏法;握端远击,兼枪带棒;握中近战,两端连环;乘势顺力,花点交融。

按法取把,浑身藏法。这是使用棍的基本技法。棍为圆柱形长木条,棍身无刃刺勾棱,轻便易握,由此形成了棍身处处可作为握持"把位",也可作为攻防部位的特点。由于一定的把位、一定的握持手法,限制着棍的出击部位和击法。因此,应根据一定棍法的要求,采取相应的握持手法,握持适宜的把位,并按照棍法变化的需要,依"换把变招,固把击发"的原理运使棍法,才能发挥出棍械"浑身藏法"的独特功用。

握端远击,兼枪带棒。这是以棍远击的技法。握持棍的一端,能发挥另一端远击目标的作用。棍之把粗、梢细。梢细似枪尖,把粗似棒头。两手握持棍的把段,此棍就可作"枪"使用。两手换握棍梢段,此棍就可作"棒"使用。作枪用时,能按长枪的技法完成扎戳、拦、拿、圈串和穿梭等各种枪法动作。作棒用时,能按棒的技法,完成大劈、大抡、大扫等各种棒法动作。由于棍梢亦非太细,棍把也不太粗,因此,也多以棍把扎戳,以棍梢劈扫,形成棍术"棍打一大片"的基本运动风格,兼有对准正中、往复一线等动作特色。

握中近战,两端连环。这是以棍近战的技法。握持棍的中段,能发挥两端各以约三尺长的部位进行近战的作用。握棍中段,手一动,两端齐动;手转幅为寸,两端动度可达尺余;手连动,两端即连环出击。或下劈上撩,或向左右挂拨,或向前后戳扎,或上架下压,或向外推撑。其棍点快密,攻防严谨。此即长兵短用之法。既可用此法对付以短兵贴近我身者,也可用此法连打急进,贴近使长兵的对手。现代棍术多用的立舞花、平舞花(云棍)等花法,属此法的衍生物。做好各种花法的技法关键是"缩轴留腕,过中发劲"。

乘势顺力,花点交融。这是棍术中棍法与内力、外力三者和谐配合的基本技法。棍形轻长,棍术多以幅度大而迅猛的劈、抡、扫、撩和连环密集的棍法,形成"棍打一大片,抡动赛旋风"的运动风格。由于棍的动作幅度大、速度快、惯性大,而起动、制动、运转等都不如短小兵械轻便,因此,练棍既要注意发挥人体内力,又要善于乘棍运转之势,驾驭棍的惯性力、重力、击物(如击地)的反作用力、受制动时产生的反弹力等外力。例如做左右立舞花时的"留腕"和"过中发劲",就是利用"留腕"形成最佳发力状态之"内力",与顺应棍势、借助棍之重力形成势能和惯性力之"外力"相合的用例。

"乘势顺力"不仅是棍术单个动作的技巧,也是棍术动作间衔接连贯的关键。这种衔接连贯突出地表现在"花点交融"。"花",指划圆类棍花;"点",指击发棍点。在棍术的整套演练中,仅以走平圆和立圆的棍法一花到底,或仅以击发棍点一气连击,都有失棍术"远可击打一片,近能严遮周身,迅疾善变,浑身藏法"的风格特点。讲究"花点交融",即是注意乘花法之势,顺力变换成击发棍点(如劈、撩、戳等);乘棍的出击招势,顺力变为花法。例如,在做左右立舞花时,乘棍由上向下之势接做以棍点地或盖打;在舞花时乘棍由下向上之势,接做提棍;在做提撩舞花时,乘棍头向后下移动之势,接做转身盖打或戳棍等等。提撩棍接转身立舞花,盖把打接立舞花,左右拨棍接云棍花等等。

总之,在"乘势顺力"中求"花点交融",能求得身械合一;在"花点交融"中求"乘势顺力",能求得劲力顺达。

枪术基本技法规律

枪术技法除遵循"武术兵械技法原理"外,还有着下述发挥枪形攻防特长的个性技法规律。它们包括:平正中直,前管后锁;攻宜直扎,防宜圈转;穿缩似梭,以杆当棍;手足相孚,身心相契。

平正中直,前管后锁。这是枪术静止姿势的基本技法。

"平正中直",指头顶平、两肩平、两脚平;立身端正,无左歪右斜与前俯后仰之态。端枪置于身体前方正中位置,枪尖直对前方,枪把贴腰,枪身与地面呈水平状。

"前管后锁",指端枪时,握于枪身中段的前手,要像"管"一样套住枪杆,作为枪身的支点、控制枪的高度,即所谓"前手如管"。握于枪把根部的后手要像"锁"一样,牢固地握住枪把,并将其贴靠腰部。通过手、把、腰三者锁连一体,使枪、臂、身串连一体。即所谓"后手如锁""枪是缠腰锁"。前手如管,既能套住枪身不使脱落,又能保证枪杆在其中自由出入。后手如锁,既能灵活地运转枪把、变化枪梢的位置,又能将腰力传达枪尖。

"平正中直，前管后锁"集于一体的枪式，枪尖、前脚尖、鼻尖三者正好在一个纵面内，称为"三尖相照"。又以此式顶平、肩平、枪平、脚平，称为"四平势"。还因此式枪身中平，称为"中平枪"。此式四平中正，则动作沉稳。其三尖相照缩小了防守面，有利于遮护全身。其枪中平，"前管后锁"，有助于迅速有力地直扎对手，还有利于迅速灵活地变为或防上、或防下、或防左、或防右的动作。因此，此中平枪势，被视为枪术的基本姿势，其技法被作为枪术的基本技法。戚继光在《纪效新书·长兵短用说篇》中认为："中平枪法，为六合枪之主，作二十四势之元，妙变无穷。"吴殳《手臂录》也认为："以中平为枪中王，为诸艺皆从此出也。"

攻宜直扎，防宜圈转。这是发挥枪形杆长尖利特点的基本技法。枪之利在尖，而且杆柄轻长，便于远扎直取。因此，枪的进攻方法以扎为主，并要求按照"武术技法原理"中"梢领根定，中节顺随"的原理做"扎枪"，使枪直线扎出，即"直扎"。直扎的具体做法是，枪尖（梢）领先对准目标出击，右手握紧枪把，把底置于手心中使枪与右小臂对直（中节），顺随枪尖轨迹前出，两脚（根）蹬地，使全身之劲节节上传，直贯枪尖，催动枪尖以寸劲扎出。枪直线出入，攻击距离长，而且扎得疾，收得快，"去如箭，来如线"。

枪的主要防守方法是枪尖划弧或圈形成的圈转动作。主要技法有"拦枪""拿枪""圈枪""缠枪"等。其中，拦枪是枪尖经上向左划弧（⌒），拿枪是枪尖经上向右划弧（⌒）。做拦、拿枪的关键是两手"阴阳要转"。拦枪时前手握枪身外旋至手心向上（阳手），同时后手握枪把内旋至手心向下（阴手）；拿枪时前手握枪身内旋至手心向下（阴手），同时后手握把外旋至手心向上（阳手）。圈枪是枪尖划一整圆圈的枪法。枪尖连续划圈称为"圈串"。枪尖划弧或圆的幅度，以既适于防守，又能迅速变为扎枪为标准。一般拦和拿枪之弧不得大于本人体侧的宽度，其小可小至沿酒杯划弧一样。圈分大、中、小。大圈枪尖上不过头、低不触地；中圈枪尖上不过颏、下不过膝；小圈只在胸前绕环，直径不过10厘米。防守的目的是为了迅速转入进攻。因此要求圈转枪多与扎枪连用。"拦拿扎枪""拦扎枪""拿扎枪""圈扎枪""圈串扎枪"等，都是最基本而多见的用例。圈转枪法与直扎枪法交融运用，使枪法圆与直交替，圆中求直，圆劲中有直劲，防中含攻。直中求圆，直劲中有横力，攻中寓防。

穿缩似梭，以杆当棍。这是枪术中长兵短用的基本技法。枪一扎不中，当以"短用"法自卫，然后再伺机进攻。

"穿缩似梭"指一扎不中，迅速缩手、缩步、缩身、缩枪，"我手中枪就退至一尺，尚可戳人，与短兵功用同矣"（戚继光《纪效新书·长兵短用说篇》）。一旦得机又迅疾滑把使枪尖似穿梭般扎出。

"以杆当棍"，指借助枪杆似棍，采用握把而用其中和梢；握梢而用其中和把；握中而用其梢、把，兼用中段的棍术技法。还可以用枪杆进行换把掉打、舞花撩提等护身严谨的棍法动作（参见本书"棍术基本技法规律"），也可做大封大劈等幅度较大的棍法动作。但是，必须明确，枪之利在尖，使用杆柄只是一种辅助性的技法。而且，不论挑把、戳把、绞把、压把，还是大封大劈之后，都要迅速向发挥枪尖直扎和圈转功用过渡。不能"喧宾夺主"，失去了枪主于扎、工于圈的特点。

手足相孚，身心相契。这是枪与手、足、身、心协调配合的基本技法。

"手足相孚"，指动作外形的协调配合。吴殳在《手臂录》中例举了两种配合方法：其一，"沙家枪之用在两足，身随其足，臂随其身，腕随其臂，乃合而为一"；其二，"石家（枪）之用在两腕，臂以助腕，身以助臂，足以助身，乃合而为一"。总而言之，两手运枪非仅腕动，而须借助起于足，经身躯入臂，再传至手的劲力。在外形上，手欲使枪前出，足则前趋以助。手欲使枪缩回，足则退步以助。手的运枪动作也不能与身臂足相违拗，而应身随步动，臂随身转，腕随臂运，使全身节节贯穿，依次顺随，做到"手足相孚"。

"身心相契"，指动作外形与内在意识要契合。使两者契合的方法有二：其一，由"手熟""心静"求身心契合。何良臣在《阵记·技用》一书中说："使手能熟，心能静，心手与枪法混而化溶，动则裕如（指动作宽缓自如），变不可测。"戚继光在《纪效新书·长兵短用说篇》中云："熟则心能忘手、手能忘枪，圆神而不滞。又贵于静也，静则心不妄动而处之裕如，变幻莫测，神化无穷。"这种方法，旨在静心专注，反复练习，随技法熟练程度的提高，逐步达到枪动则心动、心动则枪动，"心手与枪法混而化溶"；其二，由以意主导肢躯动作、肢躯主动按意向行动，达到身心契合。吴殳在《手臂录·峨眉枪法》中认为，"手足运用，莫不由心",然而"身法不正,则心无主而手足失措"。因此,"身心手足,相应为佳"。"身心相契"的动作,表现为动作时,一动齐动;动作到位时,"身心手足俱到"。

武术功法原理

武术功法的锻炼形式很多,有偏重练意气的(如内功),有偏重练劲力的(如硬功),有偏重练身形的(如柔功),有偏重练某一器官机能的(如眼功、耳功)等等。然而不论何种功法,都以身宇合一、内外合一为技法基础理论。强调在不断提高意、气、劲、形四者有序化配合能力的过程中,使全身得到整体性的锻炼,使功力随之提高,从而形成了武术功法原理。这一原理包括四条:消除妄动,从静中体验;以意领气,在身内周流;应外诱潜,从动中获得;微量递增,从有限中求无限。

消除妄动,从静中体验。这是武术功法以意正形、借形束意的基本原理。妄动,指不符合规格的动作和不符合规矩的静姿。练功首先应排除杂念,集中思想,消除妄动。练动功时,要使肢躯按照一定的运动方向和路线,一定的运动节奏和幅度,一定的运动顺序和配合方式等动作规格进行。在练静功时,要使肢躯按照一定的空间方位,保持身体的面向,保持各关节处于一定的伸屈度和相互角度,保持各部肌肉适宜的松紧度。以意识消除妄动的"正形"过程,同时也是促进意识加强集中的过程。意识的高度集中,是相对于纷繁而言的"静心"。在这种状态下,注意体验肌肉感觉,能通过肌感加速动作和静姿按正确规格形成动力定型。在这种状态下,注意体验气息在身内流动的感觉,能促进意与气相依,形成意气相随的条件反射。动作和静姿正确,能为内气的流注打开通路。意气相随是以意领气、以气运身的基础。因此,练习武术功法,要从"消除妄动,从静中体验"入手。

以意领气,在身内周流。这是武术功法"运气"的基本原理。即以意识引导气感在体内进行有序流转。当妄动已除,意识能体验到身中气感时,先将身内各部气感引归丹田,获得气沉丹田的感觉,再引动聚于其中的"丹田气"上下贯注,"气起于丹田,升于泥丸,降于背,入于肩,流于肘,抵于腕,至十指尖,此气之上贯也;气生于丹田,入于两肾间,降于涌泉,此气之下贯也"(见明朝人毕坤撰《浑元剑经内篇》)。逐步达到意到哪儿,气到哪儿,"意照周身,气自周全"。

应外诱潜,从动中获得。这是武术功法"练劲"的基本原理。即通过身体对外界的感应,沟通人体内外环境。在内外环境相互效应中,诱发人体潜在能力。具体运用此原理的方法有两类:其一,在身体柔缓的运动中,体验空气的阻力,或将空气意想为水或稀泥。人置身其中,一运动,即感前有阻力,后有吸力,左右有依附力。以及欲上、下有沉坠力;欲下、上有飘浮力等。通过这种感应性体验练习,就能逐步增强内力,诱发潜能;其二,以意气配合做短促发力的动作,或借助拳式练习以气催力击打假设的目标,或凭借辅助练功器械,以气催力撞坚击锐、承受抗力。使人身内气和潜能能够随意而动,依技而行,达到意到、气到、劲到、形到,一到无有不到,一发无有不发之境域。

微量递增,从有限中求无限。这是武术功法"练身"的基本原理。即每次功法训练中,功法难度只有极微小的增加。此增加量往往不会引起身体的不适感,或者说增加量仍处在身体能承受的适应范围内,从而使身体始终保持在相对适应的机能状态下,缓慢地持续提高身体机能能力,获得超常的锻炼效果。

功法难度表现为多种。在柔功练习中,难度表现为肌肉和韧带伸展性渐长,保持肌肉伸展度的静耗时间渐增和舒缩次数渐多。在桩功练习中,难度表现为站桩时间渐长,负重量渐增和支持物渐危(高、细)三者的变化。在"上罐功"等类提高力量的功法练习中,难度表现为负重量的渐增,连续练习次数的渐多。在"排打功"等类提高身体抗击力和攻击力的练习中,难度表现为用于刺激身体的方法和物体的硬度渐增,分量渐重,以及用力渐大,速度渐快,次数渐多等。在"跑笸箩"等类旨在提高身体平衡控制能力的练习中,难度表现为负重量的递增和支撑物的渐危(高、细)。

每一功法的难度因素有多种。在难度增加过程中,不是各因素同时增加,而是每次(或一定时间内)只增加某一难度因素。各因素在一个较长的锻炼过程中,交替增高,逐步积累有限的微量,追求永无限度的超常技能。

武术攻防技法原理

武术攻防技法是各种武技的内核。不同拳种的打法特色虽不同,但都不外针对对方实力、打法,预测对方攻守变化,采取合理的攻防手段,充分发挥个人的技能和体能,保持自己在攻防格斗中的主动地位,达到自卫防身、擒捕或制胜对手的目的。因此,它们都遵循着下述基本原理:恃胆奋斗,视弱为强。器躯皆兵,占中求中。长长短短,长短互济;曲曲直直,曲直互用。横克外开,顺势引送。主动引变,击其失中;避正驱斜,打其无备;连击快打,攻其不及。奇正相生,攻防相依。

恃胆奋斗,视弱为强。这是攻防格斗的基本心法。戚继光说:"对敌若无胆向先,空自眼明手便。"凡与人格斗首先应有不畏强敌、敢打敢胜的胆气,以充分发挥个人的体能和技能。同时,又不能轻视敌人,鲁莽进攻,应该把任何一个对手都作为比自己实力强大的对手来对待,以免被对手"强而示以弱""实而示以虚"的假形佯攻所诓骗。

器躯皆兵,占中求中。这是攻防格斗的基本技法。"器躯皆兵",指在自卫防身和擒敌格斗中,任何器具只要能顺手抓到,都可作为攻击对方的兵器。在徒手格斗时,身体的任一部位都可作为进攻的武器。只要能破坏敌人的进攻、防守,破坏敌人的平衡,制服对方,什么方法都可以使用。在现代散打和推手对抗竞技运动中,亦应在规则允许的范围内,充分发挥可以运用的身体部位。"占中求中",指攻防基本姿势的重心,要落于接近支撑面的中心,以加强动作的稳定度。两臂屈肘,一前一后置于与对手相对的正中面的适中位置,这样,则两手护住了正中,两肘护住了两肋,向上护至头,向下护至腹,前手漏防,后手可补。两手占住正中,还能在得机得势时迅速击中对方要害。总之,"占中"的姿势是既沉稳又灵变的基本姿势。在攻防格斗中,应注意保持符合这一原则的基本姿势,发招击敌后要迅速恢复成符合此原则的姿势,就是"求中"。

长长短短,长短互济。这是格斗中处理长与短的基本技法原则。长,泛指兵械长、个子高、攻防距离长或长击类打法。短,泛指兵械短、个子矮、攻防距离短或短打类打法。"长长",指长兵械对短兵械、高个子对矮个子,宜采用长击类打法,使长者愈长。用"放长击远""遐举遥击"的方法,将敌控制在我能击中敌手、而敌手够不着击我的攻防距离内,发挥"一寸长,一寸强"的特长,以长制短。"短短",指短兵械对长兵械、矮个子对高个子,宜采用短打类打法,使短者愈短。用"疾进硬攻"之法,快速靠近对手;以"节短势险"之势,背挤、肩撞、肘击、胯打,贴身猛击。使对手无法施展械长或肢长的优势。我则发挥"一寸短,一寸险""一寸小,一寸巧"的优势,以短制长。所谓"长短互济",指以"长"救助"短",以"短"救助"长"。意在格斗中不能固执一种打法,采用长击法应兼用短打,采用短打法者应兼用长击法。使用长兵械者,应懂"长兵短用"法,以短救长;使用短兵械者,应懂"短兵长用"法,以长卫短。高个子既要擅使拳脚,又要能用肘、膝、背、胯。矮个子既要擅使肘膝,又要能用拳脚。这样,"长短互济",才能做到"长"不怕"短"入,"短"不怕"长"拒。

曲曲直直,曲直互用。这是格斗中处理曲与直的基本技法原则。曲,泛指弧形转旋的动作和螺旋缠丝类劲法。直,泛指直线出入的动作和刚直的发劲。"曲曲",指擅长圆旋劲转旋应变者,应曲者愈曲,用不断转旋变化,去克制刚直的快攻,使对方直来之劲和刚直的进攻,被我的圆转化开。"直直",指擅长发直劲快攻者,应直者愈直,循与对方最近的路线,直线出击,快、准、狠地以近打远,以直制曲。所谓"曲直互用",指擅圆转化解者,应曲中求直,在圆转柔化对方进攻的过程中,一旦得机得势,即发劲击敌,直攻其隙。擅长直击快攻者,应直中求曲,直击后即以转旋动作灵活变化,避免刚直难变、过直易折等弊端。

横克外开,顺势引送。这是临机应变、见招打招的技法。"横克外开",指对手来招进攻,我采用与对方劲力方向交叉的劲力,以横克纵,排开敌招,使其锋芒偏向我身外。例如,对方击我头部,我向上托架;对方击我胸部,我向左或右拦格;对方击我腹部,我向下按压。总之,我从敌劲力方向之旁侧用横劲,能以较少的力,排开对手大力的直攻。所谓"顺势引送",指当对方攻来时,我应顺其来势,借其冲力,沿其力向加力前引,使对手失势。例如"顺手牵羊""顺势化打"打法。当对手攻势锋芒略过时,我还可乘其惯性力向加力,送其加速运动,促成失势。例如"上乘起,下乘落"。当对手回收肢体时,则可顺其回势,促其回收过多、过速而失势。例如"顺水推舟"。总之，见到对手进攻招势，要分清力向，不与对方正面较力，而采用"横克"防守或攻防兼融的乘势引化、顺势推促，以小力拨开其大力，以小力引动和推促其失势。此即"四两拨千斤""以小力胜大力"的意思。

主动引变，击其失中。这是主动进攻的基本技法之一。在格斗中，应主动以我的动作和变化，引敌运动和变化。敌随我动而动、随我变而变，则敌动变在我意料中，我能有准备地在敌"失中"时，给以致命的打击。"发头手，打二手"等以假动作引动对手再狠狠击敌的打法，都是此原则的用例。所谓"击其失中"，指敌人被我引动，在其重心偏离支撑面中心时，或对手的两手离开身体的正中面时，我皆可攻击对手。

避正驱斜，打其无备。这是主动进攻的基本技法之二。指避开对方便于发力、便于变化以及存有戒备的正面，寻找对方不便发力、难以变化以及缺乏戒备的斜面，以我的正面击敌之斜面，以有准备的整体劲打击对方无准备的局部。这样，即便我实力不及对手，也能在局部转化出我强敌弱的状态，取得制胜的主动权。这也是"以小力打大力"的用例。

连击快打，攻其不及。这是主动进攻的基本技法之三。指与人格斗不能有前手无后手，要招法连环，连续攻敌。从方法上说，要踢打摔跌、推拿撞靠兼施，不限一法，不执著一部。从速度上讲，不仅要单个动作快，而且前一动要为后一动创造起动的基础，后一动借助前一动的惯性力或弹性力，使动作衔接快速。这样一发招则连续不断，使对手招架不及，被迅雷不及掩耳之势击败。

奇正相生，攻防相依。这是攻防格斗中总括性的技法规律。

"奇正相生"，指与人对搏时，常规打法（正）与出人意料的异常打法（奇）相互转换为用。一般以正面攻击为"正"，以侧背攻击为"奇"；以自己擅长的招法为"正"，以不擅长的招法为"奇"；以在敌意料内的攻防为"正"，以出敌意料的攻防为"奇"；以明攻硬打为"正"，以佯攻巧打为"奇"；以谨慎应敌为"正"，以冒险出击为"奇"；以常规打法为"正"，以异常打法为"奇"……总之，正与奇，是对应统一的两个方面，在技击格斗中，要相辅相成地转换运用。一般是以正合，以奇胜。即以常规打法为基础，突然出奇制胜。当敌觉察我出奇的意图时，又迅速变用常规打法,这样"正""奇"变化使用,使敌感到我变幻莫测,不知我何为"奇"、何为"正"。在疑虑不决、判断不准中受制。

"攻防相依",指与人格斗时,攻与防是相互依存的。防守是保护自己创造进攻条件的基本方法,通过进攻敌人、制服敌手又是最彻底的防守。此外,进攻亦是战胜敌人的主要手段,防守是保护自己、创造进攻条件的必需方法。因此,只攻不防或只防不攻,都不是制胜之法。"攻防相依"包括"攻防互换""攻防互寓""攻防互用"等三种运用法则。

"攻防互换",指进攻招势和防守招势交换运用。格斗中具体表现很多。如对方进攻,我防守反击,对方连击,我连续防守而后反击。总须根据制胜需要和对手变化,灵活转换攻防。

"攻防互寓",指攻中有防、防中有攻、攻防同时。例如,一臂防守,另一臂进攻;上肢防守,下肢进攻。又如,对方进攻,我在闪避的同时击其空隙,皆属此用例。

"攻防互用",指以攻为守,以守为攻。对方攻我,我不防其攻,而是选择对手某一空隙,后发先至,攻击对手。我进攻生效,其进攻自然不成立,这就是以攻为守。例如,对方抓我手腕欲反关节;我不去管它,而以脚(或膝)突然蹬踩对方胫骨(或撞裆部),其反腕关节必破。对方进攻我,我的防守方法就能致对方失势,就是以守为攻。例如,"顺势引化"对手进攻的方法,就是既引化开对手力向,防守住了自己,又借助对手冲力,引其失势前倾,发挥了进攻的效能。

第三编　武术教学与训练

武　学

　　广义的武学,泛指武术教学活动;狭义的武学,指古代培养军事人才的专科学校。现代一些武术学者简称"中国武术学"为"武学"。

　　·武术的教学活动,起源甚古,它以官学和私学的形式,传延至今。从官学看,可以说学校一兴起,武术的某些基本攻防技术,就成了教学内容之一。

　　"校"本为养马之地,在夏代逐渐演变为进行角斗、比武和考校的场所,发展成了奴隶主阶级成员及其子弟学习军旅武技的教育机构。"武学"始于宋代庆历三年(1043),是专门培养军事人才的学校。此后,时废时兴,至清代,武生附入儒学。武学的教学内容包括兵法、武艺、前世忠义等。《武经七书》《百将传》《教法格并图像》及《四书》曾列为武学教材。民国年间,官方办的武术教学机构有"中央国术馆"和各地方国术馆。一些学校体育课中也曾断断续续地开设过武术课。中华人民共和国成立后,武术被列入各类学校的体育教学大纲,在体育院、系中设立了武术系、科,制定了不同学制的武术教材。

　　武术私学指民间拜师学艺和家传形式的武术教学活动。这类教学活动虽多未入史册,却是中国古代武术绵延发展的主要形式。

　　春秋战国时,甘绳、卫飞、养由基等,是出自民间的高超射手。越女、袁公、鲁公、鲁石公等,是出自民间的高超剑术家。历代著名武将中,多有从师民间拳师学得武技者。宋时岳飞学于周侗。明代俞大猷从赵本学习技。戚继光吸取民间十六家拳法之长，才编成势势相承的三十二势长拳。清代民间拳门林立，少林拳、太极拳、形意拳、八卦掌、通臂拳、八极拳等等，皆出自民间武人之手，并以民间私授的形式传承兴盛至今。民国年间，民间武术传习社、所、棚遍及各地，南方的精武体育会、北方的中华武士会最为著名。当今，各地民办武术辅导站、私人武术学校、拳社、武馆，倍盛于前。

中国武术通过私学和官学两种形式得到流传和发展，并逐步形成了武术学科体系、武术教学原则和教学方法。

武术教学原则

武术教学是师生共同努力，传承武术的过程。学生（或弟子）在此过程中，学会武术技术，获得武术知识，掌握练武、用武的方法，养成武德精神和行为。武术教学的原则包括：尚武崇德，内外兼修；系统渐进，以约驭博；严规律矩，因材施教；口授身传，疏导诱发；体悟恒行，问试求学。

尚武崇德，内外兼修。这是贯穿武术教学全过程的总纲。"尚武崇德"是思想品德教育的中心。其目的是养成学生崇尚武术、爱好武术、发扬武术；崇奉道德、遵守道德、以武彰德的武德观念和言行。"内外兼修"是武术技术教学的中心。任一技术教学都要注意外形动作和内部意、气、劲的运动技法，使学生掌握武术整体运动方法。

系统渐进，以约驭博。这是处理教学内容的设置、顺序和专与博关系的原则。武术教学内容的设置，要注意系统性，使学生通过学习，了解武术理论和技术体系。这个系统又不能一下子和盘托给学生，使学生感到"斗大的馒头，无处下口"。应该按循序渐进的原则，依一定的顺序逐步传授给学生。安排教材的先后顺序时，要综合考虑教学内容的难易程度，知识技能的内在联系，学生体能、技能、智力的实际水平和发展的规律等因素，先易后难、先简后繁、先浅后深地传授符合学生接受能力的教学内容。"以约驭博"是处理教学内容的专精与广博关系的原则。"约"是集中专一，"博"是见识广博。武术内容非常丰富，教学应由集中专一入手,使学生掌握一点,再学一点,不贪多,不图快。在掌握某一门或几门的基础上,进行遍及各家的广泛学习,以取百家之长补自家之短。进而以百家之善,治一家之学,深化学业,有所发展,有所创造。

严规律矩,因材施教。这是发挥教师主导作用,处理统一要求与个体差异的基本原则。教师在教学中,要严格按照教学进度、动作规格、技法要领进行统一施教,并且严格要求学生认真进行学习。武谚说,"严师出高徒",就是指只有从严执教,才能培养出优秀弟子。在统一施教过程中,还要注意不同学生的不同志向、不同身体条件,以及不同的体能和技能基础,采用不同的施教方法,突出不同的教学要点,使学生既按要求完成统一学业,又获得突出个人特长的个性发展。使严规律矩与因材施教统一于教学过程。

口授身传,疏导诱发。这是武术具体教法的基本原则。"口授"是通过语言描述清动作细节,指出动作的关键技术环节,揭示动作的技法要领;"身传"是通过教师的示范(近来也采用影视、挂图进行示范,但其针对性不如教师亲自做示范),使学生直观地看到动作形象,按形模仿。口授与身传结合运用,能使学生借助听觉、视觉的共同作用,加速建立正确的技术概念和动作技能的条件反射。古代武术传授中,尤其重视"口授身传"。武术技术的实践性、教师的经验等,都靠口授身传。某些攻防制胜术有较高的保密性,也只以口授身传的形式,靠师徒授受、父子传袭,流传下来。"疏导诱发",指教师施教时,应注意借助学生现有知识和技能,诱导他们积极思考,启发他们举一反三、循序探求。这样的教学,能诱导学生抛开一步一趋地模仿教师动作的依靠心理,突破教师技能水平的局限,启发学生自己按技法的要求做出动作、做好动作。传统武术教法中的"说手""喂手"等法,都是这一原则的运用。

体悟恒行,问试求学。这是学生求学方法的基本原则。"体悟恒行"强调武术的实践性、自修性、恒常性。学生要通过反复的身体操练,领悟学习内容,并且持之以恒地去"体悟",才能循实践、认识,再实践、再认识的规律,不断提高技能、体能和智力。离开了"体悟",只停留在眼观、口说上,永远学不好武术,也不可能获得武术运动的功效。"问试求学"强调学习的主动性。要求学生在教学过程中主动求学,不能教师教一点学一点,牵一下动一下。应该积极思维,提出不懂的疑问,寻求解答。通过与人比试(功力较量、套路比赛、格斗竞技),发现不足。并且通过"以武会友"的形式,拓广求学的面。

示范教学法的要点和基本方法

示范是以具体的动作为范例,使学生了解所要学习的形象、做法和要领。示范要有明确的示范目的,突出让学生观察的动作环节,力求让全体学生都看得清教师的形态,教师也看得到学生的模仿情况。为此,首先要选择好教师示范的位置和面向。示范者一般站在距学生横队两端距离相等的位置,与横队两端成等腰三角形状;或者站在两排学生的中间;如果是绕转性动作(如八卦掌),学生可站成半圆,示范者站在圆心上。如果是领着学生作连续的成串动作,示范位选在动作行进方向的侧前方为好。示范的面向应根据动作的结构来定,如果拳式结构主要是两臂在额状面内运动的(如"马步双劈拳"),面向学生作正面示范为好;如果主要是两臂在矢状面运动的动作(如"弓步冲拳"),体侧对学生作侧面示范为佳;某些结构复杂的武术动作,可以背对学生作顺向示范。其次,为了突出让学生观察的动作环节,可以先提示注意点再示范;可以将容易混淆的动作及正确动作和错误动作进行对照示范;还可以夸大动作环节的特征或错误进行夸张示范。速度较快的动作(如长拳、螳螂拳等),可放慢示范速度,让学生看清细节;速度较慢的动作(如太极拳),可加快示范速度,让学生看清整个动作的运动轨迹。较为复杂的武术动作可通过变换示范位置和示范面向,采用多种示范方法,使学生了解动作的全貌和细节。

分解动作的基本方法和注意事项

所谓"分解动作",指将一个完整动作分成若干动作环节,这些环节具有串连起来即成完整原形的内在联系。动作分解得合理,便于教学,利于学会,容易练好;用之于图解,则便于按图索骥。分解动作的基本方法有下述几种。

一、按身体部位,可将动作分成上肢(手法)动作和下肢(步法)动作,或者将动作分成左侧肢体动作和右侧肢体动作。

二、按动作的运动特征,可有以下几种情况:

1. 按动作的攻防特征分。一动作含有几个攻防因素时,可在攻防交替处分。如"架打"和"格打"等完整动作,皆可在架与打、或格与打交替之际,进行分解。

2. 按动作路线变化的特征分。将动作分成"开"(肢体由内向外)和"合"的动作。如是转旋动作,可分成每转 180°或 90°的动作。如动作路线有转折,则在转折处分开。

3. 按动作节奏变化的特征分。一个动作中有轻重变化、快慢变化者,可在两种相对特征之间分开。动作中有顿挫者,即在顿挫处分开。

4. 按劲力变化的特征分。一个动作中有几种劲法者,在不同劲法交替处分开。如蓄劲与发劲之间、柔劲与刚劲之间等。

分解动作是掌握完整动作的一种手段。因此,一目了然的简单动作,尽量不要分解。在分解结构复杂或动作难度较大的动作时,也要注意避免把动作分得过于散乱。运用于分解教学和分解训练时,要注意尽快过渡到完整教学或训练,避免分解环节练习过多,形成动力定型,影响将来练习完整动作的流畅性。

拆　手

"拆手"是武术传统教学方法的一种。"拆"指拆开,"拆手"是在学生基本掌握所学套路动作后,教师将整套动作拆开成组合动作或单个动作,逐一进行技法剖析,了解动作的攻防含义。"拆手"与"分解教学法"不同,分解教学法用于教授初学者,目的是便于学生观察模仿,由了解动作的细致环节,过渡到掌握完整动作;"拆手"是以教授动作的攻防用法为重点。

说　手

"说手"是武术传统教学方法的一种。指教师传授具有一定技能基础的学生学习打法或招法时,以口述为主。"说手"可分两种:一是为学生讲述动作的攻防用法,让学生领会后,用到攻防实战中去。二是为学生讲述如何应对某种打法,让学生将其转化为能发挥个人特长的招法去对应对手。说手的要点在于:不是一招一式地示范,让学生一步一趋地模仿,而是口述技法要诀,让学生领悟后,自己按照要求做动作。此法有助于学生突破教师技能的局限,在要诀的指导下,充分发挥个人的技能、体能。故民间有句保守习气较重的拳谚说"宁教十手,不教一口"。"说手"要简明扼要,不能啰嗦繁乱。

此外,"说手"教法也被引入套路教学,用于引导学生了解动作的要求和意境。一般采用"以形喻势"的方式"说手"。例如,将欲说之理喻之为一种动物特性,如起如鹊,落如猴等。或喻之为自然现象,如快如风,静如岳等。以加强"说"的直观性,诱发学生的形象联想和揣摩,便于领悟,以融入拳式。

喂　　手

"喂手"是传统武术教学方法的一种。指教师以进攻学生的方法诱导学生理解某一动作(或组合)的攻防含义。在学生按一定顺序练习某特定动作时,教师采用与其动作攻防含义相对应的动作攻击学生,使学生如临敌格斗,被诱发出攻防的神态和严格按攻防要求进行的动作,从而领会动作的攻防含义。喂手必须符合攻防规律,时机准确。否则,会影响学生按照正确的动作节律和规格体会动作。"喂手"也是格斗运动的一种基本训练方法(参见本书"喂手训练法")。

按照教师示范学会武术动作的要点

照教师示范学武术可通过观看、模仿、对照三步进行。

"观看",即看清示范的静型和动态。每个武术动作都可分为开始姿势、过渡姿态、结束姿势三个部分。开始姿势和结束姿势都是静型。看时要注意看清整体形象,看清左右肢、上下肢和头、躯的位置。以它们互为标志物进行观察能较准确地记住其位置。例如,看示范拗步"弓步冲拳"时,此动作头、躯正对前方,前手和前脚分置于头躯正中面两侧,距正中面的距离相等。观察动作的过渡姿态也离不开观察开始和结束姿势。因开始姿势是动作的起动点,结束姿势是动作的终止点,而过渡姿态是肢体变化位置的动态。要注意看清每一局部如何由起动点向终止点移动,动作的力点在何部,运动方向和路线怎样。同时要注意观察并记住动作过程中几个关键时刻肢躯各部的相互位置。例如看"弓步冲拳"示范时,当冲拳的手臂临近发力时,下肢达到了什么形态。记住这类关键的"瞬时形态",有助于掌握身体各部互相配合的做法,掌握动作要领。此外,在看教师示范几个动作串连起来的组合动作时,要注意看清怎样利用上动的惯性完成下一动作,或者怎样消除上动的惯性开始下一动作等衔接技巧,还要注意观察动作的慢快、轻重、大小等变化,领悟它们在同一组合中构成的"节奏"。

"模仿"是依照看到的示范,自己做动作。模仿必须严格按照教师示范进行。第一步要学像外形,第二步要学像神态。

"对照",就是用自己模仿的形象与教师示范的形象对照比较。可以对着镜子做,自己进行对照揣摩,或者请教师、同伴看自己练习,让他们指出模仿得不像的地方。模仿像了,动作的外形就算学会了。至于动作内涵(心法、气法、劲法等),则还需在教师的点拨和自身的反复体悟下,逐步掌握。

纠正错误动作的一般方法

学练武术的过程中,一旦发现错误动作就要及时纠正。若任其发展形成习惯动作,就难以纠正和克服了。纠正错误动作的一般方法有下述几种。

1. 明析攻防法:攻防含义不清,可导致动作细节不明、方法不对。对此,可采用讲示攻防含义和"喂手"等方法来纠正。

2. 客观标志法:对于肢体动作偏离要求轨道、姿势不符合正确规格者,可以以自身某部和身外某物作为标志物,确定动作的轨迹。例如,动作犯散乱和不紧凑这类毛病,纠正方法:可以以处于动作进攻方向的脚尖、手尖、鼻尖互为标志物,要求它们上下相照在一个纵面内。又如,脚步起落在一条线上,甚至"绞麻花",使下盘不稳这类毛病,纠正方法:可以在地上画一直线,两脚分立于直线两侧,以线为两脚进退的标志物,要求脚步皆落在线的同侧,逐步练习改正。

3. 梢根互治法:身体是一个统一的整体,一关节的伸屈和动转能影响相邻关节的活动度。例如,小腿旋外,脚尖必然外摆,膝盖必然外开;反之,脚尖内扣,膝盖必然内合。又如腰向右拧转,右肩必然不能向前送出,右拳也不可能远击。因此,纠正动作错误时,不能只看肢体一部,要从整体考虑,看病根在梢还是在根,从根本上着手纠正。例如,做虚步时出现"敞裆"的毛病,病虽在裆,但应于脚求之,即将虚点脚微内旋扣转,便可纠正。这是"以梢治根"。又如做冲拳时,出拳短而无力,病虽在拳,却应于腰求之,即冲拳时拧腰顺肩,便可纠正。这便是"以根治梢"。

4. 点拨提示法:有的动作,单式练习合规中矩,放在套路中串连起来做就出错。对于这类错误,可由教师或同伴采用"点拨提示法"进行纠正。可以在练习者练习套路即将做到该动作时,用言语作简洁提示。例如,练习者定式亮相犯扬头翘下颏的毛病,可用"顺项"或"顶头""收颏"等词语及时提示。此外,也可用手足或软藤棍点拨练习者错误部位,提示其纠正。例如,练习者弓步的后腿总屈膝,可在其做弓步时,顺其蹬腿之势拍击其膝盖部,既提示其要蹬伸充分,又帮助其用力挺伸。

5. 击拍正律法:对于快慢、顿挫等节律不正确的动作和动作组合,可采用此法纠正。应用时,根据正确动作节律的快慢或强弱,制成"击拍"节律。可由他人"击拍"(击掌、口令皆可),也可由自己默想"击拍"节律,或默念"击拍"节律,支配动作按"击拍"节律进行。

6. 对比辨析法:即将容易混淆的动作进行对比,以纠正错误概念。将正确和错误动作进行示范比较,以让学生了解错误所在。

7. 助力体会法:对于抡臂翻腰不正、平衡不稳、腾空跳跃缺乏空中塑型等毛病,可采用此法。即通过助力辅助,使练习者按正确要领完成动作,以体会正确的肌感,加速建立正确动作技能的条件反射。

8. 消退重学法:对于某些由于积习太深、或者正确完成动作的体能还不具备而造成的错误,可采用此法。即在一段时间内不练习这一动作,以便其在大脑皮层中的痕迹逐步消退。如体能不足者,此时应进行必备运动素质的锻炼。然后,再从头学习这个动作,严格按照动作规格、要领进行循序渐进的练习。切忌放松要求,急于求成,以防旧错重现。

武术基本功

以武术运动中具有共性的基础训练为运动内容、以获得和运用武术技法必备的各种根本能力为锻炼目的的一类武术运动形式,总称为"武术基本功"。

武术基本功具有一套自成体系的锻炼内容,包括提高体能为主的功法部分和提高技能为主的单操部分。

"功法"练习可以按身体部位分为头功、臂功、腰功、裆功、腿功等;可以按运动素质分为硬功、轻功、柔功、内功等。

单操练习通常以基本动作和典型动作为操练内容。由于不同拳种和不同器械所要求的基本体能和技能要素不尽相同,各自的基本动作和典型动作的形式也有差异,因此每一具体拳种和器械运动的基本功也就并非完全统一了。例如长拳基本功练习内容中,必须有培养腾空跳跃能力的练习手段,太极拳等拳术基本功练习中,则不必有这些练习内容。

武术基本功练习既是初学入门的基础功夫,又是保证武术运动体能和技能不断提高的有效手段,还是防止伤损、延长运动寿命的有效措施。

选择和安排基本功训练的原则

一、针对性原则

武术基本功是为掌握和提高武术技术动作,准备基本能力的练习,不同的技术要求不同的基本能力,训练时也因之选择相应的基本功训练手段。首先,所选用的基本功练习手段,应符合将学动作的技术特点和风格。其次,所选用的基本功练习手段,应符合将学动作所需具备的体能要求。

二、恒定性与灵活性结合的原则

基本功练习应贯穿于长期武术训练的全过程。但是,并非将所有基本功练习内容,都毫无增删地始终坚持练习,而只将那些体现所习拳术特征的基本内容作为基本功练习的恒定内容。例如,八卦掌的蹚泥步,形意拳的三体式。基本功练习的另一些内容,则应根据提高技术水平的需要,按照技术结构的规律,适时增删,体现出灵活性。例如,初习长拳基本功时,以桩功、腿功、腰功、臂功为内容。当增学跳跃动作时,基本功练习内容就应增加发挥弹跳力的练习,增加为提高转旋性跳跃动作的平旋和跳转能力的练习。原习基本功内容中的桩功和腰功则可删为隔日和数日一练。当学练燕式平衡等俯身与后举腿平衡时,则应加强腰功和腿功中的后压腿、后撩腿练习,减少或删去发展弹跳和转旋的基本练习。

三、突出重点和兼顾其他相结合的原则

在安排基本功练习的过程中,一般在某一阶段中突出围绕提高一个或两个基本能力安排基本功练习。在一次课中,又侧重以提高某种能力的某一要素为主安排练习。例如,在以提高柔韧性为主的训练阶段中,某课可突出腿部柔韧性练习,某课可突出肩腕部柔韧性练习,某课可突出腰部柔韧性练习。有重点地练,能较集中地给身体必要的刺激,有计划地逐一提高各种基本能力。但是在突出重点的同时,也要兼顾其他能力的全面发展,这既能防止顾此失彼,又能防止局部负担过重造成的损伤。

四、发展技能与体能相结合的原则

在练习过程中,要兼顾技能和体能都得到发展。同一个练习方法,要注意兼有二者效益。例如,采用扔沙袋锻炼力量、增强体能时,扔的动作结合拳术的撩、掼、摔等手法,运用寸劲、抖弹劲等劲法,就能较好地收到技能锻炼的效果。

武术基本动作

武术典型技术动作中最简单的基础动作,称为武术基本动作。一般以构成

完整动作的任一武术技法环节为一个基本动作。例如,弓步冲拳包括弓步和冲拳两个基本动作。就各个具体的武术种类来说,不同类型的动作,具有不同形式的基本动作。

拳式基本动作的内容,分为以上肢表现的"冲拳""推掌""勾搂""顶肘"等基本手型、手法和肘法;以下肢表现的弓步、马步、虚步、进退侧移和正、侧踢腿、弹腿等基本步型、步法和腿法;以躯干表现的吞身、吐身、转身、拧身、折叠等基本身法。

不同拳种的基本动作内容和形式也不尽相同。例如,长拳的基本步型是弓、马、仆、虚、歇,形意拳的基本步型是三体式步。

同一名目的基本动作,做法也不一定完全相同。例如长拳的马步,要求身体重心位于两脚之间;陈式太极拳的马步,身体重心则要求偏于一侧。

总之,不同拳种的基本动作受该拳种技法原则和运动风格的制约。

武术器械运动的基本动作,主要是发挥器械形制特点的攻防技术动作。不同形制的器械,其基本动作不同。例如,单刀的基本动作包括发挥刀背厚重、刀刃薄利的劈刀、砍刀,发挥刀尖尖锐的扎刀,以及利用刀背无刃口的特点而形成的缠头、裹脑动作等。

练习武术基本动作的意义

武术动作形式多样,数量繁多。初学武术者往往无从下手。由于基本动作是各类动作最简单的基础动作,易学、易练。因此,初学者可以从学习和练习基本动作入手,为学习较为复杂、难度较大的动作创造技能基础。掌握武术内容较多的人,往往因没有足够的时间坚持复习学过的动作,担心遗忘或技能减退。由于基本动作是各类典型动作中的基本成分,只须坚持基本动作的练习,就能保持住武术基本技能,并且通过运动技能相互转移的正诱导作用,保持完成一般动作的基本运动技能。

练习武术基本动作的方法

练习武术基本动作,常采用慢盘、急打、归类练、变化练四种方法。同一基本动作,可以通过这四种练习,得到不同侧重的提高。

慢盘和**急打**是练习武术基本动作的主要训练法,详细方法参见本书"慢盘训练法"和"急打训练法"。

归类练:指将同类型的基本动作,或具有某一运动特征的基本动作,归类进行练习。例如,可以按运动部位归类为手法练习、步法练习、腿法练习、身法练习等等;按运动素质归类为突出柔韧素质(如柔功)的基本动作练习、突出静力性力量(如桩功)素质或爆发性力量(如发劲、跳跃)素质的基本动作练习;按运动方向归类为由下向上或由上向下的、由后向前或由前向后的、由左向右或由右向左的、向左转旋或向右转旋的等。如"由下向上"类基本动作练习,可将正压腿、弹腿、正拍脚、正踢腿、腾空二起腿等动作归类练习;又如"向左转旋"类基本动作练习,可将前扫腿、旋风脚、旋子等动作归类练习。采用归类练习时,将同类动作按由易到难的原则排列,渐进练习。使较简易的动作作为较难动作的基础,它们相互影响、促进,能使同类动作得到迅速提高。

变化练:指以某一基本动作,配合不同类型的基本动作进行练习。例如,练习"冲拳",可将冲拳与弓步、马步结合,进行原地冲拳练习;也可将冲拳与上步、退步、绕步等步法结合,进行动步冲拳练习。又如刀术的"缠头裹脑",枪术的"拦、拿、扎"等基本动作,都可以与不同的步型结合,进行原地练习;或与不同的步法、跳跃结合,进行移动练习。变化练能提高将基本动作组成不同的完整动作的能力,同时使动作的协调性得到提高。

武术完整动作

以一定的攻防意识指导人体各部按照严格的顺序和规格配合完成的动作,称为武术完整动作。例如"马步架打",是以"架"防住对手攻我头部,以"打"反击对手为意识,包括头上顶,眼看冲击拳,一臂举肘上架,一臂伸出冲拳,下肢成马步,呼吸由吸气变为快呼气至急呼气等运动环节配合完成的完整动作。仅有身体个别部位移动的动作,不能称为完整动作。

构成武术动作规格的要素

武术动作规格,指完成某一武术动作时,人体各部在一定时间、一定空间所应遵循的动作标准。它包括点、线、型三个要素。点:指身体任一部位开始动作时的起点位置和动作结束时的终点位置。线:指身体任一部位在动作时移动的路线。例如,直线(如冲拳),曲线(如贯拳)。型:指在动作过程的任一瞬时,身体各部位综合呈现的姿态,包括肢体各部间的相互位置(夹角是多少)、身体正面(面部、胸腹部、胫膝部)朝向几个方向等两方面的标准。点、线、型的规格,受武术攻防方法的规范和制约。"点",强调力点与攻击点的统一;"线",严守合理的攻防路径与顺达的发力路线统一;"型",突出缩小自己的防守面与加大八面支撑劲的统一。在练习武术动作时,弄清了这三者的标准,就算明白动作规格了。动作符合了三者的标准,就可以说动作符合规格了。

提高武术动作规格的方法

武术动作规格的正确与否,关系到动作的准确性、实用性以及艺术性,影响着人体形态的发展。提高动作规格的关键,是根据动作规格中的点、线、型三要素进行动态和静型练习。在动态练习中,须首先明确和掌握动态的"线",即举手投足的运动轨迹。动态练习可采用"把杆"为练习手段。"把杆",是一手(或两手)把杆进行练习。由于身体有依靠,容易掌握重心;不用力的肢体部分,容易松弛;呼吸平稳,思想集中;能较好地用意识支配动作按正确规格进行。随训练水平的提高,逐步减小扶杆的力量,直至离杆独立做,仍能保持动作符合规格。步型、腿法、平衡类的基本动作,均可作为把杆练习的内容。静型练习可采用"静耗"为练习手段。"静耗",是将动作的结束姿态摆正确后,静止不动,细心体会身体各部的肌肉感觉,通过反复练习,建立动力定型,达到动作一停即成此型的效果。

要进行提高武术动作规格的练习,先要搞清楚规格的具体标准,才能在练习中使肢体运行循规蹈矩,定位准确无误。此外,还要注意神意、呼吸、劲力的配合。否则外型合规中矩,内涵却空虚无物。

武术基本技术

完成武术动作的基本方法,称为"武术基本技术"。基本技术包括完成动作的一定顺序、节奏和运动特征。例如,冲拳必须有由起点经过一定的路线、向一定的目标出击的顺序;发劲具有由逐渐加快到最后的瞬间爆发用力的节奏;动作不论如何变化做法,必须体现出进攻敌手这一特征。基本技术是掌握高难动作的技术基础。它通过基本动作以及基本动作的配合来体现,也通过基本动作和基本动作的配合来锻炼提高。

创编武术套路的基本原则

世上流传的数以万计的武术套路,都是人们创编出来的。人们按照不同的需要和目的,可以运用某些相同的动作素材,创编成不同结构、不同特点、不同运动强度的套路。武术套路大致分为教学套路、规定套路、自选套路、简化套路、康复套路、对练套路和集体套路等类型。虽然各拳种、各兵械的动作素材不同,各类套路的创编要点也不尽相同,但是,各类套路的创编原则,还是大体相同的。其基本原则有下述四条。

1. 目的明确,创字当先。创编套路必须有明确的目的,如教学目的、健身与康复目的、竞赛目的、表演目的等。目的不同,选用动作的内容、结构、布局、节奏等多有不同。

明确目的后,就要在"创"字上下功夫。首先要着眼创编新动作。可从技击格斗素材中提炼新动作;融会器械技法编制拳法;融会拳术技法编制器械动作;

模仿动物特长编制武术动作;还可借鉴武舞、体操动作,通过同化制成武术动作。其次,要着眼编创新组合。相同的动作,通过不同的编组顺序、不同的衔接方法、不同的节奏处理,可以编成若干不同的动作组合。再次,要着眼创新套路布局,使套路运动的足迹路线不落俗套。

2. **连接顺遂,布局匀称。**连接顺遂,指单个动作之间、组合动作之间、段与段之间,都要连接顺遂。连接顺遂的关键,是符合动作技法规律,符合运动力学原理,在人体肌肉和关节能运转自如、便于发力的范围内变换动作。一般来说,上一动作的惯性符合下一动作的运动轨迹,上一动作的终了正是下一动作的预备,衔接就能顺遂圆活、变转快速。

布局匀称,指整套动作应该匀称地分布在运动场上。避免动作分布疏密不匀,或偏重一部,或动作琐碎堆砌、拉不开,或动作零散、东奔西跑。例如,动作堆砌在场地一端,另一端很少,呈手榴弹形;又如场地两头动作多,中间动作少,呈哑铃形;再如场地两头动作少,中间动作多,呈枣核形等,都不可取。一般来说,每段动作都应练到场地端头;有左弧线,就应有右弧线;安排了沿场地前方运动的动作,不能忘了安排在场地中间和后边运动的动作;并注意组合间、段与段间相互对称。对于仅有往返路线的套路布局,每段的动作数量应基本相等。

3. **层次清晰,节奏适宜。**层次清晰,指整套动作中有重点段,每段中有重点组合,每个组合中有重点动作,形成清晰的套路层次。在重点动作(组合或段)之前安排有一般动作(组合或段)作为完成重点的准备动作,也是引起观众注意的先导动作。在重点动作(组合或段)之后安排有适于缓冲的一般动作,也是给观众留下余味的动作。就整套动作来说,应是由引人注意的起势开始,步步深入,引人入胜,最后以耐人回味的收势结束全套动作。

节奏适宜,指整套动作的运动节奏要适宜。从内在因素来说,动作安排要利于肌肉的舒缩交替、气息的呼吸交替、运动负荷的大小交替。这样,才有利于练习者顺利完成整套动作,有利于练习者的身心健康。从外形上来说,要考虑演练套路时,节奏对完成动作、提高动作质量的作用,主动根据动作的节奏规律和节奏的艺术规律去安排相应的动作、组合、段。

4. **特点突出,三性相兼。**任一套路都从属于一定的技术流派,套路技术特点要符合流派的技术要求。就这一点来说，如果有所发展、创新的话，也应建立在继承传统的基础上。不按照一定技术特点编成的套路，只会给人以大杂烩之感。例如我们编太极拳，必须符合柔缓、平稳、圆活等基本技术特点，而不能沾上高起低伏、窜蹦跳跃的长拳风味儿。编形意拳套路，其运动路线应以直线往返为基调，而不能带有沿圈绕走的八卦掌风格。

三性相兼，指编套路时，要顾及技击性、健身性、艺术性。不论以何种目的创编套路，都要兼容此三性，只是偏重面不同而已。例如，目的旨在强身祛病的套路，动作都围绕强身祛病安排，这是首要的。但动作缺乏技击含义，此套路就成了单一的健身操套路，而不是武术健身套路了。如果缺乏艺术性、缺乏美感，则难以引起练习者的锻炼兴趣，也不能吸引更多的人参加锻炼。又如，对练套路以表现武术技击性为主要目的，动作都要有攻防实效性。但是，如果忽视了动作对人体的影响，编入以胸、背硬接对方踢打或硬跌强摔等动作，就不利于练习者的身体健康；如果忽视套路的艺术性，即拳脚往来、兵械击格不能显示其攻防技术规律，斗得不巧妙，打得不艺术，那这种对练就可能成为血腥性的斗狠。

武术套路的构成成分

构成武术套路的基本单位是单个动作（即一个完整动作），若干单个动作串连起来称为"组合"动作，几个组合串连成趟称为"段"，成对的"段"按照一定程式串编起来，加上起势和收势，就是一个完整套路。在戚继光《纪效新书》中，将起势名为"起手势"或"出门架子"。该书"藤牌总说篇"释云："开扎衣势，此起手势也。""拳经捷要篇"释云："懒扎衣，出门架子。"

编串动作组合的要点

把两个和两个以上的动作按照一定的规律和顺序连接成串，称为动作组合，亦称"组合动作"，俗称"挂串"。根据不同的目的，可以编成多种多样的动作组合。例如，为了提高功架训练水平，可以将弓步、马步、仆步、虚步和歇步五种主要步型结合手法,编组成组合动作进行练习;为了锻炼连续进攻能力,可以按攻防规律将几个招法串成组合进行练习;为了表现高起低伏、动迅静定的演练效果,可以将腾空跳跃动作与坐盘、劈叉等动作衔接成组进行演练。组合动作是套路的基本组合单位,编组时要注意动作衔接和顺,一气呵成,使前一动作的惯性为后一动作所利用,以便动得迅速。组合动作开始于静定姿势,至组合结束时又复归于静定。

创编武术套路的基本程序

创编武术套路的程序,一般循下述六步进行。

第一步:确定明确的创编目的和套路风格。创编套路之初,要先确定创编目的,围绕创编目的学习有关知识。例如,要创编一套参加竞赛的套路,就要学习竞赛规则,了解规则对参赛套路的动作内容和完成套路时间等有关规定。其次要确定套路的风格,这种风格以套路动作的技术特点为基调来确立。如果是用于比赛的套路,还应将套路动作的技术特点和个人的身体型态、心理素质和运动素质等特点结合起来确立风格,使套路动作既不失其技术特色,又能通过个人擅长技能,表现出自己的个性,形成自己的运动风格。

第二步:围绕既定目的和风格收集素材、编创动作。可以从同类技法的套路中收集素材,也可以从非同类技法的套路中摘取动作,改造同化其技法成为素材。例如,将劈挂拳的大开大合动作,编入长拳套路;又如将枪术动作,编为棍术动作等。还可以借鉴器械技术原理,编造拳术动作;借鉴拳术技法原理,编造器械动作。例如,手持匕首练习长拳的抡臂翻腰、跳跃、腿法组合等,就是直接将拳术动作变成器械动作。又如,心意拳的基本动作是按枪术之理编成。此外,还可以从格斗项目中提炼单练动作或对练配合素材,在动物争斗启示下编造动作。总之,应围绕创编套路的既定目的、风格和技术特色,多渠道地去收集素材、创编动作。

第三步:以套路必备的动作为重点,编制组合动作。例如自选长拳必须包括三种不同组别的跳跃动作,就应以它们为重点编成包括此三种跳跃动作的组合

（可以是三个，也可是一个或二个组合）。在此基础上，要设计出一些能创造演练高潮的重点组合。

第四步：设计套路路线和布局。将编排好的组合分别安排于一定的位置，然后通过一些必要的过渡动作串连成段。设计中，主要要注意层次清晰、节奏适宜（参见本编《创编武术套路的基本原则》）。其次要注意重点组合的安排位置。一般来说，重点组合应安排在场地的中部，随演练步步深入而逐步达到高潮。

第五步：精心设计起势和收势。起势要有利于稳住自己的情绪，唤起观众的注意。收势要有利于在体力下降的情况下圆满完成，既使套路善始善终，又给人回味无穷之感。此外，还要注意起势和收势的前后呼应，使人看到收势，能联想到起势。现代自选套路，多以新颖的起势，突出套路风格，并强调起势与收势的风格一致。也有以"开步直立"为起势和收势的。

第六步：推敲修善，稳定程式。套路编成后，要通过试练，逐式、逐组、逐段地进行推敲，体味动作衔接是否顺遂，节奏安排是否适宜，全套动作分布是否匀称，检查必须包罗的动作是否齐全等。还可征求同伴、同行和"外行"的意见，发现问题，及时修订。一旦敲定，就应保持相对稳定的程式，认真进行练习，不断得到提高。

编制教学套路的要点

教学套路是专门传授技术、技法的套路。编制这类套路既要考虑技术、技法的系统性，又要考虑传授对象的技术、技法基础和身体条件。因此，教学套路一般按基本套路、中级套路、高级套路，编成符合循序渐进原则的系列套路。

基本套路是旨在传授某拳种基本技术和技法知识的套路。其动作数量少，可左右交替练习，每一套只集中解决一个主要问题。查拳系的"十路弹腿"，形意拳系的"五行拳"，即属此类。

中级套路是旨在传授某拳种一般技术和演练技巧的套路。这种套路动作数量和难度适中，具有鲜明的风格特点。形意拳系的"五行连环拳"，查拳系的"四路查拳"，即属此类。

高级套路是有重点地将某拳系基本动作、典型动作、"绝招"动作串编而成的套路,一般以综合散招、汇集不同技术动作的形式出现。形意拳系的"杂式捶""十二形连环",即属此类。

编制规定套路的要点

规定套路是现代武术竞赛项目的一类,包括规定拳术套路和规定器械套路。这类套路由竞赛主办机关编定或选定,并制定统一规格和要求,便于在同等条件下比较运动员技能和体能水平的高低。采用规定套路比赛还具有促进动作规范化,引导技术发展趋向的作用。编制或选定规定套路,主要须符合规范性、适中性、引导性和发展性。

规范性:指编选入套路的动作,必须是规格明确的动作。

适中性:指套路的难度、负荷量要适宜参赛者多数人的水平,不能编选只有少数优秀者才能完成的难度动作,也不能编成所有人都能轻易完成的套路。

引导性:指规定套路要突出对技术发展趋势的引导作用。例如,某一阶段,武术赛场出现只注重跑跳、而忽视基本功架的倾向。为了引起大家对基本功架的重视,规定套路就应以功架为重点。又如,某一阶段,棍术竞赛套路中出现了击法丰富的套路或者某些创新组合,是值得提倡的技术发展趋向,就可选定该套路为下届比赛规定套路,或利用那些优秀组合编制成规定套路。

发展性:指规定套路不能一成不变,应该根据技术发展的趋势、运动水平的提高,制定相应的规定套路,促进技术水平和训练水平的不断发展。

编制简化套路的要点

简化套路是为了适应普及推行优秀传统套路的需要,将原套路删减改编而成。编制的要点有三。

其一,要保持原套路的风格,保留原套路的基本动作和典型动作。

其二,删去原套路中的重复动作、特点不突出的动作,减低某些动作的难度。

其三,"简化"不是"创新",因此,不能生造一些原传统套路中没有的动作编入简化套路。

创编自选套路的要点

自选套路是现代武术竞赛项目的一类,包括自选拳术套路和自选器械套路。创编这类套路的要点主要有二。

其一,严格按照竞赛规则规定的动作组别、数量、时间等要求进行创编。

其二,套路要有利于发挥个人的技能、体能特长,适合自己的形态特征,有利于发挥自己的个性特征。例如,擅长于腿法者,套路中可以用多种方式安排腿法;耐力较好者,可将高潮组合安排靠后,甚至临结束还以难度动作掀起高潮。总以突出特长为要。又如,身高腿长者动作幅度大,可多安排些大开大合的动作;身材矮小者变转迅速,可多安排小巧细腻、灵活多变的动作。总以扬长避短为要。再如,性情刚烈、泼辣者,应以快节奏为套路基调,以快速勇猛为套路的基本风格;性情温和文静者,可以动静有序的节奏为基调,以飘率、规范为套路的基本风格。总以套路风格适合个性为要。

上述两要点,前者是自选套路的共性,不符合则不能参加竞赛。后者是个性,体现不好,则不能以独特技术和风格争雄于竞技场。

编制康复套路的要点

康复套路是为体弱者和病患者编制的强身套路。编制这类套路的要点是:以整体性为基础,以针对性为重点,注重简易性和实践性。

中国医学认为人体是一个有机整体,纵横于体内和体表的经络,内联五脏六腑,外通筋骨皮毛。体表的活动能通过经络影响到脏腑,体内的活动又能通过经络影响到筋骨皮毛。还认为全身经络畅通,则病邪不能侵。一处不通,一处即病,而且还会影响整个经络的通畅,殃及其他经络。因此,编制康复套路时要吸收能使身体各部都得到活动的动作作为基础,然后针对练习者身体症状,增强刺激某一经络通路的动作,一般以增加某动作重复次数,达到增强特定刺激的目的。其次要注意动作和套路的简易性,使之易学、易记、易练,易为练者接受,并乐于自觉地坚持练习。

创编对练套路的要点

对练套路是武术套路的一种。创编对练套路的基本原则和程序同于单练套路的创编原则和程序(参见本书"创编武术套路的基本原则"和"创编武术套路的基本程序")。由于对练套路是由攻防双方配合完成,因此,创编对练套路时要围绕攻防得当和配合顺畅展开编排。其要点有下述三点:

其一,抓住拳械典型击法,兼顾创编目的。任一拳种都有代表本拳系的典型击法。例如,长拳的"四击"、形意的"五拳"等。任一器械也各有独特的击法。例如,枪之尖最利,以扎点为主;刀之刃最锐,以劈斩为主等。抓住这类击法动作编排对练,就能表现出该拳系或器械的技击特点和运动风格。在选择动作和组编成套时,还要兼顾创编目的。一般来说,主要用于掌握攻防技术、提高格斗能力的对练套路,要注重安排真可格斗的典型动作,强调攻防价值的再现性。主要用于表演比赛的对练套路,要注重安排攻防意向明确,有助于观者领会攻防规律的典型动作,强调攻防价值的表现性。主要用于健身延年的对练套路,要注重安排招式简单、安全易行的动作,借助动作的攻防价值,提高套路的趣味性。

其二,分清上下手,主次分明地相互配合。对练的双方,分为上手和下手。上手方主攻,下手方主守。在一个对练套路中,可以以一方始终为上手,另一方始终为下手。也可出现对练双方互换上、下手的安排,即在此段(或此组合)中甲为上手,在彼段(或彼组合)中乙为上手。分清上下手,有助于按照一方进攻、一方防守或防守反击的规律编排套路,避免出现双方抢打、杂乱无章的情况。编排时,以上手的进攻动作为主,下手的防守或防守反击动作为辅考虑配合。可以说,上手是按照自己发挥特长的主观意向设计连续攻击对手,下手采用的防守或防守反击动作,应便于上手发出下一攻击动作。这样主次分明地配合组成的套路,能较好地表现技法特点和运动风格,有利于提高对练套路的演练速度。

此外,也要注意对练双方的配合是相互的。如果上手的攻击使下手无法防守,或者引起的防守动作无法适宜上手下一动作的要求,也应改变上手攻击动作的设计。

其三,攻防合理,衔接得当。在设计双方的一次攻防动作时,攻者要攻得合理,防者也要防得合理。所谓"合理",指符合攻防格斗的基本规律和基本战术。例如,对方直拳冲来,我应拦格反击或闪身反击,而不能不加防守或闪身地迎面正上,出现我被对方击中胸部等情况。在设计连续的攻防动作时,要注意两次攻防动作的"衔接得当"。所谓"得当",应包括动作本身显得攻防严密、紧凑,对练双方感到动作顺遂不拧,上一动作的终了正好是下一动作的起始。

编制集体套路的要点

武术竞赛中的集体项目,要求 6 人以上参加,可以有音乐伴奏。因此编制集体套路时,要充分考虑发挥多人和音乐的作用。其要点有四。

其一,集体练习项目贵在整齐划一。因此,集体项目应编排节奏明快、利索,组合短小、清晰,简单易练、易做整齐的动作,并注意穿插体现群体气势的动作。切忌动作复杂繁琐。

其二,充分利用场地,设计队形变化的路线,使套路动作既显示武术动作本身的美,又体现队形变化的布局美。

其三,注意安排一部分人与另一部分人相互衬托的运动画面。例如,一些人做高式,一些人做低式;一些人静,一些人动;一些人动缓,一些人动速,等等。这既能渲染群体的运动技能和体能,又能相反相成地增强演练效果的观赏价值。

其四,注意动作节奏与音乐旋律的一致性。如果先编动作后配乐,作曲时要充分体会动作的节奏和内在意识;如果是先有音乐再编动作,则要认真体会音乐旋律。总之,要使动作与音乐融合,使音乐既起到指挥群体动作整齐划一的作用,又起到加强武术动作表现能力的作用。

传统套路中重复动作较多的实际意义

传统武术套路中,常有同一动作重复若干次的情况。例如形意拳套路中,劈拳和崩拳反复出现。八卦掌套路中单换掌反复出现。这类重复具有下述实际意义。

1. 抓住基本动作反复练,以提高规律性的基本技术,促进技能的提高。例如,八卦掌讲究通过腰身拧转,一举手顾及三面,一动步照应八方。而单换掌是腰身拧转幅度最大、动作最简单的动作。每掌练法都以单换掌起手,有助于发展这一基本技能,同时也锻炼这一基本招法联系不同掌法的技法。

2. 反复练习同一动作,将同一动作编入不同的组合动作中练习,有助于熟练掌握此动作,在多种情况下得心应手地运用这一动作,使之成为"绝活"。例如形意拳的崩拳,有进步崩、退步崩、四面崩等多种组合练习,是套路中多重复的动作。在形意拳练习者中,就出现了郭云深、尚云祥等擅长崩拳的名手,传说中夸誉他们"半步崩拳打遍天下"。

3. 反复练习同一动作,能加强对某一经络及其所连的脏腑、筋经的锻炼。例如形意拳路中多重复劈拳,这与该拳注重养气、练力有关。形意拳理论说,劈拳在五行中属金,在五脏中属肺。练劈拳能通手太阴肺经,锻炼肺脏。肺主气、藏魄。"主气"包括吐故纳新,主内外气体的交流和主体内各种气体的输布;"藏魄"指藏有感觉环境、支配动作的机能。因此,多练劈拳,有助于气足力壮、体魄健全、感觉灵敏、动作正确,能为全面提高形意拳技打好基础。

表演套路与竞赛套路的构成有无区别

竞赛套路是通过表演给裁判看,得到裁判评予的分数。表演套路是通过表演给观众看,得到观众的品评。从这一点看,两者是一致的,也就是说,竞赛套路都可用作表演。但是,由于表演套路只从表现效果出发,并不受竞赛规则约束,因此表演套路不一定能用作竞赛。为了参加竞赛,某些规则规定的动作即便运动员可能完成不好、甚至可能失误,也得硬着头皮编入套路。表演套路则可只选自己有把握完成的、得心应手的动作,删去表演效果不佳的动作,还可适当增加观众感兴趣的动作,形成表演高潮。显然,由于表演套路与竞赛套路两者各自的主要目的不尽相同,套路的构成也就有所区别。

图解武术套路的基本步骤

图解是记述武术动作的方法,包括图与解两部分。"图"直观地描绘动作形象和肢体各部的运动轨迹，"解"则精炼地说明动作过程、要领及攻防要义。套路图解始自明代。明末武术家程宗猷就在《耕余剩技》中，图解了棍、枪、刀等套路。图解是传播武术的途径。

中国虽然是武术的故乡，但幅员广阔，许多武术爱好者仍苦于找不到武术老师，而许多国外的武术爱好者，要想得到武术老师的亲授，就更困难了。即便一些武术爱好者能找到一二位武术老师，但要想在漫长的人生中，对武术广求深研，仍离不开看书习武。因此，一些武术图解的基本知识和方法，不仅为武术传播者之须知，也是看书习武者所必须掌握的。下面虽从"怎样写"的角度介绍图解知识，而"怎样学"的知识和方法也尽括其中。

图解武术套路应按下列基本步骤进行：

1. 合理地分解动作。
2. 拍摄动作照片。
3. 为动作照片（或图片）标画动作路线。
4. 撰写套路说明。

图解武术套路时合理分解动作的要点

一个完整的武术动作常常包含着好几个运动环节，不可能在一张图示上表示。因此在图解套路动作时，就必须对那些身体面向变化大、肢体运动路线绕转多的复杂动作进行恰当的分解。

图解时分解动作的一般方法，可参考本书"分解动作的基本方法和注意事项"中"按动作的运动特征分"一节。就分解图解的特点来看，要分解得合理，首先要注意以瞬时时像为分解单位。即任一分解动作的图照，应是该动作进行过程中某一时刻的整体形态，不能将同时完成的上下肢动作分解成两幅图来表示。这与先下肢、后上肢动作的教学分解方法是截然不同的。其次，要注意将某一肢体的运动路线不在一个运动面内的动作分解开来。例如，"穿手亮掌"的穿手是在人体矢状面内运动，亮掌是在额状面内运动。这个动作就应分解成穿手与亮掌两幅图示。这样，利于在两张图示上分别标画手在矢状面和额状面的运动轨迹。再次,要注意在一幅图示上,即使是在一个运动面内运动的动作,也最多不能超过两个攻防方法。否则无法标画动作路线,也难以给读者一个清晰的动作表像。

图解武术套路时拍摄动作图片的要点

首先要作好拍照计划。即根据动作的合理分解,确定套路中每个动作以几张图示来表示,然后将分解好的动作按顺序写下来,并考虑到哪些动作仅从一面观看不够清楚,必须从另一面拍摄附图。这样做好充分准备,才能保证在拍摄时一切顺利,避免时间和材料的浪费。

拍照准备还包括选好拍摄地点。作为拍摄技术动作的背景,应越干净、越简单越好,开阔的广场(避开建筑物)、洁净的白墙是较好的选择。同时还要考虑示范者和背景的色调应有一定程度的反差。如浅色背景可配深色衣着,深色背景配浅色衣着,以保证示范者动作清晰。

临场拍摄时要注意几个技术要点:

1. 拍摄人和示范者双方必须固定拍摄面、固定位置、固定距离。

固定拍摄面的好处在于,从一个方向观看示范者的动作,能清楚地看出动作的变化,并保证在整个套路的动作叙述中,示范者的地理方位始终不变。没有经验者的常见错误是,拍摄者围着示范者转,哪个面拍动作清楚就到哪面拍摄。这样,当把图片汇总时,就会发现动作与动作之间的混乱,还因示范面的频繁变化,无法准确地说明动作。示范者按既定路数演示动作,有时会背向拍摄者,使动作细节无法看清。此时,可拍摄该动作的背面或侧面图(示范者动步动身,拍摄人始终不动),作为附图来辅助说明动作。

固定位置与固定距离,是为了保证拍摄的人物形象在画面上大小一致。如果两者距离一会儿近、一会儿远,就会造成图片的动作人像一会儿小、一会儿大,给出版时的缩版制图及组版工作带来困难。固定位置和距离的方法有二:一是示范者固定位置,无论拳式如何变化,始终在划定的位置演示动作,拍摄人也固定不动。二是拍摄人随示范者动作的进退变化,等距移动拍摄。一般以前者为主、后者为辅来达到固定的目的。此外,固定距离的远近,以对镜头时示范者最大幅度的动作能容进画面为宜。距离太近,示范者动作时的肢体远端有可能越出画面;距离太远,示范人像太小,又影响照片放大的效果。

2. 示范者必须注意动作要领,保证动作准确无误,动作幅度规格要一致(如步幅,不能一会儿大、一会儿小)。除了外部的形态,还要注意动作的内在意识和神态,以使动作神形兼备,给观者以强烈的感染力。

3. 掌握好拍摄的角度。拍摄时,拍摄人取半蹲位(最好坐于凳上),相机要端平。一般情况下,镜头不能下俯或上仰,可随示范者架式的高、低,适当变化端机的位置。

加工动作图片,标画动态线的基本方法

加工拍好的照片,使之便于配写说明并符合出版要求,应按下述步骤:

1. 按动作顺序为图片编号。编号的方法有两种:一是将所有的动作图片按1、2、3、4……顺序编号,二是按动作分号,再将同一动作的几幅图片标上小号,如动作1由2张图片表示,则分1①、1②。有时在一本书里,为了区分各个章节的不同动作,还使用了英语字母,如A1①、A1②、B2①、B2②等等。两种编号法各有优点,后一种编号法看起来更细致、准确,但有时显得繁杂,不如前一种更简单明了,并能直接显示一个套路的图片数量。总之,编号的根本目的,是为了便于和文字说明"对号入座"。

2. 为图片标画动态线。武术动作图片是一幅一幅的,把它们连贯起来并赋予活力的是动态线。一般用带箭头的虚线(┅→)和实线(→)表示某个部位下一动运行的路线。箭尾为动作起点,箭头为动作止点。虚、实线是为了区别肢体的左右,一般以"同侧虚实法"来规范(即左手、左脚路线为虚,右手、右脚路线为实),"异侧虚实法"亦可(即上肢如左虚右实,下肢则右虚左实)。动态线的表达方式大致有下述几种(用实线举例,如图):①直线,表示动作直线运行。②弧线,表示动作弧线运行。③平圆线,表示动作与地面平行绕圈。④立圆线,表示动作与地面垂直绕圈。⑤环转线,表示动作过程中有圆转轨迹。⑥曲转线,表示

动作曲转绕行。⑦交叉线,表示动作交叉运行。⑧螺旋线,表示连续绕环的动作,如绞剑、缠枪等。⑨旋转线,表示身体绕垂直轴旋转,可在人体腰部或头部、头顶标画。⑩连续线,表示连续运转、起落、有转折的动作,如垫步、击步等。

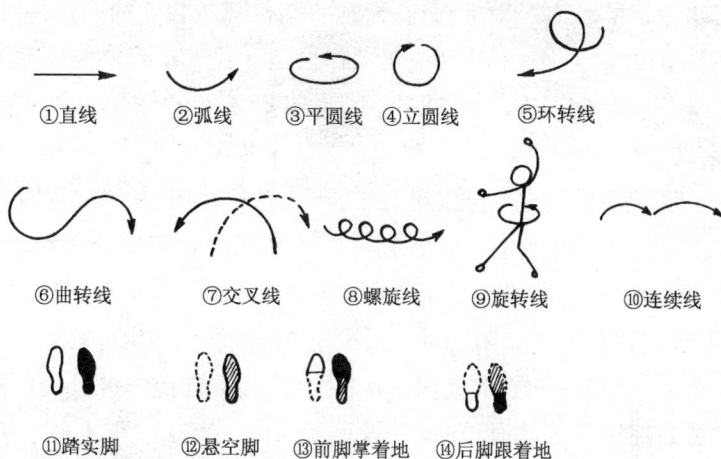

①直线 　②弧线 　③平圆线 　④立圆线 　⑤环转线

⑥曲转线 　⑦交叉线 　⑧螺旋线 　⑨旋转线 　⑩连续线

⑪踏实脚 　⑫悬空脚 　⑬前脚掌着地 　⑭后脚跟着地

动态线和足迹表述法

此外,为了更清晰、准确地表达图示的动态,还可辅以足迹表述法。

足迹表述主要有两个基本方法:(1)用从前一动变后一动的脚印(左右以实线白心和实线黑心来区别;对练时,则以此区别对练双方),来辅助说明立体形态图示无法清楚表示的步幅大小和步法方位(即动步的角度)等平面图像,如图⑪。(2)用脚印颜色的深浅和虚、实线,来准确表明脚掌着地的部位及着地面积,如图⑫⑬⑭。

武术套路的撰写要点

套路的文字说明与图示配合为用,它主要包括动作叙述、动作要点、攻防含义等三部分。

从动作叙述来讲,文字是为说明图片服务的,因此,要做到图文相符、准确清晰、简炼干净。图片上已经一目了然的,文字叙述就不必啰嗦。这样,避免文字的冗长,更便于读者学练。文字说明的重点,应放在动作要点、要领、有关拳理和攻防用法等图片无法明示的介绍上,才能帮助读者更好地加深理解,掌握学练要领。这是总体要求,具体方法包括下述六个部分。

1. 文字叙述的顺序 对动作比较复杂、动作环节较多的动作,常按照动作的先后顺序,用1.2.3……来分别说明动作做法。武术动作讲究手眼身法步的协调一致,常在一瞬间要求步到、身到、手到、眼到,但动作落实到文字上,却不可能"同时完成",只能分别叙述。一般叙述方法有两种:一是"从下至上叙述法",即先叙述下肢、躯干的动作,再叙述上肢及头、眼的动作,其间常用"同时"两字来连接,说明上下肢同时动作。这种叙述法最为常用,因其符合武术动作上下结合、协调一致的基本运动规律;二是"动作按序叙述法",即先叙述肢体的先动部位。这种叙述法比较少用,多在叙述先后顺序更为细腻的动作时采用,即上下肢在同时动作之前,上肢或下肢先有动作。此法可与"从下至上叙述法"配合为用。

2. 方位的把握 练武时,一举手投足就要遇到肢体朝哪个方向运动的问题。因此,把握好方位,是准确叙述动作之必须。叙述动作时运用的方位法主要有两种。

一是"自身体位说明法",即以前、后、左、右来说明肢体的运动方向。在这种表述中,不管运动者的方位如何变化,始终以运动者的身前为前、身后为后、左侧为左、右侧为右,前方和左方之间90°夹角的分角线为左前,左后、右前、右后类推(见"面南方位图")。在武术定势动作中,躯干的体位和头部的面位常常不一致。用自身体位说明方位,应以躯干的体位为准,不受头部面向的影响。

二是"地理方位说明法",即以东、西、南、北、东南、东北、西南、西北这八个固定方位来说明肢体运动的方向。在这种表述中,不论运动者的体位如何变化,表述的方位不变(见"面南方位图")。这种方法一般以运动者预备势的面对方向为南,背后为北,左侧为东,右侧为西。

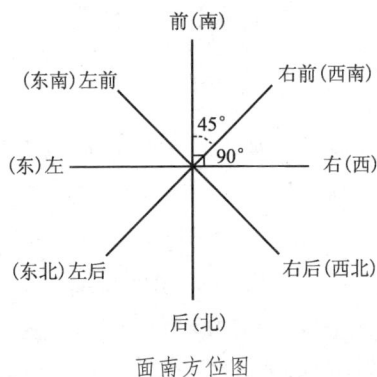

前(南)

右前(西南)

(东南)左前

45°

90°

(东)左　　　　右(西)

(东北)左后

右后(西北)

后(北)

面南方位图

在套路运动中,这两种方位法各有利弊,常以一种为主,另一种为辅来说明。一般来说,应用"自身体位说明法"比较方便,习者易记,尤其是对于一些不习惯于地理方位的人。应用"地理方位说明法"时,因其方位固定,不易出错。在叙述带转身的动作时,不宜用随转体而变化的前后左右方位来说明,而辅以固定的地理方位说明法则更为明确。

3. 时间、节奏的表述　在文字说明中,常用"同时"表示动作上下、左右的一致性,用"紧接着"表示一个动作中各个运动环节的紧密性,用"上动不停"表示动作与动作间的连贯性,用"上动稍停"表示动作与动作间的间歇性,还可以文字强调动作的轻重缓急,表示动作的特殊性。

此外,在文字叙述中,正确地运用标点符号,是十分重要的。常以分号表示动作的同时运动和并列的关系,其与"从下到上叙述法"配合为用,能清楚地区别动作的结构和层次。常以句号表示一动作与它动作的连接关系,其与"动作按序叙述法"配合为用,能明确地区分动作的时间顺序。

4. 精炼叙述的方法　以学会动作为目的而言,按直观的图示模仿,比按文字说明的理解去学,要容易简明得多。作为辅助手段的文字说明,应尽量简明扼要。有的套路撰写者追求文字叙述的"完整",每一举手投足,均要包括从哪里起动、经哪里至哪里,动作完成后,还要讲明"肢体位置与何部同高""掌心、拳眼……朝哪儿"等细节。其实,B动是A动的继续,B动从何部起动,A动的结束动作已经表明,不必啰嗦;经哪里至哪里应讲,但肢体到达的位置与何部同高、肢体某部的朝向,却是图示上已一目了然的,大可不必再费笔墨。如果图示上因示范面的限制,看不清所叙述肢节的动作,这时才应在文字上加以说明。

此外,有些套路有不少动作是重复动作或是动作的左势变右势,此时,就不必一一重述,而可将文字省略成"此动作与某动作(或某图示)相同",或加上"方向相反""左右相反"等说明。要注意,动作相同时的"左右相反"与"方向相反"并不是一回事。

"动作相同,左右相反",是指同一名称的两个动作,肢体左右的动作姿势正好是相反的。如左弓步冲拳与右弓步冲拳,同是弓步冲拳,但一个是左弓步冲右拳,左拳抱置左腰间;一个是右弓步冲左拳,右拳抱置右腰间。

"动作相同，方向相反"，是指动作名称和肢体左右的动作姿势完全相同的两个动作，出现在套路的第一段时，动作的方向（具体说就是冲拳、弹腿、扎枪、撩刀等动作的运动路线）如是由西向东，而在第二段回头再重复这个动作，其路线就成为由东向西了。所以称为"方向相反"。

5. 要点的提炼　撰写要点是文字说明的重点之一，反映了作者的技术水平和归纳提炼技艺的能力。其目的，是总结动作的技术要领、阐述拳理、提示完成动作的关键，对前面的动作叙述起到个提纲挈领、画龙点睛的作用。例如，形意拳中谈劲力的蓄发时机；太极拳中谈呼吸的配合；长拳中谈动作的力点；某些技巧性动作谈变换的关键（如做前扫腿时，支撑腿的上步外摆；做乌龙绞柱时的"扫而绞、绞而顶"；做醉拳"踉跄步"时，强调"以肩变势"等）；讲动作规格时，突出规格的主要部分（如亮掌时肘关节外展，垂肘时肘尖朝下等）等等。撰写要点时，要克服一般化，文字既要精炼，又要具体、准确，抓住关键，有"一针见血"之效。切忌将要点写成动作的一般要求，成为动作的复述；也切忌使用某些抽象的语言，不用诸如"动作要协调"这类放到任何动作都适用的、大而空的词语。

6. 攻防的浅解　中华人民共和国成立以来出版的武术书刊的套路介绍中，大多仅有叙述动作和要点两部分。近几年来，增加了攻防含义、用法的解说，满足了读者练拳时明了拳式用意的自学要求，使攻防浅解成为套路撰写的重要组成部分。其实，在古旧武术书籍中，武术前辈大多是围绕动作的攻防用法这个核心，以与对方如何攻防来展开套路的动作叙述的。武术套路由许多单个动作组成，技击性较强的套子，可以逐一剖析，明示实用技法，有些套路中穿插组合了一些攻防实用性不强的动作，则不必硬套攻防方法，挑那些攻防实用性较强的动作加以浅释即可。其文字亦要求简明扼要。切忌将攻防浅解变成复述动作，要抓住"法"（攻防技法）这个关键，使技法清晰明了。

解剖学定位术语在武术中的运用

图解武术套路和进行武术教学时，为了准确地说明肢体的运动方位和路线，应用了人体的解剖学定位术语。常用的有以下几种（见第135页图）。

矢状面与矢状轴:沿身体前后径所作的与地面垂直的切面,称为"矢状面"。此面将人体分成左右两部分。垂直通过人体额状面的轴,称为"矢状轴"(前后方向)。

正中面与正中线:正中面指"矢状面"中将人体切成左右对称两半的那个平面。正中线指人体被正中面平分为左右两半,这一平面的前缘及后缘之正中点与地面的垂直线。

额状面与额状轴:沿身体左右径所作的与地面垂直的切线,称为"额状面",也称"冠状面"。此面将人体分成前后两部分。垂直通过矢状面的轴,称为"额状轴"(左右方向)。

水平面与垂直轴:将直立的人体拦腰横切,其与地面平行的切面称为"水平面"。此面将人体分成上下两部分,与矢状面、额状面互相垂直。垂直通过水平面的轴,称为"垂直轴"(上下方向),它与矢状轴、额状轴互相垂直(见下图)。

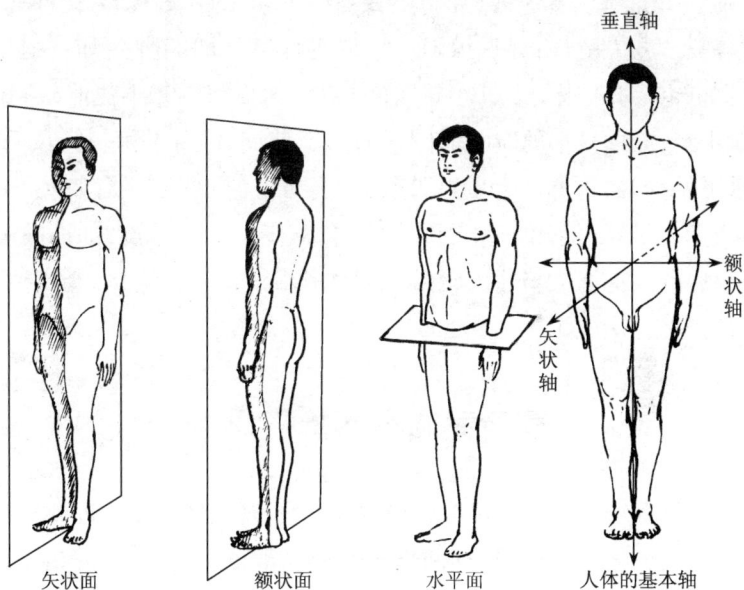

解剖学定位术语图解

应用举例：

各种兵械的左右立舞花，就是绕人体额状轴、靠近人体矢状面完成的动作，故称"械走立圆"。左右马步双劈拳，就是绕人体矢状轴、在人体额状面完成的动作。斩刀、扫棍、云剑，就是绕人体垂直轴、在人体水平面完成的动作，故要求"械走平圆"。太极拳的"双峰贯耳"，就是两拳同时向人体正中面靠近的动作。

关节运动术语在武术中的运用

人体以骨为杠杆、关节为枢纽，以肌肉的收缩作为动力而进行运动。武术内容丰富，动作复杂，要在教学和图解武术套路时清晰地讲解和描述动作形象及细节，离不开准确地运用人体关节运动和肌肉工作的术语。常用的有下列数种。

①上臂屈：如撩掌。②上臂伸：如反勾手。③前臂伸（伸肘）：如冲拳。④前臂屈（屈肘）：如抱拳。⑤手屈（屈腕）：如勾手。⑥手伸（塌腕）：如立掌。⑦大腿屈：如正踢腿。⑧大腿伸：如后撩腿。⑨足屈（蹠屈，即绷脚）：如点腿。⑩足伸（背屈，即勾脚）：如正踢腿。⑪小腿屈（屈膝）：如提膝。⑫小腿伸（伸膝）：如弹腿。⑬躯干屈：如太极拳的"海底针"。⑭躯干伸：如仰身平衡。⑮水平屈：如贯拳。⑯水平伸：如横斩掌。⑰上臂外展：如亮掌。⑱上臂内收：如太极拳"十字手"。⑲大腿外展：如侧踢。⑳大腿内收：如盖步。㉑臂内旋：如冲拳。㉒臂外旋：如冲拳后的收抱拳。㉓腿内旋：如扣步。㉔腿外旋：如摆步。㉕上臂环转：如前后抡臂。

看书学武术的基本步骤

照书本图解学武术，可通过准备、摹习、充实、观摩四个步骤进行学习。

准备阶段：书本上图解的武术技术动作是按照武术图解方法描述的，文字解说中使用术语较多。因此，欲照书本图解学武者，需先要学习武术图解的基本知识，学些基本武术术语。然后，翻阅选学书籍的目录，看其中有无关于图解说明的内容，如有亦须先看懂。经过这番准备，再开始依书上的图解摹习动作，就容易了。

摹习阶段：摹习要一个动作一个动作地学，摹会一式，再摹下一式，不能贪多图快。摹习时，先看前一图和紧挨着的下一图。前一图是动作开始时的形象，下一图是动作终了时的形象。然后看标在前一图上的动态线，这些带箭头的线段，表示由前一图形象过渡到下一图形象的肢体位移情况。看动态线时要看清是左手还是右手，是左足还是右足发生位移，看清位移的方向和路线。把图像和动态线看清楚后，再看文字解说，注意看清肢体位移的动作路线和行进方位，行进过程中肢体自身有无转旋，动作有无方向变化。有变向者，要记准变向的方位。此后，再按照图解顺序摹习动作。如果动作过于复杂，可以先摹习上肢或下肢动作；也可先摹习左侧肢体或右侧肢体动作。等各部动作单独摹习会了，再串联为完整动作。如果是与同伴一起习练武术，可以在看清图像和动态线后，由同伴读文字解说，自己按照图、线摹习。如无同伴帮助，也可将文字解说制成录音，替代同伴口读的作用。摹习时，还应注意由前一图至下一图，是否是一个完整动作。凡一个完整动作被分解为几图者，逐一摹习会后，要连贯一气地完成，中间不能有停顿。

充实阶段：摹习只学得了动作的外形，还需自学有关拳理，以理论指导运动实践，使动作做法符合所学拳术的技法原理，体现该拳术的攻防特点、劲力特点、节奏特点和风格特点。一般方法是阅读有关专著与同类文献，逐步积累知识，加深认识。

观摩阶段：自学者应该创造条件多观摩他人练习同类拳术（或观摩影视）。通过观摩，对照检查自己是否学对了。观摩时，首先看动作规格和神态，然后看动作衔接的转换方式，再看全套动作的行进路线和布局，还要看清拳术的节奏处理方法和总体运动特点。以观摩借鉴，纠正自己自学中的误解和不正确的动作。

武术训练的基本原则

武术训练是启发个人天赋、激发人体潜力、发展武术技能的锻炼过程。武术训练的基本原则包括：循规正矩，用意领悟；动静相依，内外互导；功贯始终，练打兼容;持恒渐进,练养结合。

循规正矩,用意领悟,这是指导武术技术训练的基本原则。

"循规正矩"指严格按照技术动作的规格进行训练,形成正确的动力定型。动作规格正确,是学什么像什么、练什么得什么的基本保证。偏离正确规格的动作,不仅会失去动作本来的攻防作用或含义,还会影响借助外形动作"开关利气"的锻炼价值,某些动作的错误形态还会危及身体健康,影响形体美观。"用意"指以意识主导动作,并将对动作攻防含义的理解贯注于动作。以意主导动作的训练,能使身体各部协调配合,"内外合一",展示出武术动作的整体性特色。贯注有攻防意念的动作,才能表现出武术的味,使动作显得充实。"领悟"指用心揣摩动作精微,细心体验动作感受,追求对动作诀窍的豁然悟通,步入"拳无拳,意无意,无意之中是真意"的境地。

"循规正矩,用意领悟"原则,既要贯穿于技术动作训练的始终,又要注意不同训练阶段各有侧重。

在武术训练的初级阶段,亦即《手臂录》所谓"力斗"、太极拳所谓"招熟"、形意拳所谓"明劲"(或"易筋")、八卦掌所谓"定架子"阶段,应着重于"循规正矩",加强动作规格训练。练习"内功",也要首先注意身体姿势。正确的身姿有助于放松肌肉、开关通络,也有助于放松思想,排除杂念。

在武术训练的中级阶段,亦即《手臂录》所谓"精熟"、太极拳所谓"懂劲"、形意拳所谓"暗劲"(或易骨)、八卦掌所谓"活架子"阶段,应侧重于"用意",加强以意识控制呼吸、劲力、形体按一定方法配合动作的训练,提高意、气、劲、形四者有序化配合的能力。

在武术训练的高级阶段,应着意"领悟",追求《手臂录》所谓"神化"、太极拳所谓"神明"、形意拳所谓"化劲"(或易髓)、八卦掌所谓"变架子"阶段。通备拳述此境界为"通神达化,备万贯一;理象会通,体用俱备"。欲入此境界,需经过前两阶段的努力,逐步积累武技知识,积累实践体验,加深对技法的理解,"一旦悟彻,遂造神化"(《手臂录·峨眉枪法》)。"领悟"并不是仅靠苦练就能获得的,还须运用"心领神会"的思维方式,去体识揣摩,直接觉察技术的精微,才可能悟彻技法诀窍。仅靠苦练,虽可学会动作,乃至精熟,却很难悟道。正如《手臂录》所言："此岂数月之工，血气之夫，所能领悟者也。"

动静相依，内外互导，这是指导安排训练内容和采用训练手段的基本原则。

"动静相依"，指动练与静练结合，相互辅佐。例如，将静止性的桩功练习与活动性的步法练习结合，交替安排于一次训练中。静桩能养气积气，并能较快地形成动作规格的动力定型，为步法练习奠定步架基础。活动性步法练习，能引导内气运转，并能提高脚步按一定要求移动的能力。两者交替安排在一起进行，有助于有比较地体验气感，在步法中体现步型（桩架）规格。而且，步法练习能使在桩式练习中静止用力的肌肉得到放松，防止肌肉僵滞。又如，将激烈的招势（单式、组合或套路）练习与静心揣摩的"默功"练习相结合，交替安排于一次训练中。招势练习能提高动作的熟练程度，"默功"能揣摩出身体获得相应的感觉和动作完成的质量，为下次练习提供调整练法的意念。两者交替在一起进行，有助于以运动感觉为基础转入直接洞察动作诀窍的思维，促发豁然悟通。"默功"揣摩而得的技法精微，又能以意念形式指导下一次招势练习，有助于及时克服动作错误，引导动作按正确规格完成。

"内外互导"，指"以内引外"和"以外导内"两种训练法结合运用，相互辅佐。所谓"以内引外"，乃"以意御气之道"。训练时，以意识控制气息，使内气循一定的经络路线流动，意气所到即引动肢体按照意识的规范运动。所谓"以外导内"，乃"开关利气之道"。训练时肢体按一定路线运转，使人体经穴按一定顺序开启，促使内气按一定的经络通道流注。这两种训练法一从练内入手，一从练外入手，但它们追求的都是建立意、气、劲、形有序化配合程式这一共同目标。两种方法结合运用，能使意气流注、劲力蓄发、肢体开合诸种武技要素相合而不相违，意气劲形运转畅达，肢体动作灵便充实。这有助于加速获得"内外合一"的武术技能和内壮外勇的武术体能。

功贯始终，练打兼容，这是处理武术功法、套路、格斗三种运动形式相互关系的基本原则。

"功贯始终"，指将武术基本功法和有关功法的训练，贯穿于武术训练的全过程。刚开始学习武术时，要由基本功入手。通过基本功法练习，获取学习套路和格斗技术必须的基本体能和技能。在训练水平达到中、高级程度后，仍然坚持基本功法训练,以保持某些武术必备能力的继续增长。基本功法训练的具体内容则应根据当时和下步技术训练内容的要求,有所增删(参见本书"选择和安排基本功训练的原则")。例如,正在习练或即将习练擒拿术,就要坚持或增练卷千斤棍、拧棒等提高抓握扭转能力的功法。

"练打兼容",指套路训练与格斗训练要结合进行,兼容不缺,以发挥它们相互促进的作用。套路训练能灵便身手、熟练动作,为参加格斗训练准备必要的运动素质和基本攻防招势。格斗训练能锻炼将套路中的攻防招势用于格斗的实战能力,还能启发练习者的攻防意识,提高单练套路的临敌感,加强"形神兼备"的艺术表现力。

只有坚持"功贯始终,练打兼容"的训练原则,才能获武术之全功。

持恒渐进,练养结合,这是指导安排练习难度和运动负荷量的基本原则。

"持恒渐进",指持之以恒、循序渐进地坚持武术训练。不能三天打鱼两天晒网,也不能凭兴趣练习力所不及的难度动作,或者突然增加过多的运动量或运动强度。在多年武术训练中,练习难度要由浅而深,由易到难;运动负荷要由小到大,逐步增加。还要注意将难度的提高和量的增加安排得起伏交错,呈波浪形的上升趋势。

"练养结合",指动练与静养结合运用。传统练功理论认为"气"是人体运动的物质基础,气有赖阴液的滋养。运动时阳生,气属阳,故肢体运动能导引气运行。但是,如果一味运动不休,阳气过多消耗,阴液也随出汗流失过多,不仅不会促进技能提高,还会给身体带来损害。因此,有动练就必须有静养。以静养来调养气血,滋生阴液。"静养"并不是绝对的静,而是相对消耗性动练而言的修养。"静养"不是消极的静,而是"守一入静"的武术内功修养。

在传统武术训练中,一般是顺应自然安排动练与静养。以一年为周期,冬季顺应万物闭藏的"养藏之道",以静养气血为主,动练基本运动素质为辅;春季顺应万物萌发的"养生之道",静养内气与动练技术兼而行之;夏季顺应万物华实的"养长之道",以动练为主,全面展开技能和体能训练,而以静养为辅;秋季顺应万物容平的"养收之道",动练渐减,静养渐增,以掌握技能为基础的会友较技和丰富自身技法的求学新招相兼进行。如以一季、一月、一周、乃至一日为周期,同样要体现出动练与静养结合及"动极而静,静极复动"的循环规律。

现代武术运动训练中，一般以次年比赛为目的安排一年的训练。将此一年分为准备期、竞赛期、休整期。其中准备期和竞赛期训练量不断增加，直至保持在较高水平参加竞赛；休整期以积极性休息为主，为转入新的训练周期作准备。每一阶段中的训练负荷，又以每月、每周总运动量不同，以每次训练课运动量大中小不同的形式，呈现出波浪式上升状。这种安排的依据是现代运动生理学。该理论认为，运动训练过程包括运动时消耗占优势阶段和运动后恢复占优势阶段。在恢复阶段，人体内被运动消耗的能源物质能恢复到运动前水平，甚至能超出原有水平。因此，没有消耗，等于没有训练；没有恢复，就不可能有提高。在一定限度内，消耗越大，恢复(或超量恢复)亦越大，获得的提高也随之增大。如果训练者持续不断地运动，长期处于消耗占优势阶段，能源物质得不到必要的恢复，就会出现病理性的"训练过度症"，损害身体健康。如果将现代称的"能源物质"视为传统的"气"与"阴液"，那么，消耗占优势阶段相当于"动练"，恢复占优势阶段相当于"静养"。

消耗阶段与恢复阶段交替的训练过程，亦合于"练养结合"的原则。

武术训练法

武术在漫长的发展中，形成了丰富的训练方法。这些训练法，既具有普遍性，又有针对性。普遍性体现于不同拳系、不同拳家多采用之；针对性表现为一定的训练法，为一定训练内容和训练目的服务。在传统武术训练中，常见的训练方法有"静耗训练法""慢盘训练法""急打训练法""重复训练法""微量递增训练法""默功训练法""以内引外训练法""以外导内训练法""空击训练法""喂手训练法""抢手训练法"等等。随着现代长拳和武术竞赛的发展，现代运动训练学中的"间歇训练法""变换训练法""逆境训练法""循环训练法""模拟训练法"等，也被吸收渗入武术训练，与某些传统训练方法交融后，被广泛运用于竞技武术训练中。

静耗训练法

静耗训练法是武术传统训练法之一，指保持一定身体形态的外静内动训练。

内功中的"桩功"训练,柔功中的"耗腿"训练,基本功中功架的"耗架"训练等,都是静耗训练法的用例。这种训练法使肢体静止保持于一定的形态,内部意识、气息、劲力按一定要求流注,内外兼修,有助于体会意、气、劲、形统一一体的感知,加速形成正确的身形和拳架。

进行桩功静耗训练,能强化意识对肢体形态的感知,加速形成正确的步型;能锻炼以意识引气聚入丹田,获得以气助势、以气助力的坚实根基。

进行柔功中的耗腿训练,能养成控腿、踢腿时的正确身型。在意识的主导下,内气和劲力流注于被牵拉部位,能起到通过内劲沉压、抻拉韧带的作用。例如,正耗腿时,可以以意领气、劲流注膝部,使膝关节向下沉压。

进行基本功架训练中的耗架训练,能加速形成拳式规格的动力定型,使内部意、气、劲的流注与外形协调一致。

采用静耗训练法时,首先要明确所耗架势的正确规格和内部意、气、劲的运转方式(参见本书第六编"武术实用功法·武术内功")。静耗时间因人而异,一般以出现难以坚持感为度,不可过度延长静耗时间,以免出现姿势变形和内意不够集中等情况。

慢盘训练法

慢盘训练法是武术传统训练方法之一,指将动作的正常速度放慢,并在每个动作完成时静停一会儿的练习方法。这种训练法旨在提高动作规格和对动作内涵的领悟,要求慢速动作时,注意内部意、气、劲的流注和外部动作的运行路线;动作静停时,注意动作的规格和意境展示。这样练习,有助于通过细心揣摩,领悟技法窍要和攻防意味;有助于通过强化本体感觉,加速建立意、气、劲、形协调一致的动作技能的条件反射;还能通过加大下肢负荷量,锻炼下肢的支撑和控制能力,提高动作的稳定性。在对练训练中采用慢盘训练法,有助于两人相互体会对方的动作特点,建立相互配合的默契。

在训练的初级阶段,慢盘训练法运用较多。在训练的中、高级阶段,为了深化对动作内涵的领悟,也常采用慢盘训练法。此外,有一点值得注意:如果长时间内只采用慢盘训练法,可能形成运动节奏较慢的动力定型,这不利于提高动作速度。因此,不论在哪个训练阶段,慢盘训练法与正常速度的训练要交替运用。

急打训练法

急打训练法是武术传统训练法之一。指借助外在因素的诱导或强制作用,逼促训练者用超过已习惯的动作速度,或者超过动作正常速度的速度进行训练的方法。这种训练法,旨在提高动作速度,追求动作迅快疾急,增强"以快制慢"的攻防能力。形意拳拳经云,"急上还加疾,打倒还嫌迟",即"急打"之意。急打训练法借助的外在因素有音响诱导、限时完成、击打强应。

音响诱导,是以教练员(或同伴)击掌或口令(旧时民间还以鼓点锣声)等音响节律作为动作节律来进行训练。此节律快于训练者已形成的速度节律。训练者在力求动作节律跟上并吻合于音响节律的努力训练中,逐步突破原动作习惯速度,形成新的快速节律。

限时完成,是在一定时间内完成限定数额的动作。在训练过程中,通过交替缩短练习时间或者增加动作数量,提高强制难度,刺激练习者加快动作速度。以训练左右立舞花来说,设原来习惯速度为 10 秒钟左右舞花共 15 次,那么可采用 10 秒钟完成 18 次,或者 8 秒钟完成 15 次两种强制性要求,进行限时完成练习,都能突破习惯速度,养成新的快速节律。

击打强应,是教练员(或同伴)采用随意的快速"喂手"进攻,强迫训练者迅速做出防守或防守反击动作。如果一人"喂手"的击打次数不足刺激训练者破坏旧有速度节律,可以增加"喂手"人数。采用"吊袋功"进行训练,也能收到这种效果。进行对练套路训练时采用此法,能有效地提高对打速度。具体做法是由技能水平较高者带练,以快速进攻催逼另一方加快速度。如果两人水平相当,可以相互催逼,以互促提高动作速度。

"急打"应以"慢盘"为基础。运用急打训练法时,要注意保持"慢盘"获得的拳架规格,在快速动作中表现出正确的功架招法,动作快而不乱,急而不毛。

重复训练法

重复训练法是武术传统训练中应用最多的训练方法。拳谚"拳打千遍,自然会变","三还九转是一式",就是通过重复练习同一拳式,明悟该拳式的变化,或通过在不同要求下重复练同一拳式,达到不同的训练目的。

形意拳训练中,采用三种不同的技法要求,重复练习同一拳式,来获得明劲、暗劲、化劲三步功夫。

重复训练法既用于学习和巩固动作,建立正确动作的动力定型,也用于提高运动素质。

在用于学习和巩固动作时,每次练习重复的内容和次数相同,间歇时间要足够使肌体得到基本恢复,保证神经系统在适度兴奋状态下感知综合运动感觉。在这类训练中,运动强度要求不高,但要严格按照正确的动作规格进行锻炼,才能形成动作的正确定型,达到"招熟"的境界。

重复训练用于提高运动素质时,每次练习的动作相同,但要根据运动员的训练水平,规定相应的练习次数和强度要求。并通过在困难条件下重复动作练习,提高完成动作的体能。

微量递增训练法

微量递增训练法是武术传统训练法之一。是按照微量递增原则设计的硬功训练法。这种训练法旨在通过逐次增加极微小的训练负荷量,使身体在毫不勉强的情况下,坚持长期训练,缓慢地获取超常功力。

武坛传说曾有一位武士为增强力量,饲养了一头刚出生的小牛犊。他每天抱小牛犊上楼下楼,天天坚持。小牛长成大牛了,武士的力气也随之渐增,抱大牛上下楼,也如当年抱小牛一样轻松。这个故事未必当真,却不失为武林中人对"微量递增训练法"的生动描述。

运用微量递增训练法,一般通过交替增加刺激强度(如排击身体的器械硬度和排击力量)、刺激次数等,来增加训练负荷。此训练法只有多年坚持不辍,才会显出功力微量递增的效果。

默功训练法

默功训练法是武术传统训练法之一。是一种通过意念活动,重现大脑获得

144

的动作感觉和知觉,达到强化武术运动技能的练习方法。运用默功时,要求集中思想,默想动作的要领、方向、路线、与相邻动作的衔接,以及攻防含义等。默功练习必须与实际训练相结合。

实际训练前先进行"默功"练习,有助于集中注意力,引起机能兴奋,进入工作状态,并能使动作循规蹈矩地进行。

做完一次练习后,即刻进行"默功"练习,有助于体会肌肉感觉,加深动作印象,并能及时对比出感觉与动作规格间的差异,以便在下次练习中修正动作的错误部分。

训练后进行"默功"练习,有助于巩固运动中获得的感知,强化动作技能的条件反射,加速动力定型的建立。

以内引外训练法

以内引外训练法是武术传统训练法之一。指以内动引导外动的练习方法。"内动",指人体内部的意、气、劲三者的动转;"外动",指人体外部形态的变动,"外动"依赖"内动"而启动,内不动则外不发;"内动"通过"外动"来表达,外不动则内不显。

运用此训练法的要点,是"以意御气""以气运身"。即以意识控制气息,使内气循一定的经络路线流动,意到气到,气到力生,即气力到处,便引动肌肉舒缩,使肢体产生运动。太极拳经谓此为"以心行气……以气运身"(见《十三势行功心解》)。这种训练法,能有效地形成内动外即随的条件反射,促进意、气、劲、形四者的有序化配合,一动俱动,一到俱到,一停俱停。

初学者不宜采用此法练拳械。须通过内功训练,获得以意御气的"气感"后,才能运用此法。

以外导内训练法

以外导内训练法是武术传统训练法之一。指以外动导引内动的练习方法。这里的"内动",主要指内气的流注,"外动",主要指肢体运动。

运用此训练法的要点,是"以体导气""开关利气"。即摆正一定的姿势,或以一定动作的导引,使人体经穴按一定顺序开启,打通一定的经络通道,促使内气的流注。例如,沉肩、坠肘、涵胸的形态,有助于气沉丹田;在配合呼气的同时,肩、肘、腕关节依次节节松沉,能促使内气穿肩、越肘、过腕,达于指端。清代儒拳师苌乃周《苌氏武技书》中记述以动作引导气息流走的路线颇为明细。他归纳说,俯势,阳气入背脊督脉;仰势,阴气入身前任脉。"左斜俯势,阳气自脊右下提于脊左上,斜入左前阴分。右斜俯势,阳气自脊左下提于脊右上,斜入右前阴分。'斜劈(手)'、'斜邀手'用此。左斜仰势,阴气自腹右下提于腹左上,斜入左后阳分。右斜仰势,阴气自腹左下提于腹右上,斜入右后阳分。'斜攉提手'用此"。"直身正势,阳气不得入于阴分,阴气不得入于阳分,各归本位。上至百会穴而交,下至涌泉穴而聚"。

这种训练法由练外入手,看得见,摸得着,易于运用。并有助于初学者获得以外形变动,导引内气流注的感觉,从而形成形动气即随的条件反射,促成意、气、劲、形的有序化配合。

空击训练法

空击训练法亦称"空练",是练习者凭借想象力与假设对手进行攻防格斗的训练方法,因并无实际对手,故称"空击训练法"。想象的依据是攻防动作的规律和人体运动的规律。例如,练习者以冲拳攻击对方胸部,对方可能以平拦冲拳、侧闪冲拳、下蹲前撞、上格下踢等方法进行防守反击。练习者据此针对假设对手的防守反击动作,进行逐一的"空击训练"。又如,假设对手以左冲拳击练习者胸部,那么,对手只有左拳出现收回动作后才可能再次击出,否则只能出击右手或一脚。练习者就可据此想象,进行防守或躲闪反击的"空击训练"。通过充分发挥想象力的"空击训练",可以提高思维的敏捷能力和应变能力,获得实战时见变不乱的锻炼效果。

喂手训练法

喂手训练法是武术传统训练法之一。指教练员或同伴根据训练的需要,进攻训练者,训练者以此进攻为靶,进行防守和防守反击的训练方法。此训练法主要用于加深训练者对动作攻防含义的理解,提高运用攻防动作的熟练程度,锻炼临机应变的能力。

喂手训练法用于加深训练者对动作攻防含义的理解时,喂手动作必须与训练者动作具有的攻防性能及其动作的快慢、位置等相对应。即只有喂手者进击的动作符合攻防规律,时机得当,位置准确,才能起到诱发和加深训练者理解动作攻防含义的作用。这种方法在武术教学中运用亦多。

喂手训练法用于提高训练者运用攻防动作的熟练程度和提高临机应变能力时,喂手方式有四种:

其一,为提高运用攻防动作的熟练程度和"以不变应不变"的临机应变能力时,喂手者只重复一个或一组喂手动作,使训练者重复训练某一个或一组攻防动作。在反复训练过程中,训练者一见到类于该个或该组喂手动作的进攻时,就能反射性地应答出已熟练的攻防动作。

其二,为提高训练者"以不变应万变"的临机应变能力时,喂手者应用千变万化的动作进击训练者,而训练者只能在必要的防守和躲闪下用同一个动作反击喂手者。例如,提高训练者在任何情况下都能以中拳反击敌手的应变能力时,喂手击其上,其防上击中;喂手击其侧,其格挡击中;喂手击其下,其压按击中;喂手击其中,其平拦拧身击中。

其三,为提高训练者"以万变应不变"的临机应变能力时,喂手者应以固定的招势重复进攻,而训练者必须用不同的招势防守反击。例如,喂手者以直拳冲击训练者的头面部作为固定招势,训练者可上架冲拳、侧闪肩撞、蹲身抱腿、上托撩踢……

其四,为提高训练者"以变应变"的临机应变能力时,喂手者可随意进攻训练者,训练者针对喂手者的攻击,及时做出或变换防守或防守反击动作。

"喂手"是教学训练方法,喂手者并非真要击倒对手。因此,喂手训练初期,喂手的速度应慢些、力量应小些,随练习水平提高,逐步加快速度、加大力量,接近和达到实战的速度和力量。其次要注意在严格按照要求喂招的过程中,突然向其空虚处喂一手,以锻炼练习者专注一部、顾及全身的严谨性。此外,如果练习者防守动作的力度、硬度较大,喂手者可用短棒代替手臂进行喂手。

抢手训练法

抢手训练法是武术传统训练法之一。是两人相互格斗,力求制人而不制于人的训练方法。这种方法普遍运用于锻炼和提高实战格斗技能的训练。抢手训练法分为限定型抢手训练法和自由型抢手训练法。

限定型抢手训练法:指在限定的条件下进行抢手训练。主要用于提高运用个别动作或组合动作的能力。常用限定条件包括攻防角色、攻击方法、攻击次数、攻击部位。初学者限定条件最多,随训练水平提高,逐步减少限定条件,直至过渡到无限定条件的自由型抢手训练法。具体方法有:

1. 全限定抢手:规定一方为进攻者,使用某一固定进攻动作,攻击某一指定部位一次或二次。同时,规定另一方为防守者,进行防守练习。

2. 三限定抢手:在限定一方攻、一方守的基础上,减去进攻者另三个限定条件中的一个。例如,不限定进攻动作,可以用任一动作攻击对手某一指定部位一或二次;或者,不限定攻击部位,可以用固定的进攻动作,攻击对手任一部位一或二次;或者不限定攻击次数,在以固定招式攻击对方固定部位时,可以乘对方一防未了,又抢发一击、二击等。

3. 两限定抢手:在"全限定抢手"的基础上,减去进攻者另三个限定条件中的二个。例如,不限定攻击部位和攻击次数,但只准以固定招法攻击对手;或者不限定攻击方法和攻击部位,但只准攻击一次或二次;或者不限定攻击次数和攻击方法,但只准攻击某一指定部位。

4. 一限定抢手:在攻防角色、攻击方法、攻击次数、攻击部位等四者中,只限定一个条件,进行两人的互格抢手训练。

自由型抢手训练法:指无任何限定条件的抢手训练。这类训练要在尽可能接近实战条件的环境下进行。要注意和不同技术风格、不同身高、甚至是不同体重级别的对手进行自由抢手训练,提高格斗中适应不同对手、不同打法的能力。还可采用连续轮战数人的训练,提高格斗时连续格斗的持久能力。此外,"自由型抢手训练法"的目的是提高攻防技能和体能,而不是击伤对手。因此,所谓"自由抢手",应以武德为基础,相互切磋为形式。如果是为参加"散打运动竞赛"进行的训练,还应以竞赛规则的有关规定为准绳,在规则允许的范围内进行训练。

间歇训练法

间歇训练法是依据超量恢复的原理设计的运动训练法。近年被用于武术套路训练。其要求在严格规定练习次数和训练量的一组练习中,严格遵守间歇时间,使运动员在机体未能完全恢复时就进行下一次练习。间歇时间也不能过短,如过短,运动员可能完不成下次练习的次数和强度。

一般来说,每次间歇时间大约是每次练习时间的二倍左右;每组练习次数,一般以四次为宜;每次训练量一般以一段或二段为宜。间歇训练法能有效地提高心血管系统的机能,提高完成套路的速度耐力。

变换训练法

变换训练法是改变常规训练要求和条件进行的训练。一般有改变动作速度、器械重量、练习环境三种。

改变动作速度的练习,分为慢练、快练两种。"慢练"是放慢速度的训练。要求练习者细心揣摩动作的细节及身体各部协调配合的方法,体会肌肉舒缩的感觉。这种练法,有助于提高动作的规格质量。"快练"是相对减少一次练习完成的动作数量(如仅一式、一组、一段),以全力完成。这种练法,由于动作数量少,练习者精力充足,能发挥出超过成套训练的速度,有助于形成动作快速的神经定型,提高成套动作速度。其次,技法要求慢速练习的太极拳类动作,采用快练,这有助于体会动作的圆转过渡,有助于初学者记住动作。

改变器械重量的练习,分为轻械和重械练习两种。轻械练习,是采用轻于正规器械的器械进行练习。这类练习的目的,是通过加快动作速度,提高神经系统的灵敏性,促成快速运动的动力定型。同时,轻械免去了械重的费力感,有助于体会动作细节。重械练习,则主要是为了提高上肢力量。变换器械重量的练习,只能在训练的过渡期和准备期采用,在竞赛期不宜采用。

改变环境的练习,旨在提高练习者在任一环境都能正常发挥技术的能力,多采用"逆境训练法"。

循环训练法

循环训练法是依据运动素质间相互影响和积极性休息的原理设计,用于全面提高身体素质的训练方法。练习内容是以用力部位不同的动作组成,这些动作可以是武术基本动作,也可以是一般身体训练动作。

例如:正踢腿 10 次+乌龙盘打 10 次+俯卧撑 10 次+收腿纵跳 10 次。又如:长器械原地立舞花 20 次+仰卧两头起 15 次+乌龙盘打 10 次+俯卧蹲撑 10 次。

采用循环训练法时,要一气呵成,中间不间断。一般一组练习练 4 次。每次练完后,休息 1 分钟左右。

逆境训练法

逆境训练法是依据练难用易的道理设计的训练方法。所谓逆境,指干扰正常发挥技能的环境。例如在风雨中训练,在人声喧哗的环境中训练,模拟比赛形式的训练,在身体已疲乏时再练整套等等。通过这类训练,可以提高练习者在任何环境下都能集中精力、动员潜能、发挥技能的能力。

模拟训练法

模拟训练法是在某种模拟条件下进行训练的方法。在武术套路运动中,一般是模拟比赛条件进行训练。例如,在有裁判打分、有观众观看、身着比赛服装、以同伴为竞争对手的条件下训练。在武术散打运动中,除了模拟比赛条件进行训练外,还常采用与模拟对手实战的训练。模拟对手的身体条件愈接近竞争对手越好,模拟对手要尽量模仿竞争对手的打法和绝招。

制定武术训练计划的方法

武术训练计划的制定,以训练目的为出发点。目的不同,训练计划也不尽相同。仅以健身为目的的训练,随意性较大,只须按照正确规格,常年坚持训练,就能收到益寿延年的效果。如果要参加竞赛,就得以掌握竞赛内容,具备竞赛能力为目标。要充分利用有限的时间,培养尽可能好的运动技能和参赛心理,就需按严格的计划进行训练。制定计划,首先要明确训练的任务,其次是将训练时间分为几个阶段,确定每阶段的训练任务和完成任务的主要措施。一般将准备参加比赛的训练期分为准备期和竞赛期,准备期约占训练期的五分之三,竞赛期约占五分之二。准备期的训练计划,主要应着眼于逐步学习和熟练竞赛内容,并且逐步提高完成专项技术必须的有关素质。这一阶段以重复训练法为主。在训练的前半段时间,以循序渐进提高训练量为主,在训练的后半期,以循序渐进地提高训练强度为主。竞赛期的训练计划,主要应着眼于提高参赛内容的完成质量,提高身体承担竞赛强度的能力,树立敢打必胜的信心。这一阶段以间歇竞赛和模拟训练法为主,逐步提高训练强度,训练量可逐步减低。

训练课的安排方法

训练课是训练的基本单位,依据本训练阶段的基本任务进行安排。由于一次训练课不可能练习该任务所需的各种内容。因此,应该注意在一次课上突出训练某一方面的动作。例如突出练腿法中的击响腿,或者突出练跳跃动作,或者突出练手眼配合,等等。这样,一次抓一个主要任务,多次课解决一个方面的问题。经过一阶段练习,得到多方面的提高。在安排时,也不能忽视对上一阶段已获得技能的巩固,不能忽视为下一阶段任务的完成进行必要的准备。只是这两者处于从属地位而已。

一般来说,设一堂训练课的时间为100分钟,我们可用20分钟作为准备活动时间,用25分钟于复习巩固,或练习下一阶段任务所需的基本素质,用50分钟完成该课的主要任务,用5分钟进行放松活动。

准备活动的安排方法

准备活动是练功的开始部分,准备活动的目的,是动员身体各器官作好进行正式训练的准备。包括提高神经系统的适度兴奋性,将注意力集中到练功上来;减少肌肉的粘滞性,提高其伸展性等。准备活动分为一般准备活动和专门准备活动两步进行。在一般准备活动阶段,以安排提高注意力、使身体逐步发热的练习为主。例如,集中意识、排除杂念的慢跑,根据不规则的口令或信号进行动作的练习,以武术基本动作或用某些复杂动作的单一环节编排成的体操等等,都能达到这一目的。在专门准备活动阶段,应以针对性强、促使身体机能逐步达到训练内容所需幅度、强度的练习为主。例如,该次练习如需肢体做较大幅度的运动,就要安排压腿、踢腿、压肩、抡臂等柔韧性练习内容;如果该次练习需要做跳跃翻转等训练,就要在准备活动中加入纵跳、跑跳、跳转等基本动作;如果练习内容较复杂、丰富,准备活动则应该以全面活动为基础,突出参与完成重点技术的身体部位的准备活动。

安排准备活动应注意采用结构简单的动作,运动强度要由小到大,并将其控制在低于该次训练的中等强度的水平之下。因为动作结构过于复杂,会影响活动的连贯性,有碍身体迅速发热,还会影响保持适宜的兴奋性。强度过大,会造成身体过早疲劳,影响完成练功任务。此外要注意活动易致损伤的身体部位。例如,训练内容中有旋风脚接坐盘,就必须在准备活动时做几次拧转坐盘和跳步坐盘,以防膝关节被快速落地的拧转动作扭伤。如果身体某一局部有旧伤,还应适度按摩,加速该局部活动,防止再度受伤。

学练武术的基本步骤和注意事项

学练武术包括学习(从师或自学)和训练两种活动,学与练密切相关。通过学,掌握练的内容和方法;通过练,巩固学得的知识和技能,进而提高认识水平和技能能力。显然,学在练先。学武术和练武术都离不开亲身实践,身体力行。因此,武术的学与练是结合进行的。学练武术可循下述步骤进行。

第一步:学练基本功。不论选学何种拳术或兵械,都应由基本功入门。先学练欲学拳械必备的一般基本功和专门基本功。一般基本功以柔功为主,增强力量的功法为辅。通过有针对性的选练,获取必要的柔韧素质和力量素质,以保证学练动作时肢体屈伸能到位,不感到吃力费劲。学练兵械还应以拳术为基础练习。专门基本功是所学拳械自身的基本功。通过练习能了解该拳械最基本的运动特征,具备学练该拳械最基本的技术知识和技能能力。例如,学练长拳,先应学练"长拳四功"(桩功、腿功、腰功、臂功);学练形意拳,先应学练"形意三桩五拳功";学练八卦掌,先应学练"八卦转旋功";学练太极拳,先应学习"太极筑基功"等等。学练兵械,同样要先学该兵械的基本功(包括握持方法和基本械法)。

第二步:**学练基本动作和典型动作,选练武术功法。**在第一步学练的基本功内容中,往往已包含了一些基本动作和典型动作。此时要扩大学习面,将欲学拳械(或套路)中带有技法规律性的动作、反复出现的动作、运动特点突出的动作抽出来,先行学练,为全面学习铺平道路。如学练目的以掌握格斗技能为主,应结合技法需要选练相应的功法。例如学练擒拿者,应练卷棒功、上罐功等,学练散打者,应练靠臂功、拍靠功、吊袋功等,以增强击打能力和抗御能力。

第三步:**进行套路的整学零练,了解动作的攻防含义。**在第二步的基础上,可以较快地学会拳械套路,转入难点动作练习、组合动作练习、分段练习,逐步向整套练习过渡。同时,通过"拆手""喂手"等方法,了解动作的攻防含义,体会动作的攻防用法。

第四步:**进行武术套路训练或格斗训练。**参阅本编"武术套路运动训练的步骤和要点""散打训练的步骤和要点"。

至此,所学练习内容已基本巩固,可以深入学习此拳械的高级技术,使学练内容逐步单项系统化。也可参照上述步骤开始学习它种拳械,逐步使学练内容整体(整个武术)系统化。

学练武术必须按步骤循序渐进,不能越过某步骤去体会自己知识技能水平还不及的技法,也不能越过某步骤去学练自己技能、体能还不胜任的动作。急于求成,会使动作走样,甚至引起运动损伤。此外,在学习时要注重学会武术共性的技法规律和系统知识,此时的练是为学会。在练习时,要注意集中训练内容,突出个性特长,形成擅长门类和绝招,此时的学,是为了在纠正动作错误的同时,发现个人特长,学会发展特长的方法。学习时,运动负荷要适量,以能保持良好的神经兴奋状态为要;训练时,运动负荷应大些,要不断增加运动负荷,锻炼提高技能和体能能力。

武术套路运动训练的步骤和要点

武术套路运动训练的步骤一般分为单势训练、组合训练、分段训练、整套训练(超套训练)四步。训练的要点在于锻炼提高内部意识、气息、劲力与外部动作形态协调配合,使动作合规中矩,锻炼提高按一定节奏完成整套动作的能力,形成自己独特的运动风格和表达内心意境的技法。

单 势 训 练

单势训练是武术套路运动训练的基础,指以单一动作为单位的训练。单势训练的主要目的,是通过严格遵循动作规格的训练,建立正确的动力定型。练习时要求动作的点、线、型(参见本书"构成武术动作规格的要素")正确,任一动作细节出现误差都要及时纠正。对于初学武术的人来说,每一动作都应经过单势训练去掌握。对于掌握武术技术动作较多的人来说,在安排单势练习时,要注意基本动作练习与难点动作练习相结合,绝招动作练习与一般动作练习相结合,以便收到突出重点、全面提高的锻炼效果。一般来说,在初级训练期,单势训练的比重大,随训练水平的提高逐步减少单势训练的量,增加组合、或分段、或整套训练的量。但是,即便运动水平很高的运动员,也不能完全抛弃单势训练,还应该通过单势训练保证某些基本技能,发展绝招,并且运用单势训练纠正动作、完善动作。单势训练的方法,以"重复训练法"为主。

组 合 训 练

组合训练是武术套路运动训练的一种形式,指以一组组合动作为单位的训练。组合训练的主要目的是掌握与提高动作与动作之间衔接转换的技法,以求动作的连贯。练习时,要求能将前一动作的结束姿势作为下一动作的预备姿势,使衔接活顺,动作连贯,其间没有滞涩、断劲等情况。安排组合练习时,既要考虑提高组合动作的熟练,集中提高某一方面的运动技能,又要注意防止局部负担过重。因此,在安排突出下肢动作组合的训练时,应穿插安排些提高上肢技巧的练习;在安排突出上肢动作组合的训练时,应穿插安排些提高下肢技巧的练习。安排中还要注意点、面结合。一般来说,套路中的难度组合、起势组合、收势组合是组合练习的重点。因为难度组合是表现个人技能、形成套路高潮的基础。起势、收势质量高,能给人以虎头凤尾的感觉,产生上场一鸣惊人、下场余味无穷的效果。但是,其他动作组合也不能忽视,应该得到适度的锻炼。组合训练形式还用于基本功和基本技术训练中,即将几个练习内容串连成组进行练习,以提高某一技能。例如跳跃动作组合、步型步法动作组合、腿法组合、手法组合等等。组合训练的方法,以重复训练法为主,也采用间歇训练法。

分 段 训 练

分段训练是武术套路运动训练的一种形式,指以套路中的一段或二、三段为单位的训练。训练的目的在于提高演练技巧,发展运动能力,创造完成整套动作必需的技能和体能条件。演练技巧主要从组合与组合之间的衔接、动作在成段训练时的质量、整套动作节奏在某段的安排、整套运动风格在某段的体现、如何表达武术意识等方面去提高。运动能力主要从提高运动速度和速度耐力方面去提高。

提高演练技巧的训练多采用重复训练法,以一段为重复的基本单位,也可少量地以两段为单位。要求机体在间歇时间得到充分恢复,再进行下一次练习。每次训练都要以充足的精力,尽可能地高质量完成练习。在训练安排中,多采用抓两头带一般的方法,即训练比重偏重于突出套路高潮的难度段,其次是注意攻克薄弱段,再次是采用依次分段练习完全套的方法,兼顾各段的提高。

提高运动能力的训练,多采用间歇训练法,也采用重复训练法。一般以二分之一套、四分之三套为单位进行重复训练。如果套路是四段的话,安排四分之三套时,应前三段和后三段交替安排,使运动员随训练水平的提高,感到练完前三段时再练一段毫不困难,练完后三段时感到练最后一段毫不费力。这种良好心理,有利于完成好完整套路。

整套训练

整套训练是武术套路运动训练的重要形式,指以一个完整套路为单位的训练。整套训练要在全套动作经单势训练、组合训练、分段训练,基本掌握动作规格,能顺利完成难度动作,能较好地处理动作节奏、表达武术意识后进行。整套训练的主要目的是培养出色发挥已获技能和体能,以及层次分明地一气呵成练完套路的能力。传统武术套路一般较短小,采用整套训练的时候较多。现代武术竞赛套路,特别是长拳和南拳拳械套路,动作难度较大,数量较多,耗能量高,采用整套训练的时间不多,在进入竞赛期后,才开始安排整套训练,而且很少采用整堂训练课只练整套的安排。一般是在准备活动后,精力最充沛、兴奋最适当时练一、二个整套,然后转入分段练习或组合练习。或者先进行分段或组合训练,训练即将结束前,安排一、二个整套练习。前一安排有利于运动员毫不吃力地完成套路,体会演练整套时应如何分布体力、如何处理临场变化等。后一安排有利于培养运动员不畏整套训练负荷的心理,这样在表演或竞赛时,精力充沛地上场,就不会担心体力不够,而集中考虑发挥技能水平了。在接近赛期时,可以适当增加整套训练的次数,但一堂课也以练4—5个整套为宜,而且不宜每课一样,避免负担量过大,疲劳不易消除,影响竞技状态的保持。在集中安排整套练习的课上,可采用间歇训练法,也可采用重复训练法。

由于整套训练的主要任务是培养出色发挥已获技能的体能,以及层次分明地一气呵成练完整套的能力。因此,在练习整套时,如果出现失误或错误动作,不要停下来,而应继续练完套路。就像表演或竞赛时,不能因中途失误或出错而中止演练一样。对于整套训练中出现的错误动作,可另外采用"单势""组合"或"分段"训练,进行纠正和提高。

超套训练

超套训练是武术套路运动训练的一种形式。指以超过一个整套的运动量为单位的训练。主要目的是通过超竞赛负荷量的训练,提高完成整套的速度耐力和培养不畏演练整套的良好心理。

练习时,一般采用一整套加一段的量。增加的这一段,一般是套路的第一段或是最后一段。进行超套训练时,运动员承受的负荷很大,训练水平不高、运动技能动力定型不够牢固的运动员和少年儿童不宜采用。即使是训练水平较高的运动员,也不宜采用过多。

采用超套训练时,要注意保持动作规格和运动节奏,防止体力不济时,动作毛草,节奏紊乱,以防破坏正确动作的动力定型和正确的演练节奏。

提高套路演练速度的方法

赛跑时速度的快慢,用跑表一揿就知。武术套路演练速度的评定,却没有这样简单,它既有可用跑表来计时的绝对速度,又有观赏者看到的相对速度。在这两者中,绝对速度是基础,相对速度是艺术处理的效果。

提高演练套路绝对速度的方法,可以分为三方面。

其一,破坏原有动作节奏,建立较原来节奏快的动力定型。具体方法有:1. 按击掌或口令节拍进行动作,使动作在节拍诱导下,不断加快速度。2. 在 6—8 秒时间内完成一定数量的动作,逼迫加快动作速度。3. 如果是练习器械套路,可用减轻器械重量的方法来加快练习速度。

其二,提高无氧供能能力。采用间歇训练法,以一段或两段为一次练习内容,每组练 4 次。每堂课安排 3—4 组练习,能有效地提高这种能力。还可采用 20 米、30 米、60 米快速冲刺跑,速度性游戏等,作为发展无氧供能能力的辅助手段。

其三,提高机能耐乳酸能力。采用强度较大、组数较多的分段间歇训练或整套和超套训练,都能发展这种能力。鉴于这类训练身体负荷较大,容易出现破坏动作规格的情况,因此,一般很少采用专项技术作为训练内容,而多采用 400 米计时跑(跑速不能低于一定标准)。

提高相对速度的艺术处理方法,主要是将快速动作与柔缓动作交错衔接,使演练套路时表现出快者愈疾,缓者愈慢的对比效果。

武术运动节奏

武术动作的轻重强弱、续顿缓急、开合起伏等在时空中综合表现出的韵律，称为武术运动节奏。

轻重强弱 是在力量方面的表现，可称为"劲力节奏"。"轻"，指动作飘率、轻灵；"重"，指动作稳定、沉实；"强"，指动作刚劲、猛烈；"弱"，指动作柔和、平静。

续顿缓急 是在时间方面的表现，可称为"时间节奏"。"续"，指动作连贯持续；"顿"，指一段或一套动作中间的静顿；"缓"，指动作速度缓慢；"急"，指动作速度快疾。

开合起伏 是在空间方面的表现，可称为"空间节奏"。"开"，指动作时肢体展开，幅度大；"合"，指动作时肢体合拢，幅度小；"起"，指架式高和跳起的动作；"伏"，指架式低和伏地的动作。

上述三方面的节奏，在一个武术动作中有体现，在一组、一段或成套动作中都有体现。这三方面因素按照一定组合在时空中有序变换，能形成多种多样的节奏特色。

武术运动节奏是武术动作自身运动规律的表现。一定节奏是完成好动作、发挥动作的技击效用、增强动作艺术性的保证。

运用节奏完成好武术动作

任一武术动作，都有自己的运动节奏。符合其节奏，动作就能做好，违背其节奏，动作就达不到技术规格，甚至会遭受失误。例如"冲拳"，动作开始时，要放松肌肉，动作随手臂的伸展而逐渐加速，至肘关节夹角约 130° 左右时，突然握紧拳头加速出击，表现出刚脆的寸劲，其速度节奏是"慢——快"，其劲力节奏是"柔——刚"。符合这一节奏，冲拳就有力。我们在学习动作时，要注意学习动作的节奏，练习时要注意揣摩动作的节奏，以正确的动作节奏指导运动，进而使动作节奏形成动力定型。在以后的练习中，动作的前一节奏出现时，就能反射性地引起后续动作。在动作出现误差时，以正确的动作节奏对照检查，也能找出原因,提供纠正动作误差的依据。

运用节奏发挥武术的技击功能

武术格斗动作或动作组合都有一定的节奏规律。例如,攻击对方的动作必然是由蓄而发,表现为肢体的由合而开、劲力由柔而刚、速度由缓而快等节奏现象,以及发招后又收回,动作幅度由大而小、力量由强而弱等节奏现象。我们掌握各类攻防动作和不同打法(如连击、防守还击等)的运动节奏规律,就能有预见性地抓住对方的空当而击,或避强击弱。还可利用动作节奏制造假动作,诱对方上当。

运用节奏表现长拳类套路演练的艺术性

长拳类拳械套路演练的艺术性表现在节奏方面,为节奏鲜明、反差大。在编排套路和演练套路时,使动作开合相间、起伏交替、急缓相映、忽续忽停、刚柔相济、忽轻忽重、忽强忽弱。这样,节奏韵律相互对应的成对动作和动作组合相互比较、互相衬托,使"起"的动作显得更高,"伏"的动作显得愈低;"急"的显得愈快,"缓"的显得愈飘;"强"的显得愈刚,"弱"的显得愈柔……这些因强烈的反差所表现出的鲜明节奏,使运动员的体能水平得到充分发挥,技能水平得到了艺术表现,观赏者得到了艺术享受。

运用节奏克服自选长拳套路的雷同感

在现代武术竞赛中,自选长拳套路的动作内容、数量、演练时间等都有严格的规定,致使自选长拳竞赛时,常有千人一面的雷同感。改变动作节奏的习惯处理法,能使相同的动作及由相同动作编组的套路体现出新颖感,表现出别具特色的动作风格和韵味。改变动作节奏的方法,可以从下述几方面考虑。

1. 同一动作以不同的速度做。例如长拳的"抡臂翻腰"动作,以快节奏完成,给人以干脆利索、动作紧凑的感觉;以慢节奏完成,给人以柔缓飘逸、动作舒展的感觉。

2. 同一动作以不同幅度做。例如刀术的"缠头裹脑"动作。眼始终看前方完成动作,其幅度小,动作快速紧凑,有硬攻硬进的气势;如果眼随刀走,促成转头,带动腰随,加大了动作幅度,动作有攻有防、瞻前顾后,体现出舒展柔和的特色。

3. 同一动作与不同的动作衔接,可形成多样的组合动作节奏。不要只采用前人惯用的动作组合。正如用 7 个基本音符,就能以不同的组配、不同的节奏,编成若干风格各异的乐曲。即使只用几个完全相同的武术动作,也能编成多种不同特色的组合。

4. 根据个人的身体形态、运动素质、神经类型等特点,设计套路节奏。使套路节奏既适宜发挥个人的体能和技能,又具有独特的节奏处理特色。

练好对练套路的要领

要练好对练套路,不仅要遵循训练数量由少到多(先单势、次组合、再分段、最后整套)、力量由小到大、速度由慢到快的渐进原则,还要遵循"招法正确、距离适宜、时机准确、快速连贯、配合默契、参悟击技"等六点要领。

招法正确 练习时要循规蹈矩地按照固定招法进行攻守进退。如果一方动作不准确,攻防的部位不对,就会影响对方完成动作,破坏对练的攻防结构。为此,双方可各自反复单练自己的攻防招势,待练到拳脚到位、步眼稳准、动作熟练时,再相互配合进行对练。

距离适宜 对练时你进我退的移步距离,双方应保持大致相同,架势的高低也应随势调整。当出现展不开(距离太近)和打不着(距离太远)的情况时,应及时变换步幅。如相距太近,可通过进攻一方减小前进步幅,防守一方增大后退步幅来调整距离;如相距太远则反之。

时机准确 对练时切忌对方还未做出进攻动作,我就防守或反击。应该在对方进攻动作濒临结束、即将击中的一瞬,迅速防守或反击。

快速连贯 对练时动作要快速连贯,一气呵成。要做到这点,除了提高单个动作的速度外,还要琢磨如何将前后两个动作衔接得更顺。

配合默契 对练是假设性的格斗,不是真拼实搏。其目的是为了练习击法,而不是较力斗狠。因此,在练习时不能全力硬顶,也不能违背动作节奏或变换招法来个"突然袭击"。应该相互配合,保持一致的时空节奏。另外,在对方来不及防守的时候,应及时控制发力,以免击中对方;如果对方出现遗忘,应给予提示,或者收手停住。做到"假中见真""真中有假"。

参悟击技 在反复练习套路时,应揣摩其中的战例,领悟实战格斗的规律,促进训练水平的提高。例如,练习长拳对练时,在进攻方面,通过练习"拐肘带打""拐肘击头"等动作,掌握回收手以"拐肘"形式回收、借"拐肘"发挥格挡作用,另一手出击的技法,领会到练拳要"回手不空";通过练习"推掌弹踢""带手蹬踢""勾腿搬拦"等动作,可领会到实战时以"攻防并举、踢打齐发、拿摔兼施"为好。在防守方面,通过练习"换步挑打""马步架打""搂手冲拳""撤步拍脚"等类动作,可以领会到与人格斗时"高来挑架、平来勾搂、低来压按"的规律;通过练习连续"退步拨按",可以领悟到当对方连续猛攻时,我不宜硬架硬挡,而应通过手法改变对方劲力方向,然后顺势引其落空。通过这种举一反三的揣摩,领悟了技击规律,才能真正使对练严谨逼真,获得较为全面的锻炼效果。

对练练习的注意事项

对练是两人配合完成的攻防练习,练习时应注意下述几点,以避免不慎造成互伤。

1. 练习前要检查指甲是否修剪,以免划伤对方。

2. 练习前要将衣服上的饰物、口袋中的硬物除去,避免硬物伤人。再检查鞋带衣扣是否系好。

3. 练习前要检查场地是否平整不滑,避免磕绊或滑倒。检查是否处于灯光(或阳光)刺眼的位置,避免眼花失手。

4. 练习前要检查器械是否完好。例如,刀片太薄过软,容易变曲失控,伤及对手或自身;枪头和刀盘不稳,有可能脱出伤人等。发现器械不合要求,要立即更换。

5. 练习前要做好充分的准备活动。除了做全身性准备活动外,还应结合对练套路做些有针对性的活动。例如,单人做对练中的难点动作,与对手熟悉套路,这样能保证对练时身手敏捷、避免遗忘。

练好器械对练套路的要领

要练好器械对练套路,除了遵循前述"练好对练套路的要领"外,还要根据器械的运用特点和观看角度,遵循"透扎贴收、横扫靠迎、拦格必响、挑绕要粘、前斩应过、后斩须拍、步活把稳、身正梢准"八点要领。照此演练,既能增添观者的逼真感,又能增强练者的安全度。

透扎贴收:指以枪、棍作为对练器械时,扎枪和扎棍不能正对对方身体,而是靠近其体侧扎,并要将枪棍尖扎到透出对方体后,不能只将枪棍尖梢扎在对方面前。收回枪棍时,枪棍要贴其身体回拉。例如,扎对方头部时,枪棍尖梢应沿对方耳旁扎出至其头后,收回时贴其颈侧。扎对方胸膛时,枪棍尖梢应沿腰旁扎出至其身后,收回时贴其腰部。"透扎贴收",既安全又使观者感到逼真。

横扫靠迎:凡遇对方以兵械横击我躯干,或者下扫我脚时,我应主动靠近对方进行格挡或跳让,不能远离对方跳步。靠近,有利于连接下一步动作,如果向远处躲开或跳出,有可能造成双方间距过大,影响连贯完成下面动作。而且对方器械的远端刃尖或梢端的速度,比靠近把端部快,其打击力也比靠近把端部大,万一躲不开,或跳起不高而受击,受伤则较重。

拦格必响:凡可碰触器械进行对练时,每一攻一守,都应使器械发出声响。每格有声,说明有攻有防,没有疏漏。此外,响声还可检查力度,掀起演练气氛。

挑绕要粘:指两械相互挑绕时,要粘黏相随,不能离开。

前斩应过:指我闪至对方身侧以械扫击对方胸颈正面时,器械的锋刃或梢端应超过对方身体伸向其体对侧,让我的小臂或器械的根部随对方仰身,从其胸颈头上扫过。这既安全,又不影响逼真感。

后斩须拍:指我的单刀、朴刀等从后向前横扫对方时,要乘对手弯腰低头躲避时,以刀片拍擦其背而过。此一拍擦既增加了动作的逼真感,又让对方知道我的器械已经过背,避免其过早起身被器斩中,或未及时起身,影响了连接速度。

步活把稳:指脚步既要按照套路规定进退,又要根据演练时双方距离的变动,灵活调整,保持适宜的攻防间距。器械把柄则应控制稳固,不仅要防止器械脱把落地,还要保持把柄部稳定在一定位置。把柄是将劲力送至器械梢刃的中间环节,如果把柄位置不顺遂,劲力就难达梢刃;如果把柄不稳固,器械梢尖会摇晃不定,且缺乏劲力。

身正梢准:指对练时身体要正对进攻方向,器械梢尖要准确地击向目标。身正是梢准的基础。身体歪斜,或者身体面向与进攻方向不一致,就会影响兵械出击的准确性。

散打训练的步骤和要点

散打训练大致分为"单操"和"对操"两步。

"单操"是为对操作准备的基础阶段。训练内容包括独自进行单势操练、体能操练和应变练习。单势操练时,既要注意全面练习基本技术,又要注意形成适合自身特点的"绝招"。在技法上要注意尽可能减小动作预兆,用力要顺,要有弹性,一发即回,使肢体和劲力保持在蓄而待发状态。体能操练,主要是采用功法训练提高击打能力(准确性、快速性和力度等),锻炼抗击打的自我保护能力。训练中要注意有针对性地在本书第六编"武术实用功法·武术硬功"中选择功法进行练习。应变练习,主要通过"空击训练法"进行。整个单操训练阶段应以从实践需要出发,带着敌情观念训练为要点。

"对操"是散打训练的基本阶段。主要通过"条件实战训练法"和"自由实战训练法"进行训练。这一阶段训练应以获得适应不同对手,在任何条件下都能发挥个人技能、体能,控制格斗主动权为要点。

锻炼闪躲能力的方法

闪躲能力需要以较全面的身体素质为基础,其中速度素质、灵敏素质尤为重要。提高闪躲能力的常用方法有"穿九宫"练习和"制差"练习。"穿九宫"练习详见本书"九宫步"。"制差"练习,指变化步法、身法,造成对手进攻动作的距离差和角度差,达到避开对手攻击的练习法。训练时,由同伴任意进攻,练习者不能格挡,也不能回击,只能以步法的进退闪跃,身法的吞、拧、俯、仰等,使同伴的攻击够不着或者击不准。

例如,同伴以冲拳击我腹部,我可用坐步缩腰增大双方间距,造成距离差,使对手拳触不到我身;也可采用向后撤步、滑步、退步等步法,造成距离差。不管用什么方法,只要双方间距略大于攻防距离一点点,对手进攻即无效。

又如,对手以冲拳击我胸部,我可由胸部正对对手拧腰转成身体侧面对对手,使对手冲拳沿我胸滑过。如果我本来就是斜侧对对手,可采用向侧方闪步的方法,使其拳落空。也就是以拧身或闪步,或者兼用闪步、拧身,造成对手进攻的角度差。在进行"制差练习"时,要注意躲闪动作的幅度不要太大,应以刚刚能避开对手的攻击为准。躲闪动作幅度过大,不利于快速转换为其他躲闪动作;也不利于实战中由躲闪转为格挡或转为反击,或在躲闪同时攻击对手。

锻炼攻击准确性的方法

攻击的准确性与感知、预测、判断能力有关,也受到运动素质的影响。训练中,应使它们协调发展。锻炼攻击准确性的方法分为定步击定靶、定步击动靶、动步击定靶、动步击动靶等四种方法。

定步击定靶:以木人、狗皮袋、沙袋等为靶,练习者站在有效的攻击距离内,击打靶的某一固定位置。练习中,可在靶上画出人体部位(包括重要穴位),由同伴以口令指示击打部位。

定步击动靶:同伴手持"手靶"或短棒。练习者站在同伴对面,两脚不动。见同伴出示"手靶"或短棒,即出拳击"手靶"或短棒。同伴出靶要突然,不规则,亮靶时间要短。

动步击定靶:以木人、沙袋等为靶。练习者结合直线前进、左右侧闪等各种步法攻击靶位。

动步击动靶:练习者与手持"手靶"或短棒的同伴周旋。在移动中,同伴突然出靶、练习者力求靶一亮出,即立时击中。也可采用置身数个吊袋间进行躲闪击袋的方法,来提高动步击动靶的能力。

提高攻防动作速度的方法

攻防动作的速度受到多种身体素质的综合影响。例如,神经系统兴奋与抑制的转换快,才能支配动作快;快速肌肉力量是牵拉肢体快速伸屈旋转的保证;柔韧素质好,肢体才有可能充分伸展开,并减少肢体的运动阻力;此外,对动作规律的理解、对对手招法的辨认能力,也影响着攻防动作的速度。各种素质水平按一定比例协调发展,是提高动作速度的关键。训练时,要针对练习者的情况,制定和选择以缺差素质为重点的训练。使多种有关素质按一定比例协调发展。例如,为提高步法的速度,可采用下坡跑、顺风跑;为提高手腕和臂部力量,可采用手持小哑铃的训练;为提高柔韧性,可采用柔功练习等等。训练中多采用"急打训练法",以武术技术作为综合练习内容,进行训练。这类训练要求练习者用最快的速度完成,以破坏原有动作节奏,提高神经系统兴奋和抑制转换速度,建立较原节奏快的动力定型。

提高调整攻防距离能力的方法

攻防双方处在适宜的攻防距离内,才有相互击中的可能。调整攻防距离的能力主要表现为能及时移动步法,占据攻防的主动位置。练习方法主要有两种。

其一,按照同伴的手势信号,作前进、后退,向左或右侧移的步法练习。有时规定步法移动的方向与同伴手势信号的方向相同,有时规定步法移动的方向与同伴手势信号的方向相反。发手势信号者应力求避免按一定规律(或习惯)变化信号,变化的速度要有快、有慢,有时要快得瞬息数变,以锻炼练习者在看不到预兆情况下,快速感知变化、作出相应变化的能力。

其二,练习者根据同伴步法的变化而移动脚步。要求不论同伴的步法如何变化,练习者都能及时调整步法,保持在有效攻防距离内,或者保持在同伴刚刚攻击不到的距离处。

学练擒拿法的步骤

学练擒拿法,应循下述五个步骤进行习练。

第一步:学习必要的解剖知识。明白运动器官的结构及其运动的基本规律。例如,某关节有几个活动面,最大活动度是多少,其上附着几对主要韧带等。还要学习人体主要穴位和要害的准确位置,做到应手而得,方可在掐穴、拿筋、反关节时灵活运用。

第二步:锻炼抓拧握掐力。因没有足够的力量,是很难拿住对手的。通过拧棒子、卷棒功、上罐功、麻辫功等功法的锻炼,能有效地提高两手、臂的抓握拧掐力,详细练法可在本书第六编"武术实用功法·武术硬功"中选择。还可通过两人以手相互翻腕、拧臂来练习提高。

第三步:学习基本擒拿技法。在学习时,可采用一人喂招、一人训练的方法,反复练习一个拿法,或拿法和解脱交替,一式练熟再换一式。并在学习中,逐步领悟擒拿法的基本技法原理。

第四步:练习连环擒拿法。将擒拿招法串起来练。即一方拿住对方,对方先解脱再反拿对方。如此擒拿与解脱交替,循环练习。目前流传的擒拿套路,可作为这类练习的内容。

第五步:两人活步抢把擒拿练习。这种练习不限定谁进攻、谁防守,由练习者根据对手变化,临机运用。练习中,先采用只准用一种方法拿某一部位的抢把练习。然后,逐次增加招法数量和可拿部位,直至两人进行完全无限定的抢把擒拿练习。

学练太极推手的步骤

学练太极推手的步骤可分为六步。

1. 练习太极推手基本功。内容包括:(1)站浑元桩、七星桩。(2)单练平圆推化式(练法同"单手平圆推手法",唯是独自单练)。(3)单势发劲练习。不仅打基础时要进行这三个练习,以后也要经常坚持。

2. 学习定步单推手,以单手平圆推化和立圆按化为基本形式反复练习。初练定步推手时,最好与教师练习,毫不着力地随教师推化而移转,渐至体会对方推来,我化转而不退瘪,对方离去,我随进而不丢脱。

3. 学习定步双推手,以四正推手为基本形式反复练习。练习中稍稍保持掤劲,以不被对方推瘪压凹为准,随对方打轮,体会不顶抗对方来力,力求用腰胯劲化开对方来力。在能熟练打轮、保持自身平衡的基础上,加强练习感知对手来力方向、意图和变转的感知力,提高舍己从人的能力。要注意与技术风格不同、体质不同的人一道练习。一般来说,与手轻者推,注重锻炼感觉的敏锐程度;与手重者推,注意练上肢的掤劲、下肢的定劲和腰的走化能力。

4. 学习循规动步推手,以大挒推手(四隅推手)为基本形式反复练习,同时坚持四正推手练习。进一步提高感知对手劲力变化的"听劲"功夫。并开始锻炼在随对手动而动的同时,变化对手力向,引进落空。

5. 学习见空而发,乘势借力。以四正推手为形式进行练习。练习中先一方喂手(亦称喂劲),另一方发劲,交替练习。逐步过渡到随意化发练习。提高将对方引向背势,我乘势借力、见空而发,破坏对方平衡的能力。

6. 学习活步推手,锻炼随意运用太极拳招法走化击发的能力。不断深化"听劲"功力,提高"舍己从人""引进落空""四两拨千斤"的技能。

利用少儿生理特点发展其武术技能

武术运动的任一动作,都由肢体的屈伸、收展、旋动、环转等完成,肌肉、韧带的柔韧性好,才能使肢体伸展或缩小到动作规格要求的幅度。少年儿童期肌肉主要呈纵向发展,伸展性好,韧带易于拉长,骨骼的弹性大,练柔韧,收效快,不易受伤。因此应多练腰腿、肩臂柔功,提高踢腿、抡臂等开合幅度大的柔韧性技能。

武术运动要求拳如流星、眼似电,要求动如迅雷不及掩耳。少年儿童的神经系统兴奋性高,灵活性高。练习单个动作、小组合动作,能迅速提高动作速度,发展速度性技能。由于少年儿童的肌肉处在纵向发展期,因此,进行多数量、大重量的力量练习,其增加肌肉的横断面、增长力量的效果并不好。发展下肢力量的传统桩功,也不适合儿童好动的神经和心理特征。而且少年儿童的骨骼可塑性大,负担量小,桩功练习使下肢负担量过大,会影响正常发育,甚至造成长骨弯曲变形。因此,越小越要少练桩功。少年儿童应以发展速度性体能和技能为主,用速度弥补力量的不足,重点促进速度力量的增长。

根据少年儿童神经系统易于兴奋,也易于疲劳的特点,武术训练应采用小数量、快速度、多间歇的方法,一次课的训练时间也不应太长。要用动的方法,增强武术训练的游戏性、趣味性。加强直观性教学,注重"由外导内",启发他们的思考和理解能力。

少儿练武术要特别强调动作规格

少年儿童练习武术正处在打基础的阶段,每学一动,都要力求符合动作规格。如果初学时,动作规格就不正确,一旦形成错误的动力定型,要改正很困难。基础动作的规格错了,就失去了学习和掌握繁难动作的根基。就像建房子,地基歪了,房架就搭不正,房子就不可能牢固。此外,少年儿童正处在生长发育期,骨的硬度小,可塑性大,易于变形。如果动作规格不对,有可能影响身体的正常发育,甚至出现损伤。例如,做马步时臀部下掉,做动作时塌腰过多,有可能刺激臀肌增长超过正常比例,影响形态美。又如,做跳跃动作时,如果缓冲动作不符合要求,则会导致膝、踝关节损伤。

克服赛前过度紧张的方法

在参加比赛或者与生手进行对搏练习前,甚至在有人来观看练习时,往往由于期望成功、害怕失败而出现紧张。一般表现为心跳加快,呼吸急促。轻微的紧张,有助于提高兴奋性,但如果紧张过度,出现全身颤抖、反应迟钝,就会影响动作的准确性和处理临场情况的能力。克服赛前过度紧张的关键,是平时加强技术和心理训练,练就过硬的技能,树立必胜的信心。如果赛前由于对手过强、环境不利等等情况引起过度紧张时，一般可通过默功和气功练习来克服。这时练"默功"，能使自己的注意力集中到头脑里的动作表象上，既消除了环境对自己的刺激，又能起到动员机体作好动作准备的作用。这时练气功，可采取静坐式，也可采取导引式，将意识集中于呼吸。这样能降低大脑的兴奋程度，使情绪逐渐稳定下来。

安排套路比赛赛前训练的要点

赛前训练主要围绕巩固良好的竞技状态进行。从技术上说，应该先分析还存在哪些技术问题，对于套路中可有可无、而又不能在短期内练好的动作，要及时删去；对于竞赛规则要求必备的动作，要加强训练。其次，要加强起势和收势的训练。因为参赛时，临场往往有些紧张，成功的起势，能稳定情绪，顺利完成套路。在套路结束时，往往由于体力不佳，出现草率收势，影响整套演练的效果。多练练收势，能加强其自动化，减少其耗能量，保证在疲乏时亦能圆满结尾。另外，要多采用"默功"，揣摩动作细节和武术意识的表达，这可提高动作的熟练程度和演练技巧，培养专注力。从运动能力上说，应该以间歇训练为主，提高训练强度，使运动员机体承受负荷的强度达到、甚至超过比赛强度，而训练的量应该相应减低。在几组（一般为四组左右）分段间歇练习后，练一个整套，能较有效地提高竞赛时正常发挥成套演练水平的能力。从心理上说，应通过模拟比赛条件的训练（有裁判、观众、对手的训练），培养运动员临赛不慌、遇变不乱、逢强不惧、敢于胜利的信心。并且变换训练环境（如变换训练场地、时间），培养运动员在不同条件下均能正常发挥技能的能力。

武术套路竞赛的战术

套路竞赛时，运动员通过个人演练发挥技能，以得分高低定成绩优劣。在武术竞赛规则的许可范围内，针对对手情况设计自我、表现自我、突出自我的方法，就是武术套路竞赛的战术。

"设计自我"的方法，主要包括在赛前的训练中分析主要竞争对手的技术状况和自己的技术状况,比较双方的特长和短处,发展那些能显示我特长,而对方又不具备的技能,并将它们编排在套路中。或者根据当时技术发展的趋势,突出竞赛要求的主要方向。例如,在强调动作难度,并规定给创新难度动作加分的时候,就突击攻克难度动作;在强调功架和稳定性的时候,就注重动作的精益求精,加强平衡稳定能力的训练。此外,还可以在竞赛规则无明确规定的范围,寻找利于夺得高分的因素,进行自我设计。例如在刀彩、鞭彩无大小规定时,有人就利用加大彩绸,练起来呼呼作响,造成了较好的演练效果,取得了好成绩。

"表现自我"的方法主要指临赛前用先声夺人之势,和盘托出自己技能的精华部分,激起于我夺冠有利的呼声。也可采取隐而不露的方法,到正式比赛时,才一鸣惊人亮出绝招。

"突出自我"是战术达到的目标。对于单人表现性项目来说,"突出自我"意味着对手不被突出,或者说我比对手更突出。这种突出除了技术方面的较量外,还有服饰的突出、在裁判和观众中声誉的突出等等多方面因素。只要不违反竞赛规则,一切有利于"突出自我",夺得高分的方法,都可纳入战术范畴。

第四编　拳种流派

少　林　派

少林派是武术中一个约定俗成的技术流派。因以少林寺传习拳技为基础形成,故名。把武术分为少林、武当两派,缘自黄宗羲《王征南墓志铭》。当时说的少林拳还仅指与内家拳特点不同的少林寺传习拳法。后来由于少林寺内传习的武技内容日广,传出的武技量日增,少林寺又是官方支持或允许的习武场所,还由于少林寺僧传习的禅宗是释、儒、道合体的中国佛教,各阶层习武者多能接受其"三教一体、九流一源、百家一理、万法一门"的教义(见该寺嘉靖间立《三教九流图赞》碑),于是逐步形成了以少林寺传习拳技为主体,与少林拳技技理相似、特点相近的拳种归附少林的少林派。至民国时,归附少林派、自称为少林派支绪的拳术愈来愈多。乃至使少林派拳技显得庞杂不经。现代武术学术中,已不再采用只将武术分为少林派和武当派的分类法。但是,作为一种俗称,仍在民间武坛中沿用。

少　林　拳

少林拳属长拳类拳种。广义的"少林拳",指少林派。狭义的"少林拳",指嵩山少林寺僧众传习的拳术。作为拳种概念的少林拳,还包括少林寺中传习的兵械。

　　在《达摩不是少林拳始祖》中（参见本书第九编"习武常识"），我们大致谈了军旅武术和民间武术不断传入少林寺的情况。这些武技传入少林寺后，形成了少林拳的基本成分。在流传过程中，由于社会需要的制约和禅宗文化的影响，逐步演进成明清间已相对稳定成形的少林拳。

　　少林寺自建成后，僧众参战和护寺之迹不绝。唐初，昙宗等十三和尚应李世民之召，参与讨伐王世充。明正德间，寺内武僧受调镇压刘六、刘七农民起义，三奇和尚被调镇守山陕，被封为都提。明嘉靖年间，月空等受命组成僧兵，赴东南沿海抵御倭寇。还有的武僧先后被调去镇压王堂、师尚昭。正如明万历年间立《钦差督理粮储带官兵分守河南道左参房批示》铭："武僧屡经调遣，奋勇杀贼，多著死功。"此外，少林寺寺院经济对佃户的剥削，以及它镇压农民起义的结果，导致了义军和所谓"山贼"的不断攻击。较大的就有隋朝大业末，"山贼"劫少林寺，纵火焚塔院。元至正年间，红巾军攻破少林寺，火焚寺院。明末农民起义军攻打少林寺。总之，在明以前，少林寺僧为了维护寺产和应付朝廷的调遣，始终围绕格杀需要发展武技。少林武技偏重于棍术。大约从明正德年间起，少林拳开始享名于世。

　　禅宗是中国佛教的一宗。该宗尊达摩为初祖，尊少林寺为祖庭。自达摩到嵩山"蚩尤洞"（后称"达摩洞"）面壁修炼起，达摩禅法就开始流入少林寺。习禅僧徒日众，经六传至神秀的弟子普寂在少林寺传北宗禅时，少林寺形成了北方禅的最大据点，处于领导北方禅的地位。元朝至元年间，元世祖命福裕居少林寺，领导北方禅。元仁宗皇庆元年（1312）封其为大司徒。圆寂后追封晋国公。福裕所传"曹洞宗"，属禅宗六祖慧能（与神秀同师）创立的南宗。此后，少林寺僧一直传习"曹洞宗"。达摩教人静坐寂思，练心如壁立，不偏不倚，安心无为，称为"理入"。这种修炼法传至北宗神秀时，归纳为"凝心入定、住心看净、起心外照、摄心内证"十六字。南宗慧能对达摩禅法有较大的革新。一些学者认为，中国禅宗的形成，应以慧能为始祖。慧能认为佛就在自己心中，人人都可通过禅修，解脱成"自由人"，即"佛"。修炼的方法不限于静坐寂思。认为人的一举一动都是佛性的表现，"行住坐卧，道法流通"，只要把禅的意味融入日常生活中，随缘任往，心注一境，就能修心见性，顿悟成佛。于是，将坐着修炼称"坐禅"，有了"行禅""立禅""卧禅"等修炼法。还将务农劳作称为"农禅"。后世把练拳习武称为"拳禅"。可以说,当禅学南宗传入少林寺后,有意识的拳、禅互渗,相互结合就开始了。由于资料缺乏,早期拳禅的情况不明。据1915年版《少林拳术秘诀》云,少林拳发展至满清入关时,"乃参证禅机,冀臻上乘,于是始有内外交修之旨,身心两修之功,其技乃别开一生面,而非复昔日之景象矣"。此说与武术运动在明季脱离军事格杀技术,形成独立体系的进程是吻合的。少林拳正是在这一演进中,吸收禅宗文化的养料(参见本书第一编"武术与宗教"),形成了有别于其技原貌,也有别于其他拳种的技法特色。近代少林寺著名武僧妙兴(1891—1927)在谈拳理时说,"处于心安气敛",就能保持攻防的"主动地位"。他在谈如何养气时说,"明晓生死,洞察虚幻,悟彻真假,澄洁心志,远离思虑,断绝情欲,摒除嗜好,力戒暴怒"。"遇到一切外魔、挫折、嘲讽和污辱,都能坦然处之,无动于心,久而做到心志专一,坚守吾真"(见《新编少林寺志·妙兴》)。这些拳理,正是禅宗安心入定、忍让为先、看破生死、随缘任往以及遵守戒律等基本禅法和教义的体现。

在清廷严禁民间传习武术的禁令下,少林寺僧暗地坚持武技训练,公开的传习内容则是易筋经、八段锦,以及一些传统的导引健身术。少林寺在不晚于明末清初时,已经传习着这些功法。《少林拳术秘诀》云,明末清初,少林拳术由外家参合内家,至清道光、咸丰年间,内外技法融溶,提出"内功之修养,实性命精神所皈依。离而二之,则为江湖末技,合而一之,则为神功极致"。少林拳由原来重炼外刚、主于搏人,向"内外交修"演进。

发展到近现代,少林拳的运动特点表现为拳禅一体、神形一片、硬打快攻、齐进齐退。少林的套路一般都较短小,运动路线多呈直线往返。少林拳的动作姿势要求:头端面正;眼注一点,兼顾上下左右;颈竖不偏,随身变转;开胸直腰,不能松塌;裹胯合膝,微扣脚尖,不能敞裆开膝,外摆脚尖;肩要下松,手臂击出要曲而不曲、直而不直,以便曲防时含有攻意,直攻时含有守意。身法注重控制重心,动则轻灵、静则沉稳。步架要求进步低、退步高。动作整体表现为全身上下、内外协调一致。动作时,步催、身催、手催,以迅疾见功夫。

少林拳术套路很多。包括有小红拳、大红拳、老红拳、罗汉拳、昭阳拳、梅花拳、炮拳、七星拳、柔拳等等。对练套路有扳手六合、咬手六合、耳把六合、踢打六合等。此外,还有"心意把"等散招练习法。

少林五拳

少林五拳是少林龙拳、虎拳、豹拳、蛇拳和鹤拳的总称。载于《少林宗法》和由其脱胎而成的《少林拳术秘诀》。书中说:"龙拳练神,虎拳练骨,豹拳练力,蛇拳练气,鹤拳练精。五拳学之能精,则身坚气壮,手灵足稳,眼锐胆壮。"五拳的练习要点是:练龙拳时要两肩沉静,五心相印,气注丹田,用意不用力。练虎拳时须鼓全身之气,臂坚腰实,腋力充沛,努目强项,一气相贯。练豹拳时须全身鼓力,两拳紧握,五指如钩铜屈铁。练蛇拳时要注意气之吞吐抑扬,以沉静柔实为主。练鹤拳时须凝精铸神,舒臂运气,以缓急适中为得宜。关于五拳的来源,传说为元代拳手白玉峰编创。唐豪考证后称五拳"是天地会所传的洪拳"。粤籍拳家陈铁生在《武库》中指出:"(五拳)图象手法,纯是广东之洪拳。"(详见唐豪《少林拳术秘诀考证》)

心 意 把

心意把是河南少林寺中传习的一种散招练习法。有人考证认为此技是心意六合拳鼻祖姬际可"读书古寺""传艺河南"时,传留少林寺的。心意把共十二大势,其名目有:起式把、左右把(搂镰把)、翻身把、地盘把、起纵把、腾挪把、亮翅把、展翅把、推上把等。心意把只有单势练习形式,无套路,直线往返练习。少林心意把的架式,与河南马学礼一系心意六合拳传人练习的拳架相近。少林心意把的拳理载于《少林古传秘本拳谱》第一章"十法"。此"十法"与清雍正年间成文的《心意六合拳谱》第九章"六合十大要序"相同。

五形八法拳

五形八法拳是少林拳术套路。该套路以"大金刚拳"和传为白玉峰所创的"少林五拳"融合而成。"五形"包括:龙形、虎形、豹形、蛇形、鹤形。"八法"包括:以静坐、站桩为手段的"内功法"和"意念法",以操练打、踢、摔、拿等动作姿势为内容的"外功法""拳法""腿法""擒摔法""身步法",还有锻炼气息配合动作的"发声用气法"。这套拳路以"猛起硬落、近逼快攻"的刚法为特点,动作刚劲有力,节奏鲜明。

武 当 派

俗称内家拳为武当派。持此说者,以黄宗羲撰《王征南墓志铭》为据。依内家拳始自张三峰,张三峰为武当丹士之说,故名。黄宗羲之子黄百家撰《内家拳法》说:"张三峰既精于少林,复从而翻之,是名内家。"依此说,内家拳法,或称武当派拳法是在少林拳的基础上发展而成的。民国初,有人将太极拳、八卦掌、形意拳合称为"内家拳",呼之为"武当派"。1928年成立的南京中央国术馆,曾一度依这种民俗分类和称谓,将该馆教学内容分为"武当门"和"少林门",沿袭将太极拳、八卦掌、形意拳归入"武当门",其他拳技统归"少林门"的分类法。实际上,张三峰是否创造了内家拳尚属悬案(参见本书第四编"内家拳"),太极拳、八卦掌、形意拳也并不出自武当山,少林派亦不能包罗那么庞杂的内容。目前,武术分类中已不再采用"武当派"这一概念,只历史地把它看成是一种约定俗成的武术系类。

武 当 拳

广义的武当拳,指"武当派"拳术。狭义的"武当拳",指产生和传承于武当山的拳术。从广义来看,旧称属武当派的太极拳、八卦掌、形意拳,都与武当山没有亲缘关系。民国年间金一明曾著《武当拳术精华》,收载的是戚继光"三十二势长拳"。随后金一明又著《中国技击精华·武当精华》,收载黄百家《内家拳法》所述内容。近人溥儇自言1931年在武当山从紫霄宫道士李考林学得"太乙五行擒扑拳",据说此拳是明代弘治年间(1488—1505)武当龙门派道士张守性创编。

峨 眉 派

峨眉派是旧时武术分类中的一类。该系武技崇奉四川峨眉山为发祥地。峨眉武术的渊源不明。明人唐顺之《荆川先生文集·峨眉道人拳歌》云:"浮屠善幻多技能,少林拳法世稀有,道人更自出新奇,乃是深山白猿授。"依此说,峨眉道人习练的拳术,是在少林拳基础上,模仿猿猴技能或受猿猴技能特点启示,创编成的新奇拳术。可以说,在明代,峨眉山拳术已有了自己的技法和风格。此后,明末安徽人程真如得峨眉山僧普恩禅师传枪术,并名其术为"峨眉枪法"。据说近代传习的白眉拳始自峨眉山的白眉道人。鸭形拳创自峨眉山绿雅(或称绿鸭)道人。此外,峨眉僧道中也不乏原本精通民间武术者。例如,在河南天幢寺击败窃金者张某的峨眉僧人,是内家拳师单思南的再传弟子(见《清朝野史大观·清代述异》);峨眉山曹洞宗第三代妙钢和尚是武举人出身;民国初年,峨眉九老洞遇仙寺道人李长叶是八卦掌鼻祖董海川再传弟子。由于缺乏文字记载,峨眉派武术的源流和技术体系至今不十分清楚。今人习云泰著《中国武术史》将四川流传的黄林派、余门拳、白眉拳等"土生土长的拳术",作为峨眉派拳系的基本内容。另有人将近代四川流传的僧、岳、杜、赵、洪、化、字、会等八门,黄林、点易、铁佛、青城、青牛等五派拳术,统归为峨眉派拳术,即《峨眉拳谱》所谓"五花八叶扶"。其中,僧、岳、杜、赵称四大家,洪、化、字、会称四小家。这八家拳术,都是从外省流入四川,结合四川气候温和、人的个子较矮小,以及文化素养等情况,经过改造或融化,扎根下来的拳术。五派是指流传于四川境内五个地区的武术。这五个地区指荣昌和隆昌两县交界地区(黄林派),涪陵市点易洞地区(点易派),青城山地区(青城派),云顶山、铁佛寺地区(铁佛派),丰都县青牛山地区(青牛派)。

僧　　门

　　僧门是四川地方拳种,蜀称"四大家"之一,也称"申门"。申系猴,取猿猴肩臂敏捷之意。传说源自台湾少林,明末,由湖北传入四川。早期代表人物有曾五、孙草药、苏三等。又相传清嘉庆年间由马朝柱(外号赵麻布)传来四川。清同治后,刘鸿升、陈海庭等精通此拳。此系拳多虚步高桩,刚劲有力。技击上重挤靠擒拿、贴身近打,腿法不多,仅以虚腿诱人,或发低腿。要求"十腿九虚,腿不过膝"。主要套路有大练拳、单鞭拳、虎豹拳、缠丝拳、六通拳等。

岳　　门

　　岳门是四川地方拳种,蜀称"四大家"之一。附会岳飞为创始人。此拳架式矮小,步型多马步和弓步,手法以缠、搂、擒、拿为主,讲究"不画圆不成拳,敌人手来无法拦"。

运动特点表现为软缠脆打,刚柔相济。拳套有连成拳、黑虎连拳、六字连拳等。

杜　门

杜门是四川地方拳种,蜀称"四大家"之一。据说此拳是清乾隆时由江西杜观印传入四川,故名"杜门"。又说"杜"是杜绝,阻止敌人进攻之意。杜门初无拳套,只练单操手法和功法。手法以八大擒拿为主,功法有打"沙袋"、操打"滚筒"、靠打"草龙桩"。现传杜门拳有七星拳、三角桩、六合拳。

赵　门

赵门是四川地方拳种,蜀称"四大家"之一。附会宋太祖赵匡胤为创始人,故称赵门。此系拳法以"红拳"为基础。清光绪年间,甘肃人张天福带着弟子马黑子入川,在彭县设武棚传授红拳。后不断吸收四川地方拳技,至民国初年,逐步形成现有内容。此系拳术架式工整、舒展,多腿法和跳跃,动作快速勇猛,要求出手"势如破竹",与长拳风格相近。拳套有太祖拳、大红拳、小红拳、黑虎拳等。

洪　门

洪门是四川地方拳种,蜀称"四小家"之一。据说源自反清秘密组织三合会众传习的洪拳。分为旱洪门、水洪门两系。靠近长江流域者称"水洪",其余称"旱洪"。两拳传授的技法特色和技术内容基本相同。动作刚猛,沉脚重手,发声助威,与广东洪拳风格相近。拳套有大洪拳、小洪拳、洪门捶、洪门手等。

化　门

化门是四川地方拳种,蜀称"四小家"之一,又称"缠闭门"。传自江西人黄吉川。此拳强调化解对方劲力方向,使击不至的;缠闭对方肢体,使不能发招。主要手法有巴(贴住)、探、挂、拿,运动特点表现为手轻脚快,拳套有解铃拳、扣手拳、三十六闭手等。

字 门

字门是四川地方拳种,蜀称"四小家"之一。湖北汉阳单回人李国操于1919年入川,传授此拳。据说此拳原有一百零八字,以字形取意,每式一字,以字练拳,以单操为主,出拳时以鼻呼气配合,还常以鼻发声助力。拳套有定字功、大练步、小练步、六字手等。

慧 门

慧门是四川地方拳种,蜀称"四小家"之一,亦称"会门"。主张"观师默像",锻炼意、气,讲究"手随心转、法从手出",即以意识指挥肢体,以肢体完成攻防。此拳以架式较高的虚步为主要步型。拳套有抢风拳、追风拳、卷门拳、过风拳及软手五行拳。清末,民间宗教秘密结社,对此拳影响颇多,渗入不少迷信色彩,近日传习者不多。

余 门 拳

余门拳是地方拳种。传自四川简阳县余氏。清末,余氏十四代孙余发哉及子余鼎三精此拳术。1918年,父子二人参加成都青羊宫打擂,击败数名高手,引起人们注意。余门拳始逐渐流传开来。此拳桩势低矮,手法较多,身型要求涵胸拔背、沉肩垂肘。发劲刚脆、短促。运动特点表现为动作快速、直进疾退、紧逼猛打。拳套有探花拳、霸王腿拳等。对练套路有龙虎斗、扮手等。

黄 林 派

黄林派是四川地方拳种。亦称黄陵派。关于此拳的起源有两说。其一,此拳为嘉庆年间,四川荣昌和隆昌两县交界处黄林僧(或黄林道人)传出,称为"黄林派"。其二,此拳由陕西传入四川,因轩辕黄帝陵在陕西,故称"黄陵派"。此拳手法有镖手、细手、盘手、剑手等;身型中正,攻守进退皆侧身取势,身法讲吞、吐、沉、浮四字;步法多左右闪展侧进;技击上讲究以快制慢,顺势借力。拳套有等桩拳、四平拳、火龙拳、二排手等。

白 眉 拳

白眉拳是四川地方拳种。据传此拳是四川峨眉山白眉道人所传,故名。因此拳目前在广州、福建、香港、澳门流传颇广,而且技法特点与南少林拳相似,故又被归属为南拳的一种。此拳步架较高,动作幅度小,多上肢动作,注重逼近猛打,沾衣发劲。运动中肌肉舒张与收缩交替分明。蓄劲和动作过程中肌肉放松,发劲时突然收缩肌肉,而且要求肌肉一缩即松,使劲力短脆。拳法有冲拳、鞭拳、双撞拳、压拳等。掌法有托掌、斩掌等。桥法有碎桥、钻桥、横桥、刹桥、封桥等。步型以四六步为主。步法以随势带步、跃步为特点。套路有小十字拳、大十字拳、三门八卦拳、九步推拳、十八摩桥功、猛虎出林拳等。

内 家 拳

内家拳是一种"主于御敌"的拳种。所谓"内家"是相对于"主于搏人"的"外家"拳技而言。

内家拳在明代流传于浙江。传习者说此拳传自宋代武当山道士张三峰。或云"宋徽宗时,张三峰夜梦元帝授之拳法"(见《王征南墓志铭》),或云"张三峰既精于少林,复从而翻之,是名内家"(见《内家拳法》)。百年后,陕西王宗精此术,传温州陈州同,又有鄞县人张松溪得孙十三老传,张又传四明人叶继美,叶传吴昆山、周云泉、单思南、陈贞石、孙继槎等,他们皆各有传人。其中单思南传王征南。王之弟子黄百家著《内家拳法》,黄父宗羲撰《王征南墓志铭》,两文中都详细记述了王征南有关内家拳源流说及其所传拳技。内家拳对后世拳坛影响颇深,曾产生过诸种附会说法。关于内家拳是否创自张三峰的问题,至今争论犹存,莫衷一是。

内家拳基本手法包括:斫、削、抖、磕、靠、掳、逼、抹、芟、敲、摇、摆、撒、镰、擸、兜、搭、剪、分、挑、缩、冲、钩、勒、耀、兑、换、括、起、倒、压、发、插、削、钓等35种。

基本步法包括:趫步、后趫步、碾步、冲步、撒步、曲步、蹋步、敛步、坐马步、钓马步、连枝步、仙人步、分身步、翻身步、追步、逼步、斜步、绞花步等 18 种。

基本击法包括穴法和应敌打法两种。穴法的内容含有点打对方穴位和锁拿对方关节等打要害的技法。攻击部位有死穴、哑穴、晕穴、咳穴、膀胱、虾蟆、猿跳、曲池、锁喉、解颐、合谷、内关、三里等处。应敌打法的内容含有长拳滚砑、分心十字、摆肘逼门、迎风铁扇、金刚跌、顺牵羊、虎抱头等若干种。

内家拳的基本套路有六路、十段锦。

内家拳将拳架姿势和动作过程中的错误称"病",列了 14 种"禁犯病"。包括懒散、迟缓、歪斜、寒肩、老步、腆胸、直立、软腿、脱肘、戳拳、扭臀、曲腰、开门捉影、双手齐出。

内家拳"主于御敌",讲究以静制动,非遇甚厄则不发,发则犯者应手即仆。

内家拳以"敬、紧、径、劲、切"五字为"心诀"(参见本书"内家拳五字诀")。

20 世纪 30 年代《内家拳法研究》的作者唐豪氏认为,内家拳已如黄百家所言,成了"广陵散"了。在 80 年代"武术挖掘整理"中,有人自言其技为松溪派内家拳,然否,众说不一。不论内家拳是否还有传承,它的若干技法影响了后世武术的发展,却是不容置疑的。

清末民初,相继出现了将特点异于"少林拳"的太极拳、八卦掌、形意拳等概称为"内家拳"的提法。这种提法在一部分武术习传者中约定俗成地沿用着。一些研究者则认为明清间的"内家拳",仅是宁波一带流行的地方拳种;与后世的太极拳、形意拳、八卦掌并不是一回事,应该区别开来。民国年间关于将后三种拳术总称为"内功拳"的提法,逐渐得到了学人的认可。

太 极 拳

太极拳是武术圆柔类拳种。清初始见传于河南温县陈家沟。套路名称有"十三势""长拳""炮捶"。清代末叶,武禹襄(1812—1880)编著太极拳谱八篇,首录《山右王宗岳太极拳论》,始以"太极拳"为名统称陈家沟流传的拳术。"太极"一词源出《周易·系辞上》"易有太极,是生两仪"。两仪,即阴阳。太极之理即阴阳相互对应、相互统一、相互转化之理。太极拳以此解析拳理,故名。

关于太极拳的起源,有几种不同说法。一说传自唐朝许宣平或李道子;一说传自宋代张三峰;一说传自明代张三丰;一说传自陈家沟陈氏始祖陈卜。据唐豪、顾留馨等人考证,这些说法均为附会,或者仅是没有依据的传说。陈家沟的太极拳是陈氏九世陈王廷所创。此拳是吸取明代流行拳法和戚继光的三十二式长拳,融合古代道家养生修炼术,结合古代的阴阳学说和经络学说创编而成。传至陈氏十四世陈长兴(1771—1853)时,始传外姓杨露禅。此后,太极拳从陈家沟陈氏一地一族的小范围传向全国,并逐步衍生出了与陈式太极拳特点有异的杨式、武式、孙式、吴式等多种太极拳流派。

各派太极拳间虽然在动作、套路、风格等方面都各成一体,但它们之间仍然保持着一些基本相同的技术方法和运动特点。在身体姿势方面,均要求悬顶、顺项、涵胸拔背、沉肩垂肘、塌腕、松腰实腹、敛臀落胯、膝部松活、两足分清虚实、全身中正安舒。在动作运动路线方面,均要求弧形运转、节节贯穿、上下相随。达到运动圆活、衔接顺畅。在动作速度和劲力上,除陈式太极拳外,均要求以柔和缓慢为主,练习速度均匀。在整体要求方面,均要求以内在的意识为主导,以意领气、以气运身,意、气、体三者配合协调。在技击上,均强调在"舍己从人"的前提下,求得以静制动、以柔克刚。

太极拳除了单练套路外,还有"太极推手""太极大杆""粘黏枪"等练法。

早在清末,太极拳的保健作用就已引起人们的重视。近年对太极拳健身作用的研究,证明了练习太极拳对人的神经系统、运动系统、循环系统、消化系统都有良好的影响。

陈式太极拳

陈式太极拳是太极拳流派之一。创自河南温县陈家沟陈王廷(1600—1680)。陈王廷,字奏庭。自幼习文练武,承袭祖传武技。后考为文、武庠生,文武兼优,"在山东称名手"。明崇祯十四年(1641)任温县"乡兵守备"。曾"披坚持锐,扫荡群氛"。明亡后,隐居家乡,陶情于渔水,盘桓于山川,忙时耕田,闲时"造拳"。他编造的拳法,今称陈式太极拳老架。此拳是以陈氏祖籍山西洪洞旧传的拳艺参与阴阳开合之理为基础,吸收和借鉴戚继光《拳经三十二势》,结合

《黄庭经》中的导引、吐纳方法创编而成。陈式太极拳老架共有七个套路,现仅流传第一路和第二路(炮捶),其他老架套路在清末已无人问津。大约道光、咸丰年间(1821—1861),陈王廷五传弟子陈有本去掉老架中的某些难度动作,编成陈式新架太极拳。其弟子陈青萍(1795—1868)又在有本所传拳架基础上创编成另一拳架套路——"赵堡架"。陈式老架拳与新架拳没有本质的区别,主要区别在于老架拳弧形绕转的圈较大,新架拳圈较小。故陈家沟也称老架拳为"大圈拳",称新架拳为"小圈拳"。

陈式太极拳有着显著的运动特点,其在内是意气运动,在外是螺旋缠绕运动。强调在意识主导下,头顶气沉,放长身肢,通过旋腰转脊带动上肢旋膀转腕,带动下肢旋胯转踝,使肢体在顺逆缠丝中,促成内外相合,节节贯穿。陈式太极拳的动作有快、有慢,一般发劲时、转换时快,动作过渡时慢。陈式太极拳有刚有柔,一般动作的终点刚、过程柔。全套动作在快慢、刚柔、开合、曲直等矛盾的相互依存、互相转化中,相连不断、一气呵成。

杨式太极拳

杨式太极拳是太极拳流派之一。创自河北永年人杨福魁(1799—1872)。杨福魁,字露禅。约10岁时至河南温县陈家沟陈德瑚家为僮,得陈式太极拳师陈长兴赏识,收为门徒。杨露禅约于1850年左右回返永年传武禹襄兄弟三人,后被荐至北京,任京师旗营武术教师。他为了适应清朝"玉体不动"的显贵达官和体弱年迈者的体质,扩大传习范围,适应保健需要,删改陈式老架太极拳中的发劲、跳跃和难度较高的动作,编创成杨式太极拳架。后又经其子杨健侯(1839—1917)、其孙杨澄甫(1883—1936)等人修润、定型为现在的杨式太极拳套路。杨式太极拳动作姿势舒展简洁,动作松柔,缓慢匀速。杨澄甫将杨式太极拳的技法总结为十要,即:虚灵顶劲、涵胸拔背、松腰、分虚实、沉肩坠肘、用意不用力、上下相随、内外相合、相连不断、动中求静。研习杨式太极拳可参阅杨澄甫著《太极拳使用法》《太极拳体用全书》、顾留馨《太极拳术》、中华人民共和国体育运动委员会运动司编《太极拳运动》等。

武式太极拳

武式太极拳是太极拳流派之一。创于河北永年县人武禹襄（1812—1880）。武禹襄自幼习武好文，约1850年从杨露禅学得陈式老架太极拳，1852年途经河南怀庆府赵堡镇，从陈青萍学陈式新架太极拳。月余后，在其兄澄清任所舞阳县知县处，得舞阳盐店抄存的《王宗岳太极拳论》。此后，武禹襄钻研拳谱，揣摩拳架，多有发悟，创编成武式太极拳。

此拳姿势紧凑，强调左右手各管半个身体，出手不过肩，动作柔缓，步法小巧灵活，注重虚实变换和内气潜转。武式太极拳的身法主要有涵胸拔背、裹裆、护肫、提顶、吊裆、沉肘、尾闾中正。运动时注重动作的起（开始动作）、承（上一动作环节与下一环节）、开、合；讲究"往复须有折叠，进退须有转换"。

武禹襄著有《打手要言》《四字不传秘诀》《十三势行功心解》和《身法十要》等。近年，有人怀疑所谓《王宗岳太极拳论》，出自武禹襄之手。武氏之徒李亦畬再传弟子郝为真及其子、孙，亦撰有多篇论文和著述。郝月如著《武式太极拳》一书可供参考。

孙式太极拳

孙式太极拳是太极拳流派之一。创自河北完县人孙禄堂（1861—1932），孙禄堂初从李魁垣学形意拳，继从李之师郭云深研习，后又从程廷华学八卦掌，皆得真髓。民国初年从郝为真学得武式太极拳后，遂以武式太极拳为基础，吸取形意拳进步必跟、退步必撤的步法特点，八卦掌拧旋敏捷的身法特点，并融入这两门拳术的一些手法，融会贯通，创编成孙式太极拳。

此拳动作小巧轻灵，架高步活，柔缓圆活，运动方向变化较多。由于此拳以两脚进退相随为步法特点，又称"活步太极"。由于此拳以开手和合手（"开合手"）为动作转换衔接的基本方法，还称为"开合太极拳"。研习此拳，可参阅孙禄堂著《太极拳学》，孙剑云著《孙式太极拳》。

吴式太极拳

吴式太极拳是太极拳流派之一,创自河北大兴人吴鉴泉(1870—1942),也有人认为创自其父全佑(1834—1902)。全佑,满族人。初从杨露禅习杨式大架拳,复拜其次子杨班侯为师学杨式小架拳,以善柔化著称。鉴泉自小从汉,改姓吴,又名爱绅。他幼秉家学,擅长小架太极拳。1921年,吴鉴泉受聘于北京体育研究社任教时,去掉小架太极拳中的发劲、跳跃和重复动作,突出轻柔、缓慢、圆活、连绵的运动特点,创编成吴式太极拳。此拳的基本技法包括:悬顶弛项、涵胸拔背、转腕旋膀、展指凸掌、弓腰(即坐腰,也叫塌腰)收臀、屈膝坐腿。要求做弓步时,两脚尖均朝前,头顶与后脚跟形成一条斜线。做马步时,要求左桩右柱或右桩左柱,即重心偏向进攻方向一侧。在转身变向时,不论转45°、90°、180°,都采取全脚碾转的方法。在技击上,此拳强调以柔济刚,以静待动,以小制大,以退为进。其父所传旧套被名之为"吴式快架子",亦有流传。研习吴式太极拳可参阅徐致一著《吴式太极拳》。

赵堡太极拳(和式太极拳)

赵堡太极拳是太极拳流派之一,因流传于河南温县赵堡镇一带,故名。此拳架早期传人为陈青萍(1795—1868)。赵堡太极拳架较陈家沟流传的太极拳架小巧紧凑,动作缓慢柔和。要求通过头直、身直、小腿直,达到立身中正。通过顺腿、顺脚、顺手、顺身,达到姿势合顺。强调发劲暗不露形,势势练成空圈。1933年,沁阳人杜元化著《太极拳正宗》,叙述赵堡太极拳练法及源流,其源流说中颇多不实之词。

目前,赵堡"和式太极拳"流传较广。和式拳架首传自赵堡人和兆元(1811—1891)。和兆元是陈青萍的大弟子。和得传后,悉心研习,传授子弟。后经其长孙和庆喜致力传播,授徒日众,乃将其所传拳架名之为"和式太极拳",逐渐形成了一个太极拳流派。研习此拳可参阅和有禄著《和式太极拳谱》。

太极五星椎

太极五星椎为太极拳系套路。"椎"读 chuí(音垂),指捶击具。清末,杨露禅设教端王府时,收该府总管王兰亭为弟子。杨于1872年逝世后,王兰亭与好友司星三、李宾甫和李瑞东一道,以太极拳的搬拦锤、肘底锤、撇身锤、指裆锤、栽锤等五锤为基础,揉入太极十三势、八卦掌和形意拳的一些手法,编组成此套路,以"锤"是五种用于捶击的方法,故定名"太极五星椎"(后世有人将"椎"写为"锤")。

此拳路分四趟,重下盘功夫,以体松、缓慢、连贯圆活、用意不用力为基本原则,动作名称及姿势要领均同于杨式太极拳要求。讲究练理、练势、练气、练机。以"理"为主导。认为明理,才能势正、气畅、机灵。

六合八法拳

六合八法拳是一个拳术套路。1930年铁岭满族人吴翼翚开始在上海传授此拳。吴自述此拳是从河南开封陈光第、阎国兴、陈鹤侣三人学得,源自宋初道士陈抟(见《六合八法之溯源》)。一般认为,陈抟创拳说出于"伪托"。推测六合八法拳源自太极拳,兼取心意六合拳和八卦掌之长编成;或者源自心意六合拳,兼取太极拳和八卦掌之长编成。

六合八法拳以"体合于心、心合于意、意合于气、气和于神、神合于动、动合于空"为六合;以"行气集神、骨劲内敛、化象模仿、圆通策应、顶悬虚空、往来返复、安静守虚、隐现藏机"为八法。全套动作共66式。其动作姿势要求头项正直、背脊环抱、胸虚腹实;两腿弯曲,重心略偏于后,大约在前四后六或前三后七间。练习时要求从"缓"字着手,追求动作圆润轻灵,强调心意、动作、气息相互配合。研习此拳可参阅吴翼翚述、陈悦人编《六合八法拳图说》。

禅门太极拳

禅门太极拳是一个拳术套路。相传为少林和尚根据"广大圆满无碍大悲心陀罗尼"经咒,演绎其意融入拳式而编成。初名"大悲陀罗尼拳"(简称"大悲拳")。全套动作63式。此拳姿势端庄舒展,开合交替,刚柔相间。练拳时强调用意念去体味身体与空气的感应。其法是将空气想象为水,人如置身水中练拳,肢体一动就能引起反方向的应力。如向上运动时,体会空气(水)向下吸拉的应力感觉;向下运动时,体会空气(水)向上推浮的应力感觉。类此,前去则有向后的应力,右去则有向左的应力。不断提高肌体对空气阻力的感应。

简化太极拳

简化太极拳为新编太极拳套路。是中华人民共和国体育运动委员会于1956年组织部分太极拳家整编的。因全套共24个动作,故俗称"二十四式太极拳"。这个套路是以删繁就简、去其重复为原则,以杨式太极拳架为动作素材,从原套择取20个不同姿势,编串成的简化套路。其运动技法和风格特点,仍同于杨式太极拳。此套路易学、易练、易记,很快就普及各地,传至海外。人民体育出版社发行了数百万册(张)《简化太极拳》书籍和挂图。

四十八式太极拳

四十八式太极拳为新编太极拳套路。此套路是1976年中华人民共和国体育运动委员会组织部分太极拳家创编而成。此套路以简化太极拳为基础,增加了杨式太极拳中的撇身锤、肘底锤等,陈式太极拳中的掩手撩拳、穿拳下式等,吴式太极拳中的单鞭、捋挤势等,孙式太极拳中的倒撵猴等动作。套路中的过渡动作以"抹掌"为主。全套共48个动作。此套路仍保持杨式太极拳的技法特点和演练风格。也就是说,吸收入此套路的各种太极拳式,均以杨式太极拳技法要领进行了整理。人民体育出版社出版的《太极拳运动》(修订本)收辑有此套路。

八十八式太极拳

八十八式太极拳为杨式太极拳套路。是中华人民共和国体育运动委员会武术科于1957年组织部分太极拳家整理的大架杨式太极拳套路。原流行的大架杨式太极拳,由于师承不同,传习者个人体会不同,拳式和数量均有某些出入。在整理过程中,整理者对某些动作结构作了些修改,并把全套动作规定为88个。随后,将此套路作了图解说明,编印出版,使此套路在统一的规格下得到了较好的普及。人民体育出版社出版的《太极拳运动》收辑有此套路。

八 卦 掌

八卦掌为武术圆柔类拳种。原名"转掌",后称"八卦掌",亦称"八卦转掌""游身八卦掌""揉身八卦掌""八卦连环掌"。后世传习者多以转掌的走圈似循八卦八方位的连线,其技法讲究纵横交错、随走随变,其击法讲究临机应变、以变应变,合于《周易》中"刚柔相摩,八卦相荡",运动不息、变化不止之理,而惯称之为"八卦掌"。关于此拳的起源,传说不一。据考证为清代河北文安朱家务村董海川(约1813—1882)所创。此拳系以极似道教"转天尊"的绕圆走圈导引术和武术的攻防方法融合成基本运动形式,采用"易理"论述拳术运动规律,形成"以动为本、以变为法"的基本拳理。大约1866年,董海川在北京肃王府传出八卦掌法后,其术很快盛传京津冀,并不断传播各地。八卦掌的技术和理论体系也随之迅速发展。

八卦掌以站桩和行步为基本功,以绕圆走转为基本运动形式,以"摆扣步""蹚泥步"为基本步法,走转的足迹路线分为走阴阳鱼、走八卦图、走九宫等。八卦掌充分发挥掌比拳和勾长的优势,以掌代拳施捶打之能,以掌代勾行拨捋之巧,形成了该拳系手法几乎全是掌法的特点。其掌型分为龙爪掌、牛舌掌。主要击法有推、托、带、领、搬、扣、拦、截、捉、拿、勾、打、封、闭、穿、点等。八卦掌基本掌法有:八大式(单势八掌、定势八掌)、老八掌或称八母掌(变势八掌)、六十四掌;还有八卦暗腿、截腿和连腿等练法。单练套路有龙形八卦掌、连环八卦掌等。对练套路有八卦掌使用法、八卦对子、八卦掌对练。八卦掌系的器械有子午鸳鸯钺、子午阴阳锐和判官笔等独特短小的双兵器,以及以械大而重著称的八卦刀、八卦枪、八卦剑等,还有以实竹内灌水银制成的七星竿。

八卦掌动作姿势要求顺项提顶、松肩垂肘、畅胸实腹、立腰溜臀、缩胯弇膝、十趾抓地。八卦掌素以"滚钻争裹,奇正相生"为劲力法则,其运动特点表现为拧旋翻转、纵横连环、掌随步换、随走随变。旧传掌谚将之概括为:"行走如龙、回转若猴、换势似鹰、沉若虎坐"。八卦掌系以以动制静、避正打斜、以正驱斜为技击要诀,强调通过不停的走转变招避开对手的正面攻击,而以我的正面顺势,打击敌手的斜面(背势)。

单 势 转 掌

单势转掌是八卦掌系中以单一拳势进行走转的练习形式。因走转时拳势不变,拳势为八,故又称"定势八掌""八大式"。各支系采用的拳式不尽相同,常见的名目有近 30 个。依其动作特点,可归类为转掌势、双撞掌、下沉掌、太极掌、猴形掌、指天打地、双抱掌、揉球掌、狮子张嘴、大鹏展翅等 10 式。

老 八 掌

老八掌为八卦掌系的八个基本组合动作的练习形式。据说传自八卦掌始祖董海川,故言"老"。又以此八掌为变化衍生的基本掌法,称为"八母掌"。还以此八掌是一边走圈、一边变换拳式进行练习,而称为"变势转掌"。

在八卦掌拳系中,不同支派传习的老八掌动作不尽相同。常见的有下列六种:

1. 狮子掌、顺势掌、背身掌、平托掌、风轮掌、卧掌、返身掌、抱掌(练法可参见孙禄堂《八卦拳学》)。

2. 单换掌、盖手掌、反背掌、披(劈)身掌、顺势掌、顺步掌、下塌掌、平穿掌(练法参见李子鸣《董海川八卦掌》)。

3. 单换掌、双换掌、转身掌、翻身掌、三穿掌、背身掌、双撞掌、摇身掌(宫宝田传授)。

4. 单换掌、双换掌、顺势掌、背身掌、翻身掌、磨身掌、三穿掌、回身掌(练法参见孙锡堃《八卦拳真传》)。

5. 磨身掌、三穿掌、回身掌、背身掌、翻身掌、转身掌、摇身掌、背插掌(练法参见王文奎、刘兴汉《游身八卦连环掌》)。

6. 蛇形顺式掌、龙形穿手掌、回身打虎掌、燕翻盖手掌、转身反背掌、拧身探马掌、翻身背插掌、停身搬扣掌(练法见杜召棠《游身八卦连环掌》)。

六 十 四 掌

六十四掌是八卦掌系的六十四个基本组合动作或单个招式的练习形式。亦称六十四式、六十四手。

董海川传掌时,固定的组合练习形式只有"老八掌"。其弟子及再传弟子将董平日示例说明击法原理的若干招式编串成组,加以发展整理为六十四数而成。常见的有经刘德宽整理、传留北京的六十四式;经周玉祥及其弟子高义盛增删整理、传留天津的六十四手;经吴峻山增添招术传授给南京中央国术馆的六十四掌。

新 八 掌

新八掌为八卦掌练习形式之一。河北沧州人姜容樵(1891—1974)创编。姜容樵幼习迷踪拳,1909 年拜张占魁(兆东)为师学习形意拳和八卦掌,还曾从李景林、李雨三,以及好友汤士林习技,博学广通,文武兼优。著有数十种论述武术的专著和专文。他晚年以张占魁所传八卦掌为基础,编创成"八卦掌"八掌练习法,总结出一百三十六字的八言句——"八卦掌锻炼方法歌",合编为《八卦掌》出版。这套掌法架式宽舒、速度柔缓、衔接顺畅、易学易练。该书自 1963 年人民体育出版社初版后,至 1983 年已第五次印刷,印数近百万。香港太平书局,亦以《八卦掌练习法》出版同一内容的专书。此套掌法流传日广,习者日众,传习者为了与八卦掌"老八掌"相区别,称之为"新八掌"。

形意八卦掌

形意八卦掌是近年见传的一种八卦掌练习法。传自任定财。其师张占魁,本从师刘奇兰,精形意拳,后又拜入董海川师门,得八卦掌窍要。

形意八卦掌包括燕掌、鹰掌、熊掌、猴掌、龙掌、蛇掌、虎掌、马掌等八掌。主要步法为蹚泥步。身法有翻、滚、占、扭、展等法。腿法有旋风摆腿、盘旋侧身腿、连环腿、蛟龙翻身暗腿、大蟒回首腿、旋风赶月腿。

八卦掌对手

八卦掌对手是八卦掌两人固定招法的对抗练习形式。亦名八卦对子、八卦对打、八卦散手。八卦掌对手在传习过程中发展很大。基本练习方法是两人侧对站立,均呈右转掌式,以右手腕相搭,然后以搭腕处为圆心向同一方向绕走。双方在绕走中互相进攻、防守。再变化左转掌式、搭左腕走圈,练习左势攻防。蒋浩泉、裴锡荣编著有《八卦散手》,可作练习参考。

心 意 拳

心意拳是武术拳种之一,全称"心意六合拳",亦称"六合拳"。后世传习者以此拳强调"心之发动曰意,意之所向为拳",而惯称之为"心意拳"。关于此拳的起源传说不一,一般认为此拳创自明末清初山西蒲州人姬际可(字龙凤)。据清雍正间李失名《六合拳谱・序》云:"惟六合出于山西龙凤姬先生。先生明末人也,精枪法……变枪为拳,理会一本,形散万殊,拳名六合。"

该拳基本动作包括"前后各六势"。其中,一势可变为十二势,十二势仍归一势。该拳的动作要领为六合和"身成六式"。"六合",即"心与意合,气与力合,筋与骨合,手与足合,肘与膝合,肩与胯合"。"身成六式"即龙身、熊膀、鸡腿、鹰爪、虎抱头、雷声。其步法特点表现为前脚进、后脚随;进步高、退步低;起步轻捷,落步踏地有声。其脚法强调脚起要蹬,脚落要平、踩要跟、脚要稳。其手法特点表现为,手起如虎扑,手落如鹰捉;手不离心,肘不离肋。其基本劲法包括踩、扑、裹、束、决(绝)劲。心意拳运动风格表现为劲力充足,阳刚矫健,动作简洁、整齐,直线往返运动。心意拳以人的头、手、肘、肩、胯、膝、足为七拳,锻炼此七拳的攻防用法。动作时讲究"拳如炮形龙折身,对敌好似火烧身"的快打猛攻。

近世流传的心意拳,以丹田功为内壮基本功,以鸡腿桩、鹰式桩、熊式桩为基本桩式。基本架势为侧身弓箭步,要求头、前肩、膝、足成一垂线,头、后肩、胯、腿、足成一斜线,与地面构成一直角三角形。该拳基本拳法为十大形。包括龙、虎、猴、马、鸡、燕、蛇、鹞、鹰、熊形。单练套路有龙虎斗、鸡步大劈、四拳八式、十形合一、横开三皇锁、上中下四把等。对练套路有心意拳对练。

四 拳 八 式

四拳八式是心意拳典型套路。流传于河南派心意拳传承者中。此套路以鹰熊二式为主体,讲究进攻像鹰,防守像熊。内容包括:头拳熊势、头拳鹰势、头拳变换挑领势、挑领熊势、挑领鹰势、鹰捉熊势、鹰捉鹰势、粘手熊势、粘手鹰势、裹横鹰势、裹横熊势。宝显廷著《形意拳谱》中有载。

形 意 拳

形意拳是源出于心意拳的一个拳种。"取其以心行意之义",亦称为"行意拳"。此拳讲究"象其形,取其意";要求"心意诚于中,肢体形于外",内意和外形高度统一,故名。形意拳脱胎于心意六合拳而自成一系。1856 年后,河北深县李飞羽(洛能),始以"形意拳"为名,在山西、河北等地传授该系拳技。此拳系借鉴"禽戏"增益拳式,采用"五行学说"论述拳术的运动规律。清咸丰后得到了较广泛的传播。并逐步形成了山西、河北两系不同的技法特色。

形意拳以三体式为基本桩法,以五行拳(即:劈、崩、钻、炮、横五拳)、十二形拳(即:龙、虎、猴、马、鼍、鸡、鹞、燕、蛇、骀、鹰、熊十二形拳)为基本拳法。单练套路有五行连环拳、四把捶、八式拳、十二洪捶、出入洞、五行相生拳、龙虎斗、八字功、杂式捶等。对练套路有五行炮(五行相克)、三手炮、五花炮、安身炮(挨身炮)、九套环等。器械套路有三才剑、行步六剑、五行剑、连环剑、十二形剑、三合刀、三才刀、六合刀、连环刀、连环棍、五行枪、连环枪、六合枪、凤翅镋等。

形意拳动作姿势讲究:头要上顶、颈要竖直;肩要松、肘要坠、腕要塌、掌要撑、拳要紧;背要拔、胸要含、腰要塌(立)、脊要正;胯要缩(不挺出)、膝要扣、足要平稳。

形意拳运动以"两肘不离肋,两手不离心",钻翻伸屈,拧旋往返,体现出严密紧凑的上肢运动特点;以进步之后常随跟步,退步之后常带撤步,迈步如行犁,落脚如生根,体现出快速沉稳的下肢运动特点;以手到脚到,齐起齐落,三尖相对,内外六合,体现出完整协调的整体运动特点;以"起如风,落如箭,打倒还嫌慢","硬打硬进无遮拦",体现出快攻直取、寓守于攻的技击特点。此外,形意拳还有着动静相间、节奏明显、劲力充实、刚柔相济等运动特点。

五 行 拳

五行拳是形意拳的基本拳法。包括劈拳、钻拳、崩拳、炮拳、横拳五拳。形意拳理将此五拳配以金、木、水、火、土五行,故名。以五行之理论说五拳之性,即有"劈拳之形似斧,性属金;崩拳之形似箭,性属木;钻拳之形似电,性属水;炮拳之形似炮,性属火;横拳之形似弹,性属土"之说。并用五行生克论,说明五拳的相互制约关系。

五 行 生 克 拳

五行生克拳为形意拳对练套路名称,亦名"五行炮"。此套路采用劈拳、崩拳、钻拳、炮拳、横拳(即五行拳)技法,运用五行相生相克理论,自生互破进行演练。

此套路单人练习的顺序是:(甲方)劈拳→钻拳→崩拳→炮拳→横拳,正合金生水、水生木、木生火、火生土之序;(乙方)崩拳→炮拳→横拳→劈拳→钻拳;正合木生火、火生土、土生金、金生水之序。两人对练时,甲、乙双方对面而立,以三体式为预备式,然后按上述顺序对击,即形成劈克崩、炮克劈、钻克炮、横克钻、崩克横,正合金克木、火克金、水克火、土克水、木克土之理。

五 行 连 环 拳

五行连环拳为形意拳基本套路,亦简称"连环拳"。是以五行拳为基本动作编组而成的。全套除起势、收势外,共十一个动作。其动作名称依次为:起势、崩拳、退步横拳、崩拳、白鹤亮翅(退步抱拳)、炮拳、包裹式、劈拳、拗步钻拳、狸猫上树(跳步劈拳)、崩拳、回身式。然后重复一遍(即打一个往返趟),收势。

此拳路短小紧凑,风格突出,流行颇广。

十 二 形 拳

十二形拳是形意拳系传统套路之一。取十二种动物的动作特点,结合武术招式编组而成。"十二形"包括：

龙形、虎形、猴形、马形、鼍形、鸡形、鹞形、燕形、蛇形、骀形、鹰形、熊形。孙禄堂《形意拳学》述十二形的形态特点为：龙有搜骨之法；虎有扑食之势；猴有缩身之法，又有纵山之能；马有疾蹄之功、又有垂缰之义；鼍有浮水之能；鸡有单腿独立之能，抖翎之威，争斗之勇；鹞有入林之能，又有翻身之巧；燕有取水之精；蛇有拨草之能；骀有竖尾之能；鹰有攫获之能；熊有竖项之力。

八 字 功

八字功是形意拳系拳术套路之一。因传者将其拳路要诀概括为八字而名。这八字是：斩、截、裹、胯、挑、顶、云、领。

八字功基本动作包括劈拳、钻拳、横拳、崩拳、炮拳、燕形、鼍形、蛇形。形意拳练习者把"八字功"作为提高技击能力（功力）的"功拳"，既可将八字逐一练习，亦可将八字串连起来，一气呵成。练习时，要求动作快速、发力勇猛、力点准确。

百 形 拳

百形拳为新编形意拳套路。传自姜容樵，据姜说，这是他根据形意拳谱和周侗的"百形图"创编而成的。其弟子沙国政精此术。

该拳以形意拳技法为基础，效象形取义之理编成。全套分为十趟，每趟十形。其运动特点同形意拳。其中除形意拳原有十二形外，还有鹤形、隼形、鹐形、犀形、象形等模仿动物特长的拳式，也有"搬舵式"等从劳动动作中悟出的攻防招法。

意 拳

意拳是拳术的名称。

1. 心意拳的古名之一。传为清乾隆十五年（1750）成文的《心意六合拳序》云："（岳飞）精通枪法，以枪为拳，另立一法，以教将佐，名曰意拳。"

2. 近代武坛形成的一个拳种，指传自王芗斋的现代意拳。王芗斋（1890——

1963)幼从郭云深习形意拳,得其精要。成年后外访各地,又学得纵鹤拳、八卦掌、太极拳等多种拳技,经数十年亲身实践和理论研究,最后以形意拳为基础,以"以形取意、以意象形、形随意转、意自形生、式随意从、力由意发"(《意拳要点》)为总则,摆脱拳套,形成"重意弃形"、以站桩功为本、讲究实搏散手的现代意拳。现代意拳的主要内容包括站桩、试力、试声、发力、摩擦步、推手、散手等。其中,站桩、试力、试声被作为基础功夫。桩式有二十多种,按其形式可分为站、坐、卧、行走、半伏等式。按其作用可分为养生桩和技击桩。练习站桩首重凝神定念、意动一致,以"四容五要"为基本原则。"四容"是头直、目正、神庄、声静;"五要"是恭(恭敬)、慎(谨慎)、意(意足)、切(切实)、和(平心和气)。试力是由不动中去体会,再由微动中去认识站桩获得的各种力。练习试力时,还要以试声补益试力,以求声力并发。试声讲究声由内转,如幽谷之声。初试时求有声,渐变有声为无声。

意拳强调浑元完整,要求"力不出尖""形不破体",并以形意拳《九要论》中"上欲动下自随,下欲动上自领,上下动中间攻,中间攻上下合,内外相连,前后左右相应"作为练拳原则(《意拳要点》)。遇敌交手时,要求身无定势,手无定形,步无定位,审敌度势,随机发力。

关于现代意拳的命名,尚存不同说法。一些传习者认为此拳重意弃形,而命名"意拳"。有一些传习者认为此拳是融多种拳技而成,称之为"大成拳"。王芗斋著有《意拳正轨》《意拳要点》《站桩功》等。

自 然 门

自然门是武术拳种之一。湖南慈利县人杜心五(1869—1953)所传。杜自称此术得自四川武师徐某。

自然门无固定拳套,不讲着,不着相,以气为归,以不失自然为本旨。所谓"自然",是通过循规蹈矩的苦练求得。

自然门入门之初,以舒筋法练习腰腿柔韧、关节灵活;以内圈手练习手眼身法步,要求"身似弯弓手似箭,眼似流星腿似钻"。此后则习推手(即鬼头手),然后再加入踢法练习。

自然门功法包括:以"子母球"练抓、斩、切、刺、抛、刷、点、拿等劲;以"沙包"练抓扣劲;以"捏纠木棒"练虎口劲;以"三角桩"练蹬踢法等。

自然门打法分十九字,有歌云:"生、擒、捉、拿、闪、躲、圆、滑、吞、吐、浮、沉、绵、软、巧、脆、化、妙、神字至上乘。"自然门技法要诀为:"吞身如鹤缩,吐手若蛇奔,活泼似猿猴,两足如磨心,若问真消息,气穴寻原因。"

自然门习武与修身并重,要求打法自然,处世自然,归根自然。

杜心五之高徒万籁声著《武术汇宗》中,对自然门渊源和技法,记述颇详。

长　拳

长拳泛指武术中遐举遥击、进退疾速的一类徒手攻防技术和运动形式。所谓"长"是相对"短"而言。"长拳"是相对"短打"而名。明代唐顺之《武编》云:"逼近用短打,若远开则用长拳。"当时流传的长拳类拳术有宋太祖三十二势长拳、温家七十二行拳等。

现代武术运动中的"长拳"一词,沿用明代长拳的概念,将查拳、花拳、华拳、红拳(亦写为洪,但别于南拳中的洪拳)、少林拳等具有"遐举遥击、进退疾速"特点的拳术,统归为长拳。以这些拳种的动作素材和基本技法为基础创编的现代长拳,是现代武术教学和竞赛的主要内容之一。1956 年后相继问世的初级长拳一、二、三路,甲组规定长拳、乙组规定长拳,以及"自选长拳",都属于此类。

现代长拳拳术架式舒展、工整,动作灵活、敏捷,腿法和窜蹦跳跃动作较多。运动特点表现为势正招圆、刚柔相济、开合相间、急缓交替、轻重相映、起落相衬、节奏明快。对敌时强调拳脚交加,以长制短,以快制慢,先发制人。

查　拳

查拳属长拳类拳种。亦写作插拳、叉拳。据说是以该拳多插(叉)步、插掌而名。现代统一写为"查拳"。

查拳初盛于鲁西冠县一带。清代雍正年间,冠县沙庄回民沙亮是查拳初期代表人物。此后传承不断,逐步流传到长江南北。

查拳拳系以十路查拳为本,还包括有三路滑拳、三路炮拳、四路洪拳、两路腿拳。十路查拳的名称为:头路母子拳、二路行手、三路飞脚、四路升平、五路关东、六路埋伏、七路梅花、八路连环、九路龙摆尾、十路串拳。

查拳系之查、滑、炮、洪、腿各种拳术套路的基本动作和演练技法与其他长拳大致相似。在演练风格和技法特色上,又有着自己的特色。

从上肢动作形态来看,查拳要求冲拳击掌时肘要微屈,使臂呈浅弧形,拳面要微内旋成拳眼朝斜上方,俗称"斜插一杆旗",使查拳动作在舒展中有圆润的特色。

从下肢动作形态来看,查拳注重屈伸性腿法,每一拳路中都有数次弹踢、或踹踢、或侧踹、或腾空箭弹动作,形成查拳"手似两扇门,全凭足打人"的特色。

从完整动作形态看,查拳动作以幅度开展的大架子为主体,其中穿插有含蓄的小动作,使套路体现出开合相间、长中有短的特色。此外,查拳动作强调手脚齐发,下踢上打,讲究手到步到,同起同落。在动作过程中,胸、腰、腹等部位以拧、转、含、展贯穿四肢,加速肢体的运行速度,增大动作的活动范围。同时,头随势转,眼随手动,构成了外形上的完整一体,形神兼备。同时还要求将攻防意念贯注于一招一式,强调以气催力,使精神融注拳式,呼吸配合动作,呈现出内外合一的风采。张文广主编的《中国查拳》一书,较完整地整理辑录了查拳拳系的拳术套路,并附有"查拳源流初探"。

弹腿(附潭腿)

弹腿是一种以屈伸性腿法为主,结合步法、手法编组成的拳术。因该拳"发腿时出以激力,取弹射之势",故名。弹腿有"十路弹腿"和"十二路潭腿"之分。

《十路弹腿歌诀》云:

头路冲扫似扁担, 二路十字奔脚尖。

三路劈砸夜行犁, 四路撑扎左右盘。

五路招架等来意， 六路盘式是单展。

七路双展十字腿， 八路碰锁跺转环。

九路分中掏心腿， 十路叉花如箭弹。

《十二路潭腿歌诀》云：

弓步冲拳一条鞭， 左右十字奔脚尖。

翻身盖打劈砸式， 撑扠穿撩把腿弹。

护头架打掏心拳， 仆步双展使连环。

单展贯耳脚来踢， 蒙头护裆踹两边。

腰间碰锁分两掌， 空中箭弹飞天边。

钩挂连环机巧妙， 披身伏虎返华山。

十路弹腿和十二路潭腿虽然路数不同，名称写法有异，但它们的动作组合大同小异。在具体练法上，两者区别主要在于，"十路弹腿"要求发腿高与裆平，偏重于练手足灵便，其风格敏捷舒展。"十二路潭腿"要求发腿高不过膝，偏重于练发腿力量，其风格刚脆紧凑。

关于弹腿、潭腿的起源，至今未见信史。据说"十路弹腿"传自回教门，"十二路潭腿"源于山东龙潭寺僧或河南谭某。在明代抗倭名将唐顺之著《武编》卷五有如下记载："习弹腿便捷用凳，以脚登（蹬）竖地上，腿踢去取平行不倒为度；习弹腿力用礤石（即柱下石），以踢远礤石为度。"如此，踢凳之腿必高于膝、低于腹，踢礤石之腿必高不过膝。"弹腿"和"潭腿"练法，很可能就是明代"弹腿"的这两种练法发展形成的同一门拳技的两个支派。

弹腿的基本腿法包括：弹踢腿（低弹腿、平弹腿、高弹腿）、腾空箭弹、侧踹腿。基本步型包括弓步、马步、仆步、歇步、虚步。基本手型包括拳、掌、勾。基本手法包括冲、架、压、格、劈、砸、撑、穿、撩以及十字手、双分掌、顶肘等。弹腿的编排结构简洁，一路一法，动作左右对称，是一套锻炼长拳基本动作的简易套路。因此，弹腿被长拳类各拳种作为入门练习的基本内容。

华　拳

华拳属长拳类拳种。或说此拳始自华山蔡茂，故名"华拳"。或说此拳以精、气、神为三华，以"三华贯一"为理论基础，而称"华拳"。

华拳初传于山东济宁。清末济宁蔡行人蔡桂勤（1877—?）自幼习练华拳，后又得丁玉山所传华拳，成为当时华拳的代表人物。经蔡桂勤等人的努力，华拳逐步盛传于武坛。

华拳的代表套路为十二路华拳。这些套路既能够单人练习，又能够双人对练。华拳动作姿势舒展、工整，要求五体（人的躯干、两上肢、两下肢）匀称、线路清楚。动作时力贯股肱，强劲有力。华拳的运动节奏表现为"动如奔獭"之急，"静如潜鱼"之悠。运动中强调心志活动对肢体运动的主导作用，认为"心动则气生"，"心肃则神凝"，"心坚则精劲"，"心正而后身正"。运动时的呼吸，以气贯丹田、平心静气为本，以提、托、聚、沉四法为用。技击上讲究"避其之实，击其之虚"。

蔡龙云曾著《一路华拳》《二路华拳》《三路华拳》《四路华拳》，图解介绍华拳的练法和基本技法。

红　拳

红拳属长拳类拳种。传说创自宋太祖赵匡胤，或说萌发于陕西关中。据故宫博物院藏《军机处录副奏折·农民运动》记载，清代，山东河北交界地区传习红拳者颇多。乾隆间常子敬、嘉庆间张景文、道光间张真、光绪间阎书勤等，皆是红拳拳师。此外，道光、咸丰年间关中并出三三（即三原鹞子高三、临潼黑虎邢三、潼关饿虎苏三），皆精于红拳。红拳曾被民间反清秘密组织作为宣传群众、组织群众、武装群众的手段，流传很广。除了山东、河北外，在陕西、山西、甘肃、四川、河南等地均有传习。有的人将"红拳"写为"洪拳"，并称之为"北派洪拳"，以便与南拳系中洪拳相区别。

红拳以十大盘功为基本功法。基本手法有撑、斩、勾、挂、缠、拦、沾、挎八法。红拳架势端正，出手时多拧腰探背、伸膀远击，步法注重闪展腾挪，出步多含跤法，劲力以脆快为主，兼有长劲、柔劲。拳套有大红拳、小红拳、二路红拳、关西红拳、关东红拳、月明红拳，还有黄莺架、二十四式、六脚式、短拳、行拳、七架拳等。据说有三十六路之多。

花　　拳

花拳是武术拳种之一。此拳注重实用，以跌法为主，不讲套路。此拳创自清康熙、雍正间的江宁侠士甘凤池。"凤池具绝大神力，于拳法通内、外二家秘奥"（见《清稗类钞》第二十二册）。他创编的花拳吸取了长拳和短打的优点编成散招。这些招法注重"后发制人"，立足于防守反攻，有防守后踢打、防守后擒拿、防守后摔跌等打法。

花拳有散手一百二十字、七十二擒拿法、三十六腿、二十四势。跌法有 88 个势名。功成者，能沾衣跌人。

花拳的运动特点表现为：快，步动如飞、起落疾速；整，以腰为本、眼到手到、步到身到；狠，满身得力、怒气内生、形如虎相；沉，将气运入丹田，使内壮加强外勇。

除了上述以散招为主要运动形式的花拳外，河北民间还传有一种以套路形式为主的花拳。这类套路以踢打跌拿为基本素材，姿势宽舒，衔接顺畅，进退疾速，是典型的长拳类拳术。但是否源自甘凤池花拳，尚不明。

清代乾隆四十五年抄本《花拳总讲法》，前写"甘凤池先生谱"，记载了花拳拳技和技法。

梅　花　拳

梅花拳属长拳类拳种，亦名梅拳。此拳起源待考，据说源自少林寺拳技。见于文献记载的早期梅花拳代表人物，是清康熙年间（1662—1722）河南滑县人杨丙，杨曾中武探花，做过京营都司。他以此拳授滑县朱兆村齐大壮（？—1786），齐传同村人唐恒乐(？—1813)，唐传冯克善(《军机处录副奏折·农民运动》卷2392)。此后，梅花拳遂盛传豫、鲁、冀一带。

梅花拳的主要锻炼形式包括：五势梅花桩、五势头、梅花老架、八方步、八方散手等。

"五势梅花桩"指作为静力性桩功练习的顺势、拗势、小势、败势、扑势(亦称大势)等五个基本拳式。此五势是梅花拳系的基础内容。拳谱云："拳法之类皆以五势为拳母。"入门之初，首习此五势桩功，称为"拉架"。传统练法中很重拉架练习，要求"三年架式二年捶"。

"五势头"是以上述五式结合步法和其他攻防招术组成的套路。五势头的运动路线以左右往返为主，间有纵横交错。其结构紧凑，拳法密集，脚法多变。

"八方步"是一种步法和手法、身法、腿法结合的练习方法。所谓八方，是身体的前、后、左、右、左前、左后、右前、右后等八面。明此八面，以便攻防过程中临机变向，支撑八面。有上八方(亦称大八方)、中八方、下八方(亦称小八方)之分。上八方指上盘的手法，中八方指中盘的身法，下八方指下盘的步法和腿法。其步法有进(扎)、退(撤)、摆、窜、跃、纵、腾、绕、滑等。

梅花拳的主要手法有：冲、崩、推、打，劈、砸、盖、扣、撩、拦、捋、带、钩、搂、刁、拿等。

梅花拳的主要腿法有：踢、踹、蹬、蹁、缠、截、弹、点、跺、踩、勾、扫等。

梅花拳的身法表现为吸卸柔化，以及肩靠、背挤、头撞、胯打等。

除了在黄河流域及其以北地区流行的梅花拳外，在长江流域流传的梅花门拳技亦称梅花拳。其内容有梅花拳十二路、对打十二路、梅花散手等。两系拳技是否同源，有待考证。

八 卦 拳

武术中取名为"八卦拳"的拳术有多种。西南地区流传有"八卦拳"套路，中州地区流传有"阴阳八卦拳"(亦称八卦捶)，浙江地区流传有小八卦拳，两广流传有洪家八卦拳和内外八卦拳。体系较为完备的是流传于鲁、冀、豫地区的八卦拳。清代山东寿张人孟二、冠县人郭洛云、河北深县人张广学、饶阳人刘玉瀍、冠县人徐保占等皆精习八卦拳(参见《军机处录副奏折·农民运动》)。这种八卦拳包括拳套二十四路,分为上八卦、中八卦、下八卦三级,各级八路。这些拳路直线往复、短小紧凑、动作简朴、劲力刚猛,属长拳类拳技。技击上讲究硬攻硬进,出手打人。其要诀云:"你打俺不护,俺打(你)护不住。"

六 合 拳

六合拳属长拳类拳种。源自少林拳。万籁声《武术汇宗》称此拳属少林韦陀门。清道光间,河北泊头镇曹姓拳师将六合拳传沧州李冠铭,此拳始在沧州得到传播。此后刘德宽、佟忠义等皆精于此拳。六合拳所谓的"六合",有多种解释。其一,借古代哲理中以"天地四方(东、南、西、北)为六合",喻指练武者自身应如一小宇宙完整和谐。其二,以精气神相合为内三合,以手眼身相合为外三合,内外相合,总为六合。其三,以手、眼、身、步、智、力六者相合为六合。实际上,第二、三种解释,都是人体完整和谐的具体做法。此拳劲力刚勇,运动时快速敏捷,变转灵活,定势时似卧虎存威。技击上讲究出手便打、顺手便拿、缩手便摔,以及膝顶、脚踢、肘击等打法。传统拳套共十二趟,分为前四趟、中四趟、后四趟。

三 皇 炮 捶

三皇炮捶属短打类拳种,简称"炮捶"。以此拳发劲似爆炮、出拳似捶落,故名"炮捶"。所谓三皇,是附会此拳源自原始部落时期三个酋长。传说清初,河北冀县乔三秀从少林寺普照和尚学得此拳,传其子乔鹤龄,鹤龄又传同乡宋迈伦和山东于连登,逐渐流传河北、山东以及宋迈伦在北京创办的"会友镖局"内。

三皇炮捶架高势小,基本姿势要求头直目正、涵胸拔背、松肩坠肘、撑胯圆裆、足趾抓地。手型以拳为主,基本拳法有:开门炮、劈山炮、连环炮、转角炮、十字炮、脑后炮、泻肚炮、冲天炮、撩阴炮、扎地炮、窝心炮和七星炮,合称为"十二炮法"。基本步型为马步、弓步、虚步、丁步,步架较高,步幅较小,很少窜跳,多用两脚不离地的拖拉步(一脚前进,另一脚随跟;一脚后退,另一脚随撤)。运动特点表现为沉稳扎实,刚劲有力,一蓄一发,节奏鲜明。发劲时要求以力当先,以气助力,以腰发力,通过挺脊、挺膀、挺腕,使力贯梢端。炮捶拳套短小、结构简单。传统套路有头趟、二趟、三趟。

八　拳

八拳是一个拳术套路名称。因全套共八式,故名。据说创自清中叶湖南辰州人言某。长沙人罗大鹤、陈雅田、王志刚、向恺然等相继传习此拳。"八拳"每式分奇正,共十六手。此拳动作幅度较小。其身法要诀为"起、顿、吞、吐"四字。其手法要诀为"沉、托、分、闭"四字。合此八字称为"八法"。劲力以"寸劲"为主。要求发劲如"雀啄物",一着即止。研习此拳可参阅向恺然著《拳术》。

岳 氏 连 拳

岳氏连拳属短打类拳种。它是以"岳氏散手"为基础串组单式而成的拳套。传说此拳是岳飞将《易筋经》行功与武技融会创成,显是附会。

清同治年间,河北雄县刘士俊至北京,始以"岳氏散手"传人。此术初仅九式,上盘三式、中盘四式、下盘二式,后增为一百七十三式。无套路,只练单式和组合,故称"散手"。1912 年北京体育研究社开班传授岳氏散手。刘士俊之徒刘德宽为便于教学,将散手归纳为"八母势",并串连成简单套路,取名为岳氏连拳。后又逐步发展,编成前八路、中八路、后八路共二十四个拳套。这些套路短小紧凑,每套仅三至六式。

此拳步型以侧身半马步为主,步法以直进直退为主,进步要求以足尖向内或向外勾盘成半圆形,名为"钩腿盘旋法"。手法有捆、拿、锁、靠、推、打、刁、捋等。身法讲究"吞、吐、沉、浮"。劲力脆快,刚中寓柔。运动节奏鲜明,一招一势,起止清晰。

迷 宗 拳

　　迷宗拳属长拳类拳种,亦称燕青拳、迷踪拳、猊猔拳、迷宗艺。有关此拳起源的传说颇多。或称创自宋代燕青,故名"燕青拳"。或说燕青雪夜逃往梁山,一边前行,一边以树枝扫去足迹,后世取此意遂以"迷踪"名其拳。或说燕青之拳学自耍猴人"半夜仙",其拳是取猊猔猴灵敏善跃的特点编成,故名"猊猔拳"。或说此拳是取各家招法编成,难明其宗,故名"迷宗拳"。这些传说多无史料凭据。近代迷踪拳传自清嘉庆前后人孙通。孙是山东岱州人,初从兖州张某习武,旋入嵩山少林寺习技达十数年。学得多种拳械,擅长点穴术、卸骨术、擒拿术。离寺后,设教于山东青州一带。嘉庆年间定居河北沧州,设教传徒。青州一带传人称其技为"燕青神捶",沧州一带传人称其拳为"迷宗拳"。迷踪、猊猔与迷宗同音。迷宗拳经陈善、张耀庭、霍元甲等历代传习者增添招法,结合内功,形成了丰富的内容。此拳眼法要求,既要注视一点,又要顾盼八方;手型有拳、掌、勾;手法有冲、砸、劈、崩、撩、穿、勾、搂等;步型有弓、马、仆、虚、歇;步法强调闪展腾挪、窜纵跳跃,注重插裆套步;腿法有踢、蹬、弹、缠;身型要求头顶颈直、直腰、敛臀;身法有靠、闪、挺、缩。在劲力上,要松紧交替,讲究出手如棉,触身似铁;在节奏上,要动静分明,讲究"静如泰山,动如狂风"。运动特点表现为姿势舒展,架式端正,动作圆活,轻灵敏捷。流传的拳套有:练手拳、罗汉拳、三步架、小进拳、五虎拳、豹拳、绵掌拳、八折拳、八打拳、秘宗长拳。

绵　　拳

　　绵拳是武术拳之一。此拳动作柔软如绵。以其动作连贯,劲力绵长,又称"连环绵拳"或"延手"。绵拳的远源不明,明代已有传习。近世擅长绵拳者,有河北遵化人徐明德、博野人罗成立等。绵拳姿势舒展,架式宽大。基本身型要求头正、颈直、沉肩、舒胸、松腰、展髋。基本手型、步型与长拳同。主要拳法有崩、冲、劈、贯;主要掌法有穿、捋、挂、拨;主要肘法有顶、撞、靠、绞。腿法较少,有踢、弹、点、踹四法。平衡动作较多,常见的有前举腿平衡,屈体、拧身、正身的侧举腿平衡、后举腿平衡(探海平衡等)、后插腿平衡(如卧云)、扣腿平衡、提膝平衡等,而且多将数个平衡串连成组进行练习,或编入套路。劲力上要求以柔为主,得势则刚,绵长延伸,得机抖发。运动特点表现为起伏交错,吞吐相间,刚柔相济。在技击上,讲究"先吞后放"。一般来说,吞时肢体屈回,柔化防守,并配合吸气蓄力。放时肢体展开,刚劲进攻,并配合呼气发劲。绵拳的传统套路有"六架式"和"大八折"两套。

戳　　脚

戳脚是武术中一个以腿法为主的拳种。相传起源于宋代。戳脚的典型动作为玉环步、鸳鸯腿。在明人写宋代故事的小说《水浒传》中描写武松醉打蒋门神时,就用了玉环步、鸳鸯腿。《太平天国野史》中记述太平军石达开部对敌时,"俟敌踵至,疾踢其腹脐下。如敌劲,则数转环踢之",亦似玉环步、鸳鸯腿的打法。太平军林凤祥部北伐失利后,战将赵灿益隐居河北饶阳一带,将"戳脚"传给段老绪(永和),此后逐渐传至京津、东北、西北。现代戳脚多与翻子配伍成套练习。

戳脚的基本腿法包括:砸丁、后挑、踹、拐、点、蹶、圈、错、蹬、碾;步法有玉环步、转趾步、倒插步、穿林步、旋转步、麒麟步、跨拦步等。戳脚注重以躯干带动四肢,以臀部发腿,由脊背出手。主要手法有劈、挑、冲、架、拍、穿、剪、搂、捋、推、刁、擒、缠等。戳脚以腿法见长,讲究"手是两扇门,全凭脚打人""手打三分,脚踢七分"。

戳脚套路内容分为武趟子、文趟子两类。武趟子全名为"九转连环鸳鸯脚",是戳脚的本源。因共九趟,可互换练习,称"九转";因一步一腿,边进边发,环环相套,称"连环";因发腿一左一右,成双配偶,称"鸳鸯脚"。武趟子架式开展,刚健矫捷,腿法多高挑远击。其九个套路的名称为:一路跺子连环鸳鸯、二路展翅鸳鸯、三路迎风变式鸳鸯、四路狸猫扑鼠鸳鸯、五路白蛇吐信鸳鸯、六路闪式鸳鸯、七路反背劈砸鸳鸯、八路八卦连环鸳鸯、九路九转行式鸳鸯。

文趟子是在武趟子的基础上发展形成的套路。其架式紧凑,灵活善变,腿法以短腿低踢为主。传统套路名"八根"。此外,还有软四趟子、二八腿、十二连拳、十八拦拳、二十四式、三十二式、六门拳、宏拳、燕行拳等。

后世一些带艺投师学习戳脚者,将原习拳技与戳脚融为一体,创编成了一些新的拳路,其名目有戳脚翻子、地功戳脚、少林戳脚、弹腿戳脚、形意戳脚、八卦戳脚,等等。

戳 脚 翻 子

戳脚翻子是戳脚和翻子拳相互配伍、融为一体的拳术。据说,清咸丰、同治年间,赵灿益隐居河北饶阳,将"戳脚"传给段老绪兄弟俩,将翻子拳传给王老梓、王占鳌等。段、王两家互换拳技,交流精要。其弟子们多兼习戳脚和翻子拳。另有湖北滕县姚家屯亦曾传戳脚翻子。

此拳兼有戳脚之脚法灵活、翻子拳之手法密集,因而手领脚出,脚到手到,手防上、脚踢下。20 世纪 30 年代河北蠡县人吴斌楼在北京设馆传授戳脚翻子。其姿势要求掩手、掩裆、合胯、扣膝、扣足,体现了立足保护自己,再谋进攻敌人的特色。套路有小趟戳脚、燕青翻子拳、小翻子、大翻子等。

通臂拳(通背拳)

通臂拳,武术拳种之一,也称通背拳。是一种典型的长击类拳术。一些拳家以此系拳法多上肢动作,两臂宛如通臂猿(一名长臂猿)舒使猿臂,圆抡摔拍,直出穿点,而写作"通臂拳"。一些拳家以此系拳法强调以"通背"促成"通肩""通臂",使两臂串通如一,而写作"通背"。

传说通臂拳起源于战国,传者姓白,名士口,字衣三。而"士口衣三"四字恰是"猿"字的字谜。即通臂拳传自"白猿"。这种毫无依据的传说,只能说明通臂拳是模仿猿猴运臂的动作和特点,结合武术招法创编而成的。关于通臂拳的远源,目前缺乏史料。据说宋代少林寺就曾传习"韩通通臂",但是,目前少林拳系中的"通臂拳",并无区别于少林拳技法的通透特点。明代流传的内家拳"六路"

歌诀首句云："佑神通臂最为高"，然而，此式练法已无据可考。近现代传留的通臂拳，主要有"祁家通背""白猿通背""劈挂通臂"三种。

"祁家通背"是道光时浙江人祁信在河北固安、冀县、涿县一带传出。弟子中以其子太昌和涿州人陈庆为著。陈传王占春，王传张策等，称为"老祁派"。太昌传许天和，许传修剑痴，称"少祁派"，其拳技体系称为"五行通臂"。

"白猿通臂"，此系传承者崇白猿为始祖，其远源不清。清末，山东黄县人"任十"，将此拳传北京某皮货店账房先生石鸿胜。经石氏及其弟子的努力，"白猿通臂"逐步盛传于北京牛街回民聚居区。

"劈挂通臂"，实为劈挂拳，清末因其与通臂拳特点相近，被作为通臂拳系的一支。目前，劈挂拳和通臂拳揉合而成的一些拳法仍被作为通臂拳看待。传统的劈挂拳则沿自己的体系自行发展。仔细分析通臂与劈挂两拳系的基本技法，大体是一致的。

此外，还有流传于山西的"关中通臂""洪洞通臂""两仪通臂"，以及流传于天津的"两翼通臂"。其中，"洪洞通臂"的拳理、拳法和技艺，均与陈家沟太极拳相类。民国年间樊一魁著《忠义拳谱》，记述颇详。

通臂拳动作的基本身型表现为头顶、项领、前空（虚胸）、后丰（紧背）、凹肚、探肩、长臂、活腕。通臂拳的基本手型包括透骨拳、平拳、尖拳、斩首拳，以及八字掌、荷叶掌。基本手法包括：中拳、摔掌、拍掌、劈掌、穿掌、掸掌、圈手、撩掌、按掌、扑掌、摩掌等。步型包括：前点步、半马步、跪步、丁步、独立步。腿法主要有勾踢、低弹、后撩、侧踹、点腿。运动特点表现为探腰拔背、放长击远、步快劲透、敏捷善变。成套动作流畅、连贯，蹭拍响亮。

练习通臂拳对于发展躯干和上肢的柔韧性，特别是对于提高肩关节灵活性、增加其活动幅度，有较好的锻炼效果。

白猿通背拳

白猿通背拳属通臂拳系，因崇"白猿"为始祖，故名。白猿通背拳的拳式要求：头顶、项领、前空（虚胸）、后丰（紧背）、凹肚、探背、松肩、臂长、腕活。运动时要求"身似云、手似箭、腰似螺丝、腿似钻"。两臂运转要"琵琶骨（肩胛骨）活如扇,两手相连似星串"。活动中要"拳对口中发,回来归肋下";抡圆贴身,在舒展中显出严密、紧凑。白猿通背拳讲究九劲,即:急、硬、冷、抖、涵、虚、挣、缩、脆。其基本手法包括定步练习的单晃掌、撩阴掌、双盖掌、大引手、拍掌、踏掌以及活步或行进练习的二十四手,称为二十四法根。该拳派除将二十四手串连为连环拳套外,还以每一法根为主,发展扩充成一个套路,共二十四套。该门兵械套路名均冠以白猿二字,如白猿单刀、白猿双刀等。

祁家通臂拳

"祁家通臂拳",以其拳系始传自祁信而名。初有"老祁派"和"少祁派"之分,后"少祁派"发展成"五行通臂拳"系,"祁家通臂"就单指老祁派技法体系了。近世以张策为代表人物。张策初习多种拳技,后从祁信之徒陈庆学通臂拳,陈逝又从师兄王占春学,遂以擅长通臂拳称著,人称"臂圣"。民国初年在北京设馆授徒。这一系通臂拳的拳式要求头正领颈,虚胸下气,松肩坠肘,全身松柔、透空。运动时表现为节节贯串、敏捷流畅。劲法讲冷、弹、脆、快、硬五字。力由脊发,经肩、肘、腕三关,毫不滞涩,直达手指。基本练习动作包括顺背、撢手、圈手、吊袋、挺掌等"原地法根",以及劈山炮、转环拍掌、圈扇、四平炮等"动步法根",还有将单式串组成套的三十四式"拆拳"。

五行通臂拳

"五行通臂拳"由祁家通臂中"少祁派"拳技发展而成。此拳以摔掌、拍掌、穿掌、劈掌、攒掌(中拳)为基本手法,并以此配五行,以生克之理追求技法理论,称之为"五行掌"。据修剑痴撰《通臂掌·论五行相生相克》说:"攒掌属土""摔掌属金""穿掌属水""拍掌属木""劈掌属火"。五行中土能生万物,故该拳以中拳(攒掌)为万法之本,谱称"拳法不离正中平","万拳之法不如中"。与其他通臂支派相比,五行通臂拳的特点表现为全身各节曲扣以护各部,舒展各节以放长击远,动作开合幅度较大,在大开中求密合,在长击中藏短打。拳谱将此拳的劲法归纳为"缩小绵软巧,冷弹脆快硬"十字。五行通臂拳共有散招七十二手,每手是由三至九个攻防动作串成的小组合练习。按照动作难易程度分为前二十四手、中二十四手、后二十四手。五行通臂拳多用暗腿,以步藏腿,发腿不过膝。五行通臂拳的基本套路有十二连环掌、通臂六合拳、六路总手。

通 备 拳

此门拳法主张以"理(拳理)象(形式)会通,体(健体)用(技击)俱备"和"通神达化,备万贯一"为宗旨,而名通备拳。

清末,潘文学首先在盐山、沧县倡导和传播通备拳,其弟子李云标传黄林彪,黄传马凤图,逐步形成了现在的通备拳体系。此系拳法以通透劲和开合劲驾驭拳法,通串一体。此门拳技初仅有劈挂拳(或称劈挂通臂拳)、八极拳两门拳术。其劈挂劲畅,柔中带刚,善放长击远。八极劲促,刚中有柔,善贴身靠打。具有长击与短打相兼、手劈与脚踢并用、劲法绵长而刚脆的特点。民国年间,马氏将劈挂劲融入翻子拳和戳脚拳架,创编成通备翻子拳,丰富了通备拳系的技法。

劈 挂 拳

劈挂拳属长击类拳种。古名披挂拳,亦名抹面拳。因多用掌,又称"劈挂掌"。清代传于河北盐山沧州一带,代表人物先后有潘文学、李云标、黄林彪、马凤图、马英图等。劈挂拳以上肢的劈、挂、摔、弹、合、斩动作为主,在交错挂劈的动作中松肩舒背,臂起时绵柔快速,劲力通透,劈落时力猛如弹炸,体现了柔中见刚的特点。劈挂拳注重以腰为根,用胸部的吞吐和腰部的拧转折叠配合臂的运动,使动作大开大合。步法讲究进必跟,快速疾出。劈挂拳的劲法有通透劲、吞吐劲、辘轳劲、滚勒劲、翻扯劲等。在技击上,讲究随招进招,随形打势。在长进与速退中,常以原地"转趾"(脚尖碾转)的方法,变换方位和姿势。基本攻防规律为,"高来则挂,低来则劈,横来则拦,顺来则搬"。劈挂拳的特点类似通臂拳,清末曾被作为通臂拳系的一支,称为"劈挂通臂"。经黄林彪及其弟子马凤图的努力,形成了以劈挂拳为主的通备拳。劈挂拳以"大架子"为母,练习中要求"慢拉柔练";以"十二大趟子"和"十路弹腿"为基本功。还有一路劈挂拳、二路青龙拳、三路飞虎拳、四路太淑拳等四个基本套路。

短　打

　　短打是武术中泛指贴身近战、势险节短的一类徒手攻防技术和运动形式。所谓"短"是相对"长"而言；"短打"是相对长拳而名。明代唐顺之《武编》说"逼近用短打，若远开则用长拳"。明代短打类拳术有绵张短打、任家短打、刘短打。现代流行的八极拳、形意拳和南拳是短打特点较为突出的拳种。这类拳术架式紧凑，出手短，发腿低，头、肩、背、肘、胯、膝等身体各部皆被作为击敌之"拳"，有专法练习。运动特点表现为猛攻勇进，劲力刚脆。对敌时强调以快制慢，以大力打小力，贴身击要，以短制长，先发制人。

八　极　拳

　　八极拳属短打类拳种。有人认为"八极拳"就是戚继光《纪效新书》中所说的"巴子拳"，因该拳仅屈紧拇指、食指，其余三指半握，拳轮似钯，故名。明末清初始改称八极。取八极为八方极远的含义，要求习者练武要精益求精，以达致极，并以向"四面八方外撑"的"十字劲"，作为该拳的主要劲法。

　　据《沧县志》载，近代八极拳传自清代康熙间人吴钟，初盛于河北沧州孟村，吴钟得自一位名"癞"的云游道人。近年发现的材料证明，吴钟本山东海丰人（现山东庆云县），得传于化名"懒披裟"的僧人，僧本名张四成（1646—1727），张之师为孟村人丁发祥（1615—1694），传说丁得传于云游道人黄绝道长。吴钟仅是遵师嘱将此拳传回沧州孟村者。

　　八极拳的手型以拳为主，基本手法有挑、插、冲、贯、砸、推、刁、搓、削、架、压等。步型以马步、弓步、并步为多。步法注重震脚、碾步。该拳以肩、背、肘、胯撞靠的动作颇多，充分体现出紧逼硬攻、以短制长的技术特点。姿势要求涵胸拔背、沉肩坠肘。劲力以沉坠劲、十字劲、撞靠劲为主，发力时讲究以气催力、以声助势。发声主要有"哼""哈"二音。八极拳的基本练习包括砸步和马步撑掌站桩,以"搂贴撞靠功"锻炼短打体能。以"六大开"和"八大招"为技术核心。所谓"六大开",即六种打开对方防守架势的方法,包括顶、抱、担、提、挎、缠六法。所谓"八大招",指眼望三见手、猛虎硬爬山、迎门三不顾、迎风朝阳手、黄鹰双抢爪、霸王硬折缰、左右硬开门、立地通天炮八招。还有八极对接(可单练,也可对打)、八极新架、刚功八极、八极双轨、八阵拳和十二趟六肘头等拳套。

翻 子 拳

翻子拳属短打类拳种,是一种短促灵变、近战快打的拳术。其源可追溯至明代的"八闪翻"。清末主要流传于河北,代表人物有咸丰同治年间李恭、董宪周、段老绪和王老梓、王占鳌,光绪年间徐兆熊等。后来,翻子拳逐步在京津、东北、西北等地得到传播。

"翻子拳"所谓的"翻",指翻颠倒转、翻生不息。在拳技中表现为变化迅速、拳法快捷,"一步三拳"。素有"双拳密如雨,脆快一挂鞭"之说。翻子拳的基本身型要求头脊正直、涵胸拔背、沉肩垂肘、敛臀缩胯,重心多居中间或略偏向前脚。基本手法有直拳、劈拳、砸拳、摔拳、崩拳、挑拳、贯拳、横击、弹拳等。基本步型为半马步、麒麟步。步法有前跨、后跃、跟步,以及前脚不动,通过后脚移动来调整面对方向的拧转步。腿法较少,主要有丁踢、点子腿。身法有吞吐、拧转、折叠。劲力特点表现为快、硬。演练翻子拳时,要以压倒敌人的胆气表现"心威",以令人生畏的神色表现"眼威",以势如破竹的气势表现"手威"。

翻子拳以站桩和行桩八势为基本功练习功架。以铁臂功、车轮功、打桩功练撞打能力。常见套路有萃(脆)八翻、擒手翻、捋手翻、捆手翻、健中翻。河北京津一带还有燕青翻、六手翻、鹰爪翻。东北一带流行的还有波浪翻、铁臂翻、烈马翻、缠丝翻、地龙翻、趟浪翻。西北流行的翻子拳,其劲法与劈挂拳的通透劲和开合劲相融,动作中吸收有螳螂拳的招法,形成了吞吐发力、搅靠劈重、迅猛遒劲、气势浑厚的风格,已成为通备拳系中的基本拳法之一。

南　拳

南拳是武术的一类。在按拳术分布地域进行的武术分类中,南拳指流行于我国长江以南地区的拳术。长江以南幅员广众,拳种繁多,这种分类不利于揭示拳种技术特点。例如,流传于四川和云南的五虎拳、八卦拳小巧敏捷;流传于江西一带的字门拳、法门拳轻快柔圆;流传于湖北的鱼门拳慢柔轻缓;流传于两广、福建的洪家拳、五祖拳等硬桥硬马、刚劲雄健。以拳种技术特点为依据分出的南拳,其基本内容包括俗称的"南少林派"拳技及其衍生的各种拳术。这类拳术多上肢动作,常常一步几手,步法沉稳,给人一步一个脚印的印象。不论发长劲、短劲的动作,都追求猛勇彪悍的阳刚之美,还常常乘势发声,以声催力,以声助威。这类拳术将支撑和移动身体的两腿喻为"马",例如"站桩"称"扎马",弓步称"弓箭马",步法称"走马",等等。将用前臂于攻防的手臂动作称"桥法"或"鞭法"。例如伸肘运动的直臂动作称"长桥"(或"长鞭"),屈肘运动的弯臂动作称"短桥",向下压肘称"压桥"(或"压鞭")。南拳的手型包括有拳、掌、勾、爪、指,基本手法要求出手攻击,回手不空(手收回时带有防守动作),出手含冲、砸、推、弹、啄、劈等,回手含刁、扣、裹、缠、封、搂、勾、削等,注重抡动前臂的桥法和贴身近战的撞打。南拳不轻易起腿,出腿则高不过膝,只攻下盘,脚法有踩、铲、钉、扫、勾等。

南 少 林 派

南少林派是武术流派之一。此派传习者崇嵩山少林寺为祖庭,以福建少林寺为发祥地。为与嵩山少林寺相别,该寺称"南少林寺",所传拳技称"南少林拳"。传说清康熙或乾隆年间,清廷畏少林武功成患,派兵围焚南少林寺,仅至善禅师等五人逃出。他们在南方各地传播少林拳。至善之徒洪熙官创洪拳,另有蔡、莫、李、刘四徒亦分创蔡拳、莫拳、李拳、刘拳传于广东,形成了南少林派武术的基本内容。这类说法以三合会(洪门)反清复明的宣传为依据,多是无史实的附会传说。至善禅师是晚清小说《万年青》中的人物,是否确有其人?近年挂區复名的莆田南少林寺、泉州南少林寺、福清南少林寺是否曾集聚武僧形成一系武术？南少林所在地是否另有所指等等，至今没有定论。不过，南少林派作为旧时武术分类中的一系，却约定俗成地沿用至今。

此系拳术除在福建、广东得到盛传外，在与福建相邻的浙江、江西，与广东相邻的广西、香港、澳门等地，均有流传，并随着侨胞足迹，远传海外。

现代武术分类中，把南少林拳派拳械作为"南拳"类基本内容。

洪　拳

洪拳是南拳的一种，亦称"洪家拳"。传说清雍正时，由福建漳州茶商洪熙官所创。其从师至善禅师，曾两度入少林寺苦练，技成后自立一家，创传"洪拳"。

洪熙官是晚清小说《万年青》中的人物。"洪熙"是明朝仁宗朱高炽的年号。单一"洪"字，亦隐喻明朝，因明开朝皇帝年号为"洪武"。清中叶，以反清复明为宗旨的三合会《洪门问答》中，列洪拳为首学之艺，称洪拳出自（南）少林寺，学习洪拳的目的是为了"普天之下归洪姓，相扶明主定乾坤"。缘此，洪拳随会众分布流传于两广、福建、四川、陕西、江西、浙江、湖南、湖北等地，成为长江以南地区流传较广的一个拳种。洪拳拳系的形成和发展与"洪门"有着密切关系。

早期的洪拳步架较高，以短桥手为主，动作幅度较小。现代洪拳吸收其他南拳的某些技法，形成步架变低，桩步稳固；长短桥兼用，臂硬力猛，发劲含蓄；以气催力，以声助势的特点。在技击中，洪拳以硬打紧逼、正面突破为主，兼有"你不来，我不发""重桥须漏打"等后发制人和避实击虚的打法。

洪拳的基本身型要求头正颈直、收胸卸膊、塌腰收腹、敛臀坐胯、脚趾抓地。基本手型有拳、爪、鹤顶。基本手法有沉桥、圈桥、缠桥、截桥、封桥等桥法，鞭、挂、抛、贯、插、冲、劈等拳法，以及标手、破排手等掌法。基本马形有四平马、子午马、吊马等。腿法有铲、踢、勾、弹、踩、扫等。

洪拳系套路包括三进拳、铁线拳、二龙争珠拳、夜虎出林拳、五形拳（龙拳、虎拳、豹拳、鹤拳、蛇拳）、十形拳（包括前五形及狮、象、马、猴、彪）。

蔡 李 佛 拳

蔡李佛拳是南拳的一种。广东新会人陈享（1805—?）创编。陈享幼年时随叔父陈远护习练佛家拳，后又从蔡福和李友山（有山）学蔡家拳和李家拳，青年时被聘为当地武术教头。后来他总结实践和教学体会，融三家拳法于一炉，自成一系，故名"蔡李佛拳"。此拳动静分明，动作快速敏捷。讲究守则静如死水，攻似饿豹扑食。手法中，拳法以直冲、横扫、上挂为主；掌法以直插、斜穿、平铲、上抛为主；桥法以沉桥、截桥、缠桥为主。主要腿法有前踢、侧踢、横踩、单飞腿和箭弹。共有四十九个拳术套路。这些套路按难易程度分为初级、中级、高级三类。初级套路有四门桥、走马生、小梅花拳、小十字拳、马轮槌、截虎拳等；中级套路有平拳、扣打、八卦心拳、大八卦拳、梅花八卦拳等；高级套路有虎形拳、鹤形拳、狮形拳、白模拳、醉八仙拳、达庭八卦拳、雄人八卦拳、佛掌等。

虎鹤双形拳

虎鹤双形拳是南拳套路。清末民初，南海平州人林世荣创编。林出身武术世家，自幼习武得家传，又从吴全美、黄飞鸿等习技。后融会贯通，以洪拳和佛拳为基础，取洪拳守势严密、取佛拳攻势凌厉，模仿虎、鹤的形象创编成拳套，故名"虎鹤双形拳"。其手型以模仿虎爪和鹤嘴的爪（勾）为主。身型以中正、塌腰、收腹、上体微探身为主。步法有四平马、弓箭马、吊马、独立步、麒麟步等。练拳时要发劲似虎扑之猛遒，落步似虎坐之沉稳，姿势似鹤立之挺拔，进退似鹤飞之飘逸。形成有轻有重、有快有慢、严守快攻的风格特色。研习此拳可参阅林世荣著《虎鹤双形》。

永春拳（咏春拳 詠春拳）

永春拳属南拳的一种，亦称"詠春拳"或"咏春拳"。此拳初传于福建永春县,为该县严三娘所创,以地名为拳名,故名"永春拳"。亦有以严氏名詠春,称之为"詠春拳"者。此拳传至广州,写为咏春拳。此拳主要手型为凤眼拳、柳叶掌。基本手法以三榜手为主,还有挫手、撩手、破排手、沉桥、粘打。主要步型有四平马、三字马、追马、跪马、独立步等。基本身型讲究抱拳护胸、沉肩落膊、钳裆、裹胯、扣膝。运动时要求两手出入的动作路线高不过眉,下不过裆,左、右不过肩,以攻其正中,防我正中。出腿时,要求以上体微前倾藏蔽出击。要求动作敏捷快速,讲究侧身闪击、贴身紧打。永春拳传统套路有小念头、标手、寻桥三套。

侠　　拳

侠拳是南拳的一种。据传,清代末叶,游方僧人金钩禅师,从四川省至广东肇庆鼎湖山庆云寺,将此拳传黄隐林。黄再传此拳时,为了纪念其师,以金钩禅师有"大侠李胡子"之称,遂将他传留拳技命名为"侠拳"。侠拳手型有拳、掌、爪、勾、指。基本手法以桥手为主,还有冲拳、鞭槌、抛槌、挞槌等。步型有马步、弓步、横弓步、交叉步、虚步、跪步。步法有三角步、麒麟步、摆步、跳步、铲马。腿法有踩、扫、钉、蹬、撩、踢。侠拳动作开展,架高势大,多直臂挂劈和连环击打的动作。劲法以长劲为主,注重拧腰发劲,大开大合。常以发声催力,借发声助威,凭发声换气。演练侠拳要求勇猛快击,急起急落,体现以攻为主、以攻为守的风格。

鹤　　拳

鹤拳是南拳的一种,原称"白鹤拳"。清康熙(1662—1722)年间,福建福宁(现霞浦县)方七娘创。方原籍浙江丽水人。其父方种精少林拳,方七娘自幼随父习武,尽得其技。据传,方成年后,见白鹤振翼有力、走跳轻盈,遂模仿白鹤"引啄衔毛、伸颈觅食、缠脖歇息"等形态,揉入少林拳法中,创编成白鹤拳。后与其徒曾四(永春人)结为夫妻,定居永春,广传其技。故后世亦称此拳为"永春白鹤拳"。

白鹤拳内重练意气,讲究以意行气,意到气到,以气催力,吐气生威;外重练灵巧,其手法短,变化多,讲究"运手柔、着手刚",善发弹抖劲。其步法多闪展,讲究轻灵稳固。基本套路有三战、四门等。方七娘后,其弟子郑礼、林椎、姚虎等人在"白鹤拳"的基础上,创编出宿鹤拳(亦名宗鹤拳)、食鹤拳(亦称朝鹤拳或痹鹤拳)、飞鹤拳、鸣鹤拳四个支派。各拳基本技法皆以白鹤拳为准,但又各有特色。宿鹤拳擅长发抖、弹、撞等劲(合称宗劲),讲究五撞:即头撞、肩撞、肘撞、胯撞、膝撞。套路有五梅花拳、五步拳等。飞鹤拳以两臂喻鹤双翅,收两腿喻鹤爪,多模仿鹤振翅、行走动作。套路有八步连拳、二十八宿拳等。鸣鹤拳注重腹式呼吸,鼻吸口呼,发声如鹤鸣。多用掌。套路有上、中、下框拳,柔箭拳、七锦拳、柔鹤拳、花八步拳等。食鹤拳以勾手喻鹤嘴,多用勾啄、指戳、手脚兼施的动作。讲究外动内静、以静养气。研习此系拳法,可参阅胡金焕等著《鹤拳》。

五 祖 拳

五祖拳是南拳的一种,全称"五祖鹤阳拳"。创自福建晋江人蔡玉明(1853—1910 或 1849—1902)。蔡初习白鹤拳、猴拳、罗汉拳、达尊拳和太祖拳,后又从河南艺人鹤阳师(一说山东大侠和阳师)研习武技。清光绪年间(1875—1908)融会所学五种拳技特点及鹤阳师遗技,创编成"五祖鹤阳拳"。此拳取白鹤拳两臂的宗劲,常以"摇身抖胛"带动手臂发抖、弹撞劲。取猴拳的手法,要求欲发先收,先松后紧,变转灵活。取达尊的身法,要求头正、身正、步正。取太祖的腿法,要求腿法中平,步架较高。拳套中多短打,动作紧凑,拳式猛烈。五祖拳所含七十多个套路,可分为两类。一类是以"八步头"(指起势有八个动作组成)起势,此类套路偏刚勇。另一类是以"六步头"起势,此类套路偏柔和。

太 祖 拳

相传太祖拳创于宋太祖赵匡胤,明代已见于记载。戚继光《纪效新书·拳经捷要》载:"宋太祖有三十二势长拳。"唐顺之《武编·拳》载:"赵太祖长拳多用腿……山东专习。"徐震《国技论略》云:"长拳,亦称太祖门。"这种类同于长拳的太祖拳主要流传于山东、河北、河南、山西等地。此外,流传在福建、台湾等地的太祖拳,亦称传自赵匡胤后人。这种拳术的技法属南拳系,多用上肢,拳势刚猛,结构紧凑,步稳如山,套路短小。具有硬打硬进、挥掌生风、招连步紧、快速勇猛的风格特点。

地 术 拳 法

地术拳法是南拳的一种,也称"狗拳",写作"地术犬法"。主要流传于福建一带。此拳是以腿法为主,配合手法和步法组成的拳术,注重卧地以腿击人。主要腿法有勾、扫、踹、蹬、剪、绞、缠、横、挂、绊。手法分短手、中手、长手三种。步型以四六马为主。步法有三角马、圆马和人字马等。运动特点表现为运脚柔如鞭,击中硬似铁。与人对搏时,多顺对手攻势,主动倒地反击对手。被对方击倒时,则迅速滚闪躲避,同时以腿防守反击。拳套有三正拳、七星拳、双蝙蝠拳、三十六手、连拳、十八连珠拳、梅花宿拳、八卦撞等。

字 门 拳

字门拳是江西地方拳种。此拳源传不详,传说是依鹰蛇格斗之巧创成。早期代表人物为余克让、罗明、吴鹤鸣等。清光绪年间江西上饶鹅湖峰顶寺可修禅师亦精此拳。

字门拳注重静坐练心气,使气能行周身,以期意到气到,气到力到。动步则气贯于足,出手则气注于指。强调以站桩练步马,使步稳马快。练时多采用前虚后实的丁八步和胯膝相平的"平马"。平马又分脚尖外展和脚尖内扣两种。

基本手型有柳叶掌、龙爪掌、蛇头手、勾手、金枪手。基本步型有弓、马、仆、虚、丁。字拳的基本内容为"字门八法",即残(缠贴)、推(推击)、援(救援)、夺(抢攻)、牵(顺其势用力)、捺(按压)、逼(封紧)、吸(缩身)八字,每字一个套路,共八路。后又有人增添十字成十八字。此十字为:贴、搏、图、插、抛、托、擦、撒、吞、吐(见1918年上海大声书局《拳经》)。

此拳动作小巧紧凑，要求出手尽量靠近身体正前方，手由腿边而起，且要一发即收。运动特点表现为轻快、柔贴。技击中强调"以静待动"，讲究柔贴近战，以柔御敌，以刚克敌，以曲制直，认为只有柔才能贴。贴近打法有贴躯则撞推，贴肢则缠拿，同时以柔贴封闭对方出招，以柔贴缓冲对方来力，引化对方攻势。研习此拳可参阅余克让《精奇妙法》、胡遗生《字门正宗》。

法 门 拳

法门拳是江西地方拳种。此拳源传不详，据说是以字门八法为基础衍生而成，故又称"法字门"。是一种追求以柔克刚、以静制动的拳术。法门拳基本手型有平拳、珠子拳、柳叶掌、贴掌（五指分开、虎口撑圆）、勾、爪、金枪手（食指挺直、其余四指屈回）。基本手法以点插、擒拿为主，还有拦、截、砍、滚、挑、甩、封、闭、勾、挂等。基本步型有弓步、马步、丁步、仆步等。基本步法有抢步、窜步、三角步、蛇形步、圆弧步等。腿法有踢、踹、勾、挂、剪、扫、铲等。身型要求沉肩、纳脯（涵胸）、拔身。身法要求侧身进退，"吞如坐猴接物，吐似猛虎奔山，浮如蛟龙摆尾，沉似水底掏石"。劲法以寸劲、抖劲、缠丝劲为主。运动特点表现为出手取中护中，即靠近身体正前方中线出入。出腿突然，讲究踢不过膝，踹不过腰。与人对搏时强调以静制动，以守为攻，借力发力，顺势牵带。

练习法门拳分为三步。初步练静桩，以求步稳劲整。第二步练活步单操，以求走马圆活、手法便捷。第三步练套路。法门拳主要拳术套路共有十八趟，名为：单灌、双灌、溜马、二防、大金丝、小金丝、三角抖、连环步、顺开拆、反开拆、五虎穿裆、蝴蝶扑地、木牛分筋、五马破槽、开胸破槽、圆滚倒马、落地开花、拉弓出杀。

巫 家 拳

巫家拳是湖南地方拳种。创自福建汀州巫必达（1751—1812）。后世以此拳鼻祖姓氏名之于拳，故称"巫家拳"。巫必达幼习南少林连城拳，青年时广游各地,博取各家,自成一体。清乾隆末年,巫定居湘潭,先后传李大魁和冯南山、冯连山弟兄。

巫家拳以虚步、丁步为主要步型,步架高、步幅小。手法多弧形缠绕,擅使肘法。动作紧小,藏身敛气。劲力以寸劲为主,注重以腰发力、以躯带手的突然爆发劲。对搏时,要求以静待动,进身不进手。拳套有麒麟六肘、田字六肘、正手六肘、摆门六肘、单吊六肘、三桩六肘,以及探力拳等。

象 形 拳

象形拳是武术中的一类。泛指模仿某一动物的技能、特长和形态,或模仿某种特定人物的动作形态,结合攻防技法、艺术手法而编成的拳术。这类拳术的萌芽,可以追溯到原始社会。传说远在九黎族首领蚩尤兄弟七十二人作战时,就曾模仿牛相斗时,以角抵人。《淮南子·兵略训》说:"凡有血气之虫,含牙戴角,前爪后距,有角者触,有齿者螫,有蹄者趹,喜而相戏,怒而相害。"《孙膑兵法·势备》说它们"怒而斗,天之道也"。

象形拳的模仿性形态具有艺术性和技击性兼容的特点。人们习练象形拳,能在娱乐性较强的演练中掌握技击招法,对搏时则借模仿性外形迷惑对手,发挥拳技的攻防作用。象形拳要求以"形"为基础,以"象形制拳、仿形为艺、借形显艺、神形兼备"为基本技法原则。目前流传较广的象形拳有螳螂拳、猴拳、鹰爪拳、蛇拳、醉拳、武松脱铐拳等。

螳 螂 拳

螳螂拳属象形拳类拳种。据说,此拳创自明末山东即墨人王朗(或写为王郎)。王自幼嗜武,曾入嵩山少林寺学艺,后又游访数省,寻求名师。因见螳螂捕蝉之巧,遂以草戏之。从螳螂运臂格斗及转头闪身等动作中,悟出以短击长之理,借鉴猿猴步法,融入攻防技法创编成螳螂拳。螳螂拳基本手型仿螳螂前爪,类似刁勾,名"螳螂爪"。主要手法有勾、搂、采、挂、刁、缠、劈、按、崩、扎等。主要步型有虚步、四六步、麒麟步等。主要步法有滑步、跟步、踏步、噔步。基本身型要求顶头、沉肩、垂肘、活腕、拧腰坐胯、扣步。身法要求腰部和上肢灵活,臀以下要稳固,即所谓"枝摇根固""只动腰、不走胯"。劲法讲究柔缠、刚发,脆快抖弹。一般都是缠圈与抖发结合为用。发劲多通过晃腰抖臂,形于手指。其运动特点取螳螂挡车不畏、勇往直前之意,多短手快打,招势连环。讲究随其势打,寻其隙打,见空就打,出手打,回手也打,以打为守,实劈硬砸。

螳螂拳在流传过程中,不断吸收其他拳种的技法,形成了六合螳螂、七星螳螂、梅花螳螂、摔手螳螂等流派。另有流传于我国南方,据说创自清代广东人周亚南的"南派螳螂拳"。其基本技法同于南拳,应归入南拳系。

七星螳螂拳

七星螳螂拳是螳螂拳的一种,又称"硬螳螂""罗汉螳螂"。据说李炳霄是早期传授此拳的代表人物。一说此拳创自山东福山人王永春(1854—1926)。王初习长拳和地躺拳,清光绪十四年(1888)从"快手李"学螳螂拳达3年。王得传后,以螳螂拳为基础,吸收幼年所学,自成一体,取名"七星螳螂拳"。此拳讲究身为七星、步走七星。前者指身体姿势要在保持以头为魁的前提下,肩、肘、腕、臀、膝、踝弯曲,使肢体曲如七星。后者指步法的进退与闪展,似循七星轨迹。此拳架式低,动作舒展,劲力刚脆。

拳套有插捶、拦截、双插花拳、十八梭拳、锉钢拳、九转十八跌、七星摘要等。

梅花螳螂拳

梅花螳螂拳是螳螂拳的一种。以其发手多是三、五个动作连贯而出,意似梅花五瓣,故名。又以此拳动作连绵不断,劲力较柔,称为"太极螳螂拳"或"太极梅花螳螂拳"。此拳早期代表人物有清雍正时的山东人鲍光英。此支螳螂拳技法以勾、砍、贴、压、推为主,强调出手点眼,动作连环,劲力柔顺,尚横劲。套路有翻车拳、蹦步、拦截、梅花路、白猿偷桃拳、八肘、梅花摘要等。

六合螳螂拳

六合螳螂拳是螳螂拳的一种,又称马猴螳螂。此拳以内三合(心与意、与气、与力)与外三合(手与脚、肘与膝、肩与胯)统一一体为拳技原则,故名。其早期代表人物有山东招远县魏三。此拳讲究"以意导形",劲力柔长,多用粘黏劲、缠抖劲、滚圈劲、横劲。其动作圆活连贯,主要有以前臂划圈的缠封动作和以手腕转旋的刁搂动作,间有少量直捶崩打动作。对搏时主张"出手点睛,手不离脸,打蛇打头"。拳套有短锤、双封、铁刺拳、藏花拳、截手圈、六合摘要等。

摔手螳螂拳

摔手螳螂拳是螳螂拳的一种。据说由梅花螳螂拳衍生而成,故又称"梅花摔手螳螂拳"。此拳以摔手为技击精髓。摔手是侧身探臂,用前臂抖摔手腕,以手背着力向前远击的动作。要求摔手发劲似鸡啄米,如蜻蜓点水。摔出松柔,中的刚脆,出手为掌,回手成勾。

猴　　拳

猴拳属象形拳类拳种。是以猴形猴态和攻防技法融合而成的拳术。猴拳在明代已有记载,传有"猴拳三十六路"(见《江南经略》)。猴拳模仿猴的身型,要求缩脖、耸肩、涵胸、圆背、束身、屈肘、垂腕、屈膝。手法模仿猴摘果、攀援,有刁、采、抓、扣等法。步法模仿猴跃、窜、出入,有脚尖步、小跳步、交叉步等。眼神要像猴守物一样专注。技击中,主要运用上肢进行格挡、击打、掐拿等。起腿不多,偶用缠蹬、弹等腿法。猴拳的运动特点以灵敏善变、出手脆快为主。现代猴拳中吸收一些腾空翻转(如侧空翻、旋子等)和就地滚转的动作编入套路。猴拳套路一般模仿猿猴出洞、窥望、摘果、争斗、嬉戏、惊窜、入洞等情节编成。

鹰 爪 拳

鹰爪拳是象形拳的一种。是在鹰爪翻子拳或鹰爪行拳、鹰爪连拳的基础上发展形成的。创自河北雄县陈子正(? —1933),陈初从刘士俊之孙刘成有学岳氏散手、八闪翻,经十年苦练,得其精要。1919年应聘至上海精武会任教时,以翻子拳上下翻转的拳术为基础,吸收岳氏散手的擒拿手法,加入模仿鹰爪抓扣和鹰翼翻旋的动作,创编成鹰爪翻子行拳。此拳手型以鹰爪手为主,兼有拳、掌。

主要手法有抓、打、掐、拿、翻、崩、勾、搂。要求出手崩打，回手抓拿，格斗中抓拿对方手腕、肌腱间隙、骨连接间隙以及对方穴位要害。拳谚称为"沾衣号脉，分筋错骨，点穴闭气"。鹰爪翻子拳本不是象形拳，发展到现代才因增添了长拳的腾空外摆、旋子等跳跃动作，融入了坐盘翻转、扣腿盘旋等翻旋幅度较大的动作，增加了此拳的象形艺术性，形成了一有别于其母体的演练拳架。

鸭 形 拳

鸭形拳是象形拳的一种。此拳是模仿鸭的形态，结合攻防技法编成的拳术。手型以掌为主，手法有撩托、摆摇、穿掖、推按等。步法以挖行步为主。前进时，两腿挖行，头颈前后伸缩，两手交替地前撩后摆，似鸭陆地行走；两手向体侧连续挑按，似展翅戏水。动作内含遒劲，似鸭矮沉稳。此外，拳套中还有似鸭出水、入水、抖毛、刷毛、整毛、寻食等象形动作。

蛇 拳

蛇拳是象形拳的一种。此拳是模仿蛇的形态，结合攻防技法编成的拳术。蛇拳的手型主要有两种。其一，形似蛇头，名蛇形掌。做法：五指并拢，手心屈空、凸腕至掌与前臂夹角 90°。其二，形似蛇舌，名蛇信指。做法：食、中二指伸直分开，其余三指屈回，拇指按于另两指指甲上。手法主要有穿、钻、缠、崩、点、勾、搂、按等。步型多用仆步、坐盘、跪步、半马步、丁步、麒麟步。步法灵活，多转绕。上体要松柔，抖颤自如。发劲时伴有呵、哈、丝等发声。运动特点表现为动作缠绕圆润、忽伸忽缩、忽展忽合，全身松柔，节节贯串，上动则下随，下动则上领，中间动则两头合，全身只要一处动，即无处不动。

醉 拳

醉拳属象形拳类拳种。此拳是以醉形醉态和攻防技法融合而成的拳术。其基本手型为端杯手。手法有点、击、掐、闯、压、格、带、缠。基本步法有提步、碎步、盖步、撤步、碾步、击步、人字步、梅花步等。身法要求拧旋俯仰、左摇右摆。运动特点表现为架高步快，常以快速碎步移动，稳住濒于倾跌的身体，体现出跌跌撞撞的醉汉形态。在形无规矩、实有定数的碎步中,暗藏着勾、绊、缠、蹬等腿法。在左右摇摆的身躯中,暗藏着挨、撞、贴、靠等打法。练习醉拳要求"形醉意不醉、步醉心不醉",以醉态迷惑敌人而不是陶醉自己。步碎而快急,但不飘浮;腰活身摆,但头不乱摇。以期达到在欲倾欲跌的醉态中随意变转,逢击而避,乘虚而入。醉拳还注重通过看、见、瞄、瞟、痴等多种眼法来配合醉态的表现,迷惑利诱对手,为我声东击西作准备。传统的醉拳套路有太白醉酒、武松醉跌、鲁智深醉打山门、醉八仙等。现代醉拳吸取了地躺拳中腾空摔跌、卧地滚转等动作,增加了醉形的表现手法。醉拳套路一般都包括微醉、狂醉、烂醉、醉醒等四个层次的象形动作。研习此拳可参阅清《拳经拳法备要·醉八仙》、今人邵善康《醉拳》。

地 躺 拳

地躺拳是拳术的一种。也称地功拳,古称"九滚十八跌"。在明代王圻撰《续文献通考》中有记载。这种拳术以跌、扑、滚、翻动作为主体,配合手法、腿法、步法和身法组成,擅长各种卧地进攻、倒地反击的方法。现代地躺拳借鉴醉拳的摔打和猴拳跃跳翻腾动作,使地躺拳高起翻腾、扑地滚转,更加活泼。地躺拳基本动作有前滚翻、后滚翻、抢背、盘腿跌、绞剪、飞绞剪、乌龙绞柱、蹀子、扑地蹦、鲤鱼打挺等。这些动作多可用于攻防实搏。例如"抢背",古称"猴子掰桩"。是用两手抱住对方脚跟依次用肩背向前撞其小腿正面,使其后倒;或通过自己的主动前滚抢背,以足向对方腿腹间蹬踹或劈打。又如绞剪,是卧地以脚击打对方。后滚翻是乘滚起之势,用脚后跟蹬对手。在现代地躺拳中也采用旋子、旋子转体、跳叉等动作,增加套路难度和艺术性。

二十四拳(苌家拳)

二十四拳系清苌乃周(1724—1783)创编,人称"苌家拳"。苌乃周字洛臣,河南汜水人,幼嗜武技,初从虎牢张八学,后得洛阳阎圣道指点,得"字拳"四十法,经增益删减,约归为二十四字法,每字八势,共合为一百九十二势,命名为"二十四拳"。二十四字包括:阴、阳、承、停、擎、沉、开、入、尽、蹦、刨、劈、牵、推、敌、吃、黏、随、闪、惊、勾、连、进、退。此拳注重养气,认为"务使气藏于腹,精神合一,气力乃成"。对敌时,强调"虚实相济","彼不动,我不动,彼欲动,我先动"。运动时,要求"内固精神,外示安逸"。"两膊宜柔而活,不可使拙力","须因势之自然,务使外形一家,再令圆熟"。苌乃周著《苌氏武技书》载有"二十四拳"。

神　拳

　　武术中有"神拳",巫术中亦有"神拳"。武术中既有以"神拳"为名的套路,也有以"神拳"为名的拳式。明代流传有"赵太祖神拳三十六势""张飞神拳""童子拜观音神拳(五十三参)"(见王圻《续文献通考》)。清代虎牢张八有"神拳二十九势"。这些当是拳术套路。另外,明戚继光《纪效新书·拳经捷要》第二十三势"神拳当面插下……",即指一个拳式。巫术中的"神拳",清初有载。据故宫博物院藏清档《军机处录副奏折·农民运动》:"乾隆三十年……与石阿忠习打神拳,每欲打拳,或将香灰点额,或将香灰用水调饮,口念咒语,即能戏舞。"

第五编　古今兵械

兵　　械

　　兵械泛指古代战场运用的冷兵器和武术运动中使用的运动器械。武术运动器械主要由冷兵器演化而来。但是,冷兵器并非全是武术器械,武术器械也并非全是冷兵器的简单易名。例如古代兵器中的蒺藜等,因其形制不便携带,亦不便用于日常的健身锻炼,随着冷兵器时代的消逝而进入了博物馆,并未演化为武术器械。峨眉刺、鸳鸯钺等虽非战场兵刃,却顺应武术技术体系的不断充实、发展,而产生并流传。即使由古代冷兵器演化而成的刀、枪、剑、戟等武术器械,也在形制和运用方法上依自身的锻炼目的作了改进而发展。

　　一般来说,古兵器是以战阵格杀为目的,沿着便于诸种兵器相互配合,发挥整体作战效果的路径改进形制,发展技术的简洁性与实效性。武术器械则以健身、防身、娱乐为目的,沿着便于携带、易于演练的路径改进形制,发展技法的丰富性和趣味性。

短　器　械

　　短器械是武术器械中的一类。泛指械长超过习者小臂,而短于习者直立时眉之高度的兵械。如刀、剑、鞭(硬)、铜等(见《杂式短兵械图》,刀、剑另有专图)。

杵棒　　　狼牙棒　　　柯藜棒　　　蒺藜　　　蒜头

拐子　　　鞭杆　　　铁锏　　　铁鞭　　　铁鞭

杂式短兵械图

这类器械主要以单手握持进行练习,偶有个别双手握持器械的动作。以双手握持剑柄为主,兼用单手握持进行演练的"双手剑",亦属个别。

长 器 械

长器械是武术器械的一类。泛指械长等于或超过习者直立时眉之高度的兵械。如齐眉棍、枪、大刀、方天戟等(参见《杂式长、重兵械图》《杂式 T 型兵械图》,枪、棍另有专图)。这类器械都主要以双手握持进行练习,偶有个别单手握持器械的动作。

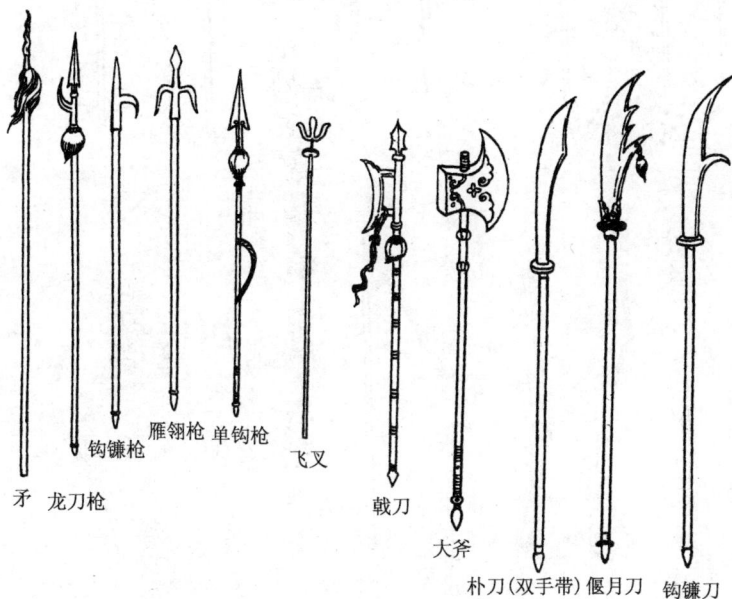

杂式长、重兵械图

矛　龙刀枪　钩镰枪　雁翎枪　单钩枪　飞叉　戟刀　大斧　朴刀(双手带)偃月刀　钩镰刀

软 器 械

软器械是武术器械的一类。泛指各种以环、链和绳索为中间环节而串连的兵械。如三节棍、九节鞭、绳镖、飞爪等(参见《软兵械图》)。

227

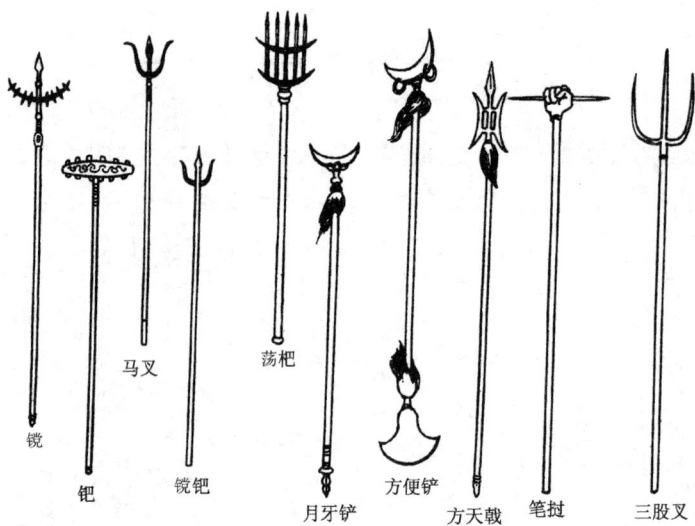

锐　　钯　　锐钯　　荡耙　　月牙铲　方便铲　　方天戟　　笔挝　　三股叉

杂式 T 型兵械图

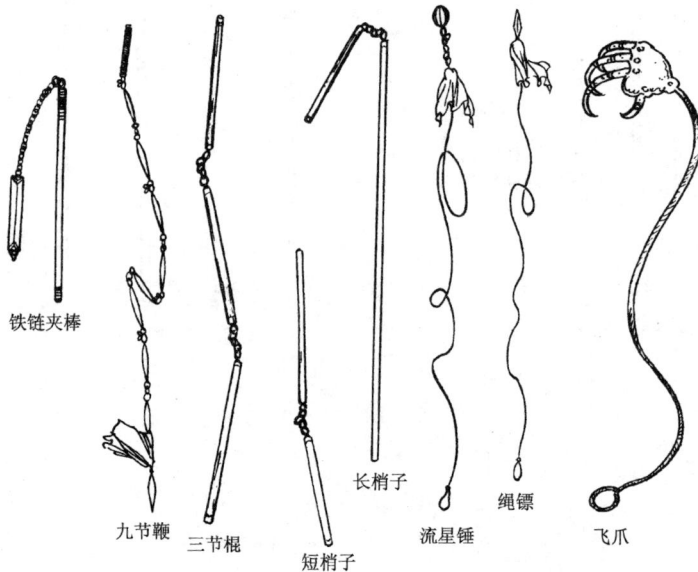

铁链夹棒　　九节鞭　三节棍　短梢子　长梢子　流星锤　绳镖　飞爪

软兵械图

双　器　械

　　双器械是武术器械的一类。泛指两手各持一械进行操演的兵械。根据所握器械的异同,可分为双手握持同种器械和握持不同种器械两类。前者如双刀、双剑、双枪、双钩、双鞭等,后者如盾牌刀、刀里加鞭等(见《双兵械图》)。

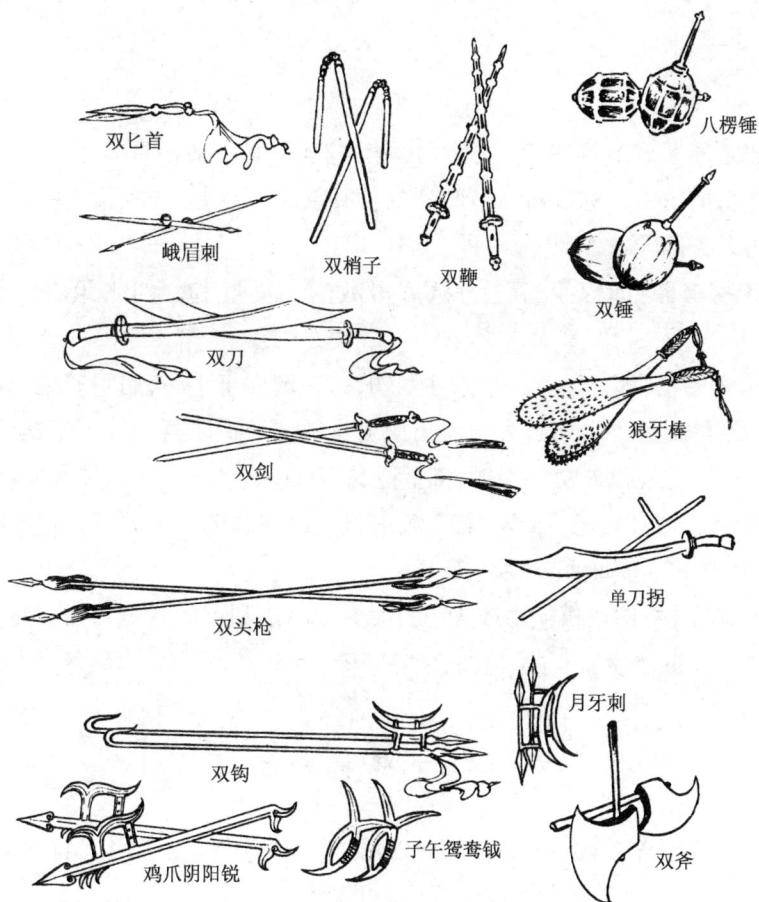

双匕首

峨眉刺

双梢子

双鞭

八楞锤

双锤

双刀

狼牙棒

双剑

双头枪

单刀拐

双钩

月牙刺

鸡爪阴阳锐

子午鸳鸯钺

双斧

双兵械图

小 器 械

小器械是武术器械的一类。泛指其长度短于习者小臂长度的兵械。如匕首、峨眉刺、乾坤圈、鸳鸯钺等(见《双兵械图》)。

这类器械一般都是两手各握持一同种器械进行演习。

暗 器

暗器是指匿藏不露、抛射击敌的兵械。这类兵械一般都具有便于隐藏携带,便于突然抛射击中目标等特点。暗器的种类繁多,形制差异很大。一般按抛射方法分为以下四类:

1. 手掷暗器:即以手臂之力抛掷击敌的一类器物。如飞蝗石、飞镖、飞刀等。

2. 索击暗器:即以绳索一端系住器物,另一端握于手中,用手臂之力使索系器借圆运动的惯性力沿切线方向飞出抛射击敌的一类暗器。这类暗器,发后能收回,可连续击敌。如飞爪、绳镖、流星锤、锦套索等。

3. 机射暗器:即以机括或弹性力发射机发射器物的一类暗器。这类暗器射距较远,命中率高。如袖箭、弹弓等。

4. 药喷暗器:即以机械力或火药力喷射毒品或利器的一类暗器。此类暗器十分险恶。如毒液喷筒、毒焰喷筒、鸟嘴铳等。

剑

剑是一种平直、细长、带尖、两面有刃的短兵械。剑由矛头和匕首演进而成,随着历史的发展,剑的形制也发生了逐步的变化。

西周时,已有形制还不完备的青铜短剑。那时的剑长仅 24—40 厘米,呈扁平双刃形或矛头形。茎极短,茎端有孔,用以穿绳。春秋时,随铁制剑的出现,剑身逐渐加长,中央凸出为"脊",茎亦随之加长演进为"柄",刃与柄的连接处加宽成"格"。战国后,普遍使用长剑,最长的达 1.4 米。汉以后,剑的格、柄、首的外部都以木片或铜片夹持加大、加宽。此后,刀逐渐代替了剑在军阵中的格杀作用,剑的军事价值逐渐衰退,剑身又逐渐变短了些。剑在古代,除了作为格杀的兵器、锻炼武艺的器械,还有多种用途。

其一,剑被作为权力和地位的象征。例如皇帝授给亲信大臣的"尚方剑",具有"先斩后奏"的生杀大权。

其二,剑被僧、道作为法器,说剑能"隐身""降妖""杀魔","于千里外取人首级"。

其三,剑被作为礼仪中显示地位等级的标志。古籍中记有严格的佩剑制度,如佩剑人的年龄不同,地位不同,装饰剑的金属或玉石等也不同。

其四,剑被作为一种风雅佩饰,文人学士佩之以示高雅不俗。

现代武术运动中的剑,基本承袭旧制,但剑身变薄,且不开锋刃,剑的长度以练习者直臂垂肘反手持剑时,剑尖不低于耳上端为准。《武术竞赛规则》(1986年版)还要求成年组男子剑重(包括剑穗)不轻于 0.6 公斤,成年组女子剑重不轻于 0.5 公斤,少年儿童则不受限制。

剑各部位名称

剑各部位包括:

1. **剑身**:剑有刃锋的部分。

2. **剑尖**:剑身梢端尖锐之点。

3. **剑锋**:与剑尖相连的菱形刃。

4. **剑末**:剑身的梢端、剑尖和剑锋的合称。

5. **剑脊**:剑身中央凸起部。

6. **剑刃**:剑身锐利的两侧,也称"锷""腊"。

7. **剑格**:剑身与握柄间的突出部分,也称"护手""剑盘"。

8. **剑柄**:手握部分,古称"剑茎",也称"剑把"。

9. **剑首**:剑茎底端的突出部分,也称"柄头""剑镡""剑墩"。

10. **剑鞘**：装剑的硬套,也称"剑套""剑匣""剑库"。

11. **剑穗**：系于剑首的丝穗,也称"剑袍"。

附:《剑各部位名称图》。

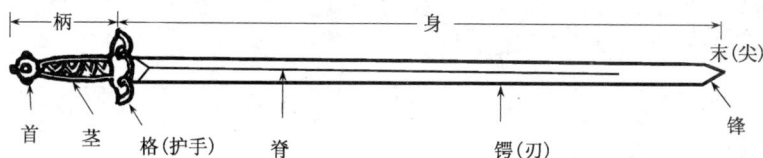

剑各部位名称图

剑　术

剑的运用方法和运动形式统称为剑术。现代武术运动还将剑的各种套路运动泛称为"剑术"。

剑自西周出现后,在车战时代它是一种短兵相接时才运用的防身兵械。车战衰退后,剑曾一度作为军阵格斗的利器。当刀取代剑的格杀作用后,剑受到了民间武艺家们的青睐,迅速发展出多种演练形式。在这三千多年的发展历程中,剑术形成了"斗剑"和"舞剑"两类。

斗剑是两人持剑相搏,互较胜负的格斗运动。在战国时,斗剑之风很盛。古籍记载说,"吴王好剑客,百姓多剑瘢"(见《后汉书·马援列传》),"赵文王喜剑,剑士夹门而客三千余人,日夜相击于前"(《庄子·说剑》)。三国时,魏文帝曹丕与奋威将军邓展曾在一次宫殿宴饮时,以甘蔗当剑,比较剑技(见《典论·自序》)。从持剑而斗,百姓多剑瘢,到出现以甘蔗代剑相较,标志着古代"斗剑"是沿着注重体育性和娱乐性方向发展的,乃至演进成了近现代的"短兵"运动。

斗剑的技术方法在战国时已得到了较好的发展和总结。《庄子·说剑》述云:"夫为剑者,示之以虚,开之以利,后之以发,先之以至。"《吴越春秋》卷九记有越女论剑云:"凡手战之道,内实精神,外示安仪。见之似好妇,夺之似惧虎。布形候气,与神俱往。杳之若日,偏如腾兔。追形逐影,光若仿佛。呼吸往来,不及法禁。纵横逆顺,直复不闻。"这些论述不仅阐明了剑技中的虚实、先后、内外、弱强、形神等矛盾的处理方法,还述及了有关动作速度、路线、呼吸等方面的要求。

舞剑是个人单练形式为主的剑术运动,周秦时已有记载。《孔子家语》载:"子路戎服见孔子,仗剑而舞。"《太平御览》卷四三引晋代傅玄在《短兵篇》描述当时的集体剑舞说:"剑为短兵,其势险危。疾逾飞电,回旋应规。武节齐身,或合或离。电发星鹜,若景若差。兵法攸象,军容是仪。"这也可看作是对剑术单练形式的描述。舞演形式的剑术运动沿着健身和娱乐的需要,在剑舞等武舞的影响下,逐步发展形成了明清后蔚为大观的剑术套路运动。

剑术套路的名目很多,如七星剑、昆吾剑、青萍剑、太极剑、八卦剑、达摩剑等,不下数百种之多。就其体势可分为行剑、站剑;就其穗长分为长穗剑、短穗剑;就其持握法,分为正把剑、反手剑、双手剑,以及正把的单剑和双剑;就其运动形式,可分为单练剑、对练剑。

反 手 剑

反手剑是剑术运动形式的一种。泛指虎口对剑首(柄头)握持剑柄,剑身位于小指外侧进行演练的剑术动作和套路。反手剑相对于正握剑柄而命名,也称"反把剑"。反手剑的主要动作有抡、云、穿、挂、扫等,多在行步走转中变化剑法,常左右手交换握把。

双 手 剑

双手剑是剑术运动形式的一种。指双手持握剑柄进行演练的剑技动作和套路。演练双手剑使用的剑,较一般剑长。其剑柄长度应便于双手握持,其剑身随之加长,练起来既不失剑利在锋尖刺击的特点,又注重以剑身施展劈、拦、格、洗等技法,形成独特的技术特点和运动风格。

长 穗 剑

长穗剑是剑术运动形式的一种。泛指在剑首系一长穗的剑,也用作长穗剑技术套路的代称。剑穗的长度等于或稍长于剑体。长穗剑区别于其他剑术的特点在于剑穗随剑舞动。有传习者说,长穗飞舞可以迷惑对手,指上击下,还可用穗抽击对方头面。现代武术运动中长穗剑的演练,主要是通过舞动长穗,增添剑术的艺术感染力。长穗剑的基本剑法有穿、挂、撩、云、刺、斩等；基本穗法有带、甩、摆、宕。练习时，要求剑法清晰，穗法不缠不乱。还有掷剑远击，又抓住剑穗带回的"撒手剑法"，颇为独特。

双　　剑

双剑是剑术运动形式的一种。泛指左右手各持一剑进行演练的剑术套路。依其所佩穗长，分为"短穗双剑"和"长穗双剑"两种。短穗双剑突出剑法的迅速连贯和变化多端，长穗双剑则突出双穗随剑抢舞摆宕，剑与穗浑然一体。双剑的演练要求左右协调配合，既不可散乱无章，又不能叠合碰撞。双剑的动作以立圆挂穿和挽花、平圆上云剑为主，也有撩、架、劈、刺等剑法。

行　　剑

行剑是剑术套路运动的一类。泛指以走行穿翻为主，停势较少的剑术套路练习。其运动技术特点表现为气势连贯，一气呵成。八卦转剑、龙行剑，以及现代武术运动中的"自选剑"，均属此类。

站　　剑

站剑是剑术套路运动的一类。相对于"行剑"而名，亦称"势剑"，泛指势正招圆、端庄完整、多平衡动作、少有急穿快转的剑术套路。其运动特点表现为动静分明，劲力饱满，造型优美。"十三剑""七星剑"属此类。

刀

刀是一种平直、细长、带尖，一面有刃的兵械。早期的铜刀仿原始社会的石刀、骨刀制成。商代的铜刀形状，有直脊、弯脊、直脊而首部上弯三种，长度仅20—40厘米，是一种自卫用器。随着骑兵的出现，刀的使用日盛，刀的形制也随之变化。到西汉，出现了加长刀身的短柄长刀。刀体通常长1米，柄首为扁圆环形，称为"环柄刀"或"环首刀"。这种刀脊厚刃利，杀伤力很大，很快就取代剑而成为战阵中主要的短柄兵械,并且随之出现了为进一步加强劈、砍、斩、杀效力而加长刀柄的长柄刀。长柄刀的种类很多,见载的有晋代大刀,以及后世的屈刀、掩月刀、偃月刀、眉尖刀、笔刀、凤嘴刀、钩镰刀、挑刀、宽刃刀、片刀、虎牙刀,以及陌刀、三尖两刃刀、掉刀、戟刀等。这些刀的形状除后四者外,其余十二种的形制都较接近。近现代武术运动中,将它们泛称为"大刀",并以明代的"偃月刀"作为基本形制。

武术器械中的"朴刀"、宽刃剧刀、船尾刀等,刀身狭长,刀柄较短,是一类介于长柄刀和短柄刀之间的兵械,也称为"短柄长刀"或大刀形短柄刀。

短柄刀的种类也很多,有环刀、长刀、手刀、腰刀、佩刀、短刀、鬼头刀、响环刀、象鼻刀等。近现代武术运动中,将它们泛称为"单刀",并以清代的腰刀为其基本形制。清代腰刀制做精美,钢制刀体,刀身与刀柄间的护手是椭圆形铜盘,刀柄以木质或竹片夹合柄茎成弓曲弧形,刀柄靠近护手端有铜套箍住,刀柄的另一端安套铜帽为柄首。用木质或竹片做成扁薄的刀鞘,外包鲨鱼皮,鞘的两端箍有挖花铜套,鞘中间有两道铜箍向外凸出,以系丝索悬挂或佩带。

现代武术运动中的"刀",实际上仅指这类短柄刀。"刀术",也仅指这类刀的运用方法和运动形式。而将长柄刀等加以具体明确的称谓,如大刀、双手带等。

刀术套路运动使用的刀,不开刃。刀的长度以练习者直臂垂肘抱刀时,刀尖不低于耳上端为准。

《武术竞赛规则》(1986 年版)还规定,成年组男子的刀重量(包括刀彩)不轻于 0.7 公斤,成年组女子的刀重量(包括刀彩)不轻于 0.6 公斤,少年儿童不受限制。

刀各部位名称

刀各部位包括:

1. **刀身**:刀有刃尖的部分,也称"刀片"。

2. **刀尖**:刀身梢端。

3. **刀刃**:刀身锐利的一侧。

4. **刀背**:刀身钝厚的一侧,也称"刀脊"。

5. **护手**：装于刀身和刀柄间的铁盘，也称"刀盘"。

6. **刀柄**：手握的部位，也称"刀把"。

7. **柄首**：刀柄底端突起部分。

8. **刀鞘**：装刀的硬套。

9. **刀彩**：系于柄首的装饰彩绸（或彩布），也称"刀袍"。

附:《刀各部位名称图》。

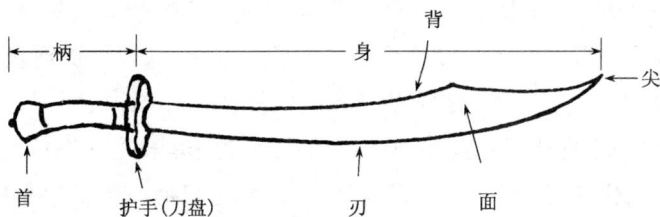

刀各部位名称图

刀　术

短柄刀的运用方法和运动形式，统称"刀术"。现代武术运动还将短柄单刀的各种套路运动泛称为"刀术"。

车战时期的刀，只是短兵相接时一种用于自卫的短械。随车战衰退，骑兵出现，步战日盛，刀越来越受到兵家的重视，成为整个冷兵器时代一种常用的格杀兵械。明代军事家戚继光著的《辛酉刀法》，何良臣著的《阵记》，程宗猷著的《耕余剩技·单刀法选》，以及茅元仪辑成的《武备志》等多种文著，都载有关于刀的使用方法或运动形式。刀术在其漫长的悠久发展历程中，沿着两人"相击"和单人"舞练"两种形式发展。

两人相击形式的刀术格斗技法除了在军事训练中运用外，也被用于闲暇余兴之时。清康熙三十年（1691），年已57岁的教育家颜习斋在商水与侠士李木天折竹为刀，较量刀技，结果颜习斋击中李木天手腕获胜（见《颜习斋年谱》）。刀的格斗形式运动，正是沿着这种意不在致残对手的竞技性运动，发展融入了近代武术的"短兵"运动。

　　单人舞练形式的刀术,很早就出现于民间武术中。在《资治通鉴·晋纪》里,记载有晋代民间"乡落悍民,两手运双刀,坐作进退为击刺之势,掷刀空中,高一二丈,以手接之"。随着这类攻守之法和杂技抛掷花法相融的表演性刀术的发展,刀术沿着自己本身的技法特点形成了套路练习。明代武术家程宗猷著《耕余剩技·单刀法选》说,"以前刀法,着着皆是临敌实用,苟不以成路刀势,习演精熟,则执刀运用,进退跳跃,环转之法不尽,虽云着着实用,犹恐临敌掣肘,故总列成路刀法一图……以便习演者观览。"这是已见于记载的刀术套路图谱。发展至清代,刀术套路琳琅满目,有太极刀、梅花刀、夜战刀、八卦刀、少林刀等等。

　　在现代武术运动中,一般将刀术套路分为一手持刀演练的单刀类(多以"刀术"相称),以及左右手各持一刀进行演练的双刀类。此外,还有一手持单刀,另一手持盾牌,或持拐子,或持九节鞭进行演练的"盾牌刀""单刀拐""单刀加鞭"等套路。

大　刀

　　大刀泛指由短柄刀加长柄杆演进而成的一类长柄大刀,其刀身形制不一,种类颇多。刀口圆若半弦月者,名偃月刀。刀身宽大者,名宽刃刀。刀身细长者,名眉尖刀。还有屈刀、笔刀、凤嘴刀、挑刀、片刀、虎牙刀等。近现代武术运动中,以偃月刀为大刀的基本形制。一般刀身约长55厘米,一面有刃,前锐后阔,柄长约165厘米,刀背凸牙有孔悬系红缨。刀根与柄连接处有刀盘,柄贴盘部包有约20厘米的铜皮,名"定手"。柄尾安有铁樽(参见《杂式长、重兵械图》)。据说三国名将关羽擅使偃月刀,因关羽喜读《春秋》,行《春秋》大义,故后人又称其刀为"春秋大刀"。古代武术传习者,多崇尚关羽的武艺人品,各派大刀虽形制有别,技术有异,一般统以"春秋大刀"名其械,亦为其演练套路的称谓。

朴　刀

　　朴刀是一种刀身狭长、刀柄稍短的长柄刀。又名"双手带",古称"斩马刀"。其柄长一般以够两手分开握持运用为度,柄尾有铁柄,刀身呈浅弧形。刀身前部为刀头,尖锐似剑,两边有刃;后部为刀躯,一侧为刃,一侧为背(参见《杂式长、重兵械图》)。

朴刀既有别于刀柄较长的大刀,兼有短用之利,又有别于柄短的单刀,兼有长击之能。其使用方法,兼及大刀和单刀之法。

硬　　鞭

硬鞭泛指圆柱形像竹节、短棒般的打击兵械。此与以环串连数节棍棒的"软鞭"相区别。

硬鞭一端粗,一端细。粗端为"鞭樽",为握柄,亦称"樽柄",其前有护手。细端为梢,亦称鞭尾,亦可用作握柄,称为"梢柄"。鞭身凸起之节数不等,凸凹程度不同。竹节鞭一般为三节(不算樽柄),节较长而凸较高;虎尾鞭节较短,而凸较低,上著虎尾斑纹。鞭长一般为1米,也有长至1.4米者。硬鞭一般以纯钢或铜制成。近现代用作武术器械的硬鞭,多以坚木制成(参见《杂式短兵械图》)。

鞭　　杆

鞭杆是坚木制成的圆柱形短棍。一端细为梢,另一端粗为把,把端直径约3.5厘米(参见《杂式短兵械图》)。演练时既可双手持握,又可单手持握,把梢并用。鞭杆技法特点是换手倒把较多,忽而持梢,忽而握把,忽双手抢挥,忽单手运转。一般技法同硬鞭,也融有单刀和剑的方法。

橛

橛是短棍式兵械。以坚木制成,长约1.5米。圆柱形,一端粗,一端细。粗端为把,直径约5厘米,细端为梢,直径约3厘米。把端有小孔,穿系一绳套,名"套腕",使用时套于手腕。

另有"羊角橛",其形制同上,略短,梢端有羊角,增加了橛梢的硬度和戳击强度。一般两手各持一橛演练,称为"双橛"。近代习者多在梢端或羊角与棍的连接处钻一小孔,系以红缨或彩穗。

锏

锏是一种类似竹简的短兵械,古称"简"。其起源于先秦,延用至清代。一般以铜铁制成。锏柄尾有孔,穿一绳套,用于套腕。锏身方形凹面,四边角突起成棱,无刃、无尖,故锏又称为"凹面锏""方棱锏"。硬鞭与锏的形制颇类,区别在于:鞭体圆、锏体方;鞭有节、锏无节;鞭梢锐细,锏梢与锏身同粗。锏的长度因使用者身高不同而异,一般长 60—85 厘米。现代武术运动中,练锏者甚微,并多改用坚木制"锏"(参见《杂式短兵械图》)。

棒

棒是一种主要用于打击的兵械。棒由古代的殳演进而来,以坚硬木料制成。有的用铁皮包裹棒的两端,有的在两端分别安装钩和镡,有的在棒周围植钉。棒长一般约 120—150 厘米,以与练习者直立齐胸高为度。棒的形状和名称很多,有杆棒、白棒、杵棒、柯藜棒、钩棒、抓子棒、狼牙棒、铁链夹棒等(参见《杂式短兵械图》《软兵械图》)。明代出现了长 2.3 米、头上装一鸭嘴形短刃的"大棒",以及戚继光所创、在棒头装有刀刃的"加刀棒"。

棒的用法以劈、盖、截、拦为主,与棍类同。头端重大或有刃者,使用时增加有类似锤或长刀的用法。

拐

拐是以坚重硬木制成的兵械。用长短不等的两条圆棍制成(参见《杂式短兵械图》)。以其长度,分为长拐和短拐两类。

长拐长约 130 厘米,长、短两棍皆可为握柄,可两手握持长柄运使,也可单手握长柄或短柄。练习时,各种握法交替使用。

短拐长约 65—100 厘米。演练时两手各持一械,虎口向内握持短柄,长柄贴靠臂外侧。主要方法有劈、撩、扫、拨、架、缠头花。主要技巧在于手握短柄摇转,或转长柄向前撩、劈,或转长柄护贴臂侧以架、格敌械。

拐还可与其他兵器配合使用,如"拐子单刀",即左手持拐、右手持刀进行演练。

钩

钩是一种多刃带钩的兵械,由戈演变而来。春秋战国时期,戈、钩、戟并用。钩的形状似戟,只是戟顶端为锋,而钩顶端为钩形。钩有长钩、短钩、飞钩。作为武术运动器械,多是短钩。有鹿角钩、虎头钩、护手钩、挠钩等,其中以护手双钩流传较广。护手钩的前面有钩,中段两边有刃,手柄外侧有月牙,柄尾有钻(参见《双兵械图》)。

马 牙 刺

马牙刺是武术短器械的一种。其长宽同剑,刺身两侧刃成齿状排列,形似马牙,故名。刺头成慈姑叶式,刺朝手柄,每侧共 12 齿。技法有展、抹、钩、剁、劈、压、刺、扎等。此器多用于刺马腿、捞敌械,也可用于水战。

锤

锤是用铁或木制成大头,装以木柄,主于砸击的重型兵械。锤源自原始人群的生产工具石锤头,以后逐渐出现了青铜锤、木头锤、铁锤。五代至宋代,锤类兵器大量使用,成为当时军中的重要兵器。

锤的形制很多,有方头形、长圆形、蒜头形、瓜形、八楞形,还有锤头带刺的"蒺藜"(参见《杂式短兵械图》《双兵械图》)。锤的重量不一,轻者数斤,重者达数十斤。锤柄长短也不同,可大略分为长柄、短柄两头。练习长柄锤,一般是双手持一锤,称为"长柄单锤"。练习短柄锤,一般是两手各持一锤,称为"短柄双锤"或"双锤"。锤以硬架、硬砸为主,常用方法有涮、曳、挂、擂、冲、云、盖等。

枪

　　枪是一种在圆条状长杆上装有锐利尖头的兵械。枪的使用可追溯至原始社会。最初的枪仅需将木杆头削尖就制成了。东汉服虔著的《通俗文》说:"剡木伤盗曰枪。"后汉时的枪与矛的形制相似,多以长木杆或竹竿为杆,装上锐长头即成。诸葛亮制的木柄枪长达2丈,竹柄枪长达2丈5尺。故后世有"器名枪者,即古之丈八矛也"之说(见程宗猷《长枪法选·长枪说》)。古代还有铁头、铁柄合铸一体的"铁枪"。五代后梁王彦章持铁枪骑驰,人莫能御,"军中号王铁枪"(见《新五代史·死节传》)。宋代李全用的铁枪,杆长七八尺,重达20多公斤(见周密《齐东野语》)。不同用途的枪,枪杆的长度不等。用于车战、骑战的长,用于步战的短。用于守城御寨的长,用于进攻的则短。长者可达8米余,短者可为1.3米多。

　　枪的种类也很多。宋代有双钩枪、单钩枪、环子枪、鸦项枪、素木枪、锥枪、太宁笔枪、短刃枪、短锥枪、抓枪、蒺藜枪、拐枪等。明代有长枪、铁钩枪、龙刀枪等。清代有蛇枪、钩镰枪、火焰枪、长枪、钉枪、十字镰枪、虎牙枪、双钩镰枪、雁翎枪等。近现代武术运动中的枪,以明清时形制简单的"长枪"为基本形制。这种枪的头以铁(钢)制成,尖头形似锁,后有锥圆管安装于木柄上,圆管名"枪库"。与木柄装合时,柄头处微留"空库",其中置1—3枚钢珠,能随枪动作响。枪库尾端缚系枪缨,缨多以犀牛尾、牦牛尾或人发染色制成。枪柄以白蜡杆制作为最佳。

　　枪的长度和粗细不等。《手臂录》载:"沙家竿子丈八至二丈四……敬严木枪长九尺七寸"。后世习者一般以"丈八大枪""七尺花枪""六尺双枪"为度。现代武术运动中演练枪术竞赛套路用的枪,全长不能短于本人直立直臂上举时从脚底到指端的长度。枪杆(除枪尖)中线以下任何部分的直径不得少于:成年组男子为2.29厘米,成年组女子为2.13厘米;少年组男子14岁以上为2.13厘米,以下为2.03厘米,少年组女子14岁以上为2.03厘米,以下为1.9厘米;儿童不受限制。

枪各部位名称

枪各部位包括:

1. 枪柄:枪的木杆部分。

2. 枪头:装于枪柄上的带尖刃的金属头。

3. 枪尖:枪头端尖锐部。

4. 枪库:枪头尾段锥形圆管。

5. 枪缨:缚于枪头尾端的红缨。

6. 前段:枪柄靠近枪头的三分之一段。

7. 中段:枪柄正中三分之一部分。

8. 把段:枪柄靠近把的三分之一段。

9. 把:枪柄的底端。

10. 把端:枪柄把段靠近把的三分之一部分。

附:《枪各部位名称图》。

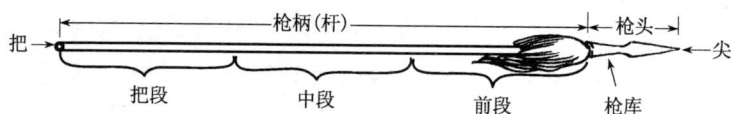

枪各部位名称图

枪　术

枪的运用方法和运动形式统称为枪术。现代武术运动还将枪的各种套路运动泛称为"枪术"。

在古兵械中,枪与矛同属刺兵,形制相似,使用方法相类。早于枪成为战场格杀兵器的"矛",由于其柄太长,随着车战的衰退,矛的使用也随之减少。晋以后,枪刃逐渐变短。至隋唐间,随兵器的"废长兴短",较矛短直而锐的枪,成了步、骑兵的主要武器,经久不衰地受到历代兵家的重视。发展至明代,出现了戚继光《纪效新书·长枪短用说篇》、何良臣《阵记》、程宗猷《耕余剩技·长枪法选》，以及吴殳《手臂录》等对枪术的运用方法和运动形式都颇有研究的著作。两人比试枪术和单人舞练枪术两种运动形式的发展，也日臻完备。

早在唐代，已有相互比试枪术的运动形式。据《资治通鉴》卷一九六记载，唐太宗贞观十七年(643)，已有"被毡甲，操竹稍，布阵大呼交战，击刺流血，以为娱乐"的消遣性活动。明人施耐庵在《水浒传》第十三回中描述宋代已有除去枪头，包以毡片，蘸着石灰，相互比试枪术的情况。枪术运动形式中这类为了娱乐、或为相互比较高低而以竹稍代战枪，或将战枪去头进行比试的方法，发展成了近现代武术运动中的"长兵"运动。

在唐人著作中，也记有单人舞练枪术的情况。陆龟蒙在《矛俞》中描写练枪者如何盘舞枪花若风似电、缠绕肩颈令人眩目时写道："手盘风、头背分、电光战扇，欲刺敲心留半线，缠肩绕膻，襦合眩旋。"枪术套路运动正是在这类武舞性枪术的影响下不断发展，明代程宗猷《耕余剩技》中编记了击法、花法兼备的枪术套路图谱。吴殳《手臂录》认为："枪本为战阵而设，后为高人极深研几，遂使战阵之枪同于嚼蜡。"发展至清代，枪术套路丰富多彩，有杨家枪、梨花枪、梅花枪、五虎断门枪等名目。

阴 把 枪

阴把枪是枪术运动形式的一种。泛指两手虎口相对、手心向下握持枪杆进行演练的各种技术，以及由这类技法组合的套路。

阴把枪把法较活，两手常滑握把端、或中段、或梢端。握住把端可放长扎远，多侧身连环插步，边绞边扎，防守面小，而扎进迅速，显得步快枪长，如箭远穿。两手握杆中段似持双头棍，可尖把连发，格打兼施。两手握近梢端，仅剩枪头在前，似握短匕自卫，可贴身应急。

现传"阴把枪"套路又名"八卦缠枪"，或称"阴把缠枪"，传自清末隐居于今内蒙古土默特右旗的赵老同。

大　枪

枪头、枪杆均较一般枪长的枪统称大枪。旧时大枪杆的长度一般为 3.3 米以上，用于守城之枪有的达 10 米之长。近现代武术运动中，以练习者直立上举臂时手指距枪缨不少于 1 拳为准。枪头约长 40 厘米，把粗以一把零一拍为度（即拇、食指扣紧杆把时，中间可容四指），枪头重约 0.7—1 公斤，视杆长而定，总以头不沉坠为度。枪杆长而重，强调凭借身步之力运使各法，手臂仅助以寸劲。不论直刺、左右拦拿、上架、下压，都只作尽可能小的运动幅度，因此形成了"身不离枪，枪不离中心"的技法原则。大枪的基本动作有拦、拿、扎、挑、崩、劈、砸、抖、缠、绞等，没有舞花动作。

大枪不仅是一种实用性很强的兵械，练习大枪也是一种锻炼劲力的传统方法。各派传统武术训练中，多用作锻炼全身整劲，抖发爆发力，以及增强手臂力量的方法。

双　头　枪

双头枪亦名"双头蛇"，是在木杆两端装上枪头而成（参见《双兵械图》）。双头枪可能与古战场上的"两刃矛"同源，也可能是将古代枪把端的尖镈换成枪头而成。双头枪的长度较短，用于单练的双头枪长不过 6 尺（2 米左右）。两手各持一械进行演练的"双头双枪"的长度，一般以习者身高为度。

单练双头枪的技法丰富。以阴阳把握枪杆时，可以任意以一端为把，运用单头枪的各种枪法。以双阴把握枪，可以两头换刺，似匕兼棍。此外，还有左右穿刺以及各种舞花动作。

双头双枪的技法以花法为主，主要有左右背花、行进左右挂枪花、左右穿枪花、侧移步双腕花等，颇似双刀、双剑的花法，唯双头双枪器械较长，运使时对身、步法和臂力的要求较高，稍不协调即两枪相碰。在双头双枪技法中，只含有扎枪等个别枪的技击方法。

棍

棍是一种直而长的坚韧圆木杆制成的兵械。原始人狩猎时"斩木（树枝）为兵"而制成的"棍",当是人类早期最原始最普遍的兵械。将棍制成多棱形,两端套上铜或铁箍就是"殳";将棍的一端或两端制成粗大的头,或植予钩、齿,称为"棒"。还有以铁环连接一长一短两棍制成的"梢子棍";串连三节短棍制成的"三节棍"。在冷兵器时代,棍、殳、棒同属击打类兵械。棍曾被视为棒的一种,称为白棒,或棒。在近现代武术运动中,殳因太长,棒因头沉形怪,均不便于携带和用于锻炼,已很少见。梢子棍和三节棍多列入软兵械。而在长兵械中,形制较简单的棍,以其易学易练,始终被作为学习长柄兵械的入门教练内容,成为武术运动的主要器械之一。

棍以木质制成,历史上也有以铁制棍的。制棍的材料以白蜡杆为佳。此外,也采用枣木、牛筋木制棍。棍体呈把粗梢细的渐细形状。棍的长度以棍的练习形式不同而异。一般"长棍"(亦称单头棍)长约2.6米;"齐眉棍"之长度与练习者直立时齐眉;"条子"长约练习者直立至眉额间的高度,较其他棍稍细。武术运动中竞赛套路用的棍,最短必须等于练习者身高,棍中线以下任何部分的直径要求,均同于枪(参见本书"枪")。

棍各部位名称

棍各部位包括:

1. **棍梢**:棍的细端头部。

2. **棍把**:棍的粗端底部。

3. **梢段**:从梢至三分之一棍身处。

4. **梢端**:从梢至三分之一梢段处。

5. **中段**:棍身正中三分之一棍段。

6. **把段**:从把至三分之一棍身处。

7. **把端**:从把至三分之一把段处。

附:《棍各部位名称图》。

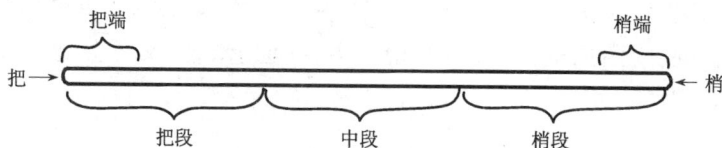

棍各部位名称图

棍　术

　　棍的运用方法和运动形式统称为棍术。现代武术运动中还将棍的各种套路运动,泛称为"棍术"。

　　棍的运用方法,在军旅武术和民间武术中都颇受重视,不仅将它作为战场格杀技法的一种,更重要的是,把它视为各种长杆兵器的基本技法而广泛采用。明代军事家、武术家俞大猷在《剑经》中说:"若能棍,则各利器之法从此得矣。"何良臣《阵记》说:"拳、棍为诸艺之本源也。"程宗猷《少林棍法阐宗》说:"凡武备众器,非无妙用,但身手足法,多不能外乎棍。"由于兵家对棍术的重视,使棍术的技术和战术理论发展都很快。明代人施耐庵在描写宋代故事的《水浒传》中,述说棍技颇多。李卓吾《引首》谓宋太祖赵匡胤"一条杆棒等身齐,打四百座军州都姓赵",说的是赵匡胤棍技超人,棍术格杀价值高。《水浒传》第二回描述能将"一条棒使得风车儿似转"的史进,与东京八十万禁军教头王进比较棍技时,被王进"把棒望空地里劈将下来……将棒一掣……直搠将来,只一缴",史进便被击倒。事后,王进说史进学的"都是花棒,只好看,上阵无用"。这一段描述说明当时棍的单人舞练形式("花棒""使棒")和两人以棍对搏的技能都已发展到较高水平。明代程宗猷《少林棍法阐宗》中绘制有势势相承的棍术套路图谱。俞大猷《剑经》中总结了用棍的诀窍、用力要点和下肢配合的方法。其中《总歌诀二》云:"刚在他力前,柔乘他力后,彼忙我静待,知拍任君斗。"并提出了"乘他旧力略过、新力未发"而击的技击要诀。这些由棍术技法中总结出来的理论,成了后世武术各流派拳械共同遵循的技法原理。

　　棍术运动形式逐步沿单人舞练形式和双人对搏形式发展。对搏形式发展渗合入近现代武术的"长兵运动",舞练形式发展形成了丰富多彩的棍术套路运动。按所用棍的长短,可分为长棍、齐眉棍、条子和现代自选棍等。以握把方式可分为阴把棍、阴阳把棍;以攻击时棍的着重使用部位,又可分为单头棍、双头棍。

七　星　竿

　　七星竿是一种竹杖似的兵械,属八卦掌系。此械的制作采用中心空细如豆的实竹一根,长为七节,每节约 23 厘米,用长细铁条将竹节打通,灌入水银 7 钱(约 23 克),再用木塞、粘胶将竹端孔隙塞封。运用时,水银在竹内来回流动,哪端击出,水银就流向哪端,以增加打击的力量。八卦掌传人多以此杖为点穴用器,练时注重点、戳、挑、掼等,而不使舞花、劈地等法。

铲

　　铲是一种长柄带横弧刃的兵械。此械有两种形制:一种是铲呈月牙形,内刃外背,柄尾装有枪形刃;一种是长柄的两端均装铲,一铲呈月牙形内刃,一铲为月牙形外刃(参见《杂式 T 型兵械图》)。

　　铲的使用方法重在两端刃锋,多用推、铲、截、压等法,两头换击,运使灵便。

钯

　　钯也称为"扒",源自古代农具"杷"。钯的形制是在横木(或铁板)上安置铁齿,再装上长柄而成。一面装齿的称为单面钉钯,两面装齿的称为双面钉钯(参见《杂式 T 型兵械图》)。钉钯一面装有 5—9 齿,也有密排 10 余齿者。

矛

　　矛是一种直而尖、安以木质长柄的刺杀兵械,又称鏦、鎙、稍、铍。矛起源于原始社会的狩猎工具。初以尖形石块或兽骨用作矛头,绑在竹木竿端,铜矛出现后渐成一定的形制。商代的铜矛,刃部双锋,骹(矛的下刃口)比刃长,骹部两侧有环或孔,供缨饰。后世形制略有变化。古代矛头约长 25 厘米,矛柄长度不等。

用于车战的"夷矛"长 7.5 米,用于步战的"夷矛"长 6.5 米,马战用的矛长 6 米,称为"丈八蛇矛"。长矛也泛称"铩""铦"。两晋至隋唐时代,称矛为"槊",形制基本未变(参见《杂式长、重兵械图》)。

槊

古代将重而长的矛和棒称为槊,亦写为"矟"。明张自烈撰《正字通》说:"矛长丈八谓之槊。"另有记载说,杆长约 2 米,柄端有椭圆形锤头,上面密排铁钉 6—8 行,柄下有三菱形铁钻的一种棒,称作"狼牙槊"。此外,还有指槊、掌槊、双槊、横槊等。梁简文帝萧纲曾将马上用槊的技术,整理编制成谱。

戈

戈是用于钩挽、啄刺对手的长柄兵械,为战国以前的主要兵器之一。戈的前部名"援",形似双刃匕首,用于钩啄横击;戈的直下部分名"胡",其上有孔,用以贯索缚于柄上;"援"后的短柄名"内",上有孔,名"穿",用皮条穿过横绑于木柄上端;戈的木柄名"柲",其末端装有一平底青铜套,名"镦"。戈的安柄方法有两种。一种是把戈内插入木柄头上的槽孔里,叫"内安柲";一种是把木柄插入戈的銎孔里,叫"銎安柲"。

戈源于原始人群的狩猎工具,初以兽角或石头绑在木杆上制成石戈。石戈,无胡无内,援的后端向左右突出少许,用于缚索于木柄之上。早期的铜戈只有援和内。西周时,戈的内改为弯曲的钩状,胡身加刃,以加强钩割的作用。春秋战国时的戈,一般都是长胡多穿,有多至四穿的,援也较以前加长,变得狭长而扬起。戈的柄也有长有短,分短柲戈和长柲戈。短柲戈一般为单戈;长柲戈柄长 2 米多。一般长戈用于车战,短戈用于步战。秦以后,戈从战场上消逝。

戟

戟是一种"可钩可斩,而主用在刺"的兵械。始于商周。初期的戟,是将戈、矛联装于一个木柄上,后来才将两者铸成一体。戟以硬木为柄,名"柲",长约3米,下端有圆锥形的金属套镈,上端即为戈矛合体。其各部名称为广、内、胡、援、刺。此外,还有短柄戟,称为"手戟"。

戟是古战场上的一种重要的格杀兵器,西晋时被誉为"五兵之雄"。南北朝后,由于盔甲制作日益精良,戟的格杀作用逐渐降低,并被枪所代替。到唐代以后,戟从战场上淘汰,只被作为仪仗用器保留下来。

现代武术运动中使用的"戟",是由宋代的"戟刀"演化而来。戟的形制很多,一般分为戟头两侧各有一个相互对称月牙的"方天戟"(参见《杂式T型兵械图》),以及只一侧有月牙的"青龙戟"。这类大戟的柄尾都有铁钻。

锐

锐是一种多刃多锋的长柄兵械。锐形似叉,中锋长出2寸,锐如枪头,横股呈浅弧形,上下两侧有四棱利刃(参见《杂式T型兵械图》)。锐柄长约2.3米,柄尾端安有三棱铁钻叫"镈"。锐的形制不一,比较类同的有:五齿锐、凤翅锐、雁翅锐、牛头锐。

叉

叉是一种多尖带柄的兵械。叉的种类很多,根据柄身长度概分为短柄叉、中柄叉、长柄叉。

短柄叉属手掷暗器,长约29厘米。叉头约占三分之一,铁铸。叉股以三股者居多,叉中股挺出如枪头,另两股弯如半圆于左右两侧,外侧带有薄刃。

中柄叉介于短柄和长柄叉之间,一般称"飞叉"。柄长1.5米,以硬木制成(枣、栗、檀木皆可),首细后粗,前端装三须叉头,柄杆连接处套有两片铁片,作为响片(参见《杂式长、重兵械图》)。

长柄叉柄长约2—2.4米,叉头有两股刺、三股刺之分。两股者,称"牛角叉";三股者,称"三头叉""三须义""三角叉"。中股叉锋突出10厘米,叉尾端有瓜锤(参见《杂式 T 型兵械图》)。长柄叉技法与镋法同。

斧

斧是一种以劈砍为主的兵械。起源于原始社会的石斧,随生产力的发展,先后改用铜、铁制成。斧口一般呈半月形(也有呈正方形的),阔薄而锋利,向后渐狭而加厚,最后端呈方锤形,称为"斧脑"。长柄斧柄杆长近 3 米,短柄斧多为双器械,如双斧。安柄的方法分为"内安柲""銎安柲"。后世多采用"銎安柲"法。形制似斧的还有"钺""戚"(参见《杂式长、重兵械图》《双兵械图》)。

斧钺是商代的重要兵器之一。周代渐衰,但作为统军将帅权力的标志和仪仗,亦作刑具。隋唐时斧刃加厚而柄减短,砍杀效能提高,又逐渐成为常备兵器。

钺

钺是以砍劈为主的兵械,形制似斧。大者称钺,小者称斧。钺亦称大斧。据《十八般武艺全书》等述,钺头较斧大之三分,钺杆比斧杆约长 50 厘米。此外,还把在斧背上有钩或刺、杆把端有钻的斧,称为"钺"。

挝(抓)

挝是古代的一种长柄重械,也写为"抓"。挝形有两种。一种形似人手,中指伸直,其余四指屈握,称为"金龙抓"。另一种形似人手屈握成拳,掌中握一铁笔,笔之尖、尾均露出拳外。或仅以拇指、无名指和小指握笔,中、食指并拢伸直,名"笔挝",也称"判官笔"(参见《杂式 T 型兵械图》)。古代战场上用的挝颇长大,挝手对径约 33 厘米,铁笔两端各露 20 厘米左右,柄长约 3 米。武术器械中的挝较小,挝头对径约 20 厘米,柄长约 2 米。

挝的使用方法融有长矛、大斧等长柄重械的技法。挝头似斧脑可宕击,挝笔似斧刃可用斧之劈撩之法,伸直之挝指则如矛尖,用以戳扎,挝柄似矛杆可拨可撩。

殳

殳是一种直而长的打击兵械。由竹、木制成。以竹制成的殳头铜箍有八棱而无刃。以木制者，多以椐、枣、栗、桧等坚实而柔韧的树干为料，并以天生挺直、粗细合度为尚，否则去皮刨制，即失坚韧。殳长约 4 米，两端以铜、铁箍之。头顶端铜箍有圆筒形、多棱尖角形等。

殳是夏至周代间配合阵战使用的五种主要兵器之一，随车战消逝而减弱其攻击作用，变为军中仪仗兵器。其军事价值，由从殳演进而成的棍、棒所代替。

杖

杖泛指兵器，通"仗"。唐玄应《一切经音义》说："人所执持为仗，仗亦弓、稍、杵、棒之总也。"

亦指一种属棒类的兵械。如挑杖、竹节杖、九节杖、镔铁杖、二龙戏珠杖、盘龙杖等。现代流传的"达摩杖"亦属此类，此杖长约 1.2 米。杖分杖把和杖身，杖身近把端称根部，另一端称梢部，中段称中部。杖的使用方法近似棍，包括勾、挂、抱、架、拨、撩、崩、点、击、戳、劈、扫等。

软　鞭

软鞭泛指以环串连数节棒棍制成的一类兵械。软鞭包括三节鞭（亦称三节棍）、七节鞭、九节鞭、十三节鞭等多种。现代武术运动以三节棍、九节鞭为软鞭的代表性器械。

三 节 棍

三节棍是以铁环串连 3 条等长短棒制成的兵械，也称"三节鞭"。三节棍全长等于习者直立直臂上举至手指尖的高度。铁环直径约 3 厘米,短棍间衔接处的棍端,各装牢一半圆环。棍质以白蜡杆为优(参见《软兵械图》)。练习三节棍时,可持中节用两梢节,也可两手持两梢节,用两梢端和中节。或者一手持一梢节,另一手持中节,用游离节。还可只持一梢节,使用游离的中节和梢节。

九 节 鞭

九节鞭是以铁环串连 9 节金属短棍(包括一节鞭头、一节把柄)而制成的软鞭(也有除把柄外为 9 节者)。九节鞭各节间串连的铁环有 3 个,中环扣连于两节节端圆孔,中环上另挂两环为装饰之用。近鞭头的饰环上缚有小方彩绸名"鞭彩"。握柄连结处,旧用环连,今多在此处安置轴承。九节鞭的长度以习者直立、握把齐肩、鞭头触地为准。九节鞭便于藏匿携带,既可折合又可头尾扣合缠盘腰间或肩背,亦被列为索系暗器的一种(参见《软兵械图》)。

武术运动中,九节鞭的运动形式分为:只持一条鞭进行练习的"单鞭";两手各持一鞭进行练习的"双鞭";还有右手持鞭,左手持其他器械配合练习的,如"刀加鞭";以及对练形式的"鞭对棍"等。

梢 子 棍

梢子棍是用铁环串连一长一短两节木棍制成的兵械。以棍的长短区分为"大梢子棍""小梢子棍"两种(参见《软兵械图》)。

大梢子棍的两节木棍的长度悬殊很大。短棍约长 45 厘米,称为"梢子"。长棍约长 155 厘米,称为"棍身"。这种兵械初由打麦的"连枷"发展成古战场兵器"铁链夹棒",再演进为武术器械"梢子棍"。

小梢子棍又称"手梢子",由大梢子棍缩短而成。其梢子约长 30 厘米,棍身约长 60 厘米。后来又出现了两节长度相等的"二节棍"。"手梢子"和"二节棍"既可持单棍练习,亦可两手各持一棍运使。

双头链子枪

双头链子枪属软器械,据说是在七节鞭等软鞭类器械的基础上发展而成。此械全长 3.2 米,重约 3.5 公斤,中间软链由 136 个响环连接,两端各系一个 6 刃尖枪头,枪头根配饰双缨。它有扎、裹、带、抽、舞、拉、劈、扫、缠、拿、云、摆十二字技法。演练起来,缠如蟒蛇绕身,放似蛟龙出水。可单刃长击,亦可双刃短扎。传习套路有 6 趟。

绳　镖

绳镖是一种将金属镖头系于长绳一端制成的兵械,亦称"甩头一子",属索系暗器,现为武术软器械的一种。古代绳镖由镖头、绳索、竹管组成。镖头长约 13—20 厘米,重约 450 克。镖体呈多棱(5—7 棱)或锥圆形,头锐、腹粗、尾圆。尾端有孔,串连一个铁环,环上牢系一棉绳,绳长约 3—9 米。环上旁佩两个响环。绳的另一端挽结一圆环,名"套腕",绳上穿一长约 10 厘米的竹管。现代武术运动中使用的绳镖不用竹管,镖头变小减轻 0.5 公斤。绳索亦减短为本人身高的两倍或本人两臂侧平举长度的两倍,并在响环上绑上小方彩绸作为装饰(参见《软兵械图》)。

流 星 锤

流星锤是一种将金属锤头系于长绳一端或两端制成的兵械,亦称"飞锤""走线锤",属索系暗器,现为武术软器械的一种。只系一锤者,绳长约 5 米,称"单流星"。其详细制作法同"绳镖",唯易镖头为锤头。系两个锤者,绳长 1.5 米,称"双流星"。其锤有瓜形、多棱形、浑圆形等,大小如鸭卵。锤身末端有象鼻眼,用于串连环(参见《软兵械图》)。

演练单流星的技法与"绳镖"相同。双流星作为暗器的一种,其一锤为正锤,由右手抛掷击敌。另一个为救命锤,左手握住,一般不投出,危急时始以之击敌。现代武术运动中演练双流星,主要是握持绳索中段,进行立舞花、提撩花、单手花、胸背花、缠腰绕脖、抛接等花法练习。其花法同棍花和大刀花。

子午鸳鸯钺

子午鸳鸯钺是一种多尖多刃的小兵械,属八卦掌系,亦名"日月乾坤剑",又名"鹿角刀"。此械双钺互抱,形似阴阳鱼,故名冠"子午""鸳鸯"或"乾坤"(参见《双兵械图》)。子午鸳鸯钺的招法由八卦掌法衍化而成。练习时,双手各持一械。其运动特点表现为转旋连环、舒缩翻绕、灵闪巧变。其基本技法讲究勾挂擒拿、拉割挑扎、削攒劈剁、抹撩带化等十六字。其技击精要在于以短取长。对练套路有鸳鸯钺对剑、鸳鸯钺擒枪。

鸡爪阴阳锐

鸡爪阴阳锐是一种有刺、有刃、有勾的小兵械,属八卦掌系。此械纯以铁制,长约50厘米。两端有刺,脊背有柄,柄上有护刃,脊刃有勾,形似鸡爪(参见《双兵械图》)。鸡爪阴阳锐的练法以八卦转掌法为基础,注重走圈使锐,主要方法有穿、带、勾、搂、扎、撩、格、架等。

峨 眉 刺

传说"峨眉刺"为古代水战中使用的带刺兵械,也称峨眉针。此械短小,纯用铁制,长约30厘米。两端细而扁平,呈菱形尖刃,中间粗,正中有一圆孔,串连一圆环(参见《双兵械图》)。练习时将圆环套于中指上,张开手掌,运用手腕的抖劲和手指的拨动使针刺转动。屈指握住刺体可做穿、刺、挑、扣等动作。现代武术运动中,以两手各持一刺进行演练。

匕　首

匕首是一种以刺为主、兼能砍击的短小兵械。始自原始社会的石匕首,商周后改用青铜或铁制造。其形似剑,但长不超过 30 厘米,前端有锐尖,两侧为利刃,后端为握柄(参见《双兵械图》)。匕首短小灵便,常作为护身兵械,用于近距离格斗。近现代武术中的匕首多不开刃,柄尾系有彩布。有的还在柄尾装一圆环,上套三个响环。现代武术套路运动中,单人两手各持一械演练"双匕首",两人对练"空手夺匕首""双匕首进枪"等项目,较为常见。

判 官 笔

判官笔是一种一端或两端均带尖的短小兵械,也称"状元笔"。八卦掌系传人使用此械较多。以坚硬木料或金属制成。形状似毛笔,笔头尖细,笔把粗圆,也有两端均为笔头的。笔身中间有孔,穿连一铁圆环。笔长不超过 20 厘米。

八卦掌传习人借其硬尖发挥点戳穴位的威力,并以其短小便于藏匿携带,作为暗器。运用时,将环套于中指。主要用法有刺、戳、穿、点,也用它保护手掌进行格架。

此外,"挝"也有"判官笔"之称。

月 牙 刺

月牙刺是一种带刺有刃的武术小器械。此械的手柄两端为刺,柄的一侧由横梗连一月牙锋刃。演练时双手各持一械,保持月牙锋口始终朝外(参见《双兵械图》)。

飞　刀

飞刀是手掷暗器的一种。刀形分单刃、双刃两种,以纯钢打制而成,长约 20 厘米,重约 10 两(约合 300 克)。刀柄之末端系上红绿绸条,绸长 6 厘米。单刃飞刀形似普通单刀,双刃飞刀形似柳叶,称柳叶飞刀。双刃飞刀两面有刃,刃薄如纸。两面正中各有刀脊,脊厚约 0.5 厘米。

飞刀的练习方法因刀形不同而有异。练习单刃飞刀时,以手指捏刀尖,自内向外摔出,刀在空中回旋 180°,刀尖着于目标。练习双刃飞刀时,握住刀柄向前摔出。练习飞刀,均用阴手,用摔劲,不用推送力。刀的运行路线为一弧形抛物线,故发刀取准时,应高于目标数寸。初练时,习者距靶丈余,练至应手而中,再增加靶距。距靶越远,出手时刀头越高。

飞 叉

飞叉是手掷暗器的一种。叉以铁制成,全长约 30 厘米,叉重 0.5 公斤余。叉头为三股,中股挺出如枪头,左右两股如半圆形,股尖锐利,外侧有刃。叉柄长约 20 厘米。

发叉时,虎口向叉柄端握住叉柄;先将叉高举过头,猛力后拉。紧接着以小臂和手腕发力,将叉向前掷出。此为正射,使用最多。此外,还有侧射、撒射、反射等法。

飞 镖

飞镖是手掷暗器的一种,亦称"脱手镖"。镖以纯钢制成。头为三棱形,尾为平顶。全长约 10 厘米,重约 200 克。镖尾系有长约 6 厘米的红绿绸(镖衣)者,名带衣镖;不带镖衣者名光杆镖。

练习时,先以中指、食指和无名指拢成槽形,挟住镖头之三棱面,大拇指按住镖背,镖根抵住手心,小指紧靠无名指。然后,以中指取准,用腕劲直摔发镖。镖法有下述四种。

阳手镖:手心向上,向正面或内侧发射高于胸部的目标。

阴手镖:手心向下,向正面或外侧发射低于胸部的目标。

回手镖:手心向下,向后面发射。

接镖:此法是闪身让过对方发来之镖,随即从镖尾抢速抓住,绝不可迎镖头而接。初练接镖,可将铅条贯入竹筒以代镖练习。

摔 手 箭

摔手箭是手掷暗器的一种,又称竹箸代箭术。练习器械有三种。

铁箭:纯以铁打成,全长约 30 厘米,重约 300 克。箭簇为三角形,箭杆近簇处较细,越后越粗。

带羽箭:以铁为簇,以竹为杆,杆末端装羽。此箭全长约 25—30 厘米,重约 60 克。

竹箭:将竹削成头锐尾粗的圆箸形即成。

练习时,虎口向箭尾握住箭杆中部,或以中、食两指夹提箭杆,自怀中向外摔出。摔手箭的训练步骤是,先练摔铁箭,次练摔带羽箭,最后练摔竹箭。

飞 蝗 石

飞蝗石是手掷暗器的一种。以上锐下丰、长近 10 厘米的坚石为器,因其形似蝗虫而名。石质以青石为上,麻石次之,黄石最下。

发石手法多用阴手,发摔劲,不用推送力。初练时,习者站斜式(如右手投石,则左步在前),侧对发石方向。眼看目标,在地上画一条从眼前至目标的连线。发石时,先将手向上一扬,使手心向前上,紧接着翻腕向下,用力向前摔出石块,使石沿连线的纵面飞中目标。初习时靶距 3 米,能随意命中,再逐步增加靶距。

乾 坤 圈

乾坤圈是手掷暗器的一种,又名金刚圈,原名阴阳刺枪。乾坤圈约重 1.5 公斤,直径约 25 厘米,形似手镯,圈的四分之三段内厚外薄,并装有数十枚锯齿形尖刺,余四分之一段为浑圆形握柄。乾坤圈平时以囊盛装,每囊三器。用时以手掷出,多取人脸面、颈项。

飞 爪

飞爪是索系暗器的一种,亦名飞爪百链索。其器如鹰爪,共四趾,前三后一。前三趾俱为三节,后趾为二节。每节相连处装有机关,能使各节伸缩活动。趾梢锐利,趾根插入掌面趾孔内。掌部中空,内有一半圆形铁环横贯四趾根端,掌后有一铁环套于此环中间。每趾节相连处的机关中亦有弦索系于掌后环,环后系一条6.5—10米长的绳索,绳之末端挽结成一圆圈,名"套腕"(参见《软兵械图》)。

使用飞爪时,手腕伸于"套腕",手握飞爪掌面;然后向上向后猛力一扬(掌心向上),使爪之各趾完全展开;随即用力向目标抛去;一俟飞爪命中,马上猛力后拉绳索,此力经铁环牵动系于各趾节上的弦索,使四趾合拢,抓住目标。练习中,以木人为靶,所取部位为头面、两肩、两腰等处。飞爪还作为攀高越墙的工具。使用时,将飞爪抛抓墙头或房檐,然后顺绳攀上。

锦 索 套

锦索套是索系暗器的一种。此器是用一条长约3.5米的绳索,在一端系一锚形钩,近钩处有短小芒刺,绳的另一端结一圆套,称"千斤套腕"。运用时,将手伸入"套腕"套于腕部,以钩头击敌。近钩处安置芒刺,是用于防敌接钩。

棉 绳 套 索

棉绳套索是索系暗器的一种。以长约4米、粗如拇指的绳索为器。初以棉纱绳制成,后因其不够坚实,换用熟丝制作,或劈动物筋为丝状,掺合丝、人发编织而成。

制作此套索的方法有两种。一种是将绳的一端挽结一"套腕"环,另一端挽结一个活扣圆环。运用时,将左手伸入套腕套住手腕,右手似撒网般将活扣环向敌头或其他目标抛去,套住目标即用力回拉。活扣越拉越紧,便于生擒敌人。另一种是在绳索两端各结一个大如鸡卵的绳锤。运用时,一手握住一锤,一手将另一锤向敌人颈、腰或小腿横掷而去,软索着物即缠绕其上,用力一拉,能拉倒敌人。有时也握绳中段,将两锤先后掷出缠绕拉敌。

弓

弓是一种以弹力射箭刺伤远距离敌人的兵器。源自原始人群的狩猎工具。初将富于弹性的柘树枝条曲弯。用绳索等绷紧为弦制成弓。后世的弓主要以竹、木为胎,衬以牛角片为面;以鹿皮、或丝、或棉线为弦制成(参见《远射兵械图》)。

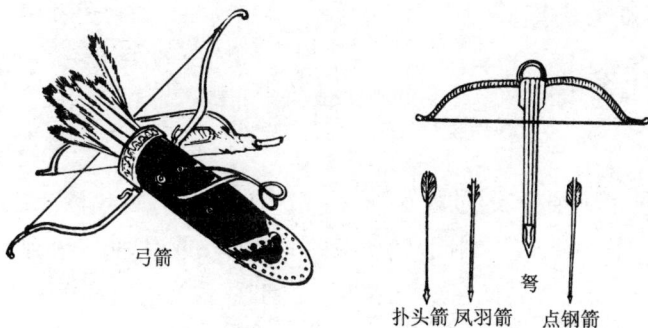

弓箭　　　　　弩
扑头箭 凤羽箭　点钢箭

远射兵械图

弓的种类很多,使用目的不同,形制也略有异。用于守城和车战的"王弓""弧弓",弓长约 1.3 米。用于田野狩猎和弋射飞鸟的"夹弓""庾弓",弓长约 1.25 米;用于习射的"唐弓""大弓",弓长约 1.2 米。

弓轻便,能射杀较远距离的敌人。但由于发射时,一臂拉弦,一臂托弓,箭较难射准。

弩

弩为安有臂的弓。弓臂上设有弩机,弩机包括钩(牙)、照门(古称"规")、扳机(古称"悬刀")。发射时,将弓弦拉挂于钩上,瞄准后一扣扳机,箭即射出(参见《远射兵械图》)。

弩的种类很多,有用臂拉开的"臂张弩",用脚踏开的"蹶张弩"(亦称"踏张弩"),利用腰劲撑开的"腰开弩",需多人协力用绳轴绞张的"床弩",以及用绞车张的"车弩"。从发射箭的功能来分,有每弩一矢的,也有一次装上数支箭、并发齐出或接连发射的"连弩"。

发弩的技术简单、易掌握,且命中率较弓高,射程也比弓远。但是弩没有弓轻便,发射速度也较慢。

箭

箭为一种带尖细杆、通过弓发射远击敌人的兵械。古代称"矢"。最初的箭由一根削尖的树枝或竹子制成,后来将尖硬的石块或骨、贝安在细杆梢部,尖头称箭镞,细杆称箭杆。后又在箭杆尾部装上羽毛,称为箭羽。全箭重心在箭杆前部五分之二处,飞行疾,射程远,穿透力大。铜、铁出现后,改用铜、铁制做箭镞(参见《远射兵械图》)。

战国时箭分8种。用弓射的有枉矢、杀矢、镈矢、恒矢;用于弩射的有絜矢、镞矢、茀矢、痹矢。

箭随弓、弩的发展而演进变化,但基本形制和要求未变,只是箭杆长度和箭镞长短、大小以及式样稍有区别。

袖 箭

袖箭为机射暗器的一种,因其藏于袖内发射,故名。袖箭凭借弹簧的弹力从管筒中发射短箭，根据箭筒一次装放箭的多少，分为单筒袖箭和梅花袖箭两种。

单筒袖箭：其外壳是金属管筒，长约25厘米，直径约2.5厘米。筒顶有盖，盖中央有一小孔，距盖3.2厘米处装有一启动片名"蝴蝶翅"。筒底连有一条长约20厘米的弹簧。使用时，将箭从小孔插入，压缩弹簧，然后以蝴蝶翅将箭卡住。发射时，启动蝴蝶翅，箭即弹射而出。射程及穿透力依弹簧力而定。

梅花袖箭：每装满一次箭，可连发6箭。此器管筒直径约4厘米，长约25厘米，筒内有6支小管，中间1支，外围5支，排成梅花形。每管顶有小孔，底装弹簧如单筒袖箭。在外壳顶端1.6厘米处装一大蝴蝶翅锁发正中一箭，周围有小蝴蝶翅5片，锁发周围5箭。发射时旋转筒身，连续发箭。

袖箭用的箭，以光竹为箭杆，铁制棱形箭镞，箭比袖箭筒略长，近镞部有一凹槽，为蝴蝶翅关住箭杆的部位。

弹弓（弹子、弹丸）

弹弓是以弹力发射弹丸的兵械，民间习武者常用作暗器。射具有三类：其一，上端呈"V"字形，两梢处系弦，下端连接柄把。其二，与射箭的弓同。其三，近似弩，木臂弩机上有弹槽，用于稳定弹丸的发射方向。后世说的弹弓，主要指第二种。其形制亦同制作硬弓，弓长约1.1米。

发射的弹丸（或弹子）有泥丸、铁泥丸、金属丸三类。

泥丸：以黏土和胶捣匀，搓成丸晒干即成。

铁泥丸：将刺槐子（俗称洋槐）捣融，混以砖面（砖石碎末），加入适量细铁砂拌匀成丸。

金属丸：用铜、铁、铅铸成。

缚住弓背，以秤钩钩住弓弦，上拉至弓开满时所秤得的重量，即可得出弓的力度。1个力约等于九斤十二两（约4.9公斤）。普通弓约二力半，仅能发射泥丸，四力半以上的弓，才能用来发射铁泥丸和金属丸。

毒液喷筒

毒液喷筒为药喷暗器的一种。喷筒以铜铁制成,长约 40 厘米,直径约 5 厘米;筒管顶端有 8 或 9 个小孔,顶端外壳上有螺旋,用于旋盖关住药水;在一条长约 3 厘米的铜杆顶端安一用胶皮裹包的轴头,轴头径长以插入喷筒、而管筒内毫无空隙为度。发射时,打开顶盖,推杆前挺,促迫毒液从小孔射出。近代少儿用于游戏的"水枪"颇类此。

盾

盾为一种掩蔽身体、抵御兵刃矢石的防御性兵械。也称干、盾牌、彭排、旁牌,俗称"挡箭牌"。盾呈长方形或圆形,其尺寸不等。一般长方形盾长皆 70 厘米以上,宽约 35 厘米以上。圆形盾直径约 70 厘米。盾以皮革、杞柳、藤条或木板制成。南北朝和唐代曾出现过铜盾、铁盾,因过于笨重,未能沿袭。盾的中央向外凸出,形似龟背,内面有数根系带,称为"挽手",以使用时抓握(参见《护卫兵械图》)。

铠　甲

铠甲是形似衣服、防护身体的军械装备。用皮革或金属制成的战场护身衣称为"甲",又称"介"或"函"。护身铁甲称为"铠",常合称"铠甲"(见《护卫兵械图》)。

甲分肩甲、胸甲、腿甲。甲片多以牛皮制成,片与片之间用皮条相连。唐以后盛行铁甲,以铁片用铁丝、铜丝贯合而成。南北朝时的"两当铠",由一片胸甲和一片背甲组成。还有前胸、后背各置一金属圆护心的"明光甲"。明初,在以金属、皮革制甲的同时,开始以棉花和棉布制甲。到清代,多用绸、布、棉花和铁叶、铜钉等合制成甲。一般用绸布做表里,内敷棉花,外钉铜钉。

头鍪顿项

正面　　　反面

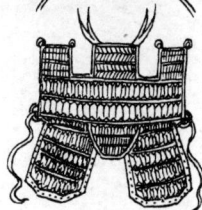

身甲

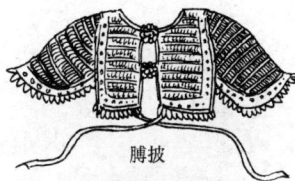

膊披

盾牌

护卫兵械图

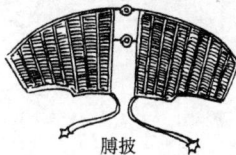

膊披

盔

　　盔是用以保护头部的军械装备,其形如帽。古代叫"胄""首铠""兜鍪"。盔始于夏。原始的盔以皮革制成,也有用骨片制成的,后改为铜制。宋、元、明各代,均以铁制盔。到清代,用棉布和棉花做成帽形,外包铁叶,贯以铜钉制成。

第六编　武术实用功法

武　术　柔　功

柔功是武术功法的一类,泛指锻炼肢体关节活动幅度和肌肉舒缩能力、提高柔韧性的练习方法。

在武术运动中,不论是要达到一定的拳式规格,表现一定的运动幅度、速度和力度,还是要在对搏时击中对手和闪避对方的攻击,都直接受着肢体关节活动幅度的大小、肌肉舒缩能力的优劣的影响。因此,柔韧素质是习武者最基本的体能之一。

柔功的内容主要包括肩部柔功、腕部柔功、胸背部柔功、腰部柔功、腿部柔功和足踝部柔功。柔功的锻炼形式有静压和动转两类。静压又分为以自身内力进行练习的"主动压"和借助外力进行的"被动压"。动转是肢体以某关节为轴进行的屈伸、收展或绕环的运动。柔功练习中,静压和动转两种运动形式缺一不可,相辅相成方能获得柔功练习的最佳效果。

肩　部　柔　功

肩关节的柔韧性几乎与所有上肢动作有关。不仅关系到上肢动作幅度,而且关系到动作速度和力度,所以肩僵则拳慢,肩紧则力滞。通臂、劈挂、长拳等类放长击远、遐举遥击的拳术,对肩关节柔韧性要求则更高。在提高肩关节柔韧性的练习中,要注意肩向下松沉,头向上顶起,除耸沉肩练习外,不能出现缩脖耸肩的形态。

常用静压法有下述几种:

一、正压肩:属主动压。练习者面对肋木两脚开立,距肋木约二分之一身高的距离;两手抓握肋木,手间距略比肩宽,手高略超臀部。然后保持腿、臂伸直,放松肩关节及其周围肌群,以肩关节中心点着力向下沉压;或肩部先微微上起,再向下振压(见图)。

二、反压肩:属主动压。背对肋木,约距一步站立;两臂内旋后伸,手心向上抓握肋木。然后,屈膝向下、向前拉压(见图)。随训练水平的提高,逐步增加反臂上握的高度、减少两手的间距。

三、侧压肩:属主动压。侧对墙(或肋木)站立,距约30—40厘米;近墙之臂屈肘侧上举,手置颈后。然后,以肘尖抵靠墙壁,内侧腿屈膝松沉,身体随之侧倾,将腋肋部垂拉贴向墙壁(见图)。随训练水平的提高,逐步加大站立脚位离墙的距离。

正压肩　　　　　　　　　反压肩　　　　　　　侧压肩

四、正搬肩:属被动压。练习者俯卧地毯上,两臂向头前伸直上抬,手心向下。助力者骑在练习者背上,两膝跪于练习者两侧,左、右手分别抓住练习者左、右大臂近肘部向上、向后拉搬(见图)。

五、反搬肩:属被动压。练习者俯卧地毯上,下颏抵地毯,两臂贴身后伸,手心向上。助力者骑在练习者背上,两膝跪于练习者两侧,两手分别握住练习者大臂近肘部向前推(见图)。

搬肩的助力应由轻到重,勿用猛力。

正搬肩　　　　　　　　　　　反搬肩

六、按肩、踩肩:属被动压。练习者保持正压肩姿势,助力者站立体侧,两手分别按于练习者双肩,助其用力下压,称为"按肩"。如助力者两脚分别站在练习者双肩上向下踩压,即为"踩肩"。

常用动转法有下述几种:

一、扣展肩:

预备姿势:开步站立,头上顶,两臂自然垂于身体两侧。

动作:两肩同时向前扣合,使胸部后缩,背部有绷紧感;然后,两肩同时向后展开,使胸部挺出,背脊凹入。如此扣展交替练习。

二、耸沉肩:

预备姿势:同扣展肩。

动作:两肩同时向上耸起,然后,两肩同时向下沉落。如此耸沉交替练习。

三、绕肩:

1. 前绕:预备姿势同前。动作:两肩同时经后展、上提、前扣、下沉绕圈转动。

2. 后绕:动作同上,唯绕肩方向相反。

3. 交叉绕:做法同上,唯两肩是一向前、一向后同时绕转。

四、抻肩拉臂:

预备姿势:开步站立,两臂前平举,立掌(图1)。

图1　　　　　　图2

抻肩拉臂

动作:两肩关节松沉,左肩向前抻送,左掌根随肩力催动向前撑伸;同时,右臂向回对称沉拉(图2)。两臂交替练习,注意保持胯的位置不动。

267

五、左右抻伸：

预备姿势：开步站立，两臂侧平举，直腕，掌心朝下（见图）。

动作：先做左抻伸。身体左倾，左肩向左抻送，左手外旋成手心朝上，食指尖领劲随肩力催动而抻伸；同时右手手心向下反向抻伸（实际是受左抻肩牵动被动左移）。此时，右肩似有被对拉撑开之感（见图之虚线所示）。然后，身体向右侧倾做右抻伸，做法同左，唯左右相反。左右交替练习。

六、单抡臂：

预备势：两脚左前右后错步站立。

动作：左手插腰，右臂上举，以肩为轴，向前、向下、向后、向上抡绕成圆。此为"前抡"。"后抡"与此相同，唯方向相反。左右交换练习（见图）。

抡臂时要求放松肩关节及肩臂肌群，有臂似软绳、手似重锤，一端系于肩、一端系于手而绕动之感。臂抡须成立圆，经上时贴近耳部，经下时贴近大腿。通臂拳中的单抡臂称为"单晃掌"，要求抡臂时向前探劲，向下有甩劈劲。

七、交叉双抡臂：

预备势：两脚开步站立；两手上举，手心相对（见图）。

动作：左转腰使右臂向前向下、左臂向后向下同时各在体侧抡绕成圆。两臂变换抡绕方向交替练习。练习时注意以转腰顺肩配合臂的抡绕，双臂下抡时用力，其余则利用转动惯性抡绕，保持臂绕立圆。

左右抻伸　　　　单抡臂　　　　交叉双抡臂

八、侧起臂：

预备势：两脚开立同肩宽，头上顶，臂下垂（见图）。

动作：两臂由体侧直臂上抡，至两手背相碰后下落，反复练习。

九、摇身披挂：

预备势：两脚开立，间距脚掌长度的 3 倍（图 1）。

动作：两臂同时由下向左经体侧向上，以左手虎口部击后背，以右手心经左腋下拍击左后肩胛骨（图 2）。一左一右交替练习。披挂时，环绕要放松拉长，注意腰随臂转。

侧起臂

图1　　　　　图2

摇身披挂

十、展胸捆打：

预备势：开步站立，两臂下垂（图 1）。

动作：两臂先前抬再后展，手高不过肩、低不过胸，使胸部向前挺出（图 2）；紧接着借臂后展至极度时的反弹力向前合抱捆打，松肩、松肘、松腕，使左手在上拍打右肩胛骨，右手在下经左腋向后背拍打（图 3）。然后，两臂再后展扩胸，合抱捆打，换右手在上拍打左肩胛骨，左手在下经右腋拍打后背。如此交替练习。

图1　　　　　　图2　　　　　　　图3

展胸捆打

腕部柔功

腕关节的柔韧性影响着推掌时手掌是否能立起来,亮掌时手掌能否抖摆出一定的幅度,以及勾手时能否屈到规定的位置等。腕关节的柔韧性还影响器械练习中完成各种舞花、挽花和云、崩等技法的质量。

提高腕关节柔韧性的静压法有:

一、反压腕: 1. 坐凳上,两掌分别按于两侧凳面,手指并拢向后;先下压使手掌平贴凳面,然后手掌不动,屈肘使小臂向掌背靠近压腕。

2. 分腿坐地毯上,两掌掌指朝后放置体前两腿之间,屈肘压腕,压法同前。

3. 面对墙站立,两臂前平举,两掌指尖朝下抵墙,屈肘压腕同前。

二、正压腕: 立于桌前,两掌指尖朝前平置桌面,两臂贴靠两体侧;保持直臂,体前屈压腕。

三、抱肘压腕: 双臂左内右外屈抱胸前,右手抓握左大臂近肘处;左掌指尖向上贴靠右肘大臂处,手心朝外。然后,右手内拉左臂,左掌根外推,使左掌背靠近左小臂,此为正压。左掌倒转,指尖朝下,掌指贴靠大臂近肘处做上述压腕动作,此为反压。左右手交替练习。

提高腕关节柔韧性的动转法有:

一、挑腕法:

预备势:两脚并立;两臂侧平举,肘微屈,直掌伸腕,掌心朝前。

动作:放松腕关节,使掌指斜垂;再突然用力挑掌沉腕成侧立掌(见图)。如此垂下、上挑交替练习。

二、抖腕法:

预备势:直立;两臂屈肘置于胸前,手与肩同高,手心向下。

挑腕法

动作:放松手腕,以小臂用力使手掌以腕关节为轴上下连续抖动。

三、摇腕法:

预备势:同前动。

动作:放松手腕,通过小臂旋内、旋外的连续转动,使手掌左右平行摇摆。

胸背部柔功

胸背部的活动幅度不大,但胸的涵展吞吐,背的拔缩凸凹对拳势影响颇大,并且关系到拳术的技法特色。例如长拳讲究挺胸直脊,太极拳讲究涵胸拔背,通臂拳讲究吞胸吐膀,等等。胸背部的柔韧性好,这些技法才能得到充分发挥。提高胸背柔韧性的练习,多借助肩、臂和腰的配合而进行。

胸背静压法主要有:

一、沉塌开胸:

预备势:面对墙壁开步直立,距墙约两步;两臂伸直上举,两掌扶按墙上(图1)。

动作:上体前倾,肩向下松沉,腰向下塌,仰头使下颏和胸部尽量贴近墙壁(图2)。

图1　　　　图2

沉塌开胸

二、肘下腰:

做"下腰"动作,但以小臂支撑(见图)。

胸背动转法包括:

一、扣展肩(参见本书"肩部柔功")

二、展胸捆打(参见本书"肩部柔功")

三、舒臂拢胸

肘下腰

预备势:两脚错步站立,前后脚约距一步;两臂自然下垂(图1)。

动作:重心前移至前脚,后脚踮起;同时两臂后摆,胸向前挺出(图2)。然后,腰胯放松向后抽缩,屈膝成虚步;同时,两肩放松,两臂由两侧前合再屈肘后缩,使胸向后涵回,背部有绷紧感(图3)。如此连续练习。

图1　　　　　　图2　　　　　　图3

舒臂扰胸

腰 部 柔 功

在武术运动中,腰是运动器官中最重要的一环。技法中有"主宰于腰""以腰为轴""以腰发力"等法则。

从腰与四肢的关系看,腰是联系上下肢的中间环节,具有带动和调整上下肢协调运动的作用,运动时多以腰为轴、以四肢为轮进行运转。

从攻防技法看,拧腰送肩(如冲拳)或探肩(如劈掌)可延长进攻距离;坐胯转腰可加大退防和引化幅度;左右拧转可闪避对手进攻。

从劲法上看,腰是上肢重量和发力的支柱。同时,上体重量经腰下沉至脚,地面给人体的反作用力也经腰上传。此外,腰动引起躯动、然后催动上肢的发劲方法,能使躯干大肌群的力量也经上肢发出,加大了发劲的力度。所以劲法中强调,以缩腰、拧腰配合蓄劲,以舒腰、转腰配合发劲。

腰部柔韧性的优劣,直接影响着上述功能作用的发挥。由于腰是人体的中间,练腰时,必然也练到其上下两端,有时以两端梢肢主动参与运动,还能收到更好的锻炼效果。这是由于以梢节用力作为力点,以腰部作为支点,以腰以下肢体作为重点,其力臂比仅以躯干发力要长,而且参加发力的肌群也增多了的缘故。

提高腰部柔韧性的静压方法有:

一、前抻腰:

预备势:开步站立,间距约本人脚长的 3 倍;两手手指依次相叉,内旋小臂至手心朝前,然后两臂上举(见图)。

动作:上体前俯至水平位;放松肩臂与躯干各部关节,使肩、胸、腰等部都随地球引力向下松沉、坠塌;两掌同时用力向前推撑,使腰部受到向前抻拉的锻炼(如图之虚线所示)。

前抻腰

二、前俯腰:

预备势:并步直立。

动作:上体前俯,两掌向下伸贴地面;或两手抱肘,以小臂部向下抻拉;或两手向后抓住脚踝部,面部紧贴胫骨向下抻拉。抻拉至极度时,略坚持 30—60 秒钟,再放松直立。

三、侧屈腰:

预备势:两脚开立同肩宽,两臂上举。

动作:两脚不动,面对方向不变;两臂随身体向右侧倾下振,然后经直立向左侧倾。如此左右交替练习。

四、吊腰:

预备势:两脚开立同肩宽;两臂上举。

动作:举臂后仰,当腰仰伸至极度时,保持 2—3 分钟。同时,肩、腰等部随重力自然向下松沉。

五、揉腰:

预备势:练习者仰身将腰部搁置"山羊"中部;助力者站其体侧。

动作:练习者全身放松,助力者一手按其胸(靠近颈部),一手按其大腿向下振压,并推揉其胸腿,变换揉腰角度,使腰部在后抻位从三个角度得到抻拉锻炼。

六、下腰:

预备势:初习时,背对墙约距一步开步站立;两臂上举与肩同宽,上体后仰,两手扶墙,手指向下。腰部柔韧性和腰力提高后,不必扶墙。

动作:两手逐渐向下扶撑于地面,腰腹上凸成桥形,要求直膝伸肘。在直膝直肘的情况下减少手脚的距离,或屈肘以小臂支撑、屈膝以小腿支撑,可加大对腰部柔韧性锻炼的强度。

提高腰部柔韧性的动练法:

一、转腰推拧:

预备势:两脚开立同肩宽;两手侧平举,手心朝下。

动作:脚不动,身体向左拧转;同时,左手外旋领转,竖直小臂使手心朝后,右掌随转身塌腕成立掌向左腋后推伸,促腰加大拧转幅度,眼看左后方(见图)。此为左势。还原成直立侧平举,再接做右势,动作相同,唯左右相反。左右交替练习。

转腰推拧

二、甩弹腰:

预备势:助力者平坐凳上,两脚分开同肩宽,小腿与地面垂直。练习者站于其前,两手扶于助力者两肩,两人膝部相贴。助力者两手手指交叉握紧成环,搂住练习者腰部。

动作:练习者两臂伸直用力向上、向后反抢,带动向后下甩腰,当向后弯腰至极度时,趁其向上反弹之力直起,恢复成预备势。如此重复练习。练习中,助力者应抱稳练习者腰部,勿使前后移动。

三、涮旋腰:

预备势:两脚开立,间距约本人脚长的 3 倍;两臂自然下垂。

动作:上体向左前俯身,两臂随之抬起。接着,两臂向前、向右、向后、向左、向前绕环;同时腰经左前俯、前俯、右侧屈、后仰、左侧屈、前俯连贯翻转。如此重复数次,再换反方向涮旋练习。

四、翻转腰:

预备势:助力者手持一棍向前端平,高与胸齐;练习者距棍梢一步,左前右后错步站立(图 1)。

动作:练习者右脚经左脚前盖步;同时右手前伸松握棍梢,腰随之前俯,仰身向左翻转 360°,手握棍不变(图 2)。此为"左翻转腰",右势练法同上,唯左右相反。助力者所持棍之高度可视练习者腰部柔韧性的程度,适度置高(易)或放低

（难）。练习中,持棍高度不能起伏。

图1　　　　　　　　　　　　　　图2

翻转腰

腿部柔功

在武术运动中,无一动作能离开腿。拳谚说:"手打三分足打七。""手是两扇门,全凭腿打人。"不仅前踢、后撩、侧踹、扫转等以腿法进攻的动作凭腿施技,就是手打、背靠等各类技法也离不了腿的支撑。人体整体的绝对位移,依靠两腿的交替运动;在两脚不动时,上体和下肢的相对运动,依靠落胯屈膝的后缩和前推。腿部柔韧性的优劣,直接影响着落胯屈膝和踢摆的动作幅度,影响着脚步移动和转换的灵活性。腿部柔功练习法,包括压腿、搬腿等静压法,摆腿、踢腿等动转法。

一、压腿:

压腿是以自身内力为主的主动性静压练习法。压腿分正压、侧压、后压、劈压四种。前两种又有低压、平压、高压之分。

1. 正压腿

（1）正低压腿

预备势:一脚向前伸出,脚跟着地,脚尖勾回;另一腿屈膝支撑,脚尖正对前方。

动作:①两手叠按膝上;上体直体前

图1　　　　　图2

正低压腿

探,挺胸挺膝,向下振压。②两手抓握脚前掌用力回拉;同时俯身用头顶够脚尖,并逐步增加难度,练到能用额头、鼻尖、下颏够触脚尖(图1、2)。

(2)正平压腿

预备势:面对肋木,约距本人一腿之长站立;一腿抬起,脚跟放在齐胯至腰间高的肋木上,胯根回缩,脚尖勾紧。

动作:同"正低压腿"(图1、2)。

(3)正高压腿

预备势和动作均同平压腿,唯腿放置高度增至胸与头部之间,髋关节应松开(见图)。

图1

图2

正平压腿

正高压腿

2. 侧压腿

(1)侧低压腿

预备势:并步站立;左脚向左侧伸,以脚跟着地,脚尖勾紧,右腿屈膝略蹲,脚尖外展;左手扶右腋,右手屈肘上举(见图)。

动作:上体左侧屈压,以紧贴左腿为度,左肩伸于左腿内侧;右手抓住左脚尖(如图之虚线所示)。

(2)侧平压腿

预备势:体左侧侧对肋木,约距本人一腿之长站立,右腿脚尖用力外撇,左腿侧举勾脚置于齐胯高的肋木上;右臂屈肘侧上举,左臂屈肘立掌贴于胸前。

侧低压腿

动作:①上体向左侧屈振压;同时右手随之向左脚尖侧摆,以助加大侧压之力(图1)。②上体向左侧屈下压后,右手抓握左脚掌,用头顶沿腿向脚尖抻够(图2)。

(3)侧高压腿

动作均同侧平压,唯腿置于胸与头部之间的高度(图1、2)。

图1　　　　图2　　　　　　　　　　图1　　　　图2

侧平压腿　　　　　　　　　　　侧高压腿

3. 后压腿

(1)后低压腿

预备式:两脚右前左后错步站立。右腿屈膝下蹲,左腿伸直,前脚掌着地,步幅大于弓步;右手扶右大腿,左手置于臀部。

动作:右腿尽量屈膝,髋关节放松下沉振压;同时左手用力向前下压臀。

(2)后平压腿

预备势:身体右侧贴靠肋木或平台站立,左腿直膝绷脚后抬,放置肋木或平台上;右手扶撑。

动作:右腿尽力屈膝,髋部松沉向下振压,左腿须挺膝伸直(见图)。

后平压腿

4. 劈压腿

(1)竖劈压

预备势:两腿前后分开,前腿勾脚尖,脚后跟蹬地,后腿绷脚尖后伸(或脚掌后蹬);两手扶于两侧地面或支撑物。

动作:髋关节放松向下振压,逐步抻开两脚间距,直至前腿后侧、后腿前侧和脚背均贴地,两腿前后成一直线,此式名为"竖叉"(见图)。

(2)横劈压

预备势:两手在体前扶地;两腿左右直膝分开,脚掌内扣以内侧着地外蹬。

动作:髋关节放松向下振压(亦可放松蹬抻),逐步抻宽两脚间距,直至两腿内侧紧贴地面,两腿横开为一直线,此式名为"横叉"(见图)。

竖劈压

横劈压

二、搬腿和撕腿:

搬腿和撕腿是借助外力的静压练习法。站式练习为搬腿,分正、侧、后搬三种;卧式练习为撕腿,分仰卧撕、横撕、俯卧后撕三种。练习中,助力者施加的力量一定要柔缓、适度。

1. 正搬腿

预备势:练习者背贴肋木直立,两手左右分开抓握肋木;一脚向前上抬起,支撑腿脚尖须正对前方。助力者面对练习者错步站立,前腿屈膝以小腿贴紧练习者支撑腿(为防止搬腿时其前移屈膝);一手抓握练习者足踝部,另一手扶按其膝或助握足跟。

动作:练习者直立站稳,顶头、松髋、直膝、勾脚。助力者用力向上推其足跟,尽力使其脚背贴近其头顶(见图)。

2. 侧搬腿

练习者侧靠肋木站立,侧举外侧腿;手前扶肋木,其他动作均同正搬腿(见图)。

3. 后搬腿

预备势:练习者面对肋木,相距约二分之一身长处站立;上体前屈,两手抓握齐腰高的肋木,向后举起一腿。助力者在练习者身后屈膝站立;以肩扛住其大腿近膝处,两手手指交叉按扶其髋关节。

动作:练习者抬头、挺胸、直肘、直膝。助力者将其后腿向前上扛起,同时两手向下、向回按拉其胯根部,防止练习者支撑腿上起,保证后腿以髋为轴向上抬起,逐步缩小其后搬腿与头背部的距离(见图)。

正搬腿

侧搬腿

后搬腿

4. 竖撕腿

预备势:练习者仰卧垫上,一腿伸直,一腿上举。助力者俯身跪立其旁,一手抓握其上举腿脚跟,一手按压平伸腿膝部(见图)。

竖撕腿

动作:练习者躺直不动,脚尖勾紧,直膝松髋。助力者两手用力下按,使其平伸腿膝不上凸,上举腿脚尖逐步接近额头,直至脚背贴近头顶(如图之虚线所示)。

5. 横撕腿

预备势:练习者仰卧垫上,两腿上抬再向两侧分开。助力者两手分别扶于练习者两膝(见图)。

横撕腿

动作:练习者松髋。助力者两手适当用力向下振压(也可适当用力撑住不动),使其两胯在主动放松的过程中,逐步抻开,使两大腿外侧渐渐靠近地面。

6. 后撕腿

预备势：练习者俯卧垫上，向后抬起一腿。助力者反向骑坐其腰部，两手手指交叉拉住练习者上抬之大腿近膝部。

动作：助力者适力回拉其腿（见图）。

后撕腿

三、摆踢腿：

摆踢腿是摆腿、踢腿的合称，属腿部柔功的动转练习法。踢腿包括正踢、侧踢、后踢、外摆、里合等直摆性腿法，这部分内容详见"腿法"。这里介绍摆腿练法。

1. 正摆腿

预备势：体左侧侧对肋木站立；左手抓扶齐胸高肋木，右臂侧平举，立掌。

动作：头向上顶，上体和手臂不动；松右髋，胯微上抽使右脚微离地面，然后勾脚尖上摆腿，顺落势向后悠出，如此连续练习数次，使髋关节活动度和腿部肌群伸缩性在轻松自然的摆动中得到锻炼提高（见图）。

正摆腿

2. 侧摆腿

预备势：面对肋木站立；两手抓扶肋木。

动作：摆悠方法与正摆腿基本相同，只是要注意：支撑腿脚尖外撇；上摆腿脚尖外撇勾紧，摆向脑后；下落时经支撑腿前向对侧悠出（见图）。

3. 后摆腿

预备势：面对肋木、距约二分之一身长处站立；上体前俯，两手抓握齐腰高处肋木。

动作：

（1）一腿直膝支撑，另一腿直膝、绷平脚背向后上摆起；同时抬头、挺胸、直臂（见图）。

（2）上摆腿自然向下悠落，如此连续练习数次。

侧摆腿

后摆腿

足踝部柔功

脚是人体的根基。武术运动中,下盘是否稳定,步型是否规格,步法是否灵活,各种以脚施行的技法是否正确,都与足踝部的柔韧性相关。例如,足踝部柔韧性差,完成某些步型,如虚步、仆步等,就会出现拔跟掀脚的错误;弹腿时脚背绷不平,就不能力达脚尖或脚背;蹬腿时脚尖勾不回,就不能力达脚跟;踹腿时脚掌横扣不回,就不能力达脚掌外沿……因此,提高武术技能,不能不练足踝部柔功。

提高足踝部柔韧性的静压法有:

一、跪压踝:

预备势:两腿并拢,跪于地毯上,脚背绷平;手垂体侧(图1)。

动作:臀部下落坐于足跟;两手向后支撑,身体后仰(双膝离地)压踝(图2)。再恢复成预备式,连续交替练习。

图1

图2

跪压

二、倾压踝：

预备势：面对肋木或墙壁，相距一大步站立；上体前倾，两手扶肋木，高与胸齐；一脚提起，以脚背贴放支撑腿小腿后侧，支撑腿脚尖须朝前（见图）。

动作：支撑腿屈膝向前下压（如图之虚线所示），支撑脚须全脚着地不动。如此反复练习。

倾压

三、靠压踝：

预备势：面对大树，双脚并拢上翘置于大树根部；两手抱住树干。

动作：两臂用力拉树，使腿靠近树干压踝。

四、仆压踝：

预备势：侧对墙壁站立，靠墙侧的腿以脚外侧抵紧墙根，另一脚向外横开一步，屈膝全蹲成仆步（图1）。

动作：以两手抓住仆腿脚掌，上体向仆腿振压，尽力用头部向其脚面抻够（图2）。

图1　　　　　　　　　图2

仆压

提高足踝部柔韧性的动转法有：

一、起落踵：

预备势：站于肋木上，两手抓握肋木。

动作：提踵至踮脚尖支撑；松踝使足跟下落，全身重量下压，使足背尽量勾屈。如此起落，反复练习。

二、活踝：

预备势：或站或坐，屈膝提悬一脚。

动作:脚尖勾起、绷直交替练习;以踝关节为轴,脚尖向内或向外绕环交替练习。

练习柔功要强调"静压"与"动转"结合

有句拳谚说:"只压不遛不中用,只遛不压笨如牛。""压"就是静压,"遛"就是动转。

在柔功练习中,静压是为动转服务的。静压提高了柔韧性,动转的幅度才能随之增大。动转是武术攻防技术的基本表现形式,如果抛弃了动转,静压就失去了它的本质意义。另外,如果只进行静压练习,虽然提高了肌肉的伸展性和关节的活动度,但缺乏肢体动转的速度和力量,动作会显得软绵无力;如果只进行动转练习,由于没有较好的肌肉伸展性做基础,动转则会显得僵硬笨拙,而且只要转动幅度稍大、速度稍快、力量稍强,都可能导致肌肉和韧带损伤。所以,静压与动转是柔功练习不可分离的两种锻炼形式。

防止柔功练习中拉伤肌肉的要点

柔功练习中拉伤肌肉的情况,多发生在准备活动不充分、肌肉处在疲劳状态、突然用较大的力量等时候,也有少量因动作不合规格引起损伤。因此,在柔功练习前,一定要做好充分的准备活动。寒冷天要多活动,暖和天也丝毫不能马虎。当身体感到微微发热、出毛毛汗时,再开始柔功练习。在进行肩、腰、腿等不同部位的柔功练习时,还要在全身活动的基础上,着重活动将要进行抻拉练习的部位。这样,就不会因准备活动不足导致肌肉拉伤了。此外,要按照正确的技术要求练功,不能突然用猛力搬、压肢体关节,也不能突然用猛力转动肢体。每次柔功练习的时间和连续重复的练习次数,一定要控制在练习者身体能承受的范围内。肌肉疲劳时最好不要练柔功。

练柔功效果较好的时候

柔功是锻炼肌肉伸展性、加大关节运动幅度的练习。肌肉粘滞性降低时,自身的伸展性则升高。其伸展性高时,柔功锻炼的效果就好。肌肉的粘滞性与肌肉的温度成反比。因此,就一年四季来说,夏季气温高,人体肌肉的温度相应增高,肌肉的粘滞性则下降。故夏季练柔功较其他季节收效大。同样的道理,在一日中,白天练柔功要比早、晚练容易收效。如果白天的工作和劳动负荷不大,晚上练柔功也较适宜。在一次课中,则是身体经过准备活动或某些训练之后,体温升高时,柔功练习效果较好。在身体处于疲劳之时,虽运动所带来的余热尚高,但由于肌肉的运动机能下降,则不宜进行柔功练习。

腿部柔功的练习程序和数量安排

腿部柔功的练习内容包括正面、侧面和后面这三个面向的腿部柔韧性练习。无论是正位、侧位,还是后位,都包括揉腿、耗腿、压腿、屈腿、摆腿、踢腿等六个基本部分,有时在压腿之后增加搬腿和撕腿练习。可根据练习者的情况和训练的不同要求来掌握。

以提高前踢腿柔韧性为例。在充分的准备活动之后,首先"揉腿",即分别揉动踝、膝、髋三个关节,做由外向内和由内向外的环转,一般做二八呼即可。随后,摆成低压腿姿势,检查体会各部规格是否正确,以起到"耗腿"的作用。然后开始压腿,一般每条腿探身压四八呼,在极限度压一八呼。如此依次平耗、平压,高耗、高压。在每次压完腿后,屈膝使被拉刺激的肌肉得到放松,即"屈腿"。此后,手扶肋木进行摆腿练习,一般每条腿摆二八呼。再后,按照踢腿的正确要求,仍手扶肋木,以爆发力踢腿,一般每条腿踢二八呼即可。最后,手不扶物,行进做左右交替的上步踢腿练习,踢腿数量可根据练习时间和运动量大小来定,少者可左右各踢 10 腿,多者可踢 100 腿。

在安排有多种腿部柔功练习的课中,完成上述练习后,就可换他种了。如果这次训练突出发展正面由下向上运动的柔韧性,那么,可重复上述练习三遍。在重复练习中,揉腿可以略去,在压腿之后增加搬腿和撕腿练习。

正压腿时要勾脚尖和收胯

正压腿是一种基本的压腿方法,凡腿在身前起落摆动的动作,都以正压腿来锻炼所需的柔韧性。勾脚尖收胯进行正压,既有利于拉长肌肉、肌腱,也符合

"凭腿打人"的技击要求,有助于形成腿法的正确技术规格。

首先,正压腿的主要目的是拉长下肢后侧肌群。勾脚尖使跨越踝关节的后侧肌群拉长,收胯(指胯根,即股骨头)使跨越髋关节的后侧肌群拉长。在这样的基础上进行压腿练习,增加了压腿的难度,当然有助于提高拉长肌肉的效果。

其次,武术中的压腿、踢腿不同于现代体操,体操要求绷脚尖、送胯,以拉长身体的线条,加大动作的幅度。而武术的腿法动作有着以腿击人的攻防目的。可以用脚跟、脚底、脚外侧、脚尖等部着力,完成蹬、踢、踹、点等攻击技法。勾脚收胯,才能做到起腿、收腿快速、利落。正压腿时勾脚收胯,有助于养成正踢腿时勾脚尖、收胯的动力定型。

高压腿和低压腿的锻炼作用

低压腿时(被压腿放置高度不过裆),主要抻拉膝关节和小腿后侧的韧带、肌腱和肌群;高压腿时(被压腿放置高度过腰或过肩),主要抻拉髋关节和大腿后侧、内侧的韧带、肌腱和肌群。对初学者来说,应先练低压腿,养成正确的压腿姿势,然后逐步练习中平压腿和高压腿。

提高踢腿速度和力度的要点

踢腿是直摆性腿法。无论正踢、侧踢、里合、外摆,要做到快速有力都需注意三点:一是练习者必须下功夫"拉韧带",使下肢柔韧性达到一定要求;并在掌握踢腿的正确姿势后,再追求快速有力;二是掌握正确的方法,起腿时要相对放松,因为松是快速有力的基础。腿摆至接近目标时,猛然加速度用力上踢;三是要同时加强和踢腿有关肌肉(如髂腰肌等)的力量的练习,如小腿负重(绑沙袋)进行快速度、小数量(一组只踢3—5腿)的踢腿练习。

"耗腿"的锻炼作用

"耗腿"是武术腿部柔功的一种传统练习方法。指保持某一压腿姿势,用意放松肌肉、体会肌肉感觉的静站练习。通常采用的耗腿姿势有两种:一种是将脚搁在一定高度的肋木上,保持身体各部符合踢腿时要求的姿势规格;另一种是压腿压至练习者能忍受的极限程度时耗住不动,使肌肉、肌腱和韧带得到持续的拉长刺激。前一种耗法有助于练习者体会到腿抬起时头顶、身直,支撑脚脚位端正、膝关节挺直,踢起脚脚尖勾起等形态,从而形成动力定型,减少或避免行进间踢腿出现低头弯腰、脚法不清等毛病。后一种耗法是加大压腿效果,促进柔韧性提高的有效方法。耗腿的要领是在保持正确规格的前提下,放松肢体,然后以意念促进放松,让放松了的肌肉和关节自然地随地球引力向下沉坠,同时用意体会肌肉感觉。

加速提高压腿锻炼效果的方法

在压腿姿势正确的前提下,下述三种方式,有助于提高锻炼效果。

1. 意念导引法:压腿时,以意念放松被压腿关节,意想这些关节被附着其上的肌肉牵拉开,松开的关节被地球引力牵拉向下,做到"九分松,一分紧"。以此方式压腿者,摆腿和踢腿时,也须注意以意引动,不用猛力,任腿在放松中自然踢摆(九分松)至接近踢摆高度时,才加一分力。

2. 极限坚持法:压腿时,以两手抓握住被压腿脚前掌,躯干俯近腿部,头够向脚尖,够至腿部肌肉和韧带被牵拉至练习者能坚持的最大限度时,坚持不动。坚持时间可以采用数数法来计算,开始时仅数至 3—5,渐增至 10 为止。此后,又可改用加大押够幅度,由少增多地数数加时。

3. 被动强制法:利用重物和助力者强行施加的压力进行锻炼。例如左右分腿俯卧垫上,用杠铃片压在臀上练横劈叉,以及搬腿、撕腿等。被动强制法虽见效快,但稍有不慎,容易受伤,故要慎用。运用前要充分做好准备活动。运用时,重物或助力者施加的压力要适度,持续时间亦须合宜。

此外,静压腿必须与动转腿(踢摆腿)结合练习。才能更好地收到提高腿部柔韧性的锻炼效果。

压腿练习中的常见错误与纠正方法

压腿是腿部柔功的主要锻炼手段。压腿练习的优劣,直接关系到腿法动作的优劣。腿压得不柔,就踢不起来;腿得得不正,会导致踢腿歪斜。压腿中常见的错误有下述四种：

1. 歪胯歪脚。这是低压腿和平压腿练习中常见的错误。纠正方法：正压腿时，两脚尖、鼻尖、肚脐等四点上下相照在一纵面内，支撑腿脚尖正对前方，被压腿脚尖朝上。侧压腿时，支撑腿脚跟、被压腿脚尖、两耳、肚脐五点上下相照在一纵面内，支撑腿脚尖要尽量外展，被压腿脚尖要正正朝上。

2. 膝部弯曲。即压腿时，支撑腿和被压腿屈膝弯曲。弯曲膝部压腿，是收不到锻炼效果的。纠正方法：如属方法不明者，挺直膝部即可。如属柔韧性较差，被压腿放置过高造成，应将脚放置低些，然后循序渐进地加高被压腿放置的高度。如属膝部柔韧过差，置地低压，膝仍凸出，则可采取负重压膝法，局部重点解决。可用皮带系一适量重物，挂于膝部做平耗腿练习。

3. 脚尖不勾。除后压腿外，其他压腿都是锻炼腿部后侧肌肉、韧带的伸展性，勾脚尖能预先拉长这些肌群和韧带，脚尖不勾，影响压腿效果。纠正方法：明确勾脚尖的意义，主动勾回脚尖。如属踝关节柔韧性不好，应采用踝部柔功训练法进行锻炼。

4. 弯腰驼背。在主动压腿的练习中，主要是通过躯干向腿部振压和抻够来提高腿部柔韧性，弯腰驼背则达不到练习的目的。纠正方法：压腿时，头向脚尖方向振压，振压幅度逐步加大，不急于以头碰腿。

重视腕、踝部柔功的练习

由于腕、踝关节部的柔韧性差欠些，不致给完成动作带来较大影响，所以这两个关节的柔功练习常常被忽略了。这种忽略却恰恰影响了高质量地完成整个动作。例如，完成手法时，腕关节贯通上肢梢节，腕关节柔韧性的好坏，影响着亮掌是否能成横掌，推掌能否立得起掌来。柔韧好，则横得有力，立得竖直，从而体现出手法的力度和技术规格。完成下肢步型、步法时，踝关节是下肢支撑的基础，踝关节柔韧性的好坏，影响着步型、步法的动作规格、幅度及动作的稳定性。柔韧性好，下肢步型蹲得下，伏得低；步法迈得开，站得稳。完成各种腿法时，踝关节贯通下肢梢节，踝关节柔韧性好，不论绷脚、勾脚还是内翻横脚，都能以正确的脚型完成准确的技法。由此来看，不可忽视腕、踝部的柔功练习。

武 术 内 功

武术内功是武术运动中,采用以意领气、以气运身、以身发力为基本锻炼手段的一种内外兼修的方法。它的目的在于锻炼人体运动时,意、气、劲、形四者一动俱动、一到俱到、一止俱止的协调配合能力。通过武术内功锻炼,可以获得内壮外勇、内外合一,以及激发人体潜能的效果。

内功的锻炼形式分为静功和动功两类。静功以桩功练习为主,也包括有坐功和卧功;动功则以肢体导引为主。武术内功既是练内培本的武技筑基功夫,又是健身强体、延年益寿的养生功夫。近现代,气功养生家们将武术内功及其他武术养气、练气、用气功法作为中华气功五大流派之一,称为"武术气功"。

桩 功

桩功是保持静站姿势"站桩",进行以意领气、以气运身锻炼的一种外静内动的内功练习方法。各种武术步型均可作为桩功练习的步架,构成桩功锻炼形式。

练习桩功要注意运用"消除妄动,从静中体会""以意领气,在身内周流"的原理。具体运用的方法是:保持静站姿势时,头向上顶,提挈全身,放松肩、背、胸肌群,使其重量沉到腰部;又放松腰部肌群,使其重量沉到胯部;再放松胯部肌群,使其重量向下越膝过踝达到足部。这样身体上部轻虚,呼吸自然通畅;下部沉实,两脚支撑稳定,肌肉张力以能维持上述正确规格为度,不做任何多余的收缩、妄动。如此身无倾倒之虑,气无阻滞之苦,肌无僵紧之劳,意识就能自然安静,集中体验各部肌肉在保持静站时的舒缩状,体会气在体内的有序流动。随之,由自然呼吸改为腹式深呼吸,以气沉丹田的方法,锻炼丹田气感。获得丹田气感后,即注意体验以意领气归聚丹田、流走四梢的感觉。

此外,站桩时肌肉处于等长收缩状,能有效地增强下肢肌群的力量。桩功锻炼中获得的感觉能在大脑皮层形成一定的条件反射通路,即静站姿势的动力定型,这能保证一定的桩势在变化急速的拳路运动中不致变型。对肌肉舒缩感知能力的提高,能改善运动中枢对各部肌群的支配能力,提高肌肉的随意活动性。桩功锻炼中获得的意气流走感,能提高意识支配气息的能力,使气随意行,意到哪里,气感亦到哪里。肌肉感和意气感对大脑皮层的联合作用,能促使人体内外系统密切协调地一齐运转。当意识指挥某部肌肉运动时,该部肌肉随令收缩,气感也同时随意识到达该部,逐步形成"意到、气到、劲到、形到""内外合一"的技能。

浑 元 桩

浑元桩是武术运动中的基本桩式,亦写作"混元桩",也被称为"无极桩""太极桩"等。"浑元"意指天地,天地能滋生万物。取此意,武术运动中诸多桩式都由浑元桩衍生而成,浑元桩的基本要领也被各类桩功广泛吸收利用。具体做法如下:

预备势:并步直立;两眼平视,精神内敛,呼吸平缓(图1)。

动作:1. 身体重心微移向右脚,左脚向左侧开步,间距同肩宽,脚尖朝前;眼平视;要求缓慢开步,起步时吸气,落步时呼气(图2)。2. 两手心相对,五指自然分开,以拇指尖领劲,两臂向前上举起至拇指与肩齐高;紧接着肩、肘、腕关节微微向下松沉,同时两手手指向内回收至间距约

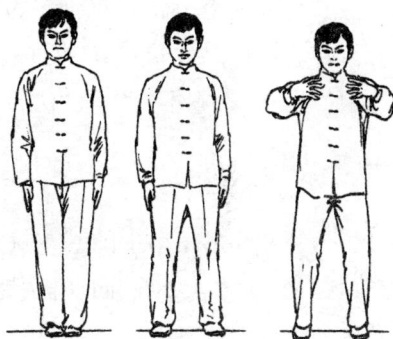

图1　　　图2　　　图3

浑元桩

10厘米,肩、背、肘向外微微撑开,使两臂掤圆。与上肢动作同时,两腿微松胯屈膝,使重心微微下降;眼仍平视。要求动作缓慢,起臂时吸气,向下松沉时呼气(图3)。

收势:重心移向右脚,然后收并左脚;两臂自然下垂如预备势;要求收步时吸气,落臂时呼气。

动作要领:浑元桩要求做到"上悬下沉""前掤后撑""四平""四到"。所谓"上悬下沉",指头顶百会穴要有向上领起之意,似有绳悬一般。头顶以下部位则尽随地球引力放松下沉。人体经此上下对拉,促成头顶百会穴、鼻下人中穴、腹部丹田穴和裆下会阴穴上下对照成一条垂直线,这条垂直线与身体重心的投

影线正好重合。做到"上悬下沉"后能松开身体各部关节,出现沉肩、坠肘、塌腕、松腰、落胯的形态。所谓"前掤后撑",指两臂含有向前向外的掤劲,背部含有向后的撑劲。使背、肩、臂、手构成一个呈内合之形、含外开之劲的圆。所谓"四平",包括头平、肩平、膝平、脚平。头平指头顶平正,颈项顺直;肩平指两肩放平,不上耸歪斜,肩平则身正;膝平指两膝齐平,无前后交错,无高低不等,无左右歪斜,膝平则腿正;脚平指两脚掌齐平,脚底平平着地,十趾抓牢。所谓"四到",指意到、气到、劲到、形到。

练习步骤:首先运用"消除妄动,从静中获得"的原理,锻炼丹田内气。随后,运用"以意领气,在身内周流"的原理,锻炼气血流畅、随意运使的能力。此后,运用"应外诱潜,从动中获得"的原理,以意念体会人身内气与外界大气相互交融流转。在持之以恒的练功过程中,要注意贯彻"微量递增,从有限中求无限"的原理。详参本书"武术功法原理"。

骑 马 桩

骑马桩是武术运动中的基本桩式之一。以其式如骑坐马背,故名。也称为马步桩、四平桩、地盆等。长拳、南拳等多种拳系尽列此桩为基本桩功的主要内容。

预备势:同"浑元桩"。

动作:1. 同"浑元桩",唯两脚间距为本人脚长的3—3.5倍。2. 同"浑元桩",唯两臂松沉时,手腕下塌,手掌立起,五指并拢,两臂与肩同宽;两腿屈膝下蹲至大腿接近水平(见图)。

骑马桩

收势:同"浑元桩",唯两臂的"前掤"劲集中为两掌的"前撑",两臂不呈圆形。

练习步骤:同"浑元桩"。

七 星 桩

七星桩是武术基本桩式之一。以其式肢体的头、肩、肘、手、胯、膝、足七部位置如北斗七星而名。七星桩的桩形有两种:一种是前腿脚跟着地,也称"坐步桩";一种是前腿脚尖点地,也称"虚步桩"。具体做法如下:

预备势:同"浑元桩"。

动作:1. 右脚尖外展 45°,重心随之右移,左脚微离地面;同时两臂从体前上抬至与肩同高;眼平视;以吸气配合。2. 右腿屈膝下蹲(膝盖不超过脚尖),左脚前伸微屈膝以脚跟(或脚尖)虚点地面,胯根向下松沉;同时两手握拳外旋前合至胸前交叉,左拳在外,两臂掤抱成环状;以呼气配合(见图)。

收势:1. 左脚收回;两拳变掌,内旋成手心向下;以吸气配合。2. 紧接两腿伸膝站起,右脚尖转正;同时两掌按落于体侧,恢复至预备势;要求以呼气配合。此为左势。右势动作同左势,唯左右相反。左右交替练习。

七星桩

动作要领:站七星桩要做到"上悬下沉""前掤后撑",两胯根向下松沉后缩,臀部回敛。吸气时注意体会"气贴背脊",呼气时注意体会"气沉丹田"。

练习步骤:同"浑元桩"。

养 生 桩

现代意拳桩功中的一类。这类桩功锻炼以养生强体为目的,故名"养生桩",亦称"站桩功"。这类桩功以浑元桩为基本桩,其他养生桩式的下肢和躯干形态均同于浑元桩,唯两臂形态有异。

1. 浑元桩:同前述浑元桩,唯两脚外摆成八字。

2. 推托桩:两掌内旋成手心向外,两手似向前推物(见图)。

3. 抱球桩:两臂屈圆,两手掌心相对放置小腹前,间距约25厘米,十指分开似抱一气球。要求虚腋如容一鸡蛋(见图)。

4. 浮托桩:如抱球桩之两臂不动,唯两手微屈腕至两手手指相对,手心斜向上,两手似托一浮在腹前的大气球(见图)。

5. 扶按桩:如抱球桩之两臂不动,唯两手变为手心朝下,指尖朝前,似扶按于水面浮板一般(见图)。

推托桩   抱球桩   浮托桩   扶按桩

　　养生桩的呼吸以自然呼吸为基础,不一定要注意呼吸和意守丹田,而是通过适宜的意念活动诱导达到腹式呼吸和入静的要求。

　　养生桩意念活动的方法包括意念自身、意念外界、意念自身和意念外界交融等三种形式。

　　意念自身包括"放松意念"和"集散意念"两种主要方式。"放松意念"是以意识从头向下,依次放松身体各部。即从头部、颈项、两肩、两臂、两肘、两腕、两手,胸背、腰腹、髋胯、膝脚,直至脚趾依次节节放松,周而复始。"集散意念"是以意识将身体各部在练功中获得的气感集中到身体某部,例如丹田、手指等。继而又将集中到局部的气感分散流注身体各部,集与散交替循环进行。

　　意念外界包括"远听意念"和"静观意念"两种主要方式。"远听意念"是以意识由近及远地细听微弱的声音。"静观意念"是假想周围优美舒适,以意识静静观赏。

　　"意念自身与意念外界交融"的方式很多,主要有"浴水意念""悬依意念""天人合一意念"等。"浴水意念"是意识体会全身或胸以下,或髋以下,或踝以下浸浴在适宜温水中的感觉。"悬依意念"是以意识体会头顶百会穴部有数根头发被悬的感觉,或体会两手如扶板,或背臀有依靠物的感觉。"天人合一意念"是以意识体会人身内气与外界大气沟通交融的感觉。

技 击 桩

现代意拳桩功中的一类。这类桩功锻炼以提高快速应变、抵御、进击等技击基本能力为目的,故称"技击桩"。技击桩以错步撑抱桩为基本形式。此外,还有伏虎桩、降龙桩等桩式。练习技击桩要配合实战性的意念,一般都以假想自身四周 3 尺以外、7 尺之内有毒蛇或仇敌侵击,我安立其中,壁垒顽坚,拉不动,推不走,砸不瘪。技击桩架式做法如下:

1. 撑抱桩

预备势:(1)立正站立。(2)左脚前出一步,两脚间距一脚,前脚尖微扣 5°—10°,后脚尖外展 45°;两臂自然下垂;目平视。

动作:(1)两臂前平举至与肩同高,手心相对,拇指尖朝上;目平视;以吸气配合。(2)两腿髋膝放松微屈,臀部后移,后脚全脚踏实支撑十分之七体重,前脚脚跟微离地面支撑十分之三体重;同时两臂肩、肘、腕微向下松沉,左臂掤撑成弧形,掌心朝右肩,右臂向内裹抱成弧形,与左肘同高,掌心对左腋;眼看左手拇指;以呼气配合(见图)。

收势:(1)两手内旋成手心向下;同时收并左脚;吸气。(2)两手按落体侧;直立;呼气。

可左右交替练习。

动作要领:"上悬下沉"。左臂以掤撑为主,内含抱劲;右臂以裹抱为主,外有掤意。涵胸拔背,两肩松沉并向两侧撑开。两手似抱婴儿。

2. 伏虎桩

做法同"撑抱桩",唯两脚间距为脚长的 3 倍,屈膝下蹲成"三才步"型;两臂位置略低,左手高与心窝齐(见图)。

3. 降龙桩

预备势:同"撑抱桩",唯两脚间距脚长的 3 倍。

动作:(1)左腿微屈膝,髌骨与脚跟上下对齐,右腿自然伸直,重心前移;同时两臂前平举,掌心相对;目平视;以吸气配合。(2)下盘不动,上体向左拧转,向前俯身;同时右手内旋上撑于头前,左手内旋向左右撑于髋旁,两臂均微屈肘外撑成弧;眼看右脚后跟;以呼气配合(见图)。

收势:(1)转正上体;两手随之转至体前;吸气。(2)左脚收并右脚旁;直立,两手按落体侧;呼气。

动作要领:落胯敛臀,身如拧绳;两大拇指领劲外撑,肩、背、臂向外撑圆。

撑抱桩　　　　　　　伏虎桩　　　　　　　　降龙桩

坐　　功

坐功是保持端坐姿势不动,或坐式不变,以上肢动作辅助导引、按摩,进行以意领气、以气运身锻炼的一种外静内动、静中求动的内功练习方法。武术坐功是武术锻炼者养气、养身、养功的主要方法,也是一种祛病延年的保健方法。

练习坐功时,首先要端正坐姿,保持头正脊直,上下一线,躯干无前俯后仰、左歪右斜之弊,两肩下松并微前扣,使胸部有宽畅感。练习中注重意念活动和体内气息的锻炼。较桩功而言,坐功无下肢负载之苦,可避免下肢肌肉紧张,以及由此引起的意乱气急现象。

坐功的坐姿和锻炼形式很多,主要有坐凳的"平坐式"和两腿屈膝盘叠而坐的"盘坐式"。

盘坐式的方法有三。

一是自然盘,即平坐,两腿交叉盘起,左上右下或右上左下均可(见图)。

二是单盘,即将左足置于右腿上,或将右足置于左腿上平坐(见图)。

三是双盘,即将左足置于右腿上,同时将右足置于左腿上,两足心均上仰朝天而平坐(见图)。

| 坐式浑元 | 自然盘 | 单盘 | 双盘 |

三种坐法难度依次递增,初习者可采用第一或第二种坐法。

易筋经十二段锦

"易筋经十二段锦"又称"文八段锦"。清代被河南嵩山少林寺僧作为主要习练内容之一,此后,逐渐被武术锻炼者广泛采用为内功锻炼功法。本书介绍的"易筋经十二段锦"练功图解和歌诀,录自清代同治十三年刻本《易筋经》。

第一段

歌诀:闭目冥心坐,握固静思神。

盘腿而坐,紧闭两目,冥亡心中杂念。凡坐要竖起脊梁,腰不可软弱,身不可依靠。握固者,握手牢固,可以闭关却邪也(拇指先屈于掌内,四指再屈回握拳为"握固")。静思者,静息思虑而存神也(第一图)。

第一图

第二段

歌诀:叩齿三十六,两手抱昆仑。

上下牙齿相叩作响,宜36声。叩齿以集身内之神,使不散也。昆仑即头,以两手十指相叉,抱住后头,即用两手掌紧掩耳门,暗记鼻息九次,微微呼吸,不宜有声(第二图)。

第三段

歌诀:左右鸣天鼓,二十四度闻。

第二图

计算鼻息出入各九次毕,即放所叉之手,移两手掌按耳,以第二指叠在中指

295

上,作力放下第二指重弹脑后,要如击鼓之声。左右各24度,两手同弹共48声。仍放手握固(第三图)。

第四段

歌诀:微摆撼天柱。

天柱即后头。低头扭颈向左右侧视,肩亦随之左右招摆,各24次(第四图)。

第五段

歌诀:赤龙搅水津,鼓漱三十六,神水满口匀,一口分三咽,龙行虎自奔。

赤龙即舌。以舌顶上腭,又搅满口内上下两旁,使水津自生,鼓漱于口中36次。神水即津液,分作3次,要汩汩有声吞下。心暗想、目暗看所吞津液,直送至脐下丹田。龙即津,虎即气,津下去,气自随之(第五图)。

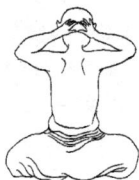  

第三图 第四图 第五图

第六段

歌诀:闭气搓手热,背摩后精门。

以鼻吸气闭之,用两掌相搓擦极热,急分两手摩后腰上两边,一面徐徐放气从鼻出。精门即后腰两边软处,以两手摩26遍,仍收手握固(第六图)。

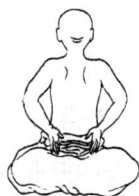

第六图

第七段

歌诀:尽此一口气,想火烧脐轮。

闭口鼻之气,以心暗想,运心头之火,下烧丹田,觉似有热,仍放气从鼻出。脐轮即脐丹田(第七图)。

第八段

歌诀:左右辘轳转。

曲弯两手,先以左手连肩圆转36次,如绞车一般。右手亦如

第七图

之。此单转辘轳法(第八图)。

第九段

歌诀:两脚放舒伸,叉手双虚托。

放所盘两脚平伸向前,两手指相叉,反掌向上,先安所叉之手于头顶,作力上托,要如重石在手托上,腰身俱著力上耸。手托上一次,又放下,安手头顶,又托上,共9次(第九图)。

第十段

歌诀:低头攀足频。

以两手向所伸两足底作力扳之,头低如礼拜状12次。仍收足盘坐,收手握固(第十图)。

第十一段

歌诀:以候神水至,再漱再吞津,如此三度毕,神水九次吞,咽下汩汩响,百脉自调匀。

再用舌搅口内,以候神水满口,再鼓漱36,连前一度,此再两度,共三度毕。前一度作3次吞,此两度作6次吞,共9次吞。如前咽下,要汩汩响声。咽津三度,百脉自周遍调匀(第十一图)。

第八图

第九图

第十图

第十一图

第十二段

歌诀:河车搬运毕,想发火烧身。旧名八段锦,子后午前行。勤行无间断,万疾化为尘。

心想脐下丹田中似有热气如火,闭气如忍大便状,将热气运至谷道,即大便处,升上腰间、背脊、后颈、脑后、头顶止;又闭气从额上、两太阳、耳根前、两面颊降至喉,下心窝、肚脐、下丹田止。想是发火烧,通身皆热(第十二图)。

第十二图

动功与静动功

通过肢体运动,诱导意气流转、集聚的内功锻炼方法,统称为动功。身体姿态静而后动、动极复静、动静相间的功法,亦属动功。也有人把这一类动功称为"静动功"或"动静功"。这些功法强调"以意御气"和"开关利气"结合,追求意、气、劲、形四者的高度协调统一。练习武术动功,能获得提高武术基本技能所必需的内外合一的整体功力。古传"武八段锦""易筋经十二势"可算是初期的、传统的典型武术动功。某些拳种的动功锻炼法,还具有尽快培养该拳种必需的特殊技能的作用。

武 八 段 锦

八段锦在宋代已见流传,是一种坐式导引功法。此后,衍生成多种流派。大约在明代初年,出现了站式八段锦。于是将站式八段锦称为"武八段锦"(或称外八段锦),将坐式八段锦称为"文八段锦"(或称内八段锦)。坐式八段锦传入嵩山少林寺后,被辑入《卫生易筋经》《内功图说》,称为"易筋经十二段锦"。文八段锦已介绍于前,这里介绍武八段锦练法。

预备势:直立垂臂,全身放松,舌抵上腭;目平视(图1)。

第一段　两手托天理三焦

动作:

1. 两手心朝上,两臂从体侧缓缓上举至头顶,两手指相叉;内旋翻掌朝上撑起;同时两脚跟尽量上提;仰头,眼看手背(图2)。

2. 两掌外旋翻手心朝下,屈肘、松肩、分手、垂臂;同时脚跟下落着地,还原成直立预备势,如图1。

要求:上撑动作要有"托天"之意;两手向上相叉时吸气,翻掌上托时呼气;叉手下降至头顶时吸气,分手下垂还原时呼气。如此反复练习数遍。

武八段锦

图1　　　　　　　　　　图2　　　　　　　　　图3

第二段　左右开弓似射雕

动作：

1. 左脚向左横开一步屈膝成马步；同时两臂屈肘抬起，右外左内在胸前交叉；眼看左手(图3)。

2. 左手拇、食两指撑开成八字，其余三指屈扣回，内旋塌腕成手心向外、向左侧平推；同时右手松握拳向右平拉如开弓；眼看左手(图4)。此为"左开弓"。

3. 两手逆上动路线回复于胸前成交叉，左手在外；眼看右手(图5)。

4. "右开弓"动作同"左开弓"，唯左右相反(图6)。

要求：练习中要模仿拉弓射箭，开弓时两手要缓缓用力撑拉，回收时亦要似撑着弓弦缓缓放松。以呼气配合开弓，以吸气配合收回。如此反复练习数遍，回复至预备势。

图4　　　　　　　　　图5　　　　　　　　　图6

第三段　调理脾胃单举手

动作：

1. 并步直立；两手屈肘上抬至胸前，手心向下（图7）。

2. 左手内旋上举至头顶；同时右手下按至右胯侧；眼看上举手（图8）。此谓"左举"。

3. 左手向下、右手向上至胸前如图7，"右举"动作同图8，唯左右相反（图9）。

要求：以呼气配合上托下按，以吸气配合过渡性预备动作。如此反复练习数遍后，回复至预备势。

第四段　五劳七伤往后瞧

动作：

1. 步不动；头慢慢向左、向后转；眼看左后方（图10）。

2. 上动稍停片刻，头慢慢转回原位。

3. "右瞧"动作同"左瞧"（图11）。

要求：转头时，保持足趾抓地，头微上顶，肢体正直。以呼气配合转头后瞧动作，以吸气配合转头复原动作。如此反复练习数遍。

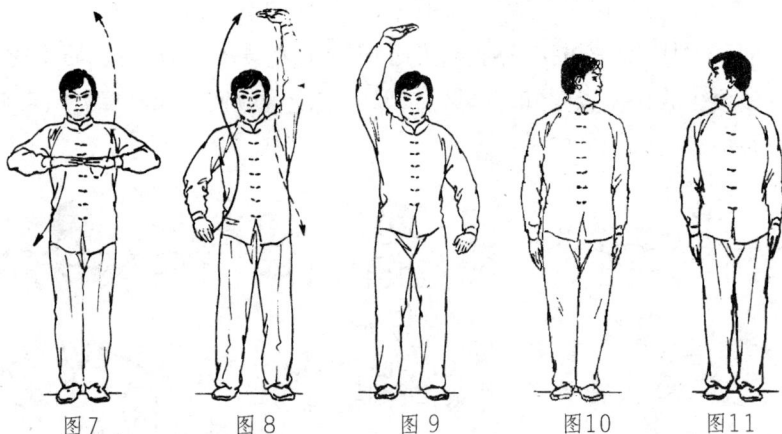

| 图7 | 图8 | 图9 | 图10 | 图11 |

第五段　摇头摆尾去心火

动作：

1. 左脚向左横开一步成马步;两手扶按膝上(图 12)。

2. 步型不动;头向左下摆,臀部向右上摆,两臂随之左屈右伸(图 13)。此谓"左摆"。

3. "右摆"动作同"左摆",唯左右相反(图 14)。

4. 俯身,使头和躯干由右向前、向左、向后弧形摇动一圈(图 15)。此谓"左摇"。

5. "右摇"动作同"左摇",唯左右相反。

要求:摆、摇时脚趾抓地,脚掌踏实,勿上下起伏。初习者或年老体弱者摆摇的幅度可小些,速度可慢些。以呼气配合摆动,以吸气配合直身过渡动作;前俯摇动时呼气,后仰摇动时吸气。练习时,左右摆动数遍后,接做左右摇动数遍,再回复至预备势。

图12　　　　　图13　　　　　图14　　　　　图15

第六段　两手攀足固肾腰

动作:

1. 上体后仰;同时两手手心贴身自然后移(图 16)。

2. 上体缓缓前屈;同时,两手虎口张开朝下、手心贴腿后侧下移至足跟(或移至本人所能达到的极限)抓握住,保持片刻(图 17)。

3. 上体立起,直立垂臂。

要求:练习时动作缓慢,全身注意尽量放松。攀足时必须直膝。以吸气配合后仰,以呼气配合前屈。后仰、前屈,反复练习数遍,回复至预备势。

图 16

图 17

第七段　攒拳怒目增气力

动作:

1. 两手抱拳于腰间;同时两脚蹬地跳开成马步;目向前怒视(图18)。

2. 左前冲拳:左拳向前缓缓用劲冲出,内旋小臂成拳心向下,此时呼吸七次,每呼气时用意紧拳(图19)。然后,左拳变掌外旋成掌心向上,再抓握成拳缓缓收抱腰间如图18。

3. 右前冲拳:同左前冲拳,唯左右相反。

4. 左侧冲拳:方法同左前冲拳,唯向左侧冲出(图20)。

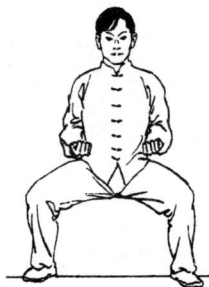

图 18

图 19

图 20

5. 右侧冲拳:同左侧冲拳,唯左右相反。

6. 双冲拳:方法同左前冲拳,唯双拳同时向左右侧方冲出(图21)。

7. 两脚蹬地跳起,落成并步;同时两拳变掌垂下,还原成预备势。

要求:练习时做到头、肩、臂、膝、脚平正。

第八段　背后七颠百病消

动作：

1. 两手右外左里交叠置于背后，手心向后；足跟尽量上提，头上顶（图22）。

2. 足跟轻轻落下，接近地面，而不着地（图23）。

要求：以吸气配合提踵，以呼气配合落踵。如此连续起落多次，颠动身体使全身放松。然后脚跟落地，直立垂臂收功。

图21　　　　　　　　　　　　　图22　　　　　　　　图23

易筋经十二势

　　"易筋经十二势"初见于明朝天启四年（1624）手抄本《易筋经》。清代少林寺僧盛传此功，后流传民间，演变为难易程度不同的多种练法。古传刻本仅有十二图和十二诀。为了便于读者习练，本书以清朝同治十三年刻本《易筋经》图诀为依据，参考流传练法，增补衔接动作图示，说明具体练法如下。

　　预备势：立正站立，两臂自然下垂；目平视，舌抵腭，齿叩合；敛神静心，鼻息平缓（图1）。

第一势：韦驮献杵第一势

原诀：立身期正直，环拱手当胸。气定神皆敛，心澄貌亦恭。

动作：

两臂屈肘环拱于胸前，掌心朝内，两手拇指尖朝上，掌指两两相对。目平视，收敛神气，呼吸21次。每呼气时，以意松沉肩、肘、腕三关节，体会气至手指之感觉（图2）。

第二势:韦驮献杵第二势

原诀:足指(趾)拄地,两手平开。心平气静,目瞪口呆。

动作:

两手向左右两侧外旋分开成侧平举,手心朝上。目平视,平心静气,呼吸21次。每呼气时,以意体会手掌心有向上托物之感,足趾有向下抓地之感(图3)。

易筋经十二势

图1　　　　　　　图2　　　　　　　图3

第三势:韦驮献杵第三势

原诀:掌托天门目上观,足尖著地立身端。力周骽胁浑如植,咬紧牙关不放宽。舌可生津将腭抵,鼻能调息觉心安。两拳缓缓收回处,用力还将挟重看。

动作:

两手由两侧上摆至头顶上方,双手塌腕成手心朝上;仰头,眼看两手间。舌抵上腭,咬紧牙关,呼吸21次。每呼气时,以意体会手心向上托物之感和脚尖著地感(图4)。

第四势:摘星换斗势

原诀:只手擎天掌覆头,更从掌内注双眸。鼻端吸气平调息,用力收回左右佯。

动作:

1. 接上势,两手"握固"成拳,缓缓屈肘收至大臂平肩,拳心朝前;吸气配合(图5)。

2. 右手变横掌向头上擎起,左手经左腋贴背下撑掌于尾骨处;眼看右掌(图6、附6)。此时呼吸 7 次,每呼气时,用意使右掌根向上、左掌根向下撑劲,两掌指梢有对拉感;肘关节保持微屈。

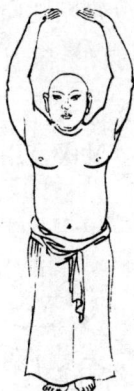 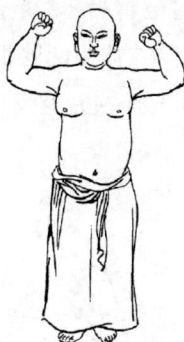  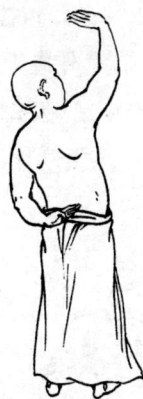

图4　　　　　　　图5　　　　　　　图6　　　　　　　附6

3. 重复动作 1 接做左势,同动作 2,唯左右相反(图 7、8)。呼吸和用意皆相同。

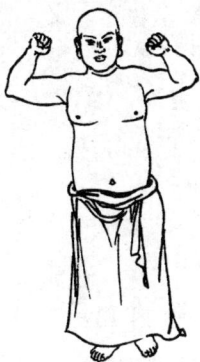 

图7　　　　　　　　　　　　图8

第五势:倒拽九牛尾势

原诀:两骽后伸前屈,小腹运气空松。用力在于两膀,观拳须注双瞳。

动作：

1. 左掌向下、右掌向上，两掌掌心相对立于胸前；眼看两掌；配合吸气（图9）。

2. 右脚向右前方迈出成右弓步；同时两掌"握固"成拳向下分别贴腿向两侧分开，右拳外旋上挑至肩前，左拳摆起至臀后，两臂皆微屈肘呈弧形；眼看右拳（图10）。呼吸21次，每呼气时，用意向外抻拔两膀根，微紧两拳。

3. 重复动作1，接做左势，同动作2，唯左右相反（图11、12）。呼吸及用意皆相同。

图9　　　　图10　　　　　　图11　　　　　　图12

第六势：出爪亮翅势

原诀：挺身兼怒目，推手向当前。用力收回处，功须七次全。

动作：

1. 接做第五势动作1成胸前对掌；配合吸气（图13）。

2. 两手成侧立掌向前推出；两眼向前怒目平视；以呼气配合（图14）。保持此势不变，呼吸21次，每呼气时，用意使掌根、掌外沿前撑。如此收掌、推掌重复7遍。

第七势：九鬼拔马刀势

原诀：侧首弯肱，抱顶及颈。自头收回，弗嫌力猛。左右相轮，身直气静。

动作：

1. 接上势推掌，屈肘收回握固，配合吸气（图15）。

2. 右拳变掌，右臂屈肘向上环抱头顶，手心贴耳，指够颈；同时左拳变掌，经左腋贴后背尽力向右肩胛上伸；眼看左上方；呼吸21次，每呼气时，用意使两手抻够，似将两臂环形拉长，身体保持正直（图16）。

3. 重复动作1接做动作2，唯左右相反（图17、18），呼吸及用意皆同。

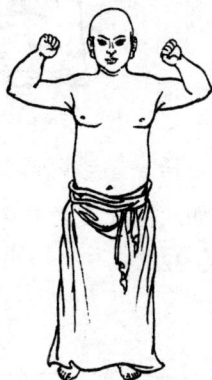

图13　　　　图14　　　　图15　　　　图16

第八势：三盘落地势

原诀：上腭坚掌舌，张睁意注牙。足开蹲似踞，手按猛如掣。两掌翻齐起，千斤重有加。瞪睛兼闭口，起立足无斜。

动作：

1. 接上势，屈肘收回握固，配合吸气（图19）。

2. 左脚向左横开一步屈蹲成马步；同时两手手指张开猛然向身体两侧下按，虎口向前，用意扣指梢节如抓地，臂呈弧形；呲牙裂唇，舌顶上腭；以呼气配合（图20）。

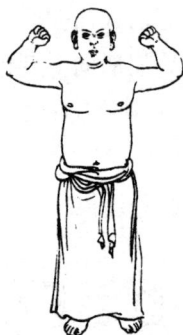
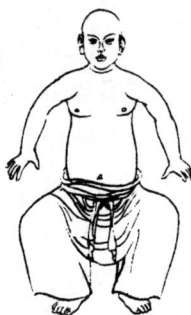

图17　　　　　　图18　　　　　　图19　　　　　　图20

3. 两手外旋上抬至与胸同高，如手托重物；同时直膝站起；瞪眼合唇；以吸气配合（图21）。如此落起交替共7次后，左脚收回成并步，两手"握固"收抱腰间，以吸气配合（图22）。

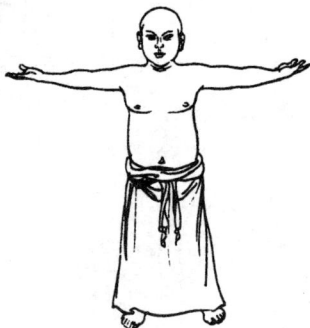

图21　　　　　　　　图22

第九势：青龙探爪势

原诀：青龙探爪，左从右出。修士效之，掌平气实。力周肩背，围收过膝。两目注平，息调心谧。

动作：

1. 右手俯掌向左侧伸出，上体随之左转；两脚不动，重心偏于左脚。呼吸21次，每呼气时，用意使右手向左侧平探（图23）。

2. 上体前俯;同时右掌向下、从左向右绕膝划弧至体右侧后,"握固"收抱腰间;两目平注;以吸气配合(图24、25)。

图23

图24

图25

3. 接做动作1,唯左右相反(图26)。

4. 重复动作2,唯左右相反(图27、28)。

图26

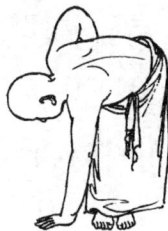
图27

图28

第十势:卧虎扑食势

原诀:两足分蹲身似倾,屈伸左右骽相更。昂头胸作探前势,偃背腰还似砥平。鼻息调元均出入,指尖著地赖支撑,降龙伏虎神仙事,学得真形也卫生。

动作:

1. 右脚前上一步屈膝下蹲,左膝伸直;同时上体前俯,两手以指尖拄地,手心涵空,平腰背,上抬头,前探胸。呼吸 21 次,每呼气时,用意昂头探胸,注意调匀鼻息(图 29)。

2. 身体立起成并步抱拳;以吸气配合(图 30)。

3. 接做动作 1,唯左右相反(图 31)。

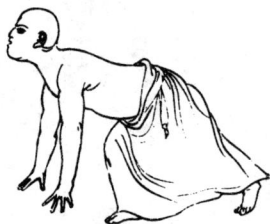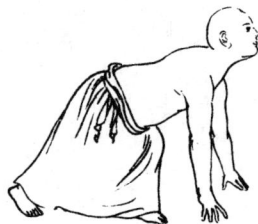

图29　　　　　　　图30　　　　　　　图31

第十一势:打躬势

原诀:两手齐持脑,垂腰至脐间。头惟探胯下,口更齿牙关。掩耳聪教塞,调元气自闲。舌尖还抵腭,力在肘双弯。

动作:

1. 承上势收左脚,身体直立垂臂。

2. 两手掩耳夹抱后脑,上体前俯,头向下探接近腿膝;舌抵上腭,扣齿闭唇。呼吸 21 次,每呼气,用意使两肘尖下沉(图 32)。

3. 上体直起;两手垂于体侧。

第十二势:掉尾势

原诀:膝直膀伸,推手至地。瞪目昂头,凝神壹志。起而顿足,二十一次。左右伸肱,以七为志。更作坐功,盘膝垂眦。口注于心,息调于鼻。定静乃起,厥功维备。

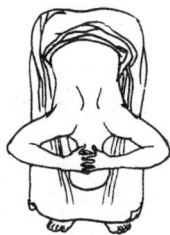

图32

动作:

1. 开步直立;两手缓缓于腹前交叉手指,掌心朝上;以吸气配合动作(图33)。

2. 直膝,上体前屈;同时两手下伸以手背尽量够触地面;抬头,眼看前方;以呼气配合动作(图34)。

3. 上体直起,两手回复至腹前之后,头部"百会"上顶,脚跟提起;以吸气配合动作(图35)。

4. 脚跟顿落着地;两手落垂体侧;以呼气配合动作(图36)。如此重复做21次。

收功:握固盘坐,动作同"易筋经十二段锦"的第一段;调息至动意平定,呼吸平静乃起。

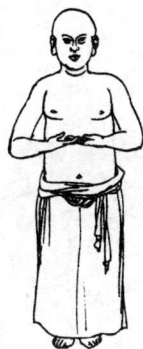   

图33　　　　　　图34　　　　　　图35　　　　　　图36

太极筑基功

太极筑基功是一套仅八式的简便功法。八式动作既能锻炼意、气、劲、形协调统一的能力,又能各有偏重地锻炼太极拳所必需的某些基本技能。例如:

"浑元式"主要练内气集聚丹田和在体内流转,并在体察站式肌感的过程中,逐步形成立身中正的动力定型。

"掤抱式""提按式""展推式"和"托压式",主要练保持立身中正时,身躯蹲起、胸廓舒缩、肩臂开合等躯体动作与呼吸的相互配合,并通过肢体动作的导引,加强内气集聚丹田和散流体表肢梢的锻炼。

"推舟式"主要练坐步时,腰缩得回、胯落得下、臀敛得圆,以及左右式交替时重心平稳、变转圆活的能力。

"云手式"主要练脚步的横移技能和以腰带臂、以手领身的能力。

"连环式"以跟步、进步、上步、退步、撤步等太极拳基本步法为重点,注意身随步转,臂随腰动,上下相随。这可以锻炼步法转换平稳轻灵、动作衔接圆活顺遂、速度均匀缓慢等技能。

练习太极筑基功有助于学习和掌握太极拳练法,提高太极拳基本技能。练习时,既可成套练习,也可根据锻炼目的和本人的弱点,以及考虑时间、条件,选练其中某一式或某几式。

练法图解

预备势:

做法同"浑元桩"预备势。

一、浑元式

做法同"浑元桩",静立2—4分钟。

二、抱式

1. 下肢桩式不变;通过用意松沉肩、肘、腕三关节,两臂缓缓向外掤开;以吸气配合。

2. 当两手中指尖开至间距同肩宽时,仍用意松沉肩、肘、腕关节,两臂缓缓向内合抱;以呼气配合(图1)。

如此重复掤抱各4次。

要求:掤抱时,两臂高度始终不变。用意体会外掤时两手手指间似有胶粘住的不易拉开感,合抱时两手手指间似有气球撑住的不易靠近感。

三、提按式

1. 两手拇指领劲内旋前伸成手心向下,屈肘,微塌腕;以吸气配合(图2)。

2. 以五指尖着力缓缓下按;两胯膝随之微向下屈蹲;以呼气配合(图3)。

3. 当两手下按至与脐同高时,拇指领劲外旋至手心向上,以五指尖着力缓缓上提;同时两胯膝随之微向上伸撑;以吸气配合(图4)。

当手上提至与胸同高时,又变下按。如此重复提按各4次。

太极筑基功

图1

要求：下按时，用意体会五指尖似按水面浮板之感；上提时，五指尖似有提拉橡皮筋之感。此外，腿屈蹲时，不能过蹲至腿部肌肉出现僵紧感；伸撑时，膝关节不能伸直。在屈伸过程中，始终保持上体正直，全身"四平"。

图2　　　　　　　图3　　　　　　　图4

四、展推式

1. 两臂由胸前向两侧分开至接近180°，手心仍向上；肩胸微展；以呼气配合（图5）。

2. 两手握拳，小臂肘关节屈回至拳面朝太阳穴；胸廓继续微展；以吸气配合（图6）。

图5　　　　　　　　　图6

3. 两小臂内旋变掌，掌心向两侧缓缓推开至肘关节接近伸直；以呼气配合（图7）。

4. 两掌自然下落,收经腹前成仰掌上抬如图 4;以吸气配合。

如此重复展推 4 次。

要求:用意体会手臂如在水中展推;外推时要微拔背。

五、托压式

1. 拇指领劲外旋成拇指朝上;两臂水平内收至胸前,两手左内右外交叉,两臂微外掤成环状;以吸气配合(图 8)。

2. 左小臂内旋,左手向头前上方托起成手心朝上;同时,右小臂内旋,右手向腹前下方按落成手心朝下;眼随左手拇指;以呼气配合(图 9)。

图7　　　　　　　图8　　　　　　　图9

3. 左手外旋向下、右手外旋向上,两手于胸前左外右内交叉;两臂微外掤成环状;以吸气配合(图 10)。

4. 动作同第 2 动,唯左右相反(图 11)。

如此左右重复托压各 4 次。

要求:托压动作要对称用力,似有上下两端用力拉长一物的感觉。并体会动作与呼吸的配合。

六、推舟式

1. 扣左步,身体右转 90°;同时两小臂内旋至手心向下;以呼气配合(图 12)。

2. 两腿屈膝,重心后移至左脚,右脚前出半步,脚跟着地成右坐步;同时两臂松沉回收,两手随之弧形落于腹前;以吸气配合(图 13)。

   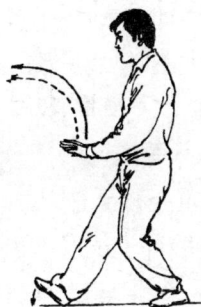

图10　　　　　图11　　　　　图12　　　　　图13

3. 左腿蹬伸、右腿屈膝成右弓步;同时两手弧形向前推按,臂微屈;以呼气配合(图14)。

4. 重心后移至左脚,右脚尖翘起成坐步;同时两掌自然放平成俯掌;以吸气配合(图15)。

5. 右脚尖尽量内扣,身体左转约130°;同时两臂随之向左平移;以呼气配合(图16)。

图14　　　　　　图15　　　　　　图16

6. 重心移至右脚,左脚尖翘起向左外旋,身体继续左转约50°成左坐步;同时两臂随之弧形收落于腹前;以吸气配合(图17)。

7. 右腿蹬伸、左腿屈膝成左弓步;同时两手弧形向前推按,臂微屈;以呼气配合(图18)。

如此平移推舟左右重复各4次。

要求:推舟动作要匀速柔缓,重心要平稳移动。体会两手弧形降落和推按动作似扶于体前一大球体,顺球回转则手落;顺球前转则手推。或进一步体会我以坐步退让敌手前推,以弓步前推随敌退而攻之。

七、云手式

1. 重心移至右脚,左脚尖内扣90°,上体随之右转;同时右手外旋向上向右划弧,过脸部中线时变内旋,并继续向右、向下划弧至指尖与肩齐高,左手向下、向右划弧至指尖朝向右肘;眼随视右手;以吸气配合(图19)。此为右云手。

图17　　　　　　　图18　　　　　　　图19

2. 重心移至左脚,右脚收点至左脚内侧,两脚间距10厘米;同时左手向上、向左划弧,过脸部中线时变内旋,并继续向左、向下划弧至指尖与肩齐高,右手继续向下、向左划弧至指尖朝向左肘;眼随视左手;以呼气配合(图20)。此为左云手。

3. 右脚跟落下,左脚跟提起并向左横开一步,前脚掌着地;同时做右云手;以吸气配合(图21)。

4. 左脚踏实,右脚收点于左脚内侧;同时做左云手;以呼气配合(图22)。

5. 右脚向右横开一步,脚前掌先着地,重心右移踏实,左脚收点于右脚内侧;同时做右云手;以吸气配合(图23)。

6. 左脚跟落下,右脚跟提起并向右横开一步,脚前掌着地;同时做左云手;以呼气配合(图24)。

7. 右脚踏实,左脚收点于右脚内侧;同时做右云手;以吸气配合(图25)。

图20

图21

图22

图23

图24

图25

8. 左脚向左横开一步,脚前掌先着地,重心左移踏实;同时做左云手;以呼气配合(图 26)。

要求:体会两臂如交替向外拨开荆棘;或体会向外拨开敌直击进攻的拳掌,拨至体侧时,抓其手下落。

八、连环式

1. 接上式,右脚收点于左脚内侧;同时左手向下划弧至腹前,右手向上划弧至脸前;以吸气配合(图 27)。

2. 上动不停,右脚向前出步,脚跟着地成右坐步;同时右手向前伸出,左手跟至右肘下成"手挥琵琶";眼随视右手;以呼气配合(图 28)。

3. 左手向左后弧形展开,两臂同时外旋成手心朝上;同时腰微左转;眼看左手;以吸气配合(图 29)。

317

图26　　　　　图27　　　　图28　　　　图29

4. 右脚提起后退一步，重心后移成左虚步；同时左手屈肘经身侧向前推出，右手收回至腰间；以呼气配合（图30）。

5. 左脚收点于右脚内侧；同时右手继续向右后方上起，左手向右划弧收至右肘下方；以吸气配合（图31）。

6. 左脚向前出步，脚跟着地后过渡至全脚掌，右腿蹬伸成左弓步；同时右手内旋转掌向前推出，左手向下搂膝至左胯旁；眼看前方；以呼气配合（图32、33）。

图30　　　　　图31　　　　图32　　　　图33

7. 接做右势，动作与上述动作1至6相同，唯左右相反（图34、35、36、37、38、39、40）。

318

图34　　　　　图35　　　　　图36　　　　　图37

图38　　　　　　　图39　　　　　　　图40

如此再重复左、右连环式各一遍。

要求:此连环式由"倒卷肱""搂膝拗步""手挥琵琶"组成。动作须连贯完成,做到重心平稳,转换圆活,注意意识与动作、呼吸与动作的协调配合。做"倒卷肱"时,体会后手前推动作似推出前掌上托之球,或体会前手外旋动作似以手背压住敌手,后手推扑其面。做"搂膝拗步"时,体会如置身水中搂推,或体会在下搂敌前蹬之脚的同时,向前推敌胸部。做"手挥琵琶"时,体会似两臂相合,怀抱琵琶;或体会臂外开时似撑开对方击来之势,并假意虚开"门户"(胸部),合手时,似前手抓敌肘部,后手握敌腕部,用内合劲反折其肘。

收势:

1. 左脚收于右脚内侧,间距同肩宽;同时左手伸腕成手心朝下,右臂上抬至右手背贴左手心;眼平视;以吸气配合(图41)。

2. 两腿缓缓伸膝站起;两手按落体侧;以呼气配合(图42)。

3. 重心右移,收左脚成并步。

图41　　　　　图42

八卦转旋功

八卦转旋功是八卦掌的入门功。全套共八式,简便易学。这套功法体现了八卦掌注重肢节拧旋、蹚步绕转的运动特点,注重"内修意气劲、外练骨肉筋"相统一的练法特点,能锻炼意、气、劲、形有序化配合的技能,养成一举手顾及三面、一动步照料八方的能力,为学习和掌握八卦掌技法培筑基础。

这套功法通过肢体的节节拧转,使全身各部得到与日常活动方式不同的整体锻炼。这种拧转能使全身穴位在压挤和松舒的交替作用下,得到刺激,开关利气,通经活络,有助于内气归聚丹田和流注肢体末梢。另外,"穿转式"的蹚泥走转,具有融通内外气的锻炼作用;还有通过走转刺激人体组织器官在两足的神经反射区域,改善相应组织器官机能的作用。

初习这套功法时,应先一式一式地学练,一式习熟,再习二式。如此渐增,最后,将八式串连一气进行锻炼。

此功八式的锻炼口诀依次为:心平气和锁心猿,顶沉内聚息绵绵,吐推吞拉圆转磨,滚钻争裹撑八面,腰如轴转臂旋绕,身似绳拧头顶悬,沿圈摆扣蹚泥行,转旋八卦返先天。

练法图解

一、预备式

口诀:心平气和锁心猿

动作:

1. 并步直立(图1)。

2. 重心移至右脚,左脚横出一步成开立步,间距与肩同宽;两臂自然垂于体侧(图2)。

要求:全身放松,自然呼吸,排除杂念,集中思想静心于练功。

二、养丹式

口诀:顶沉内聚息绵绵

动作:

1. 两手自然前抬至与腹同高,指尖斜向下,手心向内;以吸气配合。

2. 然后松肩、垂肘、塌腕,两手随之微合抱,成拇指朝上,其余指尖朝前,两掌相距约30厘米;同时,微微涵胸,使身躯舒松;以呼气配合(图3)。保持此姿势做腹式深呼吸16次。

要求:头微上顶,头顶以下各部要向下松沉,保持身体平正(四平)。两手合抱时,重心微后移,两膝盖与两脚涌泉穴上下相对,十趾抓地。呼吸要匀、细、深、长。每吸气时,有全身各部之气归聚丹田感(气感);每呼气时,丹田气感流注身体梢端,肢体各节随意气外注而依次由上向下、由中向外节节松沉,从而促进内气感在肩、肘、腕依次松沉的催导下,穿肩、越肘、过腕,达于手指;在胯、膝、踝依次松沉的催导下,穿胯、越膝、过踝,达于足趾。呼吸次数以呼气计,不数吸气(下同)。单练此式时,可以练8—10分钟,不计呼吸次数,只须注意呼气松沉。

八卦转旋功

图1　　　　　　图2　　　　　　图3

三、推磨式

口诀:吐推吞拉圆转磨

动作:

1. 重心右移,左脚平平提于右脚内侧;同时两手内旋翻掌成掌心向下;以吸气配合(图4)。

2. 左脚向左前方贴地蹚出一步,重心前移成左弓步;同时双掌向左、向前平伸划弧;以呼气配合(图5)。

3. 重心后移成坐步,两脚全脚贴地不变;同时两掌向右、向后平收划弧至腹前;以吸气配合(图6)。如此圆转平移推磨8次。此为"左推磨式"。

图4 　　　　　　　图5 　　　　　　　图6

4. 收提左脚靠于右脚内踝,以吸气配合;左脚下落,以呼气配合;平提右脚,以吸气配合。然后接做"右推磨式",动作与左式相同,唯左右相反(图7、8、9、10)。

图7 　　　　　图8 　　　　　图9 　　　　　图10

要求:两手似把着磨杆推磨,平平划圆。也可想象为两手心与地气相粘,似牵拉着一束地气随手平绕。在划圈过程中,重心要缓缓平移,一呼一吸正好划一整圆。还须注意向前前膝不过前脚尖,上身不能前俯;往回臀部不过后脚跟,且臀不能撅突。

四、转掌式

口诀:滚钻争裹撑八面

动作:

1. 接图 10 左脚向左前 15°出脚,即向左拧腰坐胯成八卦桩步;同时两手外旋朝左前伸出后,即内旋翻转成掌心向左,食指竖起,其余四指梢节微扣劲;眼注左手食指尖;以呼气配合(图 11、12)。保持此姿势做腹式深呼吸 8 次。此为"左转掌式"。

2. 向右转腰回正,带动两臂至体前平举;眼注双掌;以吸气配合(图 13)。

3. 左脚收并;同时双掌收至腹前(图 14);以呼气配合。

4. 右脚平平提起,以吸气配合;接做"右转掌式",动作与左式相同,唯左右相反(图 15、16、17、18)。

图11

图12

图13

图14

图15

图16

图17

要求:出势(动作过程)时两臂要有"滚、钻、争、裹"四劲,即手臂须旋转(滚)伸出(钻),而且,拇指与桡骨侧着意外拧(争),小指与尺骨侧就要同时着意内拧(裹)。反之,亦然。定势动作(保持姿势)时,注意体会气感与肌肉感。要求每呼气时,丹田气向身体梢端流注,肢体则节节松沉。上肢:依次放松肩、肘、腕关节,催导内气经肩、越肘、过腕,达于手指。使掌心有外撑感,手梢有扣物感;两臂外撑导致"拔背",背部出现后撑感(感到背脊贴着衣服样),术语称为"气贴背"。下肢:依次放松胯、膝、踝关节,催导内气经胯、越膝、过踝,达于脚趾,使脚趾有抓地感。练习中,呼气与松沉一致的意念要轻缓,不能猛促,不能引

图18

起外型动作的明显变化。应始终保持头顶项顺,畅胸溜臀,落胯屈膝扣趾。

五、盘旋式

口诀:腰如轴转臂旋绕

动作:

1. 以腰带动两掌在腹前沿逆时针划一平圆;同时,重心移至右脚,左脚向左横开一步;紧接,重心向左移;同时两掌掌心向上、向左侧抬起;以吸气配合(图19)。

2. 紧接,重心向右移,两手向右平摆,左掌以掌沿切击右腰侧带脉;眼随手走;以呼气配合(图20)。

图19

图20

图21

3. 两脚抓地不动,重心移中,同时身体向左后拧转至极;左掌随转身沿带脉摩绕一周,保持手心向上,右掌随之转落于左腰侧;眼找左掌;以吸气配合(图21)。

4. 重心向左移,同时腰部右拧,带动左臂伸至左侧,以肘关节为轴,使左掌保持掌心向上,由前向右、向后、向左在左侧方划一平圆,右掌随附左肘下;眼随左手;以呼气配合(图22)。此为"左盘旋式"。

图 22

图 23

图 24

图 25

图 26

图 27

图 28

5. 双臂右摆,接做"右盘旋式",动作与左式相同,唯左右相反(图23、24、25、26)。

6. 如此左右盘旋共做 8 次后,身体转正,成俯掌两臂前平举;以吸气配合(图 27)。

7. 左脚收回半步成开立;同时双掌收至腹前;以呼气配合(图 28)。

要求:整式练习要连续进行,中间没有停滞。注意体会以腰转带臂旋。掌切带脉时,微加快呼气,以促呼尽。其他的呼吸应保持匀细。

六、拧转式

口诀:身似绳拧头顶悬

动作:

1. 右脚内扣 45°;同时屈肘圆臂、右上左下、手心相对置于体前;眼看右掌;以吸气配合(图 29)。

2. 左脚外摆 45°,身体左拧;同时左掌向上外旋拧领,右掌经胸前于左腋下向后推撑;眼看左侧方;以呼气配合(图 30、附 30)。保持此姿势做腹式深呼吸 8 次。此为"左拧转式"。

3. 左脚内扣,上体回转朝前;同时左掌下落至同肩高、右掌随转体微回带,两手手心相对,两臂屈肘圆臂于体前;眼看左掌;以吸气配合(图 31)。

图 29　　　　　　图 30　　　　　　附 30　　　　　　图 31

4. 接做"右拧转式",动作与左式相同,唯左右相反(图 32)。

5. 右脚内扣朝前,身体回转朝前,左脚平提收于右脚内侧;同时右掌内旋下落,两掌俯掌收于腹前;眼看前方;以吸气配合(图33)。

要求:整个动作要保持头顶上领,沉肩敛臀,重心平移时,身肢处于不断地向左或向右拧转中。定势时身体处于绳拧状,并且,每呼气时,缓缓以意气注于两手,使上手外旋拧动,下手向后推撑,加强绳拧感。切忌用意过猛。

七、穿转式

口诀:沿圈摆扣蹚泥行

动作:

1. 左脚向前蹚出一步,右脚蹚上一步(脚尖微回扣落地),左脚蹚出一步(脚尖微外摆落地),右脚再扣上一步,四步脚迹呈左弧线,正合一个半圆(前三步身体左侧对圆心,第四步时,扣步成身体面对圆心);同时双掌先外旋前伸,后随走转再内旋翻拧成掌心对圆心;眼随视左手食指;以呼气配合(图34、35、36)。

图32　　　　图33　　　　图34　　　　图35

2. 左脚向圆心蹚出一步,右脚蹚上一步,左脚再蹚上一步成扣步落地(此3步脚迹如穿阴阳鱼走S线);同时右掌贴左臂下随走转向前上穿出;眼随视前手;前两步以呼气配合,第3步以吸气配合(图37、38)。

以上动作为"左穿转"。

3. 蹚右步接做"右穿转",动作与"左穿转"相同,唯左右相反,方向相反(图39、40、41、42、43)。如此左右穿转交替共做8次。参见《穿转式足迹图》。

图 36

图 37

图 38

图 39

图 40

图 41

图 42

图 43

　　要求:穿转动作要连贯圆活,手脚不能出现停滞。初习时,按上述介绍的步数练。学会后,可以每走一圈或数圈,再穿中变向走转。每圈的步数也不一定是8步,可多可少。如果圈走得大,靠圈内的脚(里脚)可直着前迈落地;靠圈外的脚(外脚),则需微微内扣落地。如果走圈较小,里脚要外摆落地,外脚要内扣落地,而且圈越小,里脚外摆和外脚内扣的幅度愈大。脚步蹚进时,要有"步若蹚泥"的意念,移动脚先蹬地提离地面(蹬劲),即以踝部向前踢物之劲促足前移(踢劲),靠近支撑脚内踝前迈(摩劲),至将落地时再向前探出寸许(探劲),然后全脚掌平平踩踏于地,如踩毒蝎般(踩劲)。此即"一意五劲"(参见本书"八卦掌基本技法规律")。

八、收功式

口诀:转旋八卦返先天

动作:

1. 左脚向左前弧形蹚出一步;同时两掌内旋翻掌心对圆心;眼看左手食指成转掌式;以呼气配合(图44)。

2. 脚不动;体微右转,双臂前伸平起;眼看双掌;以吸气配合(图45)。

3. 重心移至右腿,左脚收并于右脚内侧,慢慢直膝立起;同时双臂屈肘,双掌缓缓下落垂于体侧;眼看前方;以呼气配合(图46)。

要求:成转掌式时,随呼气松沉肢体,微微保持定型,再做动作2、3。口诀所谓"转旋八卦返先天",指练习此功能"取坎填离",使水上火下,养炼内丹。常年坚持,能返璞归真,驻形延年。从卦图上说,后天八卦图为坎(☵)在下,离(☲)在上。经过锻炼,坎卦画中间的阳爻(—)与离卦画中间的阴爻(--)交换(即"取坎填离")后,在上的卦画成了"☰"(乾),在下的卦画成了"☷"坤。正与先

图44

图45

图46

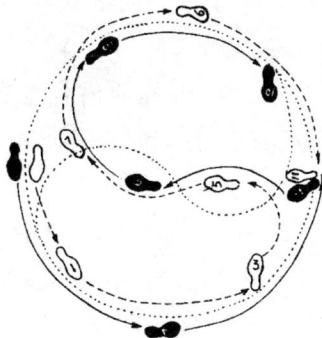

穿转式足迹图

天八卦图的乾坤位相合。故曰"转旋八卦返先天"。

形意三桩五拳功

形意三桩五拳功是形意拳的入门功,全套共八式。简便易学易练。三桩包括站桩、行桩、砸桩三种桩步,五拳即劈、钻、崩、炮、横五拳。其中,站桩能练形整气聚;行桩能引气至足,使移步轻灵、落步沉稳;与五拳交融的砸桩,能练蓄劲充足,发劲刚猛,将站桩获得的整劲引发于外。这三种能力是学习和练好形意拳的基本能力。此功法强调以意领气、以气运身、以身发力,意、气、劲、形一蓄俱蓄、一发俱发,具有较为突出的增力强身作用。初学这套功法时,应一式一式地学练,一式习熟,再习二式。如此渐增,最后将八式串连一气进行锻炼。此外,此功应左、右式交替习练,以求身体全面发展,功力全面提高。本书以左式(左脚在前)为例进行图解说明。右式练法(右脚在前)与此相同,唯左右相反。例如"预备式",左式练法是半面向左转;右式练法则为半面向右转。其余如此类推。此功的锻炼口诀为:站桩正形凝意气,行桩驱步赛电疾,砸桩发出浑身力,五拳连环生万技。

练法图解(左式)

预备式:1. 立正站立。2. 半面向左转(图1)。

一、站桩

口诀:站桩正形凝意气

动作:

1. 两手掌心朝上从两侧上托;眼看右掌;以吸气配合(图2)。

图1　　图2

2. 两掌向体前内合至右手指搭于左手背,沉肩垂肘;同时松胯屈膝;眼随右手;以呼气配合(图3)。此式名"三折式"。

3. 保持三折式做一次吸气。

4. 左脚前出一步,脚尖微内扣成三体式步;同时左手向前推伸,右手后收至大拇指外侧贴肚脐;眼看左手食指尖;以呼气配合(图

图3　　图4

4）。保持此姿势,进行静站练习,以深呼吸配合。初习时可练呼吸 16 次,也可根据腿部力量决定静站时间。

要求:练习时追求"正形"和"凝意气"。"正形",即按照桩式的正确规格,保持整体姿势符合"顶垂扣抱,上下相照"(参见本书"形意拳基本技法规律")的要求。并静心体会保持正确规格促成的肌感。"凝意气",即使意气相依。初习时意可随气出而升,随气入而降,渐渐过渡到以意领气。吸气时体会意领全身各部内气归聚丹田,意气在丹田中凝一团气感,呼气时此"气感"一分为二,同时分向上、下流注。上行穿肩越肘、过腕至指,下行穿胯越膝、过踝至趾。然后,综合体会肌感与气感,逐步使两者一致,形成条件反射。

二、行桩

口诀:行桩驱步赛电疾

1. 赶步行桩

动作:

(1)左脚收至右脚内侧;同时右手掌心贴腹,左手收贴于右手背;眼看左前方;以吸气配合(图 5)。

(2)保持上式呼气一次。

(3)左脚向左前方上步,右脚随之平平提收于左脚内侧,脚底离地寸许;以吸气配合(图 6)。

(4)右脚向前(微偏右)上步,左脚微跟成三体式步;以呼气配合(图 7)。

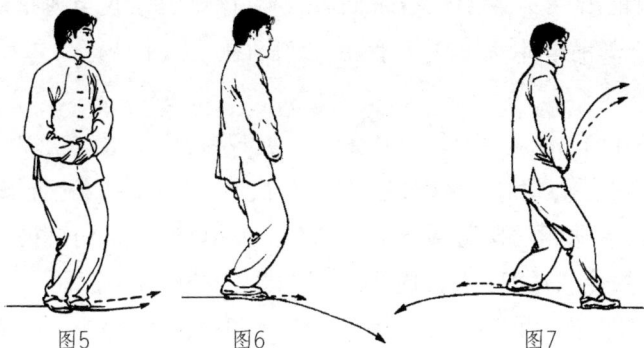

图5   图6   图7

要求:进步要快,步幅要大,落地要有踩劲;跟步要随得紧。还要注意移动过程中重心平稳,无起伏之态。右脚踩落地面时,加速呼气,将内气催促至脚。

2. 撤步行桩

动作:

(1)左脚后撤半步,右脚随之后退一步;同时,两掌保持左手心贴右手背向前上外旋伸出,成右手在上、手心向上;以吸气配合(图8)。

(2)左脚擦地后撤至与右脚并齐时,两脚再一道以脚前掌擦地后移,突然震落脚跟;同时,两掌保持左手心贴右手背收回至掌缘贴小腹,手心向上;以短促急呼配合震脚动作(图9)。

要求:在两脚并齐后撤之前,两手是随之下落;当两脚并齐后撤时,两手逐步加速回收,在两脚突然震地踏实的瞬间,两手短促发力击贴小腹,同时以短促呼气方式催促内气下沉,使小腹以突然贯气之充实迎击两手的击贴。此两力相合,进一步加速内气流注两脚。此时要注意身体中正,重心平稳,不能低头和突臀。

三、五拳砸桩

口诀:砸桩发出浑身力,五拳连环生万技。

1. 劈拳砸桩

预备式:

(1)右手握拳外旋向前上伸出,左手握拳成拳眼贴腹;眼看右拳;以吸气配合(图10)。

(2)左脚前出一步成三体式步;同时,右手内旋变掌收至拇指贴脐,左拳变掌沿右小臂上朝前推伸;眼看左掌食指;以呼气配合(图11)。

动作:

(1)蓄势:沉肩、涵胸、吞腰、屈肘、松胯,使身型往回屈蓄,左脚跟提起,两手自然随蓄势外旋成手心相对,拇指朝上,右手置于左肘下;以深吸气配合(图12)。

(2)发势:左脚跟震落砸地出声;同时,身躯挺伸,左掌内旋向前推伸,右掌内旋塌按;以短促急呼配合(图13)。此为"顺势左劈拳砸桩"。

(3)接做"拗势右劈拳砸桩",动作与左式相同,唯上肢动作左右相反,一左一右连续交替练习9次。

要求:蓄势时,以屈曲躯肢,将全身放松,蓄住劲力;以深匀吸气配合意识引导内气归于丹田。使意、气、劲、形一蓄俱蓄,同时蓄住。发势时,蓄聚于丹田的意气劲分行四肢,达于四梢;同时,在短促呼气配合下,突然收缩肌肉完成一手发劲出击、另一手发劲回收、前脚跟发劲砸地、后脚发劲蹬地等,在一瞬时内齐发、齐到、齐止。动作表现为在脚砸地和一手出击为主的发势中,前去之中有后撑劲,发劲攻击之中有自沉加固劲。练习时,还可选择一距手出击位置约4米的标志物作为攻击目标。发势时以意延伸内气和内劲攻击该物,似有将该物击走之感;蓄势时,似有该物被我内气内劲粘拉回移之感。此外,初习时,按照劈、钻、崩、炮、横的顺序逐次习练。皆练熟后,可任意变化顺序进行蓄发练习,还可用此练法练习其他任一形意拳式。此即五行能化生万物,五拳能生成万拳万式。口诀所说"五拳连环生万技"就是此意。

图8

图9

图10

图11

图12

图13

2. 钻拳砸桩

动作：

(1)蓄势：左脚跟提起，身躯屈蓄；同时左手握拳收至拳眼贴脐，右手握拳经胸前贴左拳背向前上外旋伸出；眼看右拳；以深吸气配合(图14)。

(2)发势：左脚跟震落砸地，身躯挺伸；同时右拳内旋回收至拳眼对脐，左拳经胸前贴右拳背向前上外旋钻出，力达拳面；眼看左拳；以短促急呼配合(图15)。此为"顺势左钻拳砸桩"。

(3)接做"拗势右钻拳砸桩"，动作与左式相同，唯上肢动作左右相反。一左一右，连续交替练习9次。

要求：同"劈拳砸桩"。

3. 崩拳砸桩

动作：

(1)蓄势：左脚跟提起，身体屈蓄；同时左拳微内旋下落成立拳，右拳成拳轮贴脐；以深吸气配合(图16)。

(2)发势：左脚跟震落砸地，身躯挺伸；同时左拳外旋收回至拳轮贴脐，手心向上，右拳经左拳上朝前内旋成立拳冲出；眼看右拳；以短促急呼配合(图17)。此为"拗势右崩拳砸桩"。

(3)接做"顺势左崩拳砸桩"，动作与右式相同，唯上肢动作左右相反。一右一左连续交替练习9次。

要求：同"劈拳砸桩"。此外，要求两拳沿直线出入，两肘出入都要靠近肋部。

4. 炮拳砸桩

动作：

(1)蓄势：左脚跟提起，身躯屈蓄；同时右拳外旋屈肘上钻，左拳随蓄势置于右肘内侧，拳心朝上；眼看右拳；以深吸气配合(图18)。

(2)发势：左脚跟震落砸地，身躯挺伸；同时右臂弯屈垂肘，以小臂由前向外、向后内旋格架，左拳内旋成立拳向前冲出；眼看左拳；以短促急呼配合(图19)。此为"顺势左炮拳砸桩"。

（3）接做"拗势右炮拳砸桩"，动作与左式相同，唯上肢动作左右相反。一左一右连续交替练习9次。

要求：同"劈拳砸桩"。此外，两手格打动作要像撕棉花样，同时着力分行。

图14

图15

图16

图17

图18

图19

5. 横拳砸桩

动作：

（1）蓄势：左脚跟提起，身躯屈蓄；同时左拳外旋屈肘，拳心向上，右拳向下伸于左肘下，拳心朝下；眼看左拳；以深吸气配合（图20）。

（2）发势：左脚跟震落砸地，身躯挺伸；同时左拳内旋收回至拳眼贴脐，右拳紧贴左小

图20　　　　图21

臂朝右前外旋伸出；眼看右拳；以短促急呼配合（图 21）。此为"拗势右横拳砸桩"。

（3）接做"顺势左横拳砸桩"，动作与右式相同，唯上肢动作左右相反。一右一左连续交替练习 9 次。

图 22　　　　　　图 23

要求：同"劈拳砸桩"。此外，两手要像拧绳样，互相拧劲出入。

收功式：

（1）右拳内旋变掌成掌心朝下，左拳变掌伸贴于右掌背上；眼看双掌；以吸气配合（图 22）。

（2）左脚收并于右脚内侧；双掌自然垂落体侧；眼看前方；以呼气配合（图 23）。

（3）身体半面向右转，还原成立正姿势。

内功练习的环境

内功练习要求人身如一小宇宙，自静自主，由于容易被外界干扰，影响练功，所以要注意选择宁静、无人过往、无噪声、无异味的环境。旧时有的练功者强调在夜半或密室中训练，禁忌在雷鸣电闪时练功，其主要目的都是为求宁静。另外，内功练习还强调借助外环境的有益因素，增强锻炼效果。如果有条件的话，尽量选择林间溪旁。

桩功练习须知

进行桩功练习，除了遵循正确的姿势规格外，还应注意下述四点。

1. 轻微柔缓的准备活动。

桩功是静止性练习，不能以其属静，站住就练，应该轻微地揉转各部关节，并以柔缓的肢体舒展动作配合做几次深呼吸，这既能避免站桩时肢体关节和肌肉的紧张感，又能使人由练功前的世事和思虑中逐步平静下来，专注于练功。

2. 循序渐进，练功时间不能过长。

桩功训练时，下肢负担量较大，静站时间过长，下肢必然紧张，导致胸闷气滞、头晕等现象，影响"静中体验"。另外，蹲马步桩时，在下肢股四头肌张力不足维持臀部位置时，臀部会下降，并增大用力以维持桩势，这能促成臀肌增大。因此，站桩时间要掌握在股四头肌能承担的限度内，逐步增加。

3. 静站与动练结合练习。

在静止性的站桩练习过程中，应穿插活动性练习或放松性练习，使肌肉从站桩时保持的等长收缩状得以舒展放松。为了加强桩功动力定型的作用和增加下肢肌力的作用，一般将静止性桩功和活动性步法结合练习。例如长拳练习中，将"五步拳"穿插于桩功练习间，或者在练习"五步拳"过程中，加长每一个动作完成时的静站时间。为了提高对肌感和气感的感知力，可将静止性桩功和八卦步、太极步以及一些缓柔的试力动作结合练习，以起到意气修炼不断、下肢得到调整的作用。

4. 充分的放松活动。

桩功练习时，腿部负担很重。因此，桩功练习结束后，要对下肢肌群进行充分放松，以消除肌肉的紧张，避免或减缓次日肌肉可能出现的酸痛和僵紧感。放松方法有摆动大腿、摇动小腿、按摩拍打腿部肌群、倒立、悬垂抖腿、放松慢跑、散步等。

蹲桩练习的时间

凡屈膝半蹲的桩功练习，俗称"蹲桩"（如蹲马步）。蹲桩能增强下肢支撑力量，提高下盘的稳固性和调整、锻炼内气。蹲的时间长，的确能反映一个人在这方面的功力。但是，蹲桩练习的时间并不是越长越好。首先，如果腿部力量不足，延长到一定时间，桩步动作就会变形，从而增加臀肌用力的强度。这可能导致臀围增大，影响体形的健美。其次，长时间蹲桩，可出现气血上涌、呼吸急促、胸闷、头晕等现象。影响意识和气息的锻炼。再次，长时间蹲桩使肌肉一直处于静止用力的状态，练习多了会影响肌肉舒缩交替的速度，导致动作发僵、涩滞。因此，蹲桩时间的长短，要以能否保持正确规格和自然呼吸为基础，在此前提下可逐步延长蹲桩时间,循序渐进地提高蹲桩的内外功力。练习中感到肌肉酸痛、桩式出现变形、或者感到呼吸不畅时,就应停止练习,不要勉强。此外,须注意静止性蹲桩与活动性步法结合练,下肢活动与上肢活动穿插练,有利于使肌肉力量和弹性得到同时发展,还可促进身体的全面发展。

练习桩功促进提高弹跳力的方法

这要看怎样练。如果长期采用静站方式练习桩功,肌肉会在单一的静力工作中变得舒缩缓慢,导致动作僵滞,就会影响起跳速度,使弹跳高度降低。但是,如果采取动静结合的方法练习桩功,则有助于提高弹跳高度。因为静止性桩功练习,能有效地增强腿部力量。活动性桩步练习,能发展肌肉的收缩速度。两者相辅相成,就能提高起跳力量和速度。可在每次静站桩式间穿插做放松下肢肌肉的动作、全身参与活动的原地拳式练习、原地纵跳、收腹跳、短距离(15米左右)疾跑、武术腾空动作的起跳动作等。

桩功在训练课中的安排方法

一次训练课分为准备活动、基本训练、整理放松活动三个阶段,一般将桩功练习安排在基本训练阶段的前部或者后部。即在基本训练阶段前部,紧接准备活动之后进行桩功练习,重点突出体会正确动作规格的肌肉感觉,体会内气的聚合。站桩时间不宜长,当腿部肌群有酸胀感即止,毫不勉强。在基本训练阶段后部,整理放松活动之前进行桩功练习,重点突出在保持正确姿势的前提下,适当延长站桩时间,体会气往下降,消除前段训练引起的气血上涌,并通过训练,增强下肢肌力,提高桩步的稳定性。

武 术 硬 功

武术硬功泛指增强身体抗击力和攻击力度的练习方法。硬功的种目很多,大致可分为抗击类和增力类。抗击类包括有锻炼局部的铁沙掌、铁头功等,亦有锻炼全身的排打功,金钟罩等功法;增力类包括有增强指力和臂力的上罐功、拧棒功等,增强腿力的石柱功等。硬功以内部的意气锻炼和外部的撞击练习相结合。其内练注重以意领气,意到气到,气到力发,提高在意识的支配下,将全身的劲力集中从肢体随意部位发放出去的能力。其外练注重增强肌肤的结实和承受反作用力的能力。这种内外结合的练习,能使人体锻炼成"无一处惧打,亦无一处不打人"的所谓"金刚之体"。

硬功锻炼有助于强筋骨,长力气。但练习时要严守循序渐进原则,注意防伤,以免损坏身体。

下面,介绍部分硬功的传统练习方法,供读者选习。

掌 旋 球 功

掌旋球功是增强手指灵敏度和掌指抓握能力的锻炼方法。

练功器具:

1. 核桃,须选坚实硕大者,磨去棱角。

2. 石球,以坚硬玉石制成的光滑圆球,直径约45—55毫米。

3. 钢球,以不锈钢材料制成,大小同上。分实心和空心两种。外实中空,内装有小球者,称"自鸣球",其转动起来叮喈作声。

此外,还有琉璃球、木球等多种,形制同上,唯取材不同。

练习方法:

根据练习者手掌大小,选用适当规格的圆球2或3粒承于掌内,手指屈曲用力与伸展交替拨弄,使掌内所有圆球同时转动。转动方向有顺时针、逆时针平转,前、后、上下翻转等形式。两手可交替练习,也可同时持球练习。

据近年观察研究,此法除能增强手力外,因反复拨转球体对手指经络和手掌心劳宫穴的刺激,能通畅气血,缓解神经紧张,有较好的医疗保健作用。

推 山 掌 功

推山掌功是增强掌根推击力的练习方法。

练功器具:

在高与腰齐的坚实平台上,放置底部光滑的重物(古用石板)作为推击物。

初练时,物重数 10 斤,随功力增加,至 300 斤为度。

练习方法:

面对重物站成弓步,以两掌同时或两掌交替平推重物进行练习。注重锻炼劲起于腿、顺于腰、传于臂、达于手的意识和动作,并以此逐渐提高臂力。至能平推移动 300 斤重物,改用初练时重数十斤的器具,练"猝劲"。其方法是:先以手按物,然后掌根掀离重物约 10 厘米,掌指仍紧按其上;紧接着猛然以掌根发劲抵击,手指随势向后突离物面。发劲时呼气。初时发劲只能抵动数十斤之重物,练至发劲能抵动 300 斤重物,则功成。

合 盘 掌 功

合盘掌功是增强两手拧旋和搓擦力的练习方法。

练功器具:

1. 将 30 根方形竹筷集为一束,两端用细弦索捆紧,使其竹筷丝毫不能移动。

2. 按同样方法和要求,将 30 根铁筷捆为一束。

练习方法:

1. 拧转法:两手虎口相对分握筷束两端,同时向相反方向用力拧转筷束。

2. 搓擦法:两掌合拢夹持筷束中段,用力搓擦,使筷束在掌间转动。

初练时用竹筷。当练至"拧转"能使竹筷束斜曲,"搓擦"能使束中筷株转动,则初步功成。再换用铁筷束进行。练至亦能使筷束斜曲、筷株转动,则功成。

抓 绷 子 功

抓绷子功是增强手指抓扣力的练习方法。

练功器具:

取长约 15—20 厘米、片宽 2 厘米(片厚随指力增加而增厚)的竹片、牛角片或弹簧钢片一片,在片的两端各削一凹槽,用一绳索两端系住凹槽,使片略弓,即做成"绷子"。

练习方法:

初习时用竹绷子。虎口张开,拇指和食指(可使中指并靠于食指)夹抓绷子两端,以指用力抓扣绷子成圆弧,然后松开。如此抓、松交替进行练习。抓扣用力宜柔缓。当指力增至能使绷子如意成形时,则另换绷片较厚的绷子。然后,如上法换牛角片绷子,最后换弹簧钢片绷子进行练习。

抓 圆 锥 功

抓圆锥功是增强手指抓握力的练习方法。

练功器具:

可用土、石、铁三种材料制成(见图)。土圆锥:以黄(黏)土、青灰、麻丝合水制成平底椎体两个,然后张开两手五指抓捏锥尖,使其留下恰与手指相合的凹槽,晒干后即可。石圆锥则依型琢磨而成,铁圆锥则锻铸而成。圆锥需制作一对,其大小和重量,随练习者功夫提高而逐渐增加。

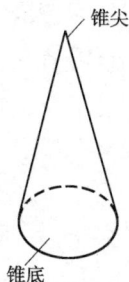

圆锥图

练习方法:

预备势:将两圆锥相距约40厘米放置地上。面对圆锥成马步站立;两手分别抓住圆锥体尖部凹槽,缓缓上提成前举,沉肩垂肘,锥高与胸齐。

第一式:两手分别向左右平展至两侧时,归复成预备式。

第二式:由预备式,两手手腕下塌,手指上扬使锥底朝前;然后分别向左右平展;再回复至预备式。

第三式:由预备式,两臂外旋使两锥底相对;然后向左右平展;再回复至预备式。

第四式:由预备式,两小臂内旋同时屈肘使锥底朝外;然后向左右平展;再回复至预备式。

第五式:由预备式,屈肘、两手心朝上分置双肩,使锥底朝上;然后,两手缓缓上举圆锥至肘伸直,眼上看;再回复至预备式,放下圆锥。

上述各式可单式操练数次,亦可连贯练习数次。

拔 桩 功

拔桩功是增强手指抓扣力的练习方法。

练功器具:

取一条长 1.5 米、直径为 6 厘米的坚木圆棒埋入土中 1 米,外露 0.5 米。桩的周围钉木加固,使桩不易有丝毫摇动。

练习方法:

练习者立于桩旁,以拇、中、食三指扣住桩端,垂直向上提拔,不可斜向用力扳摇。手指感觉酸疲时,稍休息,又扣拔。初习时,桩纹丝不动,日久终能应拔而起。

锁 指 功

锁指功是增强手指抓扣力的练习方法。

练功器具:

有圆木、铅棍、钢棍三种。圆木由梨木或枣木做成,其长约 10 厘米,直径为 1 厘米。铅棍和钢棍分别以铅和钢铸成,规格同木棍。

练习方法:(分扣指和扣棍两步功)

扣指:食、中两指并紧,与拇指屈成环状,拇指尖顶于食、中两指尖之间;然后,运全身之力于此三指尖端猛力扣锁,至手指酸疲,松指休息片时,再依法紧扣。每日不少于早、晚两次练习,约习半年,可练扣棍。

扣棍:将圆棍悬空扣于食、中、拇指之间;扣锁之法同前。可先练扣木棍半年,换练扣铅棍半年,最后练扣钢棍。

拈 捻 功

拈捻功是增强手指捻捏劲的练习方法。

练功器具:

黄豆和圆石子。

练习方法:(分捻指和捻物两步功)

捻指:以中、食指相并,与拇指扣合,使三指第一节指指面相贴成三角形状。然后,将全臂之力运贯指端,似摘花样捻动手指。向前捻动和向回捻动交替,前捻和回捻次数应一致。每日练习次数和每次练习时间不限。半年后,可换练"捻物"。

捻物:以食、中、拇三指面间拈捏 3 粒黄豆进行捻动练习,其法同前。练功之豆要保持完好,一有捻碎,即换新豆。练至一捻动黄豆即碎成粉末,可换坚硬圆石子(如青石、雨花石之类)进行捻动练习。

拈 悬 功

拈悬功是增强手指抓捏与勾悬能力的练习方法。功成后能以拇指和食、中二指勾抓房橼作悬垂移动。

练习方法:(练法分五步)

初练满把抓握横杠,做悬垂移动;次练以食、中指和拇指环勾横杠做悬垂移动;然后,练食、中指和拇指梢节指面拈捏住横杠做悬垂;再练以单手食、中指和拇指拈捏横杠保持身体悬垂;最后练食、中指和拇指拈捏横杠做悬垂移动。至此则功成。

点 石 功

点石功是增强食指或中指点戳力的练习方法。

练功器具:

1. 土坯,以黏土加胶水拌和捣匀,制成方块。待干后,用红笔画上若干圆圈,圈围如指粗,并将圆圈编上序号。

2. 青石块。

练习方法:

先练点土坯。以食指或中指点戳 1 号圈,练至圈中出现凹陷,换点 2 号圈,练至圈中又出现凹陷,换点 3 号圈……如此按序号点戳。初时历数月,圈中始有凹痕,点戳力日渐提高。当练至土坯触指即陷,开始练习点戳青石块。

一 指 禅 功

一指禅功是增强食指或中指点戳能力的练习方法。

初练时,先练左右伸臂运指。手指向侧方伸出时,以呼气配合,意想气由丹田上行,经膻中入肩臂,过肘越腕,贯注指尖。次练以手指挂地的"铁牛耕地"。再练以手指挂地倒立(以一指挂地倒立,亦名"一指禅")。最后练以指戳锤。"戳锤"即悬空挂一铁锤,以食指或中指戳击铁锤。初习时,指着锤而锤不动。随指击力增加,锤有微动,则迎锤来而击。

卷 棒 功

卷棒功是增强抓、握和拧转力以及臂力的练习方法。

练功器具:

长 40 厘米、直径为 5 厘米的坚硬圆木棒一条。木棒正中钻一孔,穿系一绳,绳的另一端系一帆布袋(皮革袋),内装石子、沙土或各种金属重物均可,也可以用砖代替。初练时,所装重物少些,随功力增加逐渐增多。绳袋之长度,以练功时袋接近地面而不触地为度。

练习方法:

1. 正卷法

预备势:两脚开立与肩同宽;两臂前平举,手心朝下握住木棒两端(图 1)。

(1)左、右手交替向前抓拧木棒,使绳索逐渐缠卷于棒上,至吊袋接近木棒(图 2)。

(2)两手向后抓拧木棒,将绳松开,回复至预备势如图 1。

2. 反卷法

两手心朝上握棒两端,其他练法同正卷法。

练习中,可以两手一手一下地交替抓拧,也可一手松握辅助维持棍位,另一手一次次连续抓拧数次再换另一手,如此互换交替。还可以从头至尾用一手抓

图1　　图2

卷棒功

拧,再换另一手,以提高抓拧的耐力。

拧棒子功

拧棒子功是增强抓握力和拧转力的练习方法,分单拧和对拧。

练功器具:

坚硬木棒,长25厘米,直径为5厘米。对拧木棒可长些。

练习方法:

1. 单拧棒

预备势:两臂前平举,肘微屈,手心朝上握住木棒两端(图1)。

(1)右手向上、向后、向左下拧翻于左腕下(图2)。

(2)两手逆上述拧翻动作回复成预备式,此为"右拧式"。

(3)"左拧式"与"右拧式"动作相同,唯左右相反(图3)。

图1 图2 图3

单拧棒

2. 对拧棒

预备势:两人相对站立,距离以各握木棒两端便于用力为度。

(1)两人均用单手虎口向前握紧棍端,同时向左或右拧转,以互较拧力。左、右手交替练习。

(2)两人右侧相对,均以右手虎口向内紧握棍端,同时向前或向后拧转,以互较拧力。右侧和左侧相对交替练习。

上 罐 功

上罐功是增加抓扣力和臂力的练习方法。

练功器具：

小口罐子一个，其重量以练功者初习时能勉强抓起为宜。另备细砂或铁砂类重物若干。

练习方法：

两脚左右开立，屈膝成马步，罐置放面前。一手五指分开抓扣住罐口；同时以鼻吸气，直至吸满然后屏息闭气提罐上升至与胸同高；再以鼻徐徐呼气，将罐缓缓放回原处。

练习中采用腹式逆呼吸。练习后，面对日光，以意领气，气注于指，以指做抓拉和推放练习。

待抓提空罐能应手而起，自如而降，则每 7 日添入细砂或铁砂 500 克，添至罐重百斤仍能提放自如，则指力超众。

麻辫功

麻辫功是锻炼手指抓捋能力的方法。

练功器具：

用麻编成粗似前臂的圆锥形（上粗下渐细）的麻辫，长约 1 米。

练习方法：

将麻辫悬空挂起，细端在上高与头平。面对麻辫相距约 50 厘米站立，两手交替抓握麻辫细端，向腰间捋动至麻辫粗端。

揉 球 功

揉球功是锻炼手指按揉力、臂力和身体协调运动能力的方法。

练功器具：

1. 圆桌，坚木制成，直径 80 厘米，厚 5 厘米，桌边加高 1 厘米的桌沿。

2. 木球，球体直径约 20 厘米，坚木制成，最好用檀香木。

3. 钢球,以钢制成,并经常用磁铁摩擦,以增加其磁性。

练习方法:

1. 双揉式

预备势:将木球放置台上;面对球台开步站立;两手十指自然分开轻按木球上半部(图1)。

(1)以腰旋带臂动,以臂动催指而形之于球做揉旋,即以腰向前、向右、向左顺时针划平圆,带动臂随划平圆,最终是手划平圆揉球动转数圈。

(2)换逆时针方向揉转划圆数圈。

2. 单揉式

以右手手指轻按球顶,先顺时针后逆时针进行揉旋(图2)。两手交替练习。

图1　　　　　　　图2　　　　　　　图3

揉球功

3. 揉抄式

(1)在上述右手单式顺揉过程中,顺球滚转之势,手指贴球转至球体下缘部(图3)将球抄托于掌上,左手迅速扶于球上(图4);然后双手逆向揉球至指尖朝前时,将球轻放桌上(图5)。此为"右揉抄"。

(2)接着松开右手,以左手贴球滑扶球顶,做"左揉抄",动作同前,唯左右相反。

图4　　　　　　　图5

左、右揉抄反复连续练习数次。

4. 上述三法练习自如后,可换钢球进行练习。初时,可练双手揉旋钢球,单手揉旋木球。待功力增加后,再单手揉旋钢球,总以不感勉强为度。练习中注意以意领气,以意导动。

铁牛耕地功

铁牛耕地功是增强指(趾)力和臂力的练习方法。分四步功。

第一步功:

1. 身体俯卧;两腿伸直并拢以十趾挂地;两手分开与肩齐宽直臂支撑,使身体伸直悬空(图1)。

2. 两肘逐渐变曲,使重心逐渐向下、向后移动至两臂逐渐伸直,重心逐渐向后、向上移动,臀部凸起(图2)。

3. 两臂逐渐弯屈再逐渐伸直,使重心循上述后移动作的运动轨迹前移返回至图1。

图1　　　　　　　　　　　　　　　图2

铁牛耕地功

第二步功:

练法同前,唯变掌撑地为以拳面撑地。

第三步功:

练法同前,唯变拳撑地为以拇、食、中三指撑地,食指在前,拇、中指在后成三角形支撑。

第四步功:

练法同前,唯变两手两足支撑为同侧一手一足支撑。

此外,还有在第四步功练至不感吃力时,负重物(由十斤逐增至百斤)于背的练习法。

蜈蚣跳功

蜈蚣跳功是增强指(趾)劲和臂力的方法。

练习方法：

1. 身体俯卧；两腿并拢伸直以脚趾挂地；两臂分开与肩同宽，两手指尖朝前着地屈肘支撑，使身体距地约 10 厘米。

2. 身体中段上凸成拱形，当拱至极度时，双手猛力推离地面前伸，双脚趾蹬地前跃，使身体腾空跃出；手和脚趾相继落地支撑成俯卧式。

打狗皮袋功

打狗皮袋功是增强指、掌、拳、腕之攻击力的练习方法。

练功器具：

准备一块长 45 厘米、宽 25 厘米、厚 4 厘米的毛毡，一块直径 25 厘米的圆形狗皮。将狗皮毛面向内缝于毛毡中部，毡上端装有悬挂绳环。

练习方法：

练习时将狗皮袋挂于墙上，袋高与眉齐。练者面对袋而立，相距一臂。打法有二：1. 五指并拢，以指端戳击狗皮袋，紧接着以掌根发劲塌击狗皮袋；2. 以尖拳、平拳、凤眼拳等不同拳型，冲击狗皮袋。练习时，左右手以连击 40 次为度交替练习。

吊袋功

吊袋功是综合锻炼攻击、闪躲、视听等能力的练习方法。

练功器具：

1. 吊架：高 3.5 米、宽 2.5 米的框架，架须坚稳牢固。

2. 吊袋：以帆布或皮革制成，分圆袋和柱袋两种。圆袋为直径约 40 厘米的圆形袋。柱袋为高 1 米、直径 40 厘米的圆形柱袋。袋中初盛糠皮、藤丝，次换盛谷物，再换河沙，最后换盛铁沙。使吊袋由轻而软，渐换成重而硬。练习中初打轻软袋,渐随功力增加,不断换增袋的重度和硬度。

练习方法:

1. 打单一吊袋

以绳索在架上吊起一柱袋,袋底之高与练者胯部齐高(图1)。练习时以吊袋为攻击目标,广泛采用正面攻击、左右闪击、环绕转击等各类基本技击动作进行练习。

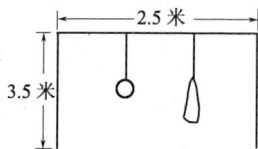

图1

2. 打四围吊袋

安置一正方形立体框架,边长约2.5米,高3.5米。以绳索在架之一杠上吊一齐肩高的圆袋;在对面杠上吊一高与膝齐的圆袋;再在另两杠上分别吊一高与腰齐的圆袋(图2)。练习时,习者站于四袋中央,任意采用头顶、肩抗、肘拐、拳打、掌击、背靠、胯打、膝撞、脚踢等法迎击各方吊袋。袋被击后来回摇动,习者似入敌群,或闪此击彼,或舍远防近,总以我能击袋(敌)而袋不能撞我为好。此功首需调动耳目机能和皮肤触觉感知周围变化,随之需肢体各部应对四围,能有效地锻炼视听潜能,提高得心应手的反变能力和攻防技能。

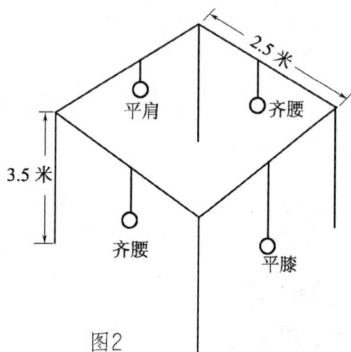

图2

吊袋图

注意事项:

此功是一带强制性的锻炼方法,一定要遵循渐进性原则,不能急于求成。每次练习前要充分做好准备活动,练习中注意基本动作规格。如以拳冲击,腕部须直而不松;如以指戳,指端应微扣,而不能过伸。否则会伤及腕、指。初习者练习时还应以绷带缠手或带护套,并且带上护腕、护肘、护膝、护踝等保护用具,以防撞击中擦破皮肉。练习后,要及时进行舒展肌腱、宁静心神的放松活动,并用"汤洗药"擦洗练功部位。如无"汤洗药",也可用松节油、樟脑酒或醋等有舒筋活血作用的液体涂抹揉按。

石 锁 功

石锁功是增强上肢力量的练习方法。

练功器具：

石锁是仿中国旧用铜锁之形，以青石琢成，重约5—30
公斤，亦可用铁铸成（见图）。

锁簧

锁底

石锁图

练习方法：

预备势：马步屈蹲；石锁顺置面前。

1. 提举：以一手握锁簧，上提至腹部后顺劲垂肘扬腕
使锁底向上，锁置肩上；紧接着将锁向上举起；然后，屈肘、落臂、放锁，还原成预
备势。左右手交替练习数次。

2. 悬托：以一手握锁簧提石锁微离地面，即微扬腕成直臂；然后，保持直臂
上托成前平举；再沿水平面外展成侧平举；最后经前平举放锁，还原成预备势。
两手交替练习数次。

3. 推冲：两手各握一石锁簧提于胸前使锁底朝前，两手心相对；然后两手交
替向前推冲数次，放锁。

4. 抛接：包括抛法和接法。

抛法有：

（1）前上抛：一手握锁簧向前上抛起石锁，使锁体翻转而上，翻转而下。

（2）盘腰抛：分左、右盘腰抛。左盘腰抛是持锁簧将石锁从左腰后向右腰侧
抛；右盘腰抛动作左右相反。

（3）背花抛：分左、右背花抛。左背花抛是左手持锁簧，将锁从左腰后向右
肩上抛；右背花抛动作左右相反。

接法有：

（1）抢抓法：在石锁下落至与鼻同高时，迅速举手抓住锁簧。

（2）顶托法：在石锁下落过程中，以肘、或小臂、或掌、或拳、或指顶托石锁中
部；紧接着撒手让其下坠；再趁势从上抓握锁簧。

在练习抛接时，要注意以身法配合。如左盘腰抛或左背化抛起后，应略向左

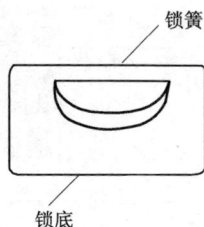

拧身配合。这样,石锁容易抛在右腰侧或右肩上方,便于接锁。

石 柱 功

石柱功是增强腿力和提高桩步稳固能力的功法。

练功器具:

1. 木桩。以长 150 厘米、直径为 10 厘米的圆木两根,以练习者脚长的 3.5 倍为间距,埋入地下 90 厘米,露于地面 60 厘米。

2. 长方形石块或铸铁块。其重约 5—10 公斤。

练习方法:

初练时先于地面做马步桩练习,每次逐渐增长蹲桩时间,当能一次蹲至半小时而气匀不喘,即可两脚站于木桩上进行马步桩练习。练到能如平地蹲桩一样稳固,开始在两大腿上分别放置重约 10 公斤的长方形石(铁)块进行练习。此后,每 3 个月增加 5 公斤,至腿上置石(铁)块重达 50 公斤,并能在桩上蹲一小时而不气喘、汗流,则功成。

铁 头 功

铁头功是增强头部前额、头顶抵抗和撞击力的练习方法。

练习方法:

1. 离墙 50 厘米并步站立;脚不动,身体挺直,以前额抵墙,支撑部分体重;坚持至感疲极时,站立休息片刻再练(图 1)。随训练水平提高,逐渐加大两脚距墙的距离,亦即增加前额支撑的重量,同时逐渐增加前额支撑的时间。

2. 练至前额抵墙处距地面 50 厘米时,改换以前额抵地,身体挺直,双脚并拢放置于高 50 厘米的物体上;坚持至感疲极时,站起休息片刻再行练习(图 2)。随训练水平提高,逐渐增加双脚放置的高度。至双脚在上,身体成垂直倒立位后,开始进行头部排打练习。

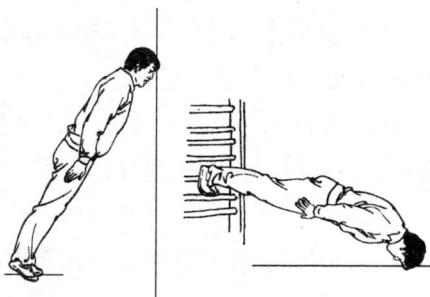

图1　　　　图2

铁头功

3. 排打头部一定要遵循先以木块、次换窑砖、再换金属砖,用力由小渐大、次数由少到多等渐进性原则。练习时,先从前额排打至头顶,再由头顶排打至前额,反复密密地排击锻炼。然后,按用力先轻后重的顺序,用前额、头顶顶撞墙壁,后换为顶撞石碑、石板。排击时千万不能突然用猛力,以防伤脑。

练习此功,要参练静坐,不断提高排除杂念,以意领气,以气运身的能力。

抵 棍 功

抵棍功是增强人身太阳穴、喉部、中脘穴(心窝处)等部位抗击能力的练习方法。

练习方法:

取与练习者直立同高、把端平顶的长木棍一条;以其一端着地支牢,另一端抵在欲练部位上,人体挺直,两脚并拢站稳,使棍支撑一部分体重。初练时,人与棍相离不远,倾斜度不大,所成夹角较小。随训练水平提高,人与棍相距渐远,倾斜度和两者夹角渐大,棍受的压力渐大,也就是不断增加抵棍处的反作用力。

练习此功,应以静坐练气为基础,并在练习前按揉抵棍部位;在练习时以意领气,运气于抵棍处;练功后,又以按摩法放松该部位。

螳 螂 功

螳螂功是增强掌侧砍击力的练习方法。

练功器具:

砖、瓦、桑皮纸。

练习方法:

第一步功:

将 7 块砖重叠起来,上缚桑皮纸约 10 厘米厚。练习时,挥动小臂(大臂尽量不动),以手掌小指侧着力,砍击桑皮纸。每日晨昏各练 1 次。初时,每次左、右掌各砍击 100 次,随功力增加,砍击数亦随之增至 500 次为度。当砖被砍碎 1 块,则抽去 1 块,砖上之纸则增厚 10 厘米。如此坚持练习,砖逐渐被砍碎抽走,纸逐渐加厚。练到击碎缚纸达 70 厘米厚的最终一块砖时,第一步功成。

第二步功：

此步功是以侧掌横击竖立于地面的瓦块。初时瓦倒而不碎；次后瓦碎成几块；当练至瓦着掌击，即沿受力处一分为二时，改练以侧掌横击竖立于地面的砖块；练至砖着掌击，即沿受力处一分为二时，则功成。

摩 擦 功

摩擦功是增强手部皮肤保护机能和手力的练习方法。可做"戳插功"的基本功。

练功器具：

浅平容器，以及绿豆、谷子、铁砂和花椒、白芷末等。

练习方法：

初练时，将绿豆装满容器，放置于桌台上。将两手放入豆中左右搅动，正反擦摩，五指分开做抓捏动作，使两手各部皮肤在与绿豆充分的摩擦中得到锻炼。约练月余，容器中换盛谷子，如上法练习，并增加两手搓谷法。练至两手能搓谷成米，且米粒不碎，即可换盛铁砂于容器中，其中加入少量花椒和白芷末。其练法同上。

戳 插 功

戳插功是增强手指戳插力的练习方法。此功以"摩擦功"为基础，还常以摩擦功的方法，作为练此功的准备活动。

练功器具：

深型容器，如缸、桶之类。绿豆、砂子、铁砂、花椒和白芷末。

练习方法：

初练时，将绿豆装满容器。习者面对容器成马步屈蹲；两手交替以指插绿豆；插时呼气，抽起时吸气。注意按先轻后重、先慢后快的原则循序练习。

练毕，两腿伸直，头微上顶；两臂自然松垂于体侧，手指自然舒伸；意守手指，渐感手有松沉感和气流感约5分钟。然后，收两手叠于小腹丹田部，缓缓收脚收功。

最后还应用"汤洗药"洗手，以舒络散瘀，佐助功成（参见本书"洗手仙方"）。

当练至手指插戳绿豆不感其硬、不觉甚苦时,在绿豆中渗入河沙子和少量花椒末进行戳插练习,并逐渐增加河沙比例,减少绿豆量;当容器中全是砂子后,即改换铁砂,加入少量花椒和白芷末。其练习步骤和方法尽同插绿豆。

练功中应注意避免皮肤破裂,如出现要及时消毒治疗,并停止用"汤洗药"洗有伤口之手,练功减缓或暂停。

滚 铁 棒 功

滚铁棒功是锻炼两臂抵抗力的练习方法。

练功器具:

初练时,以长约 1 米、直径为 6 厘米的竹段,打通竹节,贯入少许铁砂,封住两端竹口,作为练功器具。随功力提高,逐渐添入铁砂。至铁砂灌满,换与其同样粗长的铁棒为练功器具。

练习方法:

1. 两臂伸直,宽与肩齐,两手手心朝上托起铁棒至前平举位。

2. 缓缓上抬两手,使铁棒沿手腕、小臂、大臂顺序滚至肩根颏下;再缓缓下降两手,使铁棒滚回手掌。

3. 两臂同时内旋成手心相对,如上法使铁棒沿臂之桡侧来回滚动。

4. 两臂再内旋成手心向下,如上法使铁棒在手臂外侧来回滚动。

5. 当练至铁棒在臂上自如滚动而不觉痛苦时,两臂可同时用抖劲将棒平平向上抛起,再以两臂的不同部位接之使滚。抖抛的高度可逐渐增加,不可急于求成。

双 锁 功

双锁功是增强手臂撞击和格挡能力的练习方法。

练习方法:

练习时,以自身左右上肢相撞。其法有:左右小臂相撞;两腕相撞;两拳相击;两手各出一指相击,或各并紧二个指头、三个指头、四个指头相击。

相互撞击时,可一肢主动用力敲击,另一肢迎击,亦可两肢均主动用力相击。

相击路线应循肢体近端向远端,再由远端返近端密密撞击。还可以一肢的上侧与另一肢的下侧相撞,一肢的正面与另一肢的反面相撞,然后互换。使手臂的四围均受到数量基本相同的撞击锻炼。

霸王肘功

霸王肘功是增强肘部撞击力的锻炼方法。

练习方法:

先宜选用草地或土地作为练习场地,次换光滑水泥地或石板,再换以不光滑的水泥板或麻石板。练法分仰卧、侧卧两式。

仰卧式:身体仰卧于地;两脚伸直并拢,以脚跟抵地;屈回小臂以肘尖着地支撑起身体,并且保持身体离地片时,至感疲极,放平身体休息片时再练(图1)。

侧卧式:侧卧于地,身体伸直;以贴地侧的肘尖和足外侧抵地支掌起身体;另侧手插腰,脚附于抵地脚上(图2)。支持片时,至疲极,放平身体,换练另侧。

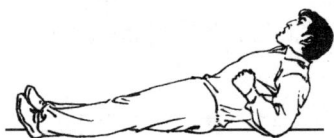 

图1 仰卧式　　　　　　　　　　　图2 侧卧式

霸王肘功

靠 臂 功

靠臂功是增强小臂格挡能力的练习方法。因两人以臂相击3次,故又名"三靠功"。分定步和动步两种练法。

定步练法:

预备势:两人相距一臂开步对立;抱拳于腰间;目视对方(图1)。

1. 右靠臂

(1)两人同时左转身体,内旋右臂向前下格击,成双方右前臂桡侧相击于腹前(图2)。

靠臂功

图1

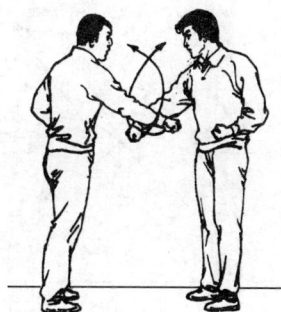

图2

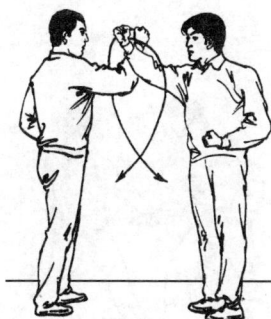

图3

图4

（2）两人右臂同时向左、向上弧形格击，成双方右前臂后侧（即背侧）相击于脸前（图3）。

（3）两人右臂同时向左、向下弧形格击，成双方右前臂尺侧（即小指侧）相击于腹前（图4）。

2. 左靠臂

接右势，收抱右拳于腰间，伸左臂相互格击三下，动作同"右靠臂"，唯左右相反。

动步练法：

预备势：同定步预备势（图5）。

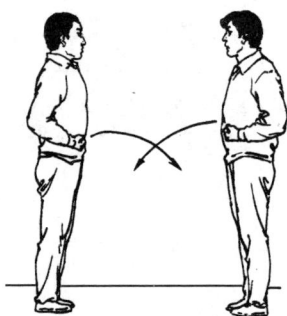

图5

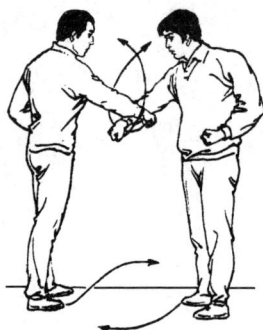

图6

图7

图8

1. 右靠臂

(1)同定步之(1)(图6)。(2)两人同时向左前方出右步,脚尖外摆落地,成两人右侧相对;上肢动作同定步之(2)(图7)。(3)两人同时向右前方绕上左步,脚尖内扣落地,成两人正面相对;上肢动作同定步之(3)(图8)。

2. 左靠臂

接上式收抱右拳,做动步左靠臂,动作同右靠臂,唯左右相反。

拍 靠 功

拍靠功是增强胸、肩、胯等部顶撞力和抵抗力的练习方法。包括拍胸腹、胸撞、肩靠、胯打四法。

　　练习此功，要求以意领气，在拍靠的瞬间，将气贯注于被拍靠部和用力部，使肌肉紧张，决不可泄气放松。练习时，每种方法可单个操练，也可将四法串为一组连续操练数遍。

　　预备势：两人相距约两步，开步对立；目视对方（图1）。

　　1. 拍胸腹

　　（1）两人同时前上右脚；同时身体左转，以右手掌拍击对方左胸部，左臂自然后抬（图2）。

　　（2）两人同时退右脚于左脚旁；两臂同时下落，经腹前交叉向上分臂。紧接着换左脚前上，同时身体左转，以左手掌拍击对方右胸部，右臂自然后摆（图3）。

图1

图2

图3

图4

(3)两人同时退左脚于右脚;两臂同时下落,经腹前交叉向上分臂。紧接着换右脚前上,同时身体左转,以右手掌拍击对方腹部,左臂自然后摆(图4)。

(4)换上左脚拍腹,动作同前(图5)。

2. 胸撞

(1)接上动换步同前;两臂自然垂于体侧,互以右胸相撞(图6)。

(2)换步,以左胸相撞(图7)。

3. 肩靠

(1)接上动,两人均后撤左脚,脚尖点地成左丁步;同时左掌伸于左膝前含护裆之意,右掌附于左肩部含护耳之意(图8)。

(2)进左脚至两人腿外侧交叉相靠;重心向左前移动,互以左肩相撞(图9)。

图5

图6

图7

图8

（3）左脚退回至右脚旁踏实,前出右脚,脚尖点地成右丁步。同时右掌下插护裆,左掌向上护耳同图8(图10)。

（4）进右脚撞右肩(图11)。

4. 胯打

（1）换步成左丁步,与撞肩的换步相同(图12)。

（2）上左步同"左肩靠",唯互以左胯相撞(图13)。

（3）换步同图10(图14)。

（4）上右步互撞右胯(图15)。

收式:

收回右脚成开步站立;两手自然垂落体侧同图1。

图9

图10

图11

图12

图13

图14

图15

拍靠功

搂贴撞靠功

搂贴撞靠功是八极拳练功方法,主要用于提高手的扣搂力、胸和背部的撞击力,包括三种基本练习法。

1. 运指搂扣

面对树站立,双掌俯掌运力至拇指侧,以拇指侧回屈搂拉树干;然后,换为仰掌运力至小指侧,以小指侧回屈搂拉树干。

2. 定步贴胸

面对树站立,两脚不动;伸左手搂住树干,用右胸部靠贴树干。左右交换练习。用力不可过猛,要由小到大,逐步锻炼。

3. 插步背靠

面对树站立,左脚向右前方上步于树之右侧,同时以左背部肌群着力,靠撞树干。左右交换练习。

木 人 功

木人功是增强攻防技能和撞击力量的练习方法。

练功器具:

制作一木人,用直径 20 厘米、长 300 厘米的圆木 1 根,竖直埋入地下 120 厘米,在距顶端 40 厘米处穿凿一洞,横穿一条长 150 厘米、直径为 4 厘米的圆木。以横木喻木人平举之两臂,上段 40 厘米喻木人头颈,竖木中段为其躯干,下段为腿脚。然后用棉花包裹木人肢体,再用细纱布或软皮革包裹其外。

练习方法:

练习者站于木人前,进行擒搂木臂、靠撞木躯、踢踹木腿脚,以及格臂击胸、扑面蹬脚、躲闪绕打等各种技击方法的练习。

注意事项:

参见"吊袋功"。

排 打 功

排打功是增强抗击力和攻击力的练习方法。

排击器具:

包棉软棒、木杵、木槌、竹筷束、沙袋、短棒、窑砖、金属砖、铁尺、钢刀等。

练习方法:

初习时,先以自我按摩拍击法,对排击部位进行搓揉、按摩、掐捏,继用指环、手掌进行叩击。每日坚持练功,满半年后,开始使用包棉软棒(或败布捶)、木槌(或短棒、木杵、竹筷束)、沙袋、窑砖、金属砖(或铁尺)、钢刀(用锋刃)等硬度不同、作用力有异的器具排击身体各部。锻炼过程中,要按照循序渐进的原则,根据功力增长程度,由软渐硬地选(换)用排击器具;排击次数应由少渐多;排击力量应由小渐大;排击部位应先左后右地按先大小臂、次大小腿、次胸腹、次两腰两肩、次头壳各部的顺序,还要注意循序密密排击,漏过不补。排击动作要与意念和呼吸配合,要求一呼吸间击一下,鼓气受排,排后吐气(亦有在排击身体的同时,伴以短促吐气的)。排击时,默念受排部位"坚如铁石"之类短语。如排击胸部,则默念"胸坚如石,气贯上身",并以意支配受击部位主动迎承器械排击(见金恩忠《浑元一气功》)。

金 钟 罩 功

金钟罩功是增强抗击力和攻击力的练习方法,为一种内壮外强功。功成后能拒坚抗锐,犹如金钟罩体,故名。亦有人喻此犹如身着铁布衫,而称之为"铁布衫"功。《茌平县志》卷一一:"能左道邪术者,即名金钟罩。谓人得其符咒,即如金钟罩,枪炮不入。"当年义和团曾以习此功者演练砖棒排身、钢刀砍身等节目,宣传该团团众"不畏棒击刀砍""不畏火枪洋炮",以鼓动民气,组织群众。这类残酷性的演练,被《中国杂技》归入"幻术"。其远源可溯至南北朝时的"履火蹈刃"(见颜之推《颜氏家训·归心篇》),唐睿宗时的"卧剑上舞"(见《信西古乐图细部·卧剑》)。

练习方法:(包括三个步骤)

1. 守中揉摩

即所谓内壮揉腹功。练习时以手掌揉摩腹部,同时以意守中。练至意到气到,气至膜张时,即可进入第二步骤。

2. 循序排击

即所谓排打功,参见"排打功"。稍事锻炼排打,即可结合第三步骤交融锻炼。

3. 摔跌滚扑

即所谓"就地十八滚",亦称"地躺功"。其法包括前、后、左、右四面跌法,以及箭盘、背跌、掷跌、仰跌、伏跌等法。

练习金钟罩术,须于练功前内服"大力丸",待药力发作时行功,功效方佳。功毕,须以外用"汤洗药"洗摩练功时被捶击、摔跌之处,以除肌痛,防肌僵。

铁 膝 功

铁膝功是增强膝部抵抗能力和撞击力的练习方法。

练功器具：

木槌，以坚木制成直径为 5 厘米、高约 10 厘米的圆柱形槌头，用粗藤为柄（有一定弹性）。

铁锤，大小同木槌。

练习方法：

宁息盘坐，以两拳分别敲击左右膝盖 72 次；然后用掌心紧按膝盖，由外向内摩 36 次，再由内向外摩 36 次。每天起床和入睡前各练一次，每次敲、摩交替各 9 遍。练满一年，改用木槌代替拳头敲击膝盖。又练满一年，改用铁锤敲击膝盖。再练一年，此功即成。

踢 跟 功

踢跟功是锻炼脚背坚实，下肢沉稳和增强勾踢和抗勾踢能力的练习方法。

练习方法：

1. 并立，两手插腰。

2. 左脚前上半步，腿微屈支撑；同时右脚脚尖内扣，以脚背踢击左脚后跟腱部。

3. 右脚向前落步微屈支撑，再以左脚背踢击右脚跟。两脚如行步般前进，交替踢跟数次。

踢 桩 功

踢桩功是增强腿脚攻击能力和抵抗能力的练习方法。

练功器具：

木桩：以全长 1 米、直径 5 厘米的坚韧圆木，埋入地中 50 厘米；在露于地面的圆木外缠上数圈麻绳，即成。初习时，栽桩 1 根即可。逐渐可根据需要，栽桩 3 根、4 根、5 根至 9 根。

练习方法：

以桩为敌之下盘，采用各种腿法，两脚交替踢击之。可以脚尖、脚背踢；以脚跟蹬；以脚前掌点；以脚内侧勾；以脚外侧铲。使脚的四周都得到撞击锻炼。随后，可埋3根木桩为三角形，也可埋4根木桩为正方形，或5根木桩成梅花形，或9根木桩成九宫形。采用数根木桩练习时，仍以上述踢法为基础，只需配以各种步法和身法的变化，转踢闪击，连环施腿，似以脚、腿之技，搏击于群敌之中。

练习硬功时预防损伤的措施

硬功练习不慎，极易引起急性伤损和慢性劳损。注意预防，一般都可避免。预防中，首先要克服急于求成的思想，严格遵循"微量递增"的原则，渐进练习。还要根据训练时的身体状况，身体有病或休息不好等情况下，不能勉强训练，更不能强求达到身体反应良好时才能达到的训练水平。其次，要做好准备活动，做准备活动既要突出活动主要练习部位，也要注意全身都活动开。如果是练打沙袋，这类以手直接冲击硬物的功法，初习时最好手戴护套或缠上绷带练习。再次，练习结束时，一定要做放松肌肉的活动。练"戳擦功"等对皮肉刺激较大的功法，练完应及时用"洗药"擦洗，以增进血液循环，加速恢复，防止瘀血。

克服硬功练习出现"僵"的方法

如果长期进行硬功练习，又不注意全面锻炼和功后放松，是会出现某些"僵"硬表现的。硬功中长力的功法，是通过锻炼增加肌块和提高神经支配肌肉的能力来实现的。肌块增大，本身就有碍关节的活动幅度。如果肌肉的放松速度慢，那么动作必然僵硬。硬功中提高抗击能力的功法，是通过锻炼增强抗刺激能力来发挥功效的。练习者往往练得皮肉感觉不灵，小刺激不能引起反应，这也是"僵"的一种表现。克服硬功练习出现"僵"的根本方法，是练功后一定要多做放松肌肉的练习，及时消除肌肉紧张。练铁砂掌、铁臂功等功法者，功后一定要用"洗药"洗着力部位。另外，要注意全面训练，使全身血液循环流畅，以帮助硬功练习部位的恢复。

硬功与柔功、内功结合练效果更好

硬功与柔功、内功结合练习,效果更好。硬功练习辅以柔功,有助于通过拉长肌肉,使肌肉宽息充分,避免硬功练习导致的肌肉僵硬。硬功练习辅以内功,或者说以内功为基础练习硬功,内气流畅,以气发力,不仅能提高力度,还能起到保护撞击部位和内脏不遭意外伤损的作用。

软功的模糊概念

在传统武术功法分类中,曾有人将功法概分为硬功和软功两类。硬功的概念较为清晰(参见本书"武术硬功"),软功始终没有形式明确的定义。一般将硬功类功法之外的内功、轻功、柔功,以及某些类属不清的功法,都统称"软功"。鉴于"软功"概念如此模糊,近些年已无人采用。

长期整天腿缚锡瓦或沙袋的练功方法不可取

在小腿上缚带锡瓦或沙袋进行练习,有助于增强腿部力量,增加起腿速度和跳起高度。有的人想增加练功时间,长期整天缚带锡瓦或沙袋,以为一旦取下,便可身轻如燕,纵跳如飞。其实长期整天负重,长功并不会更快。因为腿部力量的增长,是通过疲劳与恢复的交替作用来实现的。缚锡瓦或沙袋练习时产生了疲劳,就要及时解下来,使腿部肌肉放松,血液循环畅通,迅速带走废料,带来养料,使肌肉得到恢复,再缚带进行下一次练习。这样才能不断提高锻炼效果。如果长期整天带着锡瓦或沙袋,会阻碍腿部血液循环,影响汗液蒸发。肌肉还会因长时间处于紧张,得不到必要的放松,而变得僵硬、缺乏弹性。少年儿童长时间缚带,还会因骨的可塑性大,造成小腿骨变形。总之,长期整天缚带锡瓦或沙袋的练功方法是不可取的。

武 术 轻 功

武术轻功泛指以步履轻快、纵跳自如,以及攀高走脊为锻炼目的的各种功法。轻功训练主要是通过逐步增加跳跃的高度、身负重物(如沙袋、铅衣等)的重量,以及减小载负体重的支持力等多种手段,提高训练难度,增进自身的力量、速度和平衡能力,促进发挥人体潜能。传统的轻功功法有飞行功、跑桩、跑缸、走筐箩、跳坑、跑板等。

跑 桩 功

跑桩功是传统轻功练习法。

练习方法:

将长1米、直径5厘米的坚硬圆木埋入土中50厘米为桩。初练时,用脚前掌在间距为一步的30根直排木桩上来回换走,随平衡能力的提高,增加换走的速度。及至于能在其上奔跑。

走 砖 功

走砖功是传统轻功练习法。即将建筑用砖立放于平地,进行履砖走跑练习,以提高步履轻灵和平衡稳定能力。此功共有四种练法。

走直越:将30块砖头按一步间隔排放成直行,在其上进行走跑练习。练法同"跑桩",以走跑时砖立而不倒为优。

走三角:用砖头在平地上摆成一等边三角形,边长一步。练习者左右脚分立于①②两砖,面对③砖;然后先以左脚走上③砖,右脚即闪至②砖。如此递相过闪、左右互换地进行练习(图1)。

走四方:用砖头在平地摆成一等边正方形,边长一步。练习者先以左右脚分立①②两砖,面对③④两砖;然后,左脚走上④砖,右脚即闪至③砖。如此递相过闪、左右互换地进行练习(图2)。

走六角:用砖头在平地上摆成一等边六角形,边长一步。练习者先以左右脚分立①②两砖,面对④⑤两砖;然后,右脚走上⑥砖,左脚即过至⑤砖,而右脚又闪至④砖。如此递相过闪、左右互换地进行练习(图3)。

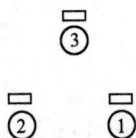 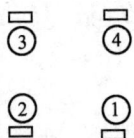 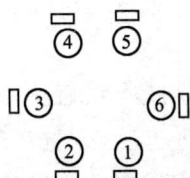

图1　走三角　　　　图2　走四方　　　　图3　走六角

走砖功

梅　花　桩　功

梅花桩功是以提高平衡能力为主的锻炼方法。

练功器具：

用5根长2米、直径5厘米之坚木圆棒，如下附《梅花桩图》所示，分别埋入地下1米，露于地面部分称"桩"。桩顶要平，桩端以铁箍加固。四外桩株行距约为70厘米，中桩立于四桩中央。

练习方法：（分三步）

第一步"站裆"：在桩上静蹲骑马桩。先以脚心站桩；次用脚跟站桩；末用脚前掌站桩。

第二步"换步"：用脚前掌在桩上换走。其顺序是：先面对桩⑤，站于①②桩上，然后，右脚由桩①换至桩⑤，左脚由桩②换至桩③；再右转体90°，右脚踏换于桩②，仍成面对桩⑤。以同样方法递相推移。亦可

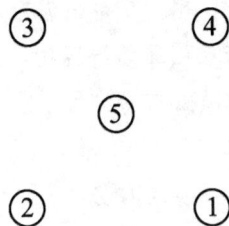

梅花桩图

换左脚先踏桩⑤换步练习。还可加大转身换步幅度，以右脚先踏桩⑤后，右转身以左脚踏于桩④，右脚换踏桩③；再接左脚先踏桩⑤，然后左转身，右脚踏于桩①，左脚踏于桩②。如此循环练习，越换越快。

第三步"窜跳"：在桩上随意跳跃换桩，单脚独立支撑。可由一人在旁边随意呼叫桩号，习者依号跳落桩上。

跑 缸 边 功

跑缸边功是传统轻功练习法。

练法：将七石大水缸一口，盛满水。练习者身着重数斤的铁砂衣在缸沿上往返换走。随平衡能力的提高，不断加速换走，并且每隔数日，将缸中水减少一杯，铁砂衣增重50克。即使缸中水逐日减少，身负铁砂衣逐渐增重，跑速则日渐加快。练至缸中水尽，仍能在缸沿跑动，改练"跑笸箩"。

跑 笸 箩 功

跑笸箩功是传统轻功练习法。

练法：在直径约为1米的笸箩中盛满铁砂或小石块，以练习者身负数斤铁砂衣站立簸沿而簸不翻倾为度。练法同"跑缸边"。

飞 行 功

飞行功是增强行走速度、耐力和提高腿脚灵敏性的训练方法，亦称"陆地飞行术"，属传统轻功。通过脚穿铁底鞋、小腿绑缚沙袋或锡瓦、腰系铁砂腰带、身着铁砂衣等多种手段，锻炼人体负重活动的能力，以求去掉负重时，能"身轻如燕""疾行如风"。

练习方法：

初练时，先在小腿和脚上负重进行各种形式的走、跑、跳，以及拳术、器械练习。随后，再在身腰上负重。各种重物可同时负之，也可根据练习目的，在某些部位负重（如小腿和腰），或身体各部交替负重。总以负重量逐步渐加为原则。

旧时训练中，要求重物负身终日不取，这种练死功夫的方法似不可取。近代训练中，也采用缚沙袋的各种负重练习，但强调练功时负重，功毕立即取掉重物，放松肌肉。负重器具可采用铁底鞋、砂腰带、缚腿沙袋、砂衣等。

跳 坑 功

跳坑功是增强原地拔跳能力的练习方法。属传统轻功。

练习方法：

掘一深 20 厘米、直径约 65 厘米的土坑。练习者并足立于坑中,屈膝蹲地跳起、跃至坑外。每日练数 10 次,练满半月后,随弹跳力提高,逐渐增加坑的深度。练至坑深 50 厘米,尚能一跳而上坑外时,开始穿铁砂衣进行练习。铁砂衣重量亦随功力提高逐步加重。

跑 板 功

跳板功是一种以攀越墙壁为目的的练习方法。属传统轻功。

练功用具：

长 5 米、宽 50 厘米、厚 13 厘米的木板一块。

练习方法：

初练时,将板斜倚于 2.6 米的高墙上端,练习者从距板根 3 米外快速沿板跑上墙头。随训练水平的提高,逐渐增加木板斜倚墙的高度,即逐渐加大木板的坡陡度。当练至木板竖直,几乎与墙并立时(其坡度约为 90°),亦能跑行 4—5 步,则功成。运用时,蹬墙上跑几步,即可以手攀住墙头,翻跃而上。

武术视听功

武术中提高感知能力的功法,概称视听功。除了锻炼皮肤感知能力的方法外,主要包括眼功和耳功。

眼 功

武术眼功泛指武功中保养视力,以及发掘视机能和非视觉"视"(感知)物潜能的各种锻炼方法。按其训练形式,眼功锻炼可分为静态视静物、静态观变动、动态视静物、动态观变动等四类。

眼功的锻炼效果,表现为提高目光敏锐和明亮度、扩展视野面(乃至能"眼观六路")、提高凝注能力(乃至有穿透性)、增强瞪目直视而不瞬的能力、提高在变动中观察变动体的能力,以及提高手眼相随等多种能力。

眼功练习以集中精力，静心用意为基本原则，同时应遵守循序渐进、练养结合的原则。适当补充维生素 A、D，吃些动物肝脏，将有助于收到更好的锻炼效果。

闭旋开定法

闭旋开定法为眼功基本锻炼法，是一种静态观静物的练习法。

练习方法：

选择正前方远处的一点，作为定睛注视的观察物。练习时先瞑目入静，按顺时针、逆时针方向交替运目转旋各 32 次。然后睁眼定神注视"观察物"，要看得仔细、清晰，并有目光穿透观察物的意念。"闭旋"和"开定"交替练习，次数不限。此法练眼时"劳（指开定）逸（指闭旋）结合"，能有效地提高定神凝视的能力。

夜 视 功

夜视功是锻炼提高暗中视物和随视能力的方法。是静态观变动的练习法。

练习方法：

静处暗室，坐立不拘。一手持一柱点燃的香（或由同伴持香柱），两眼注视香火。初时，香火慢速按一定规律（例如左右或划圈）移动，逐渐提高移动速度，并将移动路线改变为毫无规律，香火距头部的距离也逐渐加远。

观 日 功

观日功是锻炼提高两眼抗刺激能力的方法。为静态观静物之法。

练习方法：

清晨日光和煦之时，面对初升的太阳，集中精神，圆瞪两眼，观望太阳，每次约 3 分钟，然后移视绿野约 3 分钟。如此交替练习。初时交替 3—5 次，逐渐加长观日时间，并逐渐往后推移观日时间，从清晨至上午，乃至能视正午之日，则功成。练习此法，能使目受寒风、强光刺激而不瞬，并能获目光炯炯、推延老年视力衰退之效。

不 瞬 功

不瞬功是提高瞪目注视、遇变不瞬能力的锻炼方法。通过锻炼,在与人格斗时,对方来拳、来械,或遇风吹、沙迷,眼仍能直视对手而不眨动。

练习方法:

捧水㕒眼法:双眼瞪圆注视一物,以手或盛器捧水浇泼双目,要求眼着水浇而不眨。

棉球击眼法:双眼瞪圆注视一物,助手以大如核桃的棉球投击其目,要求眼不眨动。

毛掸拂眼法:双眼瞪圆注视一物,以专用于练眼的洁净毛掸贴近眼皮,做左右上下扫拂而不眨眼。

看彩条功

看彩条功是锻炼注视动态物时眼不眨的传统方法。为静态观变之法。

练习方法:

取 20 厘米长的竹管一支,上以绳悬,下系约长 15 厘米的彩条 2—3 根,彩条高与目齐。摇动竹管使彩条在眼前晃动,要求双目随注而不眨。

点棉球功

点棉球功是用于提高手眼相随能力的传统练眼功法。

练习方法:

定步点戳:悬一高与目齐的小棉球。练者距棉球一臂远站立,双目注视棉球;以手指点戳棉球。此法用于初练时。练至能出手中的后,改用下法。

活步点戳:练者距棉球 3 米之外站立,双目注视棉球;然后上步以手指点戳棉球。上步的速度不能太慢。

练习中,亦可持兵械(剑、枪等)点戳棉球。

凝神观变功

凝神观变功是提高随视能力和洞察能力的锻炼方法。为静态观变之法。

练习方法：

在郊外或花园内，凝神静坐，追踪观察某一飞舞的鸟禽或昆虫。观察时，目光主要集中于被观察之物的某点（如翅膀、爪趾等），目之余光顾及所观察物与背景物之间的变化。此法可提高与人相搏时，既专注于对方眼、或肩、或主要进攻动作，又顾及其整体变化的能力。

滑步辨招功

滑步辨招功是提高动态视物能力和反应能力的练习方法。

练习方法：

1. 受训者目视指导者前举之手掌，根据指导者突然伸出的手型向某一规定方向滑动，当指导者变化手型时，立即辨认清，并改向另一方向滑动。例如，伸一个手指为前滑步；伸两个手指为后滑步；伸三个手指为左滑步；伸四个手指为右滑步。

2. 练习时，受训者在保持向左、或向右、或向后、或向前的滑动中，目视指导者，根据指导者发拳或起腿的招法，立即做出相应的防守反击动作（双方并不接触）。如果指导者连续出招，受训者应连续做出反应；如指导者不出招，受训者则保持滑动注视姿态。

运 眸 功

运眸功是提高运眼技术和扩大视野的锻炼方法。包括循迹练习法和循意练习法。前者用于锻炼初期，后者用于锻炼后期。

循迹练习法：在面对远方的上下左右各边缘选择出若干观察物（迹）。练习时，头不动，以眼球运转使目光循各观察物间的连线移动。常用方法有沿左右横线运眼，沿上下垂线运眼，沿三角形或多角形的边角运眼，沿圆圈的周边运眼等。

循意练习法：练习时不需观察物体，眼球循意念中可随意扩展的横线、垂线、多角形、圆形的极远端运转，尽量扩大眼的视野。

易筋经目功

易筋经目功是消除眼劳、保养眼睛的传统功法。一般在睡醒后、起床前练习,亦可在眼功练习后行之。

练习方法:

1. 每睡醒之时,且勿立即睁眼。先将两手拇指背相互搓擦极热,即用两手拇指背分别揩擦两眼,从内向外各 14 次。然后,闭目暗转眼珠向左、右各 7 圈。仍紧闭双目片时,忽然猛地睁大双眼。此法能锻炼眼之神光,除目疾。

2. 先用两手拇指背曲骨(末节指骨关节)重按两眉旁(外眼角旁)小穴 27次;再按近鼻之两眼角中 27 次。常行此法,能明目强视。

3. 以两手掌根按于两眼,从内向上向下划圆摩转 30 次;再以两手掌从两眉经额向上摩至脑后头发际,做 27 遍,同时吞咽口中津液数次。此法亦能清明双目。

以上三法一般连起来练习,亦可分别练习。

吐"嘘"养眼功

吐"嘘"养眼功是传统养眼功法。

练习时或坐、或站、或仰卧,凝神入静,全身放松,双眼微闭。呼气时口吐"嘘"音,不用出声但两唇微合,有横绷之力;舌尖前伸,舌两边微上卷,使气流徐徐吐出;同时眼慢慢睁开,至吐气尽,眼睛睁大,但眼球仍需放松。然后再吸气微合双眼。如此吐 6—12 次。肝开窍于目,因此,常练此功能养肝明目。

拉耳明目功

拉耳明目功是传统养眼功法。

此法随时可习。平时用双手拇、食两指拉捏揉摩两耳垂(妇女带耳环之处)即可。耳垂为传统耳针中的目穴,经常拉掐此处,可以明目。

耳　　功

武术耳功泛指武功中保养听力,以及发掘听觉机能和非听觉"听"(感知)辨潜能的各种锻炼方法。

耳功练习要遵守循序渐进的原则。练习时,即要集中精力,静心用意,分辨由大到小、由近而远的声音,又要动员皮肤等其他感官一道参与感知环境(如气流、气味、温度等)的细微变化。听辨能力强,达到"耳听八方",才能不闻而感,明辨身体四围的变异,在无备时不怕人暗算,在敌众时不畏人偷袭。

练耳还应注意和养耳结合。中国针灸学认为,人耳像一个倒悬的胎儿,有头、躯干、四肢、五脏六腑……人体某部有疾病,就会在耳的相应部位反应出来,按摩这些部位或针刺其上的穴位,就能治疗疾病。中医学还认为,"十二经络上聚于耳",按摩耳部,有助于疏通全身经络。因此,耳功锻炼不仅能提高听辨能力,还能强身延年。

闻 钱 鸣 功

闻钱鸣功是训练听力的传统练功方法。

练功器具:

取中国古铜钱一枚,将钱悬挂至高与耳齐。

练习方法:

背对悬挂之钱而立,让钱来回摆动,静心听其摆鸣之声。当感钱鸣声渐大后,可逐渐增加人距悬钱的距离。

听 彩 条 功

听彩条功是训练听力的传统练功方法。

练功器具:

以 30 厘米长的竹管一根,下系数根约长 15 厘米的彩色布条,上以绳索悬挂,使彩条高与耳齐。

练习方法:

背对彩条或坐或立,让彩条在身后来回摆动,静心听其摆动之声,感觉其摆动时细微的气流感。当感悬彩声渐著、气流感渐强时,可逐渐减少彩条,增加人距彩条的距离。

闪沙包功

闪沙包功是训练听力的传统练功方法。

练功器具：

安置一四面立体吊架,在每一面横架上悬挂一吊袋(参见本书"吊袋功")。

练习方法：

练习者蒙上双眼,立于四围悬有吊袋的吊架中。晃动吊袋,凭耳闻吊袋荡摆声、感觉摆动的气流感,来闪让吊袋,不使其击中自身。

营治城郭功

营治城郭功是传统养耳方法。

练习方法：

或坐或立。在心平气和后,把两掌相互擦热,分按两耳轮,先前后按摩擦之,再上下按摩擦之,然后再转而按摩之,先向前转,再向后转。

常行此功,可固身基,使人耳聪目明。

左顾右盼功

左顾右盼功是传统养耳方法。

练习方法：

平身而坐,两足一屈一伸。静心匀息,两臂竖掌前伸如推门状。然后扭转头项,顾盼左右各 7 次。此法可除耳鸣。

掩启耳门功

掩启耳门功是保养听力的传统练功方法。

练习方法：

以两手掌紧掩耳门,然后突然松开两掌。如此交替掩启练习 64 次。

鸣天鼓功

鸣天鼓功是保养听力的传统练功方法。

练习方法：

两手手指朝后，两掌分别由后向前将耳廓压掩住耳门；五指扶贴脑后，以中指压于食指上；然后滑落敲击左右玉枕骨下微凹处（风府穴），连续敲击使耳内如有击鼓之声。连做 64 次。

第七编　武术拳械基本技术技法

心　法

武术的心法

武术所谓"心"，指思维器官及其产生的思想、意识、精神等。俗称"心思""心意""心神"。武术运动强调"心"在运动中的主宰作用，要求"手足运用，莫不由心"（吴殳《手臂录·峨眉枪法》）。太极拳喻此为"意气君来骨肉臣"（见《十三势歌》）。要求"先在心，后在身"，"以心行气"，"以气运身"，"便利从心"（见《十三势行功心解》）。少林拳喻之云："心者，君也；手足者，臣民也。君有乾纲独断之明，而后臣民效指挥如意之势。"要求"意之所动，气即赴之"，"神清而后操纵进退得其宜"（见《少林拳术秘诀》）。八卦掌将意喻为行军作战的令旗和号令灯，要求以意帅气，以意帅形（见姜容樵《八卦掌》）。形意拳的内外六合，以心为首。武术的"心法"，就是指这类用"心"支配气息、动作的方法。心法并不是唯心的东西，它是习武者在运动实践中，通过亲身体验悟得的以心御体的方法。以它指导习武实践，能使思维器官的活动和肢体活动有序配合，做到"心动形随"，"神形兼备"。

武术心法包括凝心、用意、传神。

凝心：指心思凝聚、专注不二，遇危处乱皆"不动心"。具体做法是排除杂念,集中思维于练武。在练内功和静功时,也有不以动作规格等为心思凝聚点,而通过数息、听息来达到凝心的。《少林拳术秘诀》云:"数息之功,即不动心之道。""数息之法……听气之出入,抛却万念,默记其度数,或由 1 数至 5,或由 1 数至 10。"重复默数,使心思专注于此,而达"凝心"。听息,是指集中注意力感觉气息的出入和在体内的流动,而达"凝心"。该书还强调数息"不可记数太多",听息"不可着力"。

用意:指以意念启示和支配气息和身体运动。用意的主要方法有循规用意法、寻感用意法、临敌用意法、驭体用意法等四种。

"循规用意法",是以意识支配肢体按照动作规格进行运动。运用此法先须明确动作的技术标准,再以意导动。

"寻感用意法",是以意体会训练时的身体感觉,再以意支配这种感觉按一定要求继续下去。如在练内功时,先体会体内气息流动的感觉。当获得这种感觉后,就以意识引导这种气感归蓄丹田,或引导它流注身体某部,或向外发放做功。又如,练动功和拳术,体会空气给身体的阻力的感觉;练推手时体会皮肤与对方接触获得的感觉;还有假设自己是在水中练拳,在稀泥中行进,寻求肢体运动受水的沉、浮、飘荡的感觉,或受稀泥阻滞、粘拖的感觉等。

"临敌用意法",指以临敌感支配动作练习。具体做法是,未动时,似以意窥测假想敌手的进攻意图或寻找我可进攻的部位;动作时,好像在针对"敌手"招法进行攻防。

"驭体用意法",是以意识统帅协调全身内外各部的运动。一般来说,就是以意领气流注运动部位,意到气到,气到力生,引导形体进行动作。

传神:指通过眼神、表情和外形动态,表达出演练者的武术意识及其个性心理特征,是练习者内心意识活动与外部肢体运动统一,个性心理特征与技术风格统一的综合表现。武术意识是武术动作的"神"。它产生于对武术动作本质特征的理解。例如,对动作攻防特点的理解,对不同动作的劲法特点的理解,对不同动作技法和神形特点的理解等。由这些理解总和而成的"武术意识",作为习武者的主导性心理活动,支配着一般心理活动,进而支配肢体运动,达到内意与外形统一,使动作表现出"武术意识"。动作本身的"神",或称"神韵""味",也就表现出来了。"个性心理特征"是区别于他人的气质和性格。演练者将它融入动作,通过动作表现出自己特有的气质和性格,使动作具有独特的风格,演练者的"神",也就艺术化地表现出来了。演练者能将自身的"神"和动作的"神",交融地表现出来,才是武术心法"传神"功夫的上乘。

心动形随

心动形随的"心",包括一切心志活动。"形"表示人体外形动作。心动形随,指练习者对一定动作做法、意义的领悟,形成一定的意识,意识控制气息和肢体按照"领悟"的规格进行运转,产生一定的外形动作。简单说,心动形随,就是以意识支配动作。

用意不用力

"用意不用力"是太极拳的基本技法。

"用意"指练习太极拳时,要用意念去启示动作,引导动作,使动作完全在意念的控制下,按意念指示的一定规格或意向进行。

"不用力"并不是不要力,是指不用不符合技法要求的拙力,不用不符合动作规格的力。"不用力"是相对于"用意"而言,如注重用力,则肌肉僵紧不松,动作涩滞不灵。

完成太极拳动作的力,是由于"用意",意领气(内气)行,气到力生,而获得的一种有规格(一定方向、一定大小)的力。这种力在意念的控制下,正好足以维持动作的正确规范,没有一丝一毫的不足,也没有一丝一毫的多余。

练太极拳时不能"意守丹田"

"意守丹田"是气功练意的一种基本方法,主要目的是通过意念守一(丹田),排除杂念,达到入静。太极拳虽然也要求练意求静,但它是通过集中意念于练拳,以意念支配动作,让动作表达出太极拳的技击含义,从而在运动中获得相对的"静",即除有关运动中枢均衡地兴奋外,其他中枢皆受到抑制,达到排除杂念、专心致一的功能态。如以"意守丹田"练拳,将失太极拳"以意导动"的基本特点。因此,练太极拳时,不能"意守丹田"。

劲断意不断

"劲断意不断"是练习太极拳推手的要领。在练习推手过程中,由于过与不及造成两人手臂离开时,应继续做不丢不顶的想象动作,好像手臂没有脱开一样,直至两人的手臂重新搭在一起进行推手。其间两人手臂脱离时的想象和动作,就称为"劲断意不断"。

提高胆量的练习方法

"胆量",指不畏险阻、一往无前的意志品质。胆量是发挥武术技艺的保证,格斗运动尤甚。戚继光在《纪效新书》中说:"对敌若无胆向先,空自眼明手便。"练胆量应从下述几方面入手。

其一,采用坐功、桩功、禅功等,锻炼提高平息定心的能力。息平心定则胆气抱身,能临场不慌,从容处事。

其二,加强武术技能和体能的锻炼,在不断攻克技术难点、战胜强手的过程中,逐步养成自信心,使艺高促进胆壮。

其三,在不适应的场地环境、不适应的气候、不适应的时间等逆境中进行训练,通过提高战胜逆境的能力,加强自信心,增强不畏艰难的胆量。

其四,在对搏的训练中,初习时,避免与身体条件和技术水平明显悬殊的强手拼搏。当技术水平达到一定程度时,又应广泛与不同级别、不同打法,以及不熟悉的对手进行实战训练。通过增广见识,养成见奇不怪、遇强不怯的胆力。

练武时排除杂念的方法

练武术时必须集中思想,才能保证动作准确,达到预期效果。与练武无关的思虑称为"杂念"。排除杂念的方法,主要有三种。

其一,通过注意动作技法驱除杂念。这是习武者排除杂念的基本方法。练习时注意动作路线、动作要领、动作的攻防含义、动作间的转换顺序和方法,就能逐步驱走杂念,集中思想于练武。

其二,有针对性地排除杂念。如担心场地发滑,应整理场地消除顾虑。因牵挂工作,应用锻炼好才能更好地工作等暗示安定情绪。总之,属于物质引起的干扰,应从物质方面去解决;属于思维引起的干扰,要通过自我心理调整来解决。

其三,锻炼集中注意的能力,是排除杂念的治本之法。在平时,进行一些凝神注视运动物体(如飞鸟、旋转物)的变化等练习,有助于提高注意力,养成迅速集中思想、驱走杂念的能力。

气　　法

武术的气法

"气"本指云气,引申为一切气体的通称。武术运动中说的"气",包括自然界的气和人体内的气。认为人在气中,气在人中,人体内外的气相互交融。武术的气法,就是以武术意识支配呼吸气和内气运行的方法。简言之,习练武术时用气的方法,就是武术的气法。武术气法以养气和练气为基础,以符合一定的劲法要求、与一定的形体动作相统一为标准,达到"以气助势、以气助力"的目的。各门拳种的内功便是养气和练气的主要手段。

呼气与吐气的区别

呼气是人本能的生理现象,呼气动作主要是吸气肌的放松,是被动的。吐气是有意识地加强呼气,结合发劲动作形成的气法。其既加强短促呼气的速度,也增多呼出的气体量。武术发劲动作一般都以吐气配合,也称为以呼气助发劲。

自　然　呼　吸

自然呼吸是人本能的呼吸方式。初学武术的人,都应采用这种呼吸法。练拳时,完全按自己平时的习惯,毫不着意地自然呼吸,有助于用心学会动作的正确规格,然后才能在正确的动作规格的影响下,体验气息的自然配合,避免在尚未熟练动作时,过早地有意识地以呼吸配合动作,出现"憋气"等不利健康的现象。

腹式深呼吸与腹式顺、逆呼吸的区别

腹式深呼吸是有意识地加大膈肌的升降、腹壁的起伏幅度,加深呼吸量的呼吸方法。其中,包括腹式顺呼吸和腹式逆呼吸两种方式。两者的外形区别在于,前者吸时小腹凸,后者吸时小腹不凸。具体说,腹式顺呼吸是吸气时膈肌下移,小腹部隆起;呼气时膈肌上移,腹部复平。腹式逆呼吸是吸气时,限制横膈肌下降,好像吸入的气体仅下降至横膈肌处,相对地形成腹部膈肌以上隆起、以下低平的状态。呼气时,气上升从口、鼻呼出,由于呼气的反作用力,促进膈膜下移,形成腹部膈肌以下部位隆起、以上部位平复的状态。武术中太极拳、八卦掌、形意拳、南拳等拳种,均采取腹式逆呼吸法。

腹式呼吸与腹助呼吸的区别

腹式呼吸与腹助呼吸不相同。从呼吸深度说,前者大于后者,从呼吸的方式说,前者以自然的膈肌升降和腹壁起伏参与呼吸,腹部运动明显。腹助呼吸则仅是在胸廓舒缩为主的呼吸基础上,略有腹壁起伏和膈肌升降参与,腹部运动不明显。可以说腹助呼吸是由腹部运动辅助的胸式呼吸,或说是一种介于腹式呼吸和胸式呼吸之间的呼吸方式。长拳运动中忽起忽伏、疾进快打的动作,多采用腹助呼吸法相配合。

拳式呼吸的运用方法

拳式呼吸是武术运动的基本呼吸方式。这是一种呼吸配合拳式、拳式导引呼吸、呼吸与拳式紧密结合的呼吸法。拳式呼吸具有增强肌体抗击能力和加大发劲速度和力度的作用。运用拳式呼吸的一般规律为:吸气与四肢回缩、重心上升、蓄劲、化解等动作结合;呼气与四肢伸展、重心下降、发劲、进攻等动作结合。由于武术套路不是以普通呼吸节奏为唯一标准编成的,因此,初学武术者不宜采用拳式呼吸,应在自然呼吸的基础上,逐步增加运用"拳式呼吸"的比例,循序达到全套贯串"拳式呼吸"的程度。

丹田气的锻炼方法

所谓"丹田气",指以意识引导而归聚丹田的气感。这种气感在意识支配下能随意动转,周流全身。锻炼"丹田气",多采用静止性的桩功为基础练习,练习中由自然呼吸入手,逐步过渡为腹式深呼吸,同时集中意念体会内气潜转的感觉。当体会到"气沉丹田"的感觉时,即为气感入于丹田了。然后进一步练习加深气感聚集度。再后配合"缠丝劲"类动作的练习,引此气感运行周身;配合"抖劲""十字劲"等类动作的练习,锻炼此气感突然由丹田放射性地经浑身爆发出来,瞬时又聚回丹田。

气沉丹田的做法和意义

"气沉丹田"是意识引导气息下行,在小腹部获得的一种充实感。因下丹田在此部位,故称"气沉丹田"。气沉丹田的做法有两种。一种是以"腹式逆呼吸"为呼吸方式。呼气时,经过肺内气体交换的废气向上行,从鼻(或口)中排出,与此同时,以意识引导内气下行,并借助呼气的反作用力催促它下降,从而加强膈肌下降的幅度,使小腹凸出,丹田部获得一种充实感。另一种做法是以"腹式顺呼吸"为呼吸方式。吸气时,在意识支配下加大吸气深度,引气下行,促使膈肌下移,使小腹凸起,丹田部获得充实感。在练习中,不论采取上述何种方法都需集中精神,以意念引导气息,同时通过身体外形的沉肩、畅胸、松腰,放松躯干上附着的肌群,使它们向下松沉,促使气的下行,加重小腹丹田部位的充实。练习"气沉丹田",要注意头顶有上悬之意,臀部有敛缩提肛之意。

气沉丹田有着广泛的意义。从健身作用方面看,气沉丹田采用的腹式深呼吸有助于加大肺的通气量,吸入多一些的新鲜气体,排出多一些的废气。其次,膈肌上下运动幅度的增加,以及腹壁起伏的加大,对腹内脏器有按摩作用,能增强消化、生殖、泌尿、内分泌等系统的功能。再次,腹肌和膈肌力量能在锻炼中获得提高,从而改善腹腔的血液循环。从技击作用方面看,意识支配气息下行及躯干各肌群的向下松沉,能通过腹部的充实,将这种松沉向下传递至两腿,能使动作姿势有下实上虚之感,加强了动作的稳定性。在发劲时,此松沉感通过胯、膝、踝的节节松沉下传,能加强脚的蹬地力量,使人体获得大小相等的反作用力。此外,根据传统武术技法,气沉丹田能使内气在丹田聚集,成为"丹田气"。在武术运动中,气沉丹田的做法,较多的是采用"腹式逆呼吸"的呼吸方法。

气贯丹田与气沉丹田的区别

气贯丹田和气沉丹田,都能使小腹内丹田部位获得充实感,其意气活动方式基本相同。它们的不同点在于,气贯丹田是用意识努力压气入丹田,一般只采用"腹式逆呼吸"为呼吸方式。此法主要用于硬气功练习中。气沉丹田是意识因势利导地支配气息下行,意气是自然沉入丹田,不做任何努力。此法既适用于武技、养生,也是硬气功练习的初期方法之一。

开呼合吸的运用方法

开呼合吸是拳势呼吸的基本形式。此语源自李亦畬《五字诀》中"吸为合为蓄,呼为开为发"。即以劲力的蓄发为合开。是一种以呼吸配合劲力蓄发,加强劲力使用效果的技法。依此法,凡是隶属于发劲的动作,如冲拳、踢腿等,都以呼气配合,追求以呼气助发力的效果。凡是隶属于蓄劲的动作,如将冲击的拳变搂手收回,踢出的腿下落着地等动作,都以吸气配合,谋求以吸气助蓄劲,待机再呼气发力的效果。

气宜鼓荡的做法和意义

"气宜鼓荡"是腹式深呼吸锻炼中不可忽视的一个关键。其做法是:在锻炼时,随着动作的变换和呼吸的交替,使膈肌上下鼓动,让意气下行获得的丹田气感,时起时伏,时聚时离,小腹部随之出现起伏鼓荡之状。按此要求进行练习,可避免长期一味引气下沉造成的小腹外突过大的形态,同时有助于锻炼意气灵动。

以意领气与意不在气的含义及运用

"以意领气"与"意不在气"是太极拳运动中意气配合的两条基本原则。两者在字面上,好像互有矛盾,实质上两者间具有相互补充、相互完善的作用。

"以意领气"是指练拳时应以意识支配呼吸配合动作,引导气息流转周身。"意不在气",则指意识不能执著地专注于气。强调前者过重,也导致意执著于气,后者正好约束它;强调后者过多,气会散乱,又须前者制约。合两者之意,在太极拳练习中,"气"不能无帅自流,而应该遵循意识的主导运行。但意识的主导作用又不能仅专注于气,忽视了对构成动作的其他要素的主导作用。意识是主导整体动作之帅,应统一支配人体各部按照一定的技法要求,相互配合,协调运动。

以气运身与以体导气的异同

"以气运身"与"以体导气"都是训练内气与外形统一的方法。前者是以内引外,后者是以外导内。

以气运身,指内气在意识支配下随意而动,转运周身。意到气亦到,气到则力生,引起肢体运动,形成动作技能的条件反射通路,使内气和外形统一。

以体导气,指以肢体运行引导内气运转。肢体的一定动作形态,约束着内气的走向。例如,沉肩、垂肘、空胸、紧背的形态,能助气下沉丹田。扣指(趾),能助气达指(趾)尖。"以体导气"就是以此为依据,通过一定规格的形体动作,引导内气沿一定路线运转,形成内气运转的条件反射通路,使内气和外形统一。

练太极拳不能采用周天运转法

"周天运转"是气功锻炼中获得的一种气感,此气感沿任脉、督脉(小周天)或是流入奇经八脉(大周天)进行循环周流。太极拳练习要求"以气运身",在意识支配下,气随动作的缠绕进退主动配合。而且蓄劲时气要聚于丹田;发劲时,气要运至四梢或力点。如果练拳时采用"周天运转"法,则意气不随动转,将导致内意与外形不统一。因此,习练太极拳时,不应采用"周天运转"法。

提 气 法

提气是一种吸气与屏气相结合的气法。先吸气,突然屏气,使气充胸腹腔,犹如气球有上腾之感,故称"提气"。

在长拳练习中,动作由低姿势变为高姿势时,或者,做腾空跳跃动作时,一般都以"提气"配合。采用的就是"提气法"。

托 气 法

托气是一种以意屏息的气法。屏息时,呼吸气息被暂时闭止,同时意识也凝定不动。意气不动,全身各部皆静止不动,所谓"一静无有不静"。因此时气不上升,也不下降,似被意识托住,故名"托气"。

在长拳练习中,各种亮势(亮相)动作和静止性的定势动作出现时,一般都以托气配合。

聚 气 法

聚气是一种以意识控制呼气,由缓而急,形成短促吐气的呼气气法。呼气前,先应吸满一口气蓄住。呼气时,先微启声门,使气欲涌出而不能畅,待气在声门处越聚越多,胸腹腔内压增加时,忽然大开声门,使被聚集的气,像决堤般骤然冲出。故称"聚气"。

在拳术练习中,以"寸劲"配合的进攻性动作,一般都以聚气配合。

沉 气 法

沉气是一种呼气与意识下沉相融合的气法。呼气时,被吸气吸入的外气仍由呼吸道呼出,丹田气则向下降,意识向下助其下行。同时上体通过沉肩松腰的松沉,加强意气下沉,使下肢获得一种沉重稳定感。故称"沉气"。

武术运动中很重视沉气的运用。以沉气配合静止功架或平衡动作,能加强动作的稳定平衡性;以沉气配合发劲动作,能加固发劲动作的支点。例如虚步亮掌、提膝平衡,均须以"沉气"配合。又如弓步冲拳,则须在以沉气加强脚的蹬力和下盘稳定性的前提下,呼气冲拳。

以气催力的做法

"以气催力",指以气息催动劲力的击发。这是意识支配内气由丹田流注发力部位,同时以呼气配合动作出击发力的综合表现。"以气催力"是武术的基本气法之一。武术的发劲动作，都以此气法配合。欲以气催力，必先借气蓄力。即在吸气的同时将气感聚蓄于丹田，并收束肢体，蓄力于内。这样，发力时才可能借助呼气的催促，在展肢出击的同时，将内蓄的气感和劲力爆发出去。

"腹乃气根，气似云行"的含义

"腹乃气根，气似云行"是八卦掌呼吸技法用语。八卦掌是把位于脐下小腹部的丹田，作为意念之气归蓄、始出的场所，因此名之为"气根"。练习时，采用腹式深呼吸法，气息出入丹田（气根），都应在意识的控制下徐缓运转，使呼吸匀、细、深、长，既不猛然吸入，也不猛然呼出，就像碧空行云那样悠然运行。故称"气似云行"。

声　　法

武术的声法

在南拳、心意拳、八极拳、陈式太极拳以及象形拳等拳技练习中，发劲时常伴有发声。南拳发声尤多。发声的方法，统称之为声法。不同拳种发声的惯用音不一定相同。常用的音有：哼、哈、咳、嘿、呵、嗨、哝、嘻等。此外，还有哎、呐、嘶、哗、呀等。发音虽不同，但发声的方法基本是一致的。一般来说，声法包括聚气、行气、声力并发三个步骤。

聚气：以腹式深呼吸方式，以意领气沉入丹田，并在丹田充实感逐步增强的基础上，锻炼充实感在丹田的凝聚度。这种丹田气感就是所谓"丹田气"。

行气：以意领气在体内流转，达到意到何部，气亦随之行至何部。

声力并发：以意气结合短促发力的单式动作进行练习。注意气与力同时发出，丹田气随意送至四梢或着力点。与此同时，积在胸腹腔中的吸入气，被紧闭声门憋住，于是胸腹腔内压升高，气有欲出不能之势。此时突然打开声门，胸腹中的气爆发式地吐出，撞击声带，发出声音。发声正好与发力同时。

实际运用中，发声前须先吸气蓄劲，然后经短暂的瞬间憋气，再"声力并发"。

武术声法的作用

武术发声的作用,可概括为以声助威、以声助势、以声助力、以声吐气等四点。其中以声助力最为技击家所重。

以声助威:借助发声壮己神威,惊破敌胆。

以声助势:借助发声,加强拳势的韵味。象形拳多以模仿动物的叫声,增强动作的象形性。如蛇拳发哎、咝、呵、哈等音,猴拳发嘘音等。

以声助力:借助发声,激发人体潜能,加强发力。发声前的憋气,能加固肩带肌群,增加胸腹腔内压,反射性地加强骨骼肌的张力;发声时以短促吐气配合动作,能"以气催力",加强动作的力度。还可以用忽启声门发声,又突然紧闭声门鼓气抵抗强击。在练习中,还能以声音来检查发劲质量,一般声洪则力刚,声憋则劲憋。

以声吐气:借助发声,加强废气的排出,为多吸入一些气、多蓄一些劲打下基础。

南拳是否发声与拳路技法特点有关

南拳内容丰富,运动形式多样。从套路动作内容看,一类以手法为主,一类以腿法为主。以手法为主的南拳流派和拳路较多,如洪拳、虎鹤双形等都属此类。这类南拳都注重发声助力。以腿法为主的南拳较少,这类拳路练拳时不发声。如流传于福建已逾百年的"三十六路宋江拳",练拳时不但不发声,而且有"口开气则散"之说。

武术发声与健身气功的发声区别

武术的发声配合快速的发力动作,声音响亮、短促;保健类气功的发声,配合缓慢的肢体导引动作,声音轻柔。武术的发声注重以声助威、助力;保健类气功的发声注重以声吐气、以声导内。

劲　法

武术的劲

武术的劲,是通过肢体运动表现出来的一种融于武术技术的力。这种力,是在意识支配下,通过气息吐纳和肌肉舒缩的有序化配合产生的。

"意识支配",指神经系统对呼吸和肌肉的控制;"有序化配合",指气息吐纳和肌肉舒缩按照武术技术动作的一定顺序和规格,同时起动、同步运行、同时到达一定部位。肢体动作依靠劲为动力,动作的技术规格又制约着劲的方向、大小和长短。训练有素者,能意到气到,意气到处,肌肉随意识的支配而收缩或舒张(劲到),使肢体产生运动(形到)。

意、气、劲、形的统一,既能使全身之内力聚为一整劲,又能使此整劲通过身体某一部位发放出去。武术劲力训练,强调静练与动练结合、内功与硬功结合。这种训练常能诱发人体潜能,获得防守时不畏强击、进攻时能破坚击锐的超常能力。

武术的基本劲法

劲法是武术中运用劲力的各种方法和技巧的总称。按照劲法的基本运动形态,可分为蓄劲、发劲。按照劲力的强度,可分为刚劲、柔劲。按照劲力的外部表现,可分为明劲、暗劲、化劲。按照劲力的运动方向,可分为直劲、横劲、竖劲、斜劲、圆劲(如螺丝劲)。

劲与力的异同

人体自身的运动以内力为基础。内力牵动关节,产生人体各部位间的相对运动。它作用于外界,可以克服阻力而使物体产生运动,也可获得外界给予的反作用力,引起人体的整个运动。武术运动中引起人体运动的"劲",同样是人体内力。从这一点说,劲与力是一回事。但是,武术的"劲"与通常说的力,并不等同。首先，"力"指大脑指挥下的肌肉收缩力；"劲"是意识支配下的气息吐纳和肌内舒缩，按照一定动作规格进行有序化配合产生的力。劲包含的要素比力多。其次，力作用于外界时，往往是局部用力，而且作用面积大，压强相对小；劲作用于外界时，强调聚全身之力（整劲）于一点发出，故作用面积小，压强相对大，也就是攻击力大。再次，力是先天具有的本能，传递较慢、变转滞钝、随意性较小；劲是经过意识支配、经"有序化"配合而锻炼获得的，传递迅速、变转灵活、随意性较大。

阳劲与刚劲

阳劲与刚劲是同一类劲法的两种名称，其内容没有区别。这类劲法注重本力，形直性烈。发劲时常震脚或发声，既以此催力送劲，也借此自壮声威，慑服敌人。其劲似铁锤击地般沉重，如炮弹爆破样猛烈。

在技击格斗中，此劲主攻，擅长硬攻直进，以大力打小力，以有力打无力。南拳、八极拳、形意拳练习中，采用这类劲法较多。

一些拳家以此劲刚硬为长，故称"刚劲"。一些拳家以此劲外露于表，故称之为"阳劲"。在形意拳系，则称之为"明劲"。

阴劲与柔劲

阴劲与柔劲是同一类劲法的两种名称，其内容没有区别。这类劲法注重运气，呈螺旋形，并在不停的滚转中随客观外界的变化而改变其方向和大小。此劲以"曲蓄"为特点，在技击格斗时，此劲主守，擅长以守为攻，引进落空，以小力打大力。也长于利用其曲蓄善变、随时可发的特点，在柔化（防守）过程中，寻机转换为刚劲击发。

八卦掌、太极拳练习中，采用这类劲法较多。一些拳家以此劲柔韧绵长，而称之为"柔劲"；一些拳家以此劲藏而不露，故称之为"阴劲"。

拙劲的产生原因和克服方法

拙劲，即笨拙的用力方法。它是僵力、蛮力和呆力的总称。

所谓"僵力"，指在动作处于泛化阶段时，主动肌和对抗肌同时参与收缩而产生的合力。这种力使关节僵紧,肌肉僵硬,动作不准确。所谓"蛮力",指不按照动作的用力法则而一味用力所表现出的猛力。它使动作不顺达,易断续而不连贯。所谓"呆力",指不能因对方劲路的变化而变化的直力。常表现为对方直来则直顶,横来则横抗。

拙劲是影响姿势正确、妨碍发挥攻防效能的阻力,应通过训练逐步克服。锻炼步骤应从放松肢体入手,严格按照动作的正确规格练习,在姿势正确、劲力顺达的基础上,掌握正确的劲法。

换　　劲

在遇到袭击时,人会本能地进行防御,其防御动作多显得僵硬,缺少变化。换劲就是将这种本能的用力方式换成符合攻防技法要求的"劲"。

换劲的练习方法分三步进行。

首先是在意识指导下做各种放松练习,消除动作时肌肉强直收缩的僵力。

然后练习动作时意识支配该收缩肌肉(主动肌)适时收缩,不该收缩的肌肉(对抗肌)适时放松。

最后练习意识支配气息吐纳和肌肉缩舒,有序化地配合动作。

听　　劲

太极拳推手练习中,两人通过手臂的接触,感知对方劲力的动向,称为"听劲"。

从锻炼身体的角度看,练习"听劲",有助于提高练习者的注意力和皮肤触觉的感应能力。

从技击角度来说,皮肤触及对方就能感知对方的进攻企图,这有助于迅速采取攻防方法制服对手。

懂　　劲

懂劲是太极拳系的用语。所谓"懂",是明白、了解的意思。懂劲包括明白自己动作所需的劲力规格,以及了解对手所用劲力的来路去向和大小等。前者是"知己劲",后者是"知彼劲"。只有知己劲,才能正确运动,使动作合规中矩;只有知彼劲,才能依对方的来势及时作出正确的反应。太极拳推手中,要求"阴不离阳,阳不离阴,阴阳相济,方为懂劲"(见《王宗岳太极拳论》)。即对方进攻,我能黏随其进而引退,对方后退,我能黏随其退而进跟,才能称为懂劲。

内　　劲

内劲,指经过武术锻炼而获得的一种能随意转换方向、变化大小的力,因其运转隐于内而不显于外,故名"内劲"。

内劲锻炼,贵在以意识引导动作,以呼吸配合力的蓄发。从而提高驾驭肌肉张弛的机能和以气催力的能力。其锻炼步骤是由松静入手,以静练气,以松练体。逐步将显露于外的刚劲,引藏于内。

整　　劲

整劲,即整个人体所具备的劲力汇聚为一。整劲大于任一局部肌肉的收缩力。整劲用于进攻时,整体的劲汇聚于攻击着力部位,能加大该部的击力;用于防守时,整体的劲汇聚于防守部位,能加强该部的抗力。整劲强调"整"字,运劲时要全身各部都在高度集中的唯一意念的支配下,遵循同一个技法的要求,一动无有不动地进行专一的配合。按照先聚气松沉,再由根至梢,节节灵通,依次传递的方法,就能使劲由根而起,逐步汇散成整,达于着力梢端而发出。以左弓步右冲拳为例,先细微呼气,同时以意由上向下放松肌肉,各部关节随放松而呈屈蓄状,全身力量被汇集向下,通过足作用于地面,这时地面将产生一个方向相反、大小相等的反作用力。这个力随着右腿的蹬伸向左转髋、拧腰、送右肩、顺右膀、伸右肘、直右腕,依次上传达于拳面。与此同时,由蹬(右)脚开始短促呼气,并使冲拳动作与呼气动作同时结束。这样右冲拳打出的力量,实际上等于右臂的力量加上身体获得的地面反作用力,以及蹬腿、转髋、拧腰等增添的力,再加短促呼气促成的快速力。这样冲拳,发出的就是整劲。

丹田劲

丹田劲是一种借助丹田气配合蓄发的劲。此劲以丹田为根,劲由此发,也蓄归此处。发劲时,意识支配丹田气运至四梢,其向上运行形成肩催肘、肘催手;其向下运行形成胯催膝、膝催足。使整体呈重心下沉、劲往外发的状态。蓄劲时,意气由四梢归丹田,其向下运行形成肩带肘、肘带手;其向上运行形成胯带膝、膝带足。使整体呈气聚丹田、蓄劲待发的状态。

蓄　劲

蓄劲指积聚劲力,敛而不发。蓄劲的方法是将弛散的意识收敛集中,将散向四梢的意气收归丹田,同时以吸气配合,放松各部肌肉,肢体外形适度屈曲。以至被收敛的意气好似被压紧的弹簧,有一松即弹之势;放松的肌肉被屈曲的关节预先拉长,好似以躯肢为弓胎,以筋肌为弓弦而引满的弓,有一放即发之势。

发　劲

发劲,指将人体的劲力发放出去。各种进攻性劲法爆发劲力的过程,都是发劲的具体表现。

发劲的方法有两类。

一类是以有意识的"蓄劲"为前奏,"蓄而后发"。这类发劲,要求意气先回敛,汇聚成一点,再迅速通过身体某部向攻击目标发出;同时以呼气配合,收缩主动肌和协同肌,肢体外形适度展开。

另一类是以任一形态为预备式,"一触即发"。这类发劲,一般是在运动过程中,通过加快呼气和收缩肌肉完成发劲。也有在静止放松形态时,突然收缩肌肉,呼气发劲的。这类发劲,由于未经有意识的蓄劲准备,发劲较前一类快,无预兆,但劲力的力度不如前一类大。

人体的大部分体表部位,都可作为发劲的力点部位。运用时以何部为力点完成攻防任务,就突出何部。例如,以食指尖为力点发劲,就挺直食指,屈回其他手指;以右肘尖为力点发劲,就屈紧右小臂,突出右肘尖;以右肩为力点发劲,就放下右臂,突出右肩;以右胸为力点发劲,就松沉、后展右肩臂,突出右胸……

发劲的要领主要有顺、快、准三点。

"顺",即动作要合顺,使劲力传输节节贯串,畅达着力点。如太极拳的发劲,强调"其根在于脚,发于腿,主宰于腰,行于手指,由脚而腿而腰,总须完整一气"。长拳的冲拳发劲,要求蹬脚、落胯、拧腰、送肩、旋膀、挺腕。

"快",即呼气要短促,肌肉收缩要快疾。

"准",即着力点要准,攻击目标要准,发劲的时机要准。

横　　劲

横劲,指向左、右水平方向发出的劲。

发横劲要以腰的拧转带上肢发力。对搏时,多用横劲破对方直劲和竖劲,也以横劲斩击对方颈项部等。

竖　　劲

竖劲,指向上发出的劲。上肢发竖劲时,应保持头顶项顺,同时要松胯坐腿,稳定重心,松肩垂肘,手向上起。

运用竖劲的目的,是掀起对方重心,尔后变法制之。

直　　劲

直劲是一种直线向外发出的劲,多指由后向前的冲击或扎刺。

发直劲时,人体着力点应朝攻击目标直线出击,跟随着力点,运动的肢节也应尽可能沿此直线运动。例如,做向前冲拳或扎刀之类动作,肘关节不能出现偏离冲击方向、向外甩动的情况,即拳家经常强调的"肘不离肋"。

抽　丝　劲

抽丝劲是太极拳劲法用语。指两手运动像抽蚕丝那样不紧不弛、不快不慢、沉稳徐缓地用力。

此劲主要用于由合展开的动作。

螺　旋　劲

螺旋劲是一种支配肢体作螺旋式转旋进退的劲。

螺旋劲用于进攻动作时,其源动在腰脊。通过旋腰转脊,节节贯穿,而至四肢。其向上行,则经转膀旋腕,达于手指;其向下行,则经转腿旋踝,达于趾端。螺旋劲用于退守动作时,四梢劲循原路线向回缠绕,复归于腰脊。

运用螺旋劲,能使对方直来的劲力,沿我方动作弧线上的切线方向而去。如果对方继续加力,其劲力将被我的转旋之力引化而落空,我劲则越过对方防线逼入。

缠丝劲与螺旋劲的区别

缠丝劲是一种支配肢体连续缠绕、划弧、划圈的劲。以此劲如蚕缠丝,故名。陈式太极拳很注重应用此劲,要求练拳时内劲似丝缠绕肢躯。

缠丝劲与螺旋劲同是边滚转、边进退的劲,其意义相近。两者间的微小区别在于,缠丝劲的滚转幅度大,其动作外形多划弧、划圈;螺旋劲的滚转幅度小,其动作外形多是如螺丝钉般直接对准一点,转旋钻入。可以说,放大滚转速度做圆弧动作的螺旋劲,同于缠丝劲;缩小滚转幅度,沿直线出击的缠丝劲,同于螺旋劲。因此,有时也称缠丝劲为螺旋劲。

磨　　劲

磨劲是一种支配手肘水平划圈的劲。因其外形似推磨一般,故名。太极拳中的单手平圆推手法,用的就是此劲。与对方搭手平推时,由后向外、向前平转的磨劲,有将对方抛出之意;由前向内、向后平转的磨劲,有将对方引进之意。

透　　劲

透劲,指能穿透攻击目标的劲。欲发此劲,首先意识要有穿透感,意气要有穿透感,目光要有穿透感,劲力要有穿透感。此四感,实际都是高度集中的意志努力,可统称"意感"。其次,要延长发劲的量度。发劲时,"意感"要与"劲力"配合而行。例如,击对方前胸,"意感"是透过对方前胸击其后背,劲力也须击中对方前胸后仍继续透达其后背。

通 透 劲

通透劲,指以腰脊发力,通肩串臂过腕,迅疾爆发击出的劲。发此劲时,先吞胸裹肩,弓腰拔背,使腰背部肌肉充分展开,以增加其初长度。然后,突然展肩、吐胸、挺顶、挺腰,使力量在瞬间节节贯串而出。

抖 劲

抖劲,指通过迅速变换腰肢的幅度和方向而发出的一种突如其来的爆发力。发好抖劲的关键,是发劲前要充分放松,发劲时要突然爆发,瞬达梢端,并且一发即止。体现快速、短暂、猛烈的特点。此劲在格斗中多用于贴身靠打;在套路演练中多用于亮相抖腕。

冷 劲

冷劲是一种突然爆发、一现即渺、刚硬似弹的劲。亦称"冷弹劲"。此劲多以手发,用于点打、掸击。发劲瞬间,沉肩、落胯、稳固桩步,同时拳掌突然向前放长击远,肩、肘、腕放松跟随;拳掌一中目标,上肢关节即屈收,形成拳掌一点即回、一弹即收的弹点打法。此劲出其不意,且善连发,有随点即屈、一屈即弹的特点。

鞭 劲

鞭劲是一种以臂喻鞭,似抽鞭样抡摔上肢的劲。发此劲要求以腰脊发力,通过活肩、松臂、抖腕,使脊力通背、通肩、通臂,通达于手,似鞭梢般弹击而出。

发此劲的要点是,"催、探、抖、弹"四字。

沉 劲

沉劲是一种支配肢体向下松沉或沉坠的劲。亦称"沉坠劲"。发此劲要求精神沉静,气沉丹田,各部关节节节松沉。通过沉肩、沉肘、塌腕实现上肢的"沉劲";通过肩坠腰、腰坠胯、胯坠膝、膝坠足的节节沉坠实现整体的沉劲。在套路练习中,沉劲是降低重心、稳固桩式、维持正确姿势的基本劲力之一。在对搏中,沉劲除了用于稳固下盘外,还有以沉劲按压对方的意义。

十　字　劲

十字劲是指由身体正中(丹田部位)发出,成放射状向外撑展的劲。因该劲既有横向的水平面放射撑展,又有纵向的立面放射撑展,两面相交成十字形,故名。

发此劲的要点在于先放松全身各部关节,肢体向下沉坠,同时将意气引入丹田,凝聚一团。然后,丹田气突然迸放,腰部似打颤般突然拧抖,使丹田气伴随腰力节节贯串地穿过身体各部放松的关节和肌肉,产生像炸弹爆破般向四外放射的炸击力。

寸　　劲

寸劲,指距离攻击目标很近,或者动作接近终了的瞬间,才突然加速收缩肌肉发出的短促、刚脆的爆发力量。"寸",即比喻发劲距离之短促。发好"寸劲"的关键,在于把握住动作加速度的时机。这个时机应在我肢体着力点出击至沾贴对方衣服时,才突然加速发劲,俗语称此为"沾衣发劲"。

长　　劲

长劲是一种在原有化发劲力的基础上继续伸长的力。它能加大化发动作的幅度,使对方随之不及、化之不尽而受制。如太极拳四正推手的"按""挤"两式,均可附以长劲发之,让两臂蠕蠕出击,不断延伸,使对方愈退愈促。运用长劲时,要随其势,不丢不顶,有隙即进。发长劲时,要保持自身中正,沉肩垂肘,用腰腿劲,以意气配合,切忌前倾后仰,左歪右斜。

钻　　劲

"钻"字有两音,两种读法,含义有别。一读钻(zuān)劲,指支配动作直线穿行的力。如形于掌、指的"上穿""平穿""下穿"。又读钻(zuàn)劲,指支配动作螺旋向前的力。如形意拳中之"钻拳""横拳"。在某些口语化的武术术语中,多采用前者的读音,而取后者的念义。如"起钻落翻"之"钻"。八卦掌技法中对此有较为清晰的区别。认为如蛇钻穿的"钻(zuān)劲",要加上旋转的"滚劲",才能合为一边转旋一边向前的"钻(zuàn)劲"。

开　劲

开劲是一种支配肢体由内向外撑开的力。如对方以"双峰贯耳"向我两耳击来,我用两手插入其两臂间向左右分开时所用的力,即为开劲。运用此劲时,开的距离不能过大,也不能仅以手臂硬开,须与腰腿劲和意气相配合。

合　劲

合劲是支配四肢由外向内合拢的力。此劲运用于防守,多寓于格拦动作之中;运用于进攻,多与开劲相连而用。如太极拳中"提手上式""如封似闭"等动作,均是先横开对方来手,闯入其内门,一俟开至得势,马上变为合劲,直迫对方。此外,合劲还含有聚合之意,能使全身之气聚凝不散。发劲中含带此劲,劲整而圆。使用合劲时,须注意外部姿势和内部呼吸间的配合,气与势要同时聚合。

提　劲

提劲是一种提上拔高的力。太极拳之"提手上势"即用此劲。在太极拳推手练习中,一般是先引化对方进攻招式,变其劲路(方向)、泄其力度后,才换用此劲。

提劲运用得当,可粘起对方手臂,引动对方重心,使其掀跟倾斜。

搨　劲

搨劲是一种由上向下按压的力。搨腰、搨腕等动作,都是搨劲的运用。运用搨劲,应遵循梢悬、中松、根沉的完整要求。例如,搨腰必须头向上顶悬,腰骶以上部位的关节和肌肉尽量放松,其松沉的重量沉至腰骶关节处,而出现"搨腰"。

又如"搨腕"，必须手指头悬住，掌腕关节以上部位放松，其松沉的重量沉至腕关节处，出现"搨腕"。在描述动作形态时，"搨"常写为"塌"。如塌腰、塌腕。

崩　劲

崩劲是一种短距离的瞬间爆发力。崩劲分直崩、横崩和立崩。拳术中多用直崩，如形意拳的崩拳。器械中多用横崩和立崩，如崩剑、崩枪。发崩劲时，应在肢体向下松沉的同时，通过腕部骤然而发、戛然而止的微小动作，将劲发出。直崩时，腕部须突然挺直前催。横崩和立崩时，腕部则须突然向拇指侧侧屈。

撞　劲

撞劲是一种着力部位较大的快速攻击劲。有头撞、肩撞、肘撞、胯撞、膝撞等撞法。撞劲发劲距离短，一般在与对手靠近时，才突然猛力撞击，有所谓"离得近，打得狠"的特点。

撑　劲

撑劲是支配肢体由里往外推伸的劲。此劲既用于推排阻力，也用于维持自身平衡。前者如遇到抗力时，我以力撑抗；后者如两手前推时，自身后背向后撑，即所谓"前去之中，必有后撑"。用撑劲时，应注意自身的中正、沉稳。

拧　劲

拧劲是一种支配肢体左右拧转的力。发拧劲的基本方法是根节不动或相对稳定，由梢节拧转发劲。例如八卦掌"转掌式"，步立圆周上不动，上体拧转至面对圆心——"身如绳拧"；又如形意拳"钻拳"，肩关节相对稳定，小臂内旋前伸至小指侧斜向上——"臂如拧绳"，都是拧劲的用例。在与人对搏中采用反关节技法，是直接运用拧劲；由拗步冲拳，不动步变成顺步冲拳等类动作，是间接使用拧劲。

截　劲

截劲是一种快速而短促的击发力。在太极拳推手中，对方被引化落空之际，我可用截劲向其中心击发。在其他拳系中,一般是在对方攻势已出而未至之时,用与对方劲路相垂直的刚劲进行拦击,即所谓"拦截"。

拿　劲

拿劲是一种拢握掌指而运使的力。运用于采拿动作。常见的有虚拢对方关节和抓握对方某部两种表现形式。

前者如太极拳四正推手的"按"式所暗含的节制对手肘、腕关节动向的劲力。后者如太极拳四隅推手中的"采"式所含抓握对方臂、肘、腕等部的力。

运用拿劲时,要注意步法和身法的配合。

掤　劲

掤劲是一种由内向外发的弹性力。身有掤劲,犹如气充周身,支撑八面。演势时运用掤劲,动作表现为式正招圆,臂有圆撑劲,背有后撑之力,无一处凸凹。掤劲用于太极推手,既具有缓冲承接来力的捧架作用,又有黏随其去而掷之的崩发作用。太极拳手法中将以手臂捧架对方的动作称为"掤"。此式是掤劲的基本用例。其劲须基于腰腿劲,加以意气。

𢫖劲(捋劲)

𢫖劲是一种顺对方来势,由内向外或由前向后牵引的力。近年多将"𢫖"写为"捋"。太极拳推手中以捋劲改变对方来力方向,或舒散其劲,使不聚于一点。太极拳手法中将一手粘拢对方腕部,一手粘拢对方肘臂部向自身两旁斜线牵引的动作,称为"捋"。此式是捋劲的基本用例。其劲须基于坐腿、松臀、转腰。

挤　劲

挤劲是一种向前推排,逼使对方不得运转的力。太极拳推手中,将以横置小臂推击对方的动作称为"挤"。此式是挤劲的基本用例。其劲须基于腰腿劲,加以意气,并与另一手的助推力合一,方能为用。

按　劲

　　按劲是一种向前、向下推捺的力。按劲用于太极推手,既具有捺压对方来力,使其向下而不能上犯的抑制作用,又有黏随其去而推掷之的进攻作用。

　　太极拳手法中,将两手向前(其间略经向下)的推按动作称为"按"。此式是按劲的基本用例。按劲须用腰腿劲,加以意气,眼神须注视按捺方向。

採劲(采劲)

　　採劲是太极拳基本劲法之一,是一种虚拢或抓拿着对方腕或肘关节部由上向下牵引的力。"海底针势"即其用例。採劲以手指拢握之力与牵引之力融为一体。"採劲",也被写为"采劲"。为了强调其动源于劲,常用"採劲"二字。

捌　劲

　　捌劲是一种向外横推或横采的力。在太极推手中,多用以转旋对方劲力方向,以及横推对手,使其后仰倾跌。

肘　劲

　　肘劲,泛指以肘尖发出和通过前臂旋转发出的力。太极推手中,对方挒我时,我随势以肘尖击;或我一手粘其手,另一手臂屈肘旋压对方肘臂等,皆为肘劲的用例。

靠　劲

　　靠劲,泛指通过肩、背、胯向外挤推的力。在太极推手过程中,当我与对方贴身之际,采用肩或背或胯靠推对手使之离去的击法,即靠劲的用例。

　　在散打格斗中,靠劲多在贴身时以爆发力抖动发出。此劲短而促。

走　劲

　　走劲是一种弧形向后退引的柔力。常被拳家运用于化解对方的进攻动作。

《王宗岳太极拳论》说:"人刚我柔,谓之走。"运用走劲时,须注意顺其来劲或变其劲向,再顺其去向引之。他进一分,我退一分,毫不顶抗,也不离开,使对方毫不得力,处处落空。此外,还要注意以松腰转胯来加大走化的幅度。

引　劲

引劲是黏随对方劲路,诱其节节深入的力。运用此劲时,要顺其势,促其长,从而引动对方重心,促其重心越出其支撑面。如对方往上进攻,我就顺势引其往上,直引至对方有高不可攀之感,出现脚跟浮起的现象。如对方往下进攻,我便顺势引其向下,直引至对方有深不可测之感,出现摇摇欲坠的现象。如对方往前进攻,我则顺势引其向前,直引至对方有长不可及之感,出现前倾失重的现象。

粘　劲

粘劲是太极拳推手的基本劲法之一。亦名粘化劲或粘黏劲。是一种通过本体感觉粘住对方,不丢不顶的劲。

运用粘劲时,要心静神凝,像胶一样粘住对方,随其动而动,其"动急则急应,动缓则缓随"(《王宗岳太极拳论》),跟随不离。

化　劲

化劲是一种圆弧走化、外似柔软、内含掤劲的力。运用于化解对方的进攻动作。此劲的使用方法有两种:其一,改变对方的劲路方向,使其力向我身旁而去。具体做法:如对方从正面直线击来,我则向左斜或右斜后方走化。其二,黏随对方劲势,引其落空。具体做法:顺其来势,随其劲向,不丢不顶,引其落空。

运用此劲时,关键在于以腰为轴,通过向左或向右转腰,加大"化"的幅度,达到"引进落空"或所谓"四两拨千斤"的效果。

蹬　劲

蹬劲是一种以脚掌贴近地面向远处探出的劲。八卦掌的"蹚泥步"强调此劲,形意拳步法中"迈步如行犁"的要求,亦具有蹬劲。运用蹬劲时,是一脚前蹐,另一脚后蹬。蹐者前探,蹬者前催。蹐、蹬结合,步幅远而且步速疾。

"滚钻争裹,奇正相生"

"滚钻争裹,奇正相生"是八卦掌劲法术语。"滚钻争裹",指八卦掌运动中的四种基本劲法。"奇正相生",指上述四劲的相互关系。

滚劲,是支配躯干左右拧转,四肢内旋、外旋的力。以其动作圆形滚转而名。

钻(zuān)劲,是支配肢体舒伸的力。以其使动作向前(外)穿钻而名。

争劲,是支配肢体由内向外撑开的力。因其富于由合而开或彼合此开的动作,以其开合抗争而名。

裹劲,是支配肢体由外向内合拢的力。以其使动作形如包裹而名。

"奇正相生"本是兵家术语,出自《孙子兵法·势篇》"奇正相生,如循环之无端"。意指作战时,战势不过奇、正两种。然而,奇、正的变化,就像循圆环转一样没有终极。这里是借喻八卦掌的基本劲法虽然只有四种,但它们是相互关联、对应而统一的,其相互转变是循环无端的,其变化是无穷无尽的。

例如,滚劲与钻劲合用,动作体现出转旋出击;滚劲与争劲合用,动作体现为转旋外开;滚劲与裹劲合用,动作体现为转旋内合。在这种圆转不滞、变化灵活的动作中,四种劲力互相转换,主次关系相互变化,将产生出无穷无尽的动作。

宗　劲

宗劲是福建鹤拳"宗鹤派"的基本劲法。宗劲是抖劲、弹劲、撞劲的聚合体。发宗劲以抖动为基础。一击即回或连续发出的抖劲,就是弹劲。加大抖劲的幅度和力度,就是撞劲。发宗劲时,形似雄鸡抖翎,一抖,全身羽毛竖立;又似落水狗上岸抖水之形。

劈　空　劲

"劈空劲"是一种所谓的隔空潜击力。据说,两人相距较远,一方一举手做攻击动作(暗示),另一方就感到有股潜在的力量击来,身不由主地后退数步,似被此潜力击中一般。这种潜击力,实际是一方暗示另一方而出现的心理效应。

这种情况的出现有多种因素。

其一,举手做攻击动作者有很高的名望,其动作表现了较强的攻击意念(暗示)。

其二,另一方对前者早有迷信心理,故一见其进攻动作的暗示,心理上就产生一种效应,引起被动防守其动作的心态,感到对方放出一种潜力,无法抵抗,被自身意念支配而后退。

据周潜川《气功药饵疗法与救治偏差手术》云,只要不"心随景转",就不会为暗示所诱惑,引不起心理效应,对方发出的"劈空劲"也就不存在了。

凌 空 劲

凌空劲是一种借助精神作用、先声夺人的击发方法,可称为"意击劲"。太极拳推手中有用。推手时欲发此劲,先须以粘黏劲吸引住对手,使其处于无可抵抗、无法脱离的境地,进而以神态威慑对方,当对方重心向某方向倾动时,我示意顺势发劲击去,同时口中发"哈"声,对方意感我击而继续移动重心,甚至双足离地后退或倾倒。被发者必须明白攻守击法,否则,其不受发者意示的诱惑,发者施术必无效。陈炎林《太极拳刀剑杆散手合编》云:"此劲虽奥妙莫测,但学者不必深求,仅作游戏观可耳。"

盘 劲

盘劲,指通过盘练招势,体会动作的劲力方向、大小、长短,以提高"听劲"、用劲的准确程度。盘劲的基本方法可分为单人盘劲和双人盘劲两种练习。单人盘劲用于体会如何用劲,才能使动作达到一定的规格。双人盘劲主要用于体会对方动作的劲力方向、大小等,即所谓"听劲"。同时,也锻炼如何针对对方攻击的劲力,用劲反应的能力。在盘劲练习中必须将意识支配劲力运转放在首位,注意在运动中静心体会肌肉感觉和呼吸配合,才能收到以招练劲的目的。

练劲的基本方法和主要锻炼形式

练劲的基本方法分为两类。一类称"空练",另一类称"实练"。

"空练"指不借辅助器械,个人独自进行的劲力练习方法。此法包括"站桩"和"盘架"两种主要形式。

站桩是保持一定姿势,长时静站练习,其目的是借此体会人体各部是有机联系的整体,一静无有不静,一处动,则处处被牵。同时体会气随意识的引导,以丹田为聚散地,发由此出,亦回归于此。这既提高意识支配气息的能力,也锻炼下盘之稳固性,使上肢发劲时,有一个稳固支撑的根基。

"盘架"是单人练习武术技术动作和套路,其目的是锻炼将站桩或其他方法获得的劲,随意运往身体某部而发出体外的能力。

空练要注重用意,站桩时要放松肢体,盘架时要根据技法使肌肉松紧交替,切忌用僵力。

"实练"指借助练功器械或与助手进行的劲力练习方法。此法的主要锻炼形式包括克服抗力(如拧筷束)、击打外物(如打沙袋)、接受撞击(如排打)的练习,以及与助手相互对操。目的是锻炼本力和运用技法发劲的能力。实练要遵循渐进原则,强调意气配合,切忌突使猛力。具体的练劲方法可参见本书"武术实用功法"所列有关练习方法。

头 法

武 术 的 头 法

头法泛指运用头的各种技法。包括以头、顶、眼、耳、鼻、唇、齿、颏、颈各部领率或配合整体动作的方法,以及用头进行攻防的方法。

头领率整体动作的方法,首先表现于头部位置。头部位置端正,能保证立身中正、四肢肌张力均衡。头部位置的变化,能通过改变脊柱曲度引起上体状态的变化,还能反射性地引起肢体肌张力的重新分配。例如,低头能引起上体弯腰前俯;仰头能引起上体挺胸后仰;歪头(头侧倾)会引起同侧臂肌张力下降,异侧臂肌张力提高;转头(头扭转)会引起同侧伸肌兴奋性提高。因此,各门武技都以正头来正身,以低头配合做抢背滚转,以仰头配合做仰身平衡,以转头配合做转旋动作。在武术动作中,除了跌扑滚翻类动作外,其他动作大都要求立身中正,禁忌身体歪斜。因此,头法中首重正头。

做到头部正的基本方法是头顶(百会穴部)上领,下颏微内收,颈项顺随竖直。头领率整体动作的方法,还表现于眼和耳的功能。眼耳通过视听得到信息,促成大脑作出指挥动作的决定。拳家要求"眼观六路,耳听八方",以保监测明晰,反应正确。眼视看的方位对整体动作也有领率作用。例如,眼向左看能引起头向左转,导致体向左转;眼向下看能引起低头,导致上体前俯……运用眼的方法,称为"眼法"。内容主要有"随视""注视""传神达意"等。

头各部与整体动作的配合方法,主要包括:鼻要作为吐故纳新的通道,并协助吐气发"哼""嗯"等声。口唇要轻闭,只在发"哈""嘿"等声时才启开。舌要上卷舐腭,发挥连搭"鹊桥"、沟通任督二脉、促气下降的作用。牙要扣合,以利发劲用力。颈要顺随,以保头位端正,转动灵活。

在攻防格斗中,头被视为一拳。主要是以头撞击对手的面部和胸腹部。此法的关键是以手打开对方护守,足向对方正中进步靠近其身,随前脚落地的同时蹬后脚,同时以头撞击对方。常用方法有"靠身击鼻""开臂撞胸""托臂撞腋"等。头撞之劲整而烈。但是,以头击人危险颇多,应慎用。

提顶、拔顶、顶头悬、贯顶及虚领顶劲的异同

这五个术语均为拳势姿势要领。它们的含义,都是要求以内意、内力维持头部姿势的端正。一些拳家将这股内意、内力的作用,比喻为似一条绳索向上轻轻提拉、上拔,悬拎着头顶的百会穴处,故有"提顶""拔顶""顶头悬"等称谓。持此类名称者,认为把内意、内气想象为外力的提拔、悬拎,可避免内意上贯过多,而出现头晕脑胀。另有一些拳家,以此姿势的要点是意气上行、神贯于顶,故称"贯顶"。或认为上行之意气应似有似无,只是虚虚领起,故称"虚领顶劲"。

不论取何种说法,它们都首重意念的上领。只要有头顶百会穴处被意气上顶或被外力悬提的感觉,必然下颏微内收,头容正直,无俯仰或歪斜之态。达到此要求,不仅头部端正,而且有提起精神、领挈全身的作用。此时沉松肩部,颈项即有竖直和被拉长之感;此时放松全身肌肉,则身体各部关节松开,身有被对拉

拔长之感,各内脏器官各就各位,有一种自然宽松感。

顺颈竖项

顺颈竖项是拳术的姿势要求,指颈项自然竖直。它是通过"虚领顶劲"和"沉肩"相互作用自然促成的姿态,但"顶"和"沉"的意识不能过重,过重则颈部肌肉紧张僵硬,缺乏灵活性。颈项顺竖,能保持头部端正,转动灵活。

扣 齿 舐 腭

扣齿舐腭是拳术姿态的要领之一。指练拳时,牙齿扣住,舌上卷轻轻舐腭。形意拳认为齿扣则力至骨梢。牙有欲断筋之念,能增进拳式的力量。舌舐则力至肉梢,且舌卷气降。舌舐上腭还能接通任、督经气。太极拳、八卦掌等拳术亦有此要求。

眼 　 法

眼法,即运用目光眼神的方法。眼法的一般要求是精神团聚于目,眼神可畏而不可测,目光射人而无贪心。目光要平直而出,不偏不倚,不能左右斜视,上仰下俯。眼法的基本规律包括随视、注视、传神达意。此三者在武术套路演练和技击对搏中的目的和具体做法略有不同。

眼的运转与头的运转密切相关。头的运转能反射性地引起上肢和躯干的肌紧张。因此,要使"目似闪电",必须颈部关节灵活;要想眼正、身正,必须头正。

随 　 视

随视是武术基本眼法之一。指目光随自身动作或攻防需要运转。

随视时,要求目光锐疾。《拳经拳法备要》谓之"点前顾后疾如电,展动周旋似转轮"。

在套路练习中,随视的具体做法即"眼到手到,手眼相随"。

在攻防格斗中,随视则以集中注意敌人动作变化为基础,在随视过程中,目光在自身左侧的随视,称"左盼",在右侧则为"右顾"。运转路线为画弧绕圈者,称为"环视"。

眼到手到,手眼相随

"眼到手到,手眼相随"是武术动转中眼与手配合的基本原则之一。具体做法是眼神随代表动作主要技法的肢体运转。如(左)穿手(右)亮掌动作,目光先视左手穿出,随即变为随右掌回环,此即"手眼相随"。当右掌抖腕完成亮掌动作时,目光正好随转头注视手指所指方向——进攻方向,此即"眼到手到"。在这一眼手配合动作中,眼和手是同动、同行、同定的,没有此先彼后之分。

注　视

注视是武术基本眼法之一。指视线凝聚成束专注一的、毫不移闪眨动,亦称"凝视"。

在套路演练中,动作处于静态定型时,目光应凝聚注视动作的进攻方向,视线应与地面平行,看得准,看得远。目光似具遇物可透之威,使动作体现出静中有动、伺机待动的神态。为了表现注视时眼大而神凝,有时还采用随视时先微眯眼敛神,至注视时,突然大睁双眼,目光猛烈放出的对比方法。

在与人对搏中,双方相持时,要注视对手,明察其变。在对方被击倒时,亦须继续用意注视对方,既有以意威慑对手不敢再战之势,又有察其反扑,一触即发之态。一般情况下,格斗中注视对手的方法有三种,一是眼,二是肩,三是三关(眉、肩颈及肚脐部位),详见本书"格斗中如何注视对手"。

传 神 达 意

传神达意是通过眼神和视线表达内在气质及动作的攻防意识。具体做法:首先要理解动作的攻防含义,再将这种理解变为一种临敌想象。运动时,眼好像监察着敌人的运动,预测着敌人的变化,以至将得之于心的观察,体现在整体动作中。于是,眼由于集中观敌,而目光明亮锐利;由于有预测敌之变化的想象注于眼中,目光即灵活不滞;由于与整体动作协调一体,目光便成了表达动作攻防含义、拳法意境的窗口。

在与人对搏中,则借眼"传神达意"之法,以虚神假意迷惑对手,引其进入我设置的圈套。

注一挂余

注一挂余是与敌格斗时的一种基本眼法。

"注一",指集中目光,盯住对方某一部位,如双眼或两肩等;

"挂余",指运用目之余光,注视对方其他部位。简言之,指眼光应集中一点,顾及八方。

套路演练和对打格斗中眼神的区别

在套路演练中,用眼的目的主要在于提起精神,使眼睛明亮传神,表现出动作潜在的攻防意识。并且以"眼到手到、手眼相随"的密切配合,体现出神随势注。这种眼神有较强的艺术感染力,在表演时,能引起观众的联想,跟着演练者进入逼真的攻防格斗意境。

攻防格斗中的眼神是为观敌变化、保护自己、击败对手服务的。所以,与人格斗时,眼只能集中观敌,而不能随己肢体的变化而环视、盼顾。那样既容易暴露自己的攻防意图,又容易因眼未察知敌变,而受制于敌。

手　法

常见拳型

平拳:四指并拢卷握,拇指紧扣在食、中指的中节指骨上(图1)。因此拳拳面平齐,故称"平拳"。又以其四指卷屈紧贴手心,名"卷心拳"。又因其使用广泛,常简称"拳"。

凤眼拳:四指并拢卷握,食指骨节突出,拇指尖压于中指中节指骨上,以拇指梢节内侧紧靠食指梢节(图2)。在南拳中,称此拳为"单珠拳"。

螺形拳:握法同平拳,唯拳面略依次错落斜倾,使拳眼前

图1　平拳

倾至与小臂齐高(图3)。因此拳拳形似螺,故名。

透骨拳:四指并拢卷握,中指屈环突出拳面,拇指扣紧抵压住中指梢节部(图4)。因多用突出拳面的中指指骨击对方骨隙和穴位,故名"透骨拳"。在南拳中,称之为鹤顶拳、荔枝拳、龙珠拳。

尖拳:四指并拢,屈扣梢节和中节指骨,拇指紧贴食指,拇指尖掐按于食指梢节部(图5)。因此拳型扁平,着力面积小,故名"尖拳"。南拳称"姜牙拳"。

端杯拳:拇、食指屈圆似端杯,其余三指并拢卷握(图6)。此为醉拳拳型,南拳称"螃蟹拳"。

犬拳:四指卷屈,指尖不超过掌心横纹,拇指环屈贴紧手心,并与其余四指梢节靠紧(图7)。亦称"羌子拳"。

猴手拳:拇指屈环贴于手心,其余四指并拢屈握,包紧拇指(图8)。此为猴拳拳型。

双珠拳:四指并拢卷握,食、中指骨节突出,拇指尖压于无名指中节指骨上,以拇指梢节靠紧食、中指梢节(图9)。亦称"双凤眼"。

图2 凤眼拳　　图3 螺形拳　　图4 透骨拳　　图5 尖拳

图6 端杯拳　　图7 犬拳　　图8 猴手拳　　图9 双珠拳

瓦棱拳:食指屈紧,扣于虎口内侧,中指、无名指、小指依次微屈突起,拇指紧扣于食指中节指骨上(图10)。八极拳以此拳轮似钯,称之为"巴子拳";通臂拳中多以此拳由上向下错打敌之印堂穴、鼻梁骨,称之为"斩首拳"。

图10　瓦棱拳

拳型的部位和名称

拳型一般分六个部位,各称为拳面、拳轮、拳背、拳心、拳眼、拳棱,以平拳为例说明(参见《平拳图》)。

拳面:四指基节指骨并成的平面部。

拳轮:小指及掌沿侧。

拳背:手背部。

拳心:手心部。

拳眼:食指和拇指卷握形成的圆孔部。

掌棱:分背棱和指棱。背棱指掌指关节突出部,指棱指四指根、中节关节突出部。

拳位及其作用

立拳:拳眼朝上,拳背竖立。用于前冲、上撩、下劈、横格拨等技法。

反拳:手臂内旋至拳心向外。用于向前的直冲、横贯和向下的栽拳等技法。

平拳:拳眼向左或向右,拳背横平。包括俯拳和仰拳。俯拳拳心朝下,用于向前冲打、向下扣压、向上撩击、横向扫击等技法。仰拳拳心朝上,多以拳背为着力点,用于向下劈砸类的技法。

竖拳:拳面朝上,主要用于上冲拳。

倒拳:拳面朝下,主要用于下冲拳、栽拳等技法。

常见掌型

柳叶掌:四指并拢伸直,拇指弯屈内扣于虎口处(图1)。此掌型使用广泛,常简称"掌"。

瓦棱掌:做法同"柳叶掌",唯手掌微微旋外,使四指依次错列(图2)。以其形似瓦片,故名。劈挂拳称之为"瓦面掌"。

八字掌:虎口撑开,拇指和食指形成汉字的"八"字,食

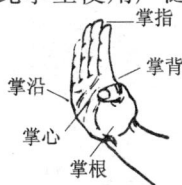

图1　柳叶掌

指与其余三指可并拢,也可分开(图3)。

荷叶掌:五指并拢伸直,指尖微扣(图4)。

五峰掌:五指自然伸直、分开,掌心涵空,指梢微屈(图5)。劈挂拳称之为"九宫掌",太极拳称"巴掌"。

蛇形掌:五指并拢挺直,掌心略内含。一般与屈腕和抬起小臂使指尖向前的动作配合成型(图6)。

猴掌:拇指屈贴掌心,其余四指并拢略屈(图7)。

牛舌掌:拇指弯屈贴靠食指(或使拇指梢尖扣压于中指指掌关节处),其余四指并拢伸直,掌心微微涵空(图8)。此为八卦掌掌型。

龙爪掌:五指分开,食指竖直,其余四指梢节微扣,虎口撑圆,掌心凹空(图9)。此为八卦掌掌型。

龙头掌:拇指外展、微下压,其余四指并拢伸直,末节指骨后伸(反翘),腕背略上凸(图10)。

图2 瓦棱掌　图3 八字掌　　图4 荷叶掌　图5 五峰掌　图6 蛇形掌

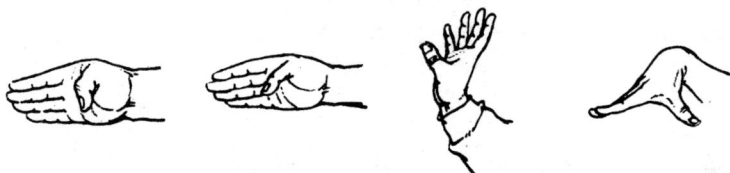

图7 猴掌　　　　图8 牛舌掌　　　图9 龙爪掌　　图10 龙头掌

掌型的部位和名称

掌型一般分六个部位,各称为掌沿、掌根、掌心、掌背、掌指、虎口。下以柳叶掌为例说明(参见《柳叶掌图》)。

掌沿:从小指至腕的掌边缘部。

掌根:腕掌关节部。

掌心:手心部。

掌背:手背部。

掌指:手指部。

虎口:拇指和食指之间。

掌位及其作用

立掌:泛指掌心向外、手掌竖立者。多用于推掌、击掌等技法。

正掌:指太极拳中的"立掌"。

直掌:泛指手腕伸直者,多用于前插、上撩、下劈等技法。

侧掌:手掌直腕侧立,掌沿朝下,为直掌的一种。用于前穿、下劈、上撩、横搧和横拦、格等技法。

俯掌:亦称"阴掌",为直掌的一种。掌心朝下或偏朝下方。用于向前平穿、向外削击、向回平扣、向下拍按等技法。

仰掌:亦称"阳掌",为直掌的一种。掌心朝上或偏朝上方。用于横斩、上托、上撩等技法。

反掌:手掌直腕内旋至掌心朝外即成反掌。多用于沿臂穿插、向前反插等技法。

竖掌:掌指尖朝上,手腕伸直即成竖掌。竖掌多用于上穿、上引等技法。

垂掌:掌指尖朝下或偏朝下方,手腕伸直即成垂掌。多用于向下插戳类技法。

横掌:掌沿朝前,掌心朝下。多用于削击、横撑等技法。

螺旋掌:小臂外旋,掌指朝上。八卦掌中多用。

常 见 爪 型

龙爪:五指稍张开,末节和中节指骨稍屈,腕部凸起(图1)。

虎爪:五指用力张开,末节和中节指骨弯屈,基节指骨用力

图1　龙爪

向爪背后伸,使掌心凸出(图2)。

鹰爪:虎口张开,拇指用力外展,其余四指并紧,五指末节和中节指骨扣屈(图3)。

螳螂爪:屈腕成腕部上凸,四指依次自然松开收屈,拇指梢端按贴于食指中节指骨前侧(图4)。

猴爪:屈腕成腕部上凸,五指下垂,自然松开弯屈(图5)。

鹤爪:五指自然分开,末节和中节指骨自然扣屈(图6)。

 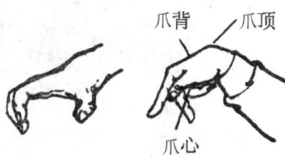  

图2 虎爪　　　图3 鹰爪　　　图4 螳螂爪　　　图5 猴爪　　　图6 鹤爪

常见勾型

撮勾:屈腕,五指自然内合,指尖捏拢(图1)。此勾使用较为广泛,一般简称"勾",南拳称"鹤顶手"。

刁勾:屈腕,拇、食、中三指自然内合,指尖捏拢,其余两指卷屈,指尖贴掌心(图2)。

鹤嘴手:直腕,五指自然内合,指尖捏拢(图3)。

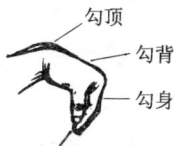 

图1 撮勾　　　图2 刁勾　　　图3 鹤嘴手

爪型、勾型的部位和名称

爪型、勾型各分四个部位,名顶、背、身、尖。以虎爪和撮勾为例说明(参见《虎爪图》《撮勾图》)。

爪顶、勾顶:腕关节弯曲凸起部位。

爪背、勾背:掌背部位。

爪身、勾身:手指部分。

爪尖、勾尖:手指尖端部位。

爪位、勾位及其作用

正爪、正勾:腕顶向上,指尖向下。用于向上撩击、向下爪啄、左右勾抓、向回搂掳等技法。

反爪、反勾:指尖向上、腕顶向下。用于由下向上的撩啄,由前向侧后抄、挂等技法。

横爪、横勾:使尖和顶横向左或右。用于横掸、横啄等横向运使的技法。

竖爪、竖勾:手腕下塌,手背竖起,手心向前。用于抓面、前啄等技法。

常见指型

武术中常见指型有四种,即:

单指:食指伸直,拇指弯屈紧贴食指根部,其余三指并拢卷握(图1);也有拇指外展的做法。此指型亦称"金刚指""金枪指"等,皆以喻其坚硬而名。

双指:食、中指并拢伸直,拇指扣压于屈回的无名指和小指末节上(图2);也有食、中两指分开伸直的做法。此指型亦称"金剪指",以其形似剪刀而名。

三阴指:食、中指和无名指并拢伸直,拇指扣压于屈回的小指末节上(图3)。

金铲指:四指并拢伸直,拇指屈贴掌内,指尖按于无名指根部(图4)。

不论是一指,还是多指组成的指型,主要技击作用都是集全身之力于指尖,用指尖点、戳敌人穴道、眼窝等部位。

图1 单指　　图2 双指　　　图3 三阴指　　　图4 金铲指

手法的内容和分类

手法是以手体现的各种攻防技法的总称。手法的内容丰富,名目繁多。

按照运用时手的形状,可区分为拳法、掌法、勾法、爪法、指法。

按照手法的攻防含义,可区分为进攻性手法、防守性手法、攻防兼施性手法。

按照手法的运动路线,可分为由上向下、由下向上、左右横向、由后向前、由前向后、由外向内、由内向外,以及绕环缠转等八类。在各类中,又由于攻防目标不同,造成运动路线、幅度、着力点不同,从而形成了琳琅满目、各具特色的手法。

同名称的手法,在不同拳种中做法不尽相同

不同拳种同名称的手法做法基本上相同,也有少数大同小异的地方。这是因为手法动作名称都含有一个动词,这个动词在武术攻防中的含义是一定的,故名称相同的手法,其基本做法也差不多是一致的。但是,由于不同拳种有不同的运动风格和劲力特点,因此,它们的做法有一定区别,用法也不尽相同。

例如,长拳手法须做得舒展大方,有遥举遐击之势;南拳手法须做得劲足力刚,有勇猛威武之态;太极拳手法须做得柔活缓匀,似行云流水般绵延;八卦掌手法须做得拧旋缠绕,如龙飞凤舞般矫变,等等。

拳法的主要攻防方法

以拳完成的各种攻防技法称为拳法。拳法内容丰富,因运用的拳型、着力部位、贯注的劲法和运动方向不同,而区别为不同的攻防方法。常见的有:用拳面冲、钻、崩、栽、抄、贯;用拳轮劈、扫、挂、撩;同拳背砸、贯、撩、反劈、横;用拳心扣、撩;用拳眼贯、撩、横等等。

此外,某些拳型还有着独特用法。例如凤眼拳和尖拳,擅用拳的尖突部位完成点击。

掌法的主要攻防方法

以掌完成的各种攻防技法称为掌法。掌法也像拳法一样,因掌型不同、着力

部位不同、贯注的劲法不同、运动方向不同,而形成不同的攻防方法。常见的有:用掌沿劈、砍、切、截、削、推、搂;用掌心按、拍、扣、压、搁、托、撩;用掌背摔、盖、磕、掸;用掌根推、塌、掖、撞;用掌指穿、插、挑、抹等等。

勾法、爪法的主要攻防方法

以勾、爪分别表现的各种攻防技法称为勾法和爪法。在运使中,勾、爪的着力点不同,其施展的攻防技法也不同。常见的有:用勾顶、爪顶和勾背、爪背部撩、掸、磕、格;用勾身、爪身部勾、搂、采、带;用勾尖、爪尖部位啄、抓等等。

指法的主要攻防方法

用手指表现的各种攻防技法称为指法。一般只运使食指或食、中两指,也有并用三指、四指的。在攻防对搏中,主要是力贯指尖,点戳对方两眼和人身穴道。由于手指力量较弱,在戳坚击硬时,易被反作用力挫伤。因此,未经专门训练者,一般不以指击人。

由上向下出击的手法

由上向下出击的手法,泛指大小臂由上举位向下运动的攻防动作。其中有主于攻击的劈、砍、甩、砸、拍、擂;主于防守的压、按、切、扣、盖、栽、截等。这类手法较多,练习方法多样。一般来说,凡是由上向下的进攻手法,要注意探臂、抻膀、抖腕,放长击远,其中以"劈"为典型代表。凡是由上向下的防守手法,要注意动作严密紧凑,沉身沉气,同时要分清不同手法的着力点,做到方法明确。

劈拳、劈掌、擂拳、砍掌的异同

在武术手法中,劈拳与劈掌、擂拳与砍掌的做法相同,只是手型有拳、掌的不同,这四种手法均是由上向下运动,主于进攻。它们的着力点都是小指侧的拳轮和掌沿。

这四种手法的区别在于:劈拳、劈掌是直臂向前下挥落,擂拳、砍掌是屈臂斜向前下挥击;"劈"主要用鞭劲,劲力长脆,"砍"和"擂"主要用寸劲,劲力短促。

盖拳、压拳、扣拳、栽拳的异同

这四种拳法均为屈臂以拳由上向下运动,主于防守。它们的区别主要在于着力点不同和拳的方位不同。盖拳以拳心为着力点,运使时拳心向下。压拳以拳轮为着力点,运使时拳轮向下。扣拳以拳背为着力点,运使时拳背向下。栽拳以拳面为着力点,运使时拳面向下。

压掌、切掌、按掌的异同

这三种掌法均是屈臂以掌由上向下的防守动作。它们的区别主要在于着力点和掌的方位不同。压掌以手背为着力点,运使时手背向下。切掌以掌沿为着力点,运使时掌沿向下。按掌以掌心为着力点,运使时掌心朝下。

拍掌与摔掌的异同

拍掌与摔掌均是由上向下运动、主于进攻的掌法。通臂拳中的拍掌和摔掌,皆注重探背抻膀,抖腕发力。两者的区别主要在于着力点和掌型方位的不同。拍掌的着力点在掌心,运使时掌心向下;摔掌的着力点在掌背,运使时掌背向下。

砸拳与扣拳的异同

砸拳与扣拳均是由上向下敲击、以拳背为着力点的拳法。它们的区别在于:砸拳动作幅度大,劲力猛,落如重锤;运使时举臂过头,然后外旋小臂屈肘以拳背下砸,如长拳的震脚砸拳。扣拳动作幅度小,劲力柔,落如叩门;运使时,手臂在身前外旋,使拳背扣压对方进攻之腕背部,如太极拳的"搬"。

由前向后运使的手法

由前向后运使的手法,主要是上肢由伸到屈的回收和腰胯后移的动作。常见的有挂、带、捋、采四法。做好这类手法的关键在于,以松胯、坐胯和松腰、转腰加大向后运转的幅度。在与人对搏时,我向后的幅度大,对方就可能被拉倒。我应同时顺对方之力向,加力其上进行牵引。

带手、捋手、采手的异同

带手、捋手、采手均是以手着力，由前向后牵引对手的技法。其练习要领相同，它们的区别主要在于牵引的高低不同。带手是牵引其手顺我颈胸旁而去；捋手是牵引对手之手顺我腰腹旁而去；采手是牵引对手顺我胯膝旁而跌。

挂法、挑法、截法的异同

挂法可按手型是掌或拳，发为挂掌、挂拳两类。其中，由臂前平举、小臂屈肘向上回划至同侧耳旁者，称为上挂；由手臂屈置身前、小臂伸肘向下回划至同侧胯旁者，称为下挂。

上挂和挑是主于上防的技法，下挂和截是主于下防的技法。它们均是以小臂着力为主，在基本相同的空间范围内运动。它们之间的区别主要在于着力点不同。上挂、下挂的着力点在小臂背侧（与掌背同向的一侧）；上挑的着力点在小臂外侧（与拇指同向的桡侧）；下截的着力点在小臂内侧（与小指同向的尺侧）。

由后向前出击的手法

由后向前出击的手法，主要是上肢肘关节由屈到伸的运动。其中包括直掌出击的穿、插；立掌出击的推、击；以指出击的点、戳；以拳出击的冲、崩、中拳等。

做好这类手法的关键有三：

其一，出手要有明确的攻击目标，出击手不能摇晃摆动。

其二，在运动过程中，先要微微着意夹肘，使大小臂贴肋而出，然后，通过小臂的内旋（旋幅由技法决定），保证肘关节沿手的出击路线运动，不能离开肘部和手出击的轨迹。

其三，在肘关节伸直的瞬间，肩部应向前送，腰部随之拧转，以加大动作出击的幅度和力度。

穿掌与插掌的异同

穿掌和插掌均是以指尖为着力点，通过臂的屈伸以直掌完成的动作。两者的区别在于：穿掌必须贴绕身体、或顺沿另一手臂穿出；插掌则是独立完成技法。

推掌与击掌的异同

推掌与击掌均是以手掌掌沿为着力点，通过臂的屈伸，以立掌来完成的动作。两者的区别在于：推掌用力较长，目的在于将对方推出；击掌发劲短促，目的在于击伤对方。

冲拳、崩拳、中拳的异同

冲拳、崩拳、中拳均是通过臂的屈伸以拳完成的动作。它们的区别主要有三点：

其一，冲拳劲力较长。崩拳和中拳劲力短促，一着即回，可以连续出击。

其二，冲拳是长拳类拳术的基本拳法，一般用平拳，要求力达拳面。崩拳是形意拳基本五拳之一，一般用凤眼拳，要求力达突出拳面的食指指节。中拳是通臂拳基本拳法，一般用透骨拳，要求力达突出拳面的中指指节。

其三，冲拳的方位多样，崩拳和中拳只击对方胸腹之间。

由下向上出击的手法

由下向上出击的手法，主要是通过上肢在肩关节处伸屈实现的上肢前上举运动。其中包括以拳、掌型完成的撩、挑、架，以掌型完成的托，以拳型完成的上冲，以勾、爪型完成的撩等。

除上冲拳的练法要点同冲拳外，做好这类手法的关键在于以肩带肌群的力量为主进行运动。在运动中，肘关节要保持相对的固定性，不能出现明显的屈伸。做上架动作，手臂犹如一根弯棍，始终保持住其弯屈度。做撩和挑的动作，手臂犹如一条直棍，始终保持其相对直度。

撩法与挑法的异同

手法中的撩法与挑法，均是直臂由下向前、向上掀起的动作。它们的区别在于：撩的主要目的是攻击对方阴部，其高不过腹部；挑的主要目的是挑开对方向我中盘以上部位的进攻招势,须至头顶上方。此外,撩时可以用虎口向上、手心向上、手背向上等三种形式运动;挑只以虎口向上等形式运动。撩须力达手;挑则应力达小臂。

架掌与托掌的异同

架掌与托掌均是屈臂由下向上拦住对手进攻之肢体的手法。两者的区别在于:架掌是展开肘部(肘尖向外),以小臂和掌沿向上横架住对手下劈的拳掌,高须过头;托掌是夹住肘部(肘尖向下),仰掌向上托起对手向我冲击来的拳掌,高不必过头,只要微托改变对方劲路即可。架掌须以大力硬架其力;托掌是用柔力缓拨其劲。架掌的着力点在小臂;托掌的着力点在手心。

左右横向运使的手法

左右横向运使的手法,主要是在水平或接近水平的平面内完成的上肢在肩关节处的内收、外展,以及肘、腕关节的屈伸运动。其中,由外侧向前方出击的手法有:以拳眼食指侧着力横击对方耳门的贯拳,以掌心横击对方耳面的搧掌,以掌抱搂对方腰部的抱掌。由前向侧面出击的手法有:以拳轮或掌沿横击对方的横斩,有以拳轮、拳背或拳眼横击对方的横扫等。在体前左右平移的手法有:立掌向内平移的横拦、向外平移的平拨,以及竖肘以小臂着力向外移动的外格。

做好这类手法的要点,是以腰身的转动带动手臂的横移,以增加手臂横向转动的活动范围,并使躯干部大肌群的力量传递至手臂,加大横击的力量。即便是横拦、平拨这类平移幅度不大的手法动作,也应以腰身的轻微转拧来配合,动作才能体现出整劲。腰转拧幅度的大小,与手法动作幅度成正比。

圆形绕缠运转的手法

圆形绕缠运转的手法,主要是以肩关节、肘关节或腕关节为轴进行的环转运动,动作中伴随有臂的内旋、外旋。其中包括在体前或头上方圆形绕缠的舞花手,在体前以腕为轴完成的缠手、绞花手,在体前以肩为轴完成的云手,自下经体侧划弧至头上方的亮掌等。

做好这类动作的关键,是放松上肢关节和附着其上的肌群,使手臂犹如一条绳索,只以手指着力牵动其绕缠运转。其次,要注意相对稳定绕缠轴心。例如缠手的轴心是腕关节,手掌绕缠时,腕关节就应相对固定空间位置,不能上起下伏、左摇右摆。同样,云手、亮掌等以肩关节为轴心绕转的动作,肩关节就应相对固定其空间位置。

绞花手与舞花手的异同

绞花手与舞花手均是由两臂交叉开始,左右手同时向相反方向划圆的手法。两者的主要区别在于:绞花手是以两腕相交,以腕为轴舞转,动作幅度小;舞花手是以小臂相交开始,以肩关节为轴舞转,动作幅度大。

缠手、搂手、掳手的异同

缠手、搂手和掳手均是以手部动作为主的小技法,皆具抓拿对方肢节的效用。掳与搂动作相同。缠与搂的区别在于:缠手是以腕关节为轴,手掌由内向上、向外绕弧,然后屈指抓握,同时前臂外旋至手心向上,目的是抓住对方上肢梢端进行拧转,以反其关节;搂手是掌沿向外划弧拨动,然后屈指抓握,并向回牵拉,目的是抓拉对手接近我,以便发挥其他身体部位对敌手的攻击威力。虽然搂手有时也伴有小臂外旋的动作,但其目的只是为了便于牵拉用力,而不在于拧转其肢节。此外,仅以掌沿外拨而无抓拉的动作,有时也称为"搂",如太极拳的"搂膝"。

搨腕和坐腕

搨腕和坐腕是拳术姿势的要领。两者均指俯掌时,腕关节向下松沉,掌指上翘的腕部形态。因腕向下松沉,有似下塌或下坐,也写为"塌腕"。塌(坐)腕有助于将意气和劲力传送至掌根或掌沿,完成推掌和击掌类动作。此外,塌(坐)腕还有搨住腕劲的意思。即冲拳或插掌击中对方时,腕部肌肉要收缩加固腕关节,使劲力直达拳面或指尖,避免拳或掌指击中目标后出现歪斜,而挫伤手腕。

坐腕舒指与展指舒掌

"坐腕舒指"与"展指舒掌"是太极拳运动中的推掌动作技法对手腕、手掌和手指的要求。

"坐腕舒指",即推掌时,由微屈腕、五指含蓄微内合,随向前缓缓伸掌逐渐向下松沉腕关节,手指随之放松舒伸而展现腕伸、指伸的形态。坐腕舒指能促意、气、力越过手腕,达于指尖。气能至梢,方可算气遍周身;梢节松开,方能称全身放松。

"展指舒掌",即在做推掌一类动作时,以意念指挥手掌一边伸出,一边逐渐展开五指,微吐掌心。收掌时,则以相反的意念收屈指掌。

纠正戳拳的方法

戳拳为冲拳时拳面不平之毛病。由于其着力点落在拳面的某侧边缘,容易挫伤手腕。纠正的方法:握紧拳头,以拳面平抵墙壁,体会用力时拳面平平受力时的肌肉感觉。出拳时,注意肘贴肋、腕内旋、肩前送。

肘型的部位和名称

肘型分弯屈肘关节形成的锐角或钝角两种。角尖名为肘尖,角边为大臂和小臂。

肘位及其作用

平肘:大小臂屈紧抬平,手心向下。用于顶肘、盘肘等技法。

竖肘:屈肘,小臂向上竖直。用于格肘、挑肘、栽肘、墩肘等技法。

叠肘:大小臂屈紧置于体侧。用于掖肘等技法。

端肘:大小臂弯屈,手心向上。低端肘弯屈约135°,肘尖高与腹齐,用于掩肘、截肘等技法;上端肘弯屈约100°,肘高略低于肩,用于挎肘等技法。

举肘:小臂屈肘举于头前上方,手心向前。用于架肘等技法。

肘法的内容和分类

运用肘尖和肘边于技击的各种方法,统称肘法。肘法是技击格斗中贴身近战的主要方法。以肘进攻,势险节短,一动即至,而且硬度和力度较拳掌大,故有"宁挨十手,不挨一肘"的说法。肘法还包括上架、下掩、左右横格等防守方法。以肘法进行防守,紧凑严密,而且便于随时变化出击。

常见肘法有由下向上的架肘、挎肘、挑肘;由上向下的截肘、栽肘、墩肘;左右移动的盘肘、掩肘、格肘;由前向后的掖肘;由后向前的推肘、顶肘等等。

架肘、挎肘、挑肘的异同

这三种肘法均是大小臂以肩关节为轴、由下向上的运动。三者的区别在于:架肘是屈臂上举,以小臂横架头上,目的是用小臂尺侧架住对方下劈之臂;挎肘是以端肘上抬,目的是挎起对方手臂,以完成折肘或别臂等技法;挑肘是由竖肘以肘尖向前上挑击敌胸肋或下颏等部位。

截肘、栽肘、墩肘的异同

这三种肘法都是由上向下运动、要求发力短促的肘法。三者的区别在于:截肘是由端肘内旋小臂,用尺侧向下砸击;栽肘是由竖肘以肘尖向下砸击;墩肘是由竖肘以大臂向下砸击。

掩肘与格肘的异同

掩肘与格肘均是左右横向防守的肘法。两者的区别在于:掩肘是由端肘以小臂由外向内平掩,拳高与胸齐;格肘是由竖肘以小臂向左或向右格拦,拳高与头齐。

顶肘与盘肘的异同

顶肘和盘肘都是以平肘来完成的肘法。两者的区别在于:顶肘是由后向前或向同侧撞出;盘肘是以腰的转动,带动肘向左或右横打。

沉肘、垂肘与坠肘的含义和要点

沉肘、垂肘、坠肘,均是拳术姿势要领。它们的含义相同,皆指肘关节周围肌肉放松,肘尖向下,以其顺随地球吸力,有向下沉垂、坠落之感,故名。手心向上的上肢动作,肘尖自然向下;手心向下的上肢动作,保证肘尖向下的要点是,小臂微外旋至虎口或食指向上。

肘部沉垂,不是一个孤立的拳术姿势要领,它有助于沉肩、塌腕,将意气和劲力传送至手。还含有防护两肋之意,并且能使手臂具有连续出击的弹性。

纠正扬肘和寒肘的方法

扬肘和寒肘,都是武术运动中肘部姿态的禁忌病。

扬肘(也称抬肘、悬肘),指肘尖向外翻起上抬。这种形态使腋下空虚,而且导致气上浮,容易被对方击中两腋、两肋,或被推掀倒地。纠正的方法:保持肘尖向下方,两肘靠近两肋。

寒肘,指两肘肌肉僵直,紧贴两肋,影响两手灵活运使和发力。纠正的方法:放松肘部肌肉,并微微离开肋部。

两膊相系的含义与运用

"两膊相系"是太极拳对两臂相互配合的要求。指在运动中,两臂似被一条绳索系住,当一臂移动时,另一臂也好像被牵拉着跟随运动。如此,两臂同时运动,或一前一后、一上一下,或齐起齐落、齐前齐后,动作协调对称,气势贯通。

松肩、沉肩、垂肩、脱肩的异同和作用

松肩、沉肩、垂肩、脱肩均为拳术姿势要领。它们的共同含义包括:肩关节松开,腋下亦松开一拳之际,附着于肩关节的肌群放松,顺地球吸引力的方向自然垂沉,使肩窝部明显凹陷,形如溜肩。它们的不同点在于:松肩只强调自然松开。长拳类拳术多用沉肩、垂肩,强调松肩后的沉、垂感。脱肩是在松肩的基础上微微向前内含两肩,并微微以意引肩继续松沉而获得的一种肩向下沉垂和肩关节

似脱开般的感觉。脱肩是古代拳家的用语，太极拳、八卦掌、形意拳中的沉肩、垂肩，亦应达到肩部沉垂似脱的程度。

肩部肌肉放松，肩关节撑开，能促意气至膊，使肺叶舒展，气平意静，调节心跳过频。松肩还是上肢灵活转绕的基础之一。肩的沉垂亦有助于宽畅胸廓，绷紧背肌，形成涵胸拔背的形态。

纠正耸肩与寒肩的方法

耸肩、寒肩都是武术运动中肩部姿态的禁忌病。

"耸肩"，指肩关节向上突起。这不仅有违武术姿势要求，而且能导致气下行困难，使气浮胸中，上身飘浮，下盘不稳。纠正的方法：在保持头部位置的前提下，以意松沉肩部肌肉，体会肩关节被撑开的感觉；多做肩的上起、下沉练习，前扣后展练习，及向前、向后的绕转练习。

"寒肩"，指肩关节周围肌群僵紧，两腋被两膊夹紧，尤如人在寒冷中紧缩肩膊一般。寒肩也有违武术姿势要求，并使得两臂活动迟滞。纠正的方法：通过柔缓的上肢动作，放松肩部肌肉。动作时注意头微上顶，腋下不能夹紧，在臂下垂时，至少要空出一拳距离。在松肩的基础上，可做一些以上肢远端（即梢节）带动手臂、活动肩关节的动作。

"桥法"的内容和分类

在南拳技法中，将以大小臂完成的上肢动作技法统称为"桥法"。

桥法的常见内容包括：由上向下运动的劈桥、沉桥、膀桥、切桥、压桥；由下向上运动的架桥、搭桥；左右横向运动的截桥；圆形缠绕运动的缠桥（占桥）、圈桥、盘桥；由后向前的攻桥；以及由前向后拉回手臂的抽桥；沿肢体穿出的穿桥。

习惯上将这些桥法动作分为长桥、短桥两类。长桥指直臂或臂微屈；短桥指大小臂弯屈小于135°。以长桥完成的动作，皆属长桥类桥法；以短桥完成的动作，则属短桥类桥法。

架桥与搭桥的异同

架桥与搭桥皆是屈肘以小臂向上举迎的动作。二者的区别在于:架桥是小臂横平向上于头顶前上方,目的是架住对方劈下的手臂;搭桥是手高于肘,使小臂成斜面向上、略含向外,举至头前上方,既有上架对方手臂之意,又含有向外格开对方手臂之目的。

膀桥、切桥、压桥的异同

膀桥、切桥、压桥皆是屈肘以小臂向下防守的桥法。它们的区别在于:膀桥是内旋小臂向前下偏外锉击,肘关节弯屈约呈 150°;压桥是以小臂横于身前向下压,肘关节弯屈约呈 80°—100°;切桥是内旋小臂向前下方锉击,肘关节弯屈约呈 80°—100°。也就是说,切桥的劲法同膀桥,但肘关节屈度同压桥,且出击方向与膀桥、压桥略有不同。

沉桥与劈桥的异同

沉桥与劈桥均为小臂由上向下运动至小臂与腰平齐的桥法。两者的区别有二:

其一,沉桥的着力点在小臂前侧(与手心同侧),运动时手心向下;劈桥的着力点在小臂尺侧(小指一侧),运动时立掌向下。

其二,沉桥以沉坠劲向下松沉运动;劈桥以爆发力向下急促运动。

缠桥、圈桥、盘桥的异同

缠桥、圈桥、盘桥均是手臂绕缠成圆的桥法。三者的区别在于:缠桥是以手腕为轴缠绕,缠绕的圈之直径不得大于 20 厘米,目的是擒拿对方手腕部;圈桥是以肘关节为轴缠绕,缠绕的圈之直径不得大于 45 厘米,目的是先以小臂格拦,再随势以手抓拿;盘桥是以肩关节为轴绕圆,圆圈上不过头,低不过裆。

肘法和桥法的区别

肘法和桥法,都是运用大小臂完成的技法。两者的区别主要在于:肘法是以上肢的屈肘状进行运动,注重以肘尖进攻;桥法则兼以上肢伸直和屈肘状进行运动,注重以前臂进行攻防。

桥法与鞭法

桥法与鞭法均指南拳类拳法中的上肢动作技法。例如,直桥也称长鞭,短桥也称短鞭,压桥也称压鞭,劈桥也称劈鞭,抽桥也称抽鞭等等。

在现代武术运动中,两者是同义词,一般多称"桥"。福建南拳传习者,习惯上将单人操练时的上肢动作称为"鞭法",将两人对搏时的上肢动作称为"桥法"。

截肘与截桥的异同

截肘与截桥均是屈肘以小臂尺侧着力、以短促发力为特点的动作。两者的区别在于:截肘只有小臂由上向下截击一法;截桥则包括小臂内旋或外旋向左、向右、向上、向下四个方向的格挡。

单攻桥和双攻桥

攻桥是南拳技法中常见的进攻性桥法,包括单攻桥、双攻桥。

做法:肘微屈(屈度不得小于135°),小臂内旋至手心向下,以小臂尺侧和掌沿着力向前撞击。一臂出击为"单攻桥",两臂出击者为"双攻桥"。

身　　法

身型

身型是指躯干的静止形态。

不同拳种对身型的要求不同。一般来说,以腹式深呼吸为主要呼吸方式、动作频率柔缓的拳术,要求畅胸、拔背、立腰、实腹。以腹助呼吸和胸式呼吸交替运用、动作频率激烈的拳术,要求挺胸、塌腰、收腹。还有一类以腹式呼吸为主,兼用胸式呼吸,上肢动作幅度大而快速的拳术,躯干前合、后展幅度较大,兼有上述两种身型要求。

身法的内容与分类

武术运动中躯干的运动方法称为身法。身法的基本运动方式以胸的吞吐、腰的折叠拧转来表现。一般来说，以腹式深呼吸为主、动作频率柔缓的拳术，身法动作较为柔和，其运动幅度较小；动作频率激烈的拳术，身法动作的速度较为明快，运动幅度也较大。它可以分为以变化胸部方向为主要运动环节的身法，以躯干屈伸为主要运动环节的身法，以躯干转旋为主要运动环节的身法，以躯干动作为攻防技术的主要环节的身法等四类。

人的四肢和头项都与躯干相连，躯干运转能带动或制约四肢和头项的运转。从运动方向来说，躯干拧转可带动手臂向两侧横击；从运动幅度来说，躯干前探可加长上肢的前伸距离，躯干回缩可增加上肢的后移距离。从劲力的蓄发来说，躯干的含展交替或腰的拧转交替，皆有助于劲力的蓄发互换。从人体整体运动来说，躯干之中的腰是躯肢运转的轴心，四肢和腰以外的其他躯干部犹如连在轴心上的轮，轮沿着轴心可作出向左右的转绕，也可作向上下转旋等各种运动。其上动下随，下动上领，中间动两头合，两头动中间攻，能使人体各部相互密切配合。躯干除了协助四肢运动、发挥攻防技能外，也有一些以自身运动为主构成的攻防动作。例如以背部挤撞对手，以转侧身躯闪让对方拳脚等。

在运动中，身法以灵活为主，注重以腰为主宰，切忌僵板生硬。运用身法的关键，又在于身法自然。

以变化胸部方向为主要运动环节的身法

常见的有下述七种。

正身：胸部正对进攻方向。

斜身：由正身向左或右转身45°，使左胸或右胸对进攻方向。

侧身：由正身向左或向右转身90°，以躯干左侧或右侧对进攻方向。运动时，可借助步法的进退、摆扣或碾转来完成侧身。中国西南地区称侧身攻防为"扁挂"。

横身：由正身向左侧或右侧开步，横移身躯，成为由正对敌变为置敌于我右前方或左前方。

回身：也称"掉身"。指借助步法的进退、摆扣、碾转等，使躯干转动180°，将原来的背面，变为面对方向。

转身：凡在变化躯干方向时下肢亦有位移的动作，均属转身。转身的方向和幅度，一般以左转或右转多少度来表示。上述"回身""侧身"，也可粗看为转身。转身不同于拧身，拧身时下肢没有位移。

滚身：由正身对敌，两脚连续向对手左侧或右侧上步，并随之右转身或左转身，成正面对敌侧面。

以躯干屈伸为主要运动环节的身法

常见的有下述七种。

俯身：躯干向前弯屈的身法。

仰身：躯干向后伸展的身法。

倾身：躯干向侧折屈的身法。

吞身：也称为"合身"，是躯干屈合并后缩的身法。练习中，多以腰为中线，胸和腹作相向内合；以心窝和肚脐的连线为中心，躯干左半部与右半部作相向内合。整个躯干微后缩。

吐身：也称为"开身"，是由吞身伸展开躯干的身法。

缩身：在吞身的同时，加大向下或向后运动的身法。

长身：由缩身一边展开躯体，一边向上或向前运动的身法。

以躯干转旋为主要运动环节的身法

腰是人体的枢纽，躯干的转旋主要通过腰的转旋来实现，主要有下述三种。

拧身：亦称"拧腰"。指支撑脚不动，躯干向任一方向扭转的身法。拧身要注意松腰、松胯。拧身亦不同于转身，转身时支撑脚需位移。在拧身类动作中，以腰胯的转旋、侧身来避敌攻击的方法，称为"闪身"。

旋身：亦称"旋腰"。支撑脚不动，上体以腰为轴，经前俯、侧倾、后仰、前俯，由前向左(或右)的绕环运动。

翻身:亦称"翻腰"。在步法盖、插和碾转配合下,上体保持前俯接近水平的状态,向左或向右转身360°。以盖步配合的翻身,称"正翻身"。如右脚从左脚前盖落于左侧,然后上体前俯左转360°,两脚随之原地碾转,即为"左正翻身"。以倒插步配合的翻身,称"反翻身"。如右脚从左脚后向侧方倒插一步,然后上体前俯右转360°,两脚随俯转原地碾转,即"右反翻身"。

以躯干动作为攻防技术主要环节的身法

常见有下述五种。

进身:支撑脚不动,仅以上体向敌手逼进。运用时,可以吐身、长身配合进身。并应注意松腰、松胯,加固下盘,防止倾斜过多。

退身:支撑脚不动,仅将上体后退缩回。运用时注意松腰、松胯,以缩胯、缩身配合退身。

贴身:指借助步法靠近敌身,为使用肘、膝冲撞敌人和使用躯干挤靠敌人创造条件。

挤靠:躯干着力倾倚对手,迫其倾倒或离开的方法。一般多用背部、肩背部。如背靠、肩挤。

抖撞:突然以丹田劲从中向外爆发,体躯抖颤,撞击敌人的方法。一般多以肩、胸部为着力点抖撞敌人。如肩撞、胸撞。

挺胸的做法与要点

挺胸是长拳类拳式中胸部的姿势要领之一,多与收腹、塌腰配合为用。做法:两肩向下松开,同时微向后展,胸廓自然挺出。挺胸时不能过分用力前挺,否则会导致胸闷。此外,挺胸只是拳式静定时的基本要求,运动时胸应有内涵、外展等多种运动技法,不能僵持挺胸,使躯干动作呆板,动作笨拙。

涵胸、含胸、宽胸、空胸、畅胸、圆胸的含义和作用

涵胸、含胸、宽胸、空胸、畅胸、圆胸均属胸部姿势要领,与沉肩、拔背配合为

用。它们的含义相同,采用腹式深呼吸的拳术常用之。

做法:肩锁关节放松,两肩略向前扣合,使胸腔的上下径和左右径拉大。以此状有利于涵蓄劲力者,称之为"涵胸";以此状犹如胸部微内含者,称之为"含胸";以此状胸腔相对宽大,其中好像空无一物,气息往来舒畅者,称之为"宽胸""空胸""舒胸""畅胸";以此状胸部内含似圆形者,称之为"圆胸"。其中,涵(含)胸多为太极拳用语;畅胸多为八卦掌用语;圆胸多为南拳用语。这种胸部姿势促使肌肉向下松收,促进"实腹",使躯干上虚下实,安舒稳定。此姿态还牵拉背部肌肉,有助于拔背;有助于加大肺活量;有助于扩大躯干转旋幅度;有利于化劲和蓄劲。

含胸幅度应适度,幅度大了会导致憋胸。为避此弊,多将"含胸"写为"涵胸"。

拔背、紧背、弛背、圆背及团胛的含义和作用

拔背、紧背、弛背、圆背、团胛均是背部姿势要领,与畅胸、直腰配合为用。它们的含义相同。

做法:放松肩背部肌群,使之下沉、外展,两肩向前微合,脊背大椎穴(在第七颈椎与第一胸椎棘突之间)有微微鼓起之意。以此状背部挺拔,并有被向后上方拉起感觉者,称之为"拔背";以此状背部皮肤有绷紧感者,称之为"紧背";以此状背部外形似弧者,称之为"圆背";喻此形如弓背者,称之为"弛背";以此状肩胛骨有横扩感者,称之为"团胛"。其中拔背用得较多;弛背在八卦掌中有用;团胛仅南拳使用。拔背有助于畅胸,有利于探臂前伸。拳家还将其喻为拉开的"身弓",将劲力喻为弓箭,所谓"力由脊发",即指由此"弓"将劲力发射而出。

腰为主宰、以腰为轴、腰如轴立的异同和运用

这三个术语均是指腰的运动方法。它们共同的含义,是将腰部比喻为轴心,把四肢比喻为车轮。其不同点在于:腰为主宰,要求以腰动带动四肢,四肢是在腰的主宰下,随腰转而动。以腰为轴和腰如轴立除包含上述意思外,还有拨动轮沿、转动轴心之意。若轮沿先动,只需较小的力就能转动轴心;若轴先动,则需较

大的力才能转动四梢。运用此法,一般是在轴心"腰"的位置不发生位移时拧转,催动四肢运动。

揭腰的做法和作用

揭腰是长拳类拳式对腰部姿势的基本要求。所谓"揭",是指腰要揭住劲,而不是疲塌。做法:附于腰椎间的肌肉收缩,并略下沉,适度加大腰椎的生理曲线。因腰椎曲度增大,略降低了腰的位置,故称"揭腰",亦写为"塌腰"。

腰椎呈曲线型,有助于缓冲上体运动对下肢的作用力,缓冲地面通过下肢而上传的反作用力。长拳运动多穿蹦跳跃、起伏转折,而且运动较为激烈。腰椎曲线适度加大,提高了缓冲机能,有助于自我保护和动作的平衡稳定。此外,腰椎间肌肉的收缩,使腰椎聚合成一个用力整体,有助于腰部肌肉发出较大的力量,同时也加强了腰部的稳定度,使上肢在稳固的支柱上运动和发劲,避免腰部松软对上体动作的不良影响。

揭腰须与收腹、挺胸配合为用。注意收腹,可避免向前塌陷。过分揭腰,引起翻臀挺肚的做法是不可取的。揭腰主要用于静定姿态,运动时应根据技法要求运用各种腰法,否则动作僵硬迟滞。

松腰、直腰、立腰的异同和作用

松腰、直腰、立腰均为拳式中腰部姿势的基本要领。它们的含义相同,并与顶头悬、敛臀配合为用。做法:以虚领顶劲保持头部位置,放松腰椎和附着其上的肌群,并随臀部的沉坠而下垂。在顶的"上拔"和臀的"下沉"两个内在意力的对拉下,腰椎曲线被上顺下坠而拉直,故称之为"直腰";强调达到直腰态的关键是"放松"二字者,则称"松腰";强调腰不能松软瘫陷者,称之为"立腰"。

"直腰"有助于内在意、气、力的上下贯通,使腰椎处于向任一方向拧转和折叠都较便捷的最佳态位,有利于以腰带动四肢运转。"立腰"与"涵胸拔背"配合为用,是太极拳、八卦掌和形意拳等拳术静止形态时腰部的基本姿势。

收腹的做法和要求

收腹是长拳拳式姿势的基本要求之一，与挺胸、搨腰配合为用。做法是收缩腹部肌肉，使腹壁向后收回。收腹时应塌腰，同时不要收缩过多。腹壁回贴过紧，会影响内气的下降，阻碍腹部协助胸部共同完成的腹助呼吸。

实腹的做法和作用

实腹是采用腹式呼吸方式的拳术对腹部姿势的要求，与涵胸拔背、敛臀配合为用。做法：放松腹部肌肉，以意引气徐徐下行，促成横膈向下运动，似有意气沉入脐下丹田内，小腹也随之外突，从而获得一种腹部充实圆满的感觉。另外，在气沉时，肩、胸、背等部的肌肉都随沉肩、涵胸、拔背向下松沉，而且有外向内合之意、弧形下收之形，也能加强腹部在放松状态下获得的充实感。

实腹时外部肌肉放松，内部意气充实。外松，则内部气息可随之起伏鼓荡，有助于蓄气聚力；内实，则重心略降，下盘沉稳，有助于"发劲沉着松静"。

收臀、敛臀、溜臀的异同和作用

收臀、敛臀、溜臀都是拳式中臀部姿势的基本要领，与畅胸实腹配合为用。它们的含义相同。

做法：臀部肌肉先向外下方松舒，再轻轻向前、向里收敛，使尾骨尖微向前移，有向前上兜翻、上寻肚脐之意。这一技法要求使平时自然后突的臀部向前收敛，故名"收臀""敛臀"；因臀部呈溜圆状，故又称"溜臀"。

收敛臀部有助于立腰，还能使上体节节松沉下坠的沉劲继续向下传沉至脚，亦有利于内气的传承疏导。

纠正撅臀、翘臀、突臀的方法

撅臀、翘臀、突臀都是拳式姿势中的禁忌病。

撅臀和翘臀主要指臀部向后上突起，这是由于腰部前塌过多或上体前倾过分所致。纠正方法：做动作时，保持头顶平正。如练长拳等要求挺胸收腹的拳术,还要注意收腹,并用臀肌向前微兜骨盆。如练太极拳、八卦掌等要求畅胸实腹的拳术,还要注意拔背、直腰、敛臀,并微缩谷道。

突臀指臀部凸出高于其平时突起状。如做并步时,上身塌腰前倾,做弓步时,胯根突起,都造成此病。纠正方法:做并步时不要塌腰过多,上体微前倾时,应连带下肢同时前倾,使重心投影线接近支撑面前缘,呈现出静站中身躯的动感;做弓步时,注意上体正直,后蹬腿胯部下压,使大腿根部的内收肌群有牵拉感时,就能消除突臀之病。

翻　臀　叠　肚

翻臀叠肚是燕青拳静定姿势的要领之一。翻臀,指臀部后突上翻;叠肚,指小腹回收并微向后上提,似有将横膈膜向后上卷回叠之感。

做好这一形态的要点,在于在头顶项直的同时,通过塌腰使腰脊向前弯曲,后腰部向前凹陷。

尾闾中正的做法和意义

尾闾中正是太极拳躯干姿势的要领之一。尾闾,即脊椎下端的尾骨。尾闾中正,指运动中尾骨始终保持正中位。从自身位置来说,尾骨尖与脐、鼻三点要在运动中保持上下一线,一动三点皆动;从人体与外界相对位置来说,尾骨要沿动作前进方向的正中线运动,不能左右偏离。因尾闾有着类似船之尾舵的作用,尾舵能致身动,尾闾不沿正中线运动,将导致躯干也背离正中线运动。

中正安舒的做法和意义

中正安舒是太极拳基本姿势要领之一。指躯干正直,无前俯后仰、左斜右歪之态。做法:头上顶,臀下落,使躯干被对拉拉直,同时放松躯干各部肌肉,通过沉肩、畅胸、实腹,使躯干部下实上虚,重心安稳,气息舒畅平和。

收肛、提肛和缩谷道的做法和意义

谷道,指从直肠到肛门之道。收肛、提肛、缩谷道的含义相同,都是对肛门括约肌的要求，与畅胸拔背、实腹敛臀配合为用。做法：以意内缩肛门括约肌，略有向上的收提感，似忍大便状。

提肛能催动由任脉过会阴入督脉的意气上行；有助于做到敛臀；还有助于静脉回流，促进肠道蠕动；经常锻炼括约肌，增强其血液循环，还可收防治痔疮之效。

圆裆、吊裆、裹裆、扣裆的异同和作用

圆裆、吊裆、裹裆、扣裆均是拳式中裆部姿势的基本要求。它们相互间既有配合为用的方面，又有含义不同之处。

以马步为例：扣裆指两膝内扣；裹裆指两胯向里裹，明显的体表征象仍是两膝内扣；吊裆指仿佛有一条无形之绳上系头顶百会穴，下悬会阴穴，控制裆部不要下坠至低于膝的高度；圆裆指两腿胯根撑开，结合吊裆、裹裆、扣裆，综合塑成的形态。圆裆能保证动作轻灵而不飘浮，沉着而不重滞，只用于马步等两腿分开的大步架。吊、裹、扣裆的运用较为广泛。几乎任一步型都要求以吊裆控制裆部位置，并以裹裆、扣裆达到护阴的目的。

抽胯、缩胯、坐胯、落胯的异同和作用

抽胯、缩胯、坐胯、落胯均是拳式中胯部姿势的基本要求。它们都以松开髋关节、放松附着其上的肌群为基础。在此基础上将胯根（股骨头）向内抽缩，称为"抽胯""缩胯"；胯向下沉落，称为"落胯"；呈现臀部坐下样形态者，称"坐胯"。一般在两脚横向开立弯屈两膝或一直一屈而成的步型（如马步、仆步等）中，两胯既要抽缩，又要坐落。在两脚前后错步屈膝成虚实的步型（如虚步、丁步等）中，虚脚之胯抽缩，实脚（支撑脚）之胯坐落。两脚前后错步成一屈一直的步型（如弓步等）中，前胯抽缩，后胯向下沉落。

当髋、胯部达到上述要求时，动步则轻灵，定步则善变。胯部的松沉有助于将躯干的重量传递至脚，可加强定势时下盘的稳固，并使步法在轻灵善变中具有沉稳感。

"乌龙盘打"的练法和要点

"乌龙盘打"是长拳运动中较常见的传统动作,也称"仆步抢拍"。由于这个动作既有腰的回旋拧转,上体的左右侧屈、前后俯仰,又有两臂大幅度交替的立圆抢绕,身体重心的上下起伏,因此,练习这个动作能获得松腰活肩、提高人体协调能力等多种效益。

乌龙盘打有左、右式之分,练习中多采用左右交替的连续练习法。做法:

右乌龙盘打

预备式:并步直立(图1)。

活腰抢臂:1. 左脚以脚跟为轴外展75°,身体随之左转90°,右脚后退一步以脚前掌着地,两腿左弓右直;同时右手向前上撩起,左手后摆,两手心均向内;眼看右手(图2)。2. 上动不停,身体右转90°,右脚跟落地;同时右手向上、向右弧形抢摆,左手向下、向左弧形抢摆;眼看右手(图3)。3. 上动不停,身体右转90°,左脚跟提起,两腿右弓左直;同时右手向下、向后弧形抢摆,左手向上、向前弧形抢摆;眼看右手(图4)。

仆步拍地:上动不停,右脚前掌为轴、脚跟外蹬,上体随之左转90°,左腿全蹲,右腿平仆成右仆步;同时右手向上、向右、向下弧形抢摆至右脚内侧拍地,左手向下、向左、向上弧形抢摆至左上方,手心朝前;眼看右手(图5)。

左乌龙盘打

重心右移稍起,接做左式,动作与图2、3、3、4、5相同,唯左右相反(图6、7、8、9)。

如此右左连续交替练习数次。

收式:重心左移,右脚蹬地收回成并步直立;眼向前平视(图10)。

此外,还可通过快速的乌龙盘打接"弓步上冲拳"或"提膝上冲拳"等练习,来提高动迅静定的节律性和平衡能力。

做好乌龙盘打的要领,可以归纳为"五要":

手要领:上肢动作的立圆抢绕,应按照"梢节起,中节随,根节追"的传统要求,以手为先导,手起肘随肩追。这样可保证动作顺、幅度大。

臂要贴：上肢在立圆抡绕过程中，应注意抡臂时向上贴近耳，向下贴近腿（同侧耳、腿）。这样可保证臂走立圆的运动轨迹。

腰要带：做好乌龙盘打，必须注意以腰为轴带动手臂抡转。例如从图2至图3时，腰向右转，就能自然带动右臂向上、向右抡动，还能带动两脚向右碾转。又如，为了表现出仆步拍地的爆发力，在压胯成仆步的同时，也应以腰的猛力拧转，带臂加速拍地。

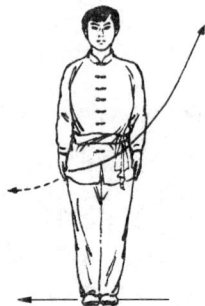

乌龙盘打　图1

图2

图3

图4

图5

图6

图7

图8

图9

图10

441

步要活：乌龙盘打虽然在原地进行，不需进步、退步，但在运动过程中，为了与大幅度的腰部和上肢动作以及低伏的仆步相配合，两脚切忌站死，而应随腰的转动、动作的起伏，变化脚底着地的部位和步幅。

眼要随：在做右乌龙盘打时，眼睛始终随右手的运行进行圆弧环视；做左乌龙盘打时，眼即随左手圆弧环视。这样不仅做到手与眼相随，而且可以避免低头涵胸等错误动作，使动作舒展大方。

步　　法

步型的内容与分类

步型指武术运动中两腿按一定规格形成的型态。步型与步法不同，步型指两腿两脚的静型，步法是腿步的动态。按照两腿两脚的空间位置可将步型分为五类：即"左右开步""前后错步""交叉碾转""双脚并立""单腿独立"。其中前四类又以脚掌位置不同、身体重心不同、架式高低不同等因素，各分为若干种。后一类则以悬起腿在空间位置的变化，形成多种做法。步型关系到拳式动作是否沉稳，是否利于灵活变转等。

前后错步类常见步型及其区别

两脚向前后纵向分开的步型统称"错步"。这类步型包括弓步、半马步、三体式步、虚步（包括前点步）、坐步。这五种步型可以按照身体重心投影的位置不同，区分为身体重量偏向前脚的弓步，身体重量偏向后脚的半马步、三体式步，身体重量几乎全在后脚的虚步、前点步、坐步。其中，体重偏向后脚的两种步型又以两脚负担重量的多少分为四六步、三七步。四六步是身体十分之四的重量在前脚，十分之六的重量在后脚；三七步是十分之三的体重在前脚，十分之七的体重在后脚。

半马步和三体式步的区别有二：一是半马步的后脚脚尖指向正前方；三体式步的后脚脚尖比半马步后脚内扣了45°。二是半马步要求臀部自然下落，挺胸塌腰;三体式步要求臀部内敛溜圆,涵胸立腰。

　　虚步和坐步的区别有二:其一,虚步是前脚脚尖或全脚掌虚着地面;坐步是前脚脚跟虚着地面。其二,虚步中还有两腿膝、胯皆伸直站起,只保持体重几乎都在后腿的高虚步(亦称"前点步");坐步必须膝胯皆屈,保持臀部似落坐凳上的姿态。

弓步做法、要领及错误纠正

　　弓步是武术基本步型之一。俗称"弓箭步"。用于桩功练习时,称为"弓箭桩"或"弓步桩"。

　　做法:错步站立,两脚相距约本人脚长的四至五倍;前腿屈膝至大腿接近水平,膝盖的垂直投影线与脚尖垂对,脚尖微微内扣不超过5°;后腿伸膝挺直,脚掌内扣45°,不小于30°;两脚均全脚掌着地,身体重心略偏于前脚。左脚在前者称"左弓步"(见图),右脚在前者称"右弓步"。

弓步

　　要领:前腿弓,后腿蹬,臀下沉,胯下压,头上领,颏微收,两脚决不站一线,左右相距约一脚(脚的横宽)。

　　练习中常见错误有夹裆、敞裆、撅臀、掀掌四种。

　　"夹裆"表现为两胯内合,使臀位不正。错误的根源是两脚尖内扣过多,可按上述两脚内扣规格纠正。

　　"敞裆"表现为两胯外开,裆部前挺。错误的根源是前脚掌外摆,后脚掌内扣不够,可按上述两脚内扣规格纠正。

　　"撅臀"表现为臀部向后上突起。错误的根源是胯部未放松下沉或髋关节活动幅度不够。纠正方法有二:其一,进行后压腿、竖劈压腿的练习,提高后开胯的活动幅度。其二,做弓步时,两胯放松向下沉压,使臀向下坠落。

　　"掀掌"表现为后脚跟或脚外侧掀离地面。错误根源是踝关节活动幅度不够和后脚掌蹬踩力不足。纠正方法有二:其一,进行足踝部的"倾压""靠压"(详见本书"武术实用功法·柔功")练习,提高踝关节前伸度。其二,后脚外侧抵住墙根练习弓步,注意后脚跟和脚内侧蹬地贴紧地面。

虚步做法、要领及错误纠正

虚步是武术基本步型之一。俗称"子午步""丁八步""寒鸡步""吊马"。用于桩功练习称"虚步桩"。

做法:两脚错步站立,前后相距约本人脚长的两倍;重心后移至后脚,屈膝下蹲至大腿接近水平,后脚掌外摆45°;前脚脚尖点地,也可全脚掌虚着地面,脚尖正对前方;两膝靠近,相距约10厘米。左脚在前为"左虚步"(见图),反之为"右虚步"。

要领:头顶上领,躯干正直,臀不低于膝高。

练习中常见错误有歪胯撅臀、塌裆敞裆、虚实不清三种。

"歪胯"指虚步中虚着地面的胯根向同侧歪出;"撅臀"指臀部向后上突起。纠正方法:将虚点脚尖指向正前方。注意头上顶,腰微上撑,支撑腿膝关节微后移。

"塌裆"指臀部低于膝部,上体前俯接近大腿,可以通过股四头肌远端用力,控制住臀位不低于膝高来纠正。"敞裆"指两膝相距过宽,可以前脚内移,减小两脚的横向距离,两膝微内合来纠正。

"虚实不清"指重心落于两脚中间,失去了虚步前虚后实的基本型态。纠正方法:练习时注意重心后移于后腿支撑,达到前脚即便抬离地面,身体仍稳定不倾的程度。

出现上述三种错误,除了技术规格不清外,其共同原因是单腿支撑力不够。因此,提高单腿支撑力是不可忽视的练习。一般以原地虚步蹲起为锻炼手段。做法:侧对扶撑物(肋木、窗台、栏杆等)直立,左手抓握于与胸齐高处,右手侧平举成立掌或叉腰;左腿屈膝上抬成"提膝";然后,右腿下蹲成虚步;静蹲一会儿,感觉吃力时站起,稍稍放松,又蹲。如此重复10—20次。可换练左腿。

三才步的做法及要领

三才步是形意拳中运用最多的基本步型。因此步型是三体式的下肢形态,故也称"三体式步"。

做法:两脚错步站立,间距约本人脚长的2—3.5倍;前脚尖正对前方或微扣5°,后脚尖外摆45°;身体重心微后移,两腿屈膝半蹲(参见本书《形意三桩五拳功图》4)。

根据两脚支撑体重的比例,三才步可分为两种,一为前脚支撑十分之四体重的"四六步",另一为前脚支撑十分之三体重的"三七步"。

要领:前腿髌骨不能超过腿跟,后腿髌骨不超过脚尖。两膝要含内合力,不能敞裆。胯根回缩,臀部溜圆。

三才步在套路运用中,其步幅因拳式不同而有区别。一般运用于炮拳、崩拳等拳式时,步幅较小,约本人脚长的两倍;运用于劈拳、钻拳、横拳等拳式时,步幅较大,约本人脚长的3—3.5倍。

坐步与坐胯的异同

坐步与坐胯均是太极拳系常用的下肢技法术语。

"坐步"的做法:两脚错步站立,两脚跟相距约本人脚长的两倍;前脚脚跟着地,脚尖上翘,膝关节微微松屈,后脚外展45°;身体重心后移,以后腿屈膝支撑体重;松屈髋关节,胯根向回抽缩,使臀部向后、向下落,似欲坐凳上。

"坐胯"要求胯根向回抽缩,使臀部向后、向下落沉,似坐凳上,与坐步对胯根和臀部姿势要求相同。也就是说,坐胯和坐步的"坐"字含义等同,但坐胯只是规范胯根和臀部姿势的用语,坐步是整个下肢相互配合形成的一种前虚后实的步型。

子午步、寒鸡步、丁八步和虚步

子午步、寒鸡步、丁八步都是民间武术传习者对虚步的称谓。

子午步中的"子午",指中国古代计时法中的子时和午时。子时是阴极之时,午时是阳极之时。恰似虚步一实一虚,虚实分明,故称"子午步"。

寒鸡步中的"寒鸡",是指立于冰天雪地中的鸡。其往往一脚支撑,另一脚欲着地又畏地寒,不着地又畏倾倒,步态颇似虚步,故称"寒鸡步"。

丁八步中的"丁八",是指虚步的两脚掌所组成的形状,既不是"丁"字,但接近"丁"字;既不是"八"字,又接近"八"字,故称之为"丁八步"。

左右开步类常见步型及其区别

两脚向左右两侧横向分开的步型统属开步。这类步型包括马步、八字步、丁开步、仆步、横裆步等。其中,马步和八字步、丁开步是两腿皆屈膝、重心位于两脚中间的开步;仆步和横裆步是一腿伸直、一腿弯屈,重心偏于弯屈腿一侧的开步。

马步、八字步、丁开步的区别是:马步步幅一般等于本人脚长的3—3.5倍;八字步步幅与肩同宽;丁开步步幅约等于本人脚长。马步的两脚除可成八字形外,还可成11字形、一字形等形状;八字步的两脚只能是八字形态;丁开步的两脚掌只呈"丁"字形态。

仆步和横裆步除前述相同点外,两者的脚掌位置也相同。它们的区别是:仆步的弯屈腿是屈膝全蹲至大腿与小腿贴拢;横裆步的弯屈腿是屈膝半蹲至大腿接近水平位。

马步做法、要领及错误纠正

马步是武术的基本步型之一。又称"骑马步","马裆步",也称"地盆"。用于桩功练习称为"骑马桩"。

做法:两脚开立,相距约本人脚长的3—3.5倍,两脚掌平行、尖朝前;屈膝下蹲至大腿接近水平,膝盖的垂直投影线不能超出脚尖,身体重心在两脚中间(见图)。

要领:两脚开立后,头顶百会穴上领,有被绳向上悬提之感;臀部如欲坐凳上;十趾抓地,着意以下肢前侧肌群远端收缩为主,控制臀部于比膝略高的位置。

马步

练习中常见错误有足尖外撇、跪膝、撅臀三种。

"足尖外撇"多由于踝关节内旋的柔韧性不够引起。纠正的方法有二:

其一,做"仆压"练习(详见本书"武术实用功法·柔功")。

其二,由并步站立,一脚侧向开步,落地时脚前掌先触地,立即外蹬足跟,下蹲成马步,并保持片刻,体会踝部肌感。两脚交替练习。

"跪膝"和"撅臀"是由于没有掌握正确的技术规格及腿部力量不足所致。纠正的方法有二:

其一,背对墙壁,脚跟距墙约 20 厘米;然后,两腿屈膝下蹲,背靠墙壁,尽量使小腿与脚跟垂直,锻炼下肢前侧肌群的力量,体会其肌群用力的感觉及臀部下垂、躯干直立、头向上顶的感觉。

其二,手扶肋木做原地马步蹲起练习。蹲下时,借助手扶肋木的助力,保持正确的马步规格,体会正确的肌感。并逐步减小手扶力量,增加靠自身内力维持正确姿势的成分。随下肢力量的增加,正确肌感促使形成马步正确规格的动力定型,错误就消除了。

川字马步、八字马步、一字马步、偏马步、半马步、平式马步、夹马步、一尺马步的异同

这些步型皆寓骑马之含义,可以说,它们都是以马步为基本型变化衍生成的同类步型。

川字马步的"川",指两脚掌形(即两脚尖正对前方),它就是现代通称的马步。

八字马步是将两脚外摆45°形成的马步。

一字马步是将两脚尽量外摆至接近一字形成的马步。

偏马步是将身体重心由中间偏向一侧形成的马步(见图)。

半马步是将一脚外展45°,其膝和上体亦随之侧转45°形成的马步(见图)。

平式马步是步幅与肩同宽的马步。

夹马步是两膝内夹的马步,意为以膝夹马。其步幅同肩宽或稍宽至本人脚长的两倍(见图)。

一尺马步也是两膝内夹的马步,又称平式合膝马步,与夹马步同型,惟两脚间隔一尺。

偏马步

半马步

夹马步

仆步做法、要领及错误纠正

仆步是武术基本步型之一。俗称"单叉",因平仆腿似劈横叉样。

做法:两脚开步站立;一腿屈膝全蹲,大腿贴紧小腿,膝微外展,脚尖外摆 45°;另一腿伸直平仆接近地面,脚掌扣紧至与小腿成 90°夹角;两脚均须全脚掌着地。左腿平仆为"左仆步"(见图),反之为"右仆步"。

仆步

要领:髋关节尽量松开下沉,平仆腿要有外蹬劲。

练习中常见错误有翘跟掀掌、挺胯直踝两种。

"翘跟"指全蹲脚后跟离地,"掀掌"指平仆腿的脚外沿离地,均因踝关节柔韧性较差所致。在行进中做仆步时,这类错误还常导致臀部掀起,重心前倾。纠正方法:采用"倾压""靠压""仆压"(详见本书第六编"武术实用功法·柔功"),提高踝关节柔韧性。

"挺胯直踝"指平仆腿胯部未松沉,脚掌没有内扣。这是因胯、膝、踝关节柔韧性欠佳所致。这类错误常导致仆步过高。纠正方法有二:

其一,采用"横劈压"(详见本书第六编"武术实用功法·柔功")提高两胯左右松开的幅度。

其二,采用纠正翘跟掀掌的方法,但须注意拉大步幅。

八字步的种类和区别

两脚开立同肩宽,屈膝半蹲,两脚掌形似"八"字的步型,统称"八字步"。这类步型以两脚方位不同,区别为三种(见图)。

1. 外八字步,亦称正八字步。指两脚掌向外摆开的八字步。

2. 内八字步,亦称反八字步。指两脚掌向内扣合的八字步。

3. 错综八字步。指一脚外摆,一脚内扣的八字步。

八卦掌系使用八字步较多,并采用内八字步作静站桩式,称为"虎坐桩"。南拳系称八字步为"八字马"。

正八字步   反八字步   错综八字步

八字步脚迹

丁开步的种类和区别

两脚开立,相距约本人一脚长,两脚掌相互垂直呈丁字形,两腿略屈膝下蹲的步型,统称"丁开步"。丁开步在八卦掌运动中使用较多。这类步型以两脚掌方位不同,区别为两种(见图)。

1. 正丁开步:指一脚脚尖朝前,另一脚内扣至脚尖正对前脚内侧二分之一处。

2. 反丁开步:指一脚脚尖朝前,另一脚外摆至脚跟正对前脚内侧二分之一处。

正丁开步   反丁开步

丁开步脚迹

两腿交叉类常见步型及其区别

两腿前盖后插或原地碾转形成相互交叉的各种步型皆属此类。包括交叉步、歇步、坐盘三种。它们的区别在于:身体重心距离地面的高度不同;两腿交叉后的拧转程度不同;脚掌的位置不同等。

交叉步是两腿交叉分开站立,相距约本人脚长的 4—5 倍;一腿屈膝下蹲至大腿接近水平,脚尖外摆 45°,全脚掌着地;另一腿伸直,脚前掌着地;上体向弯屈腿一侧拧转(见图)。

歇步是两腿交叉叠拢、臀部下坐的步型。根据所成拳式的不同,上体可向前腿一侧拧转,也可不拧转(见图)。

坐盘是就歇步之型坐于地上,后腿的大小腿外侧和脚背均着地,躯干尽量向前腿侧拧转,胸部接近大腿(见图)。

交叉步　　　　　　　　歇步　　　　　　　　坐盘

歇步做法、要领及错误纠正

歇步是武术基本步型之一。

做法:两腿左右交叉、靠拢全蹲;前脚全脚掌着地,脚尖外展,后脚脚前掌着地,脚尖外展;臀部落坐于后腿小腿上。右腿在前称"右歇步",反之称"左歇步"。

要领:前腿脚跟向外蹬,脚尖尽力外展,后腿抵紧前腿。

练习中常见错误有,全蹲不下和蹲坐不稳两种。原因都是前脚脚尖外展不够,两腿没有靠拢叠紧。纠正方法:一般采用原地碾转歇步。做法:两脚开立同肩宽,然后提起脚跟,向左原地碾转180°,同时下蹲成左歇步;再向相反方向原地碾转站起,下蹲再成右歇步。可左右交替连续练习。

双脚并立类常见步型及其区别

两脚靠拢站立的步型统称"并立步"。这类步型包括并步、丁字步、丁步三种。它们之间的区别表现在膝关节是否伸直,脚掌位置不同等两个方面。

并步和丁字步均两膝伸直并拢;但并步的两脚掌内侧贴拢,丁字步是一脚外摆,脚跟贴靠另一脚内侧成丁字形。左脚外摆称"左丁字步",反之称"右丁字步"。

丁步除两腿两脚并拢外,其余均不同于前两者。首先,丁步要求屈膝半蹲;其次,丁步是一脚全脚着地,另一脚绷平脚背,以脚尖点地靠拢另一脚内侧中段的步型(见图)。

一腿独立类常见步型及其区别

广义地说,凡是一腿支撑体重,另一腿悬离地面的步型,统属"独立步"。现代武术中,将控制悬空脚在空中保持一定姿势

丁步

的各种动作,归入平衡动作类。独立步仅是在步法变动过程中,具有瞬间悬脚态者。常见的有鸡步、前提膝步。两者的区别在于悬空脚的位置不同。

鸡步是两腿并拢,屈膝下蹲;一脚全脚掌着地,另一脚平平提起,脚掌距离地面寸许,脚内侧贴靠支撑脚内踝处。鸡步形似鸡觅食时提起一腿,含有随时扑踩猎物之意。

前提膝步是悬空脚屈膝前抬,支撑腿可直可屈。前提膝步既用于避让对方勾扫我脚,又含有攻击对手的暗腿。

鸡步在形意拳、八卦掌中有用,前提膝步在通臂拳中有用。

步型的高度和宽度在长拳套路中的表现

长拳步型的高度和宽度有一定的规格。一般来说,在成套动作的练习中,步型要符合基本规格,但其高度和宽度并不一定始终如一。根据套路演练中表现拳种风格、节奏以及动作相互衔接等需要,步架的高、宽度可在一定范围内有所增减。例如,起式、收式、亮势等在节奏上要求稍停略顿的动作,步型可低些、宽些。在动作连贯、变化快速的挂串动作中,步型可高些、狭些。

步型低而宽,能加大动作的沉稳度和架式舒展度,但不利于快速起动;步型高而狭,则起动灵敏,易于变式动步,但又影响架式的舒展大方,甚至使动作不够规范。因此,在套路演练过程中,步型的高度和宽度,只能在极接近基本规格的范围内作合理的变化。

从运用较多的弓步、马步、虚步三种步型来看,它们在取低势时,都以低至大腿蹲平、膝盖的垂直投影线不超过脚尖为度；在取高势时，大腿稍上起，膝关节约增加20°左右。做弓步时，可以前弓腿膝盖后移至膝盖垂直投影线不超过脚跟为度。做马步和虚步时，切忌高至出现挺胯。

辖膝和扣膝的区别及作用

辖膝和扣膝都属拳式姿势中对膝部的要求。就外型来看，两者都是使膝部由外向内扣合。但是，它们的做法和向内扣合的幅度并不相同。辖膝是八卦掌练习中腿部的姿势要领，指两脚开立时，脚不动，两膝着意向内靠拢至似挨非挨状为佳。扣膝是武术中通用的技术术语，指完成步型时，任一脚尖内扣，膝向裆内合的形态。在做马步时，扣膝与辖膝做法相似，但扣膝的幅度大大小于辖膝。

在步型中运用扣膝和辖膝，具有使下肢肌力内聚，加固下盘沉稳的作用，同时含有护阴之意。在提膝等动作中要求扣膝，目的也在于以膝格防对方对我裆部的攻击。

脚心涵空与五趾抓地的含义及作用

脚心涵空与五趾抓地均是对支撑脚脚掌的要求。两者的含义相同，并互为因果。做法：支撑脚五趾抓地，脚弓随脚趾用力而加大弓度，形成脚心拱离地面之"涵空"。换句话说，支撑脚欲"脚心涵空"，必须"五趾抓地"。

支撑脚五趾抓地，使脚掌的边缘着力参与支撑，具有增大支撑面、提高稳定性的作用；脚心涵空能加强缓冲能力。另外，五趾抓地能疏通和振奋经脉，脚心涵空对脚心涌泉穴，也具有刺激作用。

跪步与骑龙步的异同

跪步和骑龙步在南拳拳系中运用较多，它们同是两脚前后分开，前腿屈膝下蹲，后腿下跪接近地面，后脚脚跟离地的低势步型。两者的区别是：跪步的两脚相距约本人脚长的两倍，后腿大小腿屈拢，重心在两脚之间；骑龙步两脚相距约本人脚长的3倍，后腿大小腿屈度较小，重心偏于前脚。

步型的练法和要点

静则成型、动则迅快是步型练习的目的。练习方法有静练和动静结合两种。

"静练"是通过逐步延长静站时间，锻炼提高腿部力量和平衡稳定能力，形成一定步型的正确的动力定型。练习时要求调匀呼吸，静心体会各部肌肉感觉，加速动力定型。在传统练习中，还采用在木桩上静练步型，或通过头顶盛水器皿、肩腿负重、裆下置锥等方法，加大练习难度。

"动静结合"的练习，是将步型与上步、退步、闪步、跳步等基本步法结合，在完成一个步型时静定片刻，再动步变势。这种动静结合练习，有助于提高由静变动则迅速、由动变静则定型的能力；有助于下肢肌肉在等长收缩（静站时）和等张收缩（变动时）交替的运动中，得到调节、放松，避免和减轻了长时间单一形式的收缩带来的肌肉僵紧和疲劳；动静结合的练习，还有助于将提高肌肉力量和提高肌肉缩舒速度结合起来。

练习步型时，虽然运动不算激烈，同样要注意通过准备活动，使肌体进入工作状态，否则做步型时会感到开步勉强，甚至由于肌肉黏滞性太高而拉伤肌肉。此外，还要注意在步型训练过程中，穿插一些上肢动作的训练。这种上下交替的训练，有助于下肢得到积极性休息，有助于身体全面发展，避免局部负担过重。最后，要注意训练结束时的放松活动。放松能加快下肢肌肉疲劳的消除，减轻肌肉的酸痛。

步法的内容与分类

武术运动中，脚步按照一定规则移动和变换方向的方法，称为"步法"。步法具有运载身体前进后退、左右闪展的作用，能加大动作的伸缩和拧转幅度。步法沉稳是动作平衡的根本，步法快疾是动作迅猛的保证，步法灵便是动作敏捷的基础。

武术步法的内容十分丰富，除了一些常见步法外，风格不同的拳种亦有一些独特的步法。如太极拳的太极步、八卦掌的蹚泥步、八极拳的闯步等。从常见步法来看，根据步法是否出现腾空可分为走步和跳步两类。前者如上步、退步、盖步、插步、行步等,后者如击步、纵步、跃步、盖跳步等。根据动步时身体在空间是否出现明显位移,又可分为动步而不移位(指仍在原地)、步法移动一步、步法连续移动三类。第一类有活步、提步、碾步、掉步、换跳步等;第二类包括向不同方位进、退、横移的各种步法;第三类包括直线形移动的催步、踏步、前行步、挖行步、倒行步等步法,以及曲线形绕走的弧行步、S 形步、双环步、圆形步等。

进步、跟步、上步的异同

进步、跟步、上步都是向前移步的步法。以错步站立为例,它们的区别在于:进步,是前脚向前移动一步;跟步,是后脚向前脚移动,但不超越前脚;上步,是后脚越过前脚向前上一步。开步站立时,向前迈出任意一脚皆称"上步"。

敛步、撤步、退步的异同

敛步、撤步、退步都是向后移步的步法。以错步站立为例,它们的区别在于:敛步是前脚向后脚移动,但不能超越后脚。撤步是后脚向后移动。前脚后移,不移过后脚,也称撤步。退步是前脚越过后脚向后退一步。开步站立时,向后出任意一脚皆称"退步"。

卸步的做法和作用

卸步是一种防守性步法。在与对手相搏时,上肢相持,脚步后退,称"卸步",有卸步不卸手之意。其做法有两种:其一,错步顺势站立(同侧手脚在前),上肢不动,前脚后退一步成错步拗势站立;其二,错步拗势站立,前脚后退一步,同时同侧手臂出击,仍成错步拗势。

插步与盖步的异同

插步与盖步都是向左右横向移动的基本步法,它们在完成步法时所呈现的步型,均为叉步。两者的区别在于:以开立步预备,插步是一脚经另一脚后向对侧横向插出;两腿交叉,插出腿直,不动腿屈。盖步是一脚经另脚前向对侧横向盖上;两腿交叉,盖上腿屈,不动腿直。

闪步的做法和作用

闪步指迅速向左右闪展，让开对方正面进攻的步法。具体做法有多种。例如，对方向我正面攻来，我急向左侧跨左步，右脚不动，身体左闪。左脚向左跨步，右脚随之带至左脚内侧，亦为"闪步"。

提步与活步的异同

提步与活步同属动步而不移位的基本步法，为防守性步法，以躲闪对方对我下盘的攻击。活步还有调整体位的作用。它们的区别在于：一脚支撑，另一腿屈膝提起，膝不过髋，脚内侧靠近支撑腿为提步；一脚站立不动，另一脚提起（可收回）再落放原地为活步。

碾步的作用和做法

碾步是长拳类拳技中用于身体转旋变向的步法，也称"碾转步"。具有快速变转面向的优点。可以脚跟为轴，也可以脚前掌为轴，向左或向右旋转，使身体面向产生变化。

掉步与换跳步的异同

掉步和换跳步同属动步而身体无位移的步法，其动步的结果是两脚交换了站立位置，是一种收脚防守，紧接着换步反击的步法。掉步，即错步站立，两脚互换位置。例如，左脚在前错步站立，掉步时收回左脚落于右脚位置，同时提起右脚前落于左脚原位。换跳步与掉步十分相似，它们的区别仅仅在于，换跳步是以跳步（两脚同时蹬地跳起换位）完成的掉步。

滑步与蹚步的异同

滑步与蹚步同为脚掌擦地移动的步法。

从攻防含义上来讲，滑步具有移动平稳、快速、隐蔽等优点，蹚步则将腿法隐藏于步法之中，意用脚外侧擦地铲击对方脚踝部。两者均取隐蔽之意。

在做法上,其有些区别。滑步是一脚向任一方向以脚底擦地滑进,另一脚随之滑进。嗤步是一脚站立不动,另一脚向侧面或后面以脚外侧擦地嗤出。

闯步的做法和特点

闯步是八极拳的基本步法,几乎八极拳的所有发劲动作,都与闯步配合。

做法:一脚震落后,另一脚向前落地时擦地嗤出,并且脚一擦地即加速移动,又立即迅速顿然停止,体现出快冲骤停的特点。

震脚的种类和作用

震脚也称"震步",属步法的一种。泛指以全脚掌重踏地面或以脚后跟重踏地面再成全脚掌着地。

震步做法有多种,包括一脚支撑,另一脚收回成并步"震";或一脚上步"震",或一脚退步"震";还有两脚同时原地"震",或由开立合拢"震";或以脚前掌为轴碾转后再"震"。

震脚具有调动全身气力突然爆发,使动作有震憾有力、内外合一的作用;还有使肢体骤然聚合、猛然展开、上下协调、齐动齐静的完整作用。因此,以震脚配合呼气发劲的进攻动作,有助于以气催力,穿坚破锐。形意拳和八极拳中运用震步较多。

踏步、垫步、击步的异同

踏步、垫步、击步同为后脚促使前脚前进的步法。三者的区别是:踏步是以后脚踏震力发挥催促作用;垫步是以后脚跳步增加前进距离;击步是以后脚腾空靠击前脚催动前移。

踏步:错步站立;后脚提起靠拢前脚即向下踏震着地;前脚在后脚着地的瞬间向前方迈出一步。

垫步:错步站立;后脚(为前垫步脚)向前上步蹬地跳起;另一脚提起保持至前跳脚落步时,再向前落地。其中的单脚向前跳步即为"垫步"。提悬脚屈膝提起较高、单脚前跳幅度较大、身体腾空较高的垫步,称为"纵步"。

击步:错步站立;前脚前移,后脚提离地面;紧接着前脚蹬地前跃,身体腾空;

在空中,以后脚内侧向前碰击前脚内侧;然后,后脚、前脚依次向前落步。击步不能过分高腾,而要快、远。

前跃步与盖跳步的异同

前跃步与盖跳步都是后脚越过前脚的跳步。它们的攻防含义在于跃起避让对方对我腿脚的扫击,随即迅速落步进身,逼近对手。盖跳步还具有跳起以盖步脚蹬踩对方小腿和脚背,另一脚迅速落步插进对方裆内,或绊住对方脚步的作用。两者的区别在于:在跳步腾空时,前跃步是正身而起(身体朝前);盖跳步是侧身而起,两腿在空中交叉,盖跳脚着意外拢。

前跃步:错步站立;前脚前进一步蹬地跳起,后脚向前拢起超过前脚,使身体腾空前跃;后脚在身前落地,前脚随之在后脚前落地。前跃幅度要超过一个弓步之距。

盖跳步:错步站立;前脚前进一步蹬地跳起,后脚(盖跳脚)向前摆起超过前脚,使身体腾空;在空中,盖跳脚脚尖外摆,上体亦随之向盖跳腿同侧拧转,使两腿在空中呈交叉状;然后,盖跳脚向跃进前方落步,前脚随之落于其前;上体回转朝前。除向前的盖跳步外,还有向左或向右的横向盖跳步。

赶步与催步的异同

赶步与催步都是以连续移步的方法,快速、突然地接近对方。它们的区别在于:催步较赶步多前进半步或一步。

做法:以错步站立预备;前脚向前进一步,后脚跟进半步,称为"赶步"。此时,前脚再向前进半步或一步,即为"催步"。当然,催步不是做好了赶步,再进前脚,而是借助跟进脚着地的前催力,促使前脚迅速前移。

行步的种类和要领

行步属两脚交替连续移动的行走步法。根据两脚移动的方向和足迹路线,可以分为前行步、挖行步、倒行步、弧形步、S形步、双环步、圆形步等七种。其中前三种为直线形行步,后四种为曲线形行步。

行步的一般要求是两腿微屈,行进平稳,步幅均匀,重心不得起伏,不能出现两脚同时离地的腾空状况。直线形行步还要求重心投影始终保持在两脚形成的支撑面正中偏前处。曲线形行步要求两脚脚掌以摆步（脚尖外摆）和扣步（脚尖内扣）的步法来完成足迹成弧和变换弧心；身体重心还须微倾向摆步脚一侧。

前行步与挖行步的做法、异同和错误纠正

前行步与挖行步都是两脚交替向前移动的直线形行步。前行步是以脚掌蹬地起步，推动重心前移；挖行步是以脚掌向后扒地起步，推动重心前移。具体做法和要求是：

前行步：两脚错步站立；后脚蹬地起步，向前上步落地时，先脚跟着地后迅速过渡至全脚掌，重心随上步一道前移；在移动脚脚跟着地时，支撑脚脚跟离地，当移动脚全掌着地时，支撑脚蹬地推促重心前移，并开始起步。两脚如此交替支撑和上步，形成前行步。

挖行步：两脚错步站立；后脚起步时，脚前掌用力向后扒掀撩起至脚掌底接近臀部，再向前上步，其他动作同前行步。挖行步中脚掌的扒掀动作，既具有起步和推动重心前移的作用，又具有撩踢身后敌手裆部或膝部的作用。在沙土地上与人对搏，还有以脚掌扒掀沙土迷敌双眼的作用。

练习前行步、挖行步的常见错误，是身体左右摇晃，重心上下起伏。纠正方法：行进时两腿须相互靠近，两脚似沿一条直线的两旁向前行进，两脚既不能向外侧离开直线，也不能向内侧踩踏直线，更不能超过直线踏到对侧，出现两脚拧绞的状态。注意头上顶，眼平视，直腰松胯。不同拳种的行步，行走时须保持其特有的身型。此外，还须保持一定的蹬地角（地平面与脚蹬地时之间的夹角）和一定的步幅，以避免一步大、一步小，一步高、一步低的情况。

倒行步的做法和要点

倒行步是两脚交替后退的直线形行步。在与人对搏中，用于退守，形意拳的"猫洗脸"是倒行步的典型用例。但是，一般来说，这种以直线形连续后退的步法，因其倒行速度较前行步慢，当对手直线逼进猛冲猛打时，如直线后退容易被逼得重心后移过多，有导致身体仰倒的危险。所以，对搏时应慎用。

做法：错步站立；前脚蹬地起步后退，落步时由脚前掌迅速过渡到全脚掌着地，重心随退步一道后移，两脚如此交替退步形成倒行步。

做好倒行步的关键，是重心控制在支撑面中心偏前处。这样，能避免重心后移过多而使身体后倒，同时，具有快速变后退为向前进攻的蓄势。

摆步和扣步

摆步和扣步都是武术运动中用于变转方向的基本步法。将摆步和扣步组合连用的步法，称为"摆扣步"。八卦掌运动中使用较多。其他拳种中的曲线绕走类步法，也是以摆步和扣步交替运用完成的。

做法：移动脚脚掌外摆（外旋）落地，使脚尖朝体外侧为"摆步"；用于身体向移动脚一侧拧转。移动脚脚掌内扣（内旋）落地，使脚尖朝体内侧为"扣步"；用于身体向支撑脚一侧拧转。

弧形步、S形步、双环步和圆形步

这四种步法均属两脚交替行进的曲线形行步。这类步法以弧形步为基本形式，以摆步、扣步为基本方法，有着大体一致的做法和要求。

弧形步分为以身体左侧对弧心的"左弧形步"和以身体右侧对弧心的"右弧形步"。做法：两脚错步站立；后脚脚跟先离地，以脚前掌蹬地向前上步，以脚跟着地逐步过渡到全脚掌；而且对弧心一侧的脚落地时，脚尖微外摆，着力点偏重于脚外侧。另一脚前迈落步时脚尖则微内扣，着力点偏重于脚内侧。身体向弧心侧倾，使离心力和体重的合力正好通过支撑脚。如此交替行进不满一圆者，均称弧形步。

圆形步做法同弧形步，唯两脚交替行进超过一个整圆。

S形步是左弧形步与右弧形步衔接进行形成的。下面以由左弧形步转入右弧形步为例，来说明转变弧心的方法。左弧形步欲转为右弧形步时，左脚向略偏离弧线的左前方上步，落步时脚尖微内扣；右脚向前上步，落步时脚尖微外摆。如此交替上步，重复左脚微内扣、右脚微外摆，自然就形成了"右弧形步"。在做S形步时，上体要随步法的行进，表现出拧转、回转、向另一侧拧转的身法。即当

459

开始左弧形步时,上体开始逐渐向左拧转,当左弧形步结束时,身体拧转成绳拧状;右弧形步开始时,上体逐渐向右回转,并逐渐向右拧转,至右弧形步结束时,身体拧转成绳拧状。

双环步的足迹形如两个圆圈,它的行绕顺序如同写"8"字,故又称"8字形步"。它的绕走法有两种。其一,从"8"字的上顶正中,走两个 S 形步形成"8"字。其二,从"8"字形中心的交接点开步,先走一圆形步,接着用 S 形步变换弧心的方法变换圆心,再走另一圆形步。

不论何种曲形行步,练习中都要求尽可能保持步幅均匀,重心平衡。步幅要尽可能大一些,切忌走小碎步,也切忌出现两脚同时腾空的奔跑状。

矮行步做法

矮行步是一种保持半蹲或深蹲行走,以提高腿部力量的步法,简称"矮步"。

做法:两腿屈膝,头正、颈直、挺胸、挺腰,然后保持身体姿势和重心高度,两脚交替向前行走。行进时蹬地起步,落地时先脚跟、后全脚,两脚不可交叉,落地时不能有重踏声;两手可叉扶腰间,也可抱拳于腰间。

"走三角马"的做法

走三角马是南拳基本步法的练习,亦称"走三角步"。

做法:两脚开步站立预备;左脚向右前方上步,脚尖外展;右脚向左前方绕上一步,脚尖内扣;左脚弧形后退一步(见《走三角马脚迹图》)。

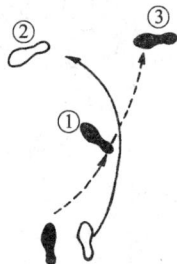

走三角马脚迹图

长拳的步法特点和表现方法

长拳的步法具有快速、清晰、沉稳的特点。

表现快速的方法有三:

其一是"步动身随",即步子一移动,身体重心随之移动,不能步出去了,身体重心还留在原位,这势必影响步法的继续快速移动。例如,出左脚前上成左弓步这种动作,左脚前移时,身体重心应随之前移;当左脚落地成弓步时,重心也正好移到偏向左腿的位置，即"步到身到"。如左脚落地时，重心还留在偏靠右脚，就得待重心前移才形成弓步，这样，当然较"步到身到"慢多了。

其二是"身促步动"，即先以上体向运动方向倾移，使身体重心向支撑面边缘移动，以促使脚步迅速迈出形成新的支撑面。例如，做由"并步对拳"，向前"上步插掌"时，先向前斜倾身体。这种斜倾身既使直立动作有动感，又促使重心向支撑面前缘处移动，催动脚步向前迈出。

其三，在需要快速、连续移动的步法中，适当减小步幅。步幅大的动作，支撑面大，稳定性强，要破坏旧的平衡、建立新的平衡就不容易。也就是说，步幅大不容易变化，不够灵活。反之，步幅小，则灵活善变。因此，在动作规格允许的范围内适当减小步幅，是加快步法连续移动的一种方法。

表现步法清晰的关键，是落步粘地，起步清楚，干净利落，不在地上挪动碾转，拖泥带水。表现步法沉稳的方法，是注意移动过程中，要在快速的步法转换中保持重心在支撑面内，旧的平衡一旦破坏，立即因势利导地建立新的平衡。在一串步法临近静定成步型时，应适当放大步幅，加大支撑面，以加强动作的沉稳基础。此外，要注意在发劲动作时气沉丹田，以加强劲力外发时，下盘的沉稳度。

在演练长拳套路时，步法特点中的"快速"，往往给人们的印象更为鲜明。但是，步法太快，容易出现步点杂乱，影响步法清晰，还易出现脚步飘浮，影响步法沉稳。因此，表现长拳的步法特点，应该兼顾速度、清晰、沉稳三方面，处理好其间的矛盾，并讲究演练技巧，注意快与慢中的相互对比、衬托的辩证关系。

五 步 拳

五步拳即五种步型的组合练习，实际是五个完整拳式的组合练习。其式虽极简，却包含了弓、马、仆、虚、歇五种基本步型，冲拳、架打、盖打、穿掌、挑掌五种基本手法，以及一种弹腿腿法，一种提膝独立平衡。此外，五步拳还易学易练，具有左右势互换、连续练习的优点，是长拳初习者将基本步型的单个练习融合于上下配合的拳式中的最佳方式。因此，它历来被作为初学者入门的必练之拳。

练习时，一动一顿，可着意于步型与拳架的规格、工整，上下的协调、完整，以及劲力的顺达。如将动作细分组合，在节奏上给予不同的处理，可进一步追求拳式的连贯,节奏的分明。例如,将动作 1、2、3 连贯练习,完成动作 3 时停顿;动作 4、5 连贯,完成动作 5 停顿;动作 6、7、8 连贯,完成动作 8 停顿。下面介绍练法。

预备势:由立正站立成并步抱拳(图 1)。

1. 拗弓步冲拳:左脚向左迈出一步成左弓步;同时左手向左平搂后收抱腰间,右拳前冲成平拳;目视前方(图 2)。

2. 弹踢冲拳:重心前移至左腿支撑,右腿先屈膝提起再向前弹踢;同时左拳前冲成平拳,右拳收抱腰间;目视前方(图 3)。

3. 马步架打:右脚内扣落地,身体左转 90°,两腿屈膝下蹲成马步;同时左拳变掌,屈臂上架,右拳向右侧冲成平拳;头右转,眼看右侧方(图 4)。

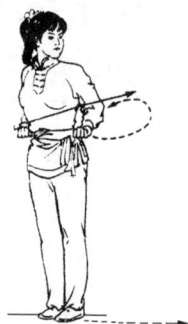

五步拳　图1

图2

图3

4. 插步盖掌:重心稍起,身体左转,左脚经右脚后后插一步;同时右拳变掌经头上向前下盖,掌外沿向前,左掌变拳收抱腰间;目视右掌(图 5)。

5. 歇步冲拳:两腿屈膝下蹲成右歇步;同时左拳前冲成平拳,右掌变拳收抱腰间;目视左拳(图 6)。

6. 提膝穿掌:身体立起左转,右脚内扣支撑,左腿屈膝提起;同时左拳变掌收至右腋下,右拳变掌,掌心朝上由左手背上穿出;目视右掌(图 7)。

7. 仆步穿掌:左脚向左落地成左仆步;同时,左掌掌指朝前沿左腿内侧穿出;目视左掌(图 8)。

8. 虚步挑掌:左腿屈膝前弓,右脚蹬地向前上步成右虚步;同时左手向上、向后划弧成勾手,右手向下、向前顺右腿外侧向上挑掌;目视前方(图9)。

然后右脚踏实,接做右弓步冲拳,重复动作1—8,唯左右相反。至成左虚步挑掌时,右脚向左脚靠拢成并步抱拳(图10)。

图4

图5

图6

图7

图8

图9

图10

太极拳的步法特点和表现方法

太极拳的步法含有稳沉、轻灵、平移、匀速等四个特点。这四个特点贯穿于太极拳的任一步法变化中，并且有侧重地表现于步法的动步之初、移动过程、成型之时三个阶段中。具体表现方法是：

在动步之初，必须做到虚实分明，使重心完全稳定在支撑脚上，另一脚提起，在不牵动重心位置的范围内落地。此阶段主要体现了迈步轻灵的特点。

在移动过程中，必须做到重心逐渐转换，脚着地部位渐渐过渡为全脚掌，此阶段主要体现了重心平移，两脚匀速移动的特点。

在完成动作，步到、身到、手到、眼到之时，重心移到靠近两脚中间的位置。此阶段主要体现步法稳沉的特点。

太极步的练习要点

太极步，即太极拳之步法。主要有进步、退步、侧移三类。进步时，前进脚脚跟先着地，随之过渡到全脚掌踏实，继而脚趾下扣抓地。退步时，后退脚脚尖先落地，随之过渡为全脚掌踏实。做向正前方进步和向正后方退步时，两脚间的横向距离约 15 厘米，不能站在一条直线上，禁忌迈过直线至对侧，使两脚拧绞站立，这样，必有倾跌之弊。侧移步时，侧移脚脚尖先着地，随之过渡为全脚掌踏实。连续侧移时，两脚要在一条横线上移动。欲达到转换平稳、移动轻灵，关键是保持身体重心在支撑面内移动，不出现偏离。即一脚离地移动时，身体重心要保持在以支撑脚形成的支撑面内，几乎不出现移动，待移动脚触地形成新的两脚支撑面后，才开始移动身体重心。这样，由于身体重心只在支撑面内移动，必然平稳。一脚离地移动时，重心又始终保持在支撑脚形成的支撑面内，可以任意落下或提起，当然也就轻灵了。另外，要做到步法平平移动，无高起低凹，应注意保持步法转换时胯部的高度，不能忽起忽蹲。还要注意在两脚着地时，一腿屈与另一腿伸要同时进行，而且此腿屈的速度和角度，与彼腿伸的速度和角度应基本一致。

形意拳的步法特点和表现方法

形意拳的步法讲究进步必跟,退步必撤。尤以疾进急跟、踩踏有力为特点。在具体表现方法上,要求进步或上步脚急进大步,落地瞬间向前逼进踩踏,以获得尽可能大的前进距离和水平移动速度;要求后脚水平疾跟,至距前脚跟20—30厘米处沉坠落地,既能加快水平速度,又有防止臀部上掀的作用。这种步法移动快、进得长,踏地沉实有声,展现出形意拳"起如风,落如箭","迈步如行犁,落脚如(树)生根"的特点。

八卦掌的步法特点和表现方法

八卦掌的步法特点,主要为绕圆走转、步若蹚泥两方面。

在运动中,"绕圆走转"是通过摆扣步实现的。两脚向同一方向连续交替以摆步和扣步行进,就能形成沿圆走圈;两脚改变摆步和扣步的方向,就能改变身体运动的方向。摆扣步幅度的大小,制约着走圈的大小和方向变转角度的多少。走圈时,摆扣步幅度越大,圆圈越小。变转运动方向时,摆步和扣步幅度越大,变转的角度越大。

"步若蹚泥",指两脚似在泥水中蹚行那样,脚掌平平提起、平平移动、平平落地地交替运动。运动中不能有掀起脚跟或翘起脚掌的状态,而且在移动过程中,脚掌要贴近地面约一寸而不能触地。做好这种蹚泥步的技法是足含"一意五劲"(见本书第二编"武术技法原理·八卦掌基本技法规律")。

摩胫的做法

"摩胫"也写为"磨胫",是八卦掌和形意拳步法运动中的要领。指一脚移动,越过支撑脚时,移动脚内侧靠近支撑脚内踝部,使两腿胫骨似相互摩擦而过。

八卦步练法要领及错误纠正

八卦掌以绕圆走圈为基本运动形式,其足迹呈圆形,正好是八卦图中八个方位的连线,八卦掌传习者故将蹚泥行进的绕圆走圈称为八卦步。做好八卦步的要领是里摆外扣、合膝扣裆、身如坐轿。

里摆外扣,指里脚摆步、外脚扣步,连续行走,这是脚步成圆的基本保证,其摆扣幅度决定着圆圈的大小。在绕走同一直径的圆圈时,摆步和扣步应始终保持一定的幅度,不能忽大忽小。

合膝扣裆,指行走过程中,两脚要靠近,擦膝摩胫,不能使裆部敞开。

身如坐轿,指步法连续移动时,不论两脚步幅大小、换步速度如何,上体都要随之移动,重心平稳,安稳宽舒;胯不上挺也不前送,如臀落坐于轿中凳上,任步动身随。

练习八卦步的常见错误是:外脚从外侧划弧前进,造成敞裆;迈步前探太多,造成支撑脚碾转;脚尖先落地,造成足踝紧张;落步时重心降低,动步时重心升高,造成重心起伏。

纠正方法依次为:移动腿靠近支撑腿前迈;迈步前探的最远距离,以不超出支撑脚全脚着地时的重心支撑面为宜(即不牵动支撑脚提跟碾动);脚掌平平落地;不论行进或变换,支撑腿始终保持一定的弯屈度,使臀部保持在一定的高度平行移动。

鹤行步的做法

鹤行步是八卦掌步法的一种,以前行时迈出脚高提前伸似鹤,故名。实际使用较少。

做法:上步时,屈膝提起脚掌,向前、向上(高与嘴平)、向下踏落。要求脚掌平起平落,身体不可后仰歪斜。

阴阳鱼步的走法和作用

阴阳鱼步是八卦掌步法的一种,指绕圆走转时穿越圆心走至对侧圆圈上,再变换绕圆方向的练法。因其足迹路线近似阴阳鱼图案,故名。其技击含义,是假设敌手在圆心,我在圆周上绕敌走转,一旦得机得势即向敌手进攻,也就是向圆心换掌出击,至对侧圆周正好完成换掌动作,然后变换方向绕圆行进。

九宫步的走法和作用

八卦图中的每卦各为一宫,加上正中的阴阳鱼(即中宫),合称为"九宫"。把九个标志物按一定的株行距分布于九宫位置,然后在其间穿行绕转,变换拳式,称为"九宫步",亦称"飞九宫",也有人称它为"阴八卦"。

九宫步具有较高的技击价值。练习时,练习者将九个标志物视为九个敌手,通过在宫中快速穿绕换势而不触及标志物,提高闪躲敌手、进退自如的灵活性。并有助于训练脚的摆扣变转,提高手眼身法步协调配合的能力。由于分置九宫的标志物形成的空间障碍限制肢体在空间的活动范围,从而加大了躯干翻转拧旋的幅度,提高了健身的锻炼效果。

一般采用长于练习者身高的竹竿或木棍,下端插入铁或木制的底座制成标志物。如没有竿、棍,可在九宫位置分布砖石或画小圈代替,不过其锻炼效果不如穿绕竿、棍。如在树林中练习,亦可通过随意穿绕树株进行飞走九宫的锻炼。

初习九宫步时,株行距应宽一些,一般各为五尺。逐渐减少,直至仅容身体拧转穿绕其间。

九宫步的穿绕顺序采用传说中的"太一行九宫之法"。徐岳撰、甄鸾注《数术记遗》中,把这个顺序描绘为:"二四为肩,六八为足,左三右七,戴九履一,五居中央。"即"始坎、次坤、次震、次巽,复息于中宫,自中宫至乾、次兑、次艮、次离,一周毕矣。"此顺序称为"顺穿"(图1)。"逆穿",则是由离宫(宫九)返回坎宫(宫一)(图2)。

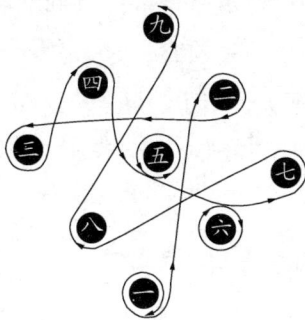

图1　九宫步顺穿图　　　　　图2　九宫步逆穿图

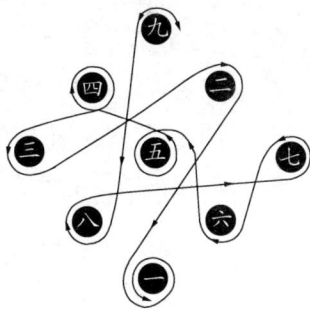

初练九宫步,以八卦步顺序绕走、步法熟练后,可任意选取八卦掌中的掌法作为穿绕中的变换拳式,并始终把边走边穿,一穿即换,眼随手走,手随步开,腰随步活作为手眼身法步协调配合的原则。

其他拳种的练习者,借鉴九宫步练法,将所习拳种中的拳式结合于急进骤退、左闪右躲的矮步窜走步法中,循"戴九履一图"(如图)的顺序穿绕,也可获得一定的锻炼效果。九宫步还可作为一种提高速度和灵敏素质的训练手段,引鉴于其他运动项目。比如,通过带球穿宫,可以提高篮、足球运动员闪躲对手、快速进退的能力。不附加拳式的穿宫走跑,亦可作为少年儿童锻炼身体的游戏。

克服练八卦掌走圈引起头晕的方法

有些初学八卦掌的人在练习绕圆走转时感到头晕,是因为缺乏旋转训练,位觉感受器适应不了连续走圈带来的刺激,而产生的一种位觉感觉反射。初学走圈时,圈子太小,走速过快,就更易出现头晕。因此,初学八卦掌者,走圈可大点,走速应慢而匀,并注意左右交替走转。待训练水平和位觉感受器的稳定性有了提高,再逐步减少每走一圈所用的步数,加快走速。这样就不会出现头晕的现象了。

八卦掌走圈的大小

走圈的大小与迈步步幅和脚的摆扣幅度有关。步幅大小与人的身高有关,同时受到下肢柔韧性的影响。脚的摆扣幅度与下肢旋内、旋外能力有关。因此,在场地允许的情况下,走圈的大小应根据练习者个子的高矮和训练水平而定。一般来说,初学者走圈可稍大些;掌握基本锻炼要领后,要逐步缩小所走的圈子,以 8 步一圈为宜。随着训练水平的提高,除了仍须坚持以 8 步一圈进行练习外,还要根据某些掌法的需要,变换圈子的大小,并采用 3 步一圈或 4 步一圈的练习方法,加大训练难度,提高脚步的摆扣能力。

八卦掌转掌式的身体重心

根据不同拳式的技法要求,八卦掌转掌式的身体重心分为三种。

以转掌式为桩功练习手段时,重心靠后,以增加单腿支撑力,锻炼缩胯、溜臀的能力。在绕圆走转时,转掌式的身体重心应微偏向圆心一侧和身体前部,以增加走转时的向心力和前趋力。在与人对搏时,重心靠前能加大进攻力量。在转掌式处于静态时,身体重心以居中为好,这有利于步法的任意变转。

腿　　法

腿法的内容与分类

一腿支撑,用另一腿攻击对手和阻截对手进攻的一类技法,称为"腿法"。腿较臂长,能远击对手;脚较手力大,能重创对手。因此,拳谚有"手打三分腿打七","远脚、近膝、贴身胯打"等说法。此外,由于运用腿法时只有一腿支撑,身体稳定性不如两脚支撑,又有"起腿半边空"的说法。因此腿法练习应以提高处理这对矛盾的技能和体能为目的。

根据腿法的运动特点,腿法动作可分为直摆性腿法、伸屈性腿法、扫转性腿法、击响腿法四类。

直摆性腿法:一腿支撑,另一腿以髋关节为轴转动踢摆的腿法。包括正踢腿、斜踢腿、侧踢腿、里合腿、外摆腿、后撩腿等。

屈伸性腿法:一腿支撑,另一腿以膝关节为轴,由屈到伸完成的腿法。包括弹腿、蹬腿、踹腿、铲腿、点腿、踩腿等。

扫转性腿法:一腿支撑,以脚前掌为轴,另一腿以脚擦地划圆弧的腿法。包括前扫腿、后扫腿、连环扫腿等。

击响腿法:以手掌击拍脚背或脚底作响的各种腿法。包括单拍脚、斜拍脚、外摆拍脚、里合拍脚等。

现代武术竞赛中,还将两腿着地分开成一字的劈叉动作,称为"劈叉腿法"。包括竖叉、横叉、跌叉三种。

正踢腿、斜踢腿做法及要诀

身体立起,一腿伸直支撑;另一腿挺直,勾脚向前上踢起。脚尖向前额正中部(或贴头顶、或向鼻尖)踢者,称为"正踢腿"(图1);脚尖向异侧耳部(如左脚尖向右耳部)踢者,称为"斜踢腿"(图2)。

做好正踢腿和斜踢腿的要诀是:头顶眼平,全脚着地,三直一勾,过胸加速。

头顶眼平:头顶,指踢腿时头有上顶之意,如悬提全身。眼平,指两眼要左右水平,保持头正;而且要向前平视,保证颈项竖直。眼不能向上看出现仰头,也不能向下看出现低头。

全脚着地:指支撑腿要脚跟粘地,五趾抓地,加大支撑面。不能出现掀跟、翘趾,或仅以脚内侧或外侧着地的情况。

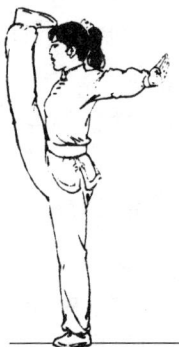  

图1　正踢腿　　　　图2　斜踢腿　　　　　侧踢腿

三直一勾:这是踢腿姿势的基本要求。三直,指头颈正直,躯干挺直,两膝伸直;一勾,指踢起腿脚尖勾回。

过胸加速:指腿上踢至超过胸高时,爆发性地加力上踢,使腿以加速度到达上踢极限,表现出寸劲。

练习正踢腿和斜踢腿时,一般上肢保持侧平举立掌姿势。其要领是:沉肩翘指,掌似推山。以沉肩配合顶头,避免缩脖;以翘指配合推掌,使力达掌沿。

侧踢腿做法及要诀

身体直立;一腿伸直支撑,脚尖外摆;另一腿挺直沿体侧向脑后勾脚上踢,称为"侧踢腿"(见图)。

做好侧踢腿的要诀是：正身转头，外旋开胯，三直一勾，过胸加速。

正身转头：指腿踢起时，头转向踢腿一侧，但身体须保持正直，不得随转头而拧转，否则会影响腿侧踢的幅度。

外旋开胯：指支撑腿脚尖外摆，使膝胯外旋；踢起腿脚尖外旋至正正地朝上勾起。脚尖外旋可以开胯，以保证侧踢腿达到必须的幅度。

三直一勾和**过胸加速**同正踢腿。

以行进练习侧踢腿时，先以支撑脚盖上一步脚尖外摆成两腿交叉，然后置于身后之腿才侧踢而起。上肢的配合方法是：以两臂侧平直掌预备；踢腿时，与支撑脚同侧的手臂向上划弧横掌成亮掌势，与踢起脚同侧的手臂屈肘向对侧腋下划弧成立掌。配合的要领是：上起下沉，同时加力。就支撑腿及其同侧手来说，臂上起时，脚趾抓地，是对拉用力。就踢起腿及其同侧手臂来说，腿上踢与手向腋下撑立，也是同时相向用力。这样的配合有助于保持身体直立，加大侧踢的力度和速度。

正踢腿、斜踢腿和侧踢腿的练习方法

要做好正、斜、侧踢腿，除了通过柔功练习获得必要的柔韧性，掌握它们各自的技术方法和要诀外，还须通过多种形式的训练，促进技能的提高与完善。

1. 扶踢练习

手扶肋木或其他支撑物进行练习。扶踢正、斜腿，是身体侧对肋木站立；内侧手扶抓肋木，外侧手侧平举立掌；身体正直，眼向前平视；踢腿前可使腿放松向后略作预摆再向前上踢起。扶踢侧腿是面对肋木站立；两手抓扶肋木；使腿向对侧（经支撑脚前）放松略作预摆再上踢。每腿 1 次可踢 15—30 次，左右交替练习。

目的是锻炼身体正直，克服踢腿时送髋、突臀、低头、弯腰等毛病。练习中要注意体会顶头、沉气、松胯，以及腿起落时身体各部的感觉。

2. 定步踢腿练习

保持身体正直，双臂侧平立掌；支撑腿站立不动，另一腿作踢腿练习。每腿 1 次踢 10—20 腿，左右交换练习。

目的是通过腿无预摆,亦能快起高踢的锻炼,提高踢腿的力量。

3. 三步一踢练习

直线行进,每走三步踢一腿。例如,并步站立预备;出左步、上右步,再上左步、踢右腿;右腿落下成并步。此为一次"三步一踢"。然后以同样方法换踢左腿。如此交替练习,每次可连续踢20腿左右。

目的是借助进步获得的水平速度,加强起腿的速度。在提高踢腿初速的基础上,还应注意按"过胸加速"的要诀,提高"加速度"用力的准确性和协调性。

4. 一步一踢练习

这是踢以至用的练习,因在套路中运用腿法,多以一步一踢为主要形式。以并步站立预备;出左步,踢右腿,落下成并步;再出右步,踢左腿,落下成并步。如此左右交替,连续练习。每次约踢10—20腿。

目的是全面提高踢腿的姿势规格、腿力、腿速等整体动作技能。

外摆腿做法及要诀

身体直立,一腿伸直支撑,脚尖微外摆,另一腿挺直勾脚斜踢,再经面前(或贴头顶)向体侧划弧摆动落下,称为"外摆腿"(见图)。

做好外摆腿的要诀是:斜起侧落,弧高齐头,三直一勾,横向加速。

斜起侧落:"斜起",即要求支撑腿向同侧斜前方出步(如左腿支撑,左脚向左前方出步);踢摆腿随之向异侧斜前上方踢起。"侧落",即踢摆腿沿同侧体侧落下。"斜起侧落"是展开两胯,使腿外摆幅度达到规格标准的保证。

弧高齐头:指腿"斜起侧落"划弧摆动的最高点应与头同高,并靠近头的同侧斜前上方。例如,右腿外摆,最高点应在头的右前斜上方。

三直一勾:同正踢腿。

横向加速:指腿斜踢至转外摆动作时,爆发性地加速摆动,以加速度表现出腿外摆的寸劲。

练习外摆腿时,一般上肢保持侧平举立掌姿势,要领同正踢腿。

里合腿做法及要诀

身体直立；一腿伸直支撑，腿尖向前；另一腿挺直侧起踢至头侧，经面前向对侧斜前上方划弧摆落的动作，称为"里合腿"（见图）。里合腿的摆动路线与外摆腿完全同迹，唯其摆动方向却和外摆腿正好相反。逆向运用外摆腿的要领，就能做好里合腿。其要诀是：侧起斜落，弧高齐头，三直一勾，横向加速。

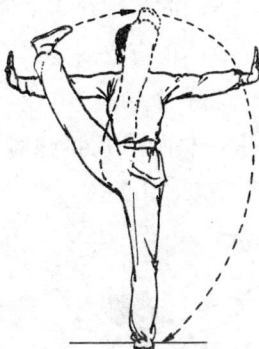

外摆腿　　　　　　　　　　　　　里合腿

外摆腿和里合腿的练习方法

外摆腿和里合腿的运动方向相反，但运动路线重合，因此两者的练习要点亦相通。要做好外摆腿和里合腿，首先要通过柔功练习，获得必要的柔韧性；然后重点练习斜踢腿和侧踢腿，为外摆腿和里合腿达到必须的起落幅度打好基础。直接用于提高外摆、里合幅度的练习方法主要有下述几种。

1. 屈膝开合练习：侧对肋木站立；内侧手抓扶肋木，另一手叉腰；外侧腿先朝内侧斜前上方屈膝抬起，经身前向外侧划弧开胯于侧后方落下，脚尖在身后点地，接着逆向划弧合胯于内侧斜前方落下，脚尖点地。每腿连续练 20—30 次，左右交替练习。目的是通过减低难度（弯膝）的开合胯练习，获得胯部外摆、里合的肌感，同时体会腿摆动时，身体正直的肌感。

2. 摆越障碍物练习：面对适当高度的障碍物站立；一腿支撑，另一腿作外摆

473

腿或里合腿练习,使腿从障碍物上摆过。目的是通过障碍物的诱引和强制,提高腿外摆和里合的幅度。

3."三步一踢""一步一踢"练习:同正踢腿练习方法。

后撩腿、后挑腿、倒踢腿的异同

后撩腿、后挑腿、倒踢腿都是仰头挺胸,一腿伸直支撑,另一腿向后上摆起的直摆性腿法。它们的区别在于上体形态、出腿的着力点、踢摆的幅度不同。

后撩腿是上体正直或前俯,勾紧脚尖,以脚跟用力向后上踢;脚高可低于臀部,亦可高于臀部(图1)。

后挑腿是上体前俯,后挑腿脚面绷平,以小腿后侧着力向后上掀起;要求脚高度超过腰部高度(图2)。

图1 后撩腿　　　　　图2 后挑腿　　　　　图3 倒踢腿

倒踢腿是上体后仰,脚面绷平,膝部微屈向后上倒踢;要求脚掌接近头部,与上身形成环状(图3)。

行进直摆性腿法练习以并步衔接的好处

因为并步是这些腿法的预备势步型,习者能熟练地将此结束势作为换踢另一腿的预备势。其次,踢起腿落成并步,下落幅度足,站立姿势挺。再次,较落脚于体前来说,落成并步能适当加长向前进步的距离,有助于增加换踢另一腿的起动初速。

练习直摆性腿法的常见错误及纠正方法

练习正、斜、侧踢腿，以及外摆、里合腿等直摆性腿法的常见错误有：坐胯弯膝、低头猫腰、掀跟送胯、踢摆无力、弧幅不足等五种。其原因和纠正方法如下。

坐胯弯膝：踢腿时表现为臀部后突下坐，两膝弯曲。原因是腰胯过于松软；踢腿高度超过了自身柔韧性许可的范围。纠正方法：1. 加强腿部柔韧性练习。2. 以"扶踢练习"（用于正、斜、侧踢腿）和"屈膝开合练习"（针对外摆、里合腿），体会顶头、立腰、竖胯，以及支撑腿、躯干和头上下一线的直立感。3. 行进踢腿练习，注意两腿伸直，由低到高逐步增加踢腿高度，以保持"三直一勾"时不感到困难为度。

低头猫腰：踢腿时表现为头向前俯，腰背后凸。原因是头无上顶劲，腰无塌劲；踢腿高度超过了自身柔韧性许可的范围。纠正方法同上，同时要注意始终保持头不动，眼向前平视；并记住是脚来找头，不是头去够脚。

掀跟送胯：踢腿时表现为支撑腿脚跟离地，胯部前挺，踢腿高度不够，且距躯干较远。原因是上步太大；起腿时用力方向偏于向前，收胯不够，呼气时未促内气下移。纠正方法：1. 缩胯练习：并步站立；然后以一腿支撑，另一腿勾脚使胯根垂直上提，脚底离地。反复提放，左右交替练习。2. 小步行进踢腿练习：每步步幅保持一脚长左右，注意缩胯起腿、用力上踢、全脚掌着地、内气双向运行等做法和要求。

踢摆无力：踢腿时表现为腿的高度、身体姿势均符合规格要求，但腿软绵少力，柔而无刚。原因是踢腿速度不够，没有以加速度爆发的寸劲。纠正方法：1. 采用"三步一踢"练习，锻炼在水平速度有所增加的情况下，加快起腿初速。正、斜、侧踢腿按照"过胸加速"的要诀，突出上踢接近最高点时的猛然用力；里合、外摆腿按照"横向加速"要诀，突出腿向外或向里时的猛然用力。2. 小腿近踝部绑缚沙袋进行踢摆练习，以锻炼提高腿力。

弧幅不足：做正、斜、侧踢腿时幅度不足，指脚踢起的高度不够。原因多是柔韧性不足，也有因力量不足者。纠正方法：加强腿部柔功练习和"扶踢""三步一踢"练习。做外摆、里合腿时弧幅不足,既有因脚高度不够造成的摆弧低,还有脚起落方位不够斜、侧,造成的摆弧过狭。脚高度不够的原因和纠正方法同上述。摆弧过狭的原因是出步和腿起落的方向不清及开胯不够。纠正方法:1. 明确外摆腿的支撑腿是向同侧斜前方上步,里合腿是向异侧斜前方上步;外摆腿的摆动腿是由"斜踢腿"起,外摆至体侧(侧踢腿位)落下,里合腿是由"侧踢腿"起,内合至对侧斜前方(斜踢腿位)落下。2. 采用"屈膝开合练习""摆越障碍物练习",提高开胯摆腿的幅度。

弹腿做法、要诀及错误纠正

弹腿是一腿支撑,另一腿先屈膝提起、脚面绷平,然后向前挺膝弹出,力达脚尖的屈伸性腿法;也称为"弹踢腿"。弹腿分平弹和低弹两种。平弹腿支撑腿伸直,腿弹至与髋同高,脚尖不过腰脐(见图)。低弹腿支撑腿弯曲,腿弹至脚高不超过膝盖。

弹腿

做好弹腿的要诀是:提要屈,膝要定,伸要脆,力点明。

提要屈:即起腿必先屈膝,没有屈度,就没有伸腿的弹力。

膝要定:指屈膝后要相对稳定膝关节在空间的位置,不能上起下落或左右歪斜。这样才便于伸膝弹腿时的发力。

伸要脆:指小腿弹出要脆快发力,显出寸劲。

力点明:指脚尖要绷直,使弹力贯注脚尖。

要练好弹腿,除明确其技法要领外,还须循序练习,逐步提高。一般先扶肋木作原地弹腿练习,以达到立身正直、不送胯、小腿脆快、高度适宜为目的。其次,练习两手叉腰、一步一腿的行进弹腿。然后,练习行进弹腿冲拳,要领是弹腿与冲拳同时,腿与臂、脚与拳上下相照(相对、相称)。

练习弹腿的常见毛病,是脚由下上撩,屈伸不明显,没有弹劲。可按"提要屈、膝要定"的要诀,扶肋木以先提膝再弹腿的练习来纠正。

侧踹腿、侧蹬腿、侧铲腿的异同及要诀

侧踹腿、侧蹬腿、侧铲腿都是向体侧出击的屈伸性腿法。它们在做法上的相同点是：都是一腿支撑，一腿先屈膝提起，脚尖勾回，上体向支撑腿侧侧屈；然后挺伸膝关节出腿，脚高过腰；眼看出腿方向。它们的不同点，仅仅是出腿时脚掌位置及着力点不同：侧踹腿是脚尖朝体前（脚位横平），以脚跟发力；侧蹬腿脚尖朝上（脚位竖直），以脚跟发力；侧铲腿是脚尖朝体前（脚位横平并内翻），以脚外侧发力（图1、2）。

做好这三种腿法的共同要领基本与弹腿相同，即"提要屈，膝要定，伸要脆，力点明"。只是这三腿的支撑腿脚尖必须外摆；腿屈提定膝时，小腿呈水平（弹腿呈垂直）；向体侧侧击时，两腿和躯干在一纵面内。

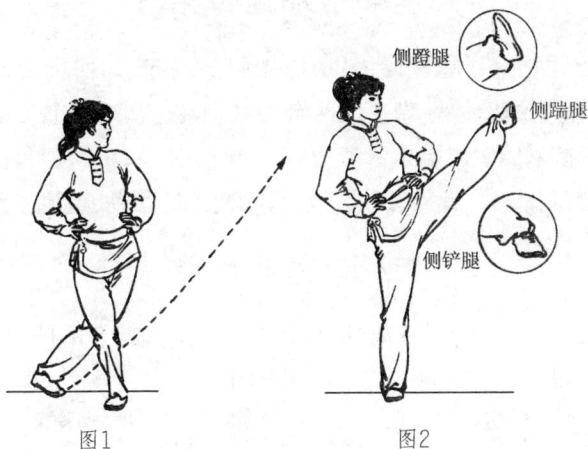

图1　　　　　　　　图2

点腿做法及要诀

做法：一腿伸直支撑，另一腿先屈膝勾紧脚尖向上抬起（图1）；然后向前挺伸膝关节，脚面绷平以脚尖着力向前啄击，脚高平胸（图2）。

要诀：屈膝伸足高抬，仰身展胯同时，伸膝屈足依次，脚尖着力啄击。

练习中，只有做到在展胯伸腿的同时，向后仰身，才能保持身体平衡，重心稳定；只有做到点腿时，以伸膝催动绷脚面，才能使劲力节节贯达至脚尖；脚尖才能

在最后啄击的瞬间,表现出寸劲。

图1 　　　　　　　　　　图2

点腿

踩腿和下蹬腿的异同

踩腿和下蹬腿都是一腿支撑,另一腿先屈膝提起,勾回脚尖,然后向下挺伸膝关节,脚高不过膝的屈伸性脚法。两者的区别在于脚掌位置及其着力点不同。出腿时,踩腿是脚尖外展,以脚全掌着力(见《踩腿图》);下蹬腿是脚尖朝上,以脚跟着力(见《下蹬腿图》)。此外,踩腿还注重脚向下的踩劲,蹬腿注重向外的蹬劲。

缠腿做法及运用

一腿伸直支撑;另一腿屈膝离地,以膝关节为轴,脚掌由外向里划环作缠绕势,称为"缠腿",也称"缠丝腿"(见《缠腿图》)。

踩腿　　　　　　下蹬腿　　　　　　缠腿

　　缠腿动作柔缓圆活,具有以小腿向内格挡、防护下盘的作用。缠腿多与踹腿、蹬腿、铲腿联合为用。即在缠绕格挡过程中,因势任意变缠腿为踹、蹬、铲腿。有柔有刚,有防有攻。

八卦掌的暗腿

　　暗腿指暗含在步法中的腿法。所谓“出腿不见腿”即是此意。八卦掌是注重步法,以绕圆走转为基本运动形式的拳术,其步法中藏有多种暗腿,旧有“七十二暗腿”之说,其中主要有:套腿、搓腿、勾腿、踩腿、踹腿等。

　　套腿:摆步前落时,以脚尖由内向外套于对方脚后,膝盖随之向前跪压对方胫骨。

　　搓腿:摆步前落时,以脚跟由内向外搓击对方脚背或踝弯;扣步前落时,以脚底由外向内搓击对方脚背或踝弯。

　　勾腿:扣步前落时,将脚尖由外向内勾于对方脚后,随之向内回勾起其脚。

　　踩腿:扣步前落时,以脚底横踩对方胫骨或脚背。

　　踹腿:摆步前落时,以脚底横踹对方胫骨。

前扫腿做法、要诀及错误纠正

　　一腿全蹲,以脚前掌支撑为轴;另一腿伸直,脚尖内扣、脚掌擦地向前扫转一周,称为“前扫腿”;俗称“扫堂腿”。因做前扫腿时,上体挺直,故又称“直身前扫”;在扫转时以手扶地者,称为“扶地前扫”。

　　做好前扫腿的要诀是:急出前脚需外摆,速收后胯紧催促,顶头立腰躯竖直,轴转轮旋似轱辘。

　　以右前扫腿为例:左脚急速向前迈出,脚尖外摆落地(图1),以“急出”获得向前的水平速度,以“外摆”使两胯展开,造成肢体向左拧转之势。此时,右脚因肢体拧转,获得向左扫转的旋转初速,右胯应快速收合,加大右脚扫转的速度(图2)。在腿扫转540°(一周半)之时,头要上顶,腰要挺直,使躯干竖直,重心垂线正好通过支撑脚前掌和躯干。这条垂线就像车轮(轱辘)的中轴,扫转腿和两臂犹如车轮,中轴保持垂直状转旋,车轮随之水平转动。此外,如做“直身前扫"，扫转时手应顺扫转方向领劲，眼随扫转环视；如做"扶地前扫"，手应随拧身于支撑脚脚尖前扶地。

图1　　　　　　　　　图2

前扫腿

练习前扫腿的常见错误有：起动慢，扫转慢，上体前倒三种。

造成起动慢的原因是出脚时脚尖未外摆，以及两脚出动太慢，连接不紧。可多做"第二步"练习（参见本书"前扫腿的练习方法"）来纠正。

造成扫转慢的原因，除了起动慢外，还有上体未随前移，手未同向领劲，眼未看扫转方向等。可多做"第二步""第四步"练习来纠正。

上体前倒的原因是支撑腿未全蹲、翘臀、弯腰、低头等。纠正方法是，注意体会头向上顶、躯干挺直、敛臀全蹲的肌肉感觉。如果是因为踝关节和髋关节柔韧性较差引起上体前倒，还须同时进行下肢的柔韧性练习。

前扫腿的练习方法

要练好前扫腿，除了明白动作技术和要诀外，还应按下述步骤，循序练习提高。

第一步：行进间直体旋转练习。做法：并步直立，两手手心向下侧平举。左脚左出半步微外摆，右脚迅速向左以扣步急靠左脚内侧。同时，右臂用力向左平摆屈回，左臂自然屈回，两臂环抱于胸前，使身体随之以脚前掌为轴向左旋转360°。左臂用力向左水平展开，右臂自然展开；头左摆至眼看前进方向。如此连续旋转。通过此练习,能获得身体向左旋转的肌感。

第二步:在进行急出左脚、脚尖外摆着地瞬间,右脚迅速合胯向前绕左脚划弧的练习。练习时,身体直立,左膝只需略屈,以体会脚步快速起动的肌感为主。

第三步:做"扶地前扫腿"练习。

第四步:合臂前扫练习。即以两臂侧平举为预备势。扫转时,两臂平摆、屈肘合抱于胸前,右臂屈回时用力。此练习以增加旋转速度完成前扫。

经上述四步练习后,即可进行完整的"直体前扫腿"练习了。

后扫腿做法及要诀

一腿全蹲以脚前掌为轴;另一腿伸直,脚尖内扣、脚掌擦地向后扫转一周,称为"后扫腿"。后扫腿须以两手扶地配合,故旧称"扶地后扫"。

做好后扫腿的要诀是:落胯回俯促腿转,乍扶即推加腿速。

以常见的左弓步双推掌接做右后扫腿为例(图1):右胯向下松沉下降,同时上体以腰劲猛力向右后回身下俯(图2),此劲使右腿获得后扫初速,开始扫转。在腰回俯的同时,两手找后脚,在右脚刚扫动让出的脚印处扶地,并立即向后下用力推离地面,以加强腿继续后扫一周的转动力。

图1　　　　　　　　　　图2

后扫腿

后扫腿的练习方法

要练好后扫腿,除了明白动作技术和要诀外,还应按照下述步骤,循序锻炼提高。

第一步:行进间右直体旋转练习。做法同"左直体旋转练习",唯左右相反(参见本书"前扫腿的练习方法")。

第二步:两手找后脚练习。以左弓步双推掌预备,突然松膝下沉,上体右转下俯,两手随之摆扶于右脚内侧。如此反复练习。

第三步:两手连续找后脚练习。做法同后扫腿,唯两手扶地后扫一周后,两手仍找后脚,落于右脚内侧,此练习能促使练习者保证扫腿的质量。

经上述三步练习后,就可进行完整的后扫腿练习了。

击响腿法的做法及击响要诀

最常见的击响腿法主要有单拍脚、斜拍脚、外摆拍脚、里合拍脚。

单拍脚又称"飞脚"。其做法同正踢腿,唯须脚面绷平,以同侧手击拍脚面作响。

斜拍脚又称"斜飞脚"。做法同单拍脚,唯以异侧手击拍脚面作响。

外摆拍脚旧称"摆莲腿",或称"片马腿"。其做法同外摆腿,唯须腿尖里扣、脚底内翻,以两手依次击拍(异侧手先击拍)脚面作响。

里合拍脚又称"里合腿",旧称"挂面腿"。其做法同里合腿,唯须脚尖里扣、脚底内翻,以异侧手击拍脚底前部作响。

做好以上几种腿法,不仅需要具备使腿法动作达到正确规格的柔韧基础,还要掌握手脚配合作响的要诀。

击响要诀:相互迎击,寸劲交加,位置准确。

相互迎击,指手和脚相互迎击。例如单拍脚和斜拍脚,脚是由下向上运动,击拍手应是从上向下运动。手与脚在运动中主动地相互迎击,这是击响的基础。

寸劲交加,指手、脚相互迎击至即将触及时,同时以爆发力加快迎击速度。当手脚触及时,脚以寸劲击来,手以寸劲拍去,合力短促,声响清脆。

位置准确,指手脚击拍的空间位置,手脚相击时的击拍位置都要符合规格标准,准确不偏。手脚击拍的空间位置,以脚踢摆的最高点为准。以上四种腿法的击拍位置,都在与额齐高、接近额头的地方。脚被拍击的部位,是该腿法的发力部位。例如,单拍脚、斜拍脚是脚背前部;外摆拍脚是脚背外侧部;里合拍脚是脚前掌。手发力拍打的部位是手掌。击拍时,不能分开手指,更不能仅用手指去击拍。注意击拍时的手型、脚型,也是保证击响清脆的重要一环。

击响腿法还有撩踢击响、横拐击响等。

跌叉的做法及衔接组合

身体腾空,两腿在空中分成竖叉向地面跌落,臀、腿同时着地成劈叉,称为"跌叉"。现代武术长拳竞赛中,列此为"劈叉腿法"。在长拳类套路中,跌叉多与腾空跳跃动作衔接成组合动作。常见的有旋风脚接劈叉、旋子接劈叉、旋子转体360°接劈叉、腾空外摆腿接劈叉等。此外,还与腾空翻转动作衔接成组合动作,常见的有前空翻接劈叉、侧空翻接劈叉等。这种与腾空跳跃、翻转动作组合完成的"跌叉"具有一定的难度。在现代武术竞赛中,常以此来衡量武术运动员在弹跳力、柔韧性、自我控制、动迅静定、高跃低仆等方面的技巧和功力。

平衡跳跃法

平衡动作的分类与作用

平衡动作泛指一腿支撑,另一腿悬空或扣盘支撑脚形成的单脚独立形态。根据平衡动作静止支撑的时间,分为持久性平衡或非持久性平衡。持久性平衡要求保持平衡形态静止站立 2 秒或 2 秒以上;非持久性平衡只要求形成平衡动作形态微微静顿,就算完成动作。根据平衡动作的姿势,又可分为直立提膝平衡、直立举腿平衡、屈膝半蹲平衡、屈膝全蹲平衡、折身举腿平衡(包括前俯、仰身、侧倾、拧身平衡)。

平衡动作多由以腿进行攻防的技击动作形成,目的是锻炼一腿支撑、以另一腿击人时,自身不致倾跌的能力。平衡动作稳固,能充分发挥腿力大而可长击的特点,克服"起腿半边空"的隐患。练习平衡动作,不仅在于提高动作本身的稳固,主要还在于通过这类练习,锻炼神经支配肌肉、控制肌肉的能力,使各部肌肉能及时对视觉、位觉、本体感觉的综合信息作出反应,保持身体在任何运动状态下都处于平衡、恢复平衡的状态。

平衡动作的技法要领

持久性平衡和非持久性平衡的独立姿势,都是通过内意、内力调整身体各部达到一定的规格,使人体重心垂线落在支撑面内形成的外静内动的形态。因此,调整支撑面和人体重心垂线是平衡动作最基本的环节。武术平衡动作的支持面仅是一脚着地,所以必须全脚着地,五趾抓地,充分发挥脚底每一部分的支撑作用,以增大支撑面。其次,要根据动作重心的变化情况,主动调整脚位,以保持重心垂线落于支撑面内。一般来说,身体重心向支撑脚同侧偏(如望月平衡等),应微外摆脚尖;身体重心向支撑脚对侧偏(如燕式平衡等),应微内扣脚尖;身体重心正在支撑脚上者(如前提膝平衡、朝天蹬等),则放正脚尖。

完成平衡动作时的人体重心不是固定不变的。要将不同姿势的重心垂线调整至落在支撑面内,并尽量落在支撑面中间,关键是移动臀部位置。因为在支撑脚贴地站稳的情况下,臀动必然牵动躯移、腿动,从而改变重心垂线的位置。例如,仰身平衡,臀须前移;俯身平衡,臀须后移;侧身平衡,臀须内敛。

再次,要注意两臂对称外撑用力以加强平衡。做折身平衡时,还以腰眼部为中点,收拉背脊两端肌群。前端被拉,则抬头挺胸;后端被拉,则塌腰、落臀、举腿,使背部呈反弓型。做直身平衡时,要注意头向上顶,气向下沉,使内在意力上下一线,与重心垂线重合。

做平衡动作时,还要求精神专一,目光注一。这种努力于平衡稳定的意志力,有助于调整好身体姿势。

前提膝平衡与侧提膝平衡的异同

前提膝平衡与侧提膝平衡均为一腿直立支撑,另一腿屈膝上提,膝盖高于腰部的"直立提膝平衡"。源于提膝上顶对方裆部、胸部的进攻性膝技和提膝用小腿左右格拦的防守性膝技。均要求支撑脚五趾抓地,头向上顶,气向下沉。它们的区别在于:

前提膝平衡提膝在体前,脚尖绷直内扣,支撑脚脚尖朝前,上体略左拧前倾(图1)。

侧提膝平衡提膝在体侧,脚尖可绷可勾,支撑脚脚尖内扣约10°,上体略向左侧倾(图2)。

侧举腿平衡与侧身平衡的异同

侧举腿平衡与侧身平衡均为一腿直立支撑,另一腿侧举的平衡动作。成形时,皆由屈而伸。它们的区别在于:

侧举腿平衡是身体直立完成的侧举平衡,出腿较慢,由屈膝举控而出腿成形,脚尖朝上,高度过肩(见图)。

侧身平衡由身侧倾完成,出腿较快,由屈膝侧蹬、踹、铲的明显发力后的举控而成形,脚外侧斜向上,高度过腰(参见本编《腿法·侧踹腿图》)。

图1 前提膝平衡　　　图2 侧提膝平衡　　　侧举腿平衡

朝天蹬做法及要领

朝天蹬平衡是人体直立,一手将同侧腿沿体侧向上托起的静立姿势。下面以右朝天蹬为例说明。

做法:右腿屈膝侧起成右提膝,脚尖勾紧;右手经大腿内侧握于右脚跟(图1);沿体侧向上托举贴近头部,脚底朝上;左手上举成亮掌(图2)。

要领:先抬后蹬,贴身正托,上顶下沉,肢躯聚中。即屈膝高抬腿至尽量贴近胸部时,再伸膝蹬脚;手向上托的劲要正,不能歪斜;头有上顶

图1　　　图2

朝天蹬

劲,气下沉丹田,脚趾抓地;上托和完成蹬脚时,腿和臂都尽量贴近上体,使身体重量聚合靠近重心垂线。

扣腿平衡与盘腿平衡的异同

扣腿平衡与盘腿平衡均为一腿屈膝半蹲,另一腿屈膝盘扣于支撑腿的"屈膝半蹲平衡"。其大致形态十分相似,都以上体向支撑腿的侧倾和手法的左右撑拉,维持身体的平衡。它们的区别在于:扣腿平衡是屈膝将脚勾扣于支撑腿后膝弯内(图1①②);盘腿平衡是屈膝将脚盘置于支撑腿前大腿近膝处(图2①②)。

图1①　　　　　　　　　　图1②

扣腿平衡

图2①　　　　　　　　　　图2②

盘腿平衡

卧鱼平衡(卧云平衡)

卧鱼平衡也称"卧云平衡",为"屈膝全蹲平衡"的一种。因此式是支撑腿全蹲,另一腿经支撑腿后插向对侧悬控的静定姿势,故又称"后插腿低势平衡"。

此低势平衡对下肢柔韧性和力量要求都较高,有一定难度,练习者多以较慢速度完成,并以上体向平衡腿侧斜倾及上肢与平衡腿的对称用力维持身体的平衡。

燕式平衡与探海平衡的异同及错误纠正

燕式平衡与探海平衡都是"折身举腿平衡",均由以脚尖向后点击对方胸、腋部和以脚跟后撩对方裆、胸、颏部的腿法发展而来。因此,其成式方法有举腿向后点伸和向后撩起两种。动作时,先两腿屈膝半蹲成丁步(点地脚即后举脚)或并步,再同时前俯身、后伸腿、双展臂。要求支撑脚微内扣,全脚着地;抬头、挺胸、塌腰、挺膝、绷脚;中间收(以腰为定点,收缩牵拉颈、背、臀、腿肌群),两头(头、脚)翘,使头比臀高,腿比头高,并以两臂或左右、或前后的对称用力,使四肢八面相撑。它们的不同点在于:平衡时,其上肢和上体的姿势不同。做燕式平衡时,配合上体前俯,两手既可侧平推掌(图1①②),亦可拗势插掌(两掌一前一后,如右脚支撑,则左掌在前),还可两手同时前出。做探海平衡时,上体前俯后侧转约40°,与上肢的顺势插掌(如右脚支撑,右插掌在前)相合(图2)。

图1①　　　　　　　　　　图1②
燕式平衡

图2 探海平衡

燕式平衡和探海平衡站不稳的原因主要有五个:

一是支撑脚脚位不正确。支撑脚内扣过多(超过30°),会导致整个动作转动变向;如脚尖外展,则易倾倒。必须按支撑脚内扣约20°左右来纠正。

二是支撑脚掀掌拔跟,支撑面减小。纠正的方法是力争全脚着地,当重心出现晃动时，以踝、髋关节的移动来调整，同时注意"腿上下对拉、手左右外撑"的要领。

三是身体前倾失重。可以挺胸、抬头来纠正。

四是后举腿旋外，造成翻胯，影响平衡的稳定；做探海平衡时，如上体侧转超过45°，也会导致翻胯。可按后举腿膝盖内旋朝下来纠正。

五是柔韧素质不够，后举腿超过力所能及的高度，也会破坏平衡。可以练习后撩腿、后搬腿提高腿部柔韧性。练习时，先扶支撑物做快速后举腿平衡，再离支撑物配合手法独立练习。

仰身平衡与前举腿平衡的异同及练习要点

仰身平衡与前举腿平衡同是一腿支撑，另一腿先屈后伸举起于体前的平衡动作。它们的区别在于：仰身平衡成式时，上体后仰将脚向前上点出（见图），属"折身举腿平衡"；前举腿平衡成式时，上体直立将脚向前上蹬伸，属"直身举腿平衡"。在现代武术套路运动中，运动员采用直身侧举腿平衡较多，而直身前举腿平衡则较为少见；能高质量完成仰身平衡的，也不多见。因为，仰身平衡不仅需要腿部的柔韧性，而且对腰髋部的柔韧性和力量也要求较高。如上体后仰幅度不够，会限制举腿挺胯的幅度；腰髋部力量不足，将影响髋关节的稳固度，影响腿的上举平衡。因此，须在加强腰髋部柔韧性的基础上，先采用扶支撑物练习仰身、挺胯、举腿，再逐步离开支撑物独立练习。

仰身平衡

望月平衡做法、要领及错误纠正

望月平衡是"折身举腿平衡"的一种，为一腿伸直支撑，另一腿屈膝后上举，以拧身回头完成的平衡动作（图1、2）。此势的技击含义是回头观望身后的对手。

图1

图2

望月平衡

要做好望月平衡,须注意摆脚扣趾,全脚贴地,左右互环,前后对拉。即支撑脚上步的脚尖须外摆约25°抓地。"左右互环"指左腿屈膝,脚尖找右肩,上体前俯挺胸使肩上抬,以右肩找左脚尖,形成开环;另外,两臂屈肘、塌腕、指尖相对,也成开环。"前后对拉"指使悬起腿、背脊、头颈形成反弓。

望月平衡站不稳的主要原因有二:其一是支撑脚脚尖内扣;其二是上体朝支撑腿外侧侧倾。这是因上体还未前俯时便急于回头拧身所致。其一、其二,都造成身体重心向支撑腿外侧的偏移,影响平衡和稳定。纠正方法:支撑脚内扣应转为外摆25°;成式时,上体的前俯、拧身、回头应同时。可以扶支撑物体会正确动作的肌肉感觉,并注意"左右互环""前后对拉"的要领。

平衡动作的练习方法

1. 柔功练习。平衡动作一般都要求肢体做较大幅度的运动,柔韧性不好,就达不到必需的动作规格。如勉强完成动作,势必影响稳定性。练习柔功时,首先要注意踝部柔韧性的训练。其次,要结合不同的平衡动作选择不同的柔功方法。例如,做折身向后举腿的平衡动作,必先练后压腿、竖劈压腿。练直身举腿类平衡,必先练高压腿、劈叉腿等。

2. 成式练习。以此初步掌握平衡动作规格。初练平衡动作时,如用力不协调,往往动作还未达到静型的规格要求,就先失了平衡。因此,在反复的成式练习中,要注意先稳定重心,微屈支撑腿,然后身体各部再同时对称用力,使肢体各部同时达到动作规格要求的位置,切忌此急彼缓。

3. 依托练习。以手扶支撑物静耗平衡姿势。先以耗腿为主,再以手法配合,加强体会正确姿势的肌感,并逐渐减少依扶力量。

4. 独立静控。离开依扶物,独立完成平衡动作,并逐渐增长静耗平衡的时间。一般以 3 分钟为度。

5. 组合练习。将平衡动作和步法、跳跃等动作结合练习,逐步加强平衡动作在套路练习中的运用,提高急动中能突定的能力及平衡动作与其他动作前后衔接顺遂的技巧。

武术腾空动作的内容分类

武术腾空动作泛指蹬地跳起、身体腾空完成的动作。根据运动方式的差异,这类动作可分为三类。

其一,腾空跳跃动作,即远跃高跳的动作。如大跃步前穿、腾空盘腿跳等。

其二,腾空腿法动作,可分为三类。腾空前摆类腿法动作,如腾空飞脚、斜飞脚、双飞脚、连环飞脚、箭弹等;腾空转旋类腿法动作,如腾空摆莲腿、旋风腿等;腾空侧击类腿法动作,如腾空侧踹、侧铲、侧蹬等。

其三,腾空翻旋动作,如旋子、侧空翻、拉腿翻身跳等。

武术腾空动作的腾空高度,指身体腾空形成"空中造型"时、或完成击响动作时、或腰部升腾至最高点时,身体最下沿距离地面的高度。它包括绝对高度和相对高度。绝对高度指腰脐部升高的距离;相对高度指身体最下沿升高的距离。提高武术腾空动作的高度,以提高绝对高度为基础,但也不能忽视提高相对高度。在运动员弹跳力相同,跳起腾空和绝对高度相同时,谁注意提高了相对高度,谁就显得腾空高。

腾空动作通过助跑、制动、摆腿、摆臂和踏跳来实现。在练习中,主要以助跑来获取水平速度;以制动来转变水平速度的方向;以蹬地起跳来获得垂直速度;以摆腿摆臂来加强蹬地力量;并以提气呼吸法来配合腾起,完成一定的造型动作。腾空动作完成后的落地动作,是连接后一动作的预备动作,有的动作组合中,还要求落地就形成一定的架式,因此落地动作多种多样。

腾空动作还有不加助跑、原地跳起的做法。一般通过身体重心的移动、肢体转拧或屈伸来预先拉长参与工作的肌肉,增加其踏跳和摆旋的工作距离,起到类似助跑的作用。

在武术运动中,长拳类项目运用腾空动作较多,其他拳种也有运用。如南拳多用旋风脚、腾空飞脚,形意拳有"潜龙飞升"(龙起),通臂拳有"孤雁出群"等。也有忌用腾空动作的拳种,如八卦掌等。

增加跳跃动作腾空高度的三步助跑法

加助跑的跳跃动作,比原地做跳跃动作跳得更高。因为助跑使腿部肌肉进入积极工作状态,能加强起跳时的蹬地力量;助跑产生的水平速度,经起跳前的"制动",能变转方向,增大起跳的垂直速度。田径运动的跳高和跳远助跑距离较长,但武术不同于田径。《武术竞赛规则》规定,长拳类跳跃动作的助跑,不能超过 3 步。要让 3 步助跑发挥上述作用,可通过下述方法,延长助跑距离和增大水平速度。

首先,《规则》中规定,击步、踏步、纵步(垫步)作为 1 步计。将这类步法结合入助跑,实际是连跑了 4 步,加长了助跑距离。

其次,在 3 步连续助跑中,通过降低身体重心,使股四头肌、胫骨前肌等伸肌群拉长。这些肌肉被拉长能反射性地加强肌肉收缩的力量和速度,使起跳快速有力。降低重心的基本方法是增加两腿屈膝下蹲度。在做弧形助跑时,还可通过身体向圆心倾斜使重心下降。

再次,配合降低重心,3 步助跑的步幅要越来越大,速度要越来越快,最后 1 步以脚跟先着地,快速过渡到前脚掌,并加强后蹬力。

空中定型的练法和要点

腾空动作升腾至最高点时,肢体形成一定的型态并保持一瞬,称为"空中定型"或"空中造型"。例如"腾空飞脚"在击响时的型态,"腾空侧踹"在空中完成踹腿、出掌时的形态,等等。

空中造型要以良好的弹跳力为基础,以赢得身体腾空的时间和高度。其次,要注意获得空中定型时的正确肌感。

训练方法是：将身体在腾空状态下完成的动作变为在有依托情况下完成，并保持完成状态静耗一会儿以体会肌感。如躺在垫上完成空中定型；两手上抓横杠或肋木完成下肢的空中造型；还可在完整练习腾空动作时，由别人给予腾升助力和保证。这些方法能帮助练习者通过体会正确的肌肉感觉，逐步建立起"空中定型"的动力定型，形成技能的自动化，并注意在动作腾升至最高点时形成空中定型。此时，头有上顶之意，腰有上竖之力，下肢有收控不落之形，身体有聚合不散的整体劲。同时，呼吸由吸气转为屏气。

空中击响动作的练法和要点

空中击响是腾空腿法动作的重要组成部分。准确而响亮的空中击响，能体现动作的力度和高度，为拔地而起的腾跃增添"霹雳响九天"的宏伟气势。

做好空中击响，首先应把腾空动作的击响在地面上练习娴熟、准确。例如练习腾空飞脚先练单拍脚；练旋风脚先练里合拍脚；练腾空摆莲先练外摆脚。其次，腾空击响必须在身体升腾到最高点时完成，击响作声时，身体姿势应符合该动作空中定型的规格要求。再次，击响时手脚均需积极主动地加速度相互迎击。

腾空动作落地轻、稳的方法和要点

做腾空动作时，要使落地动作轻、稳，首先要注意落地时，以前脚掌着地，逐步过渡到全脚掌，下肢随落地有弹性地适当屈踝、屈膝、屈髋，并保持肌肉的适度紧张，这样，就能缓冲人体下落的重力加速度，做到轻落。拳谱称此为"落如鹊"。而且，这样做也有助于调整人体重心在支撑面内，从而加强动作的稳度。

其次，要注意呼吸的配合。在人体落地前，应由吸气变为微微闭气，使人体像个充满了气的气球，轻飘地下落。当脚前掌一触及地面，马上改用呼气，促内气下沉，以加强动作的沉稳度。

再次，做转体和旋体跳跃动作时，落地前瞬间还应主动减弱旋转速度，如果落地时还带有旋转之力，必然影响落地动作的稳定。可适当加长肢体的转动半径，减小其旋转速度。例如旋风脚和腾空摆莲，落地前的瞬间，可将两腿分开，甚至成劈叉状下落；两臂也应由击响时靠近身体，变为向外展开。

提高跳跃动作腾空高度的方法

影响跳跃动作腾空高度的因素主要包括正确的技术方法,一定的助跑速度、弹跳力、柔韧性、腰腹肌和髂腰肌的力量等。技术方法不正确,则有力无处用;助跑速度不够,则难以获得必要的水平速度;弹跳力不足,则起跳不力;柔韧性不足,会限制肢体达到一定的高度;腰腹部(包括髂腰肌)力量不足,就不能使身体腾空后控制下肢完成空中塑型技术。因此,在掌握跳跃动作的正确技术后,提高其腾空高度的方法,应该是根据正确的技术方法的要求,有针对性地发展薄弱环节,使完成腾空动作所需的身体素质,按正确的技术要求比例全面地发展。

发展助跑速度的方法:30—60米的短冲跑;50—100米的变速跑;跳跃动作助跑的重复练习。

练习中突出速度要求,练变速跑要突出突然加速。

发展弹跳力的方法有:负重做蹲起、直立起蹲、半蹲起跳等练习,发展腿部的绝对力量;做跳上台阶和跳下台阶的交替练习、原地纵跳、原地起跳后腾空转身、采用跳跃动作的助跑起跳等练习,发展腿部的爆发力。

练习中要注意突出练习与跳跃动作起跳形式相近的跳起动作,注意负重大、速度慢、数量少的练习与负重少、速度快、数量多的练习结合。

发展柔韧性的方法可在柔功中选择。练习中要注意静压与动转结合,加强提高两腿快速摆动能力的练习。

发展腰腹部肌群和髂腰肌的方法有:悬垂举腿、仰卧两头起、仰卧抱头侧转起坐(左右交替)、原地收腹屈腿上跳等。练习中注意采用连续的快速收放和收至一定位置静控数秒再放松的重复练习。

上述单一素质水平高,其跳跃腾空并不一定就高,它们还须按一定的比例关系协调配合,才能共同完成好腾空动作。其中有一个因素不合比例要求,那么其他因素再好也用不上。

例如,在踏跳力一定的情况下,如果助跑速度慢于踏跳力的要求,会出现身体后倾、腾空不高的后果;如果助跑速度高于踏跳力的要求,则会造成身体前冲以致跃出远而腾不高。

因此,欲提高腾空高度,应按正确技术的要求,按一定比例地全面发展各相关素质。并且要注意抓住发展中出现的薄弱环节(跟不上比例者),及时加强训练。

大跃步前穿的做法和要点

大跃步前穿是向前大步跨跳接近对手的"腾空跳跃动作"的一种。

预备势:左提膝亮掌(图1)。

动作:

1. 左脚向前落步,右脚在后提起;同时左臂微向后摆,右掌向下、向前划弧摆起(图2)。

2. 右腿向前上摆出,膝微屈外摆,左脚蹬地前跳使身体腾空;同时两臂向前向上摆起,上体随之右转90°;脸转向后(图3)。

图1　　　　　　　　　　图2　　　　　　　　　　图3

大跃步前穿

3. 右脚落地,左脚随之前落地左仆步;同时两掌经后收落至右腋前;眼看左侧方(图4)。

4. 一般接"左搂手"成"左弓步冲(右)拳"进行练习。

图4

做大跃步前穿,重在前穿远跃,步幅须超过一个弓步的长度。其要点是:蹬摆合一,掰膝伸脚,手领身转,步落身随。

蹬摆合一,指左脚一蹬地,右脚即前摆,蹬之劲与摆之势合一。

掰膝伸脚,指右脚前摆时,须提膝微外旋,脚尽量向前远伸,以保前跃之幅度。

手领身转,指以两手向前向上领起,带动上体右转。如此,动作协调顺遂。

步落身随,指落步时上体随势回转朝左前,以便连接"左弓步冲拳"。

腾 空 飞 脚

腾空飞脚也称"二起脚",是一腿前摆,另一腿蹬地跳起,在空中完成单拍脚的一种"腾空腿法动作"。以右腾空飞脚为例说明。

预备势:并步站立。

图1　　　　　　　图2　　　　　　　图3

腾空飞脚

动作:1. 前上右步(或助跑后上右步),脚跟先着地(图 1),迅速过渡到前脚掌。2. 左腿向前上摆起,右脚蹬地起跳;同时两臂上摆,至额前上方,左手掌击响右手背(图 2)。3. 左腿屈膝上抬,以膝盖找左胸,右腿先微屈膝上摆,再挺膝绷脚;同时以右掌击拍右脚面,左手左摆成勾手;上体微前倾,眼向前平视(图 3)。4. 两脚依次落地或同时落地。

腾空飞脚的助跑方法及要领

加助跑的腾空飞脚,属助跑性腾空腿法动作。常见的助跑方法有向前连上三步(右、左、右步)助跑,击步接上一步助跑,踏步接上一步助跑三种(参见"击步""踏步"做法)。

助跑的目的,是为了获得向前的水平速度,并以制动技术将其迅速转变为向上的腾空初速。助跑的要领在于:助跑速度要越来越快;不管前面采用何种步法助跑,最后一步踏跳落地,均应以脚跟着地制动,并迅速过渡到前脚掌,快速蹬跳而起。最后一步的步幅大小应根据练习者腿部力量而定。一般来说,力量强者,跑速快,蹬地力量大,步幅可稍大,踏跳腿与地面的夹角约 60° 为宜,如其步幅小了,动作会出现前冲而影响腾起高度。腿部力量弱者,跑速较慢,蹬地力较小,步幅则应略微小些,如其步幅大了,而水平速度和蹬地力不够,就可能出现上体后仰,蹬不上劲,而影响腾空高度。

腾空飞脚的摆腿方法及要点

做腾空飞脚时,摆动腿(左)应在起跳脚(右)上步着地时,沿腾起方向直膝快速起摆,并在右脚蹬地起跳时摆至最高点(过腰)。然后停止摆动,转入屈膝上抬,使膝盖接近胸部,小腿下垂,脚面绷平。

摆动腿的上摆能加大踏跳脚对地面的作用力,从而使地面给予人体的反作用力也相应增大。摆动腿直膝,能加大摆动半径,比屈膝摆动幅度大、惯性力大。摆动腿上摆的方向与腾起方向一致,能充分发挥蹬地力量。摆动腿膝部上提收紧,使空中动作紧凑有力,能提高动作的"相对腾空高度",加大身体最下部距地面的高度。

腾空飞脚的常见错误及纠正方法

练习腾空飞脚的常见错误有三种。一是蹬地起跳后腾空不高,却前跃较远。二是腾空时臀部下垂,无上腾之势。三是摆动腿高度不够,屈膝控腿不够,影响腾空的相对高度。

图1①　　　　　　图1②　　　　　　　　图1③

助跑踏跳

　　造成第一种错误的原因是,助跑最后一步步幅太小,屈膝过多,蹬地角太大,踏跳蹬地速度不够、力量不足,不能有效地将由助跑获得的向前的水平速度,转变为向上的腾起初速。纠正方法:1. 加强腿部力量练习。2. 助跑踏跳练习:即助跑后踏跳直膝向上摆腿,上摆腿屈膝提收,身体腾空,两手相击于头上方,顶头、立腰(图1①②③)。此练习重在提高助跑接制动的踏跳技术,锻炼摆腿的速度、高度和力度。

　　造成第二种错误的原因是,腿向上踢摆过高,上体后仰。纠正方法:1. 以"仰卧起坐"或"元宝收腹"(图2)等练习,提高上体前屈的腰腹力量。2. 练习腾空飞脚时,注意上体与下肢在空中的相向运动,腿积极上

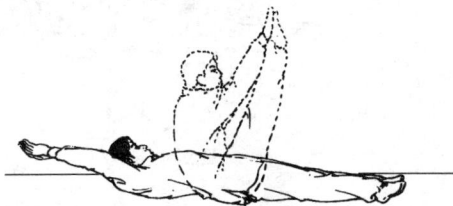

图2　元宝收腹

摆,上体也主动微前俯,并以提气、立腰、头向前上顶劲,配合击响。

　　造成第三种错误的原因是,髂腰肌力量不够,摆腿和控膝的正确肌感没有建立。纠正方法:1. 悬垂举腿:两手抓握肋木悬垂,两腿伸直同时向上摆踢,使腿接近上体。可连续做5—15次,也可举控腿一会儿。如完不成此动作,可降低难度,屈膝上抬两腿,使双膝接近胸部。次数可稍多,亦可屈膝收控一会儿。2. 腾

空连环飞脚:做法见下页《腾空连环飞脚图》。3. 助跑抱膝跳:助跑起跳后,双膝上收,膝盖接近胸部,两手环抱小腿收控,然后落地。

练好腾空飞脚空中定型的辅助练习方法

1. 垫上定型练习:仰卧垫上;屈体起腿做腾空飞脚,以尾闾部着垫支撑(见图)。保持片刻,体会各部肌感。

2. 悬空定型练习:双手上抓单杠或肋木,身体悬空做二起脚空中定型动作,并保持此空中定型片刻,体会下肢悬空控腿的肌感(见图)。

3. 助力腾空定型练习:练习者做上步或助跑腾空飞脚,助力者跟随其体侧,随其腾空托臀部向上,以增加其升腾高度和时间,使练习者有充分时间体会空中定型的肌感。

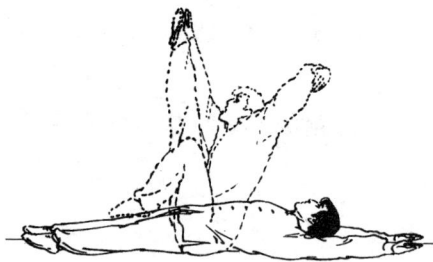 

垫上定型　　　　　　　　　　　悬空定型

腾空斜飞脚、连环飞脚、双飞脚的异同

　　三种飞脚均为腾空前摆类腿法动作。斜飞脚与连环飞脚加助跑完成时,其助跑、起跳与二起脚相同,唯斜飞脚是在空中以异侧手(左手)击响右脚背(图1)。连环飞脚是左、右腿依次直膝上摆后,以左、右手依次分别击响左、右脚背(图2)。腾空双飞脚是双脚同时起跳,身体腾空后双手同时击响双脚背的腾空腿法动作(图3)。

图1　腾空斜飞脚　　　　图2　腾空连环飞脚　　　　图3　腾空双飞脚

腾空箭弹与腾空蹬踢的异同

　　腾空箭弹与腾空蹬踢均为不击响的腾空前摆类腿法动作。腾空箭弹是一腿上摆(先直后屈),另一腿蹬地跳起,在空中完成弹腿,其助跑、踏跳、空中腿法及落地,与二起脚基本相同。唯二起脚注重摆腿击响,脚高与肩齐;箭弹则注重腿在空中的弹击,脚高仅与腰齐(见图)。腾空蹬踢做法同腾空箭弹,唯在空中起跳脚由屈而伸,勾起脚尖向前蹬出,力达脚跟。如图中虚线所示。

腾空箭弹

腾空侧踹、侧铲、侧蹬的异同

　　腾空侧踹、腾空侧铲、腾空侧蹬都属腾空侧击类腿法动作。它们的做法基本相同,唯腾空侧踹是以脚底为力点发力踹腿,腾空侧铲是以脚外侧为力点发力铲腿,腾空侧蹬是以脚后跟为力点发力蹬腿。下示上步腾空侧踹腿做法(亦可加助跑上步做):

　　1. 并步推掌预备(图1)。

　　2. 上右步蹬地起跳(图2、图3)。

　　3. 空中侧踹推掌(图4)。

　　4. 落地。

图1

图2

图3

图4

腾空侧踹

腾空摆莲腿

腾空摆莲腿也称腾空外摆腿,是一腿里合摆动,另一腿蹬地跳起,在空中完成外摆拍脚的腾空转旋类腿法。击拍右脚者为右式,反之为左式。由于右腾空摆莲应用广泛,一般不注明左右者,皆为右式。下面以右式说明做法。

预备势:由并步直立接做左提膝、左前挑掌、右后勾手(同时完成)(图1)。

动作:1. 左脚向右前方落步(图2)。2. 右脚随之向右前方上一大步,脚跟着地(图3)。3. 迅速由脚跟过渡到前脚掌着地,左腿向右上方里合踢摆;同时两臂亦向右上方摆起至额前上方时,右手击响左手背(图4)。4. 右脚蹬地跳起,身体腾空,右腿外摆,左右手依次拍击右脚面;击响时,左腿可伸直控于体侧,也可屈膝收控,上体微前倾(图5)。5. 左右脚依次落地,或者两脚同时着地(图6)。

图1

图2

图3

图4

图5

图6

腾空摆莲腿

　　要求起跳腿上步时脚尖必须外摆,膝关节弯屈约 135°;左腿要绕身体摆动;身体腾空转动不少于 360°。

腾空摆莲腿的助跑方法和要领

腾空摆莲腿是腾空向右转体的腿法动作,其助跑路线呈弧线形。常见的助跑形式有下述两种。

1. 弧形行步助跑:以向右前方出左脚开始,走三步、五步或七步,足迹成向右弯的弧形,再上右步制动;两臂微下降。

2. 弧形纵步助跑:(1)左脚向右前方落步(图1)。(2)右脚前上一步,屈膝略蹲;同时右掌向下弧形收回,左掌上摆至右肩前上方(图2)。(3)右脚蹬地前跳,左腿屈膝前上抬起使身体腾空;同时右掌经左臂内侧内旋向上斜举,左掌经右臂外向下摆至身后;左转头,眼看左侧(图3)。(4)右脚落地,左脚随之前落(参见《腾空摆莲腿》图2)。右脚再上一大步,脚跟着地(脚尖外展上翘)制动(参见《腾空摆莲腿》图3)。

图1　　　　　　　　图2　　　　　　　　图3

弧形纵步助跑

不论采用何种助跑,其足迹必须为弧形。跑动过程中,身体要微向弧心倾斜;最后一步步幅要明显加大,脚尖必须外摆,此时身体倾斜度减小;在起跳瞬间,身体重心投影线正好落在蹬地脚上;助跑应经"制动",迅速与起跳动作衔接一气,不能前后脱节。

腾空摆莲腿的摆腿方法及要领

做腾空摆莲腿时,摆动腿应以身体垂直轴为轴,在右脚(起跳脚)上步着地时,开始从外向前、向右上直膝摆动,在右脚蹬地起跳时摆至最高点,然后直膝伸控或屈膝收控。

摆动腿上摆能加强蹬地力量。在上摆的同时向右旋转,有助于身体向右的转动。在踏跳腿蹬地伸直阶段,摆动腿减速控制,其加速度的方向由向上变为向下,其反作用力的方向则由下变为向上。这就减小了踏跳腿对地面的压力,有助于加快踏跳腿的蹬伸速度,使身体轻快地腾起。直膝控腿的腾空摆莲的空中定型,两腿横分接近横叉,动作舒展美观。如果直膝摆腿至最高点时屈膝收控,则因动作旋转半径的减小,加快了腾空外摆腿的转速,使动作显得轻灵敏捷。

提高腾空摆莲腿转体角度的练习方法

做腾空摆莲腿时,常常出现转体角度不足 360° 的情况。可采用下列练习手段来训练。

1. 直体跳转练习:(1)两腿开立,间距约 15 厘米,屈膝半蹲;同时右臂前平举,左臂侧平举,上体微向左拧。(2)右肘向右后领劲,左臂用力右摆,两臂环抱于胸前;同时两脚蹬地跳起,使身体腾空右转;头向右转。

此练习要求两脚蹬地起跳要充分伸直踝、膝、髋关节,头顶上领,身成直棍形转动。落地时要屈踝、屈膝、屈髋缓冲。初练时,可先跳转 180°,逐渐跳转 270°、360°、450°、540°、630°、720°。向右跳转与向左跳转交替练习。

2. 上步里合摆旋练习:(1)并步直立预备。(2)右脚向右前方上一大步,脚跟着地,脚尖上翘外摆;两臂微向后摆(图 1)。(3)重心前移,右脚迅速过渡为前脚掌着地支撑,身体直起,左腿经外向右前上方弧形摆起(图 2)。(4)左腿摆至最高点时屈膝,以膝盖找右胸,向右转体、转头;同时两臂摆至头上方,左掌击响右手背(图 3)。

图1

图2

图3

上步里合摆旋

此练习要求左腿绕身体垂直轴弧形摆旋,摆动腿屈膝后,仍以膝盖主动绕身体垂直轴继续转旋。

3. 跳起里合摆旋练习:同上述"上步里合摆旋练习",唯重心前移后,右脚迅速蹬地跳起,使身体腾空向右做摆旋转体练习。

4. 碾转外摆拍脚练习:左脚上步做右外摆拍脚时,以左脚前掌为轴,使身体向右转动,头随之右转。

可在上述辅助练习的基础上,进行腾空摆莲的完整动作练习。练习中,注意弧形助跑的方向、起跳脚脚尖外摆的方向和踢摆方向、摆动腿的直摆方向和屈膝方向、两臂摆动方向、头的主动转领方向等,都要朝右,与身体的腾空右转协调一致。

旋 风 脚

旋风脚是一腿外摆,另一腿蹬地跳起在空中完成里合拍脚的腾空转旋类腿法动作。击拍右脚为右式,反之为左式。常做的是右式。旋风脚可上步做,也可助跑做,还可原地做。下面以上步右式旋风脚为例说明。

预备势:以"左高虚步亮掌"预备(图1)。

动作:1. 左脚向左侧出一步,脚尖外摆(图2)。2. 右脚扣上一步,脚前掌着地,两脚间距略宽于肩,两膝略屈,上体微前俯;同时左手自然随摆至右肩前,右手随摆至右上方(图3)。3. 两臂向下、向左、向上弧形摆动;同时左腿由左上摆,重心右移,右脚蹬地跳起,身体向左上方翻转腾起(图4)。4. 在空中,右腿里合,左腿自然下垂或收控;同时左手在额前迎击右脚前掌(图5)。5. 左右脚依次落地或同时落地。

要求:起跳脚(右)必须回扣至脚尖朝身前(扣少了不利于腾空转体,扣多了会引起臀部外突,影响踏跳用力);起跳腿屈膝度以135°左右为宜,膝盖不能前跪超过脚尖。身体腾空转旋不少于360°。击响时要猛力加速度合右胯,使左手和右脚掌相互主动迎击。

图1

图2

图3

图4

图5

旋风脚

505

旋风脚的助跑方法和要领

旋风脚是腾空向左转体的腿法动作,其助跑路线多呈直线形,唯最后一步须扣步转身。在旋子接旋风脚和连续旋风脚组合练习中,起跳前两脚足迹则呈现向左的浅弧形。常见的旋风脚助跑形式有三种:

1. 跳步助跑:(1)"左高虚步亮掌"预备,同《旋风脚》图1。(2)左脚向左侧移步,上体左转45°;同时右掌摆于头前上方,左掌收于左腰间(图1)。(3)右脚前摆,左脚蹬地前跳如"盖跳步"做法;同时身体腾空,右掌向前、向下弧形收回腰间,左掌经右臂内向前推掌;右脚落地,左脚随之前落(图2)。(4)右脚上步扣脚同《旋风脚》图3。

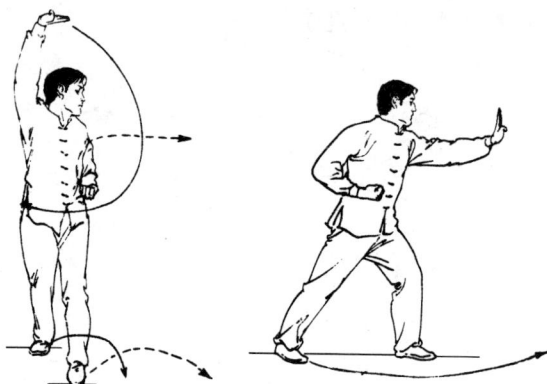

2. 击步助跑:同"腾空飞脚击步助跑"做法,唯最后一步的右脚上法和手臂摆法同《旋风脚》图3。

图1　　　跳步助跑　　　图2

3. 垫步助跑:"左高虚步亮掌"预备;右脚蹬地前跳一步(垫步),左脚随之前落;紧接着扣上右步同《旋风脚》图3。

不论采用何种形式助跑,助跑的速度都应越来越快,最后一步应适当减小步幅,屈膝降低重心。其步幅的大小和屈膝的角度,可根据腿部力量的强弱来定。一般腿部力量强者,步幅大些(不大于马步步幅),屈膝多些;腿部力量弱者,步幅可小些(不小于与肩同宽),屈膝可少些。

旋风脚的摆腿、摆臂方法和要领

旋风脚做法有三种,上步旋风脚和助跑旋风脚都是在保持身体垂直轴基本竖直的情况下做转体腾空,原地旋风脚则是让身体垂直轴先倾斜后竖直,做翻身、转体合一的腾空。它们摆腿、摆臂的方法是基本一致的。即由下向左、向上尽量接近身体直立状的垂直轴弧形摆动。摆动方向越接近这条轴,摆动加速度所产生的反作用力,才能多与蹬地力相合。做上步和助跑旋风脚时,摆动腿和两臂摆起的路线越接近身体越好。做原地旋风脚时,由于开始起跳时上体前俯,摆动腿和两臂摆起的路线与地面垂直,形成不贴近上体的立圆状。

提高旋风脚转体角度的练习方法

做旋风脚时,常出现转体不足。要增大身体在空中转动的角度,可采用下列练习手段来训练。

1. 直体跳转练习:做法见"提高腾空摆莲腿转体角度的练习方法",唯练习时向左跳转。

2. 转体外摆里合练习:左腿外摆后,落脚于右脚内侧,脚尖外摆,身体随之左转 90°;紧接着做右里合拍脚,身、头随之左转,左脚以脚前掌为轴向左碾转。要求尽量增加转体角度,里合腿要猛然用力夹胯内合。

3. 跳起摆旋练习:按照旋风脚起跳的做法,练右脚蹬地、左腿摆起的练习。起跳时,左腿向上、向左摆,身体竖直,右腿在空中自然下垂;两臂上领,左掌击右手背(图 1、2)。

图1　　　图2

跳起摆旋

4. 助力转体练习:练习者做上步或助跑旋风脚,助力者在其蹬地跃起的瞬间,随其跳起里合方向,以藤棍挑拨其小腿外侧近踝部;也可一手托其臀部、一手推其后背,助其增加腾空高度和转体速度与角度。

在上述辅助练习的基础上,可进行旋风脚的完整动作练习。练习中注意右步上步要快、要扣;摆腿、摆臂,转头、合腿等,都统一地向左、向上,以各肢节的合力,牵动它们共同围绕的身体垂直轴旋转升腾。

旋风脚接劈叉的练习方法

学习这个组合动作之前,应具备旋风脚规格正确,能腾空完成并达到一定高度,能正确地做好左脚在前的竖劈叉等条件。可采用下述方法循序练习。

1. 原地跳叉练习:两腿屈膝并拢半蹲预备。两脚同时蹬离地面,左前右后伸落成竖劈叉。落地瞬间,两脚要用力外蹬,使劈叉尽量贴地,前脚脚跟着地,后脚内侧着地。稍停片刻,两脚用力压地,身体向上弹起,两脚收回并拢成屈膝半蹲。初练时,可两手分扶两侧地面练习。随训练水平提高,半蹲时两手收于腰间;跳叉时两手外推;成劈叉静控时,两臂侧平立掌。

2. 里合拍腿接劈叉练习:先做右里合拍脚,击响后身体左转90°,使右腿在身后;然后左脚擦地前蹬,右腿后伸成竖劈叉。

3. 腾空旋风脚接弓步练习:做旋风脚腾空击响后,右脚后分,左脚前伸成错步落地,并逐渐加大落地时两脚前后分开的幅度,落成小弓步、大弓步。

4. 旋风脚接劈叉的完整练习:在"练习3"的基础上加大落地步幅,完成接劈叉。

旋　子

旋子是一腿摆起、另一腿蹬地腾起,在空中躯干成水平、两腿后上摆旋转一周后落地的腾空翻旋动作。可原地做、摆腿做、退步做,也可助跑做。下面以退步旋子为例说明其做法。

预备势:1. 两脚开立同肩宽;右臂侧平举,左臂上举(图1)。2. 左脚后退一步以脚前掌着地,膝微屈,右脚屈膝,上体前俯并微向右拧转;同时左臂随俯身落于胸前,右臂随拧身自然右摆(图2)。

动作:1. 身体俯平向左甩腰摆动,两臂左摆,重心随之左移(图3)。2. 右腿向上、向左摆旋,左脚蹬地跳起后即向上、向左摆旋;身体腾空,在空中挺胸微抬头,两腿依次摆旋超过腰高,两臂继续左摆,整个身体俯着向左平旋360°(图4、5)。3. 右脚先落地,左脚随之落地(图6)。

要求:腰有拧甩劲,臂有摆甩劲;右脚舐地摆起,左脚蹬地起跳。其既有向上腾起的力,又有向左旋转的力,两力合一使躯肢腾空旋摆一周。

旋子

图1 图2 图3

图4 图5

图6

旋子的助跑方法和要领

旋子是向左平旋的动作,其助跑路线呈直线和向左弯的浅弧线。常见的旋子助跑形式有两种。

1. 摆腿垫步助跑:(1)并步直立预备(图 1①)。(2)左腿向右、向前、向左弧形摆起时(脚高齐腰),右脚蹬地向左侧垫步,左脚随之摆落于左侧,脚尖点地;同时上体右转前俯,两臂向左下、向上、向右弧形摆动(图 1②)。

图1① 图1②

图1 摆腿垫步助跑

2. 转身插步助跑:(1)并步直立预备。(2)左脚向左侧横开一小步,脚尖外摆落地,身体左转90°;同时两臂向左前右上左下交叉摆起(图2①)。(3)右脚前上一步,脚尖内扣落地,身体左转90°,左脚迅速从右脚后倒插一步脚尖点地,上体再随之左转45°并前俯;同时两臂向左经头上向后、向右划弧至右臂侧平举,左臂屈肘落于胸前(图2②、图2③)。

旋子助跑不论采用什么形式,都要求起动快,换步一步比一步快,最后一步落地时,其左脚摆落或插步的力量牵拉身体左转,双臂却向右后抻拉,使重心留在右侧,呈现上体向右、左腿向左的拧拉状。如此"留身",拉长了身体左侧的肌肉,能加强它们收缩的力量,使向左的甩腰、甩臂、旋体更为有力。

图2① 图2② 图2③

图2 转身插步助跑

抄旋子的方法

以助力者保护和帮助练习者完成旋子的方法,称为"抄旋子"。具体抄法如下:

1. 练习者直体站立。助力者站于练习者左侧;左手握其左小臂近腕处,右手贴其腰部(图1)。

2. 练习者进左步(或向左摆左腿、垫右步),俯身准备起跳。助力者随之向左后退左步,并微屈膝(图2)。

3. 练习者摆、蹬腿向左旋起。助力者随之以右手上托其腰腹部,左手回拉,以一托一拉增加其平旋高度、速度和角度;同时脚步随之灵活移动,一般以扣上右步、左转身、左撤步配合(图3)。

4. 练习者右、左脚依次落地。

图1　　　　　　　　　　图2　　　　　　　　　图3
抄旋子

提高旋子腾空高度的要点

旋子在腾空时,肢体呈螺旋上升,因此旋子的腾空高度,取决于腿、臂的摆旋和踏地蹬跳的力量。首先,在练习中要注意腿、臂、身的摆旋必须协调一致,均由下向左、向上,使左旋之力与上腾之力合一。其次,在双臂和躯干向左甩摆时,重心要迅速左移,左腿积极屈膝,猛然蹬地向上腾起;在蹬地瞬间,小腿应接近垂直,膝盖不超过脚尖,避免膝前跪或向左右倾斜。

提高旋子旋体角度和速度的练习方法

做旋子时,身体腾空平旋的力,来源于蹬离地面前肢体动作的惯性力。因此,蹬离地面前最后的左脚后引、上体右拧是加快旋体速度和增大旋体角度的基础;向左的甩腰摆臂动作,则是获取平旋惯性的关键,影响着惯性的大小和速度。提高旋子的平旋角度和速度,应从这两方面入手。可采用下述方法来练习提高。

1. 助跑留身练习:采用"摆腿垫步助跑"和"转身插步助跑"进行练习。做法和要求见本书"旋子的助跑方法和要领"。

2. 后举腿平旋练习:采用退步做、摆腿垫步做或转身插步助跑做预备。然后身体俯平向左甩腰摆臂;同时重心随之左移,左腿先屈膝,随右腿向左、向上摆起,左腿蹬地伸直,以脚前掌着地支撑向左碾动,使身体保持抬头挺胸、举腿、侧平举臂的"燕式平衡"姿势向左平旋一周以上。要求两臂摆动要积极有力,腰有甩拧劲。

3. 助力体会:采用"抄旋子"法,进行体会性练习,方法见本书"抄旋子的方法"。

练习旋子的常见错误和纠正方法

练习旋子的常见错误有三:

1. 腾空旋转时低头凸腰,腿后举达不到要求的高度。错误的原因有二:一是柔韧性和背肌力不好。二是技术要求不明。可采用后压腿、后搬腿等腿部柔功法提高柔韧性;采用俯卧垫上的"两头起",练习提高抬头、后举腿的肌肉力量。如属于技术要求不明,应该从了解动作做法开始,练习"后举腿平旋"和"抄旋子",逐步体会身体平旋时,抬头、挺胸、塌腰、腿摆过腰的肌肉感觉。

2. 腾空旋转时腿上摆过高,头上抬过度,腰下塌过分。其原因是,为了身体的腾空,只重腿上摆、头上抬,而忽视了身体向左的摆旋。纠正方法:采用"后举腿平旋"和"抄旋子",进行注重头向左拧、腿向左摆旋的练习,体会头和腿向上摆旋的肌肉感觉。

3. 腾空摆旋时只拧身不蹬腿或只蹬腿不拧身,前者造成身肢旋而不起,后造成身肢起而不旋。可采用"后举腿平衡"和"抄旋子"的练习,强调"蹬摆同

图3

图4

抄旋子转体360°

提高旋子转体360°空中并腿质量的方法

旋子转体360°的旋空转体时,要求两腿并拢伸直,这样转动半径小,有利于快速转体。初练时,两腿常常并不拢,可通过下述练习,逐步提高空中并腿的质量。

1. 扶垫并腿练习:(1)身体左侧对齐髋高的垫子成旋子预备势。(2)双手左摆扶垫;同时右腿摆至垫上,左腿蹬地后快速上摆与右腿并拢,直体落卧于垫上。

2. 助力并腿练习:做法同本书"抄旋子转体360°的方法",唯练习者在空中只并腿不转体,完成并腿即由助力者保护下落。

3. 旋起并腿练习:同"助力并腿练习",唯除去助力独立完成。要求两腿并拢后控制瞬间,右脚先落地,左脚随之落地。

提高旋子转体360°转体角度的方法

初学旋子转体时,常因转体不够360°而完成不了动作。可通过下述练习,体会旋子转体360°的技法要求,逐步增加转体的角度。

1. 越垫滚转练习:(1)同"扶垫并腿练习",唯手不扶垫。(2)右手插向左腋,左臂自然屈回,头朝左转,身体左转。(3)身体一边转旋,一边自然落于垫上。如着垫时尚未转够360°,则在垫上继续滚转。

2. 滚转过箱练习:动作(1)(2)(3)同"越垫滚转练习",唯将垫换成跳箱。(4)在箱上滚转270°时,左腿顺箱沿下落着地,上体继续左转90°,右脚随之落地。

3. 抄旋子转体 360°练习:做法详见本书"抄旋子转体 360°的方法"。

侧 手 翻

侧手翻是两手依次扶地,两腿分开呈扇面摆动的翻转动作。它一般不作为

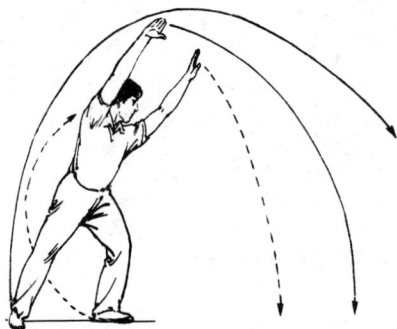

武术基本动作,主要用作练习侧空翻的基本手段。侧手翻可原地做、上步做,也可加助跑做。下面以原地做为例说明其做法。

预备势:两脚左前右后错步站立;两臂前斜上举;眼向前平视(图1)。

动作:1. 上体前俯,左、右手依次向前扶地;同时右、左腿依次上摆成分腿状(图

图1

2)。2. 右、左脚依次右摆落地;同时左、右手依次推地立起,面朝起摆方向(图 3)。

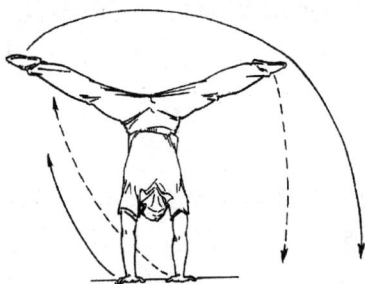

图2

图3

侧手翻

要求:整个动作要像车轮前进一样,在一条直线上立圆完成,两手扶地和两脚落地都要在这条直线上。其次,动作要伸展,分腿幅度要大,摆腿要快速有力。

侧 空 翻

侧空翻是以侧手翻为母体衍生的腾空翻旋动作,近现代才出现在武术套路练习中,《武术竞赛规则》将此动作列为"限制动作"之一。侧空翻以带臂方法不

同,分为两种做法。一种是前带臂侧空翻,一种是后带臂侧空翻。下面以进步侧空翻为例,说明其做法:

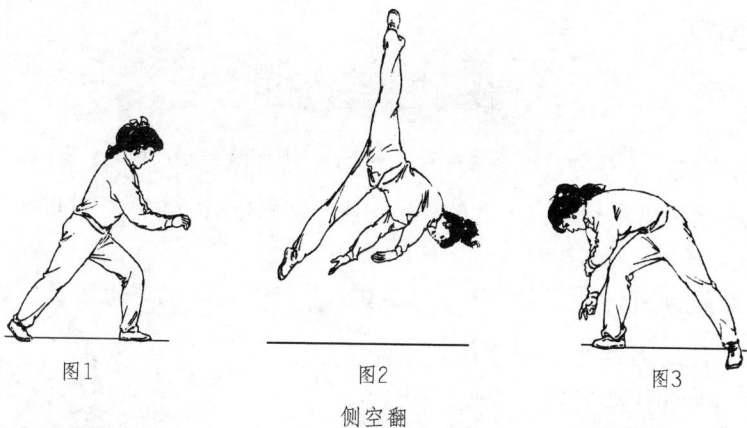

图1　　　　　　　图2　　　　　　　图3

侧空翻

1. 前带臂侧空翻

预备势:同"侧手翻"预备势。

动作:(1)左脚前进一大步,屈膝前弓,膝屈约130°,小腿与地面接近垂直;同时两臂向后抡绕至体前下方;眼向前平视(图1)。(2)两臂向前上摆起;同时右腿用力向后上摆起,左脚蹬地跳起并上摆,使身体腾空翻转(图2)。(3)右、左脚依次落地缓冲(图3)。

2. 后带臂侧空翻

基本同"前带臂侧空翻"做法,唯动作②的带臂动作变为两大臂用力向后上方提肘。

侧空翻助跑方法和要点

垫步抡臂助跑是侧空翻基本的和常用的助跑方法。其做法如下:

预备势:错步站立,左脚在前虚点;两臂下垂。

动作:左脚前进半步;右脚向前上步蹬地跳起,左腿屈膝上提使身体腾空;右脚前垫一步落地,左脚前上一大步屈膝。同时两臂向前、向上、向后圆形抡摆至体前下方。眼向前平视。

要点:助跑速度要越来越快,最后一步是关键,因其既是助跑的结束,也是踏跳的开始,要将助跑的水平速度转变为腾起初速度,必须将助跑和踏跳连接起来,一气呵成。上左步时,左腿屈膝,膝尖与脚跟垂直,肩不能超过膝盖(留肩),以利踏跳腾升。

抄侧空翻的方法

练习者过早单独完成侧空翻,有一定难度及危险性,因此,常常用保护助力的方法,使练习者尽快掌握正确的技术方法。抄侧空翻的方法有定步抄、跟步抄两种。

1. 定步抄

预备势:助力者站于练习者左侧,将右手伸扶练习者左腰腹间,左手贴扶其后背(图1)。

动作:练习者原地摆腿蹬地做侧空翻;助力者右手随其蹬起而用力上托,助其腾起,左手滑扶其右腰间向前拨动,助其侧翻(图2)。然后保护其落地。

图1　　　　　图2

抄侧空翻

2. 跟步抄

预备势:助力者站于练习者左侧。

动作:助力者随练习者向前助跑而同步移动。练习者摆腿蹬地瞬间,助力者将右手(或两手)插入练习者腰腹部,随其上起用力上托,并微向前拨,助其上腾侧翻。然后保护其落地。

提高侧空翻摆腿力量和速度的方法

做侧空翻时如摆腿无力,会直接影响身体向上腾起和向左翻转。可通过下述锻炼,提高摆腿力量和速度。

1. 以手扶肋木做后摆右腿的练习。摆腿时,注意直膝绷脚,快速后摆。

2. 做侧手翻练习。注意右腿的快速摆动。

3. 抄侧空翻练习。注意体会右腿用力向后上摆起的肌肉感觉。

纠正侧空翻腾空翻转不正的方法

侧空翻腾空翻转不正,表现为身体腾空时,两腿不在一个立圆面内摆动,因而翻转不正。采用下述练习手段,可纠正这一毛病。

1. 手扶肋木做后摆右腿练习。要求练习时,注意身体正对肋木,头上抬,以脚跟着力直膝向后踢摆。

2. 靠墙分腿倒立(形如"侧手翻"图2)。要求顶肩展胯,体会分腿的肌感。

3. 在地上画一直线,沿直线做侧手翻,两手、两脚均落在该直线上。

4. 做抄侧空翻练习。在助力和保护条件下,注意右腿朝正后上方摆起,体会两腿倒立侧分的腾空感,做到两脚起、落均在一线。

纠正侧空翻腾空不高、前跃过多的方法

侧空翻前跃过多,表现为起跳点与落地点相距过远,必然腾空不高。其原因是腾起角(指腾空离地方向与地面的夹角)太小(腾起角越接近90°,腾起越高)。

纠正这种毛病,首先要检查踏跳前瞬间的蹬地速度是否太慢。如太慢,会导致左腿踏跳蹬伸不足,就被助跑的水平速度将身体向前冲出,使腾起角减小。其次,要检查此时膝部是否前跪。如前跪超过脚尖,也导致腾起角太小。再次,要检查此时肩部是否向前超过膝盖。如超过膝盖,摆腿蹬地时会使身体前移,减小腾起角。此外,如做"前带臂侧空翻",还要检查摆臂的用力方向是否向前过多、向上不足。如向前过多,会拉动身体前移,减小腾起角。找准造成错误的具体原因后,有针对性地纠正动作,就能迅速克服此毛病。

总的来说,踏跳时应注意左膝屈度以135°左右为宜,膝盖不能超出脚尖,以髌骨对脚跟为宜;肩不过膝;前带臂应向前上用力等技术要领。

跌扑滚翻法

跌扑滚翻动作的内容与分类

武术运动中,将改变两脚支撑常规,以手、身等部位着地参与完成的动作,统称为跌扑滚翻动作。

拳谚说:"未学摔,先学跌。"要想摔倒别人,首先就得防备被人摔倒,于是就要先学会跌而不伤、跌而有法之术。跌扑滚翻动作还是一种败中取胜的方法,以失重倒地迷惑对方,暗藏杀机。这在"形醉意不醉"的醉拳中多有表现,在传统地功拳(后来发展成现代的地躺拳)中也应用较多。跌扑滚翻动作难度较大,因而能全面锻炼练习者的灵敏、协调、平衡等素质,具有较高的锻炼价值。跌扑滚翻动作的内容可大致分为跌扑动作、滚动动作、翻转动作三类。

跌扑动作包括向前跌的栽碑、向后跌的仰摔、向侧跌的盘腿跌和侧摔,还有滚动着地的"扑虎"等。

滚动动作包括向前的抢背,向后的倒跟斗等。

翻转动作包括头位由朝上变为朝下的倒立,以及跌地起身的鲤鱼打挺、乌龙绞柱等。

练习跌扑滚翻动作须知

跌扑滚翻动作的技术比较复杂,应按从易到难的原则进行练习。倒立和滚动动作是跌扑和翻转动作的基础,通过练习可提高前庭分析器的机能,增加身体悬空和转旋中辨别方位的能力。跌扑滚翻动作难度较大,稍有不慎,易出伤损。初学时必须按照正确的技术方法循序练习,还要注意滚动时必须团身收紧,跌扑着地时必须适当收紧全身肌肉,并屏住气息。动作时,禁忌脖颈放松,以避头部触地和颈部受挫;禁忌腰背放松,以免内脏受震,更不能以胸、腰部直接跌落着地。不能独立完成的动作,不要勉强,应在保护助力下逐步掌握。此外,练习前还要充分做好准备活动,练习后要进行必要的放松活动。

学练抢背的方法

预备势:并步站立。

动作:1. 右脚上步屈膝略蹲,上体随之前倾,左脚跟离地;同时两手顺势向前下伸出(图1)。2. 右脚蹬地前跃,左腿向上摆起;同时低头弓身,以右肩、背依次着地团身前滚(图2)。3. 继续滚动立起。

初学抢背动作,可采用"团身滚动""助力滚翻"两种方法来进行练习。

图1   图2

抢背

团身滚动:坐于垫上,双手环抱小腿,低头团身,以臀部、腰脊、肩背着地来回滚动,体会团身滚动的肌感。

助力滚翻:助力者蹲于练习者左侧,练习者做原地低头团身抢背;助力者顺其势用右手托推其腰背部,助其滚翻。

学练倒跟斗的方法

预备势:两腿屈膝全蹲;两手在身前扶地(图1)。

动作:1. 两手推地,两腿屈膝向上、向后摆动;同时上体后倒,低头团身,以臀、背、肩依次着地向后滚动(图2)。2. 两手在耳侧推地,两腿后伸(图3)。3. 向后滚翻一周后,两脚着地如图1。

倒跟斗也称"后滚翻"。初学可采用"团身滚动""助力滚翻"练习法。参见本书"学练抢背的方法"。

图1

图2
倒跟头

图3

学练倒立的方法

头朝下、脚朝上的动作泛称"倒立",俗称"拿鼎"。作为武术的一项基本功夫,又称"鼎功"。练鼎功既能锻炼提高臂力,还能锻炼平衡器官,增强人体在旋转翻腾等非站立姿势时辨别方位的能力,还常作为训练后放松下肢的方法。倒立的练习方法较多,以手掌贴地支撑的名"手倒立",也称"手鼎"(图1);以小臂贴地、肘部支撑的称"肘倒立",也称"肘鼎"(图2);以一侧肩臂贴地,以肩部着力支撑的名"肩倒立",也称"肩鼎"(图3);以头顶地支撑、两手置于头前成等边三角形辅助平衡的,名"头倒立",也称"头鼎"(图4)。

倒立练习以手倒立为主,它既是其他倒立动作的基础,也是侧手翻、侧空翻、扑虎等动作的基础。初学手倒立时,可采用下述方法:

图1 手鼎

图2 肘鼎

图3 肩鼎

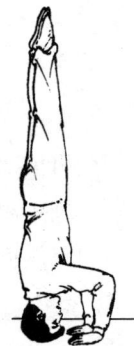
图4 头鼎

1. 后摆腿练习：以两手推墙(或肋木)，一腿支撑、一腿直膝向后上摆起。体会倒立的摆腿动作。

2. 靠墙倒立练习：上左步摆右腿、扶地靠墙做手倒立，以墙的依托维持平衡，逐步延长倒立时间，减少对墙的依靠，直至独立完成。

3. 助力练习：助力者站于练习者左侧，以手帮助练习者摆动腿上摆至竖直时扶住；或与练习者对面而立，练习者摆腿倒立时，及时扶住其两脚。练习时，要求助力者及时检查其是否抬头、顶肩，身肢是否竖直，以便及时纠正，并帮助练习者维持平衡，延长倒立时间。随训练水平提高，逐步减小助力，直至其独立完成。

学练扑虎的方法

预备势：并步直立。

动作：1. 两腿屈膝下蹲至膝关节约 135°；同时两臂后摆(图 1)。2. 两臂前摆；同时两脚蹬地跳起并上摆，身体腾空接近倒立竖直状(图 2)。3. 两手着地屈肘支撑，抬头、挺胸、塌腰、展胯，身体成弓形，胸、腹、大腿依次滚动着地(图 3)。

图1　　　　　　图2　　　　　　　　图3
扑虎

扑虎是一项攻防兼备的跌扑动作，以形似饿虎扑食，故名。其攻防含义是跃起避让对方击腿，并扑向对手。现代武术套路运动中的扑虎，高跃低扑动作幅度大，身弓美，是进一步加以艺术化了。初学扑虎时，可采用下列训练手段循序练习。

1. "两头起"练习：以提高维持背部反弓的肌力。

2. 反弓腹滚练习:俯卧垫上,两掌屈肘在身体两侧支撑助力,背肌收紧,使身躯形成两头翘的反弓形;维持身形不变,像幼儿摇动木马似的,使胸腹和大腿在垫上此高彼低地来回滚动,体会着地滚动的肌感。

3. 助力扑滚练习:助力者站于练习者体侧;练习者先做手倒立,助力者抓住其两脚踝部,使练习者屈肘、抬头、挺胸、塌腰、展胯,向下扑滚,并以适当拉力,控制其缓慢完成扑滚动作。

4. 倒立扑滚练习:练法同上,唯无助力者帮助。

5. 跃起倒立练习:按扑虎做法,两腿蹬地跃起腾空后上摆,至手扶地成倒立,控制片刻。

6. 扑虎的完整练习。

学练栽碑的方法

预备势:并步直立;两拳屈举胸前,拳心朝胸,高与口齐;眼看前方。

动作:1. 脚跟提起,头向上顶,颈项竖直,腰背肌收紧,两腿夹紧,身体挺直前倒(图1)。2. 身体前倒接近地面时,两拳变掌掌心朝下,两小臂主动用力迎击地面支撑,不使上体触撑地面(图2)。

图1　　　　　　　　　　　　图2

栽碑

栽碑是向前跌倒时保护自己的一种跌扑动作,初学时可降低难度,循序练习。

1. 斜坡栽碑:将海绵垫放成斜坡形,面对斜坡做栽碑练习。初练时坡度可大些,逐渐可小些,直至海绵放平,仍能完成栽碑动作,即可在地毯上练习了。

2. 助力栽碑:保护者站于练习者身前,两手托其两腕或两臂助其完成栽碑。随训练水平提高,保护者逐步减少两手托力,直至不给托力,只轻扶随下作保。练习者即可脱保独立完成了。

学练仰摔的方法

预备势:两腿屈膝半蹲,体前倾;两臂握拳置于体前(图1)。

动作:1. 左腿向前上抬起,膝微屈;同时涵胸、弓身收臂(图2)。2. 微低头,脖颈紧张,挺腹顶胯,两肘夹紧,身向后倒,以肩背部着地;同时左腿挺膝绷脚,与上体形成直棍,右脚以脚前掌着地支撑(图3)。(也可以两臂内旋成手心向下拍击地面,以缓冲减少肩背倒地的撞击力)

仰摔是一种仰倒时自我保护,并同时以腿击人的跌扑动作,难度较大,且有一定的危险性。初学时应降低难度,循序练习。

  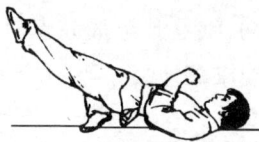

图1　　　　　　　图2　　　　　　　图3

仰摔

1. 斜坡仰摔:方法同前面的"斜坡栽碑",唯背对斜坡做仰摔。

2. 助力仰摔:方法同前面的"助力栽碑",唯以保护者站练习者身后,托其两肩做仰摔。

学练盘腿跌的方法

盘腿跌是一个跃起侧身平落的跌扑动作。有跳起盘腿跌和跳起转身盘腿跌两种做法。下面以跳起转身盘腿跌为例说明做法。

预备势:右脚在前错步站立;两臂向右后引(图1)。

动作:1. 右脚蹬地跳起,左腿屈膝向左上摆起;同时身体左转,两臂向左上摆(图2)。2. 身体腾空继续左转,右腿摆腿里合,上体向左侧倾倒(图3)。3. 右脚下落与左腿交叉,右脚底部、左腿外侧、身体左侧、双手双臂平平跌落着地;眼看脚后方向(图4)。

图1

图2
盘腿跌

图3

练习跳起转身盘腿跌的起摆方法,与旋风脚做法相同,唯上升至最高点时,身体向左侧倾倒,按盘腿跌要求落地。

图4

学练滑步侧摔的方法

预备势:并步站立;两拳左外右里在胸前交叉(图1)。

动作:1. 身体后仰并稍向右转,挺腹顶胯,右腿挺膝前伸,左腿随之屈膝,脚跟提起;同时右拳向右上方弧形穿出;眼看右拳(图2)。2. 右脚掌外侧继续擦地前滑至小腿外侧着地,左腿随之继续屈膝并外展;同时右拳伸出以拳轮和小臂尺侧着地支撑,上体随之右转侧倒,躯干悬离地面,左拳收握腰间;眼看右拳(图3)。

初学滑步侧摔,也可采用"斜坡侧摔"和"助力侧摔"练习。方法同练习"仰摔",唯"斜坡侧摔"是以身体右侧对斜坡;"助力侧摔"练习时,保护者站于练习者右侧后方,两手分托其右腰侧和右腋部给予助力保护。

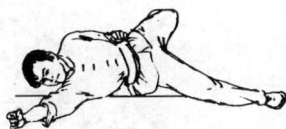

图1

图2

图3

滑步侧摔

学练鲤鱼打挺的方法

鲤鱼打挺是一项倒地后快速跃起的跌扑滚翻动作,在武术的多种拳法中有广泛的应用。其做法有推撑法和推腿法两种。

1. 推撑法

预备势:仰卧,身体伸直。

动作:(1)两腿伸直向上收摆至接近头部;同时两手屈肘收至耳侧撑地,臀部离地,以肩胛和颈部着地支撑(图1①)。(2)两腿趁屈体的反弹力用力向上向后猛打;同时两手用力推撑地面,使之挺身腾起(图1②)。(3)两腿继续向下弧形摆动,似以脚找头;待两脚在身体重心稍后侧落地后,挺身立腰,仰头举臂(图1③)。

图1①

图1②

图1③

鲤鱼打挺推掌法

2. 推腿法

做法同上,唯两手始终扶于大腿,当挺髋打腿时,适当加力推腿,以助腿速

（图 2①②③④⑤）。

图2①

图2②

图2③

图2④

图2⑤

鲤鱼打挺推腿法

　　鲤鱼打挺的关键技法，在于一个"挺"字，即身体由屈而猛然挺伸，因此，近称"屈伸起"。初学者可采用下述方法进行练习。

　　1. 打腿练习：(1)仰卧垫上，直臂置两体侧。(2)两腿上摆屈回，以颈、背部着地支撑（图 3①）。(3)两腿趁回屈的反弹力用力向上猛打成倒立状（图 3②）。如此一屈一伸，连续练习挺髋打腿。

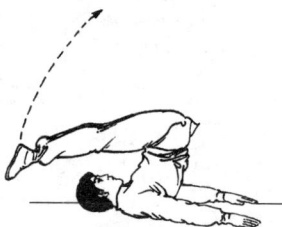

图3①

图3②

打腿练习

2. 拉手打挺练习：两助力者分列练习者两侧，拉住其手，待练习者自行做鲤鱼打挺至伸髋打腿的瞬间，上拉其手，助其挺身站起。逐步减少助力至其独立完成。

3. 上托打挺练习：助力者跪立于练习者体侧，一手托其腰，一手托其肩臂处，随其动作助其打挺。逐步减少助力至其独立完成。

4. 叠垫打挺练习：将软垫叠起，高举臀平。练习者仰卧垫沿向垫外做鲤鱼打挺，使落脚于地。随练习水平提高，逐步减低垫高，过渡到在地毯上完成动作。

学练乌龙绞柱的方法

预备势：分腿平坐；两手自然下垂（图 1）。上体左转侧倒，两手至体左侧扶地；右腿前伸，左腿稍屈（图 2）。

图1

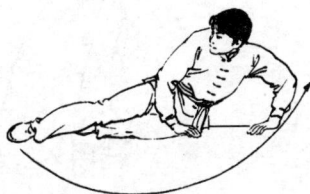

图2

乌龙绞柱

动作：1. 右腿向左大幅度用力平扫；同时身体后仰，右手离地闪让右腿（图3）。2. 右腿继续向右扫摆过面而起时，左腿随之划圆上摆至与右腿交叉；同时上体仰贴于地（图4）。3. 两腿继续向右顺向拧绞，其弧度逐渐减小，脚的高度逐渐上升；同时上体随之左旋领起，臀、腰、背依次离地成右肩臂支撑（图5、6）。4. 两腿并拢；同时右手推地撑起成手倒立（图7）。5. 右、左脚依次落地立身（图8）。

图3

图4

529

图5

图6

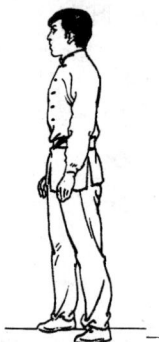

图7

图8

乌龙绞柱是一个倒地后用两腿扫绞对方,并迅速立身而起的跌扑滚翻动作,在醉拳、地躺拳中应用较多。其从两腿大幅度的平圆扫摆,到逐渐上引双腿至小圈绞拧,以腰带腿,以扫带绞,经绞腿领身而起,动作幅度大,结构复杂,体现了周身高度的协调性、灵活性,因此动作难度较大。初学者可根据动作的扫、绞、顶三个关键环节,采用下述三个方法进行练习。

1. 滚躺练习:分腿平坐预备;左倒身扫右腿。带左腿,仰躺身;绞左腿坐身。如此连续滚躺练习。

2. 助力旋起练习:练习者做乌龙绞柱前半部分动作,即扫绞腿领身而起如图1、2、3、4、5;助力者在其头侧方待其两腿扫绞上引时给予向上的助力,至其完成肩臂倒立即止。

3. 助力推撑练习：练习者先做右肩臂倒立；助力者在旁握脚上提，辅助其成手倒立。并逐渐减力使其独立完成。

整体合一法

武术的三节论

传统武术技法中，将人体分为上、中、下三节（或者梢、中、根三节），各节又分为三节。要求"明三节"，指明白人体三节的分法和各自具有的作用，并在拳法中体现出来。

人体"三节"有两种分法。一是以"头为上节，躯干和手臂为中节，腿足为下节"，一是以"上肢为梢节，躯干为中节，下肢为根节"。合此两种分法，我们须明确下节或根节是全身的根基，具有载负身体移动、支撑完成动作、催促劲力发放的作用。中节是全身的枢纽，具有联系两端、顺达劲力、使全身协调运动的作用。上节是全身的首脑，具有顶领全身、驾驭动作的作用。梢节是人体灵活度最大的部位，具有表现内意内力、完成攻防目的的作用。

明白了三节各自具有的作用，才能有意识地采取相应的技法，通过各节的协调运动，体现出"四体百骸总为一节"的整体性。

头部三节的运动技法

头部被作为人体的上节，要求有顶拔之力、端正之态。头部自分为三节，以头顶百会部为上节，鼻为中节，下颏为下节。要求百会部有悬顶之感，则头有顶劲；鼻梁中正不歪，下颏微微内收，则头部端正。这样头有顶劲，拳式动作才能挺拔饱满，避免身体软塌之弊；头部端正，才能保证动作无前倾后仰、左右歪斜之弊。

上肢三节的运动技法

上肢被作为人体的梢节。上肢"三节"，即肩为根节、肘为中节、手为梢节。

在拳式中,要求"肩垂肘,肘垂手",使上肢肌肉依次节节松沉(放松沉垂),出现肩向下松沉的"松肩",肘向下松沉的"沉肘",腕向下松沉的"塌腕",以上肢"三节"的节节引导,打通人体内气和内劲的通肩、经肘、过腕、达手的通道。

上肢在运动过程中,要求"梢节(手)起",要对准目标出击;"中节(肘)随",要自然顺随梢节运动方向,不能偏离其轨迹;"根节(肩)催",通过顺肩送膀,催动全身的意气劲力至臂,再经肘催、腕催,达于手发放出去。

躯干三节的运动技法

躯干被作为人体的中节。躯干分为三节,即胸为上节,腰为中节,小腹和臀为下节。如果以脊柱来分,腰椎为中节,腰椎以上为上节,腰椎以下为下节。

一般来说,运动时躯干应做到下节(小腹和臀)稳,中节(腰)活,上节(胸)顺。下节稳,似为腰胸筑成活顺动转的基础,还有利于气归丹田,也有利于气由丹田贯达四梢。中节活,似在躯干正中装一转轴,使上下节连为一气、圆活运转。上节顺,要顺随腰动而动,顺随腰的俯仰、扭转完成各种身法动作。躯干三节在拳式静时,有两种表现方式。以少林拳、查拳、华拳等为代表的一类拳法,要求挺胸、塌腰、收腹。以太极拳、八卦掌、形意拳等为代表的一类拳法,要畅胸、直腰、实腹。

下肢三节的运动技法

下肢被作为人体的根节。下肢三节,即胯为根节,膝为中节,足为梢节。当拳式静时,下肢应做到"胯坠膝、膝坠足",使下肢肌肉依次节节松沉,加强步形的稳固。下肢在运动过程中,要求"梢节(足)起",要对准目标出击;"中节(膝)随",要自然顺随梢节运动方向,不能偏离其轨迹;"根节(胯)催",要以髋胯(大腿)部的大肌群发力,依次催动膝、足,并在运动中逐渐增加下肢梢端(小腿与足)肌群力量,使下肢力量聚达于足部发放出去。

中节在三节中的作用和意义

传统武术技法"三节说"认为,"中节不明,浑身是空"。意即不明白"中节"

的动作要领,将影响整体的动作规格、进攻的准确性、劲力的蓄发等。

就全身而言,躯干是中节,躯干中以腰为中节。其要领是:"中节活"。如果腰不活,动作就呆板,上下肢就不能协调运转,就不能借助腰的吞吐扭转,发出腰劲,加大攻击力。

就上肢而言,以肘为中节,要求"中节随"。如果中节不能顺随梢节运转或屈伸,则会破坏上肢运动的路线,使动作不合规格,劲力方向不准。例如冲拳,拳头向前平直冲出的轨迹,也应该就是肘的运动轨迹。或者说拳、肘的运动轨迹要尽量吻合。如果肘的运动不顺拳头冲出的轨迹运行,那么,肘外开,会导致冲拳方向向内偏转;肘内撇,会导致冲拳方向向外偏移;肘下压,会导致冲拳方向向上偏移;肘上抬,会导致冲拳方向向下偏移等等。

就下肢而言,以膝为中节,在完成直摆性腿法时,其要求与上肢中节的要领相同,即膝要顺随足的出击轨迹而运行。在完成弹腿、踹腿、蹬腿等屈伸性腿法过程中,要求以中节(膝)起,梢节(足)随为初动式,紧接转入中节定、根节催、梢节击。即先屈膝提起,然后固定膝的位置,以大腿的力量催动小腿向攻击目标击出。

就上、下肢的中节(肘、膝)来说,十分重要的是要注意防止肘、膝外开。肘外开则敞腋,不利于防守腋肋;而且会使向前出击的劲力不能直线贯达。因此,要求肘不离肋,手臂前出或屈回都要保持肘部靠肋部出入。膝外开则敞裆,不利于防守裆部要害;而且膝盖外开,导致亮开膝内侧,易被对方击中膝内侧,造成重伤。

三尖相对的含义与运用

"三尖相对"也称为"三尖相照",是一个带有规律性的武术技法。拳术和器械的大部分定式动作,都以此为规格准绳。它要求定式动作的前手指尖(或器械尖),上对鼻尖,下对前足尖。在动作过程中,要求三尖上下相照,一到皆到。这一要求贯穿于顺式动作和拗式动作中。

例如:在十路弹腿的第一路中,顺式左弓步冲拳,要求左拳和左足尖与鼻尖相对;拗式左弓步横扫,要求右拳和左足尖与鼻尖相对。在形意拳的"五行连环"中,"青龙出水"是左拳和右足尖与鼻尖相对;紧接的"黑虎出洞"是右拳和右足尖与鼻尖相对。通臂拳的"闭门炮",左虚步右掩肘变为左半马步左冲拳,同样是由拗式三尖相对,转换为顺式三尖相对。在剑术练习中,拗步左弓步刺剑要求剑尖和左足尖与鼻尖相对;顺式右弓步刺剑,要求剑尖和右足尖与鼻尖相对……可见这一技术规律是普遍存在的。

符合三尖相对的动作,不仅姿势紧凑完整,气势饱满,而且动作攻防特点更加突出。

从防守来看,在三尖相对的姿势中,前手(或器械)处于人体的矢状面内,使对方不易进击我的正中部位,而且不论对方从左右上下任何一方击来,我都易于变换防护招势。三尖相对的技术要领,要求顺式动作必须顺腰送胯,使侧着的躯干和四肢处于矢状面内;拗式动作必须拧腰顺肩,使被拧转的肢体尽量靠近身体的矢状面。这样,就缩小了易受对方攻击的面积。

就进攻而言,三尖相对的动作,不论顺式接顺式,还是顺式接拗式,或是拗式接拗式,都有助于运用腰力,发出整劲,加大攻击力量。这在拗式与顺式相连接的动作中,体现尤为明显。如像前面列举的"青龙出水"接"黑虎出洞",以及"右掩肘"接"左冲拳"。这两组动作的前一动,尽为拗式三尖相对,此时,由于前手指尖上对鼻尖,下对前足尖,形成了右(左)下肢向左(右)拧劲,左(右)上肢向右(左)拧的状态,整个身体被拧成绳拧状。当由拗式变为顺式时,被拧紧的肢体突然松开,前手回撤和腰的回旋,催动另一手向前击出,力贯拳上。

据解剖学研究,预先拉长肌肉的初长度,能增加其收缩力量。在身体处于"绳拧"状时,正是预先拉长了参与回撤、回旋、出击的各肌群。"拧"而后击,势必增大出击的力量。

三空的含义与运用

"三空"是八卦掌姿势要领术语。指手心空,足心空,胸心空。

手心空:在掌法的运用中,不论牛舌掌还是龙爪掌,都必须使掌心内凹涵空。

足心空:在步法的行转变换中,脚掌和脚跟同时平着落地,五趾抓地,脚心自然内凹涵空。

胸心空：两肩下松并微微前合，气下沉，使胸部微凹涵空。

形意拳八字诀

"八字诀"为形意拳术语，亦称"八字歌诀"。"八字者，顶、扣、圆、敏、抱、垂、曲、挺，是也"（《形意母拳》）；亦有以"毒"代"敏"者（《形意拳械教范》）。每字均包含三项具体要求，即：三顶、三扣、三圆、三敏（或三毒）、三抱、三垂、三曲、三挺。这二十四项具体要求，体现了形意拳技法的基本特点。

三圆：《形意母拳》云："三圆者何？脊背要圆，其力催身，则尾闾中正，精神贯顶；前胸要圆，两肘力全，心窝微收，呼吸通顺；虎口要圆，勇猛外宣，则手有裹抱力；是谓之三圆。"脊背圆，指从左肩到右肩的背脊部要向后撑圆；前胸圆，指胸部要涵空，不能外挺；虎口圆，指手型为掌时，拇、食二指分开，指梢节扣劲，撑圆虎口。

三顶：《形意母拳》云："三顶者何？头向上顶，有冲天之雄。头为周身之主，上顶则后三关易通，肾气因之上达泥丸，以养性；手掌外顶，有推山之功，则气贯周身，力达四肢；舌上顶，有吼狮吞象之容，能导上升之肾气，下行归入丹田，以固命；是谓之三顶。"头向上顶，指头顶百会穴处有上顶之意，以保持头部正直。手掌外顶，指手为掌形时，掌心要有外推的用力感，好像气力由劳宫穴涌出样，避免手指过多屈扣，掩住掌心。舌上顶，指舌尖顶上腭。

三扣：《形意母拳》云："三扣者何？两肩要扣，则前胸空阔，气力到肘；手背足背（意指手指、足趾）要扣，则气力到手，桩步力厚；牙齿要扣，则筋骨紧缩；是为之三扣。"两肩要扣，指两肩下松，微向前扣合。手背足背要扣，指手指梢节屈扣如鹰爪；足趾屈扣抓地，足心空起，足背上凸。牙齿要扣，指上下齿咬合，即练拳时不能张口。

三毒：《拳械教范》云："心毒如怒狸攫鼠，眼毒如观兔之饥鹰，手毒如捕羊之饿虎，是谓之三毒。"此书还列"三毒"为形意拳"八字诀"之一。其他谱本的形意"八字诀"无"三毒"，而有"三敏"。

心毒，指自卫擒敌时要有一举击溃敌人的狠心，须知你不解除对手的战斗力，对手就要解除你的战斗力。眼毒，指要用锐利的目光寻敌空隙。手毒，指自卫擒敌时要出手不留情。

三敏:《形意母拳》云:"三敏者何？心要敏,如怒狸攫鼠,则能随机应变;眼要敏,如饥鹰之捉兔,能预察机宜;手要敏,如捕羊之饿虎,能先发制人;是谓之三敏。"心要敏,指感觉灵敏,反应迅速。眼要敏,指目光锐利,注一挂余。手要敏,指动作敏捷,变转灵活。

三抱:形意拳谱云:"丹田抱气,则气不外散,击敌必准;胆量抱身,则遇敌有主,临敌不乱;两肘抱肋,则出入不乱,遇敌无险;是谓之三抱。"丹田抱气,指练拳时应将内气聚于丹田,由意识支配它的出入运行,不能散乱。胆量抱身,指遇敌时要心平意静,无恐怖感。两肘抱肋,指练拳时,上肢动作应保持两肘靠近肋部出入。

三垂:《形意母拳》云:"三垂者何？气垂则气降丹田,身稳如山;两肩下垂,则臂长而活,肩催肘前;两肘下垂,则两肱自圆,能固两肋;是谓之三垂。"气垂,指气向下沉入丹田,采用腹式呼吸法。两肩下垂,指肩关节放松,使肩向下松沉。两肘下垂,指肘关节保持一定的屈度,使肘尖垂向下方。

三曲:《形意母拳》云:"三曲者何？两肱宜曲,弓如半月,则力富;两膝宜曲,弯如半月,则力厚;手腕宜曲,曲如半月,则力凑;皆取其伸缩自如,用劲不断之意;是谓之三曲。"两肱宜曲,指肘关节保持一定屈度。两膝宜曲,指膝关节保持一定屈度。手腕宜曲,指手腕下塌、手掌竖起,腕部呈现一定屈度。

三挺:《形意母拳》云:"三挺者何？颈项挺,则头部正直,精气贯顶;脊骨腰挺,则力达四梢,气鼓全身;膝盖挺,则气恬神怡,如树生根。"颈项挺,指颈项竖直,不偏不倾。腰挺,指腰部竖直,不前塌后弓。膝挺,指膝关节要保持在一定的位置挺住,不能出现前腿膝盖超过足跟,后腿膝盖超出脚尖的情况。

五合三催的含义与运用

"五合三催"是南、北少林拳技的基本技术要领。

"五合"包括手与眼合、眼与心合、肩与腰合、身与步合、上与下合。所谓合,即协调配合。"五合",即指完成任一攻防动作,都要注意这五个方面的协调配合。向逵《拳术》释云:"如心欲杀敌,眼即注焉,眼光似射,手即至焉;然手非借肩腰之力,不足以动敌也,故须身与步合;身与步合矣,犹恐上下不相连属也,故上与下须合。有此五合,然后可以运敌。"

"三催"包括手催、身催、步催。所谓催,即催促。"三催"指完成任一动作时,手、身、步都要向进攻方向一齐催促,快速前进,一到皆到,使动作完整,变化敏捷,伸缩往来如电,进退起伏如风。

齐四梢的含义与运用

"齐四梢"即"四梢要齐",是形意拳的基本技法要领。四梢指"舌"为肉梢,"牙"为骨梢,"甲"(指甲和趾甲)为筋梢,"发"(头发)为血梢。"齐四梢"指发劲时,四梢要同时用劲。具体方法是,上下牙扣合咬紧,意欲咬断筋皮;舌尖要上顶牙龈,舌前部向前抵牙,意欲向前催牙;手指甲和足趾甲要向下扣,使身体力量透达手指和足趾梢端。"齐四梢"能促使聚集一身力量的整劲,传到肢体的梢端。如此,周身气血畅通,经络无滞,全神贯注,催动血梢,自然有"发欲冲冠"之势。

四坠的含义与运用

"四坠"为八卦掌身型要领。指肩坠、腰坠、胯坠和膝坠。八卦掌练习中要求肩坠腰、腰坠胯、胯坠膝、膝坠足。所谓"坠",是着意于放松肌肉、松开关节,使肢体在地心引力作用下向下垂沉。"四坠"使人体由上向下节节松沉,有助于稳固重心,坚固下盘,同时将上下力量汇聚一气,形成整劲。在练习中,应注意向下松坠的同时不失"顶头"(或称拔顶),否则会出现向下软塌松懈的现象。

六合的含义与运用

"六合"是武术运动的基本技法法则。内三合与外三合相合,称为"六合"。心意六合拳首重"六合"。其说被多种拳派采用,逐渐形成武术界较为一致的六合说。

"内三合"包括"心与意合、意与气合、气与力合"。"心与意合",指思维活动和意识活动相合。古人认为"心之官则思",有思才能产生意识的活动。如果思绪杂乱,意就不专注。因此,思维的内容要集中于练拳,以产生专注的意识活动去支配练拳。"意与气合",指意念与气的运转应相合。具体做法是以意念引导内气的运转、支配呼吸的频率和提、托、聚、沉等呼吸法。"气与力合",指气的运转与力的运使相合。一般的配合方法是以吸气配合蓄劲,以呼气催动发力。将内三合的含义合起来说,就是以中枢神经活动主导动作,以意识引导气息,以气息配合发力。

"外三合"包括"手与足合、肘与膝合、肩与胯合"。"手与足合",指动作时手脚齐起齐落的"形合";定势时手指梢节微屈扣劲和足趾微屈抓地的扣劲相合。"肘与膝合",主要指顺势动作时,同侧的肘和膝上下对齐、相合;肘的垂劲和膝的内扣劲相合;也指拗势动作,异侧肘和膝上下相照,向中间靠近至接近一纵面的合劲、合势。"肩与胯合",指肩关节放松,肱骨头向下沉劲和髋关节放松,股骨头(胯根)向下沉劲相合。

上述内三合与外三合统一一体,贯串于任一动作,即为六合俱备,内外相合。

上下相随的含义与运用

"上下相随"是武术基本技法。"上"指身体的腰以上部分,其中以肩、肘、手为主。"下"指身体的腰以下部位,其中以胯、膝、足为主。上下相随是对动作的整体要求。这一技法的要点是注重以腰为轴带动上、下肢体的运转,注意一动无有不动,一到无有不到,一停无有不停。例如太极拳"如封似闭",动作开始时,重心后移,前腿渐伸,后腿渐屈;同时通过腰的后引,上体随之后移,两臂随之渐屈、渐开。俟重心后移到规定位置时,上体各部后移,两臂渐屈、渐开亦同时到位。紧接着重心前移、前腿渐屈、后腿渐伸,躯干也随之缓缓渐合,两臂随之渐伸渐合,直至各部动作同时到位,整个拳式定型。形意拳《九要论》将"上下相随"的规律归纳为:"上欲动而下自随之,下欲动而上自领之,上下动而中节攻之,中节动而上下和之。"

节节贯穿的含义与运用

"节节贯穿"指内部意、气、力的传导和外部关节的动转循一定走向依次而动,由此而及彼,中间没有丝毫间断。太极拳尤重此技法。例如,发缠丝劲时,意识引导丹田内气经旋腰转脊上行,汇同腰脊转动的劲力,再经旋膀转腕,意、气、力即越过肩、肘、腕,汇同手臂部转动的劲力,一道形之于手指发放出去。另外,如"四坠"(肩坠腰、腰坠胯、胯坠膝、膝坠足)、"三催"(肩催肘、肘催腕、腕催手)等要领,都体现了节节贯穿。

曲中求直的含义与运用

"曲中求直"为内功拳动作、劲法术语。曲,指肢体屈曲运行,劲力柔和圆转。直,指直线出击,劲力脆快刚直。拳势一动,动作、劲力总处在曲直互变之中。在与人对搏时,特别是太极拳推手中,一般以"曲"走化对手、引进对手,以"直"攻击对手。曲线运行时,动作速度、方向,以及力的大小都在随时变化,一旦得机,肢体即沿曲线运行所成圆弧的切线方向而去,笔直出击,就是"曲中求直"之意。

直而不直、似曲非曲的含义与运用

少林拳要求上肢冲拳等类出击动作要"直而不直"。意思是在伸臂进攻的同时,要暗含一定的蓄劲。在外形上不能使肘关节处伸到极点,直而无遗。过直易被人折,也不利于迅速回护。但是如果肘关节屈度过大,又影响攻击距离,发挥不了"一寸长,一寸强"的作用。因此,上肢击出应伸臂至接近180°,但不能达到180°。这就是"直而不直"。

"似曲非曲"一般与"似直非直"相连为用。指肢体呈现一种接近伸直的状态。看上去好像"曲",又好像"直"。太极拳、形意拳和八卦掌等拳种常用这一术语。

折叠的含义与运用

折叠是陈式太极拳基本技法之一。演练套路时,前一动作变换为下一动作时的过渡动作,呈现出S形的运动轨迹,称为"折叠"。"折叠"的技法要点是当前一动作结束时,先向欲进行动作的反向微微伸延出一个小半圆,然后沿S形路线折叠一个小半圆,开始进入下一动作。伸延时应含掤劲,折叠回应含捋劲。还要注意延伸是借前一动作的惯性或弹性完成的,不能前一动作至极点出现停顿了,才去延伸。在动作衔接处注意折叠,动作就显得圆活连贯,不会出现断劲现象,而且有助于内气潜转,遍体周流。

轻灵的含义与运用

太极拳强调动作要"轻灵"。"轻"是"重"的反义词,《十三势行功心解》所云"迈步如猫行,运劲如抽丝",就是对"轻"的形象描述。要做到迈步"轻",关键是移动脚的步幅不能过大,落地不能过晚。过大、过晚,都会使移动脚的落地动作显得拙重。其次,还要注意前进时脚跟先着地,逐步过渡到全脚掌着地;后退和侧移时,脚尖先落地,逐步过渡到全脚掌着地。其中,尤其要注意"逐步过渡"四字。另外,运劲"轻"的关键,是以意念支配动作缓慢、匀速、连贯地运行。所谓"灵",指高度敏捷的感觉和反应能力。《太极拳论》中的"一羽不能加,蝇虫不能落",就是"灵"的一种表现。这种"灵"是从静心用意、松柔缓慢的练习中逐步获得的。

一身备五弓的含义与运用

"一身备五弓"是太极拳技法术语。太极拳理论中,把劲力的蓄发,比喻为"蓄劲如张弓,发劲如放箭",要求"一身备五弓"。这五弓指身弓、(左右)臂弓、(左右)腿弓。五弓中以身弓为主,臂弓和腿弓为辅,五弓合一,形成全身统一协调的整体劲。

身弓,以躯干喻一张弓。腰为弓把;颈椎第一节和尾椎为弓梢。身躯放长,腰脊后松,减小脊柱的生理弯屈度,即呈现身弓之形。气沉丹田、胸虚腹实,有助于稳定弓把。发劲时以弓把"腰"为轴,上下相随,左右对拉,前后对称,使意气力一边下沉,一边外发。

臂弓,以一臂喻一张弓。肘为弓把,锁骨和手腕为弓梢。沉肩、坠肘、塌腕,即呈臂弓之形。发劲时注意控制弓把"肘",才能稳定劲力方向不变。

腿弓,以一腿喻一张弓。膝为弓把,股骨头(胯根)和足跟为弓梢。股骨头处胯根下松回缩,膝关节弯屈,足塌地,即呈腿弓之形。发劲时,挺膝使力下传,产生足蹬地,蹬地获得的反作用力经膝上传,形成"根在于脚,发于腿,主宰于腰,行于手指"的整体劲。

连绵不断的含义与运用

"连绵不断"是太极拳的基本技法要求。太极拳理论中,以"行云流水"来形容"连绵不断"之势。在拳架练习中,"连绵不断"是指动作与动作间的衔接处无停顿和断续的痕迹,式式贯串、一气呵成。要做到"连绵不断",既要注意动作的环形运转和动作衔转的折叠技法,还要注意内部意、气的连绵不断。意气周流不殆,才能保证劲力无断续,动作不停顿。反之,外形的连绵不断,也有助于诱导促使气血畅通周身。

身如拧绳的含义与运用

"身如拧绳"是武术动作姿势的基本特点之一。指身体正面(头部、胸腹部、胫膝部)的两个以上部位同时朝向两个以上方向。例如长拳的"并步对拳",脚尖、膝盖正对前方,胸部朝向左前方,面部向左侧方,就有三个面向。姿势呈三个面向,显得劲力饱满,立体感强。

八卦掌和形意拳尤其重视"身如拧绳"。八卦掌强调"滚钻争裹",形意拳强调"起钻落翻",都要求动作呈现这种"拧绳"状。

拧旋走转的含义与运用

"拧旋走转"是八卦掌技法术语。指将身躯的拧转和臂的翻旋融合入绕圆走转之中。练习八卦掌时,步在圆周上行走,躯干、头颈和两臂要向圆心拧转,直拧至里手与外脚跟和圆心在一个垂直面内,使整个身体形成了绳拧状。此时,两脚摆扣清晰的步法,促成了两腿不断交替地外旋和内旋。两臂在"滚、钻、争、裹"四种劲力的交互支配下,形成了一边转旋伸缩、一边弧形运转的外形。四肢亦成了绳拧状。

形意拳身形六式的含义与运用

"身形六式"是形意拳技法要领。包括鸡腿、龙身、熊膀、鹰爪、虎抱(头)、雷声。练习形意拳时,要求此六形备于一体。亦称"身成六式"。

鸡腿是取"寒鸡觅食"时,鸡腿有"独立之形";"二鸡争斗"时,鸡腿有扣裆之意,鸡爪有"踩扑之能"。用以要求拳式步法在行进时摩胫扣裆,落步时拱爪踩扑。

龙身是取龙有折身之能,用以要求形意拳的身法,应以能屈伸拧转为佳。

熊膀是取熊有沉肩竖项之长,用以要求练拳时沉肩圆背、竖项顶头。

虎抱头是取虎离穴时,两前爪有护头之势。用以要求两臂应屈肘置于体前的正中。

鹰爪是取鹰善擒拿之技,用以要求出掌时五指分开,指梢回扣如鹰爪抓物状。

雷声是取雷声有迅疾劈顶之威,用以要求发声助发劲时,发声要像霹雳那样惊炸。现代形意拳练习中,已很少采用这一要领。《形意母拳》云:"后因雷声涉俗,删而不用。"

"龙形猴相、虎坐鹰翻"的含义与运用

"龙形猴相,虎坐鹰翻"是八卦掌术语。用于比喻八卦掌的运动特点。简称"四形"。

龙形:取龙游太空,悠然稳沉之形,比喻八卦掌的步法特点。要求练八卦掌时步法要滔滔不绝地走转,不能有丝毫停滞和飘浮。掌谚谓之"行走如龙"。

猴相:取猿猴轻灵善变、窜闪敏捷之相,比喻八卦掌的身法特点。要求练习八卦掌时要圆活自如地拧旋翻转,不能僵直凹陷。掌谚谓之"回转若猴"。

鹰翻:取鹰瞬鹗视、起钻落翻之态,比喻八卦掌手法、眼法运动的特点。要求练习八卦掌时,每一换式出手都要使手臂像螺旋一样边转旋边屈伸,体现出八卦掌"滚钻争裹"的劲力特点和"起钻落翻"的外部形态。两目要像鹰寻脱兔那样机警有神,而且不断地随着动作的变化而运转,做到"手眼相随"。掌谚谓之"换式似鹰"。

虎坐:取虎踞威尊、勇力内蓄之势,比喻八卦掌的桩步特点和臀胯姿势。要求在练习中,行步走转要敛臀缩胯,转身换掌须屈腿抱膝、十趾抓地,使动作沉稳

有力。掌谚谓之"沉若虎坐"。

手随步开的含义与运用

"手随步开"是八卦掌技法术语。指练习八卦掌时,两手的变化要随着步子的走转而变化。也就是一边行步走转,一边运掌换势。不能站住脚去变掌。

"身随步活、步随身转"的含义与运用

"身随步活、步随身转"是八卦掌技法术语。指脚步的移动与身体变转一致。

身体随着步子的移动而变转,动作才轻灵协调。如果动步不动身或动身不动步,动作就呆板而不稳沉。例如上步时,上体不动,身体重心保持在原来位置,上步就不可能快速,还会影响上步的幅度,要想连续上步就更为困难。又如,上体左移,左脚不随之向左外摆,就会造成上下不和谐、不顺遂而牵动重心越出支撑面,危及平衡稳定。"身随步活、步随身转",才能保证身体重心随脚步变动迅速进入新的支撑面。

一般来说,"身随步活、步随身转"的方法是:身体重心前移与向前进步一致;身体重心后移与向后退步一致;身体重心向左(右)横移与脚步向左(右)横开一致;上体左转与外摆左脚或内扣右脚一致;上体右转与外摆右脚或内扣左脚一致。

起钻落翻的含义与运用

"起钻落翻"是形意拳技法要领,亦称"起落钻翻"。意指练形意拳时,拳式的起落要配合肢体的钻拧翻旋,使肢体形成往复回环的拧绳状。如劈拳,拳式一起,手臂即随拳上钻的同时逐渐外旋拧转至小指侧向上;然后,手臂一边内旋、一边前伸,形成翻落下劈之势。在手臂动作"起钻落翻"的同时,头、腰、腿亦要适度地以钻翻拧旋动作相配合,使拳式上下相连,完整一体。《形意拳学》云:"起者钻也,落者翻也;起为钻,落为翻……头顶而钻,头缩而翻;手起而钻,手落而翻;足起而钻,足落而翻,腰起而钻,腰落而翻。"

八卦掌入门三害

"入门三害"出自孙禄堂《八卦拳学·初学入门三害说》(1916年版)。指初

543

学八卦掌时,由于不明八卦掌的特点或急于求成而出现的三种毛病。这三种毛病包括:努气、拙力、鼓胸提腹。1. 努气:即有意提气、鼓气,致使呼吸表浅、胸满气拥,违背了八卦掌练习采用腹式深呼吸的特点。2. 拙力:即一味用力,致使肌肉僵紧,动作呆直,违反了八卦掌"滚钻争裹、刚柔相济"的劲力特点。3. 鼓胸提腹:即挺胸收腹,致使胸实腹紧,气不下沉,违背了八卦掌练习中胸应微内含而空畅,腹应松静而充实的特点。

八卦掌入门练习九要

"入门练习九要"指八卦掌姿势的九个要领。包括 1. 舌要顶上腭,头要向上顶;2. 两肩要松开,使膀尖(肩峰)外露;3. 两肩要微往前扣,使胸部宽舒,气息顺畅;4. 手心向上时两肘要有内裹劲;5. 手心向前、向下时,两肘要向下垂;6. 腰要向下塌住劲;7. 谷道要内提;8. 两胯根(股骨头)要放松回缩,防止胯根上挺和外顶;9. 手臂出击要旋转出入,形成"起钻落翻"之势。"九要"说初见于孙禄堂《八卦拳学》(1916年版),后世形意拳学者亦采用此说。

七拳运用要诀

"七拳"指头、肩、肘、手、胯、膝、足等七个身体部位。因这七个部位在徒手格斗时可用于攻击对手,故称"七拳"。形意拳系运用七拳的要诀是:

头打落意随足走,起而未起占中央,脚踏中门抢中位,就是神仙也难防。

肩打一阴反一阳,两手只在洞中藏,左右全凭盖他意,舒展二字一命亡。

肘打去意奔胸膛,其势好似虎扑羊,沾实用力须展放,远离只有胁下藏。

拳打三节不见形,如见形影不为能,能在一思尽,莫在一思存,能在一气先,莫在一气后。

胯打阴阳左右便,足稳气沉手防变,外胯好似鱼打挺,里胯藏步破敌潜。

膝打要害能致命,两足交换须便灵,和身转着不停势,两手拨绕掩膝行。

脚打踩意不落空,消息全凭后脚蹬,与人较勇无虚备,去意好似卷地风。

形意拳九歌

"九歌"为形意拳要领歌诀,亦称作"开式九歌"或"九数歌"。是对身、肩、臂、手、指、股、足、舌、臀(肛)等九部位姿势的要求。此歌诀全文为:

身:前俯后仰,其势不劲,左侧右敧,皆身之病,正而似斜,斜而似正。

肩:头宜上顶,肩宜下垂,左肩成拗,右肩自随,身力到手,肩之所为。

臂:左臂前伸,右臂在肋,似曲非曲,似直非直,过曲不远,过直少力。

手:右手在肋,左手齐胸,后者微塌,前者力伸,两手皆覆,用力宜匀。

指:五指各分,其形似钩,虎口圆满,似刚似柔,力须到指,不可强求。

股:左股在前,右股后撑,似直不直,似弓不弓,虽有直曲,每见鸡形。

足:左足直前,斜侧皆病,左足势斜,前踵对胫,随人距离,足指扣定。

舌:舌为肉梢,卷则气降,目张发耸,丹田愈沉,肌容如铁,内坚腑脏。

臀:提起肛门,气贯四梢,两腿缭绕,臀部肉交,低则势散,故宜稍高。

内家拳五字诀

据黄百家《内家拳法》云,内家拳"五字诀"为"敬、紧、径、劲、切"。说这是由72种打法逐步精减,由博而约,总归成的"存心五字"。精于拳者,只须记此五字即可。五字的含义为:

敬:恭谦处世,温良俭让,儆戒谨慎,含而不露。

紧:招势紧凑,百体皆束;手当护胸卫胁,脚勿高举阔步;立有所依,动有所循,势不可极。

径:出入须寻捷径,得机须迅疾出击。

劲:严守劲法蓄、发、刚、柔的变化规律,不可疏失。

切:切要之意。一种解释为动作要准确,一种解释为忍辱不争,不轻试敌,"利害切身,不得已而后起"。

亮势动作的练习要点

亮势指武术套路练习中由迅动变为急停的静定势。亮势动作与京剧表演中按锣声或鼓点急停的"亮相"有某些相似,故也有人称之为"亮相"。亮势能体现武术内外相合、劲整力道、动迅静定、静中有动等特点。做好亮势动作的要点是:

在亮势之前,要先蓄势。即亮势的梢端(手腕部)要放松蓄劲,随大关节的带动,"根动,梢随"。此时,动作速度稍慢,动作幅度稍大,并以吸气配合。

在亮势的瞬间,要爆发式地加速完成抖梢、摆头、拧身、稳步、凝神等动作环节,并以呼气配合动作过程,以托气配合静定。这些环节须同时加速、同时完成,使一动皆动,一静皆静。最后以加速度完成的动作,幅度要小,路线要短,显以寸劲。

亮势的外型表现为中正、沉稳、身健、势饱、神聚,还要有静以观变、伺机待发的内意,并通过眼神表达出来,使亮势定而不死,势静意不静,劲断意相联。

亮势后接下一个动作时,还须注意动作与亮势的衔接技巧及气势的贯通,从而使整个套路演练起来如大江长河般滔滔不绝,一泻千里。

亮势动作的练习程序与方法

"亮势"是拳式动作突然静定而呈现出的姿势和气势。具体练法可分两步。

第一步练摆头凝神。练法:

1. 开步直立,头由正面向左侧转45°;回正;又向右侧转45°。如此交替重复练习。要求以寸劲摆头,头要摆正,禁忌扬颔或低头、或歪头;眼珠要似镶嵌在眼框正中,不论头摆向何方,都要保持目光端正,并在头摆定的同时,凝神平视斜前方。如有看清远方一微物细纹的努力,神就能凝好。

2. 练法同1,唯上体同时转动约15°—45°,以加大头的转幅至眼向侧方平视。练习要求同练法1,不能以增加摆头幅度,代替上体的转幅。因为摆头幅度过大(超过45°),会影响摆头的寸劲。

第二步练一静全定。练法:

一般采用亮掌动作进行练习,如提膝亮掌、虚步亮掌、并步亮掌、仆步亮掌等。以提膝亮掌为例,其屈提左膝、右脚抓地、转腰摆头、随视凝神、右手抖腕上亮、左手撮勾横刁,均应在爆发用力的瞬间同时完成,同时到位。练好亮掌类亮势动作,就能举一反三地练好其他亮势动作。

兵械运用法

兵械基本技法的内容与分类

武术兵械的种目很多。各种兵械都有自成体系的一套完整的攻防运用方法。但是，从总体来看，一定的兵械技法，受一定兵械形制的制约；一定的持握方法，影响着兵械运转的路线；循一定的运转路线，只能完成一定的攻防技术动作。由此，根据一定的兵械形制具有一定的技击作用，可以将兵械技法区分为由兵械锐尖完成的"刺兵技法"，由兵械利刃完成的"刃兵技法"，由兵械钩突完成的"钩兵技法"，由兵械杆、锤完成的"击兵技法"，以及由索击兵械完成的"软兵技法"，由匿藏兵械完成的"暗兵技法"。

按照兵械的握持方法和运转路线，又可以把兵械方法区分为：由后向前、由前向后、由上向下、由下向上、由外向内、由内向外、左右横向、绕环缠转、把法等九类技法。在各类中，又由于幅度等不同，形成多种技法。

同名称的兵械方法，在不同兵械中做法不尽相同

不同兵械中名称相同的械法，其基本做法大致相同，也有些精微区别。因为兵械技法名称中都含有一个动词，这个词在武术攻防中的含义是一定的。例如，"撩法"指兵械一端由下向前(后)上方掀起。不论任何兵械的撩法都须循此运行。但是，由于不同兵械有着不同的形制特点，因此，相同名称的械法，在不同兵械中的做法又有所不同。例如，击兵"撩法"只须力达械端即可；刃兵"撩法"要求力达械前端，还须刃口向上；钩兵"撩法"也力达械前端，则须钩口向上。此外，不同拳种流派所属的兵械，其兵械运动技法还受该拳种运动特性的影响。因此，即便同一兵械的同一械法，所属拳种不同，用劲方法、肢体的配合方法、节奏的处理方法等，都可能有不尽相同的地方，从而使同一械法表现出不同的运动风格。

兵械的基本方位用语

兵械的基本方位用语,指表述兵械空间位置的语词。常用的有:

纵向:兵械梢、把朝向前、后。械身与地面平行者,为纵平。

横向:兵械梢、把朝向左、右。械身与地面平行者,为横平。

竖直:兵械梢、把朝向上、下。

平械:指片状兵械的片面两侧朝向左右。如平剑是两刃朝向左右。平刀是刀刃和刀背分朝左右。平叉是叉股外侧朝向左右。

立械:指片状兵械的片面两侧朝向上下。如立剑是两刃朝向上下。立刀是刀刃和刀背分朝上下。立叉是叉股外侧朝向上下。

械上侧与械下侧:螺把握持械柄前伸成械身纵平时,向上的一面(靠虎口侧)称为“械上侧”;向下的一面(靠小指侧)称为“械下侧”。将双刃兵械(如剑、钩等)的械下侧,称为“下刃”,械上侧称为“上刃”。

兵械梢、中、把三段的分法

任一兵械都分为梢、中、把三段。兵械后端单手或双手握持的位置称为“把”或“柄把”。把或柄把所占的兵械部位,称为“把段”,亦称尾段或下段。兵械前端称为梢(如棍梢)、尖(如枪尖)、头(如斧头)等。梢、尖、头所占的兵械部位称为“梢段”,亦称前段或上段。梢段和把段之间,称为中段。也有把兵械长度三等分成梢、中、把三段,每段为全械的三分之一长。此外,长杆柄重兵械(如大斧、大钯等)的前把和后把之间亦称为“中段”,是杆柄中段之谓。

兵械把法

把法是兵械技法的一类,兵械的把位、持握法、换把法和把击法,统称为把法。

把位,指兵械的持握部位。如柄把有前把、后把等。

持握法,指握持兵械的方法。如满把、半把、阴阳把等。

换把法,指变换持握兵械的位置,及由此手握改为彼手握的方法。如滑把、掉把等。

把击法,指使用器械把端或把钻进行攻防的方法。如挑把、绞把、戳钻等。

基 本 把 位

兵械的基本把位主要包括:

柄把:泛指短柄兵械的手柄部位。带刃带刺的短柄兵械仅有这一把位。如刀、剑、护手钩等。

梢把:不带刃、刺的短柄兵械的梢端,亦作为一种把位,在调把换手时运用。如硬鞭、鞭杆等。

后把:泛指两手握持长柄兵械时后手的持握位置。枪的后把须尽根,棍、大刀等兵械的后把可以露把。一般头轻的长兵器以右手握后把为其基本握法,如棍、枪等;头重者,则以左手握后把,如大刀、三股叉等。

前把:泛指两手握持长柄兵械时前手的持握位置。一般头轻的长兵器以左手握前把为其基本握法,如棍、枪等;头重者,则以右手握前把,如大刀、三股叉等。大刀的前把在"定手"处。

基本持握法

基本持握法包括:

正把:以虎口朝向兵械的梢、刃端持握。如虎口朝向护手握刀、剑等带刃兵械;虎口朝向梢、尖握棍和枪等长柄兵械。

反把:泛指虎口对柄首张开,握住柄把。如反手剑的反把握剑。

开握:两手分开握持同一兵械之柄杆。

并握:两手并拢握持同一兵械之柄杆。

阴阳把:两手手心一阴(手心向下)、一阳(手心向上)握持柄杆,故名。又因其为两手虎口顺向同一方向握持,亦称"顺把"。

双阴把:两手手心均向下(即"阴手")握持柄杆,故名。又因其两手虎口相对握持,亦称"对把"。

双阳把:两手虎口向两端握持柄杆,因握柄时两手手心均向上,即"阳手",故称"双阳把"。

交叉把:两手交叉握持柄杆。

满把:虎口张开,拇指压在食指第二指节上,其余四指靠拢并齐握住柄杆或柄把(见图)。

半把:手心向上托住柄杆,拇指沿杆伸直、其余四指屈扣,拢握住柄杆两侧,露出柄杆朝上一侧。半把一般只用于长兵械的前把。

死把:指满把握紧把位,一般不移把、倒把或换把。双头棍中,两手握棍中段,用棍两端攻击,即用"死把"。

活把:泛指练习中松握械柄,灵活变换的握把法,相对"死把"而言。

松把:一手或两手松握柄杆,甚至仅用拇、食两指控制兵械。亦称"空把"。

露把:指露出把端部分握持柄杆。持棍时后手宜留三四寸,以便换手。端枪时则不能露把。

螺把:正把握持柄把或柄杆,四指依序斜向屈曲呈螺形(见图)。

钳把:以拇指、食指和虎口的挟持之劲将柄把钳住,其余三指自然松附柄把(见图)。

刁把:以虎口挟持之劲将柄把刁牢,拇、食和中指自然伸扣松贴柄把,其余两指松离柄把(见图)。

压把:由满把握持把柄,松开无名指和小指压于把柄后端上面,使械身横平(见图)。

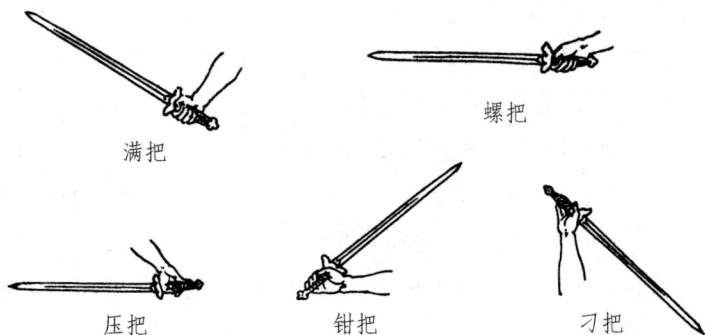

满把

螺把

压把

钳把

刁把

剑术的基本把法

　　持剑法：指剑术预备势的左手反握剑柄的方法。左臂内旋成手心向后握住剑柄，拇指扣住内侧剑格，中指、无名指和小指扣住外侧剑格，食指伸直压住剑柄，使剑身平面贴靠小臂垂立于左臂后（见图）。

　　抱刀法：指刀术预备势的左手抱刀柄的方法。左手屈腕，食指和中指夹住刀柄，食指和拇指扣住刀刃侧护手盘，中指、无名指和小指托住护手盘，使刀背贴靠左臂垂立于身体左侧，刀刃朝前（见图）。

持剑法　　　抱刀法

基本换把法

　　单手抛换把：枪棍换把方法的一种。右手握把端（或梢端），梢端（或把端）在前；右手向上提拉抛起；兵械离手后，把端（或梢端）向上、向前翻转，至梢端（或把端）换至下方，以右手抓住梢端（或把端）（图1、2）。

图1　　　　　　　　　　　　　　图2

抛枪

背后换把:兵械运转同"单手抛换把",唯此动作是右手抛起后,身体左转使兵械由右侧抛去,沿身后转环,伸左手于背后接住。也可右手运转兵械,不用抛起,伸左手于背后换接。

掉把:两手换把使柄杆梢端和把端互换位置,以变换兵械的出击部位。

滑把:两手或一手松握、夹贴柄杆滑动,以放长击远或缩短运用。有两手同时向同一方向滑动或向相反方向滑动,也有一手握紧,另一手沿杆近向或远向滑动等四种。

撒把:一手脱离柄杆,以一手握持,以放长击远或完成某些单手技法。

把击法(钻击法)

兵械的把端装有铁钻者,称为钻击法。基本把(钻)击法主要包括:

劈把:以长兵械把段由上向下猛击,力达把段。

盖把:以长兵械把段由上向下打,至械身与腰齐平即止。用力柔和,力蓄把段。

按把:以长兵械把段由上向下按压,至械把高在胯踝间。

摔把:摔把只用于枪、棍。双手靠近握于梢段,抡把向前摔击地面,杆身要平。

挂把:以长兵械的杆柄尾端挂地。如杆柄尾端装有铁钻,则以钻尖挂地,称"挂钻"。此法的作用有二。一是以把、钻挂戳于地,用以挡住敌击我下盘之械。二是以把、钻挂地支撑,完成两脚离地的动作。例如棍术中的挂地侧手翻、挂地侧踹腿等"挂地棍"皆属此类。

戳把:把端着力,直线向前、向外或向后戳击。把端装有铁钻者,称为"刺钻"。

撩把:撩把只用于枪棍。双手靠近握于梢段,使把段由下沿体侧向前上掀起,力达把段下侧。

挑把:两手开握长兵械的杆柄中段,前手把贴靠腰间,后手把用力使把段由下向上揭起,力达把段上侧。

拨把:两手开握长兵械的杆柄中段,以把段向左右斜上方或向左右斜下方格挡。

绞把：以把段绕转成立圆，力达把端，其圆高不过肩，低不过胯。

推把：将兵械把端由后向前下推撑，用力柔和。

横击把：以把段由前向左或向右水平击打，用力迅猛，力达把端。

扫把：械身横平贴近地面，高不过膝，低不触地，以把端用力向左右平行扫击。

兵械的劈法与砍法

兵械劈法和砍法同义。都指兵械纵向由上向下猛击。"劈法"在各种长、短兵技法中都有。刃兵和长兵械中运用尤多。过去，刀与剑法中将猛劈称"砍"，或将斜劈称"砍"。基本劈法有正劈、斜劈、侧劈、抡劈、连劈、撩劈。

正劈：兵械由前上方向正前下方猛击。简称"劈"。

斜劈：包括左(斜)劈、右(斜)劈两种。左劈，即兵械由右上方向左下方劈击；右劈，即兵械由左上方向右下方劈击。

侧劈：兵械由上方向体侧劈下。短兵械中，一般是右手持械由左向上、向右侧劈下。长兵械"枪"的技法中，有两手运枪由右向上、向左侧劈下的动作，因劈下时左手手心向上，亦称"反劈枪"。

抡劈：兵械由前向下、向后、向上经体侧绕起，再向前下方劈击。经身体左侧绕圆劈下为"左抡劈"；经身体右侧绕圆劈下为"右抡劈"。

连劈：连续的抡劈，称为"连劈"。一般是左抡劈与右抡劈相连，或反之。

撩劈：兵械随上右步向前撩起；紧接着身体左转180°，后退左步，兵械随惯性回劈而下。此法因是"撩"和"劈"两法相连，一气呵成，故称"撩劈"。

兵械"劈"法要求快速勇猛，力达兵械前段或梢端。带刃兵械要求刃口朝下，即着力点在锋刃前段。例如，劈刀、劈剑、劈戟、劈钩等。带锐尖和捶状头的兵械，要求力达梢头。例如，劈枪、劈斧等。长兵械劈法要求下劈时前手松握向把端滑动；短兵械劈法，要求螺把持柄，械与手臂成直线状向下劈击。在做"劈"时，通过以腰带动臂、手向下、向后、向上引起刀剑，似有一外力将械尖提高，使之与臂成一"直线"。当这条直线向劈击方向倾下时，腰随之向劈击方向拧转，使以腰发力带臂之劲，经肩、肘、手传至械身，械身与臂一齐下劈，仍然保持"直线"状。在这个过程中，以腰为轴、械尖上引的"直线"形下劈，加大了动作幅度；以腰发力、挥臂下劈，加长了力的工作距离和下劈绕动半径，从而增加了转动惯性。

此外，"劈枪"还利用枪杆的弹性，通过手的制动，加大枪头下劈的力量。即当枪尖下劈至约与眉同高时，两手突然用力抓紧枪杆，使其"制动"。枪杆后段由于制动，停止了移动，枪杆前段借惯性继续下劈，枪杆出现弧形。要点：举枪时，上体随之微后仰；前劈时，上体随之略前倾；制动时，右把靠紧腰间，以借腰力。

兵械的点法

兵械梢端陡然由上向下啄击的技法，统属点法。例如，点刀、点剑、点鞭、点棍、点枪等。枪与棍的"点法"是：突然上提把端，前手向后滑动靠近握把手，使械尖由上向下敲击。刀与剑的"点法"是：螺把握柄，手腕放松突然上提，使械尖由上向下啄击。

做好"点法"的关键，是手腕放松，突然而短促地用力上提，力点须达械尖。长兵械"点法"，还要求把要上提高过头顶；短兵械"点法"要求把柄上提超过械尖。

兵械的削法与刷法

"削"与"刷"同义。俗称"削肩"，亦称"刷膀"。《康熙字典》释"刷"意为"削也"。此法只用于短兵械，指以兵械沿体侧向下切击的技法。

完成削剑、削刀、削鞭等"削法"时，须以螺把握械柄，使械身靠近左肩外侧从上向下切击，力达械身。刀剑等带刃兵械的削法，要求立械，使械之一刃向下，力达刃口。

兵械的截法

以兵械向斜下方拦阻切击的技法，统称"截法"。短兵械运用截法较多，如截剑、截刀、截钩、截鞭等。此法以满把握械柄，械身成梢尖略高于把端斜置为预备式；截时以短促的爆发力使械身向斜下方猛击，力达械身前段，械身的斜置状保持不变。向左下方猛击为"左截",向右下方猛击为"右截"。

兵械的压法、切法和按法

兵械的"压法""切法""按法"都是保持兵械接近水平状(械尖可以略高于把),由上向下平移的技法。带刃兵械的"压法"和"切法"区别在刃口的朝向。"压"是平械,即单刃械刃口向外(如压刀):双刃械刃口向两侧(如压剑)。切是立械,即单刃械刃口朝下(如切刀),双刃械下刃朝下(如切剑)。此外,T型兵械的"压法",是使其T型械头放平下压。如"压叉",须叉股构成面与地面平行;压镋、压钯、压铲等,须镋、钯、铲头与地面平行。杆状兵械无"切法",其"压法"与"按法"相同。两手分开握柄杆,以两手之间的杆段着力向下按压。如压棍、压枪、压鞭等。长柄大刀、斧、戟等长兵械和镋、叉、钯、铲等T型兵械,亦用杆柄完成"按法",做法同"压棍"。单刀和剑亦有按法,做"按刀""按剑"时,须以左手附于右腕增添助力。"按刀"还可用左手附压于刀背。带刃兵械的"按法",都以刃口向下,如同"切法"。但"按法"是向下控制住敌械,使其失去随意变化的灵活性,"切法"是以寸劲向下斩击。

带刃兵械的切法、劈法、砍法有何区别

带刃兵械的切法、劈法、砍法,都是以械刃由上向下击的技法。从动作幅度和力度来看,切法动作较小,似切菜一般。劈、砍法动作较大,俗说"大劈大砍"。现代以劈、砍同义,而将劈砍法,统称劈法。旧时文献和民间武术用语中,有以向正下方猛剁为"劈",向斜下方猛剁为"砍"的用例。切与劈、砍除上述差别外,"切法"是械身横平向下,"劈法"和"砍法"是械身梢端下击的速度和幅度大于把端。三者的区别,既表现在方向上,也表现在械位上。

枪和棍的摔法与扑法

摔枪和摔棍做法相同。皆以单手握把或双手握把段,使杆身纵向,由上向下平平摔击地面。手持枪头段和棍梢段完成的摔法,称为"摔把"。

扑法须两手握把段,使杆身纵向,由上向下平平按下。械杆接近地面但不能

触及地面。扑枪较多见，扑棍使用不多。

兵械的架法与托法

兵械的"架法"与"托法"，皆是械身横于身前向上撑挡敌械的技法。但是，两法的用力方向和兵械位置略有不同。

兵械横平置于身前，以械中段着力，由下向上推举过头，械身仍保持横平或械尖略微低于械把的技法，通称"架"。短兵械架法，须满把握柄，力点在械身。如架刀、架剑、架鞭、架锏等。长兵械和 T 型兵械架法，须两手分开握持械杆，用两手之间的械杆完成"架"。如架棍、架枪、架叉、架铲、架镋等。带刃兵械完成架法时，应以刃口向上。如架剑、架刀、架钩、架斧等。

完成托法的握把位置、把法与刃口朝向等，均与"架法"同。但"架法"是向正前上方用力迎架，"托法"是由左下（或右下）向右上（或左上）用力承接住敌械。长兵械向左上托，必须左把略高于右把；向右上托，必须右把略高于左把。短兵械托法，柄把要保持比械梢略高。凡可做架法的兵械，皆可做托法。即亦有托剑、托刀、托钩、托鞭、托锏、托棍、托枪、托戟、托斧、托叉、托镋、托铲，等等。

兵械的撩法

兵械沿体侧由下向前上掀起，力达械身前段下侧的技法，统称"撩法"。

带刃兵械撩法，要求刃口朝撩起方向；带钩兵械撩法，要求钩口朝撩起方向；杆状兵械撩法，要求力达梢段械下侧。短兵械和带刃长兵械的撩法，分为"正撩"和"反撩"两种。杆状长兵械的"撩法"，分为"左撩"和"右撩"两种。

短兵械正撩：螺把握械柄，臂外旋成手心向上，使兵械由身体右侧下方向前上方掀起。如撩刀、撩剑、撩鞭、撩钩等。片状双刃兵械（如剑、钩、戟等）的撩法，只用下刃。

带刃长兵械正撩：右手握前把、左手握后把，械头由体右侧后下方向前上方掀起。如大刀撩刀、撩斧等。

短兵械反撩：螺把握械柄，臂内旋成手心向内，使兵械沿身体左侧由下向前上掀起。如反撩刀、反撩剑、反撩鞭、反撩钩等。

带刃长兵械反撩：右手握前把，左手握后把。两臂屈肘成右小臂在上、左小臂在下，使械头由身体左侧后下方向前上掀起，力达械刃。兵械撩出后，右臂内旋成手心向右。如大刀反撩刀、反撩斧等。

杆状长兵械撩法：包括撩枪、撩棍等。撩时两手可以靠近握把，也可单手握把。械梢沿身体左侧向前上掀起为"左撩"；沿身体右侧向前上掀起为"右撩"。握持兵械梢段完成的撩法，称为"撩把"。杆状长兵械撩法应力达梢或把段。

做好撩法的关键是身械合一，它体现在：

1. 贴身立圆，即械从下向前上掀起时必须贴近身体，成立圆绕弧。

2. 步随械动，即不论顺步撩、插步撩、拗步撩，械与步都要齐动齐停。

3. 身随械活，即腰、肩、臂要配合械的后引和前撩。械向后拉时，腰应随之稍回转，肩臂随之带回；当械前撩时，臂、肩、腰依次随械的前撩而向前探伸。

兵械的挑法

兵械由前下方向正上挥起至头上与臂成直线状，力达械身前段上侧的技法，统称"挑法"。短兵械"挑法"是右手螺把握柄，虎口向上成立械，械与右臂保持直线状向上挥起，力达械身前段上侧。例如，挑刀须力达刀背前段，挑剑须力达剑上刃前段，挑鞭须达鞭梢段上侧。

长兵械挑法以"挑枪"和"挑棍"较多见。挑时右手握把，左手握杆中段。左臂保持伸直状向上抬起，使械梢尖端向上挥起，至头上方时械身与左臂呈垂直线状。力达梢段上侧。

兵械的提法

将兵械把端向斜上拉起，械梢垂于对侧斜下的技法，统称"提法"。提法多用于短兵械，如提剑、提刀、提钩、提鞭等。分为左提和右提。

左提：右手刁把握械柄，小臂外旋成手心向后；提械柄向左上，械尖垂向右下方。

右提：右手满握械柄，小臂内旋成手心向前；提械柄向右上，械尖垂向左下方，此时成为刁把握柄。

提法要力达械身。凡带刃兵械的提法,要注意刃口向上,力达刃口。

兵械的挂法

兵械纵向,械尖梢端由前向上、向后,或者由前向下、向后立圆穿绕的技法,称为"挂法"。短兵械使用挂法较多,如挂剑、挂刀、挂鞭、挂钩等。它们的做法相同,皆分为上挂、下挂、抡挂三种。

上挂:预备式:右手先以螺把握械柄,械梢向前。挂法:右手变满把使械梢尖向上、向后,沿身体右侧成立圆绕动。

下挂:分为左下挂、右下挂。右下挂:预备式同"上挂"。右臂外旋成手心向外,压把握械柄,使械梢尖向下、向后贴近身体右侧立圆绕动;左下挂:预备式同"上挂"。右臂内旋成手心向右,满把握械柄,使械梢尖向下、向后,贴近身体左侧立圆绕动。

抡挂:贴近身体立圆绕动一周以上的"挂法",称为"抡挂"。

带刃兵械的挂法,要求刃面成立械,使刃口朝向上下。

要将挂法做得幅度大、快速有力、立圆贴身。关键是手腕的展扣要适时,把法的变换要灵活,腰胯的拧转要协调。在做左挂时,右手先以压把、扣腕(手腕向虎口侧屈),使剑尖保持在高不过膝、低不触地的高度,贴近身体左侧向下、向后挂;同时,左膝向右前抬,上体向左前拧。这既保证了械贴身,又能加大械后挂的幅度。当械后挂上起至左上方时,就要及时地变成螺把,放松扣腕,以加大械向前挂的幅度;同时左脚前落,使身体成左脚、右手在前的拗势,仍保持住"拧劲"。如果接做右挂,则又变压把、扣腕,上右步、右拧身,向下、向后挂……动作要领与左挂完全相同。

此外,除短兵械挂法外,棍法中亦有挂法。挂棍的做法是双手握棍一端,用另一端由前向侧后上方或侧后下方拨摆。棍要贴近身体,快速有力。以棍把端挂者,称"挂把"。

兵械的格法

械身竖直,向左或向右摆动,意在抵挡敌械进攻的技法,称"格法"。向左抵挡称"左格",向右称"右格"。长兵械采用格法较多,如格棍、格枪、(大刀)格刀、格斧、格铲、格叉等等。这些兵械的格法皆相同,都是以两手分开握持械杆,使杆柄与地面垂直,以两手之间的杆柄中段着力,向左或向右抵挡。完成格法时,右手可握把端在下,使械梢朝上。也可右手握把段在上,使械梢尖朝下。

短兵械亦有格法,但运用不多。常见的有格刀、格剑、格鞭等。这些兵械的格法皆相同,都是右手钳把提起械柄,械梢尖朝下;以械身中段着力向左或向右抵挡。

兵械的拨法

以兵械一端由前向左上、或右上、或左下、或右下挥击,意在挡开敌械的技法,称为"拨法"。向上斜击称"上拨",向下称"下拨"。

长兵械采用"拨法"较多,如拨棍、拨枪、(大刀)拨刀、拨斧等。这些兵械的拨法皆相同,都可两手开握把段用梢段拨。或两手开握梢、中段,用把段拨。棍还可以两手开握于棍中段,用棍两端连续向左右拨。

短兵械采用"拨法"者不多,仅杆状短兵械中有用。如拨鞭、拨铜。右手握械柄,以械梢段由前向侧上或侧下挥击,也可掉把成右手握械梢,以械把段由前向侧上或侧下挥击。

不论长兵械拨法,还是杆状短兵械拨法,械端拨动的幅度要小,只须拨至耳旁(上拨)或腿旁(下拨)即止,不要远离身体。要借拨蓄劲,伺机乘拨反攻。

兵械的刺法、扎法和戳法

兵械中的刺、扎、戳等法,都是指臂由屈而伸,使兵械的锐尖或梢、把直线冲击而出的技法。古文献中这几字多通用。例如,扎枪,也称"刺枪""戳枪"。近现代大致趋于:剑法中用"刺",枪法和刀法中用"扎",棍法和兵械把法中用"戳"。此类技法按攻击目标的高度不同分为多种。例如,"刺剑"分为:

上刺剑:立剑或平剑向斜上方刺出,剑尖高与头平。

平刺剑:又称"直刺剑"。立剑或平剑刺出,剑尖高与肩平。

下刺剑:立剑或平剑向斜下方刺出,剑尖高与膝平。

低刺剑: 立剑或平剑向下刺出,剑尖贴近地面而不触地。

探刺剑: 反立剑向斜上或斜下方顺肩远刺。

又如,"扎枪"分为:

上平枪: 扎枪时枪杆高与胸齐,枪尖高不过头,低不过肩。

中平枪: 扎枪时枪杆在胸腰之间,枪身成水平,枪尖可略微高于根端。

下平枪: 扎枪时枪杆高与腰齐,枪尖高不过膝,低不触地。

低平枪: 扎枪时枪身离地面约 20 厘米,水平扎出。

另外,"扎刀"亦根据扎的高度,分为上扎刀、平扎刀(简称"扎刀")、下扎刀、低扎刀、探扎刀。其高度等要求与"刺剑"同。"刺鞭"等其他短兵械也同样包括这些不同高度的刺法。

还有,"戳棍"亦根据戳的高度,分为上戳棍、平戳棍(简称"戳棍")、下戳棍、低戳棍。其高度等要求与"扎枪"同。大刀扎刀、刺矛、刺戟等长兵械也同样包括这些不同高度的刺法。

此外,凡以兵械把端直线冲击而出,皆称"戳把"。凡以兵械的尾钻直线冲击而出,皆称"刺钻"。

短兵械的刺、扎、戳法,须以螺把握柄;长兵械的刺、扎、戳法,多为双手握杆,也有单手握把的动作。其中,扎枪和戳棍时,要求前手松握如管,控制械尖出击的高度和对目标的准确度,后手尽量向前推送兵械直至靠近前手。完成这类技法,仍需以腰发力,将全身之劲,由蹬腿、转胯、拧腰,经肩、臂、手贯达至械尖。为达此目的,出械前需略向右拧腰(幅度须小),然后蹬脚转胯,使腰回拧至顺向刺击方向,带臂伸肘击刺。动作结束时,兵械与手臂呈直线状,体现出加速爆发的寸劲。

兵械的错法与锉法

在武术兵械技法中,"错"与"锉"都是磋磨之意。错法或锉法多用于短兵械,例如"错刀""锉剑""剉鞭"(剉是"锉"的异体字)。错法的预备式:螺把或满把持械,兵械梢尖朝前,械柄略低于械尖,置于身前。错法:保持兵械梢高把低的斜坡形向前推出,着力点由械身前段逐步移至械身后段。其技击含义是以械身逐步锉击对手兵械或敌身。

兵械的推法与撑法

兵械的"推法"与"撑法",都是以械身(或中段)保持横平或竖直(一般械把朝下)状向前推阻敌械。不同点在于"推法"注重推开敌械。"撑法"是在推阻敌械后,还含有抗拒敌械、撑住敌械不使其进犯之意。"推法"在长、短兵械皆有用例。如推剑、推刀、推钩、推棍、推枪等。"撑法"主要用于长兵械和杆状兵械,如撑棍、撑鞭。完成"推法"和"撑法"时,长兵械须两手开握械杆,用两手之间的械杆进行"推"或"撑";双刃短兵械(如剑、钩)以单手满把握柄完成。单刃短兵械(如单刀)以一手满把握柄,另一手助推械背(刀背)完成。无刃短兵械(如鞭、铜),两手开握械杆梢柄两端完成。刃兵完成"推法"和"撑法"时,还应注意以刃口朝向进攻方向或对手。

兵械的穿法

"穿",为穿越、穿过之意。穿法只用于带锐尖和梢尖的兵械。凡以兵械尖端贴近身体某部划弧或绕转后伸出的技法,统称"穿法"。常见的有"穿剑"和"穿枪"。单刀和棍亦有穿法。穿刀做法同穿剑。穿棍做法同枪。

穿剑分为平穿剑、反穿剑。

平穿剑:螺把持柄成平剑,使剑尖从右经胸腹间划弧,从左臂下向前穿出,力达剑尖。

反穿剑:满把持柄,内旋小臂至手心向外成立剑,使剑尖从前上向下沿右腰侧向后穿出。在剑穿至把过腰部时,右臂须外旋成手心向内,螺把使剑转动着向后穿出,力达剑尖。

穿剑要求剑身贴近身体而不能触及身体,剑尖划弧要柔和,穿出要轻快顺达。

穿枪指一手手心向上虚拢枪的一端,另一手向前手推送,使枪杆在前手中穿滑至另一端的动作。以枪头前穿的称"穿枪";以枪把前穿的称"穿把"。常见的穿枪动作有绕喉(脖)穿枪、绕臂穿枪、绕腰穿枪、背后穿枪。

绕喉穿枪:右手阴把滑握枪缨部,左手阳把松握枪后段预备。右手握枪左送至贴近左手时,臂外旋使枪头在上,上体后仰并微右转;同时右手回拉,使枪尖贴近喉部向右平穿,左手滑握把段。过喉时,右手换握成阳把松拢枪杆;左手向右推送后撒把,使枪杆在右手中穿滑,至把触右手时及时抓住(图1①②③④)。

图1①   图1②

图1③   图1④

绕喉穿枪

绕臂穿枪:动作同"绕喉穿枪",唯枪尖贴臂穿出。

绕腰穿枪:错步站立;双手左前右后握枪缨处,枪把朝前预备。右手握枪回拉,使枪尖沿右腰侧后穿;左手松握滑握枪把段。过腰时,右手换握成阳把松拢枪杆;左手向右推送后撒把,使枪在右手中穿滑,至把触右手时及时抓住(图2①②③)。

背后穿枪:右手握把端底部贴手心,小臂内旋反握枪把,左手外旋成手心向上,松握托枪杆前段;将枪托举过头置于背后,枪杆中段顺贴左臂,前段伸出左手外,枪尖朝向左侧斜上方,高举头齐。右手用力推送撒把,使枪从左手上穿出;然后再以右手抢接枪把(图3①②③④)。

无论做何种穿枪动作,均要求枪贴身呈水平穿动。绕喉时,以仰身转头,使枪头贴颈喉穿出。绕臂时,以转腰使枪头贴左小臂穿出。绕腰时,仍以转腰使枪身贴腰穿出。背穿时,背和左肩要稳定,以保证枪穿的路线成直线。在枪把刚穿离左手时,右脚要迅速向前抢步,右手迅速由下向前上追抓枪把。

图2①

图2②

图2③

绕腰穿枪

图3①

图3②

图3③ 图3④

背后穿枪

兵械的带法

兵械纵平,由前向后沿体侧水平拉回的技法,统称"带法"。向身体右侧平拉回称"右带",向身体左侧平拉回称"左带"。带法意在以我械粘住敌械向体侧引导,达到改变对方进攻劲向的目的。

带刃兵械的带法,应以兵械刃口向外粘接敌械,力达刃口。如带剑、带刀、带钩等。无刃兵械带法,以械中段或后段粘接敌械,力达兵械中段或后段。如带鞭、带棍、带枪等。短兵械完成带法时,先为螺把握械柄,在"带"的过程中经过满把握柄,最终成压把握柄。长兵械完成带法时,因械较长重,一般都采用两手分开握杆把,向后平拉。

做好带法的要点,在于以腰的扭转配合兵械的回带。可以右转腰配合右带动作,以左转腰配合左带动作。完成带法时,动作要柔和,不用猛力硬劲。

杆状兵械的抡法、盘打和扫法

杆状兵械的"抡法""盘打"、和"扫法",都是以械身横平向左右横向平摆来完成的技法。三者的主要区别表现为械的摆动高度、运用部位和握把方法不同。

抡法分为双手抡和单手抡。

双手抡：主要用于杆状长兵械，如抡枪、抡棍。双手分握杆把段平抡，使械身自左向右，或自右向左迅猛摆动半周以上，械高在胸头间，力达械杆梢段。

单手抡：主要用于杆状短兵械，如抡鞭、抡锏。属长兵的"棍"，也多用单手抡法。此法以右手握棍把段，向右侧平抡，使棍梢段由前向右、向后、向左、向前平绕一周，要求棍身在身体右侧靠近右肩臂绕动。头与上体可微向左侧倾。

盘打分为单盘和双盘。

单盘打：只用于杆状短兵械。如盘鞭、盘锏。右手握械柄，身体向左或向右平转，右手随势抡械扫转。械身与腰齐高。

双盘打：只用于杆状长兵械，如盘枪、盘棍。带刃长兵械也有用双盘打法的，如大刀、叉的"盘击"。两手分开握杆中段，使杆贴紧腰部，两手分置于腰两侧。身体左右转动，腰胯发力，以械梢段和把段左右横向排打。

扫法是械身贴近地面平行摆动，械高不过膝，低不触地。长兵械以双手握把完成扫法，如扫枪、扫棍，做法同"双手抡"，唯高度不同。短兵械以单手握把完成扫法，如扫鞭、扫锏，做法同"单手抡"，唯高度不同。棍法也有单手握把完成的"扫法"。

兵械的摆法

兵械纵平于身前，械尖梢连续左右平行拨动的技法，称为"摆法"。常见的有"摆剑"和"摆枪"。如八仙剑中的"钟离搧扇"，梨花枪中的"梨花摆头"。剑尖和枪尖平摆的幅度不能过大，一般枪尖摆幅在20厘米左右，剑尖摆幅在10厘米左右。

带刃兵械的抹法、斩法和扫法

带刃兵械的"抹法""斩法"和"扫法"，都是以械身横平向左右横向平摆来完成的技法。三者的区别表现于动作的力度、力点、高度和幅度不同。

"抹法"是以轻柔的力量使兵械平行横摆180°至一周，力达刃尖，械速匀柔，似轻轻擦过，犹如抹桌子般，械刃高度在头与肩之间，俗称"抹脖"。短柄刃兵以螺把完成"抹法"，也可以先满把，逐步变为螺把。如抹刀、抹剑。向前抹，右臂须外旋成手心向上,使刀刃和剑的下刃向前。向后抹,右臂须内旋成手心向下,使刀刃和剑的下刃向后。长柄大刀、三尖两刃刀等长柄刃兵,是右手握前把、左手握后把完成抹法。向前抹,右臂外旋成手心向上,左臂内旋成手心向下,使刀刃或下刃向前;向后抹则须右臂内旋成手心向下,左臂外旋成手心向上,刃向后。

"斩法"是以迅猛的爆发力使兵刃平行横砍,横移幅度不得大于180°,力达刀刃。动作勇猛,似以快刀斩乱麻般。械刃高度有与脖齐高或与腰齐高两种。高与脖齐者,俗称"斩首"。高与腰齐者,俗称"拦腰"。长短刃兵"斩法"的握把方法、刃口方向等与"抹法"同。常见的有斩刀、斩剑等。

"扫法"是以迅疾的力量,使械刃平行横砍。横移幅度不得少于90°,可超过一周或一周以上;械身与踝齐高;力达械刃前段。动作轻快,似秋风扫落叶。长、短刃兵"扫法"的握把方法、刃口方向等与"抹法"同。常见的有扫刀、扫剑、扫钩等。

兵械的崩法

以兵械的梢尖由下向上或左右横向啄击的技法,统称"崩法"。崩法主要用于短兵械剑、刀、鞭、锏,长兵械的枪、棍。"崩法"分立崩、横崩两种。短兵械崩法与长兵械崩法的做法不同。下面以"崩剑"为例说明短兵械的崩法,崩刀、崩鞭、崩锏的做法同崩剑。以"崩枪"说明长兵械的崩法,崩棍的做法同崩枪。

立崩剑:立剑,螺把握剑柄,剑身纵平或尖略下垂。手腕突然用力下沉成"刁把",使剑尖由下向上啄击,力达剑锋。要求剑尖必须高于腕部。

横崩剑:平剑,右手螺把握柄,并外旋成手心向上,右手腕突然向虎口侧翘屈成"满把",使剑尖由左向右啄击,力达剑锋。

短兵械崩法的要点是先沉肩、坠肘、松腕,使身体的整劲,通过上肢各节的依次放松沉坠至手部,然后突然以爆发力沉腕,使手腕向虎口侧屈翘,力量陡然即至械尖,产生崩击动作。

立崩枪:两手握枪,后手向下迅速抽压,使枪头向上运动。前手突然抓紧枪杆制动住枪杆向上运动的惯性,枪杆前段以前手为支点产生上下颤动,枪头连续向上啄击。

横崩枪：两手握枪,枪身水平,左手在前,手心向上,右手在后,手心向下。右手向右水平抽拉,使枪头快速向右水平运动。左手突然拉紧枪杆制动,枪杆在向右运动中,突遇前手制动力,即以前手为支点产生左右颤动,枪头连续向左右啄击。

长兵械崩法的要点是后手的抽压或抽拉动作要快速而有力,前手的制动要突然而稳定。枪头的连续啄击,是借助枪杆弹性在抽动和制动的交相作用下产生的。

拦枪与拿枪

拦枪和拿枪是枪术的基本革法。两手左前右后开握成阴阳把,端平枪杆,枪尖朝前。左手握紧枪杆外旋,右手握把紧贴腰部微内旋,使枪尖由前向上、向左划 180°弧,称为"拦枪"。左手握紧枪杆内旋,右手握把紧贴腰部微外旋,使枪尖由前向上、向右划 180°弧,称为"拿枪"。拦拿的幅度要小,以其弧直径不超过本人身侧宽度为准。做拦拿枪时,上体应随拦微右转,随拿微左转,以便借助腰劲增加拦拿的力度。拦枪与拿枪多与扎枪相连为用。

杆状短兵械的掍法与扳法

杆状短兵械的"掍法"与"扳法",都是以械身缠拦或缠拿绕动的技法。意在缠勒敌械,使不能脱去。掍与扳的主要区别是一手持械,还是两手持械。

掍法：常见有掍鞭、掍铜等。分左掍与右掍。右手螺把持械柄,肘微屈,械身纵平;右臂内旋前伸,使械梢向上、向左划一小立圆。此为"左掍"。右臂外旋前伸,使械梢向上、向右划一小立圆为"右掍"。

扳法：常见有扳鞭、扳铜等。分左扳与右扳。两手分开握于械柄梢两端,械身纵平;两小臂同时左旋,使械身左旋一小圈为"左扳"。两小臂同时右旋,使械身右旋一小圈为"右扳"。

兵械的缠法、圈法和绞法

缠法、圈法、绞法都是以械尖梢绕转成圆的技法。一般在枪术中称之为

"缠""圈"。在棍、叉、戟、大刀等带梢或刃类的长兵械,以及剑、刀、鞭等短兵械中称之为"绞"。

缠枪与绞棍的做法相同,皆以右手握把,左手握杆中段;左手相对稳定作为支点,右手用力搅转,使械梢尖绕动成立圆,圈高不过眉、低不过胯。如果做连续缠绞,圈要越缠绞越小。械尖梢由右向上、向左缠绞,称为左缠枪或左绞棍,反之为右缠枪或右绞棍。缠枪枪尖连续绕转 3 圈以上,圈的直径不超过 30 厘米者,称为"圈串枪"。缠枪枪尖绕转之立圆放大,高在头肩之间,低在胯踝之间者,称为"圈枪"或"大圈枪"。但是做圈枪时,应使右手握把贴腰间,以左手搅动使枪尖划圈。棍一般不做放大幅度的绞法。

带锐尖和刃尖的长兵械绞法,亦表现为械尖划一立圆。如绞叉、绞戟、大刀绞刀等。这类绞法,皆以右手握杆柄前把、左手握后把,主要以右手用力搅转,左手配合绕动,使械尖划圈。两手配合的方法是:"左绞",右手把由右向上、向左、向下搅动,左手把则由左向下、向右、向上绕动。左手绕动的圈,比右手搅动的圈小。"右绞"则反之。

短兵械绞法,常见的有绞剑、绞刀、绞鞭等。它们的做法相同,亦分左绞、右绞。右绞:螺把握械柄,械身纵平;活腕使械尖从左向上、向右、向下划圈绕转,圈的直径约 5—15 厘米。械梢尖划圈方向与"右绞"相反,即为"左绞"。

完成兵械绞法都应用柔劲,使动作圆活,力达械梢段。

单刀的缠头与裹脑

单刀刀法中的缠头与裹脑,是指上提刀柄,使刀背沿肩背绕头圈转的动作。此法意在以刀身格挡从不同方向朝我头肩部刺来的兵械。

以绕转方向的不同,可区分为缠头刀和裹脑刀。右手握刀柄内旋上举成刁把,刀尖下垂,使刀背沿左肩贴背绕过右肩为"缠头刀"(图 1[①②]);右手握刀柄外旋上举成刁把,刀尖下垂,使刀背沿右肩贴背绕过左肩者为"裹脑刀"(图 2[①②])。

做好"缠头""裹脑"应注意三点。首先,在刀缠裹过程中,刀柄的高度保持大致不变,避免刀身起伏和刀柄碰头。其次,握把要松活,不能满把抓死,还要以腕的转动引导肘关节随动,以保证刀背贴肩背。再次,要保持头顶正直,胸部要随臂合而含,随臂展而开。

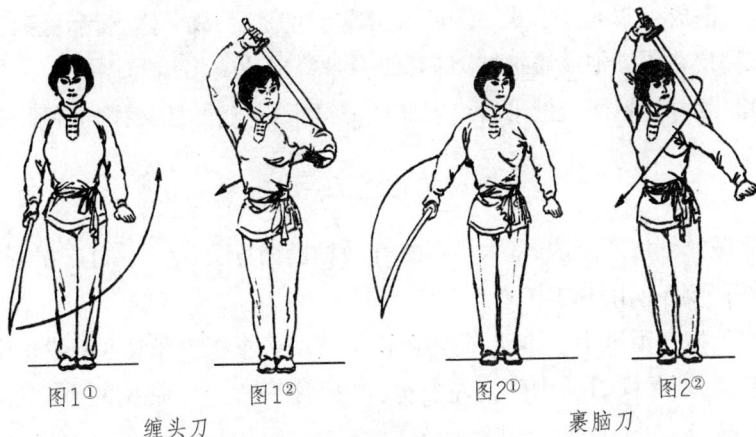

图1① 　　　图1② 　　　　　图2① 　　　图2②

缠头刀 　　　　　　　　　裹脑刀

兵械的抽法与缩法

兵械的抽法与缩法,都是械身纵向置于体前,将兵械由远伸位回拉至靠近身体,械梢头部始终朝前的技法。两者的不同点是抽法不动把位,缩法须滑把。

抽法运用较广,如抽刀、抽剑、抽枪、抽棍等等。其法只须两臂屈肘后收即可。

缩法主要用于枪术。棍术中偶用,做法同缩枪。缩枪是后手用力收拉并在收拉后立即松握,前手亦松握,使枪杆在两手中间向后滑动,至前手接近枪缨,或两手均接近枪缨。

兵械的藏法

兵械的藏法主要指藏刀。藏刀是短柄刀刀术的一种技法。泛指将刀贴身后引或置身于身体后侧的动作。其目的在于使对手看不准我刀的位置,以利出击。藏刀分为平藏刀、立藏刀、低藏刀三种。

平藏刀:右手压把握刀柄置于左腋下,手心向下,刀刃向外,刀背贴身,刀身横平,刀尖朝右后方。因此式刀藏于左腋后,故又称"腋下藏刀",亦称"拦腰藏刀"。

立藏刀：右手螺把握刀柄置于左腋下，手心向内，刀刃向后，刀背贴背左侧竖直；左臂上举成推掌或亮掌式。因此式刀藏于左臂后，故又称"臂后藏刀"。

低藏刀：右手满把或压把握刀柄，使刀身纵向成立刀沿胯侧后拉，刀尖不能超出右膝，刀身与地面接近平行。因此式刀藏于胯侧后，故又称"胯侧藏刀"。

短兵械的分法与闭法

短兵械的分法和闭法，皆为横平拨开敌械的防守方法。不同点在于"分"是由中向外；"闭"是由外向中。

分法是械身由纵平于体前，向体侧横平拨动。意在拨开对方刺我正中之械。运用此法时，两手同时从中间向左右分开，故称"分法"。常见的有分刀、分剑、分鞭。

闭法是械身由纵平在体侧，向面前横平拨动。意在拦开对手刺我正中之械。运用此法时，两手同时从外向内合，犹如闭门，故称"闭法"。常见的有闭刀、闭剑、闭鞭。

钩状兵械的独特技法

所谓钩状兵械的独特技法，泛指运用械体上的钩、侧枝等部位发挥的攻防击法。例如，护手钩、抓子棒前端的钩、戈、戟的援和内，以及钩镰枪前段侧出之钩体等。这类技法主要有搂、攉、带、锁、勒及钩割与啄击。

搂钩：以钩口向前、向下、向外侧弧形划动。意在以钩向下钩住对方来械，向外侧拉开。

攉钩：以钩口向斜上掀起。意在以钩脊向上承托敌械，并顺势以钩口着力向斜上方掀开敌械。

带钩：钩脊纵向置于身前，钩尖略低，钩口向上；由前向后贴体侧后引。意在以钩脊格住敌械，并顺势以钩口着力牵引其械，以泄其力，引其落空。手由螺把内旋变压把向右后带，为"右带钩"；手由螺把外旋变压把向左后带，为"左带钩"。

锁钩：双钩钩法。左钩由上向左下勾拉，同时以右钩由左上向右下勾拉；两钩钩口向下,交叉而不相触,意在两钩同时勾拉、锁住敌械。

勒钩:泛指以钩钩住敌械,控制和牵其动转,不使其脱离的钩法。

钩割:钩身纵向,钩脊横平,以钩口着力向回拉。意在以钩口钩割敌身,如镰割草。

啄击:以钩或侧枝敲击。平钩横向啄击,称为"平啄"。立钩向下啄击,称为"下啄"。反立钩向上啄击,称为"上啄"。

T 型兵械的独特技法

所谓 T 型兵械,泛指械头和械柄呈"T"型的兵械。例如镋、铲、钯、叉、大戟等兵械。这类兵械重而大,其 T 状部的独特技法有冲、铲、叉、吐,捶、筑、压、盖,支、拍、旁锤、侧啄、宕击。

冲、铲、叉、吐四法,皆为械身纵向,以械顶端向前直击的技法。钯以钯顶前冲,称"冲锤"。大戟以矛尖前刺,称"冲刺"。铲以铲口前刺,称"平铲"。叉、镋以锐尖前刺,称"叉刺"。叉身纵平,以右臂旋内或旋外前伸,使叉股转旋前刺,称为"吐叉"。

捶、筑、压、盖四法,皆为械身纵向,由上向下运动的技法。以钯背向下击,称为"捶击"。以钯齿向下击,称为"筑击"。将兵械 T 状部横平向下击,意在劈对方头部,属"盖法",如盖镋、盖钯、盖铲、盖叉、盖戟等。以兵械 T 状部横平向下按,高在胯踝间,意在向下格住对方攻我下盘的兵械,属"压法",如压镋、压钯、压铲、压叉、压戟等。

"支法"是以兵械 T 状部横平向上架起。如支镋、支钯、支铲、支叉、支戟。运用支法时,兵械把端可触地支撑。

拍、旁锤和侧啄,都是以械头左右横向击敌。械身纵平、械头竖立向左右横击,属"拍法",如拍叉、拍铲、拍戟。械身纵平,械头横平,向左右横击,属"侧啄",如啄钯、啄铲、啄镋。钯头竖立,以钯背左右横击,称"旁锤"。

"宕"是不受拘束地摆荡。械头随其"势能"回荡的动作,统属"宕击"。一般在被对方兵械击开时,趁对方抽械,我的械头随回荡之势击对方兵械或身体。斧钺、锤、大刀等长重兵械也用此技法。

兵械的背法

"背"读为 bēi。"背法"泛指兵械依负肩背,犹如肩背捎负着兵械的一类技法。"背法"在兵械中运用广泛,主要有下述四种。

其一,单刀和杆状短兵械的"背法",如背刀、背鞭、背锏等。它们的做法相同。皆有正背、反背两法。"正背":以刁把握械柄,上提械柄过头,刀背或械杆贴靠肩背部。握械臂可上举,亦可侧上举。"反背":同双刃短兵械"背法"。

其二,双刃短兵械"背法",如背剑。右手满把握剑柄,臂内旋成手心向后,将手背贴放在腰背部,使剑面紧贴背部,剑尖从左肩上伸出朝向左斜上方。

其三,杆状长兵械"背法",如背棍、背枪等。它们的做法相同。皆右手单手握杆中后段间,右臂内旋至手心向后;右手置于右后侧下方,使杆中段斜贴背部,杆前段从左肩上伸出,械尖梢朝向左斜上方。

其四,T型兵械和带刃长兵械"背法",如背叉、背铲、背钯、背斧、背戟、大刀背刀等。它们的做法相同。右手单手握前把(左手不握械杆),倒提兵械使械头在右后侧下方,械杆斜贴背部,械把从左肩上伸出朝向左斜上方。T型兵械(叉、钯、铲等)应使械头放平。单刃兵械(大刀、斧钺等)应使刃口斜向左上方。

不论何种兵械的背法,都要求械身紧贴肩背,不得摇摆。

兵械的扛法与担法

兵械的扛法与担法同义。都指将长兵械的杆中段放置肩上,以肩承负械重。常见的有扛棍、担铲、担斧、担叉、担钯等。凡扛法和担法,都是以一手或两手靠拢握械把段,将械杆置于肩上,械把在身前,械梢在身后,把微比梢高。一般以右肩担扛,械把朝右前方;械梢顺朝左后方。以左肩担扛,则反之。担扛铲、叉、钯等T型兵械,应使械头放平。担扛斧、钺等单刃兵械,应使刃口斜向后上方。

兵械的拖法

将械梢纵向置于身后,拖械随步前进的技法,称为"拖法"。常见的有"拖枪"、大刀"拖刀"。

拖枪：右手单手握枪把(左手不握枪杆)，枪身纵向置于身后，枪尖着地；步向前进，枪随之移动。

大刀拖刀：单手或双手握把，刀头纵向置于身后，刀背向下，贴近地面，但不能触地；刀柄把段可伸出身前，刀杆中段贴身右侧；步向前进，刀随之移动。

兵械撩法与挑法的区别

兵械中的撩法与挑法都是以兵械一端由下向上掀起。两者的区别在于兵械的着力部位不同，两臂运动的方法也不同。凡是挑法(不论以械梢还是械把挑)，都是握柄手手心向内，直接上抬使械向上掀起，力达械上侧(即握械之虎口桡侧)。凡是撩法(不论以械梢还是械把撩)，都是握柄手内旋成手心向右完成左撩，外旋成手心向右完成右撩；左撩和右撩都是力达械下侧(即握械之小指尺侧)。

长穗剑基本穗法

练习长穗剑时，使穗随势飘舞、不缠不乱的方法统称穗法。长穗剑的基本穗法主要有：

1. 带穗：以剑尖先行，带动长穗，顺遂飞舞的穗法，称"带穗"，穿剑和挂剑的穗法就属此类。

2. 甩穗：先以剑首发力，将剑穗向欲去方向甩出，剑把、剑身、剑尖才依次随之出击的穗法称"甩穗"。横斩剑和提撩剑的穗法就属此类。

3. 摆穗：以剑身旋动，改变剑穗舞动方向的穗法称为"摆穗"。例如平劈剑接外旋臂，使剑穗由后向上、向前、向下立圆舞动后，臂外旋带动剑穗向上、向右臂外舞动，即是"摆穗"。

4. 宕穗：使穗垂于剑下，随势转宕的穗法，称"宕穗"。刺剑、摆剑、绞剑的穗法就属此类。

兵 械 花 法

兵械技法的一类。以兵械任一把位为轴心，或者以两把位的中点为轴心，相对稳定轴心，使兵械梢端或两端绕转一周以上(含一周)的技法，统称为兵械花法。

武术兵械的种类很多,其中除"画戟""大枪"等少数形异、过长的兵械不能舞花外,绝大多数兵械都有花法,且长度相近的兵械,花法也相近。例如刀、剑等短兵械的挽花,枪、棍等长兵械的舞花,斧、铣等重兵械的盘头花,等等。这些花法又可按其运动轨迹,大致分为平圆花和立圆花。双手各持一械的双器械花法中,还有立圆花和平圆花交替的花法。

挽　　花

亦写为"腕花"。短兵械基本花法,剑术和刀术中多用,包括剪腕花、撩腕花和云转花。下面以右式花法为例说明做法。

左右剪腕花:活把持械,以腕关节为轴心,使械沿臂左侧由上向前、向下、向后、向上、向前,再沿臂右侧继续向下、向后、向上、向前立圆绕圈。械沿臂左侧绕圆为左剪腕,反之为右剪腕。因此花由上向前向下运转时意在剪击、点啄对方手腕,故名。如以刀、剑等带刃短兵械做剪腕花,向下剪击时应注意使刃口向下。

左右撩腕花:活把持械,以腕关节为轴心,使械沿臂左侧由上向后、向下、向前、向上,再沿臂右侧继续向后、向下、向前、向上立圆绕圈。械沿臂左侧绕圆为左撩腕,反之为右撩腕。因此法由下向前上运转时意在撩击、掀割对方手腕,故名。如以刀、剑等带刃短兵械做撩腕花,应注意向上撩击时使刃口向上。

云转花:包括云剑、云刀、云鞭、云钩、云棍、云枪等等。做法是,活把持握短器械柄把或持握长器械杆身中段,以腕为轴心,使械在头、胸、肩上方平圆绕转一周以上(含一周)。抬头后仰,械身贴近胸部和面部云转,称"仰身云";抬头上看,械身在额前上方云转,称"头上云";躯干和头向左侧倾斜,械身贴近右肩和右耳云转,称"侧云"。械由左向前、向右云转为右云转花,反之为左云转花。

单　背　花

单刀花法。

做法:右手活把握住刀柄,使刀在体前由下向左、向上、向右、向下划立圆后,继续在体后向左、向上、向右、向下划立圆。刀贴身绕前立圆时,上体微左转配合,贴身绕后立圆时,上体微右转配合,以腰带臂运刀。

左右立舞花

长兵械基本花法。棍术、枪术中多用,三节棍、九节鞭等兵械亦用此花。

做法:1. 两脚右前左后错步站立;两手靠近并握于械身中段重心处,梢头在前上,把端在后下,左手以食、中两指夹持靠梢头端,右手螺把握于靠把端,将械置于身右侧(图1)。2. 以两手握把处为轴心,右臂内旋,使梢头向下、向后,把端由后向上、向前划动(图2)。3. 上体左转,使把端沿体左侧由前向下、向左、向上、向前、向下、向后绕转一周半,成梢头在前(图3)。4. 上体向右拧转,使梢头自前向下沿体右侧向后、向上、向前、向下、向后绕转一周半,把端在前(图4)。

如此连续舞动,左右各成立圆,即称左右立舞花。

图1

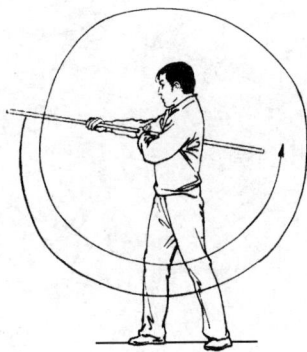

图2

图3

图4

左右立舞花

左右提撩花

长兵械基本花法。棍术、枪术中多用,三节棍、九节鞭等兵械亦用此花。

做法:

1. 两脚右前左后错步站立;单手或双手靠拢握械的一端(图1)。

2. 以腕为轴,使械自前向上沿身体左侧向后、向下、向前撩起(图2)。

3. 继续向上沿身体右侧向后、向下、向前撩起(图3)。如此连续舞动,左右各成立圆。

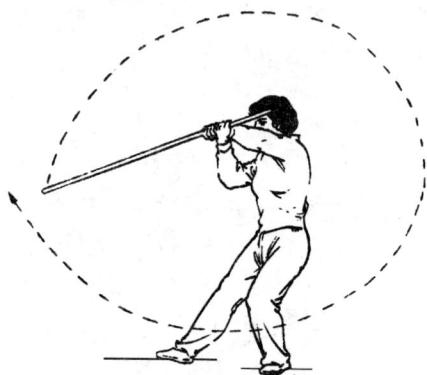

图1

图2

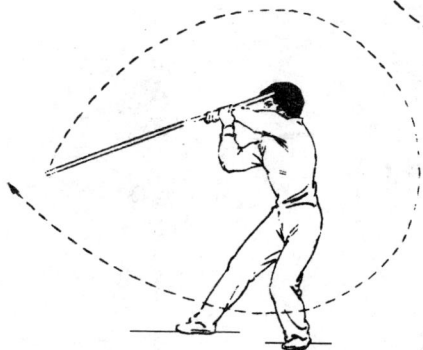

图3

左右提撩花

插步提撩转身舞花

长兵械花法。为一种在立舞花过程中,经插步提撩花左转 360°后,仍向先前立舞花方向继做立舞花的连续花法。

做法:1. 立舞花舞至械置体左侧、梢头朝前时(图 1),左脚向右脚倒插一步成交叉步(图 2);身体左后转 90°,同时使梢头顺势向下、向前上撩起(图 3)。2. 身体继续左转 180°;同时梢头继续向上、向前、向下、向后绕转成把端在前(图 4)。3. 然后接做立舞花,参见《左右立舞花、提撩花》。

图1

图2

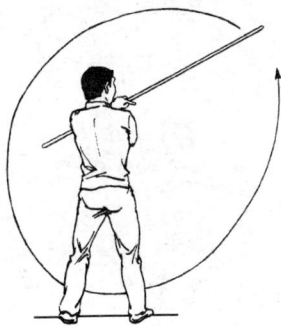

图3

图4

插步提撩转身舞花

盖步提撩转身舞花

长兵械花法。是在立舞花过程中,经盖步提撩右转 360°后,仍向先前立舞花方向做立舞花的连续花法。

做法:1.立舞花舞至械梢头在体左侧前方时(图1),右脚(前脚)外摆。2. 左脚提起经右脚前向右侧盖上一步;同时械梢随盖步向下沿体侧向右、向上、向 左绕动(图2)。3.两脚原地向右碾转,身体右转180°;同时使梢头沿身体左侧 向下、向前上撩起(图3)。4.身体继续右转90°;同时使梢头向上、向下沿身体 右侧向后、向上、向前、向上、向后舞动成械把在前(图4)。5.接做立舞花,参见 《左右立舞花》。

图1

图2

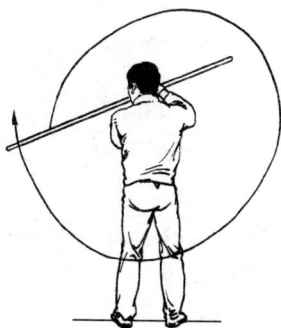

图3

图4

盖步提撩转身舞花

单手换把舞花

长兵械基本花法,亦称"单臂花"。棍术多用,三节棍、九节鞭亦有此花。

做法:1. 两脚右前左后错步站立;右手正把握械中段重心处,把朝下竖于右前方,左手抱拳于腰间(图1)。2. 右臂内旋,使械梢在身体右侧由上向前、向下、向后弧形绕行(图2)。3. 上体左转90°,右臂外旋,使把端在身前向下、向左、向上绕一立圆成把朝上、梢朝下(图3)。4. 左手手心向上伸于右手下,张开虎口以拇食二指钳握换把,右手收抱腰间(图4)。5. 左臂单手舞花同右臂,唯左右相反。6. 可继续伸右手换把持械,反复练习。右手握械舞转称"右单臂花",反之称"左单臂花"。

图1

图2

图3

图4

单手换把舞花

盘 头 花

大刀、大钯、大斧等重器械的基本花法,三节棍中亦多用此花,棍、枪术中偶有使用。分左盘头、右盘头两种。

做法:1. 两手顺把分握械杆中段,左手握靠把端一侧。2. 两手托起械杆,使械之刃尖端在头上方由前向左、向后、向右、向前平转一周为右盘头,亦称"正盘头"。3. 械刃尖端在头上方由前向右、向后、向左、向前平转一周为左盘头,亦称"反盘头"。

夹 花

大刀和三股叉花法。以大刀为例说明做法。

做法:1. 两脚右前左后错步站立;双手握把、刀尖向上立于体右侧(图 1)。2. 右手向前,前臂内旋向下、向左划圆(图 2),经胸部向上、向右下在体前立圆 2周,至刀尖向左,刀身横平抱于胸前。3. 上体右转,右前臂外旋使刀刃翻转向上,沿体右侧向右后、向上、向前、向右下立圆舞转一周。打花时应注意刀头上起时刀刃向上,刀头下落时刀刃向下。做三股叉夹花时,只需将叉股形成的平面视为刀面即可。

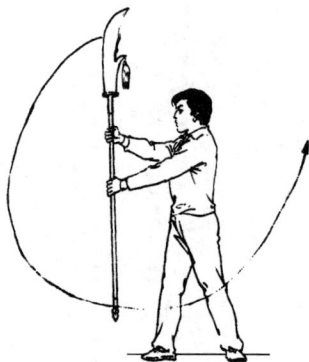 

图1　　　　　　　　图2

夹花

脖　花

重器械基本花法,三节棍亦多用此花。

做法:右手握杆中段,左手握柄杆下段,使前把段由左向右贴于脖右侧,双手同时向前推柄,使刃尖由右向后、向左、向右绕脖旋转一周;当刃尖转至右肩前时,右臂外旋成手心向上接握杆柄(图1、2)。

图1　　　　　　　　　　　　　　　　图2

脖花

胸　背　舞　花

重器械基本花法,三节棍亦多用此花。

做法:

1. 马步预备,两手顺把握械,使械刃朝后(图1)。

2. 左手松把,右手向前、向上划弧,前臂外旋使刀在头上方绕平圆一周;左手向上,手心向内与右手交换握把(图2)。

3. 左臂内旋翻腕向后,同时上体从右向左前俯,左手背贴于背部,使械在背上绕环平转;右手伸至背后,手心向上与左手交换握把(图3)。

4. 上体继续向左后旋动仰身;同时右手持械经右侧向体前绕行上举,使械平云一周(图4)。

图1

图2

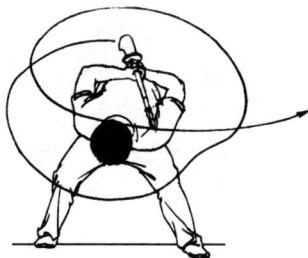

图3

图4

胸背舞花

缠 裹 花

双刀刀花。为双手握刀柄连续交替缠头裹脑形成的花法动作。做法:双手握刀开步预备(图1)。左缠头(图2)。右裹脑(图3、4)。此为左势,右势做法相同,左右相反。左右交替练习。

裹脑缠脖花

双刀刀花。为双手握刀柄连续交替裹脑绕脖形成的花法动作。做法:双手握刀开步预备(图1)。右裹脑(图2)。左绕脖(图3)。此为"右裹脑左绕脖",可连续进行练习。"左裹脑右绕脖"动作相同,左右相反。

图1　　　　　　图2　　　　　　　图3　　　　　　　图4

缠裹花

图1　　　　　　　　图2　　　　　　　　图3

裹脑缠脖花

左右抢劈花

双刀刀花。为双手握刀柄连续左右交替抢劈形成的花法动作。做法：双手握刀错步预备（图1）。右刀左抢劈（图2）。左刀前劈，右刀抢至左腕下（图3、4）。此为"左抢劈"，"右抢劈"动作相同，左右相反。左右交替练习。

双提撩花

双刀刀花。为双手握刀柄连续交替撩刀形成的花法动作。做法：双手握刀并步预备（图1）。右刀提撩花、左刀提撩花交替进行，可配合连续上步（图2、3、4、5）。

图1

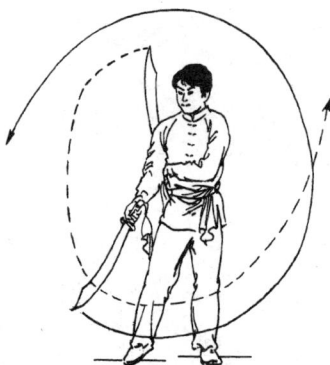

图2

图3

图4

左右抡劈花

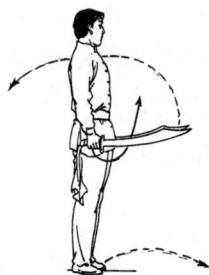

图1

图2

图3

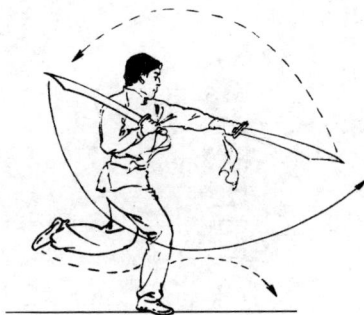

图4　　　　　　　　　　　图5

双提撩花

双 分 花

双刀刀花。为双手握刀柄连续同时提撩形成的花法动作。做法：错步站立，双手握刀右前左后交叉预备。左右刀同时提撩，连续练习。

双 背 花

双刀刀花。为双手握刀柄连续同时做背花形成的花法动作。做法：双手握刀开步预备（图1）。右刀先向前、左刀先向后同时做背花（图2、3、4、5）。

图1　　　　　　　　　　　图2

图3 图4 图5

双背花

九节鞭基本技法

持鞭:将鞭头、鞭节、鞭把一节节依次叠拢放在右手中,以拇指和食指扣握住鞭把前段,小指扣住鞭把后段。其余两指扣住叠拢的鞭节和鞭头。

放鞭:即将持握手中的鞭放出。松开中指和无名指,同时用力向外抛掷,使鞭节散开拉直。一般是向斜上抛掷而出,借鞭下落之势,接做抢挂动作。

握鞭:虎口张开,以拇、食指扣握住鞭把前段,其余四指依次握住鞭把,小指靠把尾。

空鞭:仅以手持鞭把摇动,使鞭成圆运动。以鞭没有借助其他身体部位为支点进行转绕,而称"空鞭"。

收鞭:将散开抢舞中的鞭收叠于手中。一般是鞭在身体右侧由后向下、向前、向上抢起,至鞭头运行至前上方,鞭头、鞭节与鞭把成一条直线,并与身体成约45°夹角时,即外旋右臂成手心向上,张开手指往回带鞭,使鞭节和鞭头顺势叠拢于右手中。

抢鞭:使鞭成立圆转动。鞭向前抢圆为"正抢",向后抢圆为"反抢"。

扫鞭:使鞭成平圆抢转,向左(逆时针方向)抢转为"左扫鞭",向右抢扫为"右扫鞭"。

拐肘鞭:以肘臂拨转的鞭法。做法:左脚在前,错步站立;右手握鞭使鞭在右侧由前向下、向后上起,至鞭头接近垂直地面时,顺势上右步,扬右肘使右大臂内侧夹压鞭花向下(图1①②)。此名"里拐肘"。紧接着上体向左转带,使鞭在体前向左、向上绕搭于右上臂上方(图1③)。随即上体右转,右肘随转体下压;同时外旋小臂,使鞭头向下沿身体右侧划圆(图1④⑤)。此名"外拐肘"。

背鞭:用背拨转的鞭法。做法:右步在前,右手握鞭沿身体右侧后抢。当鞭头抢至后下方时,以肩背贴靠鞭后段,顺鞭势促鞭继续向下、向前上划弧;同时两脚向左碾转,身体左转180°,成右脚在后、左脚在前,促鞭继续向上、向前划弧运行(图2①②)。

图1①

图1②

图1③

587

图1④

图1⑤

拐肘鞭

图2①

图2②

背　鞭

骗马鞭：用腿拨转的鞭法。里骗马鞭做法：左脚在前，右脚在后；右手握鞭沿身体右侧向上、向前抡至前下方时，左脚向左拧转，右腿随之经体侧向前做里合腿（俗名骗马腿），夹压近鞭把段，使鞭头从左腿后向左、向上、向右运转一周（图3①）。紧接着右脚落于右侧，上体略向左转；同时鞭向下、向左继续抡绕（图3②）。外骗马鞭做法：右脚在前，错步站立（图3③）。右手握鞭沿身体右侧由前向后抡起；当鞭头被抡行至后下方时，左脚向右碾转，右腿随之经体前向右做外摆腿，挂压近鞭把段，身体随之向右后转270°，鞭由右下向左上划弧绕于右腿上方（图3④）。继续随右挂压下落和身体右后转向右前、向下、向右后沿身体

588

右侧划圆运行(图3⑤)。

披红鞭:用背拨转的鞭法。做法:左脚在前错步站立(图4①)。右手握鞭使鞭头在顺势向前、向下、向后运行的过程中,内旋小臂伸于背后,使鞭身贴于左肩上(图4②)。紧接着上体随势右转,使鞭头向下沿体前向右上方立圆运行(图4③)。头微左转,使鞭头继续经上向左侧下方运行;然后两脚向右碾转45°,头亦微向右转,使鞭头沿身后向右下、向前上运行(图4④)。

图3①

图3②

图3③

图3④

图3⑤

骗马鞭

589

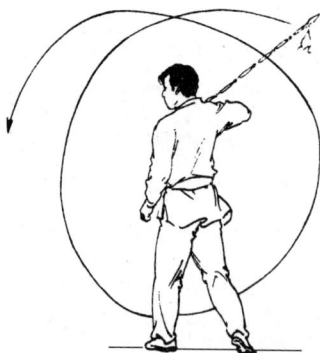

图4①

图4②

图4③

图4④

披红鞭

缠脖鞭：用颈拨转的鞭法。鞭由右向左缠脖，称"右缠脖"，反之称"左缠脖"。左缠脖做法：两脚左右开立；上体微前屈，低头伸颈；右手握鞭沿体前由右向下、向左、向上抡起，右手即置身前，使鞭近把段贴于左侧脖颈（图5①）。鞭头继续向下、向左运行，使鞭缠于脖颈1周（或2周）（图5②）。当鞭头绕至上方时，左脚向右上步，身体右转180°；同时头随转体向下、向右扭转，将鞭头拨转于体前，由左下方向右、向上运行解脱开缠脖鞭节（图5③）。

"右缠脖"与"左缠脖"动作相同，唯"右缠脖"是左手握鞭由右侧脖开始贴缠，上右步开始解脱，即与"左缠脖"左右相反。

图5①

图5②

图5③

缠脖鞭

缠腰换把鞭：将鞭绕腰间换握鞭中段的鞭法。做法：右手握鞭向左平扫，将鞭把贴近左腹侧，使鞭头继续绕腰运行（图6①）。至缠满一周时，右手迅速松把在腰右侧握鞭中段，左手随之靠近右手握鞭，两手虎口相对；此时鞭头顺惯性向前伸，鞭把向后去，正运行于腰右侧（图6②）。

图6①

图6②

缠腰换把鞭

鞭花:鞭花包括单手舞花、双手舞花、单手提撩花、提撩转身背花等,其动作做法均同于棍花。

第八编　武术攻防基本技术技法

攻防战术与打法

攻防战术

攻防战术,指与人格斗时,根据对方的体能、技能和临场表现的特点和薄弱环节等情况,而采取的有利于发挥自身体能和技能,战胜对手的攻防原则。攻防格斗的战术很多,例如虚实相生、以静待动、以动制静、指上打下、舍己从人等等,皆属攻防战术。

在攻防格斗中,战术的运用应针对对方的变化而变,不能单打一种,要多样化。同时要注意自身体能和技能是否适应所用战术的需要,不能采用自己的体能和技能完成不了的战术。

格斗中变化打法的原则

打法是实施战术的具体方法。攻防格斗双方都不是木立不动的死靶,而是一个活生生的、以击倒或制服对方为目的的对手。双方都在不断伺机攻击对手,也在不断地破坏对方的进攻。因此,只用单一、固定的打法是不可取的,应该变化多端,令敌不测。就变化的原则来说,主要有三种。

其一,临机应变。即临场对敌时,要根据亲身感知到的对方技能和体能情况,修正事前制定的作战方案,采用更符合实际的打法,为取胜奠定基础。

其二,以变应变。即随敌手的变化而及时变化自己的打法。以便寻找战机,达到因机立胜的目的。

其三,以变引变。即我有目的地主动变化,引动对手变换打法或招式。这样我主动,敌被动,敌在被牵动的过程中,逐渐进入我设下的圈套而受制。此即《孙子兵法·虚实篇》所谓"致人而不致于人"。

虚 实 相 生

"虚实相生",指相互矛盾的虚、实两方面既相反相成,又互相转化。"虚实相生"在武术中运用很广。

"虚实相生"是基本战术之一。"虚",指防守薄弱的部位,或以假招法佯攻惊敌的方法;"实",指防守严谨的部位,或以强实的招法直攻击敌的方法。在技击格斗中,常常通过虚实相生、真假相换,迷惑对手,使其判断失误。《草庐经略·虚实》说:"虚实在我,贵我能误敌。"具体运用方法,有"实而实之""实而虚之""虚而虚之""虚而实之",还有"实中有虚""虚中有实"等法。

"虚实相生"又是姿势和动作转换的基本要领之一。虚指无意、舒松、轻浮,实指有意、收缩、沉重。在拳势练习中,要求动作要虚实分明,姿势虚中有实、实中有虚。"虚实相生"的转换,先产生于内意,然后才逐渐在外形上体现出来。

虚 实 分 明

"虚实分明"包括"明虚实""分虚实",是对拳式的基本要求。

"明虚实",指思想上要明确哪个动作是实、哪个动作是虚;动作的何部为实,何部为虚。只有思想上明确了拳式的虚实,才会既用意于动作的主要方面,又注意到动作的次要方面,才能以意识支配身体各部主次分明地配合运动,完成好动作。

"分虚实",指拳式外形要分得出何部实、何部虚。以两脚着地的步法而言,主要支撑体重的一脚为实,另一脚为虚。实脚支撑牢固,虚脚辅助支撑,扩大了支撑面,加强了动作的稳定性。同时因体重主要的实脚,虚脚进退闪移或起腿、抬膝就便捷,这样的动作具有沉稳充实而轻灵含蓄的特点。就同一肢体的动作而言,明确出击时肌肉用力是实,回收时肌肉放松是虚。而发力时,主动肌须收缩是实;被动肌应舒展为虚。这样意识支配参与动作的肢体各部分清虚实,按一定顺序配合动作,拳式才会顺达有力,转换才会圆活不滞。

实中有虚与虚中有实

"实中有虚"和"虚中有实",指实的招法和拳式不能全实,要含有虚的成分;虚的招法和拳式不能全虚,要含有实的成分。有实有虚,招法才能收到相反相成的效果,拳式才能达到式正招圆的形态。

例如在格斗时,左手实招出击,属实;右手防备于后,属虚;这是实中有虚。左手佯攻出击,属虚;右手暗伏真招,属实;这是虚中有实。这样,实招出击失利,有虚招及时补救;虚招佯攻得逞,实招及时击敌。又如在练拳式时,做任一动作,都是由参与动作的主动肌收缩和被动肌放松配合完成的。收缩是实,放松是虚,即"实中有虚"。动作结束后的放松阶段属虚,但肌肉还须保持一定张力,保持正确的动作形态,这就是实,即"虚中有实"。以正踢腿为例来说,髂腰肌、股四头肌等是主动肌,它们收缩,腿后侧肌群为被动肌,它们同时放松,完成腿向上踢的动作,这是实中有虚。落腿时,主动肌维持一定张力,有控制地逐步放松,做退让工作,保持腿不突然重落于地,这就是"虚中有实"。

虚而实之

"虚而实之"是军事败战计中的战术,往往在不足以抵抗对方,而且被逼得逃不脱走不开时,才故意虚张声势,威吓对方不敢来犯。武术技击中以此为示形用诈的一种战术。其有三种含义。一是自我感觉直接进攻不能战胜对方,却故意装着要以进攻制胜的样子,采用忽上忽下,忽左忽右的假进攻,扰乱对方,以期从心理上动摇敌人,创造击败对手的可能性。二是加强空虚薄弱部位的防守,使敌不易攻入。待敌疲后,我再发起反击。三是我的假进攻(虚)意图被对方识破,他不理睬此"虚"攻,另辟途径来攻,我则干脆以虚变实,出其不意。

实 而 虚 之

"实而虚之"本军事战术。明代《草庐经略·虚实》中云:"实而示之以虚,以我之实,击彼之虚,如破竹压卵。"武术技击中以此为示形用诈的一种战术。在格斗时预设圈套,有准备地表露出防守不严的空虚部位,或者暴露人体的某一要害薄弱部位,引诱对方来击。对方一旦见虚来侵,将受到我有准备的强实的打击。此处的"预设圈套"和"准确"就是实。外形之虚是佯装之像。如事先未"预设圈套",没有反击的"准备"而防守不严,暴露要害,只会招致致命的痛击。

虚 而 虚 之 与 实 而 实 之

"虚而虚之""实而实之"本军事战术。明代《草庐经略·虚实》中云:"或虚而虚之,使敌转疑我为实;或实而实之,使敌转疑我为虚。"武术技击中以此为示形用诈的一种战术。

在格斗时,故意露出自己的薄弱部位或技术弱点,就是"虚而虚之"的做法。目的在于使对手认为我有意表露的"虚",是故意用以藏匿绝招的"实",见实而避,结果使我空虚处无受击之虑了。

在格斗时,故意露出自己的坚实部位或技术特长,就是"实而实之"的做法。目的在于使对手认为我有意表露的"实",是故意用以掩盖薄弱环节的"虚",见虚来攻,结果上了我的圈套。

"虚而虚之""实而实之",还常常使对手"疑中生疑",难以揣摩,使我赢得趁其犹豫而击之或避之的机会。

避 实 击 虚

"避实击虚"本军事战术。指避开敌人坚实,攻击其虚弱的地方。《孙子·虚实篇》中云:"夫兵形像水。水之形,避高而趋下;兵之形,避实而击虚。"武术技击以此为基本战术。具体用法有三。

其一,指避开对手防守严密或不易击伤之处,攻击对手防范空虚或易于击伤的薄弱要害部位。清张孔昭在《拳经拳法备要·审势》中云:"与人对敌之时,总要攻击空处。空处何？两肘、胸、腰与腋，并腿心、腿腕是也。能攻空处则敌人无所用力，自能百发百中，则所谓避实击虚之法也。"

其二，指让开对手攻击方向，不管对方攻击招势，只管攻击对手空虚薄弱部位。例如，如对方以匕首上击我头，其意在上，实；顾下不足，虚。我上不防其匕首，却向下蹲伏击其腹裆部。我击中敌，敌匕首的攻击则失效。又如对方匕首直刺我胸，其纵向坚实，侧向空虚，我向斜侧闪让开，从侧面击敌。敌受击，其攻失利。

其三，在器械对搏中，还指轻兵械与重兵械对搏时，避开其重器、击其身手为避实击虚。吴殳在《手臂录·单刀图说自序》一书中举例说："单刀敌短重之器，则避其实而击其虚。何也，大棒铁鞭、长斧木锐，不可直挡，必斜步偏身，避其重器，击其身手，乃可必胜。"

避虚击实

拳家认为，徒手格斗中如遇轻灵善变者，其"虚"处因不着力、不僵滞，易于发力变转；而且常常"虚"中隐诈。而"实"处力已发出，形已露尖，不易转换变化；而且可乘其失势，击其惰归。因此，主张以"避虚击实"法，迎战轻灵善变者。

在短重兵械对轻长兵械的格斗中，也应采用"避虚击实"之法。吴殳在《手臂录·单刀图说自序》中，以单刀对枪为例说："单刀敌轻长之器，则避其虚而击其实。何也？枪之虚处，变幻百出，必非刀所能御，而实处惟有一杆，苟能制之，则无以用其虚矣。"

"避虚击实"与"避实击虚"是否相互矛盾呢？否。关键是具体情况具体分析，临敌应变，不可执著一法。

奇 正 转 换

"奇正转换"脱胎于"奇正相生"。出于《孙子·势篇》："战势不过奇正，奇正之变，不可胜穷也。奇正相生，如循环之无端，孰能穷之？"指用兵打仗时，常规战法（正）与特殊的超常战法（奇）相互变化为用。武术技击以"奇正转换"为战术，大意基本同于"奇正相生"。指与人对搏时，要忽"奇"忽"正"，转换运用，不可拘泥于一招一势，固守于一种打法。

以 迂 为 直

"以迂为直",指通过迂回的路线,达到直近的目的。这一战术方法出于《孙子·军争篇》:"故迂其途,而诱之以利,后人发,先人至,此知迂直之计者也。"武术格斗中以此为战术法则之一。在实战格斗中,击中对方的进攻路线以直为近。但在格斗时,双方处在不断移动的变化之中,我正面出击,路线最短,似易于击中对方,可这也正好处于对方易于防守的范围内。我进攻路线虽近,却不能达到攻击目的。此时,如果闪开正面向侧方绕步,攻敌侧面,虽然路线远了,但由于不在敌易于防守的范围内,有可能获得对方直线攻击未果、我侧方反击已中的效果,这就是"以迂为直"的打法。

致人而不致于人

"致人而不致于人"本指两军抗争时,我调动敌人,而不为敌人所调动。《孙子·虚实篇》:"故善战者,致人而不致于人。"明代军事家、武术家俞大猷将此语引入武术技击理论,作为技击的基本法则之一。他在《剑经》中总结性地说:"千言万语,不外乎'致人而不致于人'一句。"在两人对抗格斗时,我有计划地设下圈套,以假动作引动对方,其被引出的动作在我意料之中,胜负的主动权也就在我手中了。俞大猷举例说,"李良钦之所以救得急者,都是前一下哄我去,然后转第二下来接救,故救得速,故能胜也"。道出了"致人而不致于人"的关键是"哄",是以假动作引动对手而击之。

攻其无备,出其不意

"攻其无备,出其不意",指进攻对手没有防备的部位。这一战法出于《孙子·计篇》:"攻其无备,出其不意。此兵家之胜,不可先传也。"武术技击中以此为战术法则之一。运用时,除了寻找对方空隙,还应以声东击西、指上打下、忽虚忽实等法,使对方应接不暇、防不胜防、虑不胜虑,出现思虑不及、防备不到的空隙部位。要击中这些空隙,还要注意突然攻击,不露先兆。

先 发 制 人

"先发制人"指两军对垒时,先于对手做好准备,先发动攻击争得主动权,从而制服对手。语出《汉书·项籍传》"先发制人,后发制于人"句。武术技击中,以"先发制人"为战术法则之一。一般说对方立足未稳、犹豫未决、没有准备,或对手势背、我势顺,或对手技能和体能低于我等等情况下,可以使用"先发制人"的打法。"先发制人"的关键,是以突然、快速、有力的重击和连击,争先攻击敌人,力争一举击得对方无反击之力,达到迅速制服对手的目的。

后 发 制 人

"后发制人"与"先发制人"相对。指先让对方发招攻击,我避其锐气,保全自己,待对手暴露出空隙疲惫时,再发招反攻,制服对手。即《孙子·形篇》:"先为不可胜,以待敌之可胜。""后发制人"是武术技击战术中的一种以弱胜强、以智胜拙的战术。运用"后发制人"战术时,要明白"制人"是目的,"后发"是手段。因此,欲"后发"得准,"后发"得狠,必须在防守和退避对方进攻时寻找战机,或以防守和退避动作引诱对方出现空隙,为我"后发"造成战机。同时,还应在攻防和退避时注意调整自己的气息和姿势,以蓄势蓄力。一旦得机得势,即迅速有力地发起反攻,制服对手。"后发制人",多以"后人发,先人至"为具体打法。

后人发,先人至

"后人发,先人至"本指军事争夺中,以小利引诱迟滞敌人,做到比对方后出动而先到达必争之地。《孙子·军争篇》指出:"后人发,先人至"的关键,在于"诱之以利"。《庄子·说剑》已列"后之以发,先之以至"为一种斗剑诀窍。明代军事家、武术家俞大猷的《剑经》,将此列为武术技击的基本法则之一。运用"后人发,先人至"的打法有三。

其一,对方先发招进攻,我从对方动作先兆中测准其进攻目标后,即选择攻击路线较之为短的目标,以加速度突然攻击,先击中对手,破坏了对手的进攻。例如,对手蹲身(或俯身)欲抱我腿,我突然猛起膝(或用手、肘)击其头或胸部。

其二,对方先发招进攻,我用"顺手牵羊"或"顺水推舟"等法顺势制之。

其三,对方先发招进攻,我一边格挡,一边发招回击,攻防同时,做到对方先击我不中,我反击中对方。

乘人旧力略过,新力未发

"旧力略过,新力未发"出自明俞大猷《剑经》。他说:"勾、刀、枪、棍,千步万步,俱是乘人旧力略过,新力未发而急进压杀焉。我想出'旧力略过,新力未发'八个字,妙之至也。"后世各派拳家皆以此作为技击格斗的基本战术。所谓乘人"旧力略过",指对手第一攻击已经形成,其力锋微略过去之时。这时其力已老,犹如强弩之末,不拨自落。所谓乘人"新力未发",指对手第二攻击尚未形成,其劲还没有爆发出来之际。此时其力尚弱,犹如虽引弓,却未拉满,发箭不出。对手"旧力略过"和"新力未发"这两个时机,是我攻击对方的最佳时机。

刚在他力前,柔乘他力后

"刚在他力前,柔乘他力后",是根据发力先后决定用力刚柔的基本方法。它出自明代军事家、武术家俞大猷《剑经·总歌诀》。

"刚在他力前",指对方欲攻我,但准备尚不就绪;或者对方发动攻势,但还未爆发劲力,此时我以迅雷不及掩耳的刚力打击对手或阻挡住对手发力。我之力必须刚脆、快速,先于对手发出。

"柔乘他力后",指对手已抢先发招攻来,我须看准其用力方向,让过其力锋,再随其前攻之方向"顺手牵羊",或待其回收"顺水推舟"。我之力必须柔长、圆活,以乘对手先发之力,借力打力;乘对方先动之势,借势打势。

首尾相应,如常山之蛇

"首尾相应,如常山之蛇",本指军队作战时互相接应的战法。《孙子·九地篇》中云:"故善用兵者,譬如率然;率然者,常山之蛇也。击其首则尾至,击尾则首至,击其中则首尾俱至。"宋代洪迈《容斋五笔》卷一〇简言为"首尾相应,如常山之蛇"。明代军事家、武术家戚继光将此理引入武术技击理论,认为练习武术要兼习各家,使人身上中下各部都得到锻炼,以便在格斗时,不是偏于一隅,只以一肢一节对付对方。而是能肢体相互救应,上下周全。他在《纪效新书·拳经捷要篇》中说:"若以各家拳法兼而习之,正如常山蛇阵法,击首则尾应,击尾则首应,击其身而首尾相应,此谓上下周全,无有不胜。"

四两拨千斤

"四两拨千斤"指以小力战胜大力的技击战术思想。其实质是顺势借力,以巧胜拙。此语初见于《王宗岳太极拳论》。在《打手歌》中也有一句为"任他巨力来打我,牵动四两拨千斤"。具体运用方法与"顺手牵羊""顺水推舟"同。

所谓"四两拨千斤",是假设对方用"千斤"巨力击来,我以坐步、转腰或动步转腰,闪让开对手的正面进攻,使其巨力从我体侧滑过而落空,同时,我顺其巨力方向加力捋带。假设我加力仅"四两",那么作用在对方身上的力就是"千斤"加"四两"。其和当然大于对手原用的"千斤"巨力了。

民间拳家普遍重视追求"四两拨千斤"的技法,注重锻炼用智用巧击败或制服对手的能力,轻视单凭力勇的粗鲁打法,逐步形成了武术技击中以巧胜拙、以柔克刚、以弱胜强、以慢制快的理论和打法。《太极拳论》说:"察四两拨千斤之句,显非力胜;观耄耋御众之形,快何能为?"

顺人之势,借人之力

"顺人之势,借人之力",是避过对方实着,不以力相较,而顺随对方招势和惯性方向攻击对方的基本战术之一。

明代俞大猷《剑经》说:"……须知他出力在何处,我不于此处与他斗力,姑且忍之。待其旧力略过,新力未发,然后乘之,所以顺人之势,借人之力也。"例如,对方由上向下击我,我可闪开其向下发力劈打的锋头,乘其下落,而加力促其向下。这样,对方招势的向下惯性力与我顺之促其向下的力相加,必将使其难以转变向下运动的方向,导致人体前倾栽倒。因我的攻击动作顺随对方攻势,故称"顺人之势";因作用在对手身上的力,是其自身运动的惯性力加我的攻击力之合力,故称"借人之力"。

顺 势 引 化

"顺势引化",指对方攻来,我不以力抗,而是先顺其势去向加力,然后,逐渐因势利导地引化来力方向,使之偏离攻击目标。太极拳推手中使用此法较多。

运用顺势引化时,应采用柔劲、长劲,以坐步转腰引化为主。如果坐步转腰引化不足以使对方失势,再移动脚步增加引化幅度。例如,练习推手时,对方向我推来,我先黏随其力,顺其方向和快慢而动,并通过逐步加大坐步转腰的幅度,变被动黏随为主动牵引,将对方来势向我体侧后方化出。在运用"顺势引化"过程中,如遇对手运用推劲,我势必须内含掤劲,以避免出现被对方推瘪,造成引不动、化不出的状况。在黏随阶段要以我意领先,即外形是被动黏随,内意是我主动出招。在引化阶段要注意引化的方向只须使其力偏移至击不到我身即可,而且要使对方感到只需直进,总能击中目标,达到目的,因而不断前进,直至其攻势临接近我身体的瞬间才发现力方向已偏离目标,然其势已老。我只须稍一加力,就可将其沿自身惯性力方向发出。

顺 势 化 打

"顺势化打",指对方攻来,我不以力抗,而是顺其来势,化解其进攻招势,同时发招攻击对方。运用此法的关键,在于化中有打,柔中有刚。例如,我左直拳出击,被对方擒住手腕并内旋。我左臂可以随其拧力而内旋上举,同时随臂内旋上体左转,右拳迅速攻击对方。这样,对手擒拧尚未产生效果,我已击中对手。

顺 手 牵 羊

"顺手牵羊",属"顺人之势,借人之力"的战术。指我闪开对方攻击锋头,乘对方进攻之势,顺其攻击力向加力,使其顺沿自身进攻方向前移倾倒。例如,对方左手直拳向我攻来,我可微向右转身,同时以手抓住对方手腕或小臂至肘间的某一部位向前牵拉。由于我右转身,既使其拳击空,又加大了我向回牵拉对方腕臂的幅度。对方受到我的牵拉力和自身惯性力的作用,难以变化运动方向,必将被我牵动重心或失势倾倒。

顺 水 推 舟

"顺水推舟"属"顺人之势，借人之力"的战术。指我乘对方回收手足、后移重心，而随其离去方向加力推击的反击法。因此击法似顺推随水漂流的舟船，故名。例如，对方进步攻击失利，必然收手退步。此时，我随其回收方向加力推逐，使彼回收力与我前推力形成合力，同时作用于对手，迫其退之不及而倾倒。

硬 攻 直 上

"硬攻直上"也称"硬攻硬取""硬攻硬进"，是一种迎着对方进攻，不招不架，以攻制攻的速战速决战术。形意拳注重的"硬打硬进无遮拦"，牛拳所谓的"牛使硬劲，以刚制刚"，以及查拳的"迎门三不顾"等勇往直前的打法，均属此类。自身抗击能力强，击发力大，而且手快步快者，方可采用"硬攻直上"。运用此法时，讲究直攻中门，直线出击，以快打慢，以大力打小力。例如对方中拳向我胸腹击来，我不去挡格，而是迅速以中拳回打对方胸腹，同时涵胸拔背或转身送膀。这样，我以胸腹部的后涵或侧转避开了对方的攻击，同时又加长了我拳出击的长度，我拳直进击中了对手。硬功锻炼有素者，在运用"硬攻直上"打法时，强调以硬招大力，打软弱、少力，常常挨步逼近对手，硬封对手发招，强阻对手发劲，同时用重狠的进攻制服对手。例如，对方中拳击来，我乘其出拳之臂还未伸至利于发劲的角度时，主动进步进身，以身体某部（或手）挡住其拳，阻住其臂继续伸展发劲，同时我以贴身打法，用身体的其他部位重创对手。

以 快 制 慢

"以快制慢"，是一种以手快打手慢的技击战术。快慢是相对于格斗双方而言。如一方本以很快的速度攻击，另一方同时以较之更快的速度攻来，后者先击中前者，也即前者受制于后者。这种貌为"以快制快"的打法，实质也是"以快制慢"。运用"以快制慢"战术时，必须注意"三快一短"。

一为感知快。要眼明耳灵、皮肤敏感、迅速地察觉对手和四周的情况，并迅速将感觉的情况传入神经中枢。

二为判断快。神经中枢要迅速地综合各感觉器官传来的信息,经分析处理,及时作出判断,并预测对方即将出现的动作,决定我如何防守、反击。

三为发招快。神经中枢作出的决定迅速传出,支配肌肉迅速收缩、快速发力,并快速呼气,使意、气、劲迅速达到效应部位,击中对手。

一短为选择最短的攻击距离。通常是攻击对方距我最近的部位,并以直线出击;其次是充分发挥肢体各部相互配合进行攻防的作用(参见本编"运用四肢进行分部位防守的方法")。

以 长 制 短

"以长制短",是一种以长击制服短打的技击战术。所谓长,指使用的兵械或者出击的肢体长度长,也指攻击的距离远、幅度大。通臂拳的"放长击远",长拳的"遐举遥击",都是长击的方法。长与短是相对的,拳谚说,"一寸长,一寸强",指的就是我比对方长一寸,就能先击中对方而逞强。"以长制短"是长兵器对付短兵器、高个子对付矮个子、善长击类拳技者对付善短打者的战术。运用此战术可以将对手堵拦、控制在我可至而对手不可及的位置。运用这一战术,不仅要发挥个人的人高肢长(或器械长)的特点,关键是要以超长的手法,达到攻击的目的。具体方法是,攻击时放长肢体。例如,长拳的冲拳拧腰送膀,力由脚起;通臂的劈掌抻肩探臂,力由脊发。这些都是放长上肢,加长攻击距离的技法。其次是以灵活的步法加长进攻距离。

以 短 制 长

"以短制长"是一种以短打制服长击的技击战术。短与长相对而言。所谓短,指使用的兵械或出击的肢体长度短,也指攻击的距离近、幅度小。"以短制长"是短兵器对付长兵器、矮个子对付高个子、善短打类拳技者对付善长击类拳技者的战术。运用此战术时,多采用拳脚交错的密集进攻,或靠近对手,以肘击膝撞重击,或贴挨对手以肩靠胯打,甚至用胸背等部以抖爆力崩弹对手。这样在短距离内贴近猛打,能使对方"长"的优势发挥不出来,而且能阻住对方伸不出手,发不出招。

打动不打静

"打动不打静"是指与人格斗时,应在对方运动时攻击,对方静定时不攻击。因为对方动,才会出现动作预兆、暴露攻防意图;对方动,才可能用劲发力,出现此力终了重换新力,而露出旧力略过、新力未发的战机。对方静定时,其势沉稳,含有待我动而击、见我击而避的主动性。因此,对方动,才有利于寻隙进攻。如对方不动,应先引动对手,再行出击。

以 静 待 动

"以静待动"是武术技击战术法则之一。义同兵家"兵以静胜"(战国《尉缭子·政权第五》)的战术原则。这里的"静"并不是绝对的静,而是相对于"动"而言。"以静待动",是指以沉着镇静、毫无妄动的警戒,对待对方的进攻利诱等各种变动,待寻得对方在动变中露出的空隙,方一举出击,攻而制之。俞大猷在《剑经》中将这种打法,总称为"彼忙我静待,知拍任君斗"。运用"以静待动"的关键,是对方猛攻,我不畏敌心慌,敌方利诱,我不为小利而妄动,始终保持沉静,养精蓄锐,静待战机。

以 动 制 静

"以动制静",指以主动变换、积极攻防为基本打法的战术法则。八卦掌技击法很注重"以动制静",它是针对格斗中对手以静待动的情况,运用八卦掌在不停地走转中变掌换势的特点,制成的战术。在格斗中的具体运用方法是:对方不动,我意;对方始动,我已动;用不停地走转与对手周旋,以我动诱敌动,寻找进攻时机。一旦得机,即以迅雷不及掩耳之势,以快动制慢动。这样,不断地用"动",争取有利于我的空间位置和进攻时机,掌握格斗制胜的主动权。

连 击 快 打

"连击快打"是连续不断地快速攻击对手的打法。"连击快打"要求串连运用的动作衔接紧密、出击迅猛。因此,它们多是事先设计过或曾经操习纯熟的组合进攻动作。其动作转换都在关节活动度允许的范围内圆活变化,而且前一动作的终了,适于后一动作的起动,动作衔接紧、速度快。不仅单一动作的绝对速度快,而且左右交替出击的变换速度快。"连击快打"的手法可连发二手、三手、四手,甚至可连发多达九手。使对方招架不及、无喘息之机。"连击快打"比单一动作的攻击威力大,很受练习者重视。

发头手,打二手

"发头手,打二手",指第一手是引诱虚手,当敌防虚时,我却有准备地出击第二手。此法源自俞大猷《剑经》。原文说:"不打他先一下,只是打他第二下。"散打格斗中的"指上打下",即属此打法。"指上"是诱对方防上的虚手,"打下"才是真正用于攻击的"实手"。运用时,虚手要"示之以实",如像真正进攻一样,才能引得动对方。实手要先隐蔽,"示之以虚",当佯攻引诱得逞,迅速发实手,才能奏效。头手伪装不真,就引不动对方;第二手不快,对方就有重新防守的余地,还可能暴露我的进攻意图,使攻防失败。

起 横 落 顺

"起横落顺"是一种防守反击的格斗方法。其核心是横劲和顺劲的配合运用。即起手(和起步)时用横劲格防,落手(和落步)时,用顺劲进击。例如,对方顺势左冲拳攻我胸部,我微左转身,右脚微微提起,右手向左平拦对方左腕(或臂),使其攻击偏离目标。我紧接着右脚前落,右掌前推,进击对方。右手平拦就是"起横";右脚前落、右手前推就是"落顺"。

以 横 破 直

"以横破直"是用与对手劲力方向垂直的横力,防守或反击对手。运用中包括"以横拦直"和"抢横击中"两法。

"以横拦直",是对方直拳向我击来,其纵向力强,横向力弱,我向左或右平拦或上挑、下压其腕,很容易使其直劲偏离攻击目标,失去攻击效用。

"抢横击中",是对方直拳快速冲来,我及时向斜前方闪步,抢步站踞与对方直进方向垂直的横位,同时反击对方体侧。此时对方纵向稳定,横向不稳定,我横向攻击,很容易在使其直冲落空的同时,击动对方身体重心。

避 正 打 斜

"避正打斜"是八卦掌技击法则之一。所谓"正",指身体的正面,攻击动作的正中点。"斜",指身体正面以外的部位和攻击动作正中点的外围和侧面。"避正打斜",就是要闪避开对手易于攻守、劲力最强的正面,攻击对手的斜、侧、后等部。在具体运用中,多是采用闪步和绕步,完成"避正"。采用以横劲格开其直击,以顺身、顺步、顺劲,攻击对方斜身背势部位,来完成"打斜"。

战 机

战机,即有利于攻击对手的时机。战机包括有效的攻防距离,可击的空虚部位,我能击中对方而对方来不及防守的时间差。抓住战机打,攻击有效。无战机硬打,攻击无效,甚至失利。

战机,有时是"静待"得来的,但不能"守株待兔",要主动寻找。可运用心理战术、"假动作"佯攻等方法创造战机。一旦发现战机,要毫不犹豫、毫不手软地抓住战机,击敌致果。

格斗中的常见战机

战机随着双方攻防变化而出现,多种多样。常见的有下列六类。

1. 从姿势上说,敌势背,我势顺,是可击之机。例如,我绕到敌背后,我可击彼(势顺、得势),彼却不便防守,更难以击我(势背、失势)。另外,对手失势,我得势时,是可击之机。"顺手牵羊"和"顺水推舟",即是抓住这种战机的打法。

2. 从身体重心上说,对手动作属于不稳定支撑时,是可击之机。例如对手两脚换步处于交叉状时,或两脚皆未踏实站稳时等。另外,对手动作支撑面较小时,亦是可击之机。例如,对手起腿踢我,出现单腿支撑时。

3. 从动静上说,对手将动和将静之时,是可击之机。例如,对手准备发起攻击时,对手进攻动作失利、将要恢复成散手基本姿势时,或者将要变化为另一攻防招式时。

4. 从劲力上说，对手"旧力略过，新力未发"之时，是可击之机（参见本编"乘人旧力略过，新力未发"）。

5. 从呼吸上说，对手由呼气变为吸气的换气之际，是可击之机。特别是在对手刚欲吸气之时，我击中对手，我打的作用力与对手吸气同步，能收到很大的打击效果。

6. 从神经意识上说，对手未注意防备或注意力出现疏漏时，是可击之机。例如"攻其无备，出其不意"。另外，对手被我迷惑、上我圈套，做出误判时，是可击之机。

攻防意识

攻防意识，指格斗中力争攻防主动性的心理活动。包括进攻意识，防守意识，攻防互寓意识。

进攻意识：有敢打必胜的心理，积极寻找战机，采用适宜的打法，能在有效的攻防距离内发招制敌。

防守意识：能根据对方的变化，预测其进攻方法和部位，主动防守，运用时间差、距离差或角度差避开对方攻击。

攻防互寓意识：能在进攻对方时，考虑到对方可能的反击方法和部位，而作好防守反击的思想准备。在防守对方的同时，针对对方的空虚而回击。或在防守对方时，考虑到对方可能的连击招法，而作好防守反击、变被动为主动的准备。

攻防距离

攻防距离，指攻防双方之间的间距。确切地说，指自身攻击或防守动作开始处至动作触及目标（对手身体某部）间的距离。在技击格斗中，攻防距离并不是一成不变的，它随双方的进退闪跃而变化。

在格斗时，双方间距离远一点点，就不能击中对手，有时距离过近，又不利于用招发力。因此，调整与对手的间距，抢占有利于我进攻或防守的位置，是非常重要的。一般来说，两人间距不超过一腿长，是有效的攻防距离。在这一距离内，我可以击中对方，对方也可以击中我。因此，调整好攻防距离，只是击中对方的一个条件，要保证我击中对手，而不被对手击中，还须在有隙可乘之时，方可采取攻击行动。

根据攻防距离的变化，变换攻防招法

在技击格斗时，攻防距离不断变化，我采用的攻防招法也应随之变化。执著于某一"绝招"，是不利于在各种攻防距离中保持主动地位、掌握制胜权的。在徒手格斗的有效攻防距离内可采用的有效招法，大致可分四类。

其一，双方的间距为一腿长，采用各种腿法，以脚击敌。

其二，双方的间距为一臂长，采用各种手法，以拳、掌、指、爪击敌。

其三，双方间距为二分之一臂长，采用各种肘法和膝法，以肘、膝撞击敌。

其四，双方间距小于二分之一臂长至与对方贴拢，采用躯干各部和头的技法，以头撞、肩靠、背挤、胸击、腹顶、胯打等法击敌。

技击的距离差

武术技击中的"距离差"，指超出有效攻防距离的差数。在技击格斗中，双方间距稍稍远一点，就打不着。因此，在对方攻来时，如来不及防守，只须微微退步至对手进攻动作够不到即可，有时甚至只须松胯、缩腰、涵胸，就能让对手冲击我胸腹部的进攻落空。在我进攻对手时，则一定要调整好攻防距离，在有效的攻防距离内，才发招出手。只要存在"距离差"，就不发招。为此，要练步法快速和身法灵便，提高主动调整双方攻防距离，进能击着对手、退能使对方不及的能力。

技击的时间差

武术技击中的"时间差"，指攻防双方完成相关攻防动作所用时间的差数。各自完成动作的时间，指动作开始至动作触及对手所用的时间。在"时间差"中，完成动作的时间越短越好。"短"才能在进攻时使对方来不及防守，在防守时能防避对方攻击，反击时能抢先击中对方。即所谓"手快打手慢"。要做到攻防快捷，需要训练提高动作速度。同时，要锻炼提高以"假动作"隐蔽真意图，以及利用最佳攻防距离,达到有效攻击的能力。

技击的角度差

武术技击中的"角度差",指攻防动作偏离目标的差数。在技击格斗中,动作稍稍偏离攻防目标,出现角度差,就能导致打不中或防不住。因此,在躲闪对方进攻时,只要使我的身体正中闪开对手进攻动作的发劲方向,就能让过其锋。在格防对手进攻动作时,只要破坏对手动作的攻击方向,就能避开其锋。在我进攻对手时,则要注意寻找对方不易变化的"死角"而击之,同时,考虑到对方防守的动作可能变化的角度,以"以变应变""发头手,打二手"等打法,击对方于变化之中。

技击格斗中注意利用动作预兆

任一动作都可分为起动、过渡、完成三部分,起动的形态,即动作"预兆"。明钟惺《古诗归》归纳动物的动作预兆说:"将飞者翼伏,将奋者足踞,将噬者爪缩。"《六韬·发启》说:"鸷鸟将击,卑飞敛翼;猛兽将搏,弭耳俯伏。"意即要高飞先伏低翅膀,要跳起先弯曲腿脚,要咬它物先收缩爪子。恶鹍猎物,先缩翅盘旋,野兽捕食,先抿耳俯身。人在技击格斗中,其动作也有预兆,特别在下意识地运用某些攻防动作时。例如,冲拳和上肢出击时,先有动肩、手臂回拉的预兆。又如起腿踢摆时是一腿支撑重心,因此起腿时先有将重心移至支撑腿,并微屈支撑腿以稳定重心的预兆。不过,人是可以以意识控制某些动作预兆的高级动物。正由于人在格斗中,既会自然地表露出动作预兆,又有可能以意识控制预兆。因此,我们可以利用动作的"预兆",作为克敌的信号。首先我们可以通过对方的动作预兆,识破其攻击意图,做好防守和反击的准备。其次,我进攻对手时,要通过减少预兆的表露,攻其无备。再次,我可利用预兆的一般规律性,编成"假动作",故意表露预兆,通过预兆的信号作用,迷惑对手,引对手入我圈套。

减小攻防动作预兆的方法

格斗时,根据对方的动作预兆,可识破其攻击意图。我进行攻击时,减小动作预兆,能隐蔽动作的进攻意图。其方法主要有下述三种。

其一,通过缩短动作时间,减小动作预兆。例如,加强动作的突然性,缩短动作从起动到完成的时间,使对方发现预兆,已来不及分辨真伪,作出相应反应。

其二,通过缩小动作幅度和距离,达到减小动作预兆。例如,远不发招,直待调整好适当的间距才出手,而且,沾衣始发劲,一发即到。

其三,通过肢体某一部位的假动作迷惑对方,隐蔽肢体另一部位的攻击意图。例如,"指上打下"。

假动作及其攻防意义

在技击格斗中,将用以迷惑对手、隐蔽真正攻击意图的虚假招法,统称为"假动作"。它是通过故示假形,引起对方错觉,造成错误判断。我则趁其失误抓住战机,或趁其来不及作出新的防御反应之机,"攻其无备,出其不意"。

假动作既可用于进攻,也可用于防守反击。在进攻时,以假动作吸引对手的注意,当引动对方来防时,我则以藏匿的真招,攻击敌手露出的虚空部位。欲称"指上打下"的"指",就是"假动作"。在防守时,当发现对手是以假动作佯攻时,我也以假动作进行假防,而有准备地隐蔽实招,待对方真招攻来时,我即可迅速反击制敌。

有效的假动作需具备两个因素。

其一,假得逼真,但不失其假。假动作如不逼真,就不可能迷惑对手、欺骗对手入我圈套;如果假动作做成了真动作,则又失其"假"的本质,失去了佯攻的作用。

其二,能引动对手。假动作以引动对方为取胜基础。故意露点破绽的假动作,能使对手误为有隙可乘,而贪利来击。佯攻对手要害或薄弱环节的假动作,能促使对手见危而守;虚张声势的假动作,能使对手疑强而避。总之,假动作以以假乱真为手段,以引动对方为目的。

假动作的内容和分类

假动作的做法很多,因机而变,无穷无尽。根据假动作所隐蔽的真正意图,可以将它们分为若干类,主要有两类。

其一,隐蔽力量的假动作。指迷惑对方不知我力量强弱的假动作。例如,强而示弱:自己本来志坚力强,却以畏惧、柔弱的动作迎敌,引诱对手来攻,我好乘其动而击。《淮南子·兵训略》谓为:"示之以弱,而乘之以强。"又如,弱而示强:估计自己弱于对手,却在沉着应战的同时,以耀武扬威、轻视对手的假相对敌,使对手疑而不敢轻进,我赢得准备,甚至逃走的时机。

其二,隐蔽攻击方向的假动作。指向攻击的反方向佯攻的假动作。例如,"声东击西",以假动作佯攻对方左(右)部,却以实招攻击对方右(左)部。又如,"声坚掩薄",以假动作佯攻对方易于防守的部位,却以实招攻击对方虚空的薄弱部位。再如"指上打下",以假动作佯攻对方上部,却以实招攻击对方下部。一言以蔽之,诱敌防此我却击彼;诳其守彼,我却攻此。

如果再行细分,还有隐蔽招法刚柔的"示之以柔,迎之以刚"(《淮南子·兵训略》);隐蔽动作虚实的"示之以虚,开之以利"(《庄子·说剑》);隐蔽防守状况的"备而形以弛"(《历代名将事略·误敌》);隐蔽攻防意图的"欲守形以攻""欲攻形以守"(同上);隐蔽进退意图的"欲进形以退""欲退形以进"(同上);隐蔽战略打法的"欲速形以缓""欲缓形以速"(同上)。

制造假动作的方法

制造"假动作"的方法很多,主要的可分为三类。

其一,肢体配合完成的"假动作"。例如,以手引上却以腿踢其下部(即"指上打下")。

其二,形神配合完成的"假动作"。例如,以目光注其胸腋部,腿却踢其下部(即"注上打下")。又如故意装出畏惧、出招忙乱的"以强示弱"。

其三,以常规动作的"预兆"为假动作。例如,一般出手时,肩先动;起腿时重心微下降。如果故意明显动肩而掩盖稍稍下降重心,对方见此预兆,以为我将出拳,准备防拳反攻,我却并不出拳,而是起腿击敌了。

总之,"假动作"是两个以上身体部位配合完成的。此假彼真,假出真伏,虚引实击,相互为用。

假动作运用须知

假动作是藏匿攻击意图的手段。运用时要围绕击中对手这一目的来完善。

首先,"假动作"既要利于隐蔽"真动作"迷惑对手,又要利于"真动作"的迅速出击。

其次,做"假动作"时,要适当降低重心,并保持重心只在支撑面内移动,肢体姿势也应紧凑一些。这样易于动作的转换。

再次,要掌握好发真动作的时机。"假动作"产生效应,引起对方误判,始可发"真动作",而且一见对方失误之机要迅速发招。真动作出早了,对方"假动作"效应过后才发真招,都不能获得预期的效果。

另外,我的假动作如未引起对方注意,可以以假为真,直接进攻敌人。我的假动作如被对方识破,要随机应变,改变招法,不能拘泥陈法。此外,运用"假动作"不能单一,要真真假假,多种多样,使对方感到变幻莫测,才能达到以假乱真的目的。

格斗中的攻与防

攻和防是格斗的两类基本运动形式,有攻有防,方为格斗。合理运用攻防动作,就能表现出连击、防守还击等各种各样的格斗场面。攻就是攻击对手。分为抢攻和还击。用于徒手进攻的动作包括踢、打、推、靠、拿、摔等六种技法。防就是破坏对手进攻动作,避免被对手击中要害。包括直接防守和间接防守。直接防守分为制根防守、迎挡防守、碰击防守。间接防守分为闪让防守、以攻为守。

攻和防是一对矛盾,相反相成。攻是为了解除对方的战斗力,达到最彻底地保护自己的目的;防是为了保护自己,积蓄攻的力量,等待攻的时机。因此,在技击格斗中,攻时不能忽视了防,要考虑到我攻击失利后如何防守;防时不能被动逃跑,要注意创造还击条件,考虑到如何由防守转为进攻。

运用抢攻的方法

抢攻是攻击形式的一种,指先于对手发动攻击。抢攻并不是鲁莽行事,而是通过对对手临场状态的分析判断而采取的主动打法。抢攻得手有"先下手为强"之利,可以掌握格斗的主动权,甚至一举得胜。"抢攻"要抢在对手未作好防守或进攻准备时进攻,使其来不及防守;抢在对手"旧力略过、新力未发"之时进攻,使其来不及换劲换招;抢在对手发生失误时进攻,使其来不及做出新的判断和反应。抢攻是"先发制人"的打法,运用抢攻时须快速、勇猛,以手快打手慢。

进 攻 须 知

进攻对手时,往往只考虑选择进攻时机,调整进攻距离,意在击中对方,想一下就击倒、甚至是击残对方。但是,格斗的对象是个活生生的人,是处在变化之中的,我打对方,对方也要打我;我能攻击到对方的距离,也就是对方能击中我的距离;我攻击若失利,正造成对方反攻的机会。因此,进攻对方时应注意,侧身进攻,以减少对方的反击面;两手应交替出击,有攻有防,也可上下肢交替,或身肢交替出击;忌只攻不防。还要注意回手不空,即击发后回收手臂时,要含有格压搂带等法,以防对方乘我回而入。还要注意"劲发即消,拳到即回",使肌肉迅速放松,拳迅速回收,作好重新收缩、向任一方向发劲的准备,作好转换成任一防守或进攻姿势的准备,以防对方乘我"旧力略过、新力未生"之时的攻击。

还击的方法与运用

还击是攻击形式的一种,指两人格斗时,针对对方攻击作出的攻击。还击一般均结合防守形式运用。根据攻防两者结合的时间秩序,可以分为"回击""迎击""反击"三类。

回击,是先防后攻。这是还击紧接于制根防守、或迎挡防守、或碰击防守、或闪让防守之后的打法。

迎击,是防攻同时。这是还击动作与制根防守、迎挡防守、碰击防守同时进行,在防开或挡住敌人来招的同时击中对手的打法。

反击,是闪开对手攻势的同时,或者不管对手攻击,直接攻击对手。这是还击动作与闪让防守同时进行,以及"以攻为守"的打法。

还击是"后发制人"的打法,运用时要注意沉着,在得机得势时才反攻,而且要力争转变防守的地位为主动进攻。否则,只得通过多样的积极防守,创造还击条件,不能忙乱惊慌。

防 守 须 知

对手发动攻击时,不要盲目防守。首先要通过对手动作的"预兆"辨清其攻击路线和攻击部位,辨清其是实攻真打,还是佯攻假打,并依次采用相应的防守方法。其次,待对手攻击动作接近目标时防守,其劲力和招势不易变化,易于达到防守目的。防守动作过早,则运动路线长,动作幅度大,预兆大,对方就有可能及时改变攻击方法,使我此防落空,防彼不及。而且我的防守动作会使身体暴露太多,使对手有连击的可乘之机。再次,在对手动作至肢体处于不利发力的角度时进行防守,易于阻挡住对手进攻。此外,使用步法配合时,要注意上下肢协调动作,不能先退后防,在完成防守动作瞬间应将重心移至前脚,或者说重心移至前脚的动作与防守动作最后完成的瞬间同步进行。最后,要注意在防守的同时进行还击,或者通过防守寻找对手空隙,创造利于我还击的条件。不能消极防守,把防守做成逃跑。须记住,制服对手是最好的防守,只防不攻只会被动挨打。

制根防守的含义和运用

制根防守是直接防守方法的一种。此法是对手攻来时,不防其用于击我的着力部——其肢体的梢端,而是制其出击肢体的根节部,使其劲力传不出,其攻势展不开,达到防守的目的。运用时,可采用按根、拨根等具体方法。

例如,对方右腿攻来,我按其右胯(按根),则其腿踢不起来;对方右直拳冲来,我左手向内拍击其右肩或右大臂(拨根),就能使其直拳偏离方向;在对方手执兵械击我时,我靠近其身的打法,也是"制根防守"还击法。

迎挡防守的含义和运用

迎挡防守是直接防守方法的一种。此法是对手刚发起攻击时,出击初速尚慢,肌肉处于不便发力的情况下,我逆其攻击方向,迎面硬挡其攻势,使其根节劲发不出,梢节伸不出,形不成攻击动作,达到防守目的。

例如,对手欲直拳击我,刚动,我即以手阻住其拳甚至以身体挡住其拳使其臂伸不开。运用此法,应同时配合重力攻击,采取硬打硬进的战术。挡触对手着力点时,要以短促快速的呼气配合,接触部位的肌肉应收缩紧张,加强抗力。以躯干迎挡时,尤须注意。与对手势均力敌或力量强于对手者,方可用此法。如力量明显弱于对手,则不宜采用这种方法。

碰击防守的含义和运用

碰击防守是直接防守方法中运用最普通的一种。此法是在对手攻击即将触及目标时,我以小臂和手掌向上下、左右开合,碰击对手攻击肢梢,使其偏离攻击方向,达到防守目的。也可以用脚、膝来完成"碰击防守"。

具体运用时,要注意辨清对手攻击的方向是上、中、下何盘,是左方还是右方、还是正中位,再采取相应手法。例如,对手直拳攻击我中盘胸部,我可以手掌向左或右平拦其手腕或小臂;对手击我上盘头部,我以小臂格架其小臂;对手用脚踢我下盘裆部,我以小臂或拳掌截格或切按其小腿或踝部。《少林拳术秘诀·解裁手法之真诀》将此简括为"高来则挑托,平来则拦格,低来则砍切"三句话。

以腿完成"碰击防守"的方法亦很多。例如,对方以弹腿击我裆腹部,我可以用膝部碰开其脚,达到防守目的。

闪让防守的含义和运用

闪让防守是间接防守法的一种。此法是辨清对手攻击方向后,以转身、或侧移、或后退等方式,避开对手攻击目标,使其击空的防守方法。例如,对手直拳击我胸部,在其拳即将触我胸时,我左(或右)转身,使其拳沿我胸部滑过;或者我向侧方闪步,使其拳沿我体侧滑过;或者我向下蹲伏,使其拳在我头上击空;或者我向后退一步,使其拳冲击达不到我身。在运用"闪让防守"时,"闪让"的幅度以闪让开对方攻击为度,不要闪让过多。过多,不利于我还击对手。其次,闪让的方法要多样,不能形成呆套,被对方抓住规律。还要注意尽量不直线后退,特别是连续的直向后退,容易被对方的直线连击击得向后倾倒。也不宜以仰头、仰身让过对方直拳,这样做也可能导致向后倾倒。此外,在做蹲身让过对方直拳时,要注意防对手沉肘击我头,或提膝撞我面部。

以攻为守的含义和运用

以攻为守是间接防守方法的一种。此法是辨明对方攻击目标后,不闪、不防其来势,而以攻击破坏其完成攻击动作,达到防守目的。具体运用时有两种形式。

其一,击近破远。例如,对手以手指来戳我眼;我择取对方距我较近的前腿为目标,迅速以前脚蹬踹对手前腿膝或胫骨,我先于对手击中目标,则其胫膝疼痛能中止其戳眼的企图。

其二,击其必救。例如,对手抓掐住我左腕,欲反关节制我;我以右拳猛击其头面、腋窝、或裆部等薄弱要害,其抓拿必不解自脱。

吃招还招的含义和运用

"吃招还招"也称"见招打招"。招,就是攻防招数。可指单一的攻防动作,也指一串动作连贯的打法。"吃招"是防住对手的攻击,"还招"是还击对手。"吃招还招"是一种硬防硬攻的打法。具体运用时,有先格挡开对手进攻,紧接攻击对手的"防而后攻"法,还有一边格挡对手进攻、一边攻击对手的"防攻同时"法。

运用四肢进行分域防守的方法

对待对方单一招势的进攻,几乎可以利用任一肢体进行挡格。例如对方击我下盘,我既可退步让开,也可提膝格挡,还可以手臂向下压按进行防守。但是如果对付对方连续的进攻,仅用身体的某一肢节进行防守,就难免会出现顾此失彼、手忙脚乱的情况。因此,合理地分配四肢各自的防守区域,是充分发挥四肢防守功能的经济安排。具体方法是:以上肢防护肚脐以上部分,其中又以手防护正中,以肘防护两侧;以下肢防护肚脐以下部分,其中又以大腿和膝防护上腹和裆部,以小腿和脚防护膝以下部分。此外,左臂与左腿防护身体正中与体左侧之间 90°范围;右臂和右腿防护身体正中与体右侧之间 90°范围。对手进攻如在体侧超过了 90°范围,则以转腰增加防守幅度,或者移动脚步增加防守幅度。

用头还击的方法

在传统武术技击中,以头为击敌的一个"拳"头。格斗时以头击敌,常能收到攻其无备、出其不意的效果。在自卫防身时用头顶撞还击敌手的方法主要有三种。

其一,开臂撞胸:如歹徒迎面扑来,欲提我颈或欲抱我腰,或欲双推我胸(如形意虎扑),或合击我耳(如太极双峰贯耳)时,我乘敌临将撞到、或即将击中时,突然以两小臂由内向外分开敌臂,同时以前额猛力撞其胸口,即可将敌撞出。

其二,靠身击鼻:如我被敌手正面抱住腰臂,两手失去动转自由,这时可乘其搂抱劲,突然以前额用力击敌鼻,同时猛撑臂,挣脱敌抱。

其三,托臂撞腋:如对手攻我头部(如戳眼、打鼻、以刀刺面等)时,我在其将击到我头部时,突然上抬小臂成坡形,托架起对方手臂,使其攻击顺我臂侧滑过或向上偏离我头部,同时,以前额猛撞对手被敞开的腋肋部。

以头还击对手时,要注意以前脚滑进、后脚蹬地、直腰竖颈配合发力。两手既要格拨开敌臂便于我撞击,又要控制敌臂,防其击我面部。

对付矮小对手的打法

在徒手格斗时,高个子遇到个子矮小的对手,应该采取扬长避短的打法,充分发挥自己腿长、臂长,居高临下的优势。避免自己肢长身高,不利于短距离施技发劲的情况。具体打法是多用腿法、直拳长击对手,将对手控制在我可击中彼,彼不能触及我躯干要害的攻防距离内,使对手不能发挥贴身短打的优势。并且在防其击我下部的同时,多用劈掌、搧掌、插掌等击其头、眼部。

对付高大对手的打法

在徒手格斗时,小个子遇到个子高大的对手,要夺取胜利是较困难的。但是采取避其长击其短的打法,同样可以出奇制胜。

个子矮小则目标小,易于防守。采用靠近对方、贴身近战的打法,能发挥自身肢节短、易于连击快打的特点,而且避开了对方臂、腿较长的优势。并且多用屈膝伏身击其下部、动摇对方支撑脚或击其裆部要害等法,使对手忙于退避,难以发挥攻击能力。

小个子要贴近高个子对手,也是件不容易的事。一般在未贴近时应先退避其长,不忙于乱防守和进攻。一旦得机得势,要毫无畏惧,勇往直前,以连击快打全身逼近对手,然后连续以头撞、肩靠、背挤、胸打、腹顶、胯打、臀击等法,以击倒对手、击伤对手,消除对方的攻击能力,达到制敌目的。在钻进对方防守圈时,要注意降低身体重心,保持自身平衡状态,并提防对方击头。

格斗中注视对手的方法

在对抗格斗中,一般都以注视观敌变化,并以注视威慑对手。因此,注视时目光需凝聚成束,注敌一点,或视敌一部。根据传统经验和文献,主要有三种注视法。

其一,注视对方两目,从对方目光中窥测其意向和胆力。如对方视我左,需防其攻左;如对方目光有诈,虚实不明,须防其视上打下;如对方目光恍惚,说明其胆力已怯等。

其二,注视对方两肩,预测其出招意向。一般来说,对方肩部下沉是起腿的预兆,而且左步在前,多起右腿,右步在前,多起左腿。对方左肩后动,必出右手,右肩后动,必出左手。

其三,注视对方眉与脐间三关。毕坤《浑元剑经·内篇》总结云,上视其眉间为上关,可查对手眼之变化;中视其肩项为中关,可查对手手肘起伏;下视其带脐为下关,可查其腿脚踢跃。

运用"注视"法时,要注意"注一挂余"。

提高攻防动作灵敏速度的方法

灵敏速度是技击格斗的主要素质之一。进攻动作快,就能击中对方,防守动作快,才能防得住、闪得开。

灵敏速度的锻炼,以提高柔韧性和力量速度为基础,方法包括柔功的静压和动转练习,小负荷快速度的速度性力量练习。手握轻哑铃或小沙袋进行快速冲拳练习,是速度性力量练习的一种常用方法。然后,要密切结合攻防动作的格斗特点,采用由同伴帮助下的信号引动训练、对镜斗影训练、吊袋功训练等手段,逐步提高灵敏速度,达到反应快、判断快、发招快的目的。最后,还要多通过与同伴或对手的实战格斗,在尽可能接近实战的情况下进行锻炼,才能练出对敌实战,仍能眼快、手快、步快、周身灵动、得心应手、一触即发的灵敏快速能力。

人体要害与薄弱部位

人体要害与薄弱部位,指受外力击打和压迫易致伤残、或影响活动能力的部位。在散打竞赛中应遵循规则规定,不击打规则禁击的部位。在遇到歹徒时,则可择而击之,制服敌手,达到自卫防身的目的。这些部位主要有:

1. 两眼:受轻击则视线模糊,影响辨别能力;受重击能致盲。

2. 鼻梁:被击易成骨折而受制。

3. 腮部:受击易骨折或造成下颌关节脱臼。

4. 太阳穴:受轻击则头晕目弦,影响反应能力;受重击不治。

5. 耳门:受轻击则头晕眼花,影响辨别能力;受重击能致聋。

6. 喉:受击能影响呼吸,导致动作无力;喉结打断无治。

7. 颈内动脉窦:受击能反射性地引起心跳减慢、血管舒张、血压降低,轻者头晕无力,重者能致休克。

8. 后脑:受轻击则动作、呼吸失调;受重击易休克。

9. 心窝:受击能影响血液循环,导致昏迷。

10. 两腋:受击易造成肋骨骨折,引起内出血。

11. 两肋:受击易造成肋骨骨折和内脏受伤。

12. 胃:吸气时受击,易堵截呼吸,造成休克。

13. 腰眼:受轻击酸痛;受重击能致内出血。

14. 下阴:受轻击即疼痛;受重击能致休克。

15. 尾骨:受轻击即疼痛;受重击能伤及中枢神经,导致瘫痪。

16. 髌骨:受重击能使下肢运动受阻。

17. 膝侧:受击能使内侧副韧带(由外向内击)或者外侧副韧带(由内向外

击)受创,使下肢运动受阻。

18. 胫骨:受轻击剧痛;受重击能致骨折。

19. 足踝:受击能使下肢运动受限。

八打与"八不打"

"八打",指练习徒手格斗时,打之易于制服对手的人体部位。"八不打"指与人格斗时,打之可能致残或致死的部位。清升霄道人著《短打秘钥》载其诀云:

八打:

　　一打眉头双眼　（指眉弓与眼睛），

　　二打唇上人中　（指人中穴），

　　三打穿腮耳门　（指腮部和耳部），

　　四打背后骨缝　（指肩胛骨内外缘），

　　五打肋内肺腑　（指两肋），

　　六打撩阴高骨　（指耻骨），

　　七打鹤膝虎头　（指髌骨），

　　八打破骨千金　（指臁骨）。

八不打:

　　一不打太阳为首　（指太阳穴），

　　二不打对正锁口　（指胸口剑突），

　　三不打中心内壁　（硬肋与软肋连接处），

　　四不打两肋太极　（指两腋），

　　五不打海底撩阴　（指下阴），

　　六不打两肾对心　（指腰眼），

　　七不打尾闾风府　（指骶尾骨），

　　八不打两耳扇风　（指耳门）。

攻防格斗实用技术

攻防格斗的基本姿势及其基本原则

攻防格斗的基本姿势也称为实战姿势。在格斗中,实战姿势是攻防动作的起始和终了型态,各种攻防运动皆以它为中介型进行变化,而不能过多偏离,因此,称之为实战姿势。不同的拳种,实战姿势及其名称不一定相同。例如,长拳类的"鸳鸯拳(掌)"、太极拳的"搭手"、形意拳的"三体式"、八卦掌的"转掌式"、意拳的"技击桩"、截拳道的"警戒式",等等。不同人有着不尽相同的身体条件(身型、体能等)和技术特长,使用的实战姿势也不尽相同。

一般来说,实战姿势应该有利于步法的进退闪移,有利于保持身体平衡,静待时身体暴露面小,动变时意图预兆小,能迅速防及任一方位或出击对方。就某一个体来说,适宜的实战姿势,有利于充分发挥个人的体能和技能,有助于灵活运用战术。总的来说,实战姿势要符合战胜对手、保护自我的总原则。

实战姿势常被编为套路的起势(起手势、出门架子)。

徒手实战姿势的一般规格要求

1. 错步站立,重心靠中。两脚前后分开,间距约本人脚长的 2.5 倍。相对两脚平行横开的步法来说,错步是体侧对敌。在两脚位置不变的情况下,身体重心靠近两脚中间,四围稳定角相近,易于维持平衡。在两脚欲移动时,重心能快速向任一方向移动。

2. 前扣后摆,裹膝屈髋。前脚尖微扣、两膝微内裹,有护裆之形。如果前脚尖外摆、两膝外展,则敞开裆部,易受击。其次,前脚尖微扣,后脚尖略摆,两脚掌接近平行,较前脚不扣和后脚不摆的支撑面大,衡定性好。一般前脚尖内扣不过30°,后脚尖外摆不超 50°。

3. 三尖一面,垂肘双环。"三尖一面",指前手、前脚、鼻尖在一个纵面上,身体只有一侧面、一线暴露给敌方。"垂肘双环",指两臂屈肘,肘尖微下垂至低于手高,两臂环曲体前,一前一后、一上一下,如同两环。这样,手不动则护中,向上则防至头,向下则护至小腹。前手漏防,后手可补防。两肘屈蓄,有护腋、护肋之势,易于下护两侧。

4. 顶头收颏,注一挂余。头微顶、颏微回收,使头正颈竖,下颏护着咽部等要害。目光专注敌肩、或眼、或进攻部位,余光照着敌全身,即"注一挂余"。这样才能更好发挥眼的监查之能。

5. 身肢屈蓄,劲力内聚。徒手实战姿势除前面谈到的四肢弯屈状外,躯干也须涵胸拔背,并以髋部为轴微向前倾。这样全身各部处于适度的屈曲内收状,符合蓄势、聚劲的基本要求。既可继续屈收防守,又可迅速伸展出击。保持屈蓄状的基本姿势,肌肉在放松状态下,伸肌适当拉长,有助于加强伸肌突然收缩爆发发力。

徒手实战姿势禁忌病

1. 忌前脚尖外摆。外摆能造成身体暴露太大,使裆部敞开,胸腹对敌,不利防守。

2. 忌两腿直立。两腿直立,肌肉无伸展余地,欲移动须先屈膝,使步法迟缓,而且不可能有忽起忽伏、忽移忽定的弹性。

3. 忌步幅不适中。徒手实战姿势的步幅长短与人的高矮和腿部力量的大小成正比,高个子和腿力强者,步幅长些。此外,采取蹲式进攻者,步幅也可长些。一般来说,步幅长短以本人的一自然步为适中。步幅过小,虽然移动较快,但支撑面小,易失去平衡。步幅过大,虽支撑面大,稳定性好,但移动不灵活,妨碍快速进退,不利于发挥髋部的旋转力,出击动作预兆大,而且前腿和裆腹部易被敌击中。

4. 忌重心不适中。徒手实战姿势的身体重心以落在两腿中间或微略后偏为宜。如果重心过于后偏,则后脚前上困难,且预兆大,还会影响上肢攻击动作的力度;如果重心过于偏前,前脚移动不便,而且一旦前脚被勾扫踢中,容易倾跌。

5. 忌两拳位置过低。如两拳皆下置腰胯部,既不利于防护胸、项、头等部,而且出击路线长,易被对方识破攻击意图而失利。

6. 忌两肘上抬。两肘上抬则两侧空虚,易被对方击中腋、肋等薄弱部位。

鸳鸯拳的做法

鸳鸯拳是徒手实战姿势的一种。以两拳能相辅施展攻防技法,故名。以左式为例说明做法。

两腿左前右后错步站立,左脚尖内扣约 25°,右脚尖外展约 45°,两膝微屈,两脚底贴地,重心在两腿中间;左臂前举,微屈肘,拳高与咽同,拳眼向右斜上方,右臂屈肘环于胸前,拳面朝左肘,拳眼朝左肩,两肘微下垂至低于拳高;眼看前方(见图)。

阴阳掌的做法

阴阳掌是徒手实战姿势的一种,以两掌掌心一朝上(为阳)、一朝下(为阴),称为阴阳掌。以左式为例说明做法。

两腿左前右后错步站立同鸳鸯拳,唯重心微偏于后腿;左臂前举,微屈肘,掌心斜朝右上,指尖高与眉齐,右臂环曲其下,掌心朝右下,食指尖对左肘尖;垂肘、松肩、塌腕,上体与左臂约成 135°角,涵胸、拔背,敛臀、松胯;眼向前看(见图)。

警戒式的做法

警戒式是李小龙技击术的基本实战姿势。这个姿势既有传统武术实战基本姿势的特点,又吸取有西方搏击术基本姿势的特点。以左式为例说明做法。

两腿左前右后错步站立,间距为一自然步,左脚尖内扣约 25°,右脚尖外展约 45°,两膝微屈,两脚跟微提离地面;两臂屈肘于体前,左臂在前肘微屈,拳高与胸平,右臂屈肘在后,拳高与肩平;左肩微起,下颏微收,上体微前倾,至左肩峰与左脚跟上下成一垂直线;眼看前方(见图)。

要求临敌时,前手(左手)不断晃动,头不断摆动,积极准备避让和出击。

鸳鸯掌   阴阳掌   警戒式

冲拳的作用和要点

冲拳是以拳直接出击的攻击手法。冲拳是直线出击,路线短,速度快,易于对准目标。而且握拳攻击,手不易受损。冲拳可向上、中、下、左、右等任一方向出击,其中水平正中位的冲拳,最受各派拳家器重。

"冲拳"是长拳类拳种称谓,格斗中称"直拳"。在形意拳中称为"崩拳",以喻其似箭。在通臂拳中称为"中拳",认为"万法不离中"。各家做法不尽一致,各有所长,但就其作用和要点来看,大致相似。

从攻防作用看,此类拳皆沿水平正中线出击,路线最短,便于快速出击,也便于快速回收。另外,此拳占据水平正中线,对手不易攻入我正中方位,若从侧方攻我,则无我快。

从动作要领看,此类拳法,均要求拳头出击时,以鼻尖为准星对准目标。拳头出击后,鼻尖、拳头、前脚尖、目标(攻击点)上下相照在一纵面内,拳头的路线呈直线。其次,均要求出拳时身体重心要前移,击中目标时,身体重心与前足跟对正。再次,均要求以爆发力击中目标,而且一击中就放松。

直拳的运用方法

直拳是散打格斗中平直向前冲出的拳法,用于攻击对方头部眼、鼻、腮、耳门,颈部喉、颈动脉窦以及胸部。

运用直拳时,首先要保证出击手在身前正中面内平直出入,以爆发劲出击,并以转腰送肩,加大出击的长度和力度。身体重心应随冲拳前移,拳冲出时重心前移至与前脚足跟对齐。须用进步配合攻击时,脚步滑进应随出拳同时开始,同步完成。其次,尽量不要回拉手臂后再发拳,以减小动作预兆。另外,冲拳动作要有弹性,肌肉要放松出击,触物方紧,一紧则松。切忌鼓劲过早、击出僵滞。

直拳是格斗中使用最普遍的拳法。由于它进行的路线短,出入快,因此常能以快打慢,击中对方。但是,由于直拳运用普遍,拳手们总结的防守和还击方法也较多,要运用好直拳、获得一定的攻击效果,就应考虑到对方可能的防守,有准备地再进攻。

以中拳应万拳的含义与运用

"中拳"是通臂拳中,沿水平正中线出击的拳法。该拳系认为,"万拳之法不离中,中门之路妙无穷……迎敌我使中拳护,入界我使中拳攻……"。总之,不管对方从何方位进攻,也不论其速度快慢、劲力刚柔,我皆以中拳防护还击。

按照这一理论,在与人格斗时,不论对手以何种招法攻来,我均以中拳还击对方剑突、胃等部,同时以另一手或腿防守对方攻击。例如,我总以右中拳还击那么,攻击我上盘(眼面部),我则以左手格架,同时发右中拳;对方击我下盘裆胯部,我则以左手截切,同时发中拳;即便对手也用中拳来击我正中,我也可以向左转腰,使敌拳沿我左胸滑过,同时仍用右中拳击对方胸腹。

运用摆拳的要点

摆拳是由外侧弧形向前横击对手太阳穴、耳门、腮等部的攻击动作。运用此拳的要点是以闪步转腰以腰发力,带动摆拳。例如,对手右直拳击来,我左脚向左侧闪移半步,右脚随之移动;同时腰向右扭转,左拳横击其右耳门。在此用例中,我闪步的转身使对方直拳沿我右侧滑过,击发落空,我摆拳则击中其头。运用摆拳时,要注意控制身体重心,防止摆转制动不住(特别是摆击落空时),被对方顺势攻击。

运用勾拳的要点

勾拳是屈臂以拳的指关节部着力,由下向上击打对手裆、胃、下颏等部的攻击动作。运用此拳的要点,是以上体涵胸微前倾和顺向转腰配合发力(如做右勾拳向左转腰)。此外,还要注意上步与勾拳同时;发力时,身体重心应前倾至与前脚足跟对齐。用例:如对手右直拳击我胸,我即以左小臂(或手掌)格拦,同时出右勾拳击其裆腹部。

半步崩拳的含义与运用

"半步崩拳"是形意拳系连打带进的一种攻击动作。

"半步"指前脚进半步、后脚跟进半步的催步,因整个身体只前移了半步距离,故称"半步"。"崩拳"是沿水平正中线击发的手法。

运用"半步崩拳"的要点有三。其一为"直进直击"。即进步路线要直,出拳路线要直,而且两直线上下相对,在一纵面内。其二为步到拳发。即意一动前脚即向前蹿进,后脚则快速蹬地跟进,拳随步进而发,步到拳到。其三,回手不空。即崩拳发出后,不是仅仅为重新发劲、发招而空空收回,而是在收回的过程中,要含有防护招法。例如,我右崩拳攻入,对方闪让还击我胃腹部,我则以右拳变掌边拦格边回收,同时崩出左拳;如果对方闪让还击我左腋,我则外旋左臂边以拐肘防开其拳边回收,同时右拳崩出;如对方闪让击我右肋,我则边沉肘下按其拳边回收,同时左拳崩出;如果对手抓住我左手腕,我则边旋转小臂用力向其拇指侧拉压回收,同时右拳崩出。半步崩拳多是连续运用。由于此法有攻有防、动作紧凑,直进直击、快速猛勇,步到拳发,平衡协调,所以常能逼得对手防不住、退不及。在形意拳史中,郭云深、尚云祥皆是以擅使"半步崩拳"而成名。

顶肘的运用方法

顶肘是以肘尖直冲对手胸、胃、腋、肋等部位的攻击动作。运用时,须先涵胸拢臂以蓄势,然后两肘突然猛力外撑以肘尖顶出。例如,对手以右直拳击我胸部,我腰微右转、胸微合拢,以左小臂由外向内格其右腕或小臂;紧接着,左脚向前滑进、左肘尖猛向对手右肋部或右腋顶去。这一用例，将蓄势动作与防守配合，蓄得足、发得快。又如，对手从背后抱住我腰和两臂，我可借吸气和两臂微向前撑蓄劲，紧接着突然下沉重心，腰微右转，以右肘尖向敌胃部或右肋顶撞。

顶肘是与对方靠近才可使用的招法，如与对手间距远不可用；贴得太近，又不利发力。因此在两人间距适度时，须束身进步发肘。如贴住时，须先微撑离对手，然后才顶肘发劲。使用顶肘时，大小臂要屈紧，仅以肘尖为力点。步和身体重心皆须随顶肘方向移动。一般以重心前移至与前脚足跟对正为度。

横肘的运用方法

横肘是以肘前部横打对手头、胸、肋、腰等部位的攻击动作。运用时，须屈紧大小臂，以腰拧击发力，力达小臂后侧近肘关节段。例如，对方左直拳攻来，我以左手由右向左拦其左腕或小臂；同时，腰向左转，右肘向前横打对方左肋或腰部。或者，我先以左小臂由外向内格其左腕或小臂，同时腰微右转，对方攻招落空收回时，我即随其势向左猛地拧腰，同时右肘猛力横打对手左肋或腰部。前一例攻防同时，发招快；后一例蓄劲足，发劲猛。

运用横肘时，脚步向前滑移，重心亦随之前移。一般以重心前移至与前脚足跟对正为度。

拐肘的运用方法

拐肘是以肘关节向外弧形格挡的防守动作。多用于冲拳后，乘屈臂回收之势外拐。例如，我右冲拳击对手胸部，对手右转身让过，同时用左拳冲我右肋，我即可屈右臂，以右肘尖向外、向后撞击对手左小臂。这一用例，既以拐肘完成了防守任务，又达到收回右拳再次出击的目的，是"回手不空"的用法。

身法在格斗中的运用

在攻防格斗中，常用的身法有吞、吐、拧、转等法。合理地运用这些身法，既有助于缩小防守面，又能延长进攻和退守路线，还能增加进攻招势的力量。

例如，当对方正面向我胸部击来时，我只须身体向左或向右拧转，对方攻击力即沿我胸部向侧滑去。我以体侧侧对对方的姿势进行防守或攻击，暴露在对手正面的可击部位就小，也就是我须防守的范围小。与将身体正面暴露给对手相较，这就易于防守。

又如，当对方向我胸腹部击或推来时，我不必动步，只向后坐胯、缩腰、涵胸，吞身至对方进攻动作距我分毫，即不能伤我。而我还可顺对方回收，送胯、立腰、展胸、舒身追击。当我抓住对方向后捋带时，仅靠手回拉的力量和幅度，往往不易牵动对方重心，如果配合转腰，就能加大回拉的幅度和力量。

再如，我发力击敌时，如果仅靠上肢由屈到伸，或由伸到屈发力，那么，所发力量远远小于躯干配合完成的"腰脊"发力，其原因是，前者参与发力的肌群较后者少，且发力距离较后者短，不如后者有较长距离创造发力的初速度。因此，当对方攻击时，我以转身或吞身配合防守动作，既有助于造成对方攻击的距离差和角度差，增强防守作用，同时又有助于蓄势和蓄劲。当我防至对方旧力略过之时，以回拧或舒伸躯干的身法配合进攻发力，就能借助身体拧转或舒伸的势能，发出聚蓄的劲力，获得更好的攻击效果。

进步低、退步高的含义与运用

"进步低、退步高"是武术前辈总结的格斗经验之一。指散打格斗中的身架高低要因进退而定。

"进步低"，指进攻对方时要降低身架进步。这样，重心低则沉稳，架式小则利于在进攻对方的同时，严谨地防护自身。低小的架式还使身体各部内聚、收缩，具有蓄力的作用，当进至靠近对方时，突然撑展身体，能爆发出较大的打击力。

"退步高"，指后退时，要逐步升高身架退步。这样，有助于加快步速，防止后退不及，上体造成后仰的危险，从而使身体在退守中处于稳定状，以便及时变退为进，变防为攻。

提高实战步法既快又稳的方法

在实战格斗中,步法快才能抢占有利的攻防位置,快才能击得中对方,避得开攻击。同时,脚步支持稳定,上体运转、攻防时,才能有个稳固的基础。做到步法既快速又稳沉的关键有两点。

其一,多用碎步,忌用大步。在格斗时采用小步幅的快速移动,比大步幅的移动要快、要稳。因为小步疾动时,重心变化比大步移动小,易于迅速建立新的支撑面。因此,当欲上(退)一步时,最好分成两步来快速完成。

其二,多用滑步,忌用跳步。在格斗时,脚掌贴近地面滑行移动,比高抬脚底或跳步行进要快、要稳。因为前者脚底离地近,可以迅速踏实地面,变移动为静定,而且由于脚底和身体重心基本保持平移,要较后者的抛物线形移动距离短,所以移动速度快。

散打中运用的主要步法

武术运动的基本步法都能运用于散打格斗,其中主要有上步、进步、跟步、撤步、退步、闪步、绕步等。上步、进步用于进攻对手,并且常常与跟步相连运用,对敌人进行连续追逼。撤步和退步用于避让防守。闪步是向侧方横迈或斜闪,多用于防中有攻的动作。绕步是闪开对方正中位,沿其体侧上步以配合完成击敌侧面的动作。

散打滑步的练法

滑步是指脚掌擦地移动的步法。在散打格斗中,不论是前进后退,还是左右闪展,多采用滑步。练习滑步时,上体始终保持基本攻防姿势,两腿位置和身体重心要尽可能波动小些,并能在脚一定位,就恢复成基本攻防姿势。下面以左鸳鸯式为例说明做法:

前滑步:左脚前掌擦地向前滑动半步,重心随左脚前滑微向前移,后脚迅速滑地跟上,重心回复至两腿之间。

后滑步：练习法同前滑步练习法，唯前后相反、左右相反。

练习滑步时，一般采用连续向前、连续后退的方法。即左脚向前滑进，右步跟进；左脚再向前滑进，右脚再跟进。如此连续重复练习几次，再换练向后滑步或右式滑步。由于散打格斗中，步法的移动是用于调整与对手的间距，因此，练习时可采用两人对面站立，一方主动进退，另一方随之退进的方法进行。主动进退者，可任意改变滑动方向和步幅，被动进退者视其方向和步幅而移动，保持一定距离。

散打闪步的练法

闪步是向左、右横向移动的步法，分为左闪步和右闪步。

左闪步做法：以左鸳鸯式预备，左脚向左斜方迈出半步，上体随之右转，保持身体左侧对前方，右脚随即向左后方滑一小步，两脚迅速恢复成鸳鸯式步型。右闪步做法与左闪步同，唯左右相反。

练习时，可假设面前站有一敌人，或者面对一标志物（如树干、助手等）站立，以标志物为敌手进行练习，要求闪步移至"对手"体侧即可，不必闪移过大。前脚一迈出，就要迅速移后步，尽量缩短闪移时间，减小身体正面对敌的空隙。

散打绕步的练法

绕步是向对手体侧移动的步法，分为左绕步和右绕步。

左绕步做法：以左鸳鸯式预备；左脚向右前方迈半步，右脚前上一步，脚尖微扣；紧接着左脚向右后滑步成右鸳鸯式。此步法使身体面向转动了90°。右绕步做法同左绕步，唯左右相反。

练习时，可假设面前站有一敌人，或者面对一标志物（如树干、助手等）站立，以标志物为敌手进行练习，要求由面对标志物正面，绕上成面对标志物侧面。绕上步法要连贯迅速。

散打练习既要重巧又要重力

散打是一项较技、较力的运动。正确熟练的武术攻防技术，能有效地发挥人的力量;没有足够的力量,则不能使攻防招法发挥应有的攻防效用。

明代武术家唐顺之在《武编》卷五中谈到对搏胜负的基础时说:"两精则多者胜,两多则熟者胜,两熟则骏与狠者胜。"其中,骏是快的意思,狠是力重的意思。大意是,格斗双方如果技术都精巧的话,掌握技法多者胜;如果皆"多",则运用技法熟练者胜;如果皆"熟",则速度快、力量大者胜。因此,练习散打既要重视攻防技巧的练习,又要注意力量的训练。

踢　　法

踢法是武术技法的一类,泛指以下肢攻击和防守的方法。人的下肢比上肢长,力量也比上肢大,而且可攻可守,还可连防带击。距敌远则用脚,距敌近可用膝。所以拳谚中有"手是两扇门,全凭腿打人""手打三分,腿踢七分"等说法。当然,由于脚的主要功能是支撑身体,起腿击敌,支撑面减小了很多,使身体的稳定性受到影响,故拳谚又说"起腿半边空"。在格斗时,我们既要利用踢法的特长,又要避免踢法的短处。通过腿部柔功的练习,可以加大下肢的动作幅度,从而提高踢击的灵活性和踢击的技能。通过平衡动作的训练,又有助于提高单腿支撑的稳定能力。在运用踢法时,快速出击、迅速回收,尽量少用高过裆部的脚法,不要贪图击过远的目标等,都是必须注意的。

勾踢的运用方法

勾踢是以脚内侧至踝关节部着力、由外向内勾踢对方踝部的屈伸性脚法动作。在下述两种情况下,都可用勾踢。其一,对方左脚在前,重心在左腿,我即以右脚由外向内勾踢其左脚跟,以掀动其重心,使其倾倒。其二,对方左脚在前,重心不在左腿,我可勾紧脚尖,仍以勾踢动作,用脚跟着力搓击对手左脚背至踝关节部。

勾踢多与进步和上步结合运用,并以步法藏匿勾踢意图,似屈膝上步样,至将接触目标时,才突然发劲勾踢对方。勾踢时,支撑腿屈膝降低重心,保持自身平衡。如用右脚向左勾踢对手,能配合以手向右牵拉或用背臂向右挤靠对手,效果更好。

踩脚的运用方法

踩脚是脚尖外摆,以脚掌着力向前蹬踏对方胫骨、踝和脚背的屈伸性脚法动作。运用时,多以前脚踩踏对方前腿。格斗时,双方前腿的间距最近,常能以踩脚造成对方疼痛,影响其上肢的进攻动作。运用踩脚时,应保持自身平衡,身体姿态无预兆,出其不意,快速出脚。凡对方注意力在腹以上部位时,皆可用。

踹腿的运用方法

踹腿是脚掌内扣,以脚外侧着力击敌的屈伸性腿法动作。可用于攻击对手的胸、腹、裆、腋等部。运用时须转身侧倾,先屈后伸。例如踹右腿,则身体左转,向左侧侧倾,右腿先屈膝抬于右侧,再突然向对方空虚部蹬伸踹击。踹腿攻击距离远,而且我腿踹出后上身侧倾,对方不易击中我的上体。因此,在对方以拳掌攻我上部时,多可不防其臂,直接踹击其腋肋等部,以攻为守。但是踹腿出击远而高,易被对方抄、抱。因此,必须有机才发,出其不意,如屈膝抬腿后无虚可乘,则不可踹出。此外,运用踹腿还应一发即收,快击快回。

蹬腿的运用方法

蹬腿是勾紧脚尖,以脚跟着力向前蹬击对方的屈伸性腿法动作。运用时,先屈膝抬腿,再突然向对方空虚部蹬伸击发。如屈膝抬腿后无虚可乘,则不必蹬击。可以上肢的假动作佯攻其头部,诱动对方防上,我即蹬击其裆,效果较好。蹬腿出腿较高,易被对手抄抱。因此腿蹬出即应快速收回。这样可减少对手踢击我支撑腿的时机。蹬腿时,支撑腿可略屈,以降低重心,加强自身平衡稳定。

弹踢的运用方法

弹踢是绷平脚背向前踢击对方裆腹部的屈伸性腿法动作。单练弹踢动作时,力达脚尖。与人格斗时,应以脚背着力,避免脚指受伤。(如穿硬底鞋,也可以脚尖着力)。用法和要点同"蹬腿"。

摆腿的运用方法

摆腿是绷平脚背,由外向前弧形横击对方躯干部的腿法动作。可以直摆,也可在发劲时略带弹击。运用时,要以拧腰合胯带动摆击,并以腰胯发爆发力,力达脚背,上体随之向异侧侧倾。如右摆腿,腰须猛向左拧,右胯要猛向左合,同时上体向左侧侧倾。结合转体完成的摆腿,称为"旋踢"。摆腿攻击距离远、击发力强,可用于远攻对手。运用时,要注意自身平衡,及时制动,速发速收。防备我摆击落空时,对手趁我转动之势击我腰背,或抄抱我腿。

用膝防守还击的方法

在传统武术中,膝被视为一个"拳头"。具有保护裆腹部和攻击对方胸、胃、裆的作用。由于支配膝部上顶的肌群丰厚,以膝击敌,攻击力较手脚为大。格斗中,多与手法和踢法配合运用。用膝防守还击的主要方法有下述两种。

1. 顶膝解脱

(1)对方欲正面抱我腰或双手击来时,我两小臂迅速上格,同时屈膝上抬,用膝顶对方裆或胃部。

(2)对方正面抱住我腰和两臂。我两臂突然外撑或上穿抱拉其颈,同时提膝顶击对方裆、胃部。

(3)对方两手正面抓住我两手。我猛然外旋上抬小臂,同时提膝顶击对方裆部。

2. 格膝踢击

对方以脚蹬或弹击击我裆部。我屈腿提膝以小腿向内格其足踝部,紧接着伸膝蹬或踹对方支撑腿膝、胫部。运用"顶膝"击敌,须在与对方贴近时。运用"格膝"防守,须在对方攻击快触及我身的瞬间。

摔 跌 法

摔跌法是摔法和跌法的合称。摔和跌,都是掷出、颠翻的意思。摔跌法包括摔倒对手的技法和倒地技法。在明代多称"跌法"。"千跌张"就是当时擅长跌法的名手。戚继光《纪效新书·拳经捷要篇》记有抢背跌、勾脚跌、后扫跌等多种跌法。近代长拳将这类技法与踢、打、拿并列,合为长拳"四击"之一,称为"摔法"。

摔跌法讲究一触即跌、一触即摔,不同于互抱抢把、较力争巧的摔跤。摔跌法中,脚的勾、踢、锁、绊与上肢的拿法、打法、推法,或躯干的靠法、撞法配合运用。而且,跌不翻就打、就拿;摔倒了还打、还踢,直到制服对手,也不同于摔跤运动只许使用跤术方法摔掼对手。在徒手格斗中,摔跌法运用很广泛,既可用于主动进攻,也可用于防守还击。

勾脚跌的运用和要点

勾脚跌是在上肢配合下,以勾脚摔倒对方的一种跌法。运用勾脚跌的要点,是上下动作同时、相向发力。戚继光《纪效新书》谓之"钩脚锁臂不容离,上惊下取一跌"。在对手两脚前、后分开站立,重心偏于前脚时,或者对方单脚独立时,可用勾脚跌。常见运用法主要有两种。

1. 锁臂勾脚跌　对方以右拳击我头部。我左步微左移,以左臂格架其腕;紧接着右脚向左前勾踢对手左踝跟,同时右手向右后勾按对手颈胸部(图1①②③)。

2. 抄腿勾脚跌　对方以左脚踹我左腰部。我左脚向右前滑进,同时以左手下格其脚腕或小腿;紧接着左臂内旋抄抱其小腿,同时,左转身以右脚向左上勾踢,右手伸于对手腹前或胸前,向后拨动(图2①②)。

图1①　　　　　　　图1②　　　　　　　图1③

锁臂勾脚跌

图2①

图2②

抄腿勾脚跌

抢背跌的运用和要点

抢背俗称"猴子搬桩",是在倒地前滚时施用手法以摔倒击打对手的跌法。戚继光《纪效新书》云:"抢背卧牛双倒,遭着叫苦连天。"实用时,突然向前跃落,以右手抱住对方足踝回搬,同时左脚以滚动上摆之力击对方裆部。抢背也用于以跃滚闪避攻击,拉开和对手的间距,赢得伺机反攻的时间。运用抢背跌的要点是手往回拉,肩、背、腿依次向前撞打。做法详见本书"怎样练抢背"。

抄腿跌的运用和要点

抄腿跌是对方以脚踢我,我抄其腿而摔之的跌法。要点是其腿接近最高点时,及时抄抱用技。常见方法主要有三种。

1. 抄腿拧摔　对方左脚蹬踹而来。我左手抄抱其小腿,右手抓住其踝部,两手合力以拧转其腿旋外,使其向左侧倒地(图1)。

2. 抄腿踹膝　对方左脚蹬踹而来。我闪身进身,以手抄起其踝或小腿,同时以左脚踹其膝内侧(图2)。

3. 抄腿勾踢　(见本书"勾脚跌"中"抄腿勾脚跌")

图1 抄腿拧摔　　　　　　图2 抄腿踹膝

挂搨跌的运用和要点

挂搨跌是以脚跟后挂其脚,以手前搨其背的跌法。要点是挂与搨同时向相反方向用力。挂搨跌因脚用蹬劲,手用扑按劲,又称"蹬扑"。用例:对方顺步冲左拳,我顺步用右立肘内格(图1);我左脚向右脚后滑步,右脚向右后挂击对手小腿;同时左手抓住对手左手腕向左拧转牵拉,右手搨按其背部(图2、3)。

图1　　　　　　图2　　　　　　图3

挂搨跌

封臂摔的运用和要点

封臂摔是上封臂、下绊脚将对方摔出的跌法。要点是进步要快,管脚要紧,右手拉、左手推要同时,并以腰发劲。用例:对方拗步右冲拳向我击来。我右步向前,以右手拦抓其腕,左手扶其肘尖部,左脚随之上步于对方左脚外侧靠住;同时,上体右转,右手向右牵拉,左手外推(图1、2、3)。

图1　　　　　　图2　　　　　　图3

封臂摔

扳拧摔的运用和要点

扳拧摔是扳肘拧臂使对方摔出的跌法。要点是一扳即拧,弧形下拉要狠。用例:对方顺步右冲拳向我击来(图1)。我以左手外拦,并抓住其手腕,右脚随之上步;同时右手仰抓其肘关节(图2)。右手回拉,左手外推,两手合力将其小臂扳拧,向外拧转,并同时向左下弧形牵拉(图3)。

图1　　　　　　图2　　　　　　图3

扳拧摔

别腿摔的运用和要点

别腿摔是以步别住对方腿,使其摔出的跌法。运用要点是进步要快、胯要靠紧、用力要同时。用例:对方顺步右冲拳击我头或胸部(图1)。我以左手搂住其手腕或小臂(图2)。右脚随之向对方右外侧上步,以右胯靠紧其右胯,右臂屈肘压其胸颈部(图3)。我身猛向左拧转,左手向左后拉,右臂用力下压,对方即被摔出(图4)。

图1

图2

图3

图4

别腿摔

穿裆跌的运用和要点

穿裆跌是以手臂穿过对方裆部再抱腿上抬、扛而摔之的跌法,也称"扛摔"。要点是肩扛手拉,进身要快。用例:对方顺步左冲拳击我头或胸部,我右手上托抓住其左腕(图1);同时两腿屈膝,左脚进步,低头钻入其左腋下,以左肩顶住其左肋,左手抱住其左腿(图2)。随之,两腿蹬伸将对手扛起;同时右手向右侧下拉,上体微向左后仰,将对方摔出(图3)。

图1

图2

图3

穿裆跌

靠身跌的运用和要点

靠身跌是以肩背后靠、掷跌对手的方法。运用靠身跌的要点是,我前脚必须插于对手腿后,管住其腿。肩臂用力向前、向外靠撞时,要保持自身稳定。

用例一:查拳"靠身掌"、太极拳"野马分鬃"用法。对方顺步左冲拳(图1①)。我可以左手搂其左腕;右脚沿对手左脚后进步,右手后其左腋下伸置其胸前,以肩撞其腋,上臂外靠,使对方上体向后倾倒(图1②)。如对方欲退左脚摆脱困境,我则随势以左手抄起其左腿上掀(图1③)。

用例二:蚕闭门"披挂跌"用法。对方顺步冲右拳击我胸(图2①)。我用右手拦其腕,左脚随之向对手身后上步;同时左臂由对手臂上穿出压下,肩、腰、臂齐用力向前、向外推撞对方(图2②③)。

图1①

图1②

靠身跌用例一

图1③

图2①

图2②

图2③

靠身跌用例二

跪膝跌的运用和要点

跪膝跌是下绊上推的跌法。要点是勾脚要紧,跪膝和前推同时。用例:对方顺步冲左拳击我头部(图1)。我右脚向对方左脚内侧上步,脚尖外摆落地,以脚

图1

图2

跪膝跌

掌靠其足跟绊住;同时右臂屈肘上架其左小臂,紧接着右膝弯屈前跪,两掌猛推对方左腋或肋部(图2)。

擒 拿 法

擒拿法是以人体解剖结构、筋骨活动规律和经络学说为依据,以拿敌一部、制敌全身为目的的擒捕技法和反擒捕的解脱技法。传说有"三十六拿法,三十六解法"(见郑若曾《江南经略》)。在明代,此法已成体系,当时的"鹰爪王""唐养吾"都是擅长擒拿的名手。擒拿法掌握得好,可以通过控制对手关节和要害部位制服对手,而又不使对手受伤损。掌握不好,可能用劲过猛使对手筋裂骨折、气闭身亡,或者拿而不稳,反被对手所擒。目前,在推手和散打竞赛时,不允许使用拿法,但擒拿法却是自卫防身、捕俘擒敌的一种妙技。擒捕技法分为拿骨、拿筋、拿穴三类。

拿骨法 是反背对手关节运动规律,使之超出关节活动限度而受制的方法。拿骨手法可概分为扳折法和拧错法两类。轻拿可造成对手剧痛,重拿可使对方关节脱臼、骨骼断折。所谓"错骨法""卸骨法",皆属此类技法。

拿筋法 是抓拿对方肌键、肌束和韧带,使之与相连骨骼或肌束分离,失去其加固关节、牵拉骨骼运动的能力的方法。轻拿能使筋肉挫伤,重拿能使筋肉裂断,故又称"分筋法"。

拿穴法 是循经抓拿对方穴位,截闭气血流通,影响神经对肢体的支配,妨碍四肢正常运动的技法。

人体是个统一的整体,不论拿其骨或拿其筋,还是拿其穴,都会影响到身体其他部位的功能。运用得当,能拿梢制根,拿其一部制其全身。在擒拿法的诸种拿法中,以拿骨法运用最为普遍,也最重要。因为关节运动规律较易了解,骨骼(特别是长骨)易扳拧。而且筋肉附着于骨骼,穴位藏埋于筋肉。关节扭错,必挫伤筋肉,压迫穴位。

解 脱 法

用于消除对手拿法和破坏对手抢把欲摔的技法,统称"解脱法"。只要时机掌握得当,技法运用得当,任一拿法都可解脱。既可在对手将拿时阻其使用,又可在对手拿的过程中,破坏其完成拿法动作。还可借敌之势,反拿制敌。用于解脱的方法,既可是滑脱法,又可是踢打法,也可是拿法。

1. 以滑脱破拿。乘对方抓拿我肢体时,向其力量薄弱部挣脱。例如"压拇解抓法"等。

2. 以踢打破拿。在敌拿我过程中,我击其所必救,使其自动放弃拿法;或因受击丧失继续完成拿法的能力而松手。例如,对方欲拿我头发和颈项,我以膝、脚击其裆、膝,则可破。又如,对方欲正面抱我腰,我乘其两肘前伸两手接近我肋时,两臂猛力内合击其肘部,其手被我腰肋挡住,其肘受击必折。对方唯一出路是放弃抱的意图,收回两臂。

3. 以拿法破拿。对方抓拿我时,我仍还以拿法,对方被拿,其法自破。例如,我顺步右冲拳,对方上右步、左手抓拿我右腕,欲用穿裆靠(扛摔)摔跌我。此时,其左手拇指在下,我若用左手按住其左手掌,以右掌侧压于对方左腕上用力下压回拉,则对方反因左腕被拿而受制。此法亦称"以拿破拿"。

"顺抓"与"逆抓"

"抓"是运用擒拿法和摔跌法的先锋,只有先抓住对方,才可能拿而制之,或摔而制之。顺抓和逆抓,是抓拿对方手腕和足踝时的用语。两者的区别在于,抓拿手法的虎口朝向不同。

顺抓 指虎口朝向对方肢体根节的抓拿。具体说抓其手腕,则我虎口对其肩;抓其足踝,则我虎口对其髋。

逆抓 指虎口朝向其梢节的抓拿。具体说,抓其手腕,则我虎口对其手;抓其足踝,则我虎口对其脚。

此外,手心向下为俯抓,包括俯顺抓和俯逆抓。手心向上为仰抓,包括仰顺抓和仰逆抓。手心向身侧、拇指在上为正抓,包括正顺抓、正逆抓。手心向身侧、拇指在下为反抓,包括反顺抓、反逆抓。

压拇解抓法的运用与要点

压拇解抓法是对手抓我手腕,我通过压其拇指,消减其抓握力,解脱其抓拿的方法。有上脱、内脱、外脱三法。

1. 上脱法:对方以右手正顺抓我左腕(图 1①)。我左臂迅速外旋至手心向上,屈肘向上猛收回小臂,以小臂勾压对方拇指(图 1②)。

图1①　　　　　　　　　　　　　　　图1②

上脱法

2. 内脱法:对方以右手俯正抓我右腕(图 2①)。我右臂屈肘,猛向内回收,使右小臂猛压对方拇指(图 2②)。

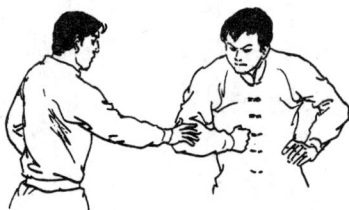

图2①　　　　　　　　　　　　　　　图2②

内脱法

3. 外脱法:敌右手反逆抓我右腕(图 3①)。我左手手心向下,用小指侧着力,向外、向后勾拉对手拇指(图 3②)。

要点:运用"压拇解抓法"时,要以短促爆发力("寸劲")猛压其拇指,快速滑脱。

图3① 图3②

外脱法

缠丝手的运用和要点

缠丝手是扣压对方手腕的擒拿动作,又称"小缠"或"缠腕"。一般在对方俯手顺抓我手腕时使用。例如,对方以右手俯顺抓我右腕(图1)。我速以左手按其右手背扣紧,右手随之从下向左、向上缠于其右腕上,同时,我右小臂外旋,使对方右手内旋成拇指向下,我以掌沿着力向下压其腕部侧。我掌下压时,可以保持对方肘关节处于90°,拿其跪地(图2);也可拉直对方肘关节,拿其背转,使其手臂内旋受制(图3)。

图1 图2 图3

缠丝手

要点:必须按扣住对方右手背,防其挣脱。欲使对方肘关节处90°受制,应前倾上体,以增加拿的臂力。要防其左手反击。欲拉直对方肘关节时,动作应迅速,不使其屈;同时以上体右转加力,还可以以左肘下压其右肘部。要注意防其左转身击我头。

对付缠丝手的解脱方法

格斗中,解脱对手以缠丝手拿我的方法较多。常用的有下述三种。

1. 对方方将指掌扣住时,我迅速外旋小臂至拇指侧在上,以掌沿反压对手腕关节尺侧。力求以"缠丝手"还"缠丝手"。

2. 对方正将向下扣我腕时,我迅速提肘缓解其对我上肢关节的拧压力,同时,以脚踹其躯干。

3. 对方将我肘关节拉直,拧切我手臂,使我臂被拧旋至身后时,可顺势转身,以另一手击对手耳门、喉咽等要害薄弱部位。

对付一手腕被抓的解脱还击法

对方抓我一手腕,是欲用拿法或摔法制我。我应以"后发制人"的打法解脱还击。常用方法有三。

1. 滑脱还击:运用"压拇解抓法"滑脱其抓后顺势还击。采用"上脱法",可顺对方收手,以拳背击其面;或内旋小臂击其面。采用"内脱法",可顺对方收手,进步以肘尖击其胸、肋。采用"外脱法",可顺对方收手,进步以横肘击胸,或以冲拳击其腋、肋部(参见本书"压拇解抓法"),以打破拿。

2. 反拿还击:借对方之势,反拿其梢。既破解了其抓法,又以拿法还击了对方。例如,对方俯手顺抓我手腕,可以采用"缠丝手",反拿对方(参见本书"缠丝手")。又如,对方反手顺抓我手腕,可以用另一手扣按住其指掌,用被拿手掌沿下压其腕尺侧,以拿破拿。

3. 踢打还击:我抢先击中对方,则其拿自破。例如,被抓手臂顺对方抓拧之势屈肘旋起,使其腋肋亮开,即以另一手冲击之。又如,趁对方抓我手腕之际,我踹蹬其胸、肋、裆部,或者踩蹬其胫骨,以踢破拿。

对方正面抓我双腕的解脱还击法

遇敌正面抓我双腕时的解脱还击法,是以"上脱法"配以踢、撞、推等法。具体方法是:我两小臂外旋成手心向上,屈肘向上猛力收回小臂(即"上脱法")。同时,以膝顶其裆;或以脚蹬踩其胫骨;或顺两方互拉(对方抓我回拉,或我屈肘回拉)之势,以前额或肩撞击其胸;或当对方两手被我"上脱法"解脱将收回之际,我两手顺势用推劲,将其掷推发出。

被抓住头发的自卫还击法

头发被对方抓住时,应迅速将其抓发手按贴于我头顶上,减缓痛感;同时用脚蹬其胃腹部,或撩踢其裆部。另一手可防备其攻击,也可插击对方眼、喉。对方受击多松手,我可乘其防护之时,屈身转头,使其臂内旋拧转,而松开手指。

运用头部拿法须知

在对方正面抱住我腰或抱住我腿时,可利用头部拿法,迫其脱手。具体方法是:

1. 两手拇指朝上抱住对方头部两侧,搬拧其头侧转疼痛。

2. 一手手心向上托抓其下颏,另一手手心向下按扣其头顶,两手同时向内推或同时向外拉,搬其头侧倒疼痛。

3. 一手勾拉其颈,另一手推其前额,使其颈过度后仰而折痛。

运用头部拿法不易使对方受重创,因此,要注意对方突然松手击我空当。如不是友谊比赛,最好不用此法。可改用戳其眼、喉,贯击其耳门、太阳穴等部,达到攻其必救、以打解拿的效果。

被从正面掐住脖颈的自卫还击法

被对方从正面掐住脖颈时,应迅速抓住对方手腕下压,以缓解对方掐我脖颈的压力,并压痛对方手腕。同时,提膝上顶,或用脚上踢对方裆部,迫其松手。

扣手反臂法的运用和要点

"扣手反臂"是主动运用反关节技擒捕对手的方法。

例如,对方以右手向我胸部击来或抓住我胸部。我可右转身、让过其力锋,及时用右手将其右腕(或手)扣按于我胸部(图1)。继续向右转身,尽量使对方右臂被反拧,同时用左小臂向下压按对方左肘(图2)。

要点:扣按其手于胸要紧,动作要迅速,转身时以腰为轴,上体须略前倾。

图1　　　　　　　　　　　　　图2

扣手反臂

别臂抓肩法的运用和要点

"别臂抓肩"是主动运用反关节技擒捕对手的方法。例如,对方顺步左冲拳击来。我速以右手向外拦抓其腕(图1),左臂由下向上击其肘弯,右手同时下压;右脚向对方左侧上步(图2)。紧接着身体左转,左手上穿抓对方左肩,右手将对方左手推至其背上(图3)。

图1　　　　　　　　　　图2　　　　　　　　　　图3

别臂抓肩

要点:别臂动作要连贯快速,一气呵成。右手下压、左臂上击和上右步要同时;左手穿扶、右手上推和左转身要同时。

扳肘折臂法的运用和要点

"扳肘折臂"是主动应用反关节技还击对手的方法。八卦掌中的"钝镰割草"是典型用例。例如,对手左手击来。我以左手由内向外拦格,并反手顺抓其腕向前、向侧推;同时右手仰手顺抓其肘部、四指用力回拉(图 1、2)。

图1 图2

扳肘折臂

要点:两手同时发力,力向相反,使对方大小臂处于一百度左右夹角。如欲折其骨,则用寸劲猛力。如只须控制对方,则控制其肘于水平位置即可。

合抱折臂法的运用和要点

"合抱折臂"法是主动应用反关节技还击对手的方法。太极拳"手挥琵琶"是典型用例。例如,对手右手击来。我以右手从右向左拦格其腕,左手从左向右拍其肘关节部(见图)。

合抱折臂

要点:在对方臂伸直时运用,效果最佳。因此,用时要以涵胸缩腰诱敌深入,也可以右手顺抓其腕回拉,助其伸臂。运用时,两手同时发力,力向相对。用猛力寸劲,能致对方骨折。

捞肘折臂法的运用和要点

"捞肘折臂"是主动运用反关节技还击对手的方法。查拳"提膝捞肘"是典型用例。例如,对方顺步左冲拳击来。我右转身让其拳顺我胸滑过时,用右手顺抓其腕下压,左臂向上用力捞起其肘部(图1、2)。

要点:要在转身闪让的同时进步进身,两臂同时用力,力向相反。

图1　　　　　　　　　　　　图2

捞肘折臂

夹肘折臂法的运用和要点

"夹肘折臂"是破解敌手抱腰的反关节方法。例如,对方正面来抱我腰。我先展开两臂,待其手伸够至我腰侧时,我猛然内收两臂,夹击对方关节。

要点:此法在对方两臂伸直,且手伸至我腰侧时才能用。因为只有此时夹击,其两手担在我腰两侧,才有折肘的效果。运用时,两手要同时发力。如果对方抢先屈肘,则此法无效。如被对方抱住,此时应迅速并指戳击对方两肋,紧接着两手猛力上托对方两肘,可以解救。

被对方从侧面抱住的自卫还击法

如遇敌侧面来抱腰背,先趁其手将合抱着我时,以两小臂向外撑格,同时踹蹬其胸、腋、肋、裆部。或者,趁其将抱紧时,突然用顶肘撞击其胃、胸、肋部。皆可破其侧抱。如已被其连我两臂一同抱住,可用"背胯摔"自卫还击。例如,对方从右侧抱住我(图1)。我可右手伸入对方后腰抱住,左手抓握对方右臂,身体左转,以右臀顶住对方胯根(图2)。紧接着上体猛向左下屈转,同时左手向左下拉,右手向前上搂抱,将对方摔出(图3)。

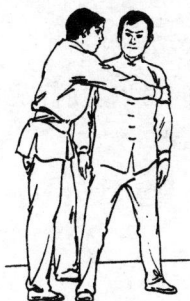

图1 图2 图3

背胯摔

被对方从正面抱住的自卫还击法

如遇敌正面来抱腰,先趁其手合抱着我腰时,以"夹肘法"伤其肘关节(参见本书"夹肘折臂法")。如已被其连我双臂一同抱住,可用下述方法自卫还击。

1. 头引膝顶:以前额向前撞其鼻,乘其向后仰头之势,猛提膝顶撞其裆部。撞鼻是虚引,顶裆是真招。

2. 拉颈顶膝:两臂贴身上穿出,抓抱住敌颈项下按;同时提膝顶撞其裆部。手的拉按与膝的上顶,同时发力。

如果对方只抱住我腰未抱住两臂,还可以手插其眼、掐其喉、戳其肋、托其肘等法,配合膝顶其裆、脚踩其胫等法,进行自卫还击。

被对方从背后抱住的自卫还击法

敌从背后来抱有三种情况。其一是从后抱搂住我脖颈。其二是从后抱住我腰。其三是从背后抱住我腰和两臂。分别介绍主要的自卫还击方法于下。

敌从后搂抱住我脖颈时的自卫还击方法主要有二种。

1. 迅速用一手抓住敌腕下拉,以稍减其臂勒颈的压力,另一臂以肘尖猛顶对方心口窝或胃部,上体随顶肘拧转,以腰发力。

2. 两手抓住敌臂用力下拉,同时臀部顶住对方小腹(图1);上体猛向前倾,将对手从背后经头上向前摔出(图2、3)。此法称"背摔"。

敌从后抱住我腰和连臂抱住的自卫还击方法主要有三种。

1. 敌如抱住我两上臂。可屈肘抓住其小臂,用"背摔"法将其摔出。

2. 敌如抱住我两小臂。可猛蹲身,上体向左(或右)转,同时以左肘(或右肘)顶击其胃部;还可在蹲身顶肘的同时,配合用脚跺踩对方脚背。

3. 敌如只抱住我腰。可仰头碰其鼻,左右转腰以两肘交替横击对方耳门。

| 图1 | 图2 | 图3 |

背摔

点 穴 法

点穴法是以强力刺激对方穴位,使其经络受阻,影响气血流通而受制的技击方法。由于经络中气血运行转注的动力是"经气",气行血亦行,气滞血亦滞。因此,有些拳家将点穴法称为点气法或截气法。

点穴法以经络学说为理论依据。这一理论认为,人体上分布着直行的经脉和由经脉横向分出的络脉。经络系统内贯脏腑,外达体表,网络全身,是气血运行转注的通道。能量物质通过经络输布至人体各部,使各组织和器官获得营养补给,维持正常的生理活动。信息通过经络传递到身体各部,使外感传于内、内状表于外,从而保持人体协调平衡的整体活动,保持人体对客观环境的变化作出正确的应答。

在经络通路上,散布着若干脏腑经络气血出入会合的"处所",这些"处所",就是人们所说的"穴位",或"气穴"。它们能够接受各种物理刺激。刺激感由此进入经络后,呈双向性的线状或带状传导,影响(调整或紊乱)气血和脏腑的功能。

点穴者,利用点、打、踢、拿等击法重创对方穴位(即以劲力施予物理刺激),以"隔气血之通路,使不接续,壅塞气血之运转,使不流通"(苌乃周《苌氏武技全书》)。因此导致人体能量和信息的输导失调。

点穴法的关键,首要的是具备足够的点击力,其次是能认准穴、取准穴,在格斗运动中还能击中穴。不能击中穴位,就不成为点穴,没有足够的点击力,则收不到点穴法应有的效果。

还有的拳家认为,只有在一定时辰、点中一定的穴位,才能取得显著效果。

点穴法的常用击法

用于点打穴位的击法很多。常用的有指掌的穿、点、插、戳;拳法的冲、贯、劈、勾;以及顶肘、踹踢和抓拿诸法。由于受力面积越小、压强越大、刺激愈烈,因此,点穴法中,素以用指称著。

指力锻炼须先行内功将气聚于一点,引贯指尖,再练抓沙袋、插沙等硬功,提高穿坚戳锐的能力。由于手指力较弱,不易练到点穴需要的硬度和力度,因此,有些拳家持握"判官笔""点穴针"等以枣木、鹿角或铜铁制作的微小兵器,来代替运指点穴,提高点戳的效能。

点穴法的取穴方法

点穴法中的取穴方法与针灸取穴法相同。黄宗羲撰《王征南墓志铭》说:"征南搏人皆以其穴,一切如铜人法。""铜人"就是医家古时学习认穴、取穴的教具。要想提高击中对方穴位的能力,首先就须有认准穴的基础,然后才谈得上取穴而击。

提高击中对方穴位能力的练习方法

具体练习方法可分为四步四法。

1. 认穴法：借助针灸铜人，认辨可击穴位的准确位置。

2. 体验法：通过内功练习，亲身体验经络气血的运行与开阖，然后循经取穴，才能心目洞明。

3. 静点法：在狗皮袋或木人上画上穴位，进行点穴练习（参见本书"打狗皮袋功""木人功"）。

4. 动击法：在吊袋上画好穴位，进行点穴练习（参见本书"吊袋功"）。练习动击时，要注意预防挫伤指掌关节。指力弱者，不要用指点，可并五指而戳，也可握拳而击，也可持尖端钝粗的"点穴针"等进行练习。吊袋也须轻软些。

按 时 点 穴

所谓按时点穴，是以"子午流注"学说为理论依据。此学说认为，经络气血的运行是随干支时间的不同而出现周期性的盛衰开阖。阖闭时穴，气血正值衰绝，如此时击之，能乱人真气。梅占春著《点穴秘诀·伤穴治法合刊》认为，在经络中行走的气血有一头，伤此"血头"，能致丧命。书中附载按时点穴歌诀两则，谨录于下，供读者参考。

其一，十二时气血流注歌

寅时气血注于肺，卯时大肠辰时胃，巳脾午心未小肠，膀胱申注酉肾注，戌时包络亥三焦，子胆丑肝各定位。

其二，血头行走穴道歌

周身之血有一头，日夜行走不停留。遇时遇穴若损伤，一七不治命要休。子时走往心窝穴，丑时须自涌泉求。兑口是寅山根卯，辰到天平巳凤头。午时却与中脘会，左右命宫分在未。凤尾属申封门酉，丹肾俱为戌时位。六宫直等亥时来，不教乱搏斯为贵。

人身穴位与"三十六死穴"

人体穴位包括十四经脉（十二正经和任、督二脉）的 360 余穴（成对双穴只计其一）和一百多个经外奇穴。点穴法主要取其三十六穴，过去称三十六死穴。所谓死穴，根据一些材料来看，是指受重创后不及时救治可能死亡的穴位，并不是一点能致死。这些穴位受击后的初期症状不一。据唐豪《人身穴道并治疗法》的介绍：重创腰眼穴，可致发笑不止；重创长强穴，可致屎出脾泄；重创正分水穴，可致大小二便不通；重创华盖穴，可使人立刻眩晕昏迷……此外，黄百家《内家拳法》中载称："穴法有……锁喉、解颐……"唐豪释云："解颐者，搏人颐部脱臼之法。锁喉者，搏人喉部闭气之法。"（唐豪《内家拳穴位的研究》）由此观之，拳家点穴法还包括有攻击对方要害和薄弱部位的技击方法。

在旧传记述中，三十六死穴包括的名目，各家不同。很多名目在针灸铜人身上找不到，而是拳家在格斗中发现的人身要害薄弱部。综观各家三十六死穴部位，躯干部所占比例最多，一般都达近三十个穴位和要害部。其中多分布在心窝、乳、腰眼、两肋、脐为中心的四周，以及肋骨梢端和肛门前后。其次，头部的百会、前额、印堂、太阳、枕骨等部也被列入死穴。此外还有脚心涌泉穴。上海大声书局编《拳经·救伤》和唐豪编《人身穴道并治疗法》中，列有这些穴位的位置、受伤症状和救治方法等，可供参考。

穴位受击后的救治方法

穴位受击后，以用药发散引瘀和循经根治为主要救治方法。也有少数症状可用手法解之。例如，气门被侧插拳击伤者，可揪其发伏于膝上，再在其背中轻敲挪运，则气复出。

在唐豪编《人身穴道并治疗法》和上海大声书局编《拳经·救伤》中，具体列有对症施治的方剂，可参考。本书选方剂，多为验方和常用验方，亦可对症选用。

太 极 推 手

太极推手为太极拳系的双人徒手对抗运动。古称"揭手""打手"。是一项两人相互搭手,听劲而动,粘走相随,既要化解对方推逼,保持自身稳定,又要乘势破坏对方平衡,使其倾跌的运动。

推手的基本技术包括掤、捋、挤、按、采、挒、肘、靠八法。推手的运动形式很多。以上肢参与推化来分,可分为单推手、双推手;以下肢移动状,可分为原地定步推手、循规动步推手、随意活步推手;以运用技法来分,可分为四正推手(用掤、捋、挤、按四法)、四隅推手(用采、挒、肘、靠四法)、散推手(任意采用太极拳技法)。在推手比赛中,禁止使用擒拿、腿法、摔跤和击打方法。在少数地区的一些民间推手活动中,允许使用擒拿和踢撞等法,有的还注重拿法,常以反关节动作制服对手。

推手的技法特点表现为:舍己从人,乘势借力;引进落空,以小力胜大力。清代流传下来的《打手歌》《王宗岳太极拳论》,是早期的推手理论典籍,对推手运动有指导意义。练习推手能加深对太极拳拳式和劲法的领会,提高人体的灵敏、速度和力量等素质。并有助于锻炼皮肤触觉,提高皮肤的感知能力;锻炼中枢神经系统,提高综合分析、判断能力和应变能力。

单搭手

单搭手是太极拳推手的预备姿势。两人相对错步站立,前脚内侧相对,约距10—20厘米;双方均向前上举右(左)掌至两人手背部相贴、高与鼻齐为度。此式即为"单搭手"(见图)。单搭手因搭手和步法的顺拗不同,分为三种。

顺势单搭手:同侧手足在前的搭手式。右脚在前搭右手,为右顺势单搭手;反之为左顺势单搭手。

拗势单搭手:异侧手足在前的搭手式。右足在前搭左手,为右拗势单搭手;反之为左拗势单搭手。

开步单搭手:两脚左右开立(与肩同宽)的单搭手式。两方右手互搭,为开步右搭手;反之为开步左搭手。

单搭手

双搭手

双 搭 手

双搭手是太极拳推手预备姿势。即两人先成"单搭手"式，再以另一手掌心贴附对方搭手手臂的肘弯处(见图)。亦按"单搭手"式的顺、拗、开步区分法，分为顺势双搭手、拗势双搭手、开步双搭手三种。开步双搭手以搭右手为"开步双搭手右式"，反之为左式。其余参见"单搭手"。

打 轮

打轮是太极拳推手术语。指练习四正推手时，双方连续不断运用搌、挤、按、掤四法互相推揉形成的环形动作。参见"四正推手法"。

定 步 推 手

定步推手是太极拳推手的一类。泛指两脚不移动位置的各种推手练习。常见的有原地定步"单手平圆推揉法""单手立圆推手法""双手平圆推手法""四正推手"等。

单手平圆按化推手法

单手平圆按化推手法属太极拳定步推手练习。此练习以顺势单搭手为预备式，甲按乙腕，乙以掤劲向外弧形引化；乙顺势回按甲腕，甲以掤劲向外弧形引化。两人如此循环练习，推化路线形成一个平圆形。

练习中，按时前移重心成弓步；引化时则后移重心成坐腿。此练习应左、右势交换练习,以期获得全面的锻炼效果。

单手立圆推手法

单手立圆推手法属太极拳定步单推手练习。此练习以顺势单搭手为预备式;甲扑乙面,乙向侧上掤;乙插甲肋,甲向侧下引化;甲再扑乙面,乙向侧上掤。两人如此循环练习,扑掤插化形成一个立圆形。

练习中,扑、插时前移重心成弓步;掤、化时则后移重心成坐腿。此练习应左、右势交换练习,以期获得全面的锻炼效果。

∞ 字推手法

∞字推手法属太极拳定步单推手练习法。此练习以顺势单搭手为预备式;甲掌外旋回引乙腕,乙黏随;甲掌内旋前插乙腹,乙掌外旋回引甲腕;乙掌内旋前插甲腹,甲掌外旋回引乙腕。两人如此循环练习,手臂运行路线形成∞字形。

练习中,前插时重心前移成弓步;回引时则后移重心成坐腿。开始动作后,两人的手背要保持粘连,通过坐胯、转腰、折腰,促成手臂划绕的轨迹成∞字形。此练习应左、右势交换练习,以期获得全面的锻炼效果。

压腕按肘推手法

压腕按肘推手法属太极拳定步双推手练习法。亦称“双手折叠推手法”。此练习以右顺势双搭手为预备式,右手和身法动作同“∞字推手法”,唯左手始终扶按对方肘部。

双手平圆挤化推手法

双手平圆挤化推手法属太极拳定步双推手练习法。此练习以顺势双搭手为预备势:甲进挤,乙退化;乙进挤,甲退化。循环练习。双方挤按路线形成一个平圆。

双手平圆捋按推手法

双手平圆捋按推手法属太极拳定步双推手练习法。此练习以顺势双搭手为预备式；甲前移重心双按，乙后移重心捋；乙前移重心双按，甲后移重心捋。如此循环练习。双方捋按路线形成一个平圆。

双手捋挤推手法

双手捋挤推手法属太极拳定步双推手练法。此练习以顺势双搭手为预备式；甲捋，乙挤，甲还挤；乙捋，甲挤，乙还挤。循环练习。

四正推手法

四正推手法属太极拳定步双推手练习法。因推手时采用"四正手"（即掤、捋、挤、按四法）进行练习，故名。亦称为"掤捋挤按推手法"。

此练习法以顺势双搭手为预备式；甲捋，乙挤；甲按，乙掤；乙捋，甲挤；乙按，甲捋。循环练习。练习中，挤、按时重心前移；掤、捋时则重心后移。

开合推手法

开合推法是太极拳推手练习法的一种。练习时，两人皆分开两臂，以一方左手与另一方右手相粘为预备式；然后，两人各自运用太极拳技法推揉对手或化解来招。开合推手的特点，表现为左手管身体左半部的攻防，右手管身体右半部的攻防；当一手在同侧受制时，往往通过另一手在异侧的进攻而获得化解。

循规动步推手

循规动步推手是太极拳推手的一类。泛指两脚遵循一定的程式移动位置的各种推手练习。

这类推手的手法亦循一定程式变换。常见的循规动步推手有"进三退二""进三退三""大捋"推手等。

进退一步推手法

进退一步推手法属太极拳循规动步四正推手练习法。此练习以左右开步、右式双搭手为预备式;甲进右步双按,乙退左步掤随;紧接着,乙右脚后撤半步捋甲右臂,甲左脚随之跟进半步屈右臂变挤;乙右脚进半步双按,甲左脚退半步捋乙左臂;紧接乙左脚随之跟进半步屈臂变挤。如此循环练习。

此练习法,两人仅在一步距离内移动(除第一步为一整步外,其余均为半步),故名。

进三退二推手法

进三退二推手法属太极拳循规动步四正推手练习法。因练习时一方进三步,另一方退二步,故名。因两人交替进退,合进退步数共为五步,故又名"五步二人抢"。

此练习甲以左顺势双搭手(左脚在前、搭左手)、乙以右拗势双搭手(右脚在前、搭左手)为预备式;甲原地挤,乙右脚绕进于甲左脚内侧按,甲退左脚掤;甲再退右脚捋,乙进左脚随;乙再进右脚挤,甲左脚绕进于乙右脚内侧按。变为甲进乙退,重复上述练习。如此周而复始,循环练习。

进三退三推手法

进三退三推手法属太极拳循规动步四正推手练习法。

此练习以左拗步双搭手式(右脚在前、搭左手)为预备式;甲原地挤,乙微提右脚即向前落下双按,甲微提左脚即向后落下掤随;甲退右步捋,乙进左步随;乙再进右步挤,甲退左步即微提右脚、复向前落右步双按。变为甲进乙退,重复上述练习。如此周而复始,循环练习。

梅花步推手法

梅花步推手法属太极拳循规动步四正推手练习法。

此练习以左右开步、右式双搭手为预备式;原地甲按、乙随;甲向左前方斜进右步双按、乙向左后方斜退左步右掤;乙向右后方斜退右步右捋,甲向右前方斜进左步右挤;乙按,甲换左掤;甲向右前方斜进左步双按,乙向右后方斜退右步左掤;甲向左后方斜退左步左捋,乙向左前方斜进右步左挤;甲按,乙换右掤。如上述循序重复练习。

练习中不论进步或退步,均循45°斜角方向动步。

四隅推手法

四隅推手法属太极拳循规动步推手练习法。因主要采用"四隅手"(即肘、靠、采、挒四法)进行推手练习,故名。此练习法在动作变换过程中运用掤、捋、挤、按四法,而且"捋"的幅度大,故又名之为"大捋"。练习时以右顺势双搭手为预备式;甲右脚先撤并左脚旁再后退一步、同时采捋乙右臂,乙左脚先上并右脚旁再上一步粘随;乙上步右靠,甲以左肘劲截化乙靠,随之绕上左步双按;乙撤右脚于左脚旁,再退左脚捋甲左臂,甲先上右脚再上左脚左靠;乙以右肘劲截化……如此循环练习。如欲换势,接上式乙以左掌向甲面扑出,甲左手上掤乙手,紧接左脚先退并右脚旁,再退一步采捋乙左臂,其余动作与上述相同,唯左右相反。

随意活步推手

随意活步推手是太极拳推手的一类。泛指两脚根据技击需要随意走动的各种推手练习。这类推手的手法亦依技击需要随意变换,不受任何限制。这类推手有多种称谓,如"烂踩花""乱环""散推手"等。

烂 踩 花

烂踩花属太极拳随意活步推手练习法。亦名"乱踩花"。因其动步不拘方向,步数不受限制,犹如漫步暮春花坛而得名。烂踩花没有固定的练习方式。它是练习双方互相通过触觉感知对方劲路的变化,而各自采取相应的招法,或化或发,粘连黏随、不丢不顶。步法亦随着对方的进退而因势变化。

烂踩花是推手高级阶段练习法。此法有助于提高推手的"听劲"功夫和

"化""发"的能力。

掤法的含义与运用

掤法是太极推手基本八法之一,指手臂撑圆外掤的技法。掤法的运用很广。两人搭手时,掤法用以承接住对方劲力,感知其劲力方向、大小及其变化。对方攻进时,我掤住后引,然后将其力化至侧方,即"掤化"。或者由掤住后引,逐步转膀翻腕,变为捋。另外,在我顺人背时,也可用掤法将对手发出。不论在哪种情况下运用掤法,都应使臂掤圆,保持肘关节的角度不小于90°,大臂要离开腋,小臂与胸部要保持一定的距离。特别是在掤化和内掤转捋时,掤住对方后引不能引成肘关节夹角小于90°或臂贴住腋肋,那样肘就被对方控制死而无变化了。

此外,掤是由转腰带动臂来完成,不能简单地由下向上、或由前向后。转腰时,身体重心要稳定(参见本书"掤劲")。

捋法的含义与运用

捋法是太极推手基本八法之一。指一手虚拢对方腕部,另一手粘其肘部引进的技法。运用捋法时不能失掤劲,而且一般是先以掤劲承其劲而引,直引至接近我身,才坐胯转腰,让出对方劲力继续延伸的方向,同时由掤变为捋,顺其力向用力,促其继续前伸落空。捋是由防转为攻的动作,运用时,身体重心要稳住(参见本书"捋劲")。

挤法的含义与运用

挤法是太极推手基本八法之一。指一臂掤圆在前,另一手扶其腕合力向前、向外推挤的动作。一般对方近身或被对方捋时,用挤法应之。运用时,应以沉劲稳住自己身体重心,同时臂不失掤劲,以转腰之力,带动臂挤出,有将对方挤至失势之意,也可由挤变为掤转按,将对方发出。挤时,上体不可前倾,一般前臂挤至与自己膝部对齐为度(参见本书"挤劲")。

按法的含义与运用

按法是太极推手基本八法之一。指一手虚拢对方腕部,一手粘其肘弧形向下压按和向前推按的技法。例如,对方以臂挤来,我以"按"向下泄其劲,同时缩胯、缩腰,坐步向回牵拉,能使其失势。如果对方发现我下按回引,舍弃挤力欲逃脱,我应变为向前推按,顺其收退,将其发出。在运用中,如下按回引得手,应在缩胯、缩腰的基础上,坐步转腰,让出对方前倾跌出的地方。如果是向前推按对手,要前移重心,以对方胸腹为攻击目标,直按至对方失势或换用捋法时。按时禁忌上体前俯(参见本书"按劲")。

採法的含义与运用

"採"法是太极推手基本八法之一。指虚拢手指抓握对方手腕或肘关节部由上向下牵引的动作。"採"法运用较广,可分为三种。其一,以採导发。例如运用"按"时,如先採住对方,直採至对方反抗,才发按劲,效果较不採即按要好。其二,以採助发。例如"野马分鬃",右手採对方右手,左肩臂靠其右腋和右胸部,就有以採增强靠撞的效果。其三,以採为发。例如"海底针",我右手採对方右手腕向右下牵引,对方不反抗,我就一直牵其失重前跌(参见本书"採劲")。

挒法的含义与运用

挒法是太极推手基本八法之一。指横向用力,使对手身体扭转失重的技法。例如,对方右手用力推我左肘。我左臂外旋,以手掌虚拢其右臂下沉,缓解其推劲;同时,右手横推其左胸,就能使对方右转向后仰倒。我右手的横推即为"挒"法,运用挒法时,我力应与彼力方向相反,而且两力不能在一直线上。即对方左侧用力,我应挒其右侧(参见本书"挒劲")。

肘法的含义与运用

肘法是太极推手基本八法之一。指以肘部攻防的技法。其用法主要有两种。一种是屈肘攻人。例如,我左手粘住对方左腕,右前臂尺侧粘对方右肘回将,对方被将欲转为挤,我可以左手托住其左腕,防其左臂下落,右臂则屈叠紧,以肘尖推撞对方左腋。另一种是沉肘牵带。例如,对方两手托住我两肘上抬,我即内旋小臂成手心向下,拢住对方臂部,同时两肘下沉,向下向后牵带(参见本书"肘劲")。

靠法的含义与运用

靠法是太极推手基本八法之一。指与对手贴近时以肩、背、臀、胯靠撞对方的技法。在推手过程中,多用肩靠。例如,对方将我左臂,我即上左步随;如对手向左转身不够,我即可主动右转身,以左肩、臂部靠击对手胸部。运用靠时,如果前脚进步(顺势)、后脚跟步、前脚再进步,则靠得更深、更烈(参见本书"靠劲")。

运用粘、走的要点

粘、走是太极拳推手的两种基本技法。"走"是对方攻来,我防化而退。"粘"是对方离去,我粘随而进。运用走化时,不论对方来力大小,我都以柔劲主动走化。走时要注重缩胯,坐步而引,转腰而化,不能用手硬拨。粘进时,要随其去向而进逼,使其退不开、躲不掉。在走和粘时,都要注意"不丢不顶",随屈就伸。"走"不能成为"逃跑","粘"不能贪胜。此外还要注意粘走相依:"粘"时要注意对方的变转,一旦其走化了我的进逼,能随之应变;"走"时要想到为"粘"创造条件,伺机粘进。

不丢不顶的含义与运用

"不丢不顶"源于清代传留的《打手歌》"粘连黏随不丢顶"句,是太极拳推手的基本技法原则之一。"不丢"指推手时手臂不离开对方。"不顶"指推手时毫不与对方抵抗。在推手实践中,"不顶"是人进我退、人刚我柔的动作。但它不是置己于被动地位任人摆布,而是主动地去适应对方的动作。顺彼伸而屈,彼进一尺,我让一尺,决不少让,也不多让。用弧形走化的动作引诱对方前进而落空。"不丢"是人去我随的动作,在黏住对方随彼屈而伸的同时,总要微微送劲,逼使对方陷于不利或不稳的形势。

粘连黏随的含义与运用

"粘连黏随"出自清代传留的《打手歌》,是太极拳推手的基本技法原则之一。"粘连"是粘连住对方,顺从不离,不与之发生抵抗,以感知对方劲路去向和大小。其中含有走化对方的"化劲"。

"黏随"指如胶一样黏住对方,彼去我随而不使逃脱。其中含有粘逼对方的"粘劲"。推手时不仅双手要粘连黏随,身法、步法也要有粘连黏随之意,随人之动而伸缩进退,不先不后,处处顺应对手的变化。

"无过不及,随屈就伸"的含义与运用

"无过不及,随屈就伸",出自《王宗岳太极拳论》,是太极拳推手的基本技法要诀。指与人推手时,要舍己从人,随对方的变化而变化,毫不主观盲动。在黏随对手变化的过程中,不能对方退少、我进多,或对方进多、我退少,而出现"过"的情况,造成两力顶抗。也不能对方退多、我进少,或者对方进少、我退多,出现"不及"的情况,造成彼此分离而失去粘连。应该随对方屈而伸,随对方伸而屈。彼屈多少,我伸多少;彼伸多少,我屈多少。既不顶抗,也不分离。

引进落空的要点

"引进落空"出自清代传留的《打手歌》,是太极拳推手的基本技法原则之一。"引进"是我采取的方法,含有对方不进攻,我故露空隙,以小利引诱其进攻;对方发动进攻,我则牵引其深入两个意思。"落空"指我之"引进"在对方身上的效应,即使对手攻击偏离目标而落空。概而言之,"引进落空",就是采用"引进"的方法,使对方进攻"落空"。在引进对方时,要不顶其劲、不离其手,对方进一寸我给一寸,对方进一尺我给一尺,引其节节深入,并在此退引的过程中,逐步蓄劲。最好是在将对方引近我身、或将对方引至失势时,我正好将劲蓄足。此时,我以转腰带动上肢继续引进,对方攻势必然落空,我一发劲,对手即跌出。也就是说,"引进"包括了守和攻两个环节,引进的劲力包括蓄和发两个阶段。这一全过程中,既要注意退引充分,敢于引劲至身,又要防止退引得过促。引劲

至身,对方深入不疑,我易得手。退引过促,易被对方直接逼入,我变转不了。解决这一矛盾的关键,是退引时要不失掤劲,逐渐缩胯、缩腰,坐步而退,臂要保持一定的弧度和距胸部一定的距离。

以腰为轴在推手练习中的运用

"以腰为轴"是太极拳的基本技法之一。推手和单练架子都很重视它。推手时以腰为轴,除了具有单练架子时应有的作用外,还表现出以腰化解,以腰加长引化和击发距离,腰轴转动使此部轮周退守、彼部轮周随势出击等作用。例如,双方搭手,对方以掤劲压来,紧接着变推逼进;我在保持搭手掤劲的同时,不需用手化,只须随对方进攻而松胯转腰,其攻势即被引向身旁。又如,对方向后推我一肩,或向上抬我一肘部等,我皆可以以腰转动使被推部位随对方攻势向远处转移,另一手则随腰转而接近对手身体,乘机推其用力肩或胸,泄其攻势。对方在推引两力的综合作用下,必将失势。

勿先动步的含义与运用

"勿先动步",指推手过程中,对方出招进逼时,应当尽可能地以松腰坐胯,使对手不及;或者以转腰走化,使对手之劲从旁而去。不到不得已的时候,都不能轻易动步。

当对手向我进逼时,我迅速动步拉开与对方的距离,使对方攻击达不到我身。可是,距对方远,我也不能及时反攻中对方。这在太极掌推手中称为"丢",属于能走不能粘的毛病。从对人体的锻炼来说,轻于动步,必然懒于动腰,腰用得少,以腰为轴的各种技法和腰劲就得不到必要的锻炼。

"左重则左虚,右重则右杳"的含义与运用

"左重则左虚,右重则右杳",出自《王宗岳太极拳论》,是太极拳推手基本技法要诀。意指与人推手时,觉左边重,则将我左边与对手相粘处变虚。右边亦然。使对方处处落空,对我之劲,不可捉摸。

"仰之则弥高,俯之则弥深,
进之则愈长,退之则愈促"的含义与运用

"仰之则弥高,俯之则弥深,进之则愈长,退之则愈促",出自《王宗岳太极拳论》,是太极拳推手基本技法要诀。指与人推手时,随其劲势去向而引之,使其不可及而失势。如对方向上攻来,我则引其继续向上,使其至高不可攀而掀跟。如对方向下攻来,我则引其继续向下,使其至深不可测而下栽。如对方向前直进,我则引其继续向前,使其至长不可及而前倾。如对方向后退,我则促其继续后退,使其至后退不足而后倒。

见力弃力的含义与运用

"见力弃力"是太极拳推手用语,有两种理解。一是弃己力,另一是弃彼力。弃己力,即见对方来力,我马上舍己力、随彼力,毫不顶抗。弃彼力,指对方来力,我破坏对方劲路的转化,控制其劲沿一定方向延伸,直延至落空失势。

蓄而后发的含义与运用

蓄是积蓄。在武术运动中,蓄与发相对,有蓄才有发。蓄有蓄势、蓄劲两种。蓄势是肢体屈回,关节处于最佳发力角度,肌肉得到适度的预先拉长。蓄劲是气力收敛于丹田,一旦得机,有可乘之势才发。发是伸展出击,以丹田发力,用呼气配合。蓄是发的基础,没有蓄,则不能发,蓄得不足,则发不得力。

"放时腰腿认端的"的含义与运用

"放时腰腿认端的"出自李亦畲《撒放密诀》。"端"指我进攻触及对方身体的部位。"的"指我力透出对方身体的部位。意思是,在推手过程中,我发劲放人时,要发腰腿劲,而且要使腰腿劲的方向,对准攻击的"端"和欲达之"的"。对手被我力击透的"端的"之间,是我力控制范围。这一要领,也被其他拳家借鉴或采用。

掤劲不丢的含义与运用

掤劲是太极拳的基础劲。练习拳架和推手时,要求动作饱满,支撑八面,无凹无凸,都是全身具有掤劲的表现。练拳架时如缺掤劲,动作显得软塌、松懈。练推手时缺掤劲,则一遇对手攻势就瘪,我欲发劲时,则力不足。要做到"掤劲不丢",应保持"一身备五弓",使身体各部圆满屈蓄,富于弹性。

舍己从人的含义与运用

"舍己从人"是太极拳推手的基本技法原则。指推手时不能主观盲动,要顺应敌势,顺应敌力。要做到这一点,需要舍弃人类自然的保护反射,遇敌攻势时,不用猛力去抗顶。要舍弃计较胜负的面子观,不怕输了丢人。要舍弃只从主观想象出发应答对手,一切应答应以对手的变化为依据。必须注意的是,"舍己从人"并不是被动挨打,而且我主动"舍"、主动随。能舍能随,才能化去对方的攻势,保护自己安然平稳。在自然顺随的过程中,寻找机会,乘势借力,后发制人。

得横的含义与运用

"得横",指推手时获得向对方横侧位发起攻击的机会。在两人推手时,双方一般都是两脚前后分立。这种站立姿势的纵向较横向要稳固。因为,其支撑面是纵向长、横向狭。如果重心位置保持中正的话,纵向稳定角大,横向稳定角小。能推对方重心横向离开支撑面造成身体倾倒的力用于纵向,则不能推倒对方。因此,在推手中,强调"得横""击横"。这与八卦掌的"避正打斜"同理。

"顶、匾、丢、抗"四病的纠正方法

"顶、匾、丢、抗"是太极拳推手中常见的错误,称为"四病"。

推手时两人用力太过,双方形成以力相抗的对峙状,称为"顶病"。纠正的方法是黏着对方,随其伸就屈,舍己从人,不主观妄动。

推手时,进攻一方将另一方姿势推匾,使其失去姿势的饱满度和圆活变转的能力。被推匾者,即犯"匾病"。纠正的方法是,防化一方要保持一定的掤劲,在

后引对方攻势时,不能让其劲正对我中心步步推进,要边引边化,逐步变转其劲力方向,使其进攻落空。

推手时,双方都未随对手屈而伸进,出现两臂离开的状况,称为"丢病",即丢开之意。纠正的方法是,双方要相互粘连,随曲就伸。

推手时,对方欲屈而尚未屈时,我即前伸,出现两力的短暂对抗状,称为"抗病"。纠正的方法是注意顺随,彼不屈、我不进,彼屈一分、我进一分,决不多进。

太极推手的练习速度

推手练习要求达到"动急则急应、动缓则缓随"的境界。这种能力基于对外界的敏锐感知以及神经系统的快速应答能力。采用慢速训练,练者有静心体味对方劲力变化的时间基础,对锻炼感知能力有益。而且,慢练时肌肉较为放松,较少紧张,这是肌肉收缩完成应答、快速发劲的保证。因此,练习太极推手,特别是初学者,应以慢练为主。但是一味的慢有可能形成慢节奏的动力定型。因此,在练的过程中也应安排些快速推手练习。另外,在一次练习中,快和慢是相对的,并有一定的运动规律。一般柔化动作则慢,发劲动作则快。在每次练习中,注意化发结合,舍己从人,是提高随意应变能力的不可忽视的方法。

自卫防身术

女子防身须知

所谓"防身",是运用各种手段,对付他人对我的人身攻击,确保自身安全。防身时,总是对方侵犯在前,我防守在后。侵犯女子者,又多是身材和力量较女子强壮的男子,其多有恶意,且有准备。因此,女子防身时应注意:

1. 顺其视我弱柔,装得畏惧些,乘其松懈,不以全力击我,我则谨慎保守,还击其要害。

2. 不与对方正面较力,多用避让闪躲之法,看准机会,才突然攻其无备。

3. 对方带恶意来犯，我必须心狠手毒，敢于击其要害，而不担心伤损歹徒。击伤对方，解除其战斗力，是最好的防身法。

4. 平时可练几手解脱对手搂抱、扑按的自卫法，最好进行点对抗训练。

弱者防身须知

"弱"是相对于强而言，并不是弱得全然无能。弱者遇到强者欺凌时，要注意避实击虚，不与对方直接顶撞，不能硬打直进，不能抓住对手，也尽量不要被其抓住，要注意蓄住劲防守，一旦见机得势，才突然发招发劲还击。而且是见空则打，打完就走，离开攻防距离范围。以弱对强，要多用智，以闪躲还击为主。注意乘势借力，注意扬己之长，击彼之短。

单练自卫法在格斗中的运用

个人单独练习自卫方法时，"敌人"是想象的，主观性很大，这个"敌人"常任人摆布。可是实战格斗时，对手并不按人的想象运动，而是千方百计地寻找机会击我。因此，格斗的场面千变万化，乃至正欲用某招，可对手情况又变了，使得招法用不上，或者用了也落空。格斗中要想用上的招法，应该在平时通过实际的对抗练习，体验在何种时机，何种攻防距离时，能运用得上，而且用得有效。

被动仰卧的自卫还击法

1. 被击仰卧倒地时，迅速屈腿，对方如欲扑来按压我，则蹬其腹或膝、胫部。或者迅速转为侧卧，以在下面的一脚勾住对方前脚跟，以另一脚蹬其胫部，使其摔出。

2. 我仰卧倒地，对手骑我胸部，两手掐我咽喉；我可用一手抓住其手腕减轻受掐力，以另一手戳其眼。

对手由正面直击我胸部的自卫还击法

对手由正面击我胸部的攻击方法，多是直拳或冲拳，距离近时，也用顶肘，对付这类攻击的自卫方法主要有下述三种：

1. 拦格还击

（1）对手右拳攻来。我以左掌向外平拦，或以左小臂向外格其手腕部；同时以右直拳攻其胸腹，或以右勾拳击其胃部、下颏，或以右摆拳打击其右耳门。

（2）对手右拳攻来。我以左掌由外向内平拦其手腕；同时右拳从左手下冲击对方右肋或胃部。

运用拦格还击时，要主动积极，一般以进步或上步配合，身体重心也应随之前移至前脚。拦格与还击要同时进行。

2. 闪让还击

（1）对方右拳攻来。我向左斜前方上左脚，右脚跟移，以闪开对手攻击，使其拳顺我体右侧滑过，同时我右拳冲击对手胸腹部。

（2）对方右拳攻来。我向左斜前方上左脚，右脚跟进靠近对手，身体下蹲，使其拳顺我头右侧上方落空；同时我以右肩顶撞敌胃部。

运用闪让还击时，要注意向对手攻击臂的外侧闪让，这样能避免对手另一臂的补击。要闪击同时。

3. 以攻为守

对手直拳冲来。我以前脚蹬踹对手前腿膝、胫或髋、裆部。其攻上、我攻下。我先击中对手，则对方进攻中止。关键是还击路线要短于对手进攻路线。

对方以勾拳击我下颏时，自卫方法与上述相同。

对手由正面直击和劈击
我头部的自卫还击法

对手由正面击我头部的方法，多是以直拳冲击我眼鼻，或以劈掌、砸拳劈击我头顶。对付这类攻击的自卫方法主要有下述几种。

1. 托架还击

对手右拳攻来。我以左小臂向上托架其手腕或小臂；同时以右拳攻其胸腹、下颏部。

运用托架还击时，要微收颏涵胸，小臂要内旋以尺侧着力，肘部要低于手高，使小臂成斜坡形。托架与还击要同时。脚步和重心应随之前移。

2. 上穿还击

对手右拳攻来,特别是由上向下击来。我以左手领先向其右腕或右小臂内侧穿起,使其手臂沿我右臂外侧滑下;同时以右拳攻其胸、下颏部。

运用上穿还击时,要微收颏涵胸,上穿手的五指要并拢,手掌与小臂在一直线上,成斜坡形,即手掌在正中上方,肘下垂在外侧。上穿与还击要同时。

3. 闪让还击

(1)对手右拳攻来。我向左侧闪开;同时以右拳击其胸、腹、肋。

(2)对手右拳攻来。我向左侧闪开;同时蹲身以右肩撞其胃部。

(3)对手右拳由上向下劈来。我向左侧闪开;待其下劈落空时,我以右手顺其下劈劲抓住其手腕向下、向后,促其向前下倾跌而出。

要点同"对手由正面直击我胸部的自卫还击法"中的"闪让还击"。

4. 以攻为守

同"对手由正面直击我胸部的自卫还击法"中的"以攻为守"法。

对手以摆腿横击我躯干的自卫还击法

摆腿的横击力较大,没有相当功力,最好不要采用格挡还击的方法。较为理想的方法是针对摆腿摆幅大、惯性力大的特点,先撤步(或退步)让过其锋,趁其腿劲力已发,但还未落地之际,顺其惯性力方向,以小臂推送其小腿,促其继续摆动转体;同时起前腿踢击其支撑腿,或横击其腰背部。

对手横击我头颈侧部的自卫还击法

对手横击我头颈侧部的方法,多是以摆拳、贯拳击我太阳穴、耳门、腮部,以平斩和斜砍掌击我颈动脉窦。对付这类攻击的自卫方法主要有下述几种。

1. 格拨还击

(1)对方右手横击而来。我以左小臂向外格拨其手腕或小臂;同时右拳攻其眼、鼻、颏、胸、腹等部。格拨与还击要同时。

(2)对手右手横击我头左颈侧。我以左小臂向外格拨其手腕或小臂;紧接着以左掌搧击对手右耳门。运用时,格搧要紧紧相连似一个动作,搧掌要借助对手摆击的内合力。

2. 闪让还击

（1）对方左手横击而来。我向左侧闪开；同时蹲身以右拳勾击其裆或胃部，或以右肩撞其胃部。

（2）对方右手横击而来。我向左侧闪开，同时蹲身让过其拳；在其拳落空时，我以右手顺其横击劲方向推击其小臂，同时以左拳击其腋、肋部，或以左腿横击其后腰。

动作要点同"对手由正面直击我胸部的自卫还击法"中之"闪让还击"。

3. 以攻为守

对方右手横击而来。我以直掌戳击其眼，或以中拳冲击其胸腹，或以脚蹬、踹对手膝、胫骨。我先击中对手，则对方中止进攻。关键是我还击路线要短于对手进攻路线。

对手由正面击我腹部的自卫还击法

对手由正面击我腹部的方法，多是以拳、肘冲撞我胃、肋部，以勾拳击我小腹和胃部。对付这类攻击的自卫方法，主要有下述两种。

1. 按截还击

对手右拳攻来。我以左手下按，或用左臂尺侧下截对方手腕或小臂；同时以右手戳其眼、喉，或以右拳击其胸部。按截和还击要同时。

2. 转腰还击

对手右拳攻来。我腰向右转，使其拳顺我身体右侧滑过落空；同时以左掌戳击其腋或肋，或以左脚蹬踹其膝、胫。转腰和还击同时，注意借转腰以腰发力。

对手由正面击我裆部的自卫还击法

对手由正面击我裆部的方法，多是弹腿、蹬腿、撩踢等腿法动作，也有用手抓打的情况。对付这类攻击的自卫方法主要有三种。

1. 按截还击

同"对手由正面击我腹部的自卫还击法"中的"按截还击"。如果对方是以脚击来，我则按截其踝或足背。

2. 栽挂还击

对方左脚在前以右腿击来。我屈左臂成栽肘，拳面向下，用小臂后侧着力向内挂格；同时以左摆腿横击其腰眼部，或者蹬、踹其膝、胫部。运用栽挂还击时，要收颌涵胸，降低身体重心，保持自身平衡。

3. 膝防还击

（1）对方以手或足向我裆部攻来。我提膝上顶，或提膝向内格拦对方手腕或足踝；同时以手指戳其眼。

（2）对方以脚向我裆部攻击。我提膝向内格拦其踝部；紧接着伸膝蹬踹对方支撑腿。

运用膝防还击，要降低身体重心，保持自身平衡。

严防对手击裆的方法

裆部是人体的要害部位之一，而且与两臂防守的距离较远，较之胸腹部更易被对手攻击。一旦击中，即便是耻骨、会阴部受击，也疼痛甚烈，如果击中男性外阴，轻者剧痛，重则休克。因此，与人格斗时要严防在先，在自身身体姿势上应该注意：

1. 散打基本姿势要保持两脚前后错步开立，而且前脚尖微内扣，膝微内裹。使膝胯有裹膝护裆之形。

2. 两腿尽量不横向分开对敌，做侧移横闪等动作时，后脚要迅速跟移，并且两腿都要屈膝。思想上亦有合膝护裆的意识。

3. 两脚前后错步站立时，尽量少用后腿击敌。如用，在后腿超越支撑腿向前击发阶段，要注意防对手乘空击我裆部。

对手蹲伏击我下盘的自卫还击法

在我击对方上盘的头、胸等部时，对方可能用蹲伏法；对方佯攻上引，诱我注意于防上时，也会突然蹲伏攻击。蹲伏攻击的常见方法是以头或肩撞击我小腹部，或用手抱拉我小腿，以肩扛推我大腿。对付这类攻击的自卫方法主要有两种。

1. 以攻为守

（1）对手蹲伏击来。我则以肘、拳向下砸其后脑。

（2）对手蹲伏击来。我则提膝顶撞其面部。

（3）对手蹲伏击来。我以手按拉其头颈；同时提膝撞击其胸、面部。

运用以攻为守要及时快速，我先击中对手，则其攻击中止。

2. 退让还反

对手蹲伏击来。我先退一步，再随其落空，回击对手。运用时，退让步幅不要太大，以对手够不着我为度，还击要乘对手"旧力略过，新力未发"之际。

对手以脚攻击我小腿和脚的自卫还击法

对手以脚攻击我小腿和脚的方法，多是勾踢、踩脚、低踢腿等法，受攻击部位有脚跟、脚背、踝、胫、膝。自卫方法主要有两种。

1. 提让踹根

对方右脚击我左脚。我提左膝使其落空；紧接着伸膝侧踹对手右腿，或侧踹其髋部。

2. 提让反踩

对方右脚击我左脚。将触及时，我突然提左膝闪过；并迅速下踩对方右腿胫或踝部。

对付持凶器者的自卫要点

对方持凶器攻来时，首先要沉着不慌，与对方保持一定距离，不抓住战机，不进入对方可能击中我的距离范围。这样，对方凶器虽长、虽利，同样击刺不着我。我一旦抓住时机，要迅速钻入、靠近其身。这时，其器虽长但锋端已超离我身，而我手脚皆处在有效的攻防距离内，可以通过按托格拨其臂等方法，控制其兵械的运转，同时攻击其躯干和头部。钻靠进身时，要注意用闪让步，边闪边进。攻击对方时注意手脚配合运用。对付持凶器来犯者，还击要狠，不能手软。

对手持凶器刺我的自卫还击法

对手持匕首、刀等凶器刺我时,可采用闪进还击法。例如,对方右手持器刺我胸。我左脚向对方右侧上步,身体右转,使其器锋端沿我胸部滑过;同时,我以右手抓住其右腕,控制其器变化,以左手或左脚还击对手。以左手还击的方法有:手掐其喉;指戳其眼;拳冲其鼻;肘顶击其右腋等。以左脚还击的方法有:摆腿横击其后腰;踹腿踹其左腋、肋、髋;踩脚蹬其前腿的膝、胫。

对手持凶器劈我的自卫还击法

对手持菜刀、棍等凶器劈我,或用匕首由上向下扎我时,可采用下述方法自卫还击:

1. **进身蹬膝弯**。例如,对方右手持刀或右手在前持棍劈我,我趁其右臂抡起之际,猛然蹲身沿对手右侧上左步,右脚蹬地收提,身体钻到对手右后方,迅速以右脚蹬对手膝弯,使其前扑倒地。

2. **闪进还击法**。例如,对方右手持刀,或右手在前持棍劈我,我左脚向对方右侧上步,身体右转,使对手劈击攻势落空。我右手则乘其臂下落之势,抓住其腕或兵械把柄或把端,用力促其继续下落,并控制其变化。同时,以左臂或左脚还击对手。以左臂还击的方法有:手掐其喉;指戳其眼;拳冲其鼻等。以左脚还击的方法有:摆腿横击其后腰;踹腿踹击其右肋、胯;踩脚蹬踩其前腿的膝、胫;提膝撞其肘。如对手上体前倾较大,或我进身较多,可提左膝顶其胸、腹。

对手持凶器向我横击的自卫还击法

对手持匕首、菜刀、棍等械横向击我头、胸、腰等部的力量很大,最好不要直接硬格,应利用其平转力较大、惯性大的特点,先退步避让,再乘其转势而击。例如,对方手持刀、匕首或右手在前持棍横击我体左侧。我先向后撤步或退步,撤退距离只须至其械锋尖触及不到我身即可。待其锋尖刚过,我迅速向其右侧上右步,以右手推对方右肘或臂,促其继续向左横去;左手或左脚则还击对手。还击方法同上文"对手持凶器刺我的自卫还击法"。

第九编　习武常识

武　　德

武德指尚武崇德的精神。它是武坛共同信仰的一种言行准则。习武者按它修养身心，依它规范举止，品评善恶。

"尚武"即崇尚武术，参与武术运动。通过武术锻炼体魄，习练攻防技巧，以求武勇有力，争斗有术，自强不息。

"崇德"即推重道德，遵守社会公德，承担社会责任，履行社会义务。以求做一个奉公敬人、急义救危、"厚德载物"的社会的人。

武德是尚武与崇德的统一。首先表现为用道德观念规范武术技法，使道德观念融入武技之中。例如，武术技击既追求以小力打大力，以柔弱胜刚强，获得"自强不息"的武功，同时又要求"戒逞血气之私"；"不得恃强凌弱"，展示"厚德载物"的德性。一方面要求除暴惩恶，见义勇为；一方面又研制出擒拿点穴等既可迅速解除对手战斗力、捕住对手，又不致伤残对手的技击术。还要求习武者既要苦练制人之术，又要学好救治之术。认为"知有杀而不知有救，是大背人道矣"。

其次，表现为以武技之能，行道德之举。例如，以武卫国，戍边守土，不惜杀身以成仁；以武为民，除暴擒匪，不惜舍身以取义。

再次，表现为以道德观念规范习武者的日常言行。例如，强调拳师授艺时，"强横不义者不传""不仁者不传"；要求弟子要尊师重道，勤学苦练；待人要宽厚谦让,诚实守诺;处世要薄名轻利,不求闻达;生活要俭朴素淡,戒酒避色。

武坛历来重视武德教育,强调通过武德修养,养成尚武崇德的精神。这种精神,既重自强不息,又重厚德载物,是中华民族精神的缩影。

拳术的曾用名

"拳术"一词,泛指古今武术中的徒手技术。拳术的别称颇多,常见的有:相搏、手搏、卞、弁、长手、手臂、拳艺、白打、拳法、拳技、拳脚。这些名称分别见于下述文献。

相搏:汉《释名》:"相搏,搏谓广以击之。"

手搏:《汉书·艺文志》"兵技巧十三家"中有《手搏》六篇。手搏即白打。明代朱国祯著《湧幢小品》:"白打即手搏之戏。"

卞:《汉书·哀帝纪赞》苏林注:"手搏为卞。"

弁:《汉书·甘延寿传》孟康注:"弁,手搏也。"

长手:郭希汾《中国体育史》:"故论拳术之始,当自后汉郭颐始。郭颐发明长手,为后世习拳者所祖。"

手臂:曹丕《典论·自叙》:"邓展善有手臂,能空手入白刃。"

拳艺:朱鸿寿著《拳艺学初步》《拳艺指南》,皆以"拳艺"指拳术。

白打:《闽小记》:"武艺十八般,终以白打,以白打为终,明乎其不持寸铁也。"

拳法:明戚继光《纪效新书·拳经捷要》:"拳法似无预于大战之技,然活动手足,惯勤肢体,此为初学入艺之门也。"清朝黄百家著《内家拳法》,其中的"拳法",皆指拳术。

拳术:明末清初王余佑著《拳术》。清末尊我斋主人著《少林拳术秘诀》。

拳脚:马良主编《新武术》"拳脚科",其内容即徒手拳术。

怎样理解止戈为武

按古代造字法中的"会意","武字从止从戈"。即将止、戈二字合起来成为

"武"字。所以说"止戈为武"。它的意思是"以武禁暴整乱,止息干戈,非以为残而兴纵之也"(见《汉书·武五子传赞》)。

角抵与角抵戏

远古九黎族首领蚩尤氏"与轩辕斗,以角抵人,人不能向"(《世本》)。源此,出现了较力斗硬的"角抵"和头戴牛角而相抵的"蚩尤戏"。原始的"角抵"作为一种徒手格斗运动,沿着斗力、斗技、斗智的比武途径发展,至战国时被作为"讲武之礼"广泛流传。《史记集解·李斯列传》载述应邵之语:"战国之时,稍增讲武之礼以为戏乐,用以夸示,而秦更为角抵。角者,角材也;抵者,相抵触也。"或说至"秦并天下,罢讲武之礼为角抵"(《古今图书集成·军礼部》)。到宋元时,角抵被称为相扑和争交,发展至现代称为摔跤。

角抵戏大约出现于秦汉间,是一种乐舞技艺表演。南朝梁任昉《述异记》载:"今冀州有乐,名蚩尤戏,其民两两三三,头戴牛角而相抵,汉造角抵戏,盖其遗制也。"角抵戏除了角抵较力外,还包括有乐舞、杂技、幻术表演。发展到东汉时,包括的内容更加丰富。张衡《西京赋》云:"临回望之广场,呈角抵之妙戏。"赋中所载角抵戏的节目包括:乌获扛鼎、都卢寻橦、冲狭燕濯、胸突铦锋、跳丸跳剑、走索等百戏;戏豹、舞罴、鼓瑟、吹篪、女娥坐而长歌等歌舞弹唱;还有表演奇形怪兽舞蹈的蔓延之戏;在车上奏乐跳舞、"突倒投而跟挂、臂(臂)隙绝而复联"的"戏车";以及把吞刀吐火、人虎相争、人兽相斗等幻术、武技熔为一炉的"角抵奇戏"。其"角抵戏"成了"百戏"的总名。大约到宋代,"杂技"一词取代了"角抵戏"。

达摩不是少林拳始祖

达摩,全名菩提达摩(?—536)。"摩"亦写为"磨"。相传为南天竺人。一说为波斯人。公元5世纪末泛海至广州,进入南朝刘宋统治区,继应梁武帝之请到金陵,又往北魏洛阳。孝明帝孝昌三年(527)至嵩山一带传禅法,公元536年在激烈的教派斗争中被人下毒致死(见《旧唐书·僧神秀传》)。一说达摩入嵩山"面壁九年,坐逝而化"(见《景德传灯录》)。随着达摩禅法与中国儒道二教的融合,传绪日广,形成了中国佛教的一派——禅宗。达摩即为中国禅宗初祖。由于禅宗初传于嵩山少林寺,该寺被尊为"禅宗祖庭"。尊奉达摩为少林拳始祖的说法,以初见于明天启四年(1624)的《易筋经》和清末出现的《少林宗法》为据典,称少林寺僧传习的"易筋经"和"十八罗汉手"创自达摩。据唐豪《少林武当考》考证,《易筋经》是天台紫凝道人托名达摩之伪作,"十八罗汉手"是19世纪末叶洪门附会为达摩所传的。

从文献记载来看,少林寺传习的武术,是中国固有武术流传入寺内形成的。例如,少林寺第一任住持跋陀的弟子僧稠,"幼落发为沙弥,时辈甚众,每休暇,常角力腾趠为戏"(当时所谓角力,泛指徒手格斗)。后来,僧稠能"横塌壁行""跃首至于梁""引重千钧,其拳捷骁武劲"(见张鷟《朝野佥载》)。据《高僧传》说,僧稠初在巨鹿景明寺出家,拜治实为师,后来才到少林寺拜跋陀为师。达摩至嵩山"面壁",传禅法入少林寺后,少林寺传习的武术,也仍然是寺外流入的。

举两个例子来说。少林寺初以棍名,后又以拳术著称。据明程宗猷《少林棍法阐宗》言,少林棍法始自紧那罗。紧那罗是元代在少林寺厨烧火做饭的一个外来僧,河南省偃师人,俗名许那罗(见《新编少林寺志》)。明嘉靖四十一年(1562),明将俞大猷曾访少林寺,见寺僧棍法"已失古人真诀",遂把他编的临阵实用棍法传授宗擎、普从二僧。二僧得传后又转转寺众(见《正气堂集》)。显然,少林寺的棍法,来自民间和军旅武术。

另外,由少林寺传抄出的《少林拳谱》云:"克短打者即长拳,原自少林福居禅师删集也。习学诸家之法多年,乃得真传。"福居学了哪些家拳法,又删集了哪些内容呢?该谱中称为十八家,所集手法为"太祖长拳起手,韩通通臂为母,郑恩之缠封尤妙,温天之短拳更奇,马籍短打最佳,孙恒猴拳且盛,黄祐(一作祐)之靠身难近,锦(一作绵)盛之面掌疾飞,金箱之磕于通拳,刘兴之勾搂探手,谭方之滚漏贯耳,燕青之粘拿跌法,林冲之鸳鸯脚强,孟苏之七势连掌,崔连之窝里炮捶,杨滚之捆手拗直入,王郎之螳螂克敌,高怀德之摔掠硬崩"。

上述引文,录自少林寺僧永祥据1927年在寺内抄得的资料,于1937年整理成的《少林武僧谱》稿本。在当地流传的《少林拳谱》中皆有此说。德虔编著的

《少林武僧志》、甄秉浩据采访写成的《少林寺内传》中,也都收录了这种说法。显然,少林寺流传的拳法是从宋至清初民间拳术流入该寺而发展形成的。

综上所述,达摩不是少林拳始祖。

义和拳不是一个拳种

义和拳不能称为一个拳种,而是清朝乾隆年间出现的,以一定的政治信仰为标准,汇集不同师承、不同拳种的传习者组成的团体。

义和拳一名最早见载于乾隆三十九年(1774)觉罗巴延三奏折。其折云:"惟是(王伦)此等奸民,俱由白莲邪教而起,又诡名义合拳……传授咒语拳棒。"义和拳的诵咒,是念诵白莲教的八字真言——"真空家乡,无生父母"。念诵时,采取"盘坐,两手抱胸"的姿势,每天"早念二十七,午念五十四,晚念八十一遍"。

义和拳众传习的武技,先后包括红拳、八卦拳、六躺拳、阴阳拳、少林拳、梅花拳,以及金钟罩术(即铁布衫)等。发展到义和团运动前期,几乎包罗了各种民间流传的拳技功法。但是,在义和拳萌发的百余年中,汇集其中的拳种始终是沿着自身的技术体系发展,没有出现过一个自成体系的"义和拳"拳种。至于有人把义和拳众所习的武技称为"义和拳",其原因仅是因为该拳术传习者是义和拳这一团体中的成员,而不是拳技本身发生了什么变化。

武术古籍举要

古代武术专书亡佚颇多。例如,收入《汉书·艺文志》的《手搏》六篇、《剑道》三十八篇,收入《隋书·经籍志》的《马槊谱》等都只残存片简只言或序言。近现代运用较多的武术古籍,除了见于《吴越春秋》的"越女论剑"、见于《庄子》的"说剑"等少量远古武技文论外,主要是明清两代的著述。其中常用的有下述十余种。

《武经七书》 又名《武学七书》。北宋元丰三年(1080)宋神宗下诏校定《孙子》《吴子》《六韬》《司马法》《三略》《尉缭子》和《李卫公问对》,号称"七书",定为"武学"教科书。宋朝南渡后,宋高宗明确规定"凡武学生习七书兵法",武举考试以"七书"命题。明清两代,仍沿袭宋代旧制,武科用《武经七书》试士。为了科举考试的需要,武生以"七书"为进身阶梯,刻苦研习,促进了"兵法"与武术技法的融合。

《武编》 明代唐顺之(1507—1560)编著。《明史·艺文志》编录。共十卷,分前后两集,前集六卷,后集四卷。其前集卷五有牌、射、弓、弩、拳、枪、剑、刀、简、锤、扒、镋十二篇。在"拳"部分,记述了当时流行的拳术流派,还辑录了一些练功方法和技法。

《正气堂集》 明代俞大猷(1503—1580)著。《明史·艺文志》编录。此书有"余集"和"续集"。"余集"卷四中所载《剑经》,讲述棍法诀要。其中提出了"顺人之势、借人之力""(乘他)旧力略过、新力未生"等技击法则。还提出了"刚在他力前、柔乘他力后;彼忙我静待,知拍任君斗"等具有普遍意义的战术原则。这些原则对后世各派拳家皆有影响。

《纪效新书》 明代戚继光(1528—1587)编著。《明史·艺文志》编录。有十四卷本和十八卷本两种刊本。1987年人民体育出版社出版的马明达点校本《纪效新书》,是比较完备的一个版本。其中包含有射、棍、枪、钯、牌、筅、拳等武艺技法,还介绍了当时武术的流派,论及了民间武术与军旅武术的差异,拳法在军事技术训练中的作用等若干问题。此书卷一〇"长兵短用说篇"、卷一二"短兵长用说篇"、卷一四"拳经捷要篇",尤得后世拳家推崇。

《阵记》 明代何良臣(约为正德至万历年间人)著。《明史·艺文志》编录,共四卷。卷二"技用十五篇"中有射、弩、拳、棍、枪、筅、牌、刀、剑、短兵、用技等专言武艺技法的内容。

《耕余剩技》 明代程宗猷(1561—?)著。此书刊于天启元年(1621),包括"少林棍法阐宗"三卷、"蹶张心法"一卷、"长枪法选"一卷、"单刀法选"一卷。1929年,吴兴周由廑取家藏天启本影印传世,易名为《国术四书》。书中论述了套路运动形式对掌握攻防技术,提高攻防技能的作用,首次采用图解记述武术套路的连贯练法。

《易筋经》 始见于明天启四年(1624),出自天台紫凝道人。清道光以后,先后有傅金铨、来章氏、宋光祚等辑本《易筋经》问世。主要内容包括：易筋经总论、内壮论、内壮神勇、外壮神勇八段锦、十二势图等。《易筋经》从理论上总结提出了"内壮"与"外壮"统一的观点，制定了"内壮既熟"、再练"外壮"的锻炼顺序，并创编了"内外兼修"的"内壮揉腹功""易筋经十二势""外壮神勇八段锦"等功法。《易筋经》在少林寺僧和武术传习者中流传颇广，被视为武术气功文献的代表作。《易筋经》一书，旧题为达摩撰，般刺密谛译文。据清人凌廷堪（1755—1809）《校礼堂文集》、周中孚（1768—1831）《郑堂读书记》、近人唐豪（1897—1959）《旧中国体育史上附会的达摩》等文考证，晚明始见的《易筋经》，不是南北朝时天竺僧达摩的遗作。

《手臂录》　明遗民吴殳（1611—1695）著。《清史·艺文志》著录。此书共四卷及附卷上下。其中除卷三"单刀图说"、卷四的"诸器总说""叉说""狼筅说""藤牌说""大棒说""剑诀""双刀歌"和"后剑诀"等篇外，其他内容皆为枪法。此书对明代至清初流传的石家枪法、马家枪法、沙家枪法、杨家枪法、峨眉枪法、梦绿堂枪法、程宗猷枪法等多家枪法进行了注释与辨析，总结了枪法诀要，被后世视为集枪法之大成者。

《拳经·拳法备要》　明代少林寺玄机和尚传授，明末陈松泉再传、张鸣鹗编撰。清代康熙初张孔昭补充，乾隆年间曹焕斗又增补。本书含拳经、拳法各一卷。包括问答歌诀、周身秘诀、下盘细密秘诀、少林寺短打身法统宗拳谱、少林寺短打推盘步法。

《内家拳法》　清代黄百家（1634—？）著。《清史·艺文志》编录。书中记述了内家拳源流、练手法、练步法，内家拳的套路"六路"和"十段锦"，还介绍了内家拳的禁犯病、打法、心法、穴法等内容。此书是研究明代"内家拳"史和技术体系的重要资料。

《六合拳谱》　原为唐豪所藏抄本。此谱"总打"后有雍正十一年三月河南府李失名、雍正十三年正月新安王自诚、乾隆十九年七月汝洲王琛琳、乾隆四十四年汝洲马定振字样。其序云："惟六合（拳）出于山西龙凤姬先生……六合者：心与意合、气与力合、筋与骨合、手与足合、肘与膝合、肩与胯合，是谓六合。"此谱对于研究心意六合拳的起源和发展，有重要价值。

《太极拳经》 清人武禹襄(1812—1880)自称于1852年在河南舞阳盐店偶得。其中辑有《王宗岳太极拳论》。原名《太极拳谱》,民国初关百益尊之为经,始沿袭称"经"。《太极拳经》的内容包括:十三势论、太极拳论、太极拳解、十三势歌、打手歌、十三势行功心解、十三势名目。唐豪《王宗岳太极拳经研究》录有全文,并有考辨。近有人认为,《王宗岳太极拳论》,可能成文于武禹襄。

侠

指中国古代社会中品德端正、见义勇为、主持公道的人。俗称"侠客"。"侠"一般都有高超的武功,这些人"轻死重义","其言必信,其行必果,已诺必诚",为了"义",不忌"以武犯禁",不惧"杀身成仁","为知己死"。

抱 拳 礼

古代习武者相见,以抱拳为礼。此礼有中国民俗特色。习武者不以握手为礼,意在避对方猜疑,也避对方可能暗藏之杀机(擒拿中有趁伸手相握之机擒住对手的方法)。自1986年起,武术竞赛中实行抱拳礼,制定了统一的"抱拳礼"规格,赋予其新的含义。

抱拳礼的规格: 右手握拳,拳心向下;左手拇指屈回,其余四指并拢掩掌于右拳上,指尖朝上。拳掌距胸约20—30厘米,两臂屈圆与胸齐平。行抱拳礼时,要求下肢并步站立,头正身直,目视受礼者。

抱拳礼的含义: 右手握拳喻"尚武""以武会友"。以左掌掩右拳,喻拳由理来,屈左拇指,喻不自大。左掌四指并拢,喻四海武林同道团结齐心,发扬武术。

武 举

武举是中国古代科举制度中为选拔武官而设的考试科目。始自唐长安二年(702)。考试内容有长垛、马射、步射、平射、管射(前五项均为试射),马枪(试骑马用枪击刺木靶），翘关（试举重）。宋代武举考试增加了兵书义理或《论语》《孟子》大义等理论考试，称为"内场"，区别试步、马射等为外场。武举制延续至清代，外场考试内容除马射、步射外，增添了弓、刀、石三项考试内容。"弓"即开硬弓，硬度分三号。"刀"即舞大刀，刀重40公斤、50公斤、60公斤三种，舞刀的方法有双手举、单手举、舞刀花三种。"石"即掇石，石重100公斤、125公斤、150公斤三种。石两端有扣，考试时规定掇石"石必离地1尺"。考试分为童试、乡试、会试、殿试四级。光绪二十七年（1901），武举制废止。

武　士

古代泛称习练武艺、从事武职的人为"武士"。近现代被作为武术技能达到一定标准者的等级称号。20世纪30年代，南京中央国术馆考试条例规定，"凡经各省举行国术考试时名列甲等者，应由中央（国术馆）给以武士头衔"（引自1929年8月14日《民力日报》）。此规定未见实施。1985年1月，中华人民共和国体育运动委员会颁布的《武术运动员技术等级试行标准》中，有"一级武士""二级武士""三级武士"三个武术等级运动员称号。

壮　士

古代泛称身体强壮多力的男人为"壮士"。近代曾被用作达到一定武术技术标准者的等级称号。20世纪30年代南京中央国术馆考试条例规定，"凡经各省举行国术考试……名列乙等者，应由中央（国术馆）给以壮士头衔"（1929年8月14日《民力日报》）。此规定未见实施。

现代武术等级运动员的称号和试行标准

根据1985年国家体委颁布的《武术运动员等级试行标准》，武术等级运动员称号有武英级、一级武士、二级武士、三级武士、武童级。试行标准分别为：

武英级: 在全国武术比赛中,六项全能项目总分达 54 分,并获全能前十五名。

一级武士: 在全国武术比赛中,六项全能项目总分达 52.5 分。在省级比赛中获 52.5 分者,还须获全能前三名。

二级武士: 在省级比赛中,拳术、器械、对练三项总分获前十五名,分值达 25.5 分,或者在地区级比赛中获此三项总分前六名,分值达 25.5 分。

三级武士: 在县级比赛中,含有拳术和器械的任意三项总分达 24 分。

武童级: 年龄在 18 周岁以下的习武者在基层比赛中,拳术、器械两项总分达 16 分。

上述标准试行后,进行过多次修订,但称号一直沿用。

穴　　位

穴位又名腧穴、穴道、气穴、孔穴、骨空等。是人体脏腑经络之气输注于体表的处所,还是内气与外气沟通之所。人身有 360 个穴位,它通过经络的联系,与脏腑密切相关。接受物理(如点、压、针刺等)和化学(药物注射)刺激后产生的感觉,会出现沿经络呈双向性的线状或带状传导的现象。武术内功依其性能制成多种用于健身和锻炼人体体能,诱发人体潜能的功法。点穴法亦是依此性能创成的制人之术和解救之法。

经　　络

经络是穴位与脏腑间的联络线。穴位感受的刺激通过经络进行传导,人体气血以经络为运行通路。经络包括经脉和络脉两部分。经脉上下直行,络脉左右横行。经脉内贯脏腑、外达肌表,上下联系成一个遍布周身的网络。它们组成各有所属的系统,又有机地构成整体,影响机体的功能活动。经络计有十二经脉、奇经八脉、十二经别、十二经筋、十二皮部、十五络脉等。奇经八脉中的任、督二经有统摄人身阴经和阳经的作用,很受医家和练功者重视。它与十二经并立,统称为十四经。

铜人图之法

据黄百家《内家拳法》述,内家拳"凡搏人皆以其穴:死穴、晕穴、哑穴,一切如铜人图之法"。铜人图之法指宋代王惟一主编的《铜人腧穴针灸经》中所载的经脉循行和俞穴位置等。该书成书的次年(1027),铸成针灸铜人孔穴模型,用以教学和考核学生。

丹田的位置

丹田分为上丹田、中丹田、下丹田。葛洪《抱朴子内篇·地真》言其位置云:"子欲长生,守一当明……或在脐下二寸四分下丹田中,或在心下绛宫金阙中丹田也,或在人两眉间,却行一寸为明堂,二寸为洞房,三寸为上丹田也。"也有人认为丹田是培育"丹"的田地,"丹"是练功获得的一种特殊的能量物质。因此,只要能通过锻炼产生"丹"的地方,就是"丹田"。故有"人身无处不丹田"的说法。

武术运动中所谓"气沉丹田""丹田发力""气归丹田""丹田气"等用语中的"丹田",皆指下丹田,即小腹。

内丹术与外丹术

唐代《通幽诀》:"气能存生,内丹也;药能固形,外丹也。""内丹术"是中国古代道教徒修炼的方法。东晋许逊《灵剑子·服气诀》有"服气调咽,用内丹"。隋苏之朗《旨道篇》讲"行气导引,称为内丹"。内丹术具体修炼方法颇多,总不外调身正体、调心入静、调息吐纳。运转内气循经畅流,以求鹤发童颜、延年益寿。

"外丹术"是古代道教徒以金石药物或草木药在丹房中加工制造丹剂的方术。其中又分为金丹术和黄白术。制造服食以摄取长生的丹剂为金丹术;制造药金、药银为黄白术。据说,服食这种丹剂,能固形长生。历史上多有服丹毙命者。"外丹"的功效还有待研究。

缩 谷 道

谷道,指消化道的最末端,即肛门。所谓"缩谷道",是指肛门括约肌微微收缩,肛门有向上内提之感。上提谷道,有助于内气沿督脉上升,能促进完成意气循任、督二脉循环。还能促内气入带脉,经过任、督、冲三脉与带脉的交汇点,运至全身。

握 固

握固是气功中手的一种姿态。握固一词源出《老子·第五十五章》:"骨弱筋柔而握固。"《抱朴子内篇》卷一八中把握固与练功结合起来,强调"握固守一"。《寿世传真》中说,握固即"握手牢固"。据记载,握固的方法有下列几种:

1.《诸病源候论》说:"以两手各自以四指把手拇指。"

2.《苏沈良方》说:"以两拇指掐第二指手纹,或以四指都握拇指。"

3.《道门通教必用集》说:"以大指掐中指中节,四指齐收于手心。"

握固的作用:据《导引经》说:"拘魂门,制魄户,名曰握固。与魂魄安门户也。此固精明目,留年还魄之法,若能终日握之,邪气百毒不得入。"一般认为,练功时握固,有助于思想安宁。

搭 鹊 桥

搭鹊桥是养生气功用语。练气功时,一般都要舌抵上腭,古称"搭鹊桥"。它有助于气通任、督二脉,促使唾液腺的分泌增加,并帮助胃肠消化,促进食欲。

在太极拳、八卦拳、形意拳等注重练内的拳术中,也强调训练时要舌顶上腭。

垂　帘

　　垂帘是指练功时,上下眼皮同时放松(不是闭拢)。眼帘松,面部肌肉自然放松,周身肌肉也会随之而松。眼帘松则神敛,神守则意宁。所以"垂帘"直接影响到整体的松静,是周身放松的关键。

内　视

　　内视属养生术。是一种以意念内视自身五脏形色的修炼方法。清郭庆藩《庄子集释》:"内视,谓不以目视而以心视也。"唐代孙思邈《千金要方·道林养性》:"常当习黄帝内视法,存想思念,令见五脏如悬馨,五色了了分明,勿辍也。"苏轼《养生诀——上张安道》:"……内观五脏:肺白、肝青、脾黄、心赤、肾黑,次视心为炎火,光明洞彻,入下丹田中。""内视"时,要求摒除外缘,"不得浮思外念",否则"心想欲事,恶邪大起",练功失效。

五劳七伤

　　五劳七伤是中医学常用名词,即"五劳"与"七伤"的合称。
　　五劳:一指五种劳伤的病因。《黄帝内经·素问·宣明五气篇》:"久视伤血,久卧伤气,久坐伤肉,久立伤骨,久行伤筋,是谓五劳所伤。"二指五脏劳损。《医学纲目》:"何谓五劳? 心劳血损,肝劳神损,脾劳食损,肺劳气损,肾劳精损。"
　　七伤:一指《诸病源候论》所云:以大饱伤脾,大怒气逆伤肝,强力举重、久坐湿地伤肾,形寒、寒饮伤肺,忧愁思虑伤心,风雨寒暑伤形,大恐惧、不节伤志为七伤。二指生殖系统疾病。《诸病源候论》中云:"七伤者,一曰阴寒,二曰阳痿,三曰里急,四曰精连连,五曰精少、阴下湿,六曰精清,七曰小便苦数,临事不卒。"
　　在古代养生术中,以左右顾盼之类的动作来防治"五劳七伤"。古传《八段锦》中有"五劳七伤往后瞧"。南宋曾慥集《道枢》中云:"返而复顾所以理其伤劳矣。"

真意与真气

真意是指练功过程中,心中无物、杂念不起的纯正意念。伍冲虚《仙佛合宗》:"真意即虚无中之正觉。"孙禄堂《拳意述真》:"拳无拳,意无意,无意之中是真意。"

真气为中医学名词,亦称元气。由藏于肾的元气、吸入自然界的大气与饮食水谷之气结合而成,为维持全身组织、器官生理功能的基本物质。《黄帝内经·灵枢·刺节真邪》:"真气者,所受于天,与谷气并而充身者也。"真气散布于全身经脉之中,成为经气。《黄帝内经·素问·离合真邪论》:"真气者,经气也。"

内气与外气

内气指在练功过程中产生的一种"内动"现象,是练功者自我感知的某些由于练功所产生的特殊的"气感"。这种感觉往往先在小腹、腰部或手脚,以温热、气流充盈、气样流动或温水荡漾等舒适感出现,呈现"热"与"动"的征象。李时珍在《奇经八脉考》中云:"内景隧道,唯返观者照察之。"即是练功过程产生"内气"感应的描述。

外气为气功疗法用语。指通过气功锻炼的人向外释放出的"内气"。有研究认为"外气"是一种可通过空间传递、能被人体接受的能量。

浩 然 之 气

"浩然之气"一语初见于《孟子·公孙丑上》:"'……我善养吾浩然之气'。'敢问何谓浩然之气?'曰:'难言也。其为气也,至大至刚,以直养而无害,则塞于天地之间'。"后世把"浩然之气"理解为最高的正气和节操。近代气功界有人本"邪不侵正"的观念,认为我"正气"壮,"邪气"(病邪)即不能侵。他们以孟子所谓"（气）以直养而无害"作为养生修炼的方法准则，把"养吾浩然之气"作为修炼的目的。

调　息

调息指调整呼吸或控制呼吸，以符合某种呼吸锻炼法的要求。呼吸锻炼法的种类很多，常见有闭气、服气、运气、呼气、调气、胎息、踵息，等等。一般来说，不论何种呼吸锻炼法，都要求以意识调节和控制呼吸。其练习程序都要求先采用自然呼吸法，顺其自然地进行练习。随后再采用与意识结合的呼吸法，主动调整呼吸（仍不勉强助力），逐步获得深长细匀的呼吸功夫。

踵　息

踵息指起息于踵。喻其息之静，呼吸之深。《庄子·大宗师》中云："真人之息以踵，众人之息以喉。"《注》："起息于踵，遍体而深。"其踵息之深，实际是指内气的循经导引。

龟　息

龟息为道家语。谓呼吸调息如龟，不饮不食而能长生。据《抱朴子内篇·对俗》记载，郡人张广定因逃避战乱，将一不能步涉又不便担负的四岁女孩弃于村口一古冢内，留下数月饭食浆水。"候世平定，其间三年，广定乃得还乡里，欲收冢中所弃女骨，更殡埋之"，却见其女仍然活着，"女言粮初尽时甚饥，见冢角有一物（即龟），伸颈吞气，试效之，转不复饥，日月为之，以至于今。"

胎　息

胎息为腹式深呼吸的一种。所谓"胎息"，是指呼吸柔和细微、乃至若有若无时,练功者获得的一种"不以口鼻呼吸,而以脐窍呼吸"的自我感受。亦称"潜呼吸"。《摄生三要》:"须想其气,出从脐出,入从脐灭,调得极细。然后不用口鼻,但以脐呼吸。如在胞胎中,故曰胎息。"胡文焕辑《类修要诀·胎息铭》述其练法云:"三十六咽,一咽为先。吐唯细细,纳唯绵绵。坐卧亦尔,行立坦然。戒于喧杂,忌以腥膻。假名胎息,实曰内丹。"道教以此为服气法。《后汉书·王真传》中云:"悉能行胎息、胎食之方。"李贤注:"《汉武内传》曰:'王真字叔经,上党人,习闭气而吞之,名曰胎息;习嗽舌下泉而咽之,名曰胎食。真行之,断谷二百余日,肉色光美,力并数人。'"

体　呼　吸

体呼吸为气功呼吸法的一种。亦称"毫毛呼吸"。是闭气练习中,练功者获得的一种"不以口鼻呼吸,而以毛窍呼吸"的自我感受。苏轼在《苏沈良方》中云:"一息自住,不出不入,或觉此息,从毛窍中八万四千云蒸雾散,无始已来。"

提肛呼吸法

提肛呼吸法为气功保健疗法。吸气时,稍用意收缩肛门括约肌,有微忍大便感;呼气时,放松肛门括约肌。此法有助于治疗气虚下陷的内脏下垂、子宫脱垂、痔疮等症。

周天呼吸法

周天呼吸法是与意识结合的呼吸锻炼法。锻炼中强调以意领气,沿一定的经络循环周流。分为小周天呼吸法和大周天呼吸法两种。两法均采用逆式呼吸法。练习时,用鼻吸气后,以意领气循任脉和督脉周流运转者,称"小周天呼吸法";以意领气循奇经八脉周流运转者,称"大周天呼吸法"。

闭　息

　　闭息亦称"闭气"或"停闭呼吸法"。是一种吸气后略停再呼出气的行气方法。《养性延命录》述闭息法云："正偃卧，瞑目握固，闭气不息，于心中数至二百，乃口吐气出之，日增息，如此身神俱，五脏安。能闭气至二百五十息，华盖明，华盖明则耳目聪明，举身无病，邪不忤人也。"《千金要方》中云："和神导气之道，当得密室，闭户安床暖席，枕高二寸半。正身偃卧，瞑目，闭气于胸膈中，以鸿毛着鼻上而不动，经三百息，耳无所闻，目无所见，心无所思，则寒暑不能侵，蜂虿不能毒，寿三百六十岁，此邻于真人者也。"在方法上，也不是吸一口气硬行闭住。如《苏沈良方》所云："既云闭气胸膈，恐是不闭鼻中气，只以意坚守此气于胸膈中，令出入息，似动不动，氤氲缥缈，如香炉盖上烟，汤瓶嘴中气，自在出入，无呼吸之者，则鸿毛可以不动。若心不起念，虽过三百息可也。"专讲闭息的还有墨子闭气行气法等。现代很少采用单纯的闭息法，多与默念字句相结合，即在念字后闭息。如内养功第一种呼吸法在吸气后默念字句，先由 3 个字开始，以后逐渐增多，最多不超过 9 个字，在念完字时呼出。对临床症状表现为亢盛的实症者，不宜采用闭息法。

调　心

　　调心即调整心神，以集中意念于练功。调心的方法很多，可分为集中意念于身内某部、或集中意念于身外某物、或集中意念于某种想象三类。一般来说，不论何种调心法，都要求排除杂念，集中意识，诚心专一。其练习程序都要求从放松入手，然后逐步集中注意力，发挥意识在练功中的主导作用。

意　守

　　意守是集中意念于身内某部、或身外某物、或某种想象的用意方法。"意守"的方法很多。一般根据"意守"的位置,将"意守"分为"内守"和"外守"两类。内守:指意念集中于自身某一部位,如意守丹田、意守涌泉、意守呼吸等。外守:指意念集中于自身之外的事物,如意守青山、意守某种令人愉悦的景象。《气功养生学概要》根据"意守"用意的性质,将"意守"分为七类。1. 定位性意守,如意守丹田等。2. 定向性意守,如周天运转等。3. 节律性意守,如数息、随息等。4. 微动性意守,如意守某处肌肉的细微运动。5. 假借性意守,如蹚泥步、抚球式等。6. 壮力性意守,如推山式、倒曳九牛尾等。7. 暗示性意守,如默念字句、诱导语等。

练　　意

练意为气功基本功之一,与练气、练身共同构成气功最重要的内容。练意又称用意,是指气功锻炼中,如何掌握运用意念。其内容包括如何把意念集中到选定的身体部位上,或集中在某一事物上,并能在练功过程中不断排除杂念,体会身体各方面的情况,有意识地断续加以调整,使之更有利于发挥意识的能动作用,收到更好的练功效果。《黄帝内经·素问·上古天真论》中云:"恬淡虚无、精神内守。"讲的就是通过清静而无所作为,进行练意。《内经诠释》说:"恬淡以养神,虚无以养志。"精神内守,是指把注意力集中到身体上来,以后也称返观内照。

在练意方面,古代还有用想象的办法来诱导安静,集中思想,注意身体内部的方法,即存想与观相。

以意引气,也是用意的一种方法,用法主要有下列几类:一类是引气攻病。《鸡峰普济方》说:"意者气之使,意有所到则气到。每体不安处,则微闭气,以意引气到疾所而攻之,必瘥。"一类是用意去引导内气,在身体沿经循环流转,例如大、小周天。一类是与呼吸相结合,称为心息相依。练意达到一定水平,即可"入静"。

在练意过程中,要注意避免三种倾向,即着意、着想和执著。要注意掌握若有意,若无意,勿忘勿助,似守非守,用意不用力,还要解决好散乱与昏沉的问题。

调　身

　　调身即调整身体形态,以符合一定的姿势规格。气功练习的基本姿势包括坐式、卧式、立式(或称"站式")、步式四种。各种姿势各有一定的规格。一般来说,它们都要求做到:塞兑垂帘、沉肩垂肘、松颈涵胸、舒腰松腹,以及鼻与脐对和耳与肩对。

运　气

　　运气是练功者自我锻炼和运用内气的方法,其法有三:

　　1. 整体运气。道教内丹术中的大小周天即是一种。

　　2. 运气局部攻病。《养性延命录》:"凡行气欲除百病,随所在作念之。头痛念头,足痛念足,和气往攻之,从时至时,便自消矣。"

　　3. 运气外出。《圣济总录》:"行气常以月一日至十五日,念气从手十指出:十六日至三十日,念气从足十指出,久自觉气通手足,行之不止,身日轻强,气脉柔和,荣卫调畅。"

正门、里门和外门

　　正门、里门、外门均为技击方位用语,指身体的某一范围。"正门",指胸部正对前方的身前范围。"里门",指出击臂内侧与身体前面的范围。"外门",指出击臂外侧的范围。

过　门

　　"过门"是对练技术术语。指一方扫腿,另一方向前上跳起让过,使双方掉换站立方位的动作。如一方立于东方,另一方立于西方。前者扫,后者跳过,成为后者立于东方,前者立于西方,即为"过门"。

圈内和圈外

"圈内""圈外"均为武术方位用语。

圈内:1. 太极拳推手术语。指两臂范围以内的胸腹等部。2. 八卦掌术语,亦称"圈里"。指绕圆走转时,所走绕之圆周内。3. 散打术语。指两人对搏时,双方攻防可及的范围之内。

圈外:1. 太极拳推手术语。指两臂范围以外的两侧和背后等部。2. 八卦掌术语。指绕圆走转时,所走绕的圆周之外。3. 散打术语。指两人对搏时,对方攻防可及的范围之外。

子 午 方 位

武术方位术语。一些拳家以习拳者身体的正前方为午位,正后方为子位。进而定右方为酉位,左方为卯位。根据传统的说法,子位为北方,午位为南方,卯位属东方,酉位属西方。

里脚和外脚

"里脚"与"外脚"均为八卦掌练习术语。"里脚"指在绕圆走圈时,靠圆心侧的脚。"外脚"指相对离圆心较远的另一脚,与"里脚"相区别。

里手和外手

"里手"与"外手"均为八卦掌练习术语。"里手"指在绕圆走圈时,靠圆心侧的手臂。"外手"跟"里手"相对,指绕圆走圈时,相对远离圆心侧的手臂。

十　方

拳家将四正、四隅加上下,合称十方。即东、南、西、北(四正),东南、东北、西南、西北(四隅),上、下。或自身的左、右、前、后(四正),左前、右前、右后、左后(四隅),上、下。

八　盘

"八盘"指人体的八个关节处。语出《阴阳八盘掌法》。作者自释云:"因何而名为八盘……有上四盘、下四盘之分别。上分出、入、退、华盖四盘;下分地、悬、空、九尾四盘。"并说"上四盘练胳臂的手法""下四盘练腿"。该书中图解八盘的部位为:出,腕部;入,肘部;退,肩部;华盖,胸部;地,踝部;悬,膝下部;空,膝上部;九尾,髋与小腹部。

走盘与走中盘、外盘

"走盘"是实战步法术语。指与人格斗时,为抢站有利位置,保持最佳实战距离而移动步法。走盘分为走中盘,走外盘(走左盘、走右盘)。两人相搏时,将脚探入对方两脚之间 10—16 厘米为走中盘;将脚探落于对方手脚外边,并以此脚脚尖对其脚尖,两脚尖相离 10—16 厘米,此为走外盘。向对方左侧上步为走左盘;向对方右侧上步为走右盘。

阳手和阴手

"阳手"和"阴手"均为传统武术传习中,借阴阳来表示手心方向位置的用语。"阳手"指手心向上的掌式、拳式及握持兵械的手式。"阴手"指手心向下的掌式、拳式及握持兵械的手式。

老阳手和老阴手

"老阳手"指臂内旋至手心向外、小指侧向上的掌式。"老阴手"指臂外旋至手心朝外、虎口向下的掌式。

把势和把式

"把势"和"把式"都是拳术的别称。把势一词,初见于唐顺之《武编》卷五。其中说"拳有势者,所以为变化也,横邪侧面,起立走伏,皆有墙户,可以守、可以攻,故谓之势。拳有定势,而用时则无定势。然当其用也,变无定势而实不失势,故谓之把势。"所谓"把式",大概是由于"把势"中势字的假借出现的。在我国北方乡间,多称教授武术的拳师为"把式匠",称练拳为"打把势"。

封闭的含义与运用

"封闭"是封门闭户之意。其法是以格拦类动作格开对方进攻动作,同时控制对方变化。例如,对方以左直拳向我胸部冲来,我右手从右向左平拦对方左小臂。如此,既封住了对手左拳进攻之路,又闭住了其右手的出击之门。这样的防守方法,即谓"封闭"。金恩忠注:"封者,封敌之门也。闭者,即使敌无所用其能矣。"

绝招的含义与性能

"绝招"指个人独擅的技法,"绝招"掌握者能得心应手地使用它,取得显著的技击效果。任一武术"绝招",都具有"共性""个性"和"相对性"。"共性",指它必须符合运动的基本规律;"个性",指它必须能最有效地发挥出练习者个人的体能和技能;"相对性",指绝招之"绝"并非是无与伦比的,是相对的。特别是在武术对抗运动中,任何"绝招"都只有在特定的情况下,才能显其"绝"。

式正招圆的含义与做法

"式正"与"招圆"是武术动作的两种形态。"式正",指静定的拳式要"正"。做到头正、身正、手正、步正、拳式端庄沉稳,无左歪右斜、前俯后仰之态。"招圆",指招法(攻防组合)的变换要"圆",做到拳式圆转自如,动作间的衔接顺遂连贯,无涩滞僵直之态。

着和招

"着"和"招"都指以攻防制胜为原则组合的成串动作。例如,太极拳讲"由着熟而渐悟懂劲"。拳谚云:"见招打招,见式打式。"在古代武术文献中,多用"着"。在近现代武术用语中,多用"招"。"着"和"招"含义相同。

拉架子、练架子和盘架子的含义与异同

所谓"架子",是武术运动中对拳式和由拳式组成的套路形式的泛称。拉架子、练架子、盘架子,都指练习式式相承的拳路。就这一点说,它们是一回事。不过,三种说法间也存在些精微差别。一般把按常规速度练套路,称为练架子。把边练套路边琢磨,称为盘架子。把以较常速稍慢的慢速演练,称为拉架子。在训练运用中,练架子多用于提高动作熟练程度,追求正确动力定型的形成。盘架子多用于体会动作的含义和节奏等,追求悟出最佳演练技巧。拉架子多用于锻炼动作规格,提高动作的规范性。

拳家的巧劲不是绝对力量

人们常奇怪,一些拳手能击倒体重、力量均高于自己的对手,可在负重的重

力劳动中却又不一定最优秀。其原因是，拳家与人格斗时采用的是"巧劲"，这种巧劲不等于绝对力量，而是顺人之势、借人之力产生的效应。例如，对手以猛力向我击来，我待对方重心出现前倾状时，顺其来势方向，在对方身上略施小力，必然加速对手倾跌。这就是顺对手前倾之势，借对手前冲力施加的巧劲。在重力劳动中，或扛、或挑、或提，运用的是绝对力量，无势可顺，无力可借，拳家的巧劲当然就无法发挥了。

内家拳禁犯病

内家拳练习中，禁止出现的错误形态，称为"内家拳禁犯病"。黄百家著《内家拳法》列举了"懒散、迟缓、歪斜、寒肩、老步、腆胸、直立、软腿、脱肘、戳拳、扭臀、曲腰、开门捉影、双手齐出"十四项。"懒散"，指思绪不集中，精神提不起。"迟缓"，指动作缓慢。"歪斜"，指拳式不正，出现左歪右斜。"寒肩"，指双肩不松，如受寒上耸。"老步"，指迈步拖拉，落步重滞。"腆胸"，指胸部挺出。"直立"，指两膝僵直站立。"软腿"，指腿膝无力，步架不劲。"脱肘"，指肘不随顺出拳，出现"中节不明，全身是空"的情况。"戳拳"，指冲拳时手腕不直，出现手背侧倒的情况。"扭臀"，指臀位外斜或外突上撅。"曲腰"，指脊不直。"开门捉影"，指两臂大开，敞露要害，有被击中要害之虑。"双手齐出"，指双手同时出击，有难以回防之弊。

"易骨、易筋、洗髓"的含义与运用

形意拳的"易骨、易筋、洗髓"说，初见于孙禄堂《拳意述真》。书中将："易骨、易筋、洗髓"作为练习形意拳的三步功夫，即形意拳锻炼的三个步骤。这三步功夫的锻炼方法是：

易骨，指以规规矩矩的拳势练习为基础，化除僵劲，换得明劲。逐步变自然呼吸为拳式呼吸。"易骨"为形意拳练习的初级阶段。

易筋，指意识、动作、呼吸三者密切配合地进行锻炼，把初级阶段练习中获得的那种刚形于外的明劲,练成柔藏于内的暗劲。"易筋"为形意拳练习的中级阶段。

洗髓,指按照前阶段规范加强练习,暗劲练成化劲,形成了动力定型,表现出内外合一的动作技能。即所谓"拳无拳,意无意,无意之中是真意"的境界。"洗髓"为形意拳练习的高级阶段。

直膝跳与屈膝跳

在传统"轻功"练习中,流传着"直膝跳一尺,屈膝能跳一丈"的说法。直感地说明了屈膝起跳比直膝起跳跳得高。这是因为直膝起跳时,只有小腿后侧肌群和足底肌收缩产生的肌力。屈膝起跳时,除参与直膝起跳的肌群外,还有大腿前侧肌群和臀肌收缩产生的肌力。所以屈膝比直膝跳得高。有人依此引申出练直膝跳一尺,就能屈膝跳一丈的说法和练法,却是不妥的。

进行直膝起跳练习,只能使参与工作的小腿后侧和足底的肌群获得锻炼,练不到大腿前侧肌群和臀肌。而后者的肌块较前者为大,肌力较前者为强,只有在屈膝起跳中,这些肌肉才能发挥作用并得到锻炼。因此,练直膝跳不能锻炼和提高所有参与屈膝跳工作肌群的力量。显然,练直膝跳一尺,是不能达到屈膝跳一丈的目的。

此外,直膝跳时,下肢没有通过屈膝来缓冲落地冲击力,易损伤膝关节。因此,不宜采用直膝跳练习。

拳家多精伤科

拳家认为"武术,杀人之技也,知有杀而不知有救,是大背人道矣"(见《国技大观》姜侠魂语)。在武术训练和与人格斗时,常有跌打损伤出现。因此,拳家多习药功,以备自治和救治他人。古代拳师授徒,多在传授武技之余,兼传医术或药方。拳家在积累诊治措施、救治手法、经验药方的基础上,加上佐功、药剂和注重于健身的拳术的发展,逐步形成了少林寺伤科、武术医疗等拳家医道。

练武与用药

武谚云："经常练武术，不用上药铺。"可是一些拳师授武时，却要求习武者在练武过程中内服或外用某些药物。原因是什么呢？武谚所云，是指经常练武术者，身强体壮，百邪不侵，用不着上药铺吃药治病。练习武术过程中配合用药，是为了促进技能的提高，或者消除练功中可能出现的一些隐患。明代见传的《易筋经》中，已记有以药佐功的经验之谈和内服、外用验方。《易筋经·服药法》云："炼壮之功，外资于揉，内资于药，行功之际先服药一丸，约药入胃将化之时即行揉功，揉与药力相迎凑，乃为得法。"《易筋经·汤洗法》云："行功之时频，宜汤洗。盖取其盐能软坚，功力易入，凉能散火，不致骤热。一日一洗，或二日一洗，以此为常，功成则止。"

练习铁砂掌之类硬功后，常有局部气血不畅、肌肤老化、感觉迟钝，甚至麻木、疼肿、瘀血等现象。练习后，及时用舒和气血的药剂汤洗，能使气血融和，皮肤舒畅，使肌肤疲劳尽快消除，保持良好的功能，消除和避免上述不良现象的出现。

练武用药要慎重。《易筋经》的作者说："历见壮筋骨药方，率皆欲速见效，妄投猛烈药物，虽气力遽见增长，而致戕生者颇多。"本书所录易筋经大力丸、打虎状元丹等方，是药性平温的验方。

打虎状元丹

说明：佐功内服药，具有强壮筋骨的作用。录自《易筋经》。

方剂：人参（四两）、鹿茸（一对）、朱砂（四两）、附子（二两）、远志（八两）、木瓜（四两）、白蒺藜（四两）、肉苁蓉（四两）、巴戟（四两）、川乌（四两）、白茯苓（四两）、杜仲（四两）、麦冬（四两）、枣仁（四两）、天冬（四两）、砂仁（四两）、蛇床子（四两）、木香（二两）、牛膝（四两）。

制法：共为细末，炼蜜为丸，每丸重一钱。

服法:练功前服一丸,用黄酒或盐汤送下。

大 力 丸

说明:同"打虎状元丹"。

方剂:上蒺藜(炒半斤)、全当归(酒炒四两)、牛膝(酒炒四两)、枸杞(四两)、鱼胶(四两)、续断(四两)、补骨脂(盐水炒四两)、兔丝饼(四两)、螃蟹(炒黄半斤)、虎胫(四两酥炙,要前腿骨)。

制法:共为细末,炼蜜为丸,每丸重一钱。

服法:清晨,黄酒送下。每服三丸。

洗 手 仙 方

说明:佐功外用药,具有软坚活血、清热解毒作用。录自《易筋经》。

方剂:川乌、草乌、南星、蛇床、半夏、百部、花椒、狼毒、透骨草、藜芦、龙骨、海牙、地骨皮、紫花、地丁各一两,青盐四两,硫黄二两。

制法:醋五碗、水五碗,和药一道熬至七碗。

用法:汤洗练功部。

武力跌打丸

说明:跌打损伤内服药。具有舒筋活络、散淤止痛等作用。云南沙国政老师传授。

方剂:马前子(沙炒,四两)、麻黄(四两)、桂枝(三钱)、独活(三钱)、千年健(三钱)、防风(三钱)、川牛膝(三钱)、杜仲(三钱)、木瓜(三钱)、红花(三钱)、地蜂房(三钱)、乳香(三钱)、没药(三钱)、煅然铜(三钱)。

制法:共为细末,炼蜜为丸,每丸一钱重。

服法:每日一次,每服一丸,年迈体弱者减半,妇女减半。黄酒或开水送下。

紫 金 散

说明:跌打损伤内服药。具有舒筋活络、接骨续筋的作用。云南沙国政老师传授。

方剂:乳香(五钱去油)、没药(五钱去油)、大黄(八钱)、血竭(一钱)、碎补(一两)、木耳炭(一两二钱)、麝香(六分)、地鳖(一两二钱)、乌药(一两二钱)、归尾(一两酒浸)、麻皮(八钱炒炙,麻仁可代)、盆硝(二两)、煅然铜(一两)。

制法:共为细末,拌匀入瓶备用。

服法:每日一次,服一钱五分。黄酒送服。无黄酒可用白酒加水代替。

新 伤 药

说明:跌打损伤而无皮肤破损者外敷药。具有止痛消肿、散瘀活血的作用。郑怀贤验方。录自《实用运动医学》。

方剂:黄柏(一两)、羌活(五钱)、独活(五钱)、白芷(五钱)、血竭(一钱)、木通(五钱)、青木香(三钱)、元胡(二钱)。

制法:共为细末,拌匀备用。

用法:用蜂蜜和开水将药末调和,摊在油纸或纱布上,然后贴于患处。每日或隔日一换。皮肤过敏者慎用。

旧 伤 药

说明:跌打旧伤劳损外敷药。具有舒筋活络、强壮筋骨的作用。郑怀贤验方。录自《实用运动医学》。

方剂:续断(五钱)、土别(五钱)、儿茶(三钱)、松香(二钱)、木香(三钱)、羌活(三钱)、独活(三钱)、白通(三钱)、松节(三钱)、乳香(二钱)、白芨(二钱)、紫金皮(二钱)、关桂(三钱)。

制法和用法：同"新伤药"。

拳家药方中的斤两换算法

拳家药方中的斤两是旧制计量单位。1 斤为 16 两，等于 500 克。每两等于 31.25 克，每钱等于 3.125 克。目前在运用中，一般取近似值，以每钱为 3 克。

练习武术时预防损伤的措施

"经常练武术，不用上药铺。"然而，如果违背武术运动规律进行练习，或者疏忽大意，外环境不良等，则可能导致运动损伤。预防武术运动损伤的一般措施有如下几条。

1. 认真坚持做好准备活动。

武术动作的幅度比日常生活中肢体活动的幅度要大得多，而且，常伴有变化方向、起伏折叠。开始训练时，通过准备活动能使肌肉的粘滞性减少、伸展性提高，避免运动时拉伤肌肉。准备活动能增加关节的灵活性和活动幅度，避免扭伤关节。准备活动还能使呼吸、循环系统也由相对安静状态逐步过渡到运动状态，思想也逐步专一集中于练功，避免内脏器官的机能状态跟不上运动需要而致伤。做准备活动一定要认真，坚持一贯。不能早操做了，上午训练就不做；也不能冬季重视做，夏季天热就懒做；还要避免活动此部，疏弃彼部。准备活动应包括集中注意力，活动颈、肩、肘、腕、腰、髋、膝、足等各部关节，动员内脏机能三种内容。还要注意结合当次训练的技术特点。如果是带伤训练，要先按摩受伤部位，让其机能逐步在准备活动中达到正常水平。

2. 始终坚持基本功训练。

武术基本功包括桩功、腿功、腰功和臂功等全面提高武术专门身体素质的练习。初学武术时，通过坚持基本功训练，能获得学习武术技术动作必需的能力，避免学习技术动作时力不从心而造成的损伤。对于常年习武者来说，始终坚持基本功练习，能促进身体全面发展，有助于预防局部慢性劳损性损伤。还能使运动者的专门身体素质保持在一定的水平上,避免素质下降、承担不了运动负荷而造成损伤。因此,始终坚持武术基本功练习,被习武者视为预防损伤的根本措施。

3. 严格遵循正确的技术要领进行训练。

动作不符合技术要求,或对动作要领理解错误,都会导致损伤。例如,"抢背"动作的要领是,在身体从腾空转入着地滚翻的瞬间,必须低头团身,使背部先行着地,次及腰部、臀部,然后站起。如果头不低,身不团,不但动作不能完成,还会出现头顶碰地甚至面部触地,以及背部、腰部、臀部同时平摔击地的情况。又如,练习"云刀""云剑""云枪""云棍"这类器械在头上平云的动作,器械运动的轨迹必须与地面平行,否则就会碰伤头。练习"棍花""枪花"这类器械在身旁舞花的动作,器械运动的轨迹必须垂直于地面,否则就会触击身体。这样的例子很多,它们都说明正确掌握动作的技术要领,是防止损伤的又一要素。

4. 注意损伤多发部位的预防。

从武术运动的技术特点和近年来对武术运动员受伤情况的调查看,武术运动员的损伤多发生在下肢和腰部。有意识地消除造成损伤的原因,是避免这些部位多发损伤的积极措施。

武术运动员的腰部损伤主要是腰肌劳损。这是由于套路技术中腰部动作较多,既要求以腰部大幅度的拧转折叠来表现身法,又要求以腰脊力量为主完成后举腿平衡、旋子以及多种抢转动作。腰部长期负荷过多,于是导致腰肌劳损。注意加强腰部力量和柔韧训练,在训练用腰动作的过程中,穿插些其他训练,训练前的准备活动中包含腰部俯仰转旋等活动,这些手段都有助于预防腰部多发损伤——腰肌劳损。

武术运动员大腿后群肌止点的损伤,即坐骨结节损伤,较为常见。致伤原因是正压腿和正踢腿前,准备活动不够充分,而压、踢动作又过猛,有时往往因一下突然用力的猛压、猛踢或猛搬、就能致伤。注意慢慢压腿,逐步加强大腿后群肌的活动,压、搬腿时用力适度,不用猛力,踢腿用寸劲前,应使身体和腿部充分活动开,就能防止这种损伤。

武术运动的膝部损伤较多,常见的有髌骨劳损、副韧带损伤、半月板损伤。

致伤原因主要是膝部负担过重和膝关节处于弯曲状时受到猛力冲击,或者小腿旋转幅度过多造成。武术运动过程中,两腿绝大多数时间处于半蹲状的步型和步法变换,起跳腾空、落地缓冲等动作也靠屈膝用力来完成,因此,膝关节负担很大。在现代武术竞赛中,腾空转体跳跃动作要求腾得高、转幅大、落地稳,而且多采用旋风脚单脚或双脚落地支撑的定势,及旋风脚接坐盘、腾空转身摆莲接坐盘、旋子接坐盘等衔接方法。这类动作转旋落地后,下肢远端(即脚)稳固于地面,上体仍继续随惯性旋转,使膝关节受到猛力冲击和拧转。由于膝关节不能外展、内收,处于伸直位时不能转旋,弯曲时其转旋度也有限。因此,这种冲击和拧转力成了膝关节副韧带、半月板出现损伤的最关键原因。腿部力量欠佳,关节稳固性较差者,要慎练此类动作。欲练此类动作者,既要有较好的柔韧性使坐盘能盘得紧凑、又要有较好的弹跳力和控制力,使动作在空中完成转体,落地形成坐盘几乎已无转动。另外,疲劳时不宜练习此类动作。

武术运动员的踝部受伤,主要是关节扭伤。致伤原因多是由于落地时脚不正,以及踝关节周围肌群力量不足、关节稳固性差造成的。注重落地技术,加强踝部力量练习,多能预防扭伤。

一般来说,上述武术运动员的多发损伤,也大体反映了业余爱好者可能损伤的常见部位。值得大家防伤时加强注意。

5. 注意循序渐进地合理安排运动量。

武术运动训练中,常有急于求成者。有人还未通过认真压腿,使柔韧素质达到起码的要求尺度,就想把腿踢近额头,甚至就想起跳完成空中腿法动作,结果往往由于肌肉拉长的范围超过了它现有的伸展能力而造成拉伤。也有的人想通过短时间甚至几次课就掌握若干武术动作,致使每次练习的运动量过大。在肌肉疲劳时还做猛烈用力的动作,结果常常由于肌肉收缩力超过了肌肉当时的承担能力而导致拉伤。还有的人为了短期内掌握某一动作或者提高某部位能力,整天只练某动作或某部位,结果导致局部负担过重形成劳损。要避免这类损伤的发生,必须坚持循序渐进的原则,按照由浅入深、由易到难的教练程序去学习武术动作,每次练习课中,既要突出重点动作的训练,又要考虑身体的全面锻炼和发展,动作数量和练习密度也应逐步增加,不要操之过急。

6. 注意服装、场地和器械的影响。

练习武术时,服装要合身,鞋袜要合脚,而且不发滑。练习场地要平坦。上面有石子、杂物时应先扫净。练器械时要先检查器械是否完好,如枪戟的头是否稳,软器械的环是否牢等。如果不注意这些小问题,也可能引起某些损伤。

妇女在月经期练武掌握运动量的方法

长期坚持练武,身体健康,月经正常的妇女,在月经期间继续练武,对身体是有益处的。因为适量的运动可以改善盆腔的血液循环,加上腹肌和盆腔肌的收缩和放松,对子宫所起的柔和的按摩作用,有助于经血的排出,并且可以调整大脑皮层的兴奋和抑制过程,减轻不舒适感。但是在经期练武,应注意适当减轻运动量,运动时间不宜过长。同时,要避免剧烈的、大强度的动作。例如,不能成套地练长拳、南拳、地躺拳等,而应避开其中的高跃低伏、跌扑滚翻等动作,只练其中的一般动作组合或进行单个动作练习。练习中,可注重体会动作的技法,而不追求力量、速度的表现。此外,不宜进行腹肌用力较多的练习,以免引起月经期流血过多或子宫位置改变。如果出现月经紊乱或痛经,月经期间则应停止练功。

肌肉拉伤的处理方法

武术训练中,肌肉拉伤的情况较多,特别是练压腿和踢腿时,准备活动不足或用力不当,都会使大腿后群肌拉伤。遇到肌肉拉伤,处理的方法一般有两种。

1. 应立即进行冷敷(无药剂时,可用冷水),加压包扎。包扎时,在伤部放上一团棉花或其他柔软物治疗效果较好。有大夫认为使受伤肌肉处于伸直状(如大腿后群肌伤,则伸膝)进行包扎,有利于保持肌肉弹性。伤后 24 小时,开始采用热敷和在伤部周围进行按摩。当伤痛感减缓(一般 2—3 天后),就应进行肌肉伸展性的锻炼。练习前先按摩揉捏受伤部和周围的肌群,使肌肉的僵硬感减轻,整个肌群功能协调起来。然后再开始全面的准备活动,转入练习。如果肌肉拉伤较重,伴有肌肉断裂现象(手感伤部有凹陷,伤时有撕裂声),应立即至医院治疗。

2. 中医认为,受伤后立即进行冷敷,弊大于利。认为虽然冷敷可使毛细血管的破裂减少,但同时也因冷之相激,致使受伤局部加重气滞血瘀,因瘀血得寒而聚凝,于伤后恢复极为不利。一般在伤后即刻进行按摩,但以受伤部位之外围为主,并外敷活血化瘀药物,以消肿化瘀为主。视伤损情况,1—3 天后,全面按摩伤损部位,外敷药物中,应增添促进被损伤之软组织生长、恢复之药物。要求伤后始终注意伤部的保暖,忌吃生冷。其伤后锻炼同前。

关节韧带扭伤的处理方法

武术训练中,由于用力过猛,使肢体活动幅度超过关节正常范围,引起韧带扭伤的情况时有发生。其中,以踝、膝、肩关节部韧带扭伤较多见。遇到韧带扭伤,处理的方法一般有两种:

1. 要立即进行冷敷,在受伤部放上厚棉花垫或柔软物加压包扎,抬高患肢,使受伤韧带处于放松状,减少伤部内冲血。伤后 48 小时,开始采用热敷、红外线、微波等理疗手段。受伤期,要坚持未伤部的训练。训练时,伤部应戴护具(如踝伤,戴护踝)。只要疼痛缓解,就要及早开始功能训练。如果扭伤不重,一般 3 天后,可开始进行固定受伤关节的受伤肢轻力量练习。如踝、膝受伤,可踝、膝关节不动,作抬腿练习。如肩关节受伤,可作肩关节不动,屈肘抬起轻量物的练习。两周后,可进行恢复关节活动度的屈伸绕环等训练。如果关节韧带扭伤较重,伴有韧带撕裂,甚至是拉断情况,要立即到医院治疗。

2. 中医治疗方法同"肌肉拉伤"。伤后锻炼同前。

及早恢复锻炼有助于肌肉和韧带伤损的康复

肌肉和韧带受伤后,只要疼痛缓解,就要及早开始恢复功能的锻炼。因为,及早锻炼能改善受伤部位的血液循环,有利于防止伤部挛缩,促进损伤修复。如果待伤完全好了，才开始训练，由于停训时间长，受伤部会出现硬结，伸展性下降，周围肌群也会随之出现萎缩，这时进行训练，容易再次致伤。

预防踝关节扭伤的锻炼方法

有的习武者稍稍不慎，即扭伤踝关节。其原因主要是踝关节周围肌群力量不足，以致踝关节松弛，稳定度较差。采用下述方法进行锻炼，可提高踝部力量，有助于根除痼患。

1. 提踵静立练习。静立时间由少至多，逐渐增加。

2. 多做连续 S 形或双环形的行步练习。

3. 在上凸和下凹的不同地面，分腿练习连续纵跳。

4. 双脚跳起左转身或右转身落地，转身可自行掌握。

5. 单脚或双脚向左、右侧交替横跳。

6. 由台阶或板凳上跳下的落地缓冲练习。

预防髌骨劳损的方法

一旦发现膝关节酸软无力、疼痛等髌骨劳损的早期症状，就应该引起重视。训练中要注意：

1. 练习时可戴护膝。

2. 准备活动时先按摩髌骨和膝部，准备活动后，如疼痛感基本消失，即可按正常的预定计划进行正规训练。如疼痛减轻不大甚至毫无减轻，则应减少运动量，乃至暂时停训。

3. 采用桩功和控腿等静力性练习手段，增加腿部力量，提高膝关节稳固性。

4. 有控制地少做或不做旋体跳跃动作接屈膝静止姿势类的动作。旋风脚接坐盘就属此类动作。

5. 训练结束时，要认真进行下肢放松。可采用慢跑、按摩、抖动、倒立等放松下肢的方法。

6. 课余要积极进行治疗,一般多采用理疗和电疗法,或配合药物治疗。每天晚上睡觉前,可进行膝部按摩和热敷。

高血压患者练太极拳的技法要点

高血压患者练习太极拳时,动作要领中要多强调涵胸拔背,沉肩垂肘和气沉丹田。只需尾闾中正,保持头部端正,而不能过分强调"顶头悬",以避免意气上冲。要尽可能地意守胸以下部位。并要注意呼气,而不着意吸气。

贫血患者习武须知

贫血患者练武要注意三点:

首先,患贫血的人在运动时常感体力不佳,所以练武的运动量一定要掌握适宜。开始运动量要小些,视身体反应再逐步增加,切不能练习到全身疲乏无力的程度。练武的内容也不宜繁杂,应精选、精练。可选择太极拳、八卦掌等注重练内培本的拳术,坚持练习。

其次,营养要跟上。在吃够主食、保证补充能量消耗的基础上,要多吃含蛋白质较高的食物,如鸡蛋、牛奶、肉类和豆类食品。还可多吃蔬菜、水果,增加维生素摄入量。如属缺铁性贫血,还应多吃一些含铁量较高的动物内脏和蔬菜。

再次,要合理安排好作息时间,养成良好的生活习惯。这样练养结合,才能从习武中受益。

饱肚子和饿肚子时不宜练武

刚吃饱饭,切忌练武。此时练武不仅会影响消化吸收,而且活动不便,易使肠胃受损。饿肚子时,也最好不要练武。因此时由于血糖下降,运往肢体的能量不足,运动能力降低,容易引起运动损伤。也有人认为,饿肚子时采用一般动作(熟练掌握的非难度动作),坚持一定时间的耐力练习,由于体内脂肪供能增强,能有效地达到"减肥"的目的。

习武健美的要点

习武像任何一项运动一样,能使体格健壮,体型健美。但都必须注意遵循其运动技术要求和锻炼规律。以习武练健美要注意:

一要注意按动作的正确规格去做,出现错误动作要及时纠正。动作规格错误,有可能导致体态畸型。二要注意练习的多样性,练习内容切忌单一,要动静结合,上下配合,左右对称,使身体全面发展。如站桩练腿,要与练上肢的臂功配合,蹲桩与活动性步法练习结合。一些基本功法和动作也应左势右势交替练。单一的练习,会因身体得不到全面锻炼,长得此壮彼弱,不合比例。三要注意每次练习后的放松活动和伸展练习。在发展力量的同时不要忽视柔韧性练习和速度性练习。这样练习可使你的肌肉富有弹性,它比僵硬的肌肉更美。

克服下腰后头晕的方法

下腰时,头朝下,血液大量流向头部。下腰后人体直立时,血液又大量汇集到腹腔和下肢,使头部和眼球内的视网膜出现暂时性的贫血而使人感到头晕。这与平常蹲久了再一下站起来时感到头晕是同样的原因。坚持锻炼,增强调节血液循环的机能,头晕的现象就会逐步消失。

克服快速冲拳时震得头疼的方法

快速冲拳震得头痛,多出在练习者冲拳时颌骨上仰、收拳时颌骨下降的情况。头部随快速冲拳而快速俯仰,势必受到震动。只要练时注意保持下颌微收,头部端正,头顶略有上顶之意,避免头部摇晃,就可避免头疼的现象了。

神经衰弱患者习武的注意事项

神经衰弱多因神经系统负荷过重引起,表现为神经抑制功能下降,兴奋与抑制失调,常萎靡不振。患者首先要注意选好练习内容。从实践来看,选练注重"用意"的桩功和太极拳进行锻炼,效果较好。前者是一种静力性运动锻炼,后者是动作柔缓的匀速运动,这类运动负荷不大,患者皆能完成,而不致引起过度兴奋。练习时的"用意"要求,使练习者思想集中,专注练功,以意识控制思绪排除杂念,以意识控制呼吸做到深匀细长,以意识使肢体保持一定的形态或循一定的路线运动。这些能有效地增强大脑皮质的主动抑制能力。运动形成的兴奋灶,能通过副诱导作用,消除患者原来的恶性兴奋。运动还能促进血液循环,加强新陈代谢,改善患者的精神状态。

其次要控制运动量,练到精神有愉快感即收,千万不能待肌肉出现酸疼才停止练习,以免肌肉酸疼对神经的刺激,使神经兴奋难以抑制。如果睡前练习,运动量要适当减小,练完后应适当散步再睡。

关节炎患者习武的注意事项

关节炎患者习武,能畅通气血、活利关节,对治疗关节炎有利。但要注意选择适合自己关节疾患程度(关节周围组织萎缩况、关节畸形况,疼痛程度等)的练习内容。一般患者,选练动作缓慢柔和的太极拳,多转旋拧扭的八卦掌,以及其他跳跃少、无硬震硬砸动作的拳术,均有良好的作用。还要注意每次训练的量不宜太大,应见汗就收。练习时,步架可稍高一点,以腿部不感吃力为好。训练结束前要做好关节周围组织的放松,最好能自我按摩一下患部。患者处于炎症"急性期"时,疼痛加重,应停止行拳走架的动练,仅采用桩功类静练。练习时间也应短些。

练武后尽快消除疲劳的方法

消除疲劳的关键是及时放松，注意休整。及时放松指每次训练结束时一定要做放松活动。

首先进行主动放松。可通过缓慢的伸展、转拧肢体，摇摆、抖动肢体，慢跑、散步等手段，主动使肌肉得到放松。采用深长细匀的腹式呼吸，消除训练负荷造成的急促呼吸，主动使呼吸系统得到放松。意想自己通过训练，精神振奋，已正好达到转入另一性质的工作或学习的最佳状态。运用意识的正诱导作用，主动使练武的思想放松。其次，进行被动放松。可由同伴帮助按捏、揉搓肢体，体重相近的青少年锻炼者，还可一个俯卧舒肢，另一人帮助踩其躯脊部、臀腿部等大块肌群部位。有条件的可及时去冲个热水澡。

消除疲劳要注意针对性，身体何部位疲劳程度大，就重点放松何部位。例如，练桩步和跳跃的时间较长，要重点放松下肢；练器械时间较长，要重点放松上肢。疲劳程度大，放松时间应长些。反之，可短些。消除疲劳，还应注意合理的生活规律，做到起居有常，保证足够的睡眠，并保证足够的营养。

练武与饮食营养

健康人进行一般强度的业余武术锻炼，不需要特别补充营养，武术锻炼可使饮食有味，消化系统功能旺盛，能保证锻炼者从日常的平衡膳食中获得足够的营养和能量。当然，如果有条件的话，练习后喝上一杯糖水，有益于体内糖元的恢复和增加。力量练习多的时候，吃一些牛肉等含动物性蛋白较高的食品，有益于肌块的增长。出汗较多时，饮一些淡盐水，有助于补充丧失的盐分和水分。多吃些蔬菜和水果，增加各种维生素的摄入量，以及适量吃些动物脂肪，都有助于尽快消除疲劳。

对于从事职业武术训练者，或者带病习武者，则需特别注意营养卫生，摄入足够的营养。否则会"火烧空锅"，不但难以获取功效，反而会使体质下降。

不能憋住大小便练武

有人说，"憋住大小便练武术长功快"，理由是，憋住大便，有助于体会"上提谷道"这一动作要领；憋住小便练功，尿变成汗水，这样功夫就长了。其实，这种说法没有科学道理。

武术运动中的某些拳种（如太极拳、八卦掌等），确很讲究上提谷道（即内提肛门），认为这样练习使"地户常闭"，能强腰壮肾，于健康有益。所以在传授这一技法时，有的拳师就把这一要求比喻为"如忍大便状"。这是形象的比方，并不是真要人们忍住大便去练功。如果粪便储留在肠内过久，水分被慢慢吸收，就会变得干燥难排，可造成便秘，还会引起肛裂、痔疮等疾患。

至于是否可以把憋住的小便练成汗水，我们不妨先了解一下尿的形成和排泄过程：人体血液经过肾脏的肾小体时，血浆中除分子很大的蛋白质和胶体物外，所有的晶体物都可随水分滤出到囊腔，从而流入分泌小管中。这些滤出液中既有废物，又有营养物。营养物经分泌小管的重新吸收进入血液，把废物及多余水分排到输尿管再流入膀胱，膀胱储尿到一定程度，便需排出体外。

从上述过程可以看出，肾脏才有重新吸收的作用，而膀胱只是一个暂时储存尿的"蓄水池"。憋在膀胱中的尿，只有被排出体外这条唯一出路，要把它练成汗水是不可能的。而憋尿练武，反而会给身体造成危害。

首先，尿是人体物质代谢过程中的最终产物。尿中95%是水，还含有尿素、尿酸等物质。这些物质不但不能被身体利用，而且对身体有害，必须及时排出体外。憋住小便不解，就等于让垃圾堆在体内。

其次，人体内机能正常活动所必需的水盐平衡和酸碱平衡，一部分是由肾脏改变尿量的多少和改变尿中酸碱性的相对浓度来调节的。比如体内水分多了，小便就会增多；水分少了，小便就会变浓。体内酸性物质太多，尿中就多排酸；碱性物质太多，就多排碱。因此，憋住小便势必影响肾功能的正常运行。

另外，练功时憋住大小便，直肠和膀胱就会不断向中枢神经发放排便、排尿的信号，这种刺激必然会干扰练功者"入静"。如果是练起伏翻腾、快速多变的拳术,那么,不仅影响动作的灵活,同时会增加运动负担。因此,憋住大小便练武,于功效和身体均无益处。

选择练武内容的标准和方法

拳术的种类很多。不同的拳术,运动特点不尽相同,甚至完全不同。锻炼效果也各有侧重。习武者可以根据主客观条件,从中选择适合的拳术进行习练,少走或不走弯路,取得尽可能满意的锻炼功效。

选择拳术时,首先要考虑学习目的。如果是为了参加武术比赛,应该选择符合竞赛规则要求,并有较强表现性的套路。如果是为了健身,要结合个人的体能,选择力所能及而又不易引发损伤的拳术套路,各地流传的传统拳术和现代新编初级套路都很适宜。如果是为了提高防身制敌的技能,应该选择散手拳法、擒拿术等进行习练。其次要考虑个人的个性爱好和身体条件。如果好动、崇尚刚健有力,可以选学长拳、南拳。如果好静、崇尚柔顺圆活,可以选学太极拳、八卦掌。如果腿长(相对来说),下肢柔韧性较好,或者想发展下肢柔韧,提高运用下肢攻防的技能,可选练戳脚、弹腿、腿拳。如果上肢较长(相对来说),柔韧性较好,或者想发展上肢(肩关节为主)柔韧,提高运用上肢攻防的技能,可选练通臂拳、劈挂拳。如果个子较矮、速度较快,或者想发展速度,提高以快制慢的技能,可选练翻子拳、螳螂拳,等等。

再次,要考虑附近武术教师擅长哪些拳术。俗说"名师出高徒",又说"苦练三年,不如名师一点"。向教师学习他擅长的拳术,能得到简明精要的传授和指导,可学得更快、更好。

习练武术既要扬长也要练短

习练武术既要扬长,也要练短。以柔韧性差的人选择习武内容为例来说,选择对柔韧性要求低的拳术是为了扬长;反之则是为了练短。不同的拳术,对柔韧性的要求各不相同。一般来说,长拳类的拳术动作舒展大方,起伏明显,对练习者身体各部的柔韧性要求都较高。形意拳、八卦拳和太极拳等拳种动作紧凑,对柔韧性的要求则相对地要低些。此外,劈挂拳、通背拳对肩臂的柔韧性要求较高。戳脚、腿拳对下肢的柔韧性要求较高。练习者可根据自己的身体条件选学。若是全身各部柔韧性都较差,就选对柔韧性要求最低的拳术。若是身体的此部柔韧好、彼部柔韧差,就选能发挥局部柔韧特点的拳术。但是,柔韧性是习武必备的一项身体素质。柔韧性太差,不要说放长击远,连起码的马步、仆步也可能站不稳、蹲不下,那是很难练好拳术的。所以,要想提高拳技,柔韧性差的人也须下功夫拉韧带。

记住动作名称有助于学练套路

学练武术套路时,最好要熟记动作名称。武术套路的动作名称有两种,一种是按照动作的具体方法来取名的,如弓步冲拳、虚步挑掌等。记住这类名称,既有助于记住动作的主要环节,加深对动作技法的理解,又能通过动作名称在大脑中留下的记忆,帮助记准整个套路。另一种是比较形象的传统名称,如金鸡独立、乌龙摆尾等。记诵这类名称,有助于体会动作风格,提高练习时的兴趣。

记住套路动作的方法

初学武术记不住套路动作时,可以采取一些方法来加强记忆:如将拳套分段,段分组合,分别练熟后再连起来。要尽量理解动作的攻防含义,理解可以帮助记忆。在学练套路时,快的动作要慢练,便于体会动作的规格要求、运动路线及手眼身步的配合,以加深对动作的印象。慢的动作要快练,如初学太极拳,练速太慢容易忘记,应加快练速,先把动作路线划熟后再追求柔和缓慢。此外,动作名称也应边练边记,"对号入座"。初记住套路时,要经常复习,加深记忆,不能间歇时间太长。

温习拳套的要点

经常温习学过的拳套,不仅可以巩固记忆,而且能加深理解,获得新的启示,即所谓"温故而知新"。不过,对于掌握拳套较多的人来说,不应该、也不必每天把大量的时间和精力花在温习拳套上,只须抓住基本技术、典型动作和组合以及典型传统套路进行练习就行了。只要具有典型特点的技能不消退,就能在必要时,较好地表现出拳套的内容和运动特色。

结伴习武好处多

有的民间武师收徒,每次收两人或两人的倍数(即 4 人、6 人、8 人等),以使他们在训练中便于共同操练攻防招法。自学武术者结伴习练,好处比这还多。

首先,可以互相帮助。在看书初学某个套路时,如果光看图示还不清楚动作的做法,可以一个读说明,另一个做动作,互相商量,以求准确。在柔韧性练习中,可以互相帮助搬腿、压叉、压肩、下腰、甩腰。在练习腾空跳跃和某些技巧性较强的难度动作时,也很需要同伴助力。如练二起脚,帮助者可在练习者起跳后,及时在侧面托举其臀部,使之延长腾空时间,体会空中动作的肌感。练旋子时,可一手拉练习者左手,一手托其腰腹助力。练侧空翻时,又可通过操保(托腰助力),帮助练习者逐步掌握动作。

其次,可以以同伴为比较对象,互相促进。如练站桩时,看谁在姿势正确的条件下,蹲桩时间长;练腿法时,在规定时间内看谁质量好,踢腿数量多。

再次,可以以伴为师,互相纠正动作,取长补短。几个同伴练套路时,可以一个接一个地练,不练者既可为同伴"挑毛病",又得到自然的间歇休息。练后还可互相按摩放松。

最后,在体会套路的攻防含义时,又可以以伴为"敌",两人一组,互相"喂手",反复操练。练习自卫防身方法及各种擒拿摔跌动作,更是离不开同伴的配合。做这类练习,意在体会方法,因此用力不可太猛、太快,应点到为止。只有讲武德,团结互助,才能尝到结伴练武的乐趣。

练基本功与学套路的关系

对初学者来说,柔韧性和力量(尤其是腿部力量)是急需优先发展的基本体能。因些,通过柔功练习,提高肌肉的伸展性,活柔肩、腰、髋、膝关节;通过桩功练习,养成基本架式规格,发展腿部力量,是最基本的练习。其次,拳、掌、勾三种手型,冲拳、推掌、架掌等手法,弓、马、仆、虚、歇五种步型,正踢腿、侧踢腿、弹腿等腿法,则是基本动作中的 ABC,应该先行掌握。像五步拳,初级拳一、二路,十路弹腿等简单套路,本身就是以基本动作为主编排的,在活柔肢体的基础上就可学练。如要学练包含有腾空跳跃、跌扑滚翻、独立平衡等结构复杂的套路,就需具有较全面的基本体能和基本技能才能学好。如要学习某一风格独特的传统拳术,则需要练习该门拳术所需的基本功夫,熟悉该拳种的基本动作。总之,练基本功为练套路打基础,练套路又能促进基本功的巩固,武术爱好者要恰当地处理好两者相辅相成的关系。

基本功速成法

学武练基本功是掌握各项武术技能的基础。基本功是否深厚,关系到武术造诣的高低。目前,还没有听说有"基本功速成法"。基本功是一种需要踏踏实实、不畏艰辛、长期训练的课题。不仅初学入门时要着重练,即便武术技能提高了,仍然要坚持基本功练习。在这个前提下,善于思考、摸索各种武术功力与技能之间的相互联系和内在规律,练得巧一些,收效就会快一些。

克服基本功枯燥感的方法

学习武术必须由基本功入手。由于基本功动作单调,而且不能一蹴而就,在重复练习时多少有些"枯燥感"。

要克服基本功练习的"枯燥感",首先要明确基本功是学习武术的基础,犹如盖房子要先筑地基一样重要。其次应该采取形式多样的练习法。例如踢腿,可采用扶杆踢、原地踢、上步踢、数步一踢、相互比赛性的踢、将多种腿法组合起来踢等练习方法。再次可以变换练习环境,让新异的环境对神经系统产生正诱导作用。还可以给自己定出每阶段的训练指标,每次训练为达到一定指标而努力。对于少年儿童来说,还可将基本功编排成游戏性活动进行练习。

成人练基本功要注意的问题

成人机体可塑性降低,发展柔韧素质较难、较慢,运动后的疲劳消除也要慢些,而绝对力量、耐久力和理解能力又较少年强。因此,习武练基本功时,要考虑到自己的身体条件,根据自己所学拳种,着重选择一些传统的基本功法进行练习,在手眼身步,内在功力、劲力,以及内外兼修上下功夫。发展柔韧素质时,不可操之过急,企图立竿见影,而应经常坚持,求得日积月累之效果。成年人力量较足,但要注意掌握用力的方法,切忌使僵劲拙力。此外,练功的运动量也要掌握适宜,不宜拼体力,而应细心体会动作要领,摸索巧练的方法。

提高动作规格和质量的方法

武术运动中将动作规格和质量达不到标准,称为动作不到位。动作做不到位的原因有二。一方面是因为练习者柔韧性较差,各关节的活动幅度不够。比如做仆步搂手接弓步勾手冲拳,髋关节柔韧性差,仆步姿势就蹲不下去。踝关节柔韧性差,全蹲腿和平仆腿时,就易出现掀跟拔底的毛病。肩、腰的柔韧性差,成弓步后则不能达到拧腰顺肩的要求。另一方面,是因为动作技能的形成要经过泛化、分化、巩固和自动化这四个互相联系的过程。初学时,对所学动作理解不深,大脑皮层兴奋过程易扩散,处于泛化阶段。表现出动作紧张、吃力和不协调,所以,动作总做不到位。加强柔韧性的练习,注意先放松地慢速地熟悉动作的过程,再逐步提高动作的速度和力度,就能尽快地克服动作不到位的毛病。

在一次锻炼课中安排练拳和跑步顺序的方法

这要看跑步的强度和运动量。如果是一般慢跑,而且时间不长,可放在练拳前,作为准备活动的一部分。如果是旨在提高速度的疾跑,或旨在提高耐力的长跑,则放在练拳后进行为宜。

在一次锻炼课中安排打沙袋和练拳顺序的方法

练拳应该放在打沙袋前。因为练拳使身体在准备活动的基础上,进一步活动开了,肌肉的伸缩性、关节的活动幅度、气血的通畅性、神经的应激能力都得到相应提高,此时练打沙袋,可最大限度地避免受挫伤损等现象。

在一次锻炼课中安排气功和拳术练习顺序的方法

先练气功好。因为气功尚静。刚开始训练时,肌肉和神经的兴奋性相对低些,容易入静,进入气功功能状态。如果先练拳,身体的兴奋性提高,练拳后,肢体的某些部分可能出现酸紧感,身上汗水淋淋等,都不利于迅速入静,进行气功练习。相反,先练气功,能使思想专一;气功练习后,能立即开始练拳的准备活动,迅速转入练拳。

在一次锻炼课中安排套路和基本功练习顺序的方法

这要视练习者的训练重点而定。

武术练习中,一般是把基本功放在前面,作为套路练习的准备活动。这种准备包括身体活动的准备和套路技术的准备。如果是重点练套路,基本功练习的比例(数量、强度、时间)应少些。如果特别要重点加强基本功中某些动作的练习,这些欲加强的练习内容,则安排在套路练习后进行为好。

凭自我感觉掌握运动量的方法

掌握运动量的方法很多,在业余武术训练中,一般都以自我感觉来掌握运动量。对于主要为健强体质、延年益寿的中老年人和体弱多病者来说,应以小数量的长期坚持训练为主。每次练习后,感到全身舒适、体力充沛、食欲和睡眠良好,说明运动量合适。如果练习后出现心慌、恶心、睡眠和食欲不佳,休息一夜,仍不能恢复,说明运动量太大了。对于练习目的是不断提高武术技能的青少年来说,应按照循序渐进的原理,逐步提高运动量。曾有人归纳出"酸加、痛减、麻停"作为自控运动量的标准,值得参考。即练习后肌肉酸胀,是正常现象,应加量;练习后出现局部疼痛,且逐渐加重,说明该部肌肉或肌腱有炎症,应减量;练习后出现局部麻木不适,是局部神经受压的征兆,应停止训练,寻找原因,再进行纠正。

提高肢体松沉度的练习方法

武术运动的基本姿态,要求肢体各部放松、下沉。沉肩、坠肘、搨腕、松腰、落臀等技术规格,即是肢体松沉的表现。如果肌肉僵紧,则会出现耸肩、撅臀的错误形态,关节运转就不灵活。克服肌肉僵紧、提高肢体松沉度的方法,关键是借助重力作用,以意识和呼吸引导身体松沉。例如,使肩关节松沉时,想到头顶似被绳悬,两臂被地心引力牵拉下坠,肌肉被动下沉,肩关节被拉开,同时以呼气配合。使全身松沉的方法亦同此,只是意念应从上向下逐步支配关节部位的放松。即先意念松肩,再意念松肘,再意念松腕,然后意念松背、松腰、松臀、松胯、松膝、松踝。在意念某局部放松时,均以呼气配合。如此依次节节放松练习,就能获得整体的松沉。进行松沉练习,以不同的站立姿势进行静练为主,练时要注意体会肌肉松沉的感觉。

体会沉肩、坠肘、搨腕感觉的方法

太极拳、八卦掌等拳种都要求沉肩坠肘。能体会到沉肩坠肘的感觉,才能做好沉肩坠肘。体会的方法有两种。

其一,两臂前平举(或侧平举),以意由头上向下松肩,使肩关节松沉,膀根微向下降,肘部高度不变;意继续下行,使肘关节向下松坠,腕部高度不变;意继续下行,使腕关节向下松搨,手指高度不变。如此节节松沉后,以意体会头顶和指尖似有外力悬住,整个上肢完全放松、自然沉坠的感觉。

其二,面对平台站立(或坐平),保持台面与腰齐高,两臂分开与肩同宽,两肘关节置于台面,小臂抬起,掌心向前,指尖向上。然后用意向下松肩,体会肘关节支撑重量的感觉,重感越强,说明松肩的程度越大。在松肩沉肘过程中,要头顶领劲,保持头正项顺,脊柱正直。

学练多种拳术时防止串味的方法

和其他体育运动项目相比较,武术有武术的"味",每个拳种又都有自己的姿势特点、运动特点、劲力特点、技击特点、趣味特点等,这些特点的综合体现,就是一个拳种独特的"味"。所谓"串味",就是失去所练拳种的特点,串入了其他拳种的风味。拳术串了味,就练什么不像什么了。

怎样防止"串味"呢?

初学武术时,应选准一种拳术坚持练习,直至体会到它的各种特点,掌握了其基本运动规律,再增学特点不同的其他拳术。增学它种拳术时,要经过比较,找出相同点,抓住不同点。例如,原练太极拳者,开始增学八卦掌时,要将两者进行比较。比如,姿势上,太极拳注重松柔,八卦掌强调拧转;步法上,太极拳是脚的一端(脚跟或脚尖)先着地,逐步过渡到全脚掌着地,八卦掌要求脚掌平起平落;在速度上,太极拳是匀速的一气呵成,八卦掌是急缓相间的一气呵成……

抓住这些不同点理解和弄清技术要领,抓住这些不同点进行训练,建立正确的、牢固的动力定型,就易于掌握和体现所习拳种的"味"了。

"一气呵成"的套路演练技巧

"一气呵成",指练习拳、械套路时式式相承,连贯顺遂,毫无前后脱节之象。

要做到"一气呵成",在动作衔接处应注意利用动作惯性,把前一动作的终止形态作为后一动作的开始形态,使动作与动作间连贯活顺。在静止定型时,要注意利用劲断意连、体静神活的技法,使动作显得静中有动。此外,还要注意提高耐久力,避免演练中出现前紧后松的现象。

克服套路练习中虎头蛇尾的方法

练套路时前紧后松称为"虎头蛇尾",克服此毛病应从三方面入手。其一,检查一下套路的结构,看看编排上是否有前紧后懈之弊;其二,加强一般和专项耐力练习,以提高练套路时一气呵成的体力;其三,提高练习时松紧交替、刚柔相济和合理分配体力的技巧。

"先求开展,后求紧凑"的含义与运用

在太极拳架和推手的练习过程中,以"先求开展,后求紧凑"为锻炼步骤。即练习中要循先放开动作幅度,然后再逐步缩小动作幅度的顺序。练拳架之初,动作开展,有助于锻炼提高关节活动幅度和肌肉伸展性,还有助于较清晰地体会动作方向、力度、肌肉感觉,加快动作技能条件反射的形成。练习推手之初,双方放开动作推化,可以扩大肢体吞吐的幅度和不丢不顶的限度。此外,架式宽大的推手,空隙较多,双方都能抓住机会练习攻防招术。

"开展"只是太极拳训练的初期阶段,不能只停滞于此。在基本掌握动作规格后,就要开始转入追求动作紧凑的练习。练习方法,是以前一阶段的动作为基础,逐步缩小动作幅度。练拳架时,注意克服动作散滞,追求动作圆活连贯、上下

相随、内外相合。练推手时，要尽量减少防守面。注意上体后移时，不能让臀背超过后脚跟；上体前去时，不能让肩超过前腿的膝盖，两手不能远离肢体等。

定架子、活架子、变架子的含义与运用

定架子、活架子、变架子是八卦掌练习程序中三个不同的训练阶段。

定架子 指初习八卦掌时，旨在掌握八卦掌动作规格的固定拳式练习。它要求习者以原地单操、单式转掌为主要练习内容，规规矩矩地按照八卦掌的动作规格进行练习，缓慢地、一步一趋地寻求姿势正确、技法清晰。

活架子 指训练进入中级阶段时，旨在掌握八卦掌技法特点的拳架练习。它要求习者以换势转掌为主要练习内容，进行步法连贯、手随步开的换式变招练习，在快速的拧旋走转中寻求"四形""三精""八能"之巧。

变架子 指训练进入高级阶段时，旨在掌握八卦掌运动规律的随意拳架练习。它要求习者以变势转掌为主要练习内容，进行既不受拳法顺序之限，也不拘于某一固定路线或练习招式的随意走转穿翻练习，以求纵横连环、随走随变。

太极拳练"松"的方法

太极拳强调的"松"，不是松懈，是指与紧张相对的放松、撑开。关节松开才灵便；肌肉放松，才能突然收缩产生爆发力；全身宽松，气血才能畅流无阻；肢体松沉，亦是下盘稳固的关键；内脏舒松，才能做到心平气和。求"松"的方法主要有三种。

其一，以思想放松为全身放松的基础。练拳时集中精力，排除杂念，脑中无牵挂，思想不紧张，不勉强用意、用力，不勉强呼吸，视练习是身体的需要、生活的乐趣，而不是额外的负担。思想放松了，动作才可能自然不拘。

其二，以意识主导，借助呼气，自上而下节节放松。具体做法：呼气时，头顶上领（似有悬顶感），同时，以意引气下行过颈越肩，放松颈部和肩部肌肉。这些附着于颈椎和肩关节的肌肉放松了，就会自然地顺着地心引力下沉，使骨节松

开。意气继续下行，就能使肘、腕部肌肉放松，使肘、腕关节松开。同样的道理，我们可以在呼气的同时，以意引内气使肩向下沉坠腰部，以腰向下沉坠胯部，以胯向下沉坠膝部，以膝向下沉坠足部，使身体各部在"上悬"（头上领）和下沉的对拉过程中放松。内脏器官也在这种自上而下的松沉中，随气的下沉安稳舒畅，免去了提心吊胆的紧张。

其三，在一定的关节活动度和肌肉的伸展度之内进行运动，才可能使动作放松。例如，"倒卷肱"在一臂向后拉时，两臂应保持145°左右的夹角，如果此角过大、甚至接近或超过180°，肩部肌肉就会僵紧，动作的转变（卷肱）就不会圆活。由于各人的柔韧素质不一，在做蹬脚、分脚、仆步等动作时，有的人动作幅度大些，也能轻松自如，有的人稍稍加大幅度，就出现紧张滞涩。对此，柔韧素质差的人，一方面要加强柔韧练习，一方面要注意在练架子时不勉强，循序渐进地逐步加大幅度。

从练太极拳架步入推手练习

练习太极拳架是学练推手的基础，推手练习能加深对太极拳技法要领和拳式攻防含义的理解，提高拳架练习的趣味和水平。因此，只要基本掌握太极拳套，就可以开始学练推手。

把握太极拳演练速度的标准

有人说练太极拳越慢越好。甚至说大动不如小动，小动不如不动。其实，太极拳的慢是相对于快而言。如以快速度练太极拳，就失去了太极拳柔缓的特点。但是，如果练得太慢，动作则会显得散涩不畅，偏离太极拳圆活连贯的技法要求。演练太极拳速度的快慢，应以一次深呼吸配合拳式的一次起伏、或一次开合、或一次屈伸为标准。例如，简化太极拳起式，吸气开始时，两臂开始向前上平举；吸气终了转为呼气时，两臂前平举到位转为向下沉降；呼气终了时，两臂沉降到位。又如，"如封似闭"式，吸气开始时，两臂开始屈肘外开；吸气终了转为呼气时，两臂屈肘外开到位转为伸肘合臂前推;呼气终了时,前推到位。

太极拳的呼吸是绵长细匀的深呼吸。因此,深呼吸水平越高,与之相配合的拳式也就越缓慢。由于太极拳不是单纯按照一呼一吸的节律要求编排的,某些拳式存在开得大,合得小;或者屈得多,伸得少等不对称的情况。遇到这类情况的动作时,不必强求动作与呼吸一致,只要保持动作在原速度的基调上匀速进行,呼吸自然配合动作就算符合要求。

纠正长器械练习时器械触身的方法

器械触身是身械不协调的表现。长器械的一般运动路线是横平、竖直。使械杆在平行于地面的水平面运动为横平,如平抡、云、扫等走平圆的动作;在身法和步法的配合下,使械杆贴近身体垂直于地面的矢状面运动为竖直,如劈、撩、舞花等走立圆的动作。如果步法、身法与棍法不能协调配合,尤其是腰部僵死,手腕不灵活,械杆做不到横平竖直,就会出现器械碰身。只要配合械行路线,随势转腰顺肩,手腕随势用力,器械触身问题就可以解决了。

春季练武须知

春季是一年中的萌发季节。拳家认为,此时人体亦如万物,体思动,气欲伸。应循"春生"之律练功,促进增强内气的效果。春季练武应注意下述几点。

1. 多在户外风和日丽的林间池畔训练。训练时间以早晨为佳。

2. 在室外练习时,要注意练功前衣服足以保暖,待身体发热后,再减少衣服。不能因春天到了,练功较冬季易出汗,而在练功前就薄衣轻装。练功后,要及时增添衣服,防春寒侵人。

3. 训练目的以提高技能为主。训练内容以内气练习和技术训练为主。内气练习多采用桩功、行功。技术训练要注意将冬季获得的体能运用到技术中,以提高技能;同时安排学习新技术。

4. 春天一到,人精神奋发,运动易于过量。因此,要注意运动强度和运动量的逐步提高。此外,由于冬季训练中对技术复杂、难度较大的动作训练不多,春季要逐步增加技术训练量,应防止增量过快引起损伤。

夏季练武须知

一年中最炎热的时间是夏季的三伏天。拳家讲究"夏练三伏",利用酷暑锻炼意志,增加身体的御暑力和适应力。就整个夏季来说,由于气温高,肌肉的粘滞性降低,伸展性增大,应循"夏长"之律全面展开技术训练,促进运动技能的全面发展。但如果方法不当,则会为酷暑所伤。夏季练武需注意下述几点。

首先,训练场地要选择阴凉、通风的地方。同时注意避开风口,以防风邪。不在烈日下和不通风的闷热地方练习,以免中暑。在打开电扇的室内练习,要注意离电扇远些,电扇应摇头转动,不能对准练习者直吹。训练时间以安排在早、晚凉爽时为好。

其次,不能忽视准备活动。夏季气温高,准备活动的时间可短些,内容可少些,针对性应强些,可多采取提高注意力、引起兴奋性、有专项技术性质的动作。不做准备活动就练,会因身体没有获得一定的兴奋性,而导致动作不协调,甚至引发损伤。

再次,训练目的以巩固技术、提高技能为主。训练内容以技术的全面训练为主,兼顾重点动作和短缺环节的突破性训练。应注意根据气温,灵活调整运动量。在气温过高的时候训练,运动量应小些,耐力和力量性练习应减少,柔韧性练习可增多。

复次,要注意饮水卫生。一般运动中不要饮水,如出汗过多,可少量补充。如仅是渴感,可含口水漱漱嗓门,就能缓解。运动刚结束,最好不要马上喝水,稍稍休息后,再少量多次地饮用。喝点淡盐水,有助于保持身体的水盐平衡,喝些糖水、果汁,有利于尽快补充消耗的能量,促进身体恢复。

最后,要注意运动后,不要马上走近电扇,也不能让电扇对着身体直吹。切忌练完后即刻进行冷水浴。

秋季练武须知

秋季是一年的收获季节。常年习武者的体能和技能亦多在此时达到本年度周期的较高水平。秋季气温渐低,秋高气爽,人体出汗较夏日减少,毛细血管的开放情况还保持夏日的余势。根据这些情况,秋季是全面展示运动技能和体能的好时期,应循"秋收"之律,保持以技术为主,同时突出力量、速度的训练,并将运动强度稳定在较高水平。通过以武会友、比赛等测试手段,了解自己技能和体能发展的客观水平,学习新技术,进行总结,制订出下一年度周期学习和练习计划等,是本季度尾期值得重视的问题。

此外,由于秋凉日盛,要注意练前增长准备活动时间,练中克服补充饮料的夏日习惯,练后加衣保温。

冬季练武须知

一年中最寒冷的时间是冬季。由于自然气候对人体的影响,人体肌肉的粘滞性增高,伸展性降低,毛孔闭藏,末梢毛细血管开放较少。由于这些原因,拳家应循"冬藏"之律,注意藏养。在利用严寒锻炼意志,增加身体的御寒力和适应力时,既要坚持"冬练三九",又要防止为严寒所伤。因此,冬季训练应注意:

1. 应在空气流通而又避风的向阳地方选择训练场地。风雨天、大雪天、大雾天,应改在室内训练。

2. 冬季到室外练习的时间,最好选在有阳光时。《黄帝内经·素问·四气调神大论》说:"冬三月,此谓闭藏……早卧晚起,必待日光。"即所谓"日出始作,日落已归"。

3. 到室外场地练习,要注意保温,鞋袜不要过紧。手、耳、面部,要涂敷防冻膏,以防冻伤。

4. 练功开始时,要认真做好准备活动,活动内容须循由缓到快、由简单到复杂的顺序,渐进安排。待身体各部肌肉、韧带、关节都能得到充分活动、内脏机能也随之得到充分动员后,才能进入正式训练内容的练习。

5. 训练目的应着眼于提高基本技能和体能,为来年发展技术作准备。训练内容应多安排发展体能的武术功法,兼采现代发展身体素质的某些适宜手段。其次要以基本技术为主要内容,安排技术训练。技术过于复杂、难度又较大的动作应少安排些。

6. 冬季的训练量和强度可适当增加,但不要练得大汗淋漓。出汗要及时擦干。训练结束要及时换下汗湿的内衣。

7. 训练中要防久停突动。由于气温低,在训练的间歇时间毫无活动地站着或坐着,人体容易冷下来。如果再突然上场训练,容易拉伤肌肉。

时辰多长和十二时辰的区分

传统的武术练功法,以时辰来计时间。一个时辰相当于现代的两小时。一日分为十二个时辰,依次为子、丑、寅、卯、辰、巳、午、未、申、酉、戌、亥十二时。子时相当于晚上十一时至次日凌晨一时,丑时相当于凌晨一至三时,余类推。

传统练武方法中的时辰和功效

过去一些武术家认为,习武练功的时辰与功效的优劣有着十分密切的关系。这种说法以阴阳学说和"天人感应"说为基本依据,认为在一日的十二时辰中,从子至午的六个时辰,是阳气由生到旺的时候,在此段时间练武,借阳气的影响,易长功。即所谓"子午功"。又有的认为在子、午、卯、酉四时练武效果较好。还有的认为不同时刻经络开闭的情况不一,练功对处于盛开的经络有疏通和强化作用。十二时辰的所开经络为:子时胆经开,丑时肝经开,寅时肺经开,卯时大肠经开,辰时胃经开,巳时脾经开,午时心经开,未时小肠经开,申时膀胱经开,酉时肾经开,戌时心包经开,亥时三焦经开。《黄帝内经·灵枢》卷七中云:"春生、夏长、秋收、冬藏是气之常也,人亦应之,以一日分为四时,朝则为春,日中为夏,日入为秋,夜半为冬。"也就是说,人体阳气在日中亦按生、长、收、藏的规律循环。

一日练功也须顺此规律。例如,子时处在夜半,相当于晚上十一时至次日凌晨一时。此时阴极阳生,此时练武,顺应阳气初生,利于健体。子时正值胆经盛开,且四周漆黑,万籁无声,如藏鬼惑,皆利于练胆。又如一日分四时说,"生和长"时是子时至午时,属人体阳气由生而旺时。此时练武,身体顺应由生而旺的时节,这段时间里,练习者精力充沛,确也易取得锻炼效果。"收"和"藏"时是未至亥时,属阳气由收而藏时,此时练武要缓,使身体逐步收敛,最终进入睡眠,消除一日积劳。

这些说法目前还难以找到更多的依据,有待于进一步研究。从目前大多数人习武健身的实际情况来看,大多不能严格按传统的练功时辰操习武功,而只能做到早起锻炼。因此,根据练习者的实际,有条件的,按最佳时辰练功;如果生活实际不允许,抓紧生活中的空闲时间习武练功,亦是一条扎扎实实的习武强身之路径。练,就比不练好。

早晨练武注意事项

早晨练武,首先要注意做好准备活动,使身体由静卧一夜初起的状态,慢慢增加活动幅度,逐渐加大运动强度,否则有可能引起拉伤或挫伤。此外,由于早晨精力充沛,往往练起兴来,控制不住情绪,直练得浑身酸软,才收势上班或上学。这种大强度或大运动量的训练,会影响精力饱满地去完成白天的工作或学习任务。一般早上练习40分钟至1个小时就差不多了。训练强度以不超过最大心率的70%为宜。

晨练并非越早越好

传统的练武习俗认为早起练武,四周漆黑,如藏鬼惑,利于练胆;万籁无声,毫无干扰,利于长功;晨寒宇新,神清气爽,利于健体,等等。不过,对于大多教学任务重、工作繁忙的人来说,早起练武并非越早越好,应该以保持足够的睡眠时间为前提。睡觉是消除一天疲劳、迎接新的工作不可缺少的休息形式,习武者切勿忽视之。那种早起练武后再睡回头觉的做法也是不可取的。因为这样做失去了通过早练振奋精神,使机体进入工作状态的意义。

晚上练武注意事项

一些武术前辈认为练夜功有安静、隐蔽、易出功夫等等好处。我们现在是不是也要坚持晚上练武,这要视每个练习者的不同情况而定。而且,不是每个人都适合晚上练武。有的人患神经衰弱、失眠,有的人从兴奋转入抑制的能力较差,练武后兴奋不已,难以入睡,就不适合晚上练武。如果适合并需要在晚上练武,要注意集中思想。思想专一的关键是自己的主观意识,夜间的外界宁静只是一种条件。另外,晚上练功的内容以柔缓性的、小运动量的练习为主,也可安排些学习基本技术动作的内容。不要进行努力提高力量、柔韧、速度之类的激烈运动。因为白天经过一日劳作,晚上身体疲乏,运动量太大,或运动太激烈,都会使兴奋难以控制,影响入睡。严重的还可能因身体负荷过重,造成损伤。

把练功融入生活中的方法

武坛素有"三年小成,十年大成"的谚语。据说获小成者,式正招圆,内壮外强;得大成者,伸手能练拳,开口能明理,落笔能立论。达此境界的成功之路是漫长而艰辛的,然而其中也确有一些妙趣横生、一箭双雕的途径,即把练武融入生活之中。武术先贤们曾在这方面留下了许多的故事,给后人以有益的启示。

陈式太极拳宗师陈长兴(1771—1853)先生,自幼随父学武,终日不忘练拳。随时随地随事都有练武之法、习拳之要。坐时,则头顶身直,端正不倚;行时,必以意作圈,默思拳技;就连拿笔放杯也暗含"问劲"。所以他练起拳来,立身中正,动止有威仪,人称"牌位先生"。

为发扬八卦掌作出卓越贡献的程廷华(1849—1900)先生,少壮时从河北深县来京,以做眼镜为业,时人称为"眼镜程"。约30岁时,他拜于董海川门下。每天在作坊磨眼镜片时,总是一腿半蹲支撑,另一腿屈膝将脚置于支撑腿膝盖上,如此左右交替,独立劳作。外间的人隔桌看他,似坐在凳上一般。这样工作一天,就练了一天腿力,为掌握和运用以动制静、游走不息的八卦掌技法练就了耐久的腿功,而成为当时著名的技击家。

被誉为"千斤王"的王子平(1881—1973)先生,也有不少抓时练功的趣事。有文记载他少小时,"早上洗脸,先把手伸进脸盆里,拿一会大顶(鼎)再洗脸。早晚上下坑也是翻上跳下,做蹦跳和轻身术的锻炼"。这为他后来崛起于武林,成为"南山搏猛虎,深潭驱长蛟"的武术家打下了坚实的根基。

不少武术家为了"外练筋骨皮",还多年坚持睡木板床,即便是寒冬季节也仍只铺一张凉席。

社会发展到今天,不少习武者仍然保持了在生活中勤奋练功的良好传统,他们采用了一些新的方式、方法,将练功穿插在快节奏的生活中。

为了解决手掌立不起来,做不好推掌、亮掌等类动作,可以在坐着看电影、电视和谈话时,将两手掌(手心向下)按放于臀部两侧的坐椅上(手指向后),然后屈肘下压。在坐、站和行走时,可以把右(左)臂屈至小臂与地面平行,掌指并拢,塌腕成掌心向外,指尖向上;左(右)臂亦屈至小臂与地面平行,再用大臂的内侧推挡在右(左)手指腹部,并用左(右)手抓握住右(左)大臂的下段。然后左(右)手回拉,右(左)掌根外推。上述两法都能有效地提高立掌所需的柔韧性。

为了解决肩关节柔韧性差,做不好上架、抡臂这类要求手臂向上、向后划弧动作的问题,不妨在乘坐公共汽车或电车时放弃坐席的安舒,一手抓住车厢上方的扶手,保持脚步站稳,以同侧肩向前倾压。以提高肩关节的柔韧性。

为了解决下肢柔韧性差,腿踢不高或者踢腿姿势不正确等问题,可以在看书读报时,把脚放在与腹同高的桌面或平台上,伸直两膝进行耗腿练习。提高下肢肌群、肌腱和韧带的伸展性,养成正确的踢腿、控腿姿态。

为了提高平衡稳定能力,可以采用单腿支撑的提膝独立式来穿、脱鞋、袜。为了解决练功时不易集中思想的问题,可以在上床时和刚醒时练一会坐式或卧式静功。入睡前练静功,有助于排除杂念,轻松地入睡;刚醒时练静功,又有利于尽快动员机体进入工作状态。

总之,只要用心揣摩,举一反三,生活中处处可以采用一举两得的练功方式。

大雾天不宜室外练武

雾是水蒸气遇冷与灰尘凝成的不透明悬浮物。这些悬浮物中含有的一氧化碳、二氧化硫等废气,使空气污浊,空间能见度小,视野模糊。悬浮物含的水分,使空气的湿度增大,从而使运动时的汗液蒸发慢。大雾天气压也较低,常导致呼吸困难。因此,大雾天最好不到室外练武。如仍要到室外练武,要注意检查地上有无障碍,练习内容应以缓慢些的徒手功法和拳术为主,不宜练散打、对练、器械项目。

避风如避箭的含义与运用

"避风如避箭"的意思是风邪袭人,如暗箭伤人于不知不晓之中。要像避暗箭那样避风邪。因为风邪为外邪致病的先导,于汗出之际极易得势。欲避风邪,首先要避"当风练武"。练武场地如有穿堂风、房檐风过往,身当风口,就会中风邪。其次要避"汗出当风"。例如,练功刚完,汗出周身,汗毛孔洞开,就站在风口纳凉,或正对风扇吹风,就会中风邪。因疲劳之时,汗出未止,皮肤的开闭失去调节,寒气随风侵入,汗孔骤闭,汗液停滞,则必致病。再次要避"汗衣久著"。练武后汗湿衣衫,要及时更换。换衣时宜用干毛巾或热毛巾擦身,忌用冷水揩抹。

练武与朝向

练武时注意选择面对方向,有利于发挥技能和提高锻炼效果。在练武术桩功、坐功等静止功法时,常采用两种面向。一种是面南背北进行练习。这符合中国的地理气象情况(寒风从北面来),大概还与中国建房讲究坐北朝南这类习俗有关。近有人认为地球的磁场是南北向,面南背北练功,能借助磁场对人体的影响。另一种面向法认为,早晨面向正东,日从东出,可吸朝霞之气。午时面向正南,离火当空,有助入静。傍晚面向正西,夕阳西下,可吸晚霞余晖。半夜(子时)面向正北,北方为五行中水的居所,有取坎填离之意。

在练套路和格斗运动时,一开始运动,自身朝向即变换不定,因此不能僵死地说是向何方向练拳。但要注意尽量避开面向灯光和太阳光运动,以免光线刺眼。还要注意避免迎风运动,以免风沙迷眼、空气呛喉。旧说"早不向东、晚不向西",就是指早上至午,日在东,故不能向东打拳或对敌;午后至傍晚日在西,故不能向西打拳或对敌。气呛喉则呼吸不畅,眼被光刺或沙迷,会使视野模糊,导致运动时方向不明、动作不准。与人对搏时,不能清楚地审视对手,甚至可能被对手乘机击中。

练武场地的选择

练武场地应尽量选择在可借助多种自然因素、促进提高训练质量、兼收多种锻炼效果的环境,避开不利于提高训练水平和有损健康的因素。具体说:

1. 选择平坦不滑的砂、土场地习武为最佳,但如果找不到土地练习,只能在水泥地习武,也应避免在坚硬的水泥地上做激烈的窜蹦跳跃。凸凹发滑有摔倒之虑,场地坚硬对下肢关节有损,对脑脊震荡大。

2. 练习高腾急转的现代长拳类拳械项目和跌扑动作较多的醉拳、地躺拳等项目,最好在地毯上训练。

3. 练武场地应清洁、宁静,要远离噪音、异味、污气,以免除影响集中思想练武的外来干扰。

4. 练武场地应避开风口,不能选在风直袭全场的地方。

5. 有条件的话,可在花丛树下、河岸池旁选择练武场地。这样的地方,空气中负离子较多,负离子对人体的神经、循环、呼吸等系统都有良好影响。

6. 欲达到某些特殊目的时,锻炼场地可进行相应变化。例如,古代习武者为了增强胆量,以万籁无声的坟地为练武场。又如,现代武术运动员临赛前为提高临场不慌的能力,采取在喧嚣声、评品声交错的气氛中进行闹中求静的训练方法。

7. 在室内练武,要注意空气流通,灯光不能装在刺眼位置。

拳打卧牛之地

"拳打卧牛之地"是传统武术俗语中的一句口头禅。意思是习武打拳没有特别的场地要求,有块够一头牛躺卧的地方,就可以拳打脚踢了。在丰富的武术技艺中,确有不少可在"卧牛之地"操练的内容。例如,各种武术功法,散招拳脚等。武术的这种随处可练性,使其易于普及,易于持之以恒。当然,这并不排除在条件允许的情况下,尽可能选择良好的环境、宽敞的场地进行训练。

武术套路竞赛场地

现代武术套路的竞赛场地为宽 8 米、长 14 米的长方形地毯。地毯四周标有5 厘米宽的边线标记,地毯两长边的中间,标有宽 5 厘米、长 20 厘米的中线标记。一长边线中点外侧置裁判长席,由裁判长席右侧起,依次分布一至五号裁判员席于地毯四角和另一边线中点外侧。比赛时,一般分两块场地同时进行,二号场地与一号场地相对列置,如图。

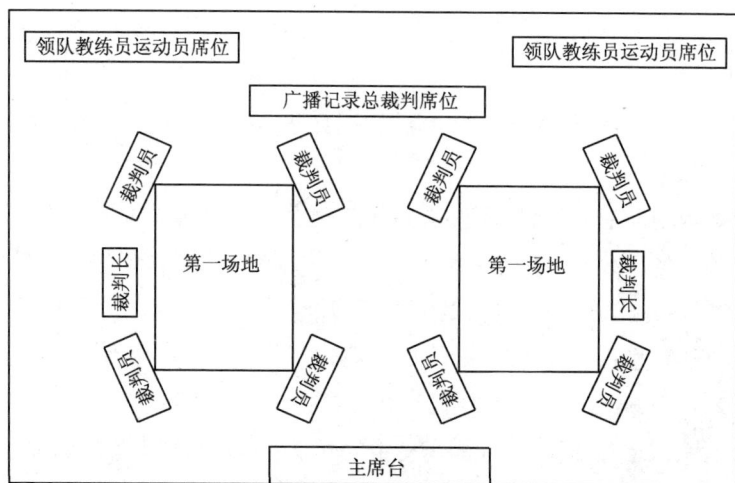

套路竞赛场地

武术散打擂台赛场地

　　武术的散打比赛沿袭了旧时打擂的遗风,设擂台进行比赛。擂台为高60厘米、宽8米的正方形木结构台体,台上铺设软垫,上覆帆布盖单。台面四边向内90厘米处有10厘米宽的黄色警戒线。台下四周,亦铺设2米宽的保护软垫。参赛双方的教练员、运动员席位分设左右两侧。裁判席位置于擂台正侧位,另有一名执行裁判于台上进行评判工作,如图。

选择白蜡杆制作棍杆、枪杆的方法

　　一般坚实又富弹性的圆直木棒,都可用作制作棍和枪杆的材料,其中以"白蜡杆"为佳。目前,河北、山东等地,都有专门培植"白蜡杆"的农户,在各地土产店或武术器材厂都可购到。购买时,要从外形和性能两方面进行选择。

　　外形方面:首先看长度。欲选为棍或枪杆的白蜡杆,其长度也须略长于棍和枪的规定长度。规定长度为:鞭杆(短棍)长约本人身高的二分之一;齐眉棍,长与使用者眉端齐高;长拳类棍术(比赛)用棍的长度,最短必须等于本人身高。枪杆的长度与使用者直立直臂时的掌心齐高(制成枪后,枪尖与指端齐高)。大枪杆需长3.5米左右。其次看直度。要挑选尽可能直一些的杆。再次看粗细度。要选择从把(粗端)至梢(细端)逐步变细的杆。除做鞭杆者外,杆把端粗度等于使用者食指和拇指尖相环成圈的圆度。用于武术竞赛的棍和枪,还要求杆中线以下任何部分的直径,不少于一定的规定(参见本书"古今兵械·枪")。最后看表面平整度。要挑选杆皮无破损和凸出结刺不大、也不多的杆。

　　性能方面:要挑选有四面劲的杆。选试法:一手握把端,将梢端点地,另一手向下压杆中端(杆腰),使杆身弯曲;松压后杆身能迅速弹直、恢复原形为有劲。如此,将杆转动,压试其四面皆可弹复原形者,即为有四面劲。压试时手感压试点(杆腰)有一定硬度、且弹劲较大者,做枪杆尤佳。

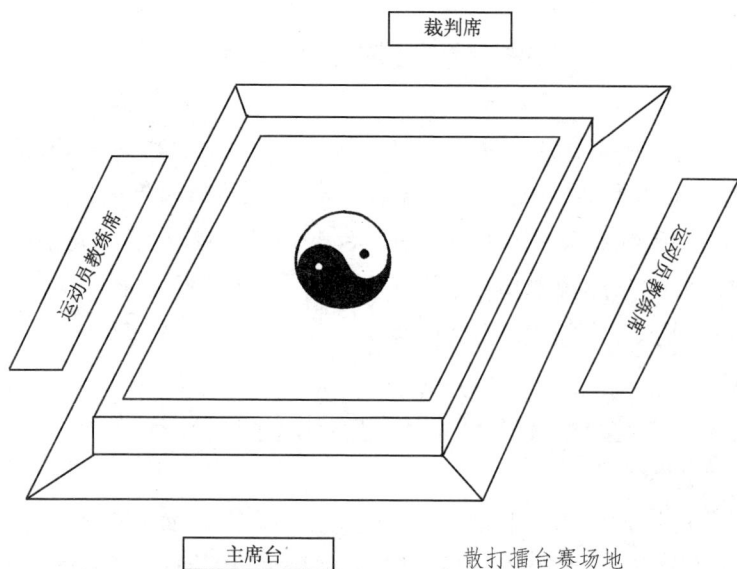

裁判席

运动员教练席

运动员教练席

主席台

散打擂台赛场地

用白蜡杆制作棍和枪杆的方法

选购到满意的白蜡杆后,还需进行制作,才能成为合格的棍杆和枪杆。制作方法分为:整直、修光、度量三步。

整直,是将直度不够的蜡杆加工顺直。如杆弯曲甚微或不大,可将杆平置于地面,以重物覆压,保持一段时间再拿出来,其型自直。如杆弯曲太大,可以先用水浸泡湿润,然后一边用火烤,一边用手压按曲弯部,就能慢慢加工变直。

修光,是修整杆面的凸刺,并使之光滑称手。先用小铁锤将杆面上的小刺和凸出部的尖角敲平,然后用细砂纸将杆表面磨擦光滑。"修光"时切忌采用"刨"或用刀片、玻璃片刮杆皮的方法。这类方法虽可快速使杆身光滑,但却损害了外皮。皮受损则损及杆的弹性和坚实度。

度量,是按照规定长度,截去杆长出的多余部分。先在粗度宜做把的部位切开,然后按棍或枪杆的规定长度截去梢端的多余部分。请注意,要先按粗细、长短量好,再行裁切。至此,棍或枪杆即制成。

枪头枪缨的选择和安装

枪头：根据枪杆的长短和粗细度，在大、中、小号钢质枪头中，选择合适型号的枪头，切忌枪头太重。枪头尾部的库管宽大些好。安装枪头时，先将直径约0.4厘米的三颗圆铁珠放入库管中，然后将枪杆梢端装入。要求装紧，但库管前端要空出，供铁珠滚动作响。最后用螺丝钉钉住库杆相合处（图1）。

枪缨：枪缨有用人发和兽尾毛染红制成的两种。以兽尾毛制成的为佳。应选择缨丝长而粗，丝顺而不乱，色正而不杂者。安装枪缨时，先将两挂枪缨顺梢（缨梢与枪尖同向）绕捆于枪头库管尾端，加线扎紧（图2）；然后将枪缨反回成缨梢与枪把同向，梳顺理清，用布带或绳索在接近反卷处扎住，浸上水，水干后取下布带，枪缨反卷即定型（图3）。最后，由缨的反卷处向下量出约20厘米（枪短，缨短；大枪可适当放长），用修发剪或刀片割去超长的多余部缨梢即可（图4）。

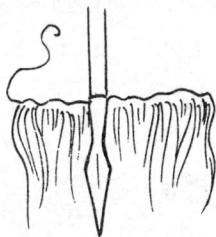

图1　　　　　　　图2　　　　　　　图3　　　　　图4

枪头、枪缨安装图

选购刀剑时应注意的问题

武术用刀、剑可以直接和厂家联系购买，在体育用品商店也有销售，某些工艺品销售处亦有售。选购刀、剑时，可从下述几方面着眼。

1. 看长度是否合标准。正确的长度标准是,使用者直臂反持剑或直臂抱刀,械尖不低于自己的耳上端。注意械身(刀片或剑刃片)与械柄的长度比例,应约为四比一。

2. 看械身的宽、厚度。械身厚度应由护手盘处逐渐向前减薄,至械尖时最薄为佳。宽度由个人喜好而定。喜欢轻灵小巧的动作风格者,可选械身窄一些的。喜欢雄勇刚劲的运动风格者,可选械身宽一些的。

3. 看器械的性能。先看弹性度。手持柄把,将械尖着地,用力下压使刃片弯曲,然后快速使械尖离地,看械身能否快速弹直。能弹直者,则优。然后看硬度。手持柄把前平举械,成立刃(刀刃或剑刃向上、下),用力向左右水平摇晃,械身弯曲度小,并且随摇左微向左曲,摇右又迅速向右者为优。摇晃时弯曲度过大者,说明械身太软,运用时会影响动作,甚至损伤自身。

4. 看器械的重量。器械各部的重量应成一定比例。一般选择法是持械做几个动作,以不感械尖下沉者为佳。全械应有一定重量,才能保持器械具有一定的坚韧度,也才能获得增强臂力的锻炼效果。参加武术竞赛的刀、剑,应符合下述重量要求:成年组男用剑不得轻于 0.6 公斤,女用剑不得轻于 0.5 公斤。成年组男用刀(包括刀彩、下同)不得轻于 0.7 公斤,女用刀不得轻于 0.6 公斤。少年、儿童组运动员使用的刀、剑没有重量限制。

刀彩的选择和安装

刀彩选用较厚、较硬的绸料制成。一般用大小相同、颜色不同的二至三块方绸布。用做刀彩的绸料颜色,多为红、黄、橙、白等较为鲜明的色调,刀彩的大小为刀彩对角线与所配单刀长度等齐。制作时先将选好的绸布按尺寸剪好,然后,将每方绸布的一个角端缝合一起,并使之与一短带缝结,再将其系结于刀柄尾部靠柄镡处即可。

剑穗的选择和安装

剑穗以丝线编制而成,一穗两坠。可在体育用品和戏剧用品商店购买成品。

剑穗分长穗、短穗两种。长穗穗长约 40 厘米,短穗穗长约 20 厘米。穗结中孔串一穗带,穗带的长度可自行调整。练"长穗剑"则选配长穗,练"短穗剑"则选配短穗。剑穗有多种颜色,选配时应考虑练习者着装的颜色,一般剑穗的颜色应与服装有一定对比度,以显示穗法。但如以白长穗配剑,配上白色服装在灯光下练"长穗剑",具有一团白光罩身,人剑合一的艺术效果。剑穗要选丝粗而纺得紧密的。这种丝穗较细丝穗要重些,配剑运用时垂坠随把。穗轻了演练时常飘浮缠把,影响剑法。

剑穗系在剑柄尾部,靠剑镡处。然后通过在系结处绕结穗带的多少,来调整带穗的长度。长穗剑所系带穗全长与剑长等齐,短穗剑所系带穗全长约为 30 厘米。最好将系于剑柄的穗带用线或胶布固定于柄尾的螺丝处,这样,更便于动柄带穗,剑走穗行。

练武器械的重量选择

选择练武器械的轻重,要视锻炼目的而定。采用较重的器械练习,有利于增长力量,采用较轻的器械练习,有利于提高动作速度。由于力量是速度的基础,速度能表现出力量的强度;还由于只用轻器械练习,虽速度快,但动作发飘,缺乏力度。只用重器械练习,又会因械重而不便运使形成节奏较慢的动力定型。因此,训练中以轻、重器械交替使用为好。总的来说,为了提高技术的熟练程度和运动水平,应以重量适中的器械,作为经常练习的器械,用以形成正确技术的动力定型。而只把换练"轻"或"重"器械,看成是发展动作速度和增强力量的训练手段。器械的适中重量,一般以竞赛规则规定的起码重量为准。

棍、枪的保养和存放

棍杆和枪杆都为木质,保养和存放不当,易受湿、受燥、弯曲、损裂等。一般采取的保养存放方法和注意事项有下述几点。

1. 在棍、枪的把端、棍的梢端贴一圈白色胶布。可减少把梢触地时的磨损,减少劈地可能造成的破裂程度。

2. 切忌用棍、枪砸劈硬物,以免表面受损,影响光滑度,甚至折裂。

3. 不用时应悬挂在干燥通风的地方,或者将械身平放在地上,如靠墙斜依,则易引起弯曲。切忌放置潮湿处,以免引起发霉、生虫。

4. 棍和枪杆在干燥季节,或者放在暖气较强的房间里,极易干脆,运用时如做劈、绕、圈、摔等动作,都可能造成断折。因此,在这样的季节和地方放置枪棍,使用时应先用湿布围盖,增加点湿度。

刀、剑、钩的保养和存放

刀、剑、钩为铁(钢)质,片薄长、刃锐利,保养和存放不当,易生锈、缺口、弯曲。一般采用的保养存放方法及注意事项有下述几点。

1. 不用时,应悬挂、平放于干燥通风处,避免放置潮湿处,引起生锈。避免刃尖朝下斜依墙角,引起弯屈变形。

2. 运用时不用手抹刃片,尽量避免沾上汗水。使用后,要用软布擦去刃片上的尘土和汗渍,最好能轻涂一薄层防锈油,再插入鞘。

3. 切忌用刃口砍击硬物,或以器械互击,以免损坏械身,使刃口出现缺口。

器械练习前检查器械完好度的重要性和方法

在武术训练和竞赛场上,常见演练者器械折断飞出,有的还导致了伤害事故。这些造成事故的器械,多数是练前已不完好。因此,器械练习前,一定要检查完好度。检查时,主要着眼于下述方面。

首先看柄杆、刃片有没有裂痕,然后看器械中相接部位是否牢固。例如,检查枪头安得稳不稳;刀和剑柄尾的螺帽是否稳固;九节鞭、三节棍等软器械的环是否有裂痕。最后看看器械上的饰物是否扎稳。如枪缨、刀彩、剑穗、鞭彩等,都应仔细检查。

递械给他人要递柄

古代练武人递兵械给他人时,要求递柄不递尖。递尖有可能由于动作速度快、或正遇对方迎上来,而造成误伤。古人还担心对手误以为递尖是乘势暗算。让对方拿刃口部,既不便握持,也不利于保护兵刃免于受手汗浸沾。看来,递柄不递尖的习惯,今天还应提倡。

练武着装与武术表演服

一般练武的服装,以武术服和运动服为佳。武术服是采用绸料,或者棉布制成的服装。下装为灯笼裤(腰可采用西服腰)。男上装为对襟式和套头式,女上装为大襟式和套头式。这种服装民族风味浓厚,宽松垂坠,着体舒适,运动方便。鉴于传统的灯笼裤裤腰过肥,现在一般将灯笼裤的裤腰改为西服裤腰。运动服以吸汗性能好、弹性好的棉毛运动服为优。运动服应宽松一点,练武者可选购比平时着装大5公分的运动服,较适合表现武术运动的特点。

考究一点的练武服装,或者用于武术竞赛和表演的武术服,既要首先考虑到利于充分发挥运动技能,表现所练项目的运动特点,又要考虑到借助服装增添艺术效果,还要考虑到利用着装显示体型特长、掩盖或减弱型态弱点,使观者多获得些美的享受。

例如,着红色武术服练南拳,由于色彩鲜明,给人以热烈、猛勇之感,而有助于表现南拳的阳刚之美。着黄色武术服练猴拳,观者易于联想猴子的毛色外状,而有助于加强动作的形似感。

又如，年轻人多采用白色着装表现潇洒；采用红、橙、黄、黄绿等暖色调的服装来表现奔放、激烈；采用绿、天蓝、紫色等冷色调服装表现沉静、清晰；采用黑色服装表现动作的短促、灵巧和快速。老年人则多采用无饰边和饰图的纯灰或纯褐等中和色调，表现老成、专精、浑厚；采用纯白色，表现高雅、清逸。

再如，过于壮实或者有点肥胖的人，穿蓝色或深色的服装，具有减弱、缩小其外形的视感。身材瘦小的，穿浅色服装，具有加强、扩大其外形的视感。

当前试行的武术比赛统一服装

当前全国武术比赛中试行的统一服装，是 1985 年由中华人民共和国体育运动委员会颁布并开始试行的。服装款式共七种，其中男四种，女三种（如下图所示）。各式服装概用绸料。男式短袖也可采用腈纶或尼龙料。

原通知曾规定，某一款式服装为演练某项或某几项的服装。执行中多不受此限制。只要服装符合下述七式，练什么项目皆可。

男式武术比赛统一服装

女式武术比赛统一服装

练武腰带的制作

练习武术使用的腰带有绸布带、硬板带、松紧带、新板带四种。"绸布带"，就是用于系腰的绸布，只需剪一段长度约为本人腰围两倍的绸布，系于腰并打结即成。"硬板带"，是中间为硬板、两端为软带的系腰带。制作材料：长约使用者腰围两倍的长布一条；长约使用者腰围二分之一，宽约5—6厘米的硬帆布带或多层布料叠合带一条。做法：将硬带放置于长布的正中段，包缝好，即成中间硬、两端软的硬板带。"松紧带"，是采用宽约5—6厘米的松紧带一段，长约使用者腰围的十分之九。用与松紧带同色的布条包缝于松紧带两端，以防梢端松散。在带的两端钉上挂扣或者尼龙粘扣。无挂扣或粘扣时，也可钉两对小布条，用于打结用。"新板带"，是现代武术竞赛和表演中用的一种腰带，以硬布带为胎，外包金皮或绸布，上缀花纹和图案，两端装挂扣或尼龙粘扣。"新板带"宽约5厘米，长与使用者的腰围相同。"新板带"主要为装饰用，故其主色和所配图案，均应考虑到上下装颜色，使上中下色调配搭和谐。

练武腰带的作用与选择

练武腰带的作用可分为功能性作用和装饰性作用。功能性作用主要有下述三个方面。

首先,练武腰带对腹壁活动的约束,能反射性地加强腰腹部的肌肉张力,使腰部稳固性加强。这既能防止意外失势闪伤腰肌,又能使腰脊力量的外传有个稳固的支点,加强发力的效果。其次,系上腰带后,腹壁向外鼓突受到限制,有助于防止心、肺、肝、胃等腰以上脏器在剧烈运动中可能出现的下垂。再次,系上腰带还使气息沉入腹部受限,有利于胸式呼吸或腹助呼吸配合拳式的快速变化,进行快速的交替。运动剧急、多变的拳技,多系腰带练习。

练武腰带的装饰性作用,指腰带系在衣服外面,显得利索、干净。而且腰身形体的线条清晰,有助于增强身段动作的艺术表现力。还由于腰带系在衣外,其式样和颜色具有装饰服装的作用。一般上下身服装颜色不一时,腰带应采用介于两色间的过渡色,使上中下色调和谐。上下身服装颜色一致时,可以选配相同或相近色调的腰带,使观者获得外观的素雅感,增强动作的轻灵感;也可选配与衣服对比度大的腰带,使观者获得鲜明感,增强动作的力量感。

选择腰带时,不仅要考虑它的装饰性作用,更主要的是考虑它的功能性作用。要注意腰带的宽度适宜,个子短小者腰带应窄些,个子高大者腰带应宽些,一般以系在腰间不影响躯干的前屈、后仰、侧倾、拧转等运动为原则。还要注意松紧带和新板带的长短合度。长了则松,发挥不了它的功能性作用。短了则紧,会阻碍肌肉舒缩,影响呼吸自然。而且能使腰腹产生不适感,干扰练武意识的专一。

练武术不一定要系腰带

系腰带练习武术,有着良好的作用。是不是练武术就一定要系腰带?这却不一定。从腰带的功能性作用来看,只有运动剧烈、变化多样、采用胸式或腹助呼吸方式的拳技才适宜。练习太极拳等动作柔缓,采用腹式呼吸的拳技,则不适宜系腰带。

从腰带的装饰作用来看,它能显示人体的形态曲线美,使动作干脆、利索,衣着色调得当。如果演练者腰粗腹壮,系上腰带并无美的曲线出现,反而显得拙笨。如演练者想表现动作飘逸、洒脱,衣着色调不需装饰就已有飘洒之感,那么,紧系腰带,反而会"画蛇添足"。

此外,有的人一系紧腰带,就反射性地感觉身体受到束缚,这也不畅,那也不适。这些练习者也不宜系腰带练武。

练武时穿的鞋、袜

合脚型、大小适度、不易发滑的平底鞋和吸汗性能强的棉毛线袜和布袜,都可选作练武术时穿的鞋袜。平时训练穿的鞋子,以帆布矮帮软胶平底的运动鞋为宜。如果练窜蹦跳跃少的拳械,穿矮帮平底布鞋也很好。现代武术竞赛和表演中采用的"武术鞋",是羊皮矮帮、软胶平底,鞋帮上饰有图案,既有古代传统练功鞋——抓地虎薄底快靴的特色,而且美观、轻便、跟脚。因造价较高,平时习武多不着此。表演时鞋子和袜子的颜色,以同于或接近裤子颜色为宜。因这样使下肢有延长感,显得腿较长。

习武防护用具的选择与运用

常用的习武防护用具有护肘、护腕、护膝、护踝。戴上这类具有弹性的护具,能增强该部关节的稳定性,反射性地提高周围的肌肉张力,起到保护关节,防止皮肤、肌肉挫伤的作用。在发生碰撞和倒地时,还具有防止皮肉受损的作用。因此,进行硬功、实战格斗、跌扑滚翻训练,以及伤后恢复训练时,可采用这类护具。采用时,要根据使用者关节的围度选择大小合适的护具。一般说,戴上护具,感觉不松,也不过紧,既不会在运动中滑脱,又没有不舒服的感觉,即为合适。训练结束后,应及时取下,以避免局部毛细血管不够舒畅,影响疲劳的迅速消除。

武   谚

"武谚"是武术谚语的简称。它是民间武坛流传沿用,通俗简练、富含习武经验的一种俗语。它由一些固定词组和短语组成,有一定的格律,上下句多对仗有韵,简明易懂。一条谚语具有一个完整的含义,可独立成句运用。由于武谚来源于口传身授的民间武坛,实践性强,揭示了武术运动的基本要素和一般规律,而且口语化,念起来朗朗上口,所以有广泛的群众基础。武谚涉及的武术内容十分广泛。例如,武德方面,有"未曾学艺先识礼,未曾习武先明德""文以评心,武以观德"等。在训练方面,有强调训练程序的"要学拳,先站桩""拳为武艺之源,棍为兵械之祖"等。强调训练持久性原则的"若要功夫好,一年三百六十早""冬练三九,夏练三伏"。强调训练整体性原则的"内练精气神,外练手眼身"等等。还有揭示武术技法窍要的,例如"低头弯腰,传授不高""手到脚不到,鬼也打不倒,手脚一起到,金刚也跌倒"等等。此外,还有指出武术作用的谚语。例如,"经常练武术,不用上药铺",是说武术具有健身价值。"会拳莫打架,打我也不怕",是说武术具有防身价值。"见之是好妇,夺之似惧虎",是说武术能锤炼人的体魂,陶冶人的情操,使练武者养成尚武崇德的精神,自强不息,厚德载物。

武 术 术 语

武术术语,是武术运动中具有特定含义、而无第二种解释的专门用语。这些字词具有见字明意、短小精练的特点。包括有动作环节名称和器械部位名称术语、动作名称术语、技法要领术语等。术语除了作为名称的一般用法外,多作为句子的一定成分使用,不能独立成句。

动作环节名称术语,指人体形成一定拳式时某一部位的特定名称。例如,"拳"指五指屈卷握紧;又如"冲拳",仅指手握拳向前击出;"并步",仅指两脚并拢。这类只依照名称术语的字面含义描述单一运动环节称谓的,就是动作环节名称术语。

器械部位名称术语,是器械一定部位的称谓。例如,"剑脊",专指剑身中间凸出部。"剑刃",专指剑两边的锐利部,等等。

动作名称术语,是一定动作形态的称谓,包括结构性动作名称术语和形象性动作名称术语两类。结构性动作名称术语,是用简明的文字说明动作主要环节的动作名称术语。例如,"弓步冲拳"是下肢为弓步、上肢为冲拳的动作。"马步劈刀"是下肢为马步、上肢持刀下劈的动作。形象性动作名称术语,是根据动作的形态或特点,象形取义地命名于动作,形成的一种约定俗成的动作名称术语。例如,"乌龙盘打"专指两臂立抡成圆后仆步拍地的动作,取其两臂抡翻如龙之盘绕之意。又如"马步",专指两腿开立,两膝皆屈的下肢形态,取其下肢如骑坐马背之形。

技法要领术语,是表述拳械运动规律的专门用语。例如"涵胸""三尖相照"等。

武术中的"诀"

武术传承中所谓"口诀""字诀""秘诀"之"诀",都是指武术运动的窍门。"诀"是用较精练的字词,概括一定技术范畴的关键技术环节、关键技法要领浓缩而成。因此,武术的"诀",具有言简意赅,寓意精深的特点。

例如,内家拳仅用"敬、紧、径、劲、切"五字为"心诀"。认为此五字含内家拳全部精华。太极拳"四字密诀"为"敷、盖、对、吞"四字,包含了推手时用气的窍门。八卦掌蹚泥步要诀为"蹚、踢、摩、探、踩"五字,包括蹚泥步全过程的技法要领。

武 谚 浅 释

文以评心,武以观德

行文是作文者内心世界的表述,用武是施武者道德精神的展示。因此,通过文章内容的善恶,可以评定作文者的用心良莠;通过用武的目的和效果,可以看出施武者道德的尊卑。

未曾学艺先识礼,未曾习武先明德

"礼"指恭谨待人、尊敬师长等克己敬人的规范。"德"指武德,即尚武崇德的精神。识礼者,能尊师重道,学得武艺真谛;明德者,能以道德规范自己,勇于为国为民效力,耻于为己为利弄武。民间武术传承中,戒收失礼缺德之徒。教学之初,首教礼德,然后再传技艺。

徒弟技艺高,莫忘师父劳

《荀子·劝学》"青,取之蓝而青于蓝;冰,水为之而寒于水",是比喻学生胜过老师的千古名句。弟子强于师,学术技艺才会提高,社会才会进步。但是,技艺再高,学问再大,也要记住自己得师启蒙、经师传艺、受师指点的经历,不要忘了老师在此过程中付出的辛勤劳动。须知,无蓝则青无从出,无水则冰无从生。

万两黄金不卖艺,十字街头送志人

拳师授徒不能只识金钱不看人。若求艺者为匪盗不义之辈,或者是无恒心志向之流,虽给万两黄金,也不出卖技艺。一旦遇到能承继武术,发扬武术的有志之士,应毫无代价地尽数传授。此谚体现了武术前辈的高风亮节。

见之似好妇,夺之似惧虎

类似说法还有"静如处子,动如脱兔"和"下场如书生,上场似猛虎"。指习武者要在武和德齐修的过程中,精练武艺,陶冶情操。平时,要像"好妇""处子""书生"一样温良、知理、通情、达礼;练武或对敌时,则要像猛虎或被捉而脱逃的野兔那样迅猛。

严师出高徒,重道得真谛

在武术的传承中,历来讲究师要严格徒(学生)要重道。师严,才能使学生严守武德,恭谨处世,发扬武术;师严,才能使学生在严格的教学训练中,学得中规合矩,练得技理并精。此即"严师出高徒"。"重道"指尊尚武道,爱好武术。

只有重道之人,才能为追求武术真谛不畏苦累,执著奋斗;只有重道之人,才能尊敬师父,尊重师父传授的知识技能和付出的劳动,努力去实践,悟出个中真谛;只有重道之人,才能严守武德规范,得到人们从不同角度给予的理解和支持,获得追求真谛的良好环境。

教不严,拳必歪;学不专,拳必滥

这句谚语要求教师要严格教学,以防拳歪;学生要专心致一,以防拳滥。教师的"严",首先要严格按照动作规格进行教学。其次要严格要求学生循规蹈矩地进行练习,这样才能教给学生正确的拳式。学生的"专",首先要专心,专心才学得会,学得对。其次要专一,专一才能集中精力,学一得一,练一精一。

师父领进门,修行在个人

武术运动的锻炼步骤包括学、练两步。"学"是为了学会武术动作,掌握锻炼方法。教师(师父)的责任,就在于此。学生学会和掌握了,就算"进门"了。"练"是掌握武术技术动作,获得武术功用的根本手段。只有通过个人的努力锻炼,才能将教师传授的技艺变成自己的功夫,并且在坚持不懈的"修行"(修习)过程中,体验技法,领悟拳理,步入"青出于蓝而胜于蓝"的境界。也只有通过个人的努力锻炼,才能获得强身健体、陶冶情操的功效。从学习攻防技艺来说,只有通过亲身的反复实践,临阵才能运用教师传授的攻防打法,进而举一反三,随机应变地发展出自己的打法。

学道容易,修道艰难

"学道容易",指初涉武坛,从师学会一些武术的技艺和操习的方法,甚至较系统地掌握某个门类的拳艺,并不是一件难事。"修道艰难",指要坚持不懈地勤学苦练,不因事务的繁忙、季节的变化、成效的高低等客观原因中辍和荒疏拳艺,并将武学的理论和实践结合起来,不断精研深求,尊德重道,却不是一件易事。

学拳容易，改拳困难

这里的"易"和"难"是相对而言的。初学练拳时，犹如在白纸上写字，落笔即成。如写错了要改，先得将误笔涂抹去，才能再写。当然前者"易"，后者较"难"。而改拳却比改字要更为困难。因为初学时不严格，不求甚解，不明细节，不按规格、要领去做，反复重复错误动作，一旦按错误动作形成错误的动力定型（即错误动作已成了习惯动作），要消退错误定型，重建正确动作的动力定型，就非常费劲了。所以，这条武谚要求学拳时，要严格遵照正确的动作规格，一步一步地建立正确的动力定型，掌握一式，再学下式，力避囫囵吞枣。

一处磕头，百处学艺

类似的谚语还有"多从一家师，多懂一家艺"。是说习武要广学博通。武术的流派众多，技法丰富。一位老师一般只能精其一类，通其几种，全精全通者几乎没有。因此，要经过多从师、广求学，增长见识。以多位老师传授的拳理拳技和个人擅长为基础，我们就可能耗费较少的时间，了解更多的知识，获得更多的技能。所以，过去习武者从师学到一定程度后，要离师出游，广访名师，以武会友。

拳为武艺之源，棍为兵械之祖

武术的技术内容可概分为徒手技术和兵械技术类。拳术技术是学练兵械技术的基础，可将手持兵械的舞练，视为手臂延长的拳艺。因此，练好徒手拳术，再学兵械就容易多了。兵械的类目有数十种之多，其形包括长的、短的、软的、有刃的、带刺的、装钩的，等等。学练兵械应先学棍，因为棍不长不短，无刃、无刺、无钩、既易制作，又易习练，不会因初学时身械不协调而造成重伤。棍练好了，掌握了身械协调的基本规律，熟习了操作兵械的共性技法，再学习其他兵械就容易掌握了。

这种从易到难地学习武术的程序，早在明代，就已由军事武术家们整理成文。戚继光在《纪效新书·拳经捷要篇》中说："大抵拳、棍、刀、枪、叉、钯、剑、戟、弓矢、挨牌之类,莫不先由拳法活动身手。其拳也,为武艺之源。"何良臣于《阵纪·技用》中云:"学艺先学拳,次学棍。拳棍法明,则刀枪诸技,特易易耳,所以拳棍为诸艺之本源也。"

练拳不练功,到老一场空

"拳"指拳技、招法和套路。"功"指武术功法、功力。练拳是为了学习和掌握武术的攻防动作,提高演练武术技能——技巧。练功是为了提高武术运动所需的体能——功力。如果只练拳,不练功,虽然也能记得些拳路、招法,却会由于缺乏桩功练习而下盘不稳;缺乏柔功练习而伸展不开;缺乏硬功练习而击中对手无攻击力度,等等。因此,练武者既要习练拳技、招法和套路,又要练习所习拳技必需的基本功和辅助功,才能使技能和体能都得到发展。

要学拳,须站桩;欲习打,先练桩

"桩"即桩功。这两条谚语强调桩功是习武的基础,不论学练拳路,还是习练散打格斗术,都必须把桩功放在优先练习的位置,锻炼学拳习打的稳固根基。

练拳不习打,临阵少方法

武术锻炼以攻防格斗动作为基本内容。习武人练习拳术套路,也能掌握些攻防动作,了解其攻防含义。但是,如果只单练,不进行与人实战格斗的练习,那么,遇人对搏时,会因没有攻防意识,缺乏攻防距离感或掌握不准攻防时间差,以及见人击来自先忙乱,缺乏实战经验等等,而用不出单练纯熟的攻防招法。故说"练拳不习打,临阵少方法"。

未学打人,先习挨打

此谚的意思是初次以武会友和与人交手时,难免不挨打。如经不住打,就不可能在格斗实践中体会武术的攻防技法,提高格斗能力。另外,即便是高明拳手,也不是"常胜将军",而且"强中还有强中手"。因此,要学技击,先得学挨跌、挨打的功夫。这类功夫主要是采用武术硬功来锻炼承受和抵御外力刺激的能力,通过跌扑滚翻练习提高倒地时自我保护的能力,还包括通过各种基本拳法锻炼,提高闪躲和防御的能力。由于武术硬功和跌扑练习,都是自身承受外物击打或主动撞碰外物的练习,因此说"未学打人,先习挨打"。

未习打,先学药

类似谚语还有"练功不学药,练成痨病壳""学打不学药,损伤难免却""练拳不知医和药,临时何处抱佛脚"。

这四条谚语,都强调习武者要兼习药功。拳家的药功,包括佐功药和治伤药两类。佐功药分为用于强筋健骨、提高锻炼效果、加速消除疲劳的佐功内服药;用于软坚活络、清热解毒的佐功外用药。懂得和会用这类药,有助于避免练功负荷过大出现痨伤,避免硬功练习伤损筋骨皮。治伤药亦有口服和外用两种方剂,主要用于救治跌打损伤。在武术运动中,自己可能在训练中不慎受伤。在与人对搏时,也难免自伤或伤人。自伤需医治,伤了人也要及时救治。因此,旧时习武者,视医术为与武艺并重的不可不知的学习内容之一。

眼无神,拳无魂

在武术运动中,讲究"眼是心之苗""眼为心灵之窗",要求以眼神表达动作的攻防意味,展示个人的个性。而动作的攻防意识、练习者的个性,正是拳技的内涵所在,恰如人之灵魂。故言"眼无神,拳无魂"。

手眼相随,手到眼到

"手",泛指表现动作攻防意图的主要部位。意思是拳式动作过程中,眼睛要"随视"动作的主要部位。例如左冲拳,眼即需随视左拳的出击,此为"手眼相随"。当动作主要部位达预定位置时,眼光亦同时到达预定位置。如冲拳击中目标时,眼亦正好"凝视"目标。此即"手到眼到"。

眼观六路,耳听八方

六路指前、后、左、右、上、下。八方指四正方(东、南、西、北)、四斜角(东南、西南、西北、东北)。"六路""八方"亦泛指自身的周围。眼观和耳听是泛指利用感觉器官来洞察周围变化。简单地说,与人格斗时,既要用两眼专注对方某部,还要用眼的余光,耳的听力,皮肤对外周气流变化的感触,与对手接触部对其力向、力度和虚实变化的感知等,综合察觉周围情况,进行分析判断,作出相应反应。

低头猫腰,传授不高

此谚指练习武术时,不能低头,也不能猫腰(腰向前俯)。《八卦掌四十八法·忌俯法》言其危害云:"低头如同眼不开,亦且身易往前栽。低头猫腰中枢死,全掌全步使不开。"此外,低头必然缩胸,猫腰必然弓背。这种姿态既失上领之劲,又碍气息畅通。久之亦会影响形体健美和心肺功能。

练拳不活腰,终究艺不高

武术技法非常重视腰的作用。外形动作,要以腰为轴,带动四肢,上下相随,左右相顾。内劲蓄发,要求以腰脊发力,在丹田气的配合下,上经旋腰转脊、旋膀转腕形于手指,下经旋胯转踝达于足趾。此外,身法动作则全赖腰部的运动。因此,是否"腰活""活"的程度如何,是衡量武技水平的基本标准之一。如果腰不柔活,又不下功夫去练,那么其技艺终究是高不了的。

只压不遛不中用,只遛不压笨如牛

"压"指压腿、耗腿、搬腿、撕腿等腿部柔功静压法;"遛"指摆腿、踢腿等腿部柔功动转法。"压"能提高肌肉的伸展性,加大关节活动幅度。"遛"能提高肌肉快速收缩的爆发力量,以及舒与缩快速交替的灵活性,还包含着各种不同的攻防意图。压腿与遛腿,都是腿功练习的基本方法,缺一不可。只压不遛,腿软而无力,因此"不中用"。只遛不压,腿重而不活,因此"笨如牛"。只有将注重发展伸展性的"压腿"与注重发展弹性的"遛腿"结合练习,才能获得幅度大、速度大、力度强的高超腿技。

打拳不遛腿，必是冒失鬼

遛腿指腿功练习中踢腿、摆腿等"动转"练习法。遛腿具有锻炼提高下肢动转幅度和变换灵便的作用，还可作为每次练拳开始时的专项准备活动内容之一。如果练拳前不遛腿，由于下肢没有得到大幅度的动转，练拳时突做踢腿和腾空腿法等动作时，就可能拉伤肌肉。如果练习拳术者始终不遛腿，下肢动转幅度得不到提高，就会使行拳和攻防格斗时，下盘不灵活，起腿和迈步感到勉强，导致支撑脚站立不稳，甚至出现失势或倾跌。因此，"打拳不遛腿，必是冒失鬼"。

先看一步走，再看一出手

步法是人体移动、出手打拳的根基。因此，在评论某人武功高低时，要先看其步型、步法是否合乎动作规格，移动是否轻灵，踏地是否沉稳，然后再看其上肢的技能高低。

步大不灵，步小不稳

步幅的大小与拳式的平衡和灵活有关。步幅大，则支撑面大，稳定性高，故"步小不稳"。但步幅大，要将身体重心移出支撑面建立新的平衡，就相对步幅小要慢，因此"步大不灵"。解决两者矛盾的方法是，连续运动中步幅小些，静止姿势时步幅大些。步幅的大，也以大到不感费劲为度。另外，就步架的高、中、低来说，高则灵，却失之于浮；低则稳，却失之于滞。故一般以取中盘架为宜。

步不稳则拳乱，步不快则拳慢

脚步犹如战马，抢占位置、进攻对手或避开对手攻击，都赖脚步的移动的支撑。因此，支撑稳定，移动快速是脚步运动的两个关键作用。如果步不稳，上体动作没有坚固的支撑，就会动作发飘、发力不实，导致下肢摇摆、手法散乱。如果脚步移动迟缓，则会限制上肢的快速进攻，使拳法动作欲速不达。

迈步如犁行地,落地如树生根

此谚出自形意拳家,亦作"迈步如行犁,落地似生根"。指迈步时,脚贴近地面(不能高离地面),似排开阻物般向前推进,犹如犁地行犁一般。落步时,全脚掌着地,五趾抓地,沉稳踏实,如树生根一样。

进步宜低,退步要高

与人徒手格斗时,进步要降低重心,以加强自身稳沉,加固进攻发力的根基。同时,以此使身肢紧凑,防止对手采用防中有攻的打法。退步要升高重心,重心高则步法灵活,能快速闪离对手并变换步法。

刀如猛虎,剑似飞凤

此谚喻指单刀和单剑的运动特点。单刀舞练起来,"刀不离身左右前后,手足肩臂与刀俱转,舒之可刃人于数步之外,敛之可转舞于座间"(程宗猷《单刀法选》)。因刀快步疾,忽绕身缠裹,忽远出长击,故以虎猛之性喻刀之运动特点。单剑舞练起来,"内实精神,外示安仪","布形候气,与神俱往,杳杳若日,偏如腾兔,追形逐影,光若仿佛,呼吸往来,不及法禁,纵横逆顺,直复不闻"(越女论剑,见《吴越春秋》卷九)。因剑势轻灵,变化多端,气势贯串,神形合一。故以凤之飞态喻剑的运动特点。

单刀看手,双刀看走

"单刀看手",指单手握刀演练和运用时,要注意另一手的配合。配合得好,动作就顺遂协调。如果配合不好,便如缺了一只胳膊,甚至还会影响刀法动作。

"双刀看走",指两手各持一刀演练时,要注意步法的配合。双刀多两手同时动作的舞花和向同一方向运动的动作,步法配合得当,刀花则快速有力。例如,提撩花的上提动作与脚落地一致,就能提得上劲。步法配合协调,刀花才能与身协调。例如做"乱劈柴"(左右抡劈花),左侧打花时,应是右脚在前,左脚在后,成顺步顺势。若反之,成了拗步拗势,就可能因拧身不够影响刀速,甚至劈及自身。

使刀须明刃口,大刀不离定手

刀的主要技法有劈、斩、撩、抹等,都是通过其刃口发挥杀伤力。也有少数以刀背挂、挑的技法,一般不以刀片拍击对手。这是由刀的形制特点决定的。刀口薄利,碰着即破伤;刀背厚实、不怕碰撞;刀片宽而长,如横使刀身,则阻碍速度的发挥。所以,运刀时要分清刀口、刀背。立刀则上撩下劈,横刀则左右斩抹,忌以刀片迎风运使。

大刀泛指长柄刀,其杆柄长而刀身重。运使时要分清刀刃、刀背,关键是右手(前手)要握定定手(靠近护手刀盘的杆柄部),不能随意擅离。

枪扎一条线,棍打一大片

枪法注重直扎,以扎发挥枪尖的技击功用。扎枪时,枪尖对准目标刺出,其运动轨迹是枪尖与目标间的连线。用枪时,多采用连扎几枪的衔接方法。故说"枪扎一条线"。棍与枪比较,因无铁枪尖可恃,故戳扎不如枪利,而利在用梢、把换打,棍法多大幅度抡、扫,攻击面大,故称"棍打一大片"。

枪似游龙,棍如旋风

此谚喻指枪与棍的运动特点。演练枪时,动作舒展、平正、清晰,迅快中含有安定感。枪亦似梭在手,忽而长出似矛,忽而缩回似匕;忽以枪头扎,忽以枪把打。枪的这些运动特点,犹如人们想象中龙游太空,上腾下潜而悠然自得之态,吞云吐雾,忽隐忽现之幻。故说"枪似游龙"。棍法多抡、扫、舞花等圆形绕转动作。演练起来快速勇猛,虎虎生风,犹如阵阵旋风卷地。故称"棍如旋风"。

枪怕摇头,棍怕换把

枪的基本技法集中于枪头,摇动枪头能完成拦、拿、缠、绞、圈枪等枪法。这类圆弧动作属枪的主要的革防动作,运用中可乘枪头圆行压住对方兵械而进,也可乘枪头圆行挑起对方兵械而进。还可使枪头圆转闪开对方兵械攻势而进。如果对方以械硬碰我,则可借枪的弹力而进。显然,摇动枪头的枪法,对手不易对付。故说"枪怕摇头"。

棍的技法颇丰,关键在于把法。握持把的一端,可以将棍放长击远,握持棍的中段,又能把、梢兼用,一攻一防,上挑下撩,左拨右打。此外,双阴把与阴阳把交换握把,能使棍运至似已势背时(关节不便变化,肌肉不便发力时),突又绝处逢生,灵活变转而击。所以,与持棍者对搏,要注意其把法变化,谨防其换把变化的招法。

刀劈空,谨防柄砸;枪扎过,须防把打

单刀劈空,可以顺回手之势,击打对手。所以与持单刀者对搏,应防此招。枪扎过对方身体时,可以顺势上步换用把端横击、上挑或下劈对手。所以,与持枪者对搏,应防此法。

月棍年刀,久练的枪

这是根据棍、单刀、枪这三种兵械技法的难易程度,指明棍较易练、刀次之、枪最不易练好。"月棍",喻练好棍术,用时较短。因棍身不长也不短,又无刃无刺。且棍法较为简单,把、梢、中段皆可握持,任意使用,极为灵活。因此,棍是较易练好的一种兵械,常作为学练兵械的入门之艺。"年刀",喻练好刀术需要比练棍更长的时间。单刀虽然较棍短,但一手握刀,需一定的臂力,还要求另一手协调配合,如果身械不协调,有可能被刀刃损伤。而且因刀短,需以"长用"相辅,要求步快身灵,进退迅速,故刀较棍难练。"久练的枪",喻练好枪术极不容易。枪较棍长,增加了身械协调的难度。枪法又主要集中在"枪头"和枪头段,技法较为复杂、多样。而且因其长,需以"短用"相辅,要练至枪似梭在手,忽长忽短,忽以枪头扎,忽用枪把打。所以,枪较棍、刀难练。

剑无缠头,戟不舞花

剑身两面刃,故不能像单刀那样做械身绕头缠裹动作。刀缠头时用刀背贴近头、肩。如以剑缠头,剑刃会损伤头、肩皮肉。戟属长兵中之长者,俗说"长枪大戟"。戟头由金属的尖和月牙组成,较重。如果舞花,就是握在杆柄中段,头

和把也易触地,而且械身重心偏离中间,握持处需靠近戟头才能匀称舞动,把端势必触地。另外戟头形制复杂,快速舞转有可能伤及自身。所以,戟不能做舞花动作。

钩走浪势,戟扎戳势

钩的形制有钩,多刃,有钻,还带月牙。演练时对身械协调的要求极高。稍有不协调,使械触自身,就可能致伤。身械协调的钩法,表现为钩随步翻,身随钩活,起伏相间,纵横连贯。故说"钩走浪势"。戟杆长,前有尖,后有钻。戟不能舞花,不尚横劲,而多戟尖扎、尾钻戳的直劲动作。故称"戟扎戳势"。

鞭舞一堵墙,在顺;镖发似流星,在巧

"鞭"指九节鞭、十三节鞭、链子鞭等软鞭。"镖"指绳镖。

软鞭的技法主要是立舞、横抡形成的各种花法。其中以立舞花运用较多。立舞花要舞得像一堵墙样竖立体侧,既正直、又强硬。立舞花轨迹正直成侧立圆,与身体平行,可保证鞭速快而不会碰身。鞭花速快,则运柔成刚,似硬墙能抵御外击。欲达此目的,关键"在顺"。要顺劲,即顺着鞭的运动方向用力变换花法。不能逆着鞭的运动方向硬抽硬转。

绳镖发镖要有力快速,如流星般急疾。欲达此目的,关键"在巧"。要巧于掌握绳长的变化运用。绳留短了不够缠绕;绳留长了则缠绕无力。要巧于绳缠得紧。缠得紧,镖才发得直而快,否则绳曲劲懈,镖速缓慢。还要巧于发镖时机准。镖发早了,镖头低于目标;镖发晚了,镖头高于目标。

一寸长,一寸强

长是相对于短而言。在格斗中,两方相距较远时,出击长的一方,可击中对方,短者却可望而不可即。"长"有肢体和器械之长和通过武术技法加长出击距离之长。例如高个较矮个的四肢要长,长枪较单刀要长。这种长度在技击中既有抢先击中对方的优势,也有一定的局限。人的身高并不能随心所欲增长,器械过长则运转不灵,出进迟缓。因此,拳家追求的长,主要是通过武术技法加长出

击距离。在身高相近,器械长度相近的同等条件下,追求招法出击较对手长。例如,长拳的冲拳,通过拧腰、顺肩、送膀,以求加长冲拳的距离。通臂和劈挂拳,通过探腰拔臂,以求放长击远。又如"执枪必尽根",不能留把,以增加出枪远扎的距离。

一寸短,一寸险

短是相对长而言。在格斗中,双方相距较近时,器械短者能自如运用,击伤对方。器械长者,因械梢已超过对手体外,失去了枪刺刀斩之效。对于长的不便两头换使的长械来说,短兵逼近,则变转不灵,连招架也成问题。在徒手格斗中,身体矮小者靠近身材高大者时,高者肢长的优势即失,还会被逼得手脚施展不开。矮小者则易于变换招法。在两人身高条件相等时,一旦靠近,采用短打技法,发短劲者,就较采用长击技法、发长劲者有利。由于贴近身体易于准确地击中目标、打中要害,短劲又较猛促,能致重创。故说"一寸短,一寸险"。

一寸小,一寸巧

小是相对于大而言。指小兵器技法尚"巧",在兵械对搏中,小兵器以巧见长。兵械中的匕首、点穴针、峨眉刺等,都属于小兵器。小兵器便于携带,便于藏匿。运用时,因无长兵重械之累,可以随心所欲地以敏捷的动作避让对方的攻击。得机得势时,又能突然出击。故说"一寸小,一寸巧"。

长以卫短,短以救长

在"一寸长,一寸强","一寸短,一寸险"中,我们已谈到长怕靠近,短惧拉开。靠近时长者不便,短者敏捷;拉开时,短者不及,长者便利。因此,就兵械来说,长兵要能短用,既可长扎远打,又能缩如匕、掉把戳;短兵要能长用,既可绕身环转,又能疾步远击。就拳技来说,长拳要兼用肘膝,使长中有短;短打要兼施拳脚,使短中有长。这样,不论兵械或徒手技术,都能兼容长短技法于一体,就能"长以卫短,短以救长"。

手是两扇门，全凭腿打人

此谚强调在徒手格斗中，以手发挥防护、引诱、掩蔽的功用，以腿发挥攻击对手的功用。人的上肢运使灵便，以其喻门，开可诱敌深入，掩蔽腿法；闭可防敌进攻，同时以腿迎击。用腿击敌力度强，幅度大，动作猛，能发挥出比上肢更大的攻击力。但是，"起腿半边空"。因此，运用时，应注意控制身体重心，腿要急出快收，不宜用腿处不要勉强，防止对方抱腿摔。

手打三分步打七，胜人重在手步齐

此谚强调与人格斗时，要重视脚步的技击功用。首先，脚步有运载之功。手要能远击对手，须依脚步远出；身要能避开对手攻击，须靠脚步闪移。其次，脚步还有勾绊之能。例如太极拳的"野马分鬃"，手臂由前向外横靠，能使对手向后倾倒，靠的就是此式弓步之前脚置于对手脚后，绊住了其脚步的移动所致。因此，称"手打三分步打七"。值得注意的是，仅靠"步打七"，并不一定能击倒对手。欲击倒对手还需"手打三分"的配合。而且，"手打"与"步打"要同时发力击中对手，同时达到一定的攻防位置，才能凑效。此即"胜人重在手步齐"。

远拳近肘贴身靠，远脚近膝挨身靠

和这条谚语类似的，还有"远用拳掌近肩胯，不远不近肘膝打""远则手足上中下，近则肩肘背胯膝""远则拳打脚踢，近则擒拿摔跌"。它们的含义一致。说明武术技法中有运用身体任一部位攻击对方的技术，关键在于掌握好攻防距离，随机选用。对方离得远，就采用拳打脚踢，攻击上、中、下各部；离得近些，可以用肘顶、膝撞，或者采用擒拿法制敌；如果双方挨得很近，甚至贴靠一起，就应采用肩挤、背靠、胯打以及摔跌法制敌。

巧拿须防痴打，妙摔谨防赖拼

运用拿法时，须以两手才能拿住对方的一节。而对方还可运用未被拿住的其他部位拼命进行还击。例如，一手被拿，另一手、头、足，甚至肩、背、臀、膝等部,任一尚能自由运转部位都可"以打解拿"。或者其不畏疼痛,你拿你的,他只趁近身反击要害,则拿他不住,反受其害。因此,如果不能"拿其一点,制其全身",就不能轻易运用拿法。运用摔法时,多需贴身搂抱。如果被摔者不重武德,或是为非作恶的亡命之徒,有可能乘贴身之机,戳眼抓阴,擅击要害。因此,如果不能快速摔出敌手,最好不要轻易搂抱施摔。

来得高,往上挑;来得矮,往下斩;不高不矮,左右排拦

此谚指格斗中直接格挡的基本方法。正如《少林拳术秘诀》所述:"高来则挑托,平来则拦格,低来则砍切。"意思是:对方攻我上盘,就用向上格挡的挑、托等法;对手击我中盘,就用向左右格挡的平拦、横排(格)等法;对方打我下盘,就用向下格挡的砍、切、盖、截等法。

上乘落,下乘举,前乘冲,跃乘起

此谚举列了乘势借力的一般乘法。其关键是乘他"旧力略过,新力未生"八字。"上乘落":对方由上向下劈打,我应乘其劈劲刚发过,随其手臂下落之势,压封其臂而攻其上。"下乘举":对方由下向上撩勾,我应乘其勾撩劲刚发过,随其手臂上举之势,挑架其臂而攻其下。"前乘冲":对方猛力向我冲来,我应以闪身让过其劲锋,乘其身前冲之势,随其运动方向加力,以"顺手牵羊"或"顺水推舟"之法,使其前倾失势。"跃乘起":对跃起来击之势,应乘对方跃起未落之时击之。

肘不离肋,手不离心

此谚强调与人格斗时,肘部要靠近肋部出入,手应占住心胸前方,出入不离正中线。这样的姿态紧凑便捷,以肘护住两腋、两肋;有利于以手上防头、中防心、下防阴。此外,手占正中,出击路线近,有助于采用以快打慢,直击其要害的打法。

有力夺正中,无力闪两旁

"有力""无力"是相对而言的,泛指力大与力小。与人格斗时,遇到对方力量

不如自己,可直攻对方正中,击其要害,先发制人,速战速决。如果遇到的对手比自己力大,则应闪开对方正中,而绕至对手的两旁,攻其侧方或背后,后发制人。

手不离中门,招不让子午

"中门"指心胸的正前方。"子午"亦指身体的正前方。人身的眼、喉、脏器、阴部等易被击伤的要害部位都处于身体的正面。因此,与人格斗时,手不能擅离正中,运用招法也不能让出正中,以免此部空虚,而被人击中要害。此外,手占据正中,其防护身体任一部位的路线最近,攻击对方的路线也近。所以,"中门"不能离,"子午"不能让。

逢闪必进,逢进必闪
闪即进,进即闪

这两条谚语含义相同。"闪"指躲闪、闪让,属于防守方法。"进",指进身、进取,属于进攻方法。在格斗中,如果只闪躲、不知进攻,是消极挨打的架式,虽闪躲得好,也只可保存自己,却无取胜之机。如果只进攻、不知闪让,是蛮攻强打,一旦攻击失势,则易被对手乘势击溃。欲避此两弊,应该闪进相融,攻防互隅。例如,对方冲拳击我胸部,我蹲身向对手侧方上步,同时还击对手小腹部。这一打法的蹲身侧上步,就是"闪";躲闪开了对方的冲拳,闪中又有上步还击,就是"进"。

有意莫带形,带形必不赢
拳打三节不见形,若见形影不为能

这两条谚语强调在与人格斗时,我的攻防意图和拳欲打击的目标,在未实施时,不要表露于形。在实施时也要尽力减小动作"预兆",才能出其不意地击中对方,打他个措手不及。如果进攻意图、欲攻部位外露于神色或动作外形,对手就会及早作好防守和反攻的准备。如此,我不但不能击中对手,还可能被对手乘势击中。

拳去不空回,空回不为能

出如钢锉,回如钩竿

出手要抖,回手要勾

这三条谚语,都是指拳掌锉、抖而出,含有各种进攻招法;收手时不能无任何攻防含意地空空收回,应含有向回勾、搂、捋、带之劲,顺收手之势防开对手乘我"旧力略过,新力未生"之际发起的反攻。这样出手有招,回手有法,两臂的攻防作用才能得到充分运用,拳式才紧凑无间。

拳打不知,脚踢不防

此谚强调与人格斗时,不论拳打还是脚踢,都要疾快,以快打慢,进攻对方无防备的部位。"快"既需以反应速度快、运动速度快为基础,又要注意运用"攻其不守""攻其无备,出其不意"这类兵家诡道(语见《孙子兵法》)。这样,对方发觉我攻击意图,再发动守势或反攻,在时间上已慢我一拍,我可取"先发制人"之效。

出手软如棉,沾身硬似铁

此谚强调出手发招时,先要充分放松肌肉。至接近攻击目标时,才突然加快出击速度,收缩肌肉以爆发力击中目标。术语称此劲为"寸劲",俗语称此发劲时机为"沾衣发劲"。

打拳要长,发劲要短

此谚中的打拳,泛指进攻对方的动作。在攻防格斗中,"一寸长,一寸强",差一点就击不到对手,因此要力求长手远击。但发劲要力求短促,应在出手接近目标时,才爆发"寸劲"击中对手。

借他千斤力,不费四两功

"千斤力"喻对方进攻力之巨大;"四两功"喻我用于还击的巧劲很微小。此谚是说会运用巧劲乘势借力,就能以小力胜大力。在与人格斗时,对方用大力或猛力击来,我只需闪开其进攻方向,顺对方劲路去向加以小力牵带,就能促其继续顺力前倾而跌倒。对方进攻越猛,跌得越重。对方前倾跌倒之力,实际上是他自身之力加上我附其上的牵带力。所以这是乘他之势、借他之力反击于他。这正如"顺水推舟"一般。

内不动,外不发

外形动作要接受内部意气的支配。如果意无动念,气未流注,则外形不能妄自发动。在意识支配下,以意领气,意到气到,气到力发,引动外形,方为得法。

外练筋骨皮,内练一口气

"筋骨皮"指人体的肌肉、肌腱、韧带、骨骼和皮肤,引申为人身的体表。"气"指呼吸之气和意识支配在体内运转的"内气"。这一谚语要求练武者既要"外练"又要"内练","外形"与"内气"协调。练外与练内的统一,在硬功练习中特别突出。练功时以意领气,意气到处或承抗外力,或发力攻坚。这样内外相兼地练功,可达到内壮外强之目的。在一般拳技练习中,则是在"以体导气""以气运身"的要求下,使"筋骨皮"和"内气"同时得到锻炼。也有练习者,采用注重练气的功法,配合注重练外的功法或拳技进行练习,达到内外俱练的目的。

外练手眼身法步,内修精神气力功

类似谚语还有"外练手眼身腰马,内练心神意气力""外重手眼身法步,内修心神意念足"。都是强调武术训练既要注重练人体外形,又要注重练人体内意和内部器官,以求内壮外强。其中"外练"的要素包括:手法、眼法、身法(主要通过腰来体现)、步法(南拳将步型、步法称为扎马、走马)。"内练"要素包括:属于神经系统的心(指思维器官)、精神、意念,属于呼吸系统的气息与内气(内呼吸),属于运动系统的力与功。这些谚语含义还有,外部要素须协调一致,内部要素也要协调一致,并做到内外要素协调一致。即所谓"内外合一,形神兼备"。

一动无有不动，一停无有不停

武术运动注重身体内外各部的整体运动。要求上动下随，下动上领，中间动两头攻。还要求要以内动引外动，以外动导内动。这样，在同一意念的支配下，只要身体任一部位一动，其他部位便协同运动。当身体任一部位到达动作预定目标时，身体各部也正好达到预定目标，表现出齐动、齐进、齐到、齐停的整体运动特点。

宁练筋长三分，不练肉厚一寸

"筋"指跨越关节的韧带、肌腱，也引申为肌肉。"筋长"，即韧带、肌腱、肌肉的伸展性增长。这能增加关节的活动度，提高人体的柔韧性，还能通过肌肉舒缩性能的改善，增强收缩力。"肉"泛指缺乏伸展性的僵硬肌肉。"肉厚"，即僵肉隆起成堆。这能阻碍关节活动的幅度，使动作迟滞呆笨，转动不灵。僵肉虽也有较强的静力工作能力，但非快速舒缩力量，不符合武术的运动特点。"筋长"是通过柔功练习获得的。"肉厚"是由于过多的静力性或大负荷力量练习导致的。因此，欲练"筋长"，不练"肉厚"，须加强"柔功"练习。练力量性功法时，要注意动静结合，突出动练。在进行负重练习时，要多采用小重量、多次数、快速度的练法。这样才能有效地提高肌肉质量，增强肌肉弹性，而又不过多地引起肌块增长。

手到脚不到，鬼也打不倒；手脚一起到，金刚也跌倒

这一谚语要求手和脚的动作要同时到位。例如"上步弓步冲拳"，上步过程正是冲拳的伸臂过程；移动脚落步与后脚蹬地时，正是冲拳爆发寸劲时；下肢成弓步时，也正是冲拳击到目标时。按谚语的文意，如果手脚不能同时到位，攻击力很小，连无多少能耐的"小鬼"也打不倒。反之，如果手脚同时到位，攻击力就大多了，就是威能摄"鬼"的金刚也能击倒。

练大使小，练长用短

此谚指拳式动作幅度的大小，在练习和与人格斗时是不一样的。练时姿势

开些,大些,发招长些,有利于练身。在对敌格斗时,由于拳式开则难合,长则难回,不利于严守自身要害,而且易露出破绽。因此,拳式动作幅度就要小些,发招也应短些。紧凑的拳式,才有利于自我防护。

练从难处练,用从易处用

此谚指训练中要练那些不易完成好的难度动作、不易运用好的招法难点。在实际运用(套路竞赛或与人格斗)时,要用自己掌握熟练、不易出差错的动作或招法。以"从难练"为"从易用"打下坚实的基础。

紧了崩,慢了松;不紧不慢才出功

此谚指练功时的精神和运动负荷的安排要顺乎自然,紧了、慢了都练不出功夫。就练功时的精神来说,如果神经紧张,会使反应迟缓,应答不准,肌肉僵紧,变化不灵。如果精神散漫,动作就会显得疲沓,肌肉无力,拳式松散。因此练拳时,精神要自然提起,既不紧张,也不怠慢。就训练负荷的安排来说,训练次数过多,每次量过大,意欲急功早成,都可能导致运动损伤或疲劳过度,以致"欲速则不达"。如果训练间歇太久,运动量过小,则由于对身体刺激甚微,达不到锻炼的作用。因此,要持之以恒地进行力所能及的训练,科学安排运动量,才能逐渐积累锻炼效果,练出功夫。

无人似有人,有人若无人

此谚讲的是心理训练的要诀。"无人似有人"指个人单练拳路时,要有"临敌感",一招一式都如与一个假设的敌手格斗周旋。这样练习能促使练拳者揣摩拳式的攻防含义,演练时表现出动作的武术味道。久之,一旦遇敌,不至惊惶失措,能像单练体会的那样去运招对敌。"有人若无人",指与人对搏时,"如入无人之境",敢于藐视敌人,保持心静气平。同时要像无人一样,掌握攻防的主动权,以我变引敌变,乘敌变击其要害。

百看不如一练，百练不如一专

"百看不如一练"，是强调武术运动的实践性。因为武术是一项要通过亲自实践锻炼，才能达到健身目的，掌握自卫本领，领略其中情趣的运动。拳再好，招再绝，如果只看，虽看百次之多，也只是观赏悦目而已。因此，好武就应练武，只有立足于练，才能掌握它，受益于它。"百练不如一专"，是强调练武术不要朝此暮彼，东练练，西学学，什么都练，什么都学。这样什么也练不熟，练不精，甚至可能由于拳技的细节不清、拳理不明，学得不伦不类。应该围绕所好拳种认真学习，逐步深入，系统掌握后，再学练其他。这样才能练熟，练精。练一点得一点。

不怕千招会，就怕一招熟

此谚强调武技以熟为要。戚继光在《纪效新书·长兵短用说篇》中谈到"天下咸尚之"的"杨氏梨花枪"时说："其妙在于熟之而已，熟则心能忘手，手能忘枪，圆神而不滞。"黄百家在《内家拳法》中述王征南语云："拳不在多，惟在熟。练之纯熟，即六路亦用之不穷。"只有招熟，在对敌时才能得心应手，攻防得当。为了熟，训练中就要处理好多与少的关系。在广学千招的基础上，应以"博而约"为原则，精练几招，至"熟"为主。如果时间条件不容许学练很多招法，则应避免贪多嚼不烂，以少而精为原则，只熟练几招、甚至一招成"绝活"。精于技击的武林前辈郭云深、尚云祥，都是以能精熟地应用"半步崩拳"克敌制胜而享誉武坛的。

拳练百遍，身法自现；拳练千遍，其理自见

在武术练习中，拳打脚踢较易掌握，而作为以胸的吞吐、腰的折叠拧转来表现的身法，历来被许多习武者视为较难掌握的技法，也有不少人为表现身法的灵活，刻意追求之。此谚则强调，只有反复、多次练习拳术，才能通过拳法的娴熟，使动作上下协调，连贯自然，劲力顺达，充分表现出腰节动，四肢随；根梢动，腰节随等身法特点。如此，身法的灵活也就自然体现在拳式之中。其道出了"身法贵在自然"之理。

不少习武者练拳，也总不愿出傻力气，总想明拳理，找窍门，寻捷径。此谚又

强调,只有通过千百次亲身演习拳术,才能真正领悟拳理。即便从老师或书本中了解了拳理、技法,也只有通过反复练习,才能获得动作技能。其道出了"实践出真知"之理。

欲学惊人艺,须下苦功夫

经常坚持运动量不大的武术锻炼,能在轻松愉快的运动中,获得以武健身、陶冶情操的效果。如果要追求"拳打猛虎,脚踢蛟龙""横掌可断牛头,直掌能穿牛腹",或在赛场上角逐夺魁、在表演中技压群芳的惊人技艺,就必须下苦功,训练的难度、强度、总运动量,都应超过一般健身锻炼的负荷。但如果为获得"惊人艺"而不惜"下苦功"到身体受到摧残的地步,这样的"惊人艺",虽也常艺惊四座,却是不可取的。

学会三天,练好三年

谚语中的"三"是概数。"三天"喻时间之短,"三年"喻时间之长。意思是短期内可学会一些招法或一个拳路,但要练好它,必须长期琢磨,才能由会到熟,由熟到悟,逐步达到巧妙的程度,方可言好。

冬练三九,夏练三伏

练武需常年坚持,如果"三九"严冬和"三伏"盛夏也坚持不辍,持之以恒地习武便有了保证。利用严寒、酷暑对身体的影响进行锻炼,能获多种锻炼效果。首先,在人最懒动的寒暑天坚持练习,能培养人的毅力和恒心。其次,能提高身体抗寒御暑、适应自然变化的能力。再次,夏日气温高,进行柔韧和技术练习,能收到较好效果;冬日气温低,进行力量、耐力等练习,能收到较好效果。

一日练一日功,一日不练十日空

此谚强调练武必须常年不辍,持之以恒地进行锻炼,才能使动作在反复强化过程中,形成动力定型;使机体在不断接受刺激的过程中,提高运动素质,或者增加某些部位攻击和抵御的能力。一般说,能坚持适量的锻炼,练一日就有一天的功效。但对"一日不练十日空",也不能机械理解为一日不练就有十天白练了。据有关研究得知,已建立的条件反射,有一个保持阶段,已获得的运动素质也能保持一段时间。只要不是三天打鱼,两天晒网地对待锻炼,那么由于社会和个人身体状况等原因偶尔停练一两天,并没有"十日空"的危险。如果在工作和锻炼过于劳累时停练(休息)一两天消除疲劳,在身体获得超量恢复时再练,效果将更好。

艺高人胆大,胆大艺更高

"艺"指武术技艺,包括掌握、运用武术的技能和体能。"胆"指不畏险阻、一往无前的意志品质,包括胆量、胆力、胆气。此谚强调艺是胆的基础,胆是发挥艺的保证,习武者应艺、胆兼练。

武术技艺高的人,在训练中攻克技术难关,在竞赛中战胜强手,在格斗中击溃顽敌。在不断的取胜中,使心理得到良性刺激,有助于养成敢冒风险的胆量、敢打敢拼的胆力、威慑敌人的胆气。反之,如果技艺较低,虽也能借胆力勉为其难,但难免在攻难不破、赛绩平平、对阵败北的尝试中慢慢丧胆,失去或减弱原有的胆量、胆力、胆气。所以,有艺可恃,才可逞胆;艺高,胆才大。

从另一方面说,胆小者怕这怕那,顾虑重重,临场时手软身颤,逢危惊惶失措,不能发挥出平时掌握的技艺。只有胆大的人,才能临危不惧,遇强不怯,遭难不慌,受震不惊,在任何环境下都能正常地、甚至是超水平地发挥出自己的技艺,一往无前地去追求达到自己的目的。所以,胆能保证发挥技艺,胆大能助艺高。

视人如蒿草,打人如亲嘴

此谚强调与人格斗时,要有藐视对手的胆量。把对手视为脆弱无力的蒿草,敢于接近,近至可与之亲嘴的距离,才出招发劲打人。敢于靠近了打,才易收到快速、准确、力狠的打击效果。

占先心不懈,相持手不软

与人对搏时,如我技能、体能高于对手,或者我抢先抓住了攻防的主动权,不能轻敌、松懈；如遇到势均力敌的对手，相持不下时，亦不能胆怯、畏惧。

气以直养而无害，劲以曲蓄而有余

此谚指采取"养气"的方法进行练气，有百益而无一害。肢体屈曲处于蓄劲状，才有伸肢展体、发劲用力的余地。

柔过渡，刚落点

此谚概述了武术发劲方法的一般特征。发劲动作处于过渡、变转过程时，肌肉相对放松，外形运转较柔缓，可呈圆弧形；当发劲动作接近攻击目标时，加速收缩肌肉，外形动速急增，呈直线形，刚硬重实地击中目标。

心意为主帅，眼耳为先锋，活步如战马，手脚似刀兵

此谚强调习武时，身体各部要步调一致地各施其能。眼耳等感官如行军先锋，先期感触外界情况和对手的变化。"心"（思维器官）犹如主帅，根据感触情况作出判断，发出支配肢体运动的帅令（意）。步随意识而活动，犹如战马载负身体进退或闪转。手脚在意识支配下，就像刀兵被运使去完成各种攻防技法。

独阴不生，孤阳不长

武术技法将相互对立的两方区别为阴、阳。认为阴阳相抱不离、相互依存、相互消长、相互转化。有阴必有阳，有阳必有阴。失阴则阳不存，无阳则阴亦亡。

明于术而不拘于术，脱规矩而不违规矩

依"武术"一词的字面含义言，武术就是练武之术，用武之法。练武者必须明晓其术，按术训练，照术运用。但是如果只拘泥旧术，墨守成规，就不能很好地发挥个人的身体条件、技能特长和个性特点。因此，要"明于术而不拘于术"，要结合个人特点创造性地去运用练武之术，用武之术。但是，这种创造性的运用，又不能违背了武术的基本特征。创造是以武术基本规律和特征为基调的发展。此即所谓"脱规矩而不违规矩"。